Treasures for Scholars Worldwide

龙向洋 编

哈佛燕京图书馆书目丛刊第19种

# 美国哈佛大学哈佛燕京图书馆藏中国新方志目录

Catalogue of the New Chinese Local Gazetteers in the Harvard-Yenching Library, Harvard University, U.S.A.

［贵滇藏陕甘青宁疆台港澳］

·5·

GUANGXI NORMAL UNIVERSITY PRESS
广西师范大学出版社
·桂林·

# 贵州省

008700583
**贵州省志**
贵州省地方志编纂委员会编 贵阳 贵州人民出版社 1985年

013183459
**贵州省志 人民代表大会志**
贵州省地方志编纂委员会编 北京 方志出版社 2011年 702页

010294081
**贵州省志 社会科学志 送审稿**
贵州省地方志编纂委员会编 贵州 贵州省地方志编纂委员会 2000年 2册

008036609
**贵州省志 第1卷 出版志**
贵州省地方志编纂委员会编 贵阳 贵州人民出版社 1996年 428页

006865833
**贵州省志 第2卷 财政志**
贵州省地方志编纂委员会编 贵阳 贵州人民出版社 1993年 577页

008541158
**贵州省志 第3卷 城乡建设志**
贵州省地方志编纂委员会编 北京 方志出版社 1998年 852页

008541177
**贵州省志 第4卷 国民经济计划志**
贵州省地方志编纂委员会编 贵阳 贵州人民出版社 2000年 517页

008541168
**贵州省志 第6卷 人事志**
贵州省地方志编纂委员会编 贵阳 贵州人民出版社 1999年 556页

008541162
**贵州省志 第7卷 审判志**
贵州省地方志编纂委员会编 贵阳 贵州人民出版社 1999年 911页

008541159
**贵州省志 第8卷 水利志**
贵州省地方志编纂委员会编 北京 方志出版社 1997年 528页

008541172
**贵州省志 第9卷 司法行政志**
贵州省地方志编纂委员会编 贵阳 贵州人民出版社 1999年 380页

008541183
**贵州省志 第10卷 对外贸易经济合作志**
贵州省地方志编纂委员会编 贵阳 贵州人民出版社 1999年 489页

008541163
**贵州省志 第11卷 文化志**
贵州省地方志编纂委员会编 贵阳 贵州人民出版社 1999年 639页

008541154
**贵州省志 第12卷 民政志**
贵州省地方志编纂委员会编 北京 方志出版社 1997年 1006页

008683716
**贵州省志 第13卷 汉语方言志**
贵州省地方志编纂委员会编 北京 方志出版社 1998年 354页

008683791
**贵州省志 第14卷 劳动志**
贵州省地方志编纂委员会编 贵阳 贵州人民出版社 1994年 484页

008672214
**贵州省志 第15卷 气象志**
贵州省地方志编纂委员会编 北京 方志出版社 1998年 306页

008683701
**贵州省志 第16卷 电力工业志**
贵州省地方志编纂委员会编 贵阳 贵州人民出版社 1995年 559页

008683754
**贵州省志 第17卷 检察志**
贵州省地方志编纂委员会编 贵阳 贵州人民出版社 1996年 542页

008683768
**贵州省志 第18卷 建筑志**
贵州省地方志编纂委员会编 贵阳 贵州人民出版社 1999年 760页

008683783
**贵州省志 第19卷 军事志**
贵州省地方志编纂委员会编 贵阳 贵州人民出版社 1995年 621页

008683796
**贵州省志 第20卷 林业志**
贵州省地方志编纂委员会编 贵阳 贵州人民出版社 1994年 579页

008683710
**贵州省志 第 21 卷 广播电视志**
贵州省地方志编纂委员会编 贵阳 贵州
　人民出版社 1999 年 574 页

008683776
**贵州省志 第 22 卷 金融志**
贵州省地方志编纂委员会编 北京 方志
　出版社 1998 年 698 页

008683859
**贵州省志 第 23 卷 民用航空志**
贵州省地方志编纂委员会编 北京 方志
　出版社 1997 年 239 页

008683935
**贵州省志 第 24 卷 物价志**
贵州省地方志编纂委员会编 北京 方志
　出版社 1998 年 936 页

008683930
**贵州省志 第 25 卷 统计志**
贵州省地方志编纂委员会编 北京 方志
　出版社 1997 年 616 页

009145757
**贵州省志 第 26 卷 公安志**
贵州省地方志编纂委员会编 贵阳 贵州
　人民出版社 2003 年 1038 页

009043382
**贵州省志 第 27 卷 环境保护志**
贵州省地方志编纂委员会编 贵阳 贵州
　人民出版社 2002 年 938 页

009189470
**贵州省志 第 28 卷 文物志**
贵州省地方志编纂委员会编 贵阳 贵州
　人民出版社 2003 年 1242 页

008683923
**贵州省志 第 29 卷 铁道志**
贵州省地方志编纂委员会编 北京 方志
　出版社 1997 年 511 页

009043307
**贵州省志 第 30 卷 档案志**
贵州省地方志编纂委员会编 贵阳 贵州
　人民出版社 2002 年 420 页

009043312
**贵州省志 第 31 卷 武警志**
贵州省地方志编纂委员会编 贵阳 贵州
　人民出版社 2002 年 589 页

009198339
**贵州省志 第 32 卷 供销合作志**
贵州省地方志编纂委员会编 贵阳 贵州
　人民出版社 2003 年 826 页

009189721
**贵州省志 第 33 卷 文学艺术志**
贵州省地方志编纂委员会编 贵阳 贵州
　人民出版社 2003 年 698 页

008541199
**贵州省志** 第34卷 民族志
贵州省地方志编纂委员会编 贵阳 贵州民族出版社 2002年 2册

008781576
**贵州省志** 第35卷 农业志
贵州省地方志编纂委员会编 贵阳 贵州人民出版社 2001年 951页

008781579
**贵州省志** 第36卷 社会科学志
贵州省地方志编纂委员会编 贵阳 贵州人民出版社 2001年 892页

009105246
**贵州省志** 第37卷 工业经济志
贵州省地方志编纂委员会编 贵阳 贵州人民出版社 2003年 980页

009413348
**贵州省志** 第38卷 质量技术监督志
贵州省地方志编纂委员会编 贵阳 贵州人民出版社 2004年 703页

009265528
**贵州省志** 第39卷 乡镇企业志
贵州省地方志编纂委员会编 贵阳 贵州人民出版社 2004年 427页

009310946
**贵州省志** 第40卷 化学工业志
贵州省地方志编纂委员会编 贵阳 贵州人民出版社 2002年 631页

009399104
**贵州省志** 第41卷 报纸志
贵州省地方志编纂委员会编 贵阳 贵州人民出版社 2003年 605页

009010560
**贵州省志** 第42卷 有色金属工业志
贵州省地方志编纂委员会编 贵阳 贵州人民出版社 2002年 435页

009310948
**贵州省志** 第43卷 政协志
贵州省地方志编纂委员会编 贵阳 贵州人民出版社 2003年 888页

009959608
**贵州省志** 第44卷 工商行政管理志
贵州省地方志编纂委员会编 贵阳 贵州人民出版社 2006年 833页

011312718
**贵州省志** 第45卷 党派社团志
贵州省地方志编纂委员会编 贵阳 贵州人民出版社 2007年 1012页

002988353
**贵州省志** 第46卷 大事记 1949—1985
贵州省地方志编纂委员会编 1991年 293页

002986518
**贵州省志 第47卷 地理志**
贵州省地方志编纂委员会编 贵阳 贵州人民出版社 1985—1988年 2册 1276页

002986522
**贵州省志 第48卷 名胜志**
贵州省地方志编纂委员会编 贵阳 贵州人民出版社 1987年 382页

002986647
**贵州省志 第49卷 机械电子工业志**
贵州省地方志编纂委员会编 贵阳 贵州人民出版社 1988年 595页

002986742
**贵州省志 第50卷 黑色冶金工业志**
贵州省地方志编纂委员会编 贵阳 贵州人民出版社 1989年 401页

002986745
**贵州省志 第51卷 煤炭工业志**
贵州省地方志编纂委员会编 贵阳 贵州人民出版社 1989年 468页

002987554
**贵州省志 第52卷 教育志**
贵州省地方志编纂委员会编 贵州 贵州人民出版社 1990年 866页

002987916
**贵州省志 第53卷 商业志**
贵州省地方志编纂委员会编 贵阳 贵州人民出版社 1990年 606页

002990734
**贵州省志 第54卷 交通志**
贵州省地方志编纂委员会编 贵阳 贵州人民出版社 1991年 604页

007910048
**贵州省志 第55卷 物资志**
贵州省地方志编纂委员会编 贵阳 贵州人民出版社 1992年 343页

007910036
**贵州省志 第56卷 邮电志**
贵州省地方志编纂委员会编 贵阳 贵州人民出版社 1992年 467页

007910046
**贵州省志 第57卷 地质矿产志**
贵州省地方志编纂委员会编 贵阳 贵州人民出版社 1992年 532页

007910047
**贵州省志 第58卷 科学技术志**
贵州省地方志编纂委员会编 贵阳 贵州人民出版社 1992年 803页

007910050
**贵州省志 第59卷 审计志**
贵州省地方志编纂委员会编 贵阳 贵州人民出版社 1993年 316页

007910051
贵州省志 第60卷 轻纺工业志
贵州省地方志编纂委员会编 贵阳 贵州人民出版社 1993年 749页

007910049
贵州省志 第61卷 粮食志
贵州省地方志编纂委员会编 贵阳 贵州人民出版社 1992年 477页

010280325
贵州省志 第62卷 宗教志
贵州省地方志编纂委员会编 贵阳 贵州民族出版社 2007年 612页

012049412
贵州省志 第63卷 旅游志
贵州省地方志编纂委员会编 贵阳 贵州人民出版社 2009年 673页

013045553
贵州省志 第64卷 体育志
贵州省地方志编纂委员会编 贵阳 贵州人民出版社 2000年 537页

013752343
贵州省志 第65卷 大事记
贵州省地方志编纂委员会编 贵阳 贵州人民出版社 2007年 892页

009429571
贵州通志 第1卷 人物志
冯楠总编 贵阳 贵州人民出版社 2001年 1488页

012816254
中国武警志 贵州总队志
中国人民武装警察部队贵州省总队史志编纂委员会编 贵阳 武警贵州省总队史志编纂委员会 2000年 674页

008454134
贵州军事志资料
贵州省军区军事志办公室编 贵阳 1987年

013335276
贵州省畜牧志
贵州省农业厅畜牧局组织 贵州省畜牧志编辑委员会编 贵阳 贵州省农业厅畜牧局 1996年 805页

008298327
贵州省电力工业志
贵州省电力工业志编纂委员会编 北京 当代中国出版社 1996年 484页〔中国电力工业志丛书〕

012541583
贵州省电力工业志 1991—2002
贵州省电力工业志编辑委员会编 北京 中国电力出版社 2009年 661页〔中国电力工业志丛书〕

013129079
贵州税务志 1949.11—1987

黄子开主编 朱荣明副主编 贵州税务志编纂委员会编 贵阳 贵州税务志编纂委员会 1989年 591页

013797378
**中国农业发展银行贵州省分行志**
1995—2004
中国农业发展银行贵州省分行志编纂委员会编纂 贵州 中国农业发展银行贵州省分行志编纂委员会 2005年 464页

013316212
**贵州省科协志**
贵州省科学技术协会志编纂委员会编 贵州 贵州省科学技术协会 2007年 299页

006862686
**苗语简志**
王辅世主编 北京 民族出版社 1985年 206页〔中国少数民族语言简志丛书〕

005018376
**布依语简志**
喻翠容编著 北京 民族出版社 1980年 108页〔中国少数民族语言简志丛书〕

001921351
**仫佬语简志**
王均 郑国乔编著 北京 民族出版社 1980年 121页〔中国少数民族语言简志丛书〕

007708233
**仡佬语简志**
贺嘉善编著 北京 民族出版社 1983年 109页〔中国少数民族语言简志丛书 国家民委民族问题五种丛书 1〕

001795424
**侗语简志**
梁敏编著 北京 民族出版社 1980年 117页〔中国少数民族语言简志丛书〕

008067438
**贵州省水利艺文志**
黄国瑄主编 王文轩 袁卓荣副主编 贵州省水利电力厅编 贵阳 贵州人民出版社 1989年 261页

012584221
**中国歌谣集成 第22卷 贵州卷**
中国民间文学集成全国编辑委员会 中国歌谣集成贵州卷编辑委员会编 北京 中国ISBN中心 2009年 1260页

010061293
**中国民间文学集成 贵州彝族回族白族故事选**
安文新编 贵州省民间文学集成办公室主编 贵阳 贵州民族出版社 1993年 475页

008410348

**中国谚语集成 第2卷 贵州卷**

中国民间文学集成全国编辑委员会 中国民间文学集成贵州卷编辑委员会编 北京 中国ISBN中心 1998年 842页〔十部文艺集成志书〕

008706607

**中国民间歌曲集成 第20卷 贵州卷**

中国民间歌曲集成全国编辑委员会 中国民间歌曲集成贵州卷编辑委员会编 北京 中国ISBN中心 1995年 2册 2276页〔十部文艺集成志书〕

009619331

**中国戏曲音乐集成 第18卷 贵州卷**

中国戏曲音乐集成全国编辑委员会 中国戏曲音乐集成贵州卷编辑委员会编 北京 中国ISBN中心 2002年 1047页

011762017

**中国曲艺音乐集成 第16卷 贵州卷**

中国曲艺音乐集成全国编辑委员会 中国曲艺音乐集成贵州卷编辑委员会编 北京 中国ISBN中心 2003年 11册 813页

012584340

**中国民族民间器乐曲集成 第24卷 贵州卷**

中国民族民间器乐曲集成全国编辑委员会 中国民族民间器乐曲集成贵州卷编辑委员会编 北京 中国ISBN中心出版 2006年 2册 2336页

009649318

**中国民族民间舞蹈集成 第30卷 贵州卷**

中国民族民间舞蹈集成编辑部编 北京 中国ISBN中心 2001年 1143页

012197174

**中国曲艺志 第13卷 贵州卷**

中国曲艺志全国编辑委员会 中国曲艺志贵州卷编辑委员会编 北京 中国ISBN中心 2006年 437页

008704024

**中国戏曲志 第22卷 贵州卷**

中国戏曲志编辑委员会 中国戏曲志贵州卷编辑委员会编 北京 中国ISBN中心 1999年 708页〔十部文艺集成志书〕

004935558

**贵州地方志举要**

张新民著 吉林省图书馆学会编 1988年 130页

008836350

**当代贵州水利人物志**

当代贵州水利人物志编纂委员会编 北京 方志出版社 1996年 404页

009852650
**贵州文物志稿**
贵州省文管会 贵州省文化局编 贵州 贵州省文化局 198u 年

001937113
**布依族风俗志**
汛河编著 北京 中央民族学院出版社 1987 年 126 页〔民俗文库 3〕

010137154
**侗族风俗志**
杨筑慧编著 北京 中央民族大学出版社 2006 年 232 页

011473116
**贵州风俗图志**
陶大敖编著 北京 中国民族摄影艺术出版社 2008 年 398 页

008825587
**中国苗族服饰图志**
吴仕忠等编著 贵阳 贵州人民出版社 2000 年 640 页

001718679
**贵州风物志**
贵州省社会科学院历史研究所编 贵阳 贵州人民出版社 1985 年 366 页〔中国风物志丛书〕

009560679
**贵州省地名志**
贵州省地名委员会办公室编 贵州 贵州省地名委员会办公室 1984 年 313 页

009348630
**贵州省地名志 溶洞录**
贵州省地名委员会办公室 柴兴仪 韩庆雪编撰 贵州 贵州省劳改局印刷厂印 1986 年 300 页

012663855
**中国古生物志 贵州西部晚石炭世和早二叠世的蜓类**
张遴信 周建平 盛金章著 北京 科学出版社 2010 年 1 册〔中国古生物志 总号第 195 册 新乙种 第 34 号〕

013528953
**贵州省水文地质志**
韩至钧 金占省主编 贵州省地质矿产局编 北京 地震出版社 1996 年 520 页

002982984
**中国古生物志 黔南桂中中泥盆世北流期腕足动物**
王钰 朱瑞方著 北京 科学出版社 1979 年 129 页〔中国古生物志 总号第 158 册 新乙种 第 15 号〕

003146871
**贵州植物志**
贵州植物志编委会编 贵阳 贵州人民出版社 1982 年

013926004
**贵州蕨类植物志**
王培善 王筱英编著 贵阳 贵州科技出版社 2001年 6册 735页

011757901
**贵州食用真菌和毒菌图志**
贵州省生物研究所 贵州省微生物学会 张雪岳主编 贵阳 贵州科技出版社 1991年 275页

011068427
**贵州两栖类志**
伍律 董谦 须润华编著 贵阳 贵州人民出版社 1987年 197页

006272890
**贵州鸟类志**
吴至康等编著 贵阳 贵州人民出版社 1986年 483页

011068472
**贵州兽类志**
罗蓉等编著 贵阳 贵州科技出版社 1993年 430页

009250951
**贵州鱼类志**
伍律等编著 贵阳 贵州人民出版社 1989年 314页

013728702
**贵州蚊类志**
陈汉彬编著 贵阳 贵州人民出版社 1987年

009380806
**贵州吸虱类蚤类志**
金大雄 李贵真编著 贵阳 贵州科技出版社 1992年 393页

006536820
**贵州农林昆虫志**
郭振中等编著 贵阳 贵州人民出版社 1987年

## 贵阳市

008627604
**贵阳市志**
贵阳市志编纂委员会编 贵阳 贵州人民出版社 1983年

008620109
**贵阳市志 第2卷 地理志**
熊书益 屠玉麟编纂 贵阳市志编纂委员会编 1988年 436页

007913539
**贵阳市志** 第3卷 军事志
贵阳市志编纂委员会编 贵阳 贵州人民
　出版社 1989年 222页

007913604
**贵阳市志** 第4卷 科学技术志
贵阳市志编纂委员会编 贵阳 贵州人民
　出版社 1990年 312页

007913600
**贵阳市志** 第5卷 教育志
贵阳市志编纂委员会编 贵阳 贵州人民
　出版社 1991年 388页

007913496
**贵阳市志** 第6卷 民政志
贵阳市志编纂委员会编 贵阳 贵州人民
　出版社 1991年 211页

007913540
**贵阳市志** 第7卷 城市建设志
贵阳市志编纂委员会编 贵阳 贵州人民
　出版社 1990年 425页

008053787
**贵阳市志** 第8卷 文物志
贵阳市志编纂委员会编 贵阳 贵州人民
　出版社 1993年 259页

008541869
**贵阳市志** 第9卷 税务志
贵阳市志编纂委员会编 贵阳 贵州人民
　出版社 1995年 274页

008486429
**贵阳市志** 第10卷 交通志
贵阳市志编纂委员会编 贵阳 贵州人民
　出版社 1994年 331页

008486436
**贵阳市志** 第11卷 农林水利蔬菜志
贵阳市志编纂委员会编 贵阳 贵州人民
　出版社 1995年 343页

008486432
**贵阳市志** 第12卷 邮政电信志
贵阳市志编纂委员会编 贵阳 贵州人民
　出版社 1991年 266页

008541891
**贵阳市志** 第13卷 财政志
贵阳市志编纂委员会编 贵阳 贵州人民
　出版社 1998年 354页

008660332
**贵阳市志** 第14卷 大事记 1911—1998
贵阳市志编纂委员会编 贵阳 贵州人民
　出版社 2000年 524页

008541877
**贵阳市志** 第15卷 党派群团志
贵阳市志编纂委员会编 贵阳 贵州人民
　出版社 1998年 395页

008660329
**贵阳市志** 第16卷 房地产志
贵阳市志编纂委员会编 贵阳 贵州人民出版社 2000年 369页

008541881
**贵阳市志** 第17卷 工商行政管理志
贵阳市志编纂委员会编 贵阳 贵州人民出版社 1998年 276页

008660326
**贵阳市志** 第18卷 民族志
贵阳市志编纂委员会编 贵阳 贵州人民出版社 1999年 291页

008541879
**贵阳市志** 第19卷 土地管理志
贵阳市志编纂委员会编 贵阳 贵州人民出版社 1997年 222页

008541873
**贵阳市志** 第20卷 卫生志
贵阳市志编纂委员会编 贵阳 贵州人民出版社 1997年 284页

008379755
**贵阳市志** 第21卷 工业志
贵阳市志编纂委员会编 贵阳 贵州人民出版社 1992年

008053786
**贵阳市志** 第22卷 文化新闻志
贵阳市志编纂委员会编 贵阳 贵州人民出版社 1992年 330页

009043393
**贵阳市志** 第23卷 社会志
贵阳市地方志编纂委员会编 贵阳 贵州人民出版社 2002年 479页

009839212
**贵阳市志** 第24卷 检察 法院 司法行政志
贵阳市地方志编纂委员会编 贵阳 贵州人民出版社 2005年 536页

009335981
**贵阳市志** 第25卷 计划统计志
贵阳市地方志编纂委员会编 贵阳 贵州人民出版社 2003年 428页

008781625
**贵阳市志** 第26卷 乡镇企业志
贵阳市志编纂委员会编 贵阳 贵州人民出版社 2000年 297页

009335985
**贵阳市志** 第27卷 铝工业志
贵阳市志编纂委员会编 贵阳 贵州人民出版社 2000年 284页

009250985
**贵阳市志** 第28卷 烟草工业志
贵阳市地方志编纂委员会编 贵阳 贵州人民出版社 2003年 384页

008781615

**贵阳市志 第29卷 粮食 供销 外贸 蔬菜 医药志**

贵阳市志编纂委员会编 贵阳 贵州人民出版社 2000年 506页

009399088

**贵阳市志 第30卷 金融志**

贵阳市志编纂委员会编 贵阳 贵州人民出版社 2004年 586页

009310930

**贵阳市志 第31卷 矿业 煤炭 钢铁 电力 机械电子工业志**

贵阳市地方志编纂委员会编 贵阳 贵州人民出版社 2002年 695页

009673798

**贵阳市志 第32卷 人大 政府 政协志**

贵阳市地方志编纂委员会编 贵阳 贵州人民出版社 2004年 571页

009310932

**贵阳市志 第33卷 武警志**

贵阳市志编纂委员会编 贵阳 贵州人民出版社 2002年 282页

009319319

**贵阳市志 第34卷 劳动 审计 物价 技术监督志**

贵阳市地方志编纂委员会编 贵阳 贵州人民出版社 2003年 614页

008781608

**贵阳市志 第35卷 宗教志**

贵阳市志编纂委员会编 贵阳 贵州人民出版社 1996年 375页

011497741

**贵阳市志 第36卷 公安志**

贵阳市志编纂委员会编 贵阳 贵州人民出版社 1997年 353页

013375783

**贵阳市志 第37卷 人物志**

贵阳市地方志编纂委员会办公室编 北京 方志出版社 2011年 570页

007914581

**贵阳市志 第1卷 建置志**

史继忠 何静梧编纂 贵阳志编纂委员会编 贵阳 贵州人民出版社 1983年 312页

010730151

**铁道部第五工程局工会志**

贵阳 1997年 148页

011328731

**贵阳市政协志 1950.1—2007.1**

政协贵阳市委员会编 贵阳 贵州人民出版社 2007年 573页

008598418

**贵阳消防志**

贵阳消防志编纂委员会编 贵阳 贵州科

技出版社 1999年 354页

009472103
**贵阳知青图志**
贵阳市地方志办公室编 北京 方志出版社 2004年 255页

013129071
**贵阳法院志**
贵州省贵阳市中级人民法院编 贵阳 贵州省贵阳市中级人民法院 2004年 262页

012097376
**贵阳市三江劳教志**
贵阳市三江劳动教养管理所编 贵阳 贵州人民出版社 2008年 341页

009010570
**武警贵州省总队志 第一支队志**
武警贵州省总队志第一支队志编纂委员会编 贵阳 贵州人民出版社 2001年 331页

008991129
**武警贵州省总队志 第二支队志**
武警贵州省总队志第二支队志编纂委员会编 贵阳 贵州人民出版社 2002年 393页

012638621
**武警贵州省总队志 贵阳指挥学校志**
武警贵州省总队志贵阳指挥学校志编纂委员会编 贵阳 贵州人民出版社 2001年 304页

009864528
**武警贵州省总队志 医院志**
武警贵州省总队志医院志编纂委员会编 贵阳 贵州人民出版社 2002年 309页

012658554
**贵阳市国土资源志** 1978—2008
贵阳市国土资源志编纂委员会编 贵阳 贵州人民出版社 2010年 806页

013091096
**贵阳市建设志** 1949—2009
贵阳市建设局编 贵州 贵州人民出版社 2010年 400页

013860631
**贵车厂志** 1966—1988
铁道部贵阳车辆工厂编 贵阳 铁道部贵阳车辆厂 1991年 282页

012541578
**贵铝志**
贵铝志编纂委员会编 香港 香港文汇出版社 2008年 3册

009379990
**贵阳发电厂志** 1927—1995
贵阳发电厂编 贵阳 贵阳发电厂 1997年 399页

013404375

贵阳发电厂志 1996—2000

贵阳发电厂编 贵阳 贵阳发电厂 2002年 225页

012832036

贵阳供电段志 1984—2004

贵阳供电段志办公室编 贵阳 贵阳供电段志办公室 2006年 654页

009380009

贵阳供电志 1926—1994

贵阳供电志编辑委员会编 贵阳 贵阳供电志编辑委员会 1996年 395页

013626463

贵阳铝镁设计研究院院志 1958—2008

贵阳铝镁设计研究院院志编纂委员会编 贵阳 贵阳铝镁设计研究院院志编纂委员会 2008年 160页

013647484

贵州赤天化集团有限责任公司赤天化志 1988—1997

赤天化志编写组编 贵阳 赤天化志编写组 1998年 335页

013626465

贵州轮胎股份有限公司志 1958—2008

贵州轮胎股份有限公司编 贵阳 贵州轮胎股份有限公司 2008年 320页

012832038

贵州送变电公司志

贵州送变电工程公司编纂委员会编 都匀 贵州送变电工程公司编纂委员会 1998年 374页

013819437

贵州橡胶配件厂厂志 1969—1986

贵州橡胶配件厂厂志编纂委员会编 贵阳 贵州橡胶配件厂 1987年 281页

013994012

乌江公司志 1992—2012

乌江公司志编纂委员会编 2012年 497页

013012702

中国水电顾问集团贵阳勘测设计研究院志 2003—2007

贵阳勘测设计研究院志编纂委员会编 贵阳 贵阳勘测设计研究院志编纂委员会 2008年 875页

013866356

中国水利水电建设集团公司志 中国水利水电第九工程局卷 1958—2006

中国水利水电建设集团公司史志编辑委员会编 北京 中国电力出版社 2013年 584页

012952048

贵阳市交通志 1978—2008

贵阳市交通局史志编纂委员会编 贵阳

贵阳市交通局史志编纂委员会 2009年 416页

008869578
**贵阳铁路分局志** 1898—1988
贵阳铁路分局史志办公室编 北京 中国铁道出版社 2000年 425页

009415174
**铁道部第五工程局志** 1950—1999
中铁五局（集团）有限公司史志编纂委员会编纂 贵阳 贵州人民出版社 2002年 2册〔铁道部第五工程局史志丛书〕

013528932
**贵阳市财政志** 1978—2008
贵阳市财政局编 贵阳 贵州人民出版社 2011年 2321页

013528951
**贵阳市地方税务志**
贵阳市地方税务志编纂委员会编 贵阳 贵州人民出版社 2011年 585页

009145753
**贵州省文史研究馆志**
贵州省文史研究馆编 贵阳 贵州人民出版社 2003年 479页

013183457
**贵阳清华中学志**
贵阳清华中学编辑 贵阳 贵阳清华中学 2002年 282页

013129074
**贵州师范大学七十年志** 1941—2011
贵州师范大学校志编纂委员会编 贵阳 贵州教育出版社 2011年 855页

013819402
**贵阳市协办中华人民共和国第九届少数民族传统体育运动会工作志**
贵阳市协办中华人民共和国第九届少数民族传统体育运动会工作指挥部 贵阳市地方志编纂委员会办公室编 贵阳 贵州人民出版社 2012年 608页

011148014
**中国民间故事集成 贵州省贵阳市卷**
贵阳市十大文艺集成志书领导小组办公室编 贵阳 贵阳市十大文艺集成志书领导小组办公室 1998年 563页

011794339
**中国谚语集成 贵州省贵阳市卷**
贵阳市十大文艺集成志书领导小组办公室编 贵阳 贵阳市十大文艺集成志书领导小组办公室 1992年 160页

009380013
**贵阳文物志**
韦廉舟主编 贵阳市文物管理委员会编 贵阳 贵阳市文物管理委员会 1983年

010108642
### 贵州省博物馆藏品志
贵州省博物馆藏品志编辑委员会编 贵阳 贵州人民出版社 1990年

013772662
### 贵州省地质矿产勘查开发局测绘院院志 1958—2008
贵州省地质矿产勘查开发局测绘院编 贵阳 贵阳经纬印刷厂 2007年 209页

012049415
### 贵州省煤田地质局志
贵州省煤田地质局志编纂委员会编 贵阳 贵州科技出版社 2009年 602页

013752329
### 贵阳市创建国家卫生城市工作志
贵阳市创建国家卫生城市工作指挥部 贵阳市爱国卫生运动委员会办公室 贵阳市地方志编纂委员会办公室编 贵阳 贵州人民出版社 2012年 383页

011564654
### 贵州省畜禽品种志
贵州省农业厅畜牧局 贵州省农业区划委员会办公室组织 贵州省畜禽品种志编辑委员会编 贵阳 贵州科技出版社 1993年 113页

011294655
### 国家电力公司贵阳勘测设计研究院志 1958—2002
贵阳勘测设计研究院志编纂委员会编 贵阳 贵阳勘测设计研究院志编纂委员会 2003年 774页

010475773
### 贵州省烟草科学研究所所志
贵州省烟草科学研究所编 贵州 贵州省烟草科学研究所 1998年 239页

012609893
### 贵阳市城乡规划志
贵阳市城乡规划局编 贵阳 贵州人民出版社 2010年 362页

## 乌当区

011579877
### 贵阳市乌当区志
贵阳市乌当区地方志编纂委员会编 贵阳 贵州人民出版社 2007年 2册 32页

013959475
### 乌当区政协志
中国人民政治协商会议贵阳市乌当区委员会编 贵阳 中国人民政治协商会议贵阳市乌当区委员会 2012年 368页

008660312
**贵阳市乌当区地名志**
贵阳市乌当区地名办公室编 贵阳 贵阳市乌当区地名办公室 1988年 360页

## 南明区

011954081
**贵阳市南明区志**
贵阳市南明区地方志编纂委员会编 贵阳 贵州人民出版社 2008年 2册

012898440
**贵阳市南明区后巢乡志**
贵阳市南明区后巢乡志编纂工作领导小组 贵阳市南明区后巢乡志办公室编 后巢乡 贵阳市南明区后巢乡志办公室 2003年 153页

009310294
**贵阳市南明区街道志**
贵阳市南明区地方志编纂委员会编 贵阳 贵州人民出版社 2003年 599页

## 云岩区

009878739
**贵阳市云岩区志**
贵阳市云岩区志地方志编纂委员会编 贵阳 贵州人民出版社 2005年 2册 2357页

## 花溪区

011497739
**贵阳市花溪区志**
贵阳市花溪区地方志编纂委员会编纂 贵阳 贵州人民出版社 2007年 864页

009332472
**贵阳市小河区志**
贵州省贵阳市小河区地方志编纂委员会编 贵阳 贵州人民出版社 2004年 546页

009319322
**青岩镇志**
贵阳市地方志编纂委员会编 贵阳 贵州人民出版社 2004年 545页

009043386
**花溪区政协志**
中国人民政治协商会议贵州省贵阳市花溪区委员会编 贵州 贵州人民出版社 2002年 423页

012927955
**中国贵阳经济技术开发区志** 1993—2008
贵阳市小河区地方志编纂委员会编 北京 方志出版社 2011年 541页

012191997
**花溪区教育志**

花溪区教育志编委会编 贵阳 贵州大学出版社 2009年 348页

## 白云区

011564648
**贵阳市白云区志**
贵阳市白云区地方志编纂委员会编 贵阳 贵州人民出版社 2007年 813页

009336265
**白云区人大志**
白云区人大志编辑委员会编 贵阳 贵州人民出版社 2001年 469页

013090704
**白云区人大志** 2001—2010
贵阳市白云区人大常委会编 白云区 贵阳市白云区人大常委会 2011年 677页

## 清镇市

002988787
**清镇县志**
贵州省清镇县地方志编纂委员会编 贵阳 贵州人民出版社 1991年 989页

013225608
**清镇市人口和计划生育志**
清镇市人口和计划生育局编 清镇 清镇市人口和计划生育局 2009年 480页

013377032
**清镇市人大志** 1950—2011
清镇市人大常委会编 清镇 清镇市盘江印刷厂 2011年 644页

013184634
**清镇市政协志** 1983.3—2008.3
政协清镇市委员会编 清镇 清镇市盘江印刷厂 2008年 318页

009380811
**红枫发电总厂志** 1958—1988
贵州红枫发电总厂编 贵州 贵州红枫发电总厂 1991年

009380841
**清镇发电厂志** 1958—1997
清镇发电厂厂志编委会编 清镇 清镇发电厂 1999年 449页

013775167
**清镇市交通志**
清镇市交通局编 清镇 清镇市交通局 2007年 478页

009336275
**清镇市财政志**
清镇市财政局编 贵阳 贵州人民出版社 1994年 267页

010108638
**清镇市教育志**
清镇市人民政府编 清镇 清镇市人民政

府 1998年 646页

013775168
清镇县民族志
清镇县民族事务委员会编 清镇 清镇县民族事务委员会 1992年 274页

008539966
贵州省清镇县地名志
清镇县人民政府编 清镇 清镇县人民政府 1987年 346页

## 开阳县

009319350
开阳县双流镇志
开阳县双流镇志编纂委员会编纂 贵阳 贵州人民出版社 2003年 578页

013774428
开阳县土地志
开阳县国土局编 开阳 开阳县国土局 1998年 192页

013446293
开阳县林业志
开阳县林业志编写组编 开阳 开阳县林业局 1989年 213页

008598425
开阳磷矿志 1958—1987
贵州开阳磷矿矿务局编 贵阳 贵州人民出版社 1992年 317页

011996832
开阳磷矿志 1988—2007
贵州开磷(集团)有限责任公司编 贵阳 贵州人民出版社 2008年 380页

013958703
开阳县水利电力志
开阳县水利电力局编 开阳 开阳县水利电力局 1995年 188页

008540031
开阳县地名录
开阳县人民政府编 开阳 开阳县人民政府 1986年 477页

## 息烽县

008038756
息烽县志
贵州省息烽县地方志编纂委员会编 贵阳 贵州人民出版社 1993年 887页

009159296
息烽县小寨坝镇志
贵州省息烽县小寨坝镇志编纂委员会 贵州省息烽县史志办公室编 贵阳 贵州人民出版社 2001年 389页

008541283
息烽县民政志
息烽县志编纂委员会办公室 息烽县民政局编 息烽 息烽县民政局 1990年 224页

008541266
**息烽县检察志**
息烽县志编纂委员会办公室 息烽县人民检察院编 息烽 息烽县志编纂委员会办公室 1990年 100页

008541278
**息烽县军事志**
息烽县志编纂委员会办公室 息烽县人民武装部编 息烽 息烽县志编纂委员会办公室 息烽县人民武装部 1990年 229页

008541281
**息烽县畜牧志**
息烽县志编纂委员会办公室 息烽县畜牧局编 息烽 息烽县畜牧局 1990年 169页

008541286
**息烽县烟草志**
息烽县志编纂委员会办公室 息烽县烟草专卖局 贵州省烟草公司息烽县公司编 息烽 息烽县志编纂委员会办公室 1996年 133页

008541271
**息烽县工业志**
息烽县志编纂委员会办公室 息烽县经济委员会编 息烽 息烽县志编纂委员会办公室 1990年 179页

008541262
**息烽县商业志**
息烽县商业局 息烽县志编纂委员会办公室编 息烽 息烽县商业局 1995年 219页

008541264
**息烽县财政志**
息烽县志编纂委员会办公室 息烽县财政局编 息烽 息烽县财政局 1993年 185页

008541260
**息烽县教育志**
桂阳市息烽县教育局编 息烽 桂阳市息烽县教育局 1999年 383页

008541272
**息烽县人物志**
息烽县志编纂委员会办公室编 息烽 息烽县志编纂委员会办公室 1990年 191页

008540041
**贵州省息烽县地名录**
息烽县人民政府编 息烽 息烽县人民政府 1987年 155页

008541275
**息烽县建置沿革志**
息烽县志编纂委员会办公室编 息烽 息烽县志编纂委员会办公室 1990年 148页

## 修文县

008636345
**修文县志**
贵州省修文县地方志编纂委员会编 北京 方志出版社 1998年 1184页

013379129
**修文县六广镇志**
六广镇志编纂委员会编纂 六广镇 六广镇志编纂委员会 2007年 623页

013186089
**修文县清水村志**
中共清水村支部 清水村村民委员会编纂 修文 中共清水村支部 清水村村民委员会 2007年 326页

013321297
**修文县扎佐镇志**
扎佐镇志编纂委员会编纂 修文 扎佐镇志编纂委员会 2007年 620页

012956582
**修文县乡镇企业志**
修文县乡镇企业志编辑室编纂 修文 修文县乡镇企业志编辑室 2007年 278页

012636835
**修文县粮食志** 1687—1990
修文县粮食局粮食志编辑室编 修文 修文县粮食局 1995年 236页

007685896
**修文县水利电力志**
修文县水电志编写小组编 修文 修文县水电志编写小组 1987年 137页

013072728
**修文县交通志** 1329—2005
修文县交通局编纂 修文 修文县交通局 2006年 313页

012316968
**修文县税务志** 1978—2005
修文县国家税务局 地方税务局编纂 修文 修文县地方税务局 2007年 321页

013823031
**修文县教育志**
修文县教育局编 贵阳 贵阳经纬印刷厂 2008年 523页

008540043
**修文县地名录**
修文县人民政府 张家诲 熊尚文审稿 刘柏林编 修文 修文县人民政府 1989年 238页

# 六盘水市

008598198
**六盘水市志**
六盘水市地方志编纂委员会编 贵阳 贵州人民出版社 1990年

012251426
**六盘水市志 报业志**
六盘水市地方志编纂委员会编 贵阳 贵州人民出版社 2009年 270页

012051675
**六盘水市志 发展计划志**
六盘水市地方志编纂委员会编 贵阳 贵州人民出版社 2008年 393页

012813956
**六盘水市志 国土资源志**
六盘水市地方志编纂委员会编 贵阳 贵州人民出版社 2010年 474页

006573053
**六盘水市志 第1卷 水利志**
六盘水市地方志编纂委员会编 贵阳 贵州人民出版社 1991年 199页

006573054
**六盘水市志 第2卷 环境保护志**
六盘水市地方志编纂委员会编 贵阳 贵州人民出版社 1991年 107页

006573082
**六盘水市志 第3卷 科学技术志**
六盘水市地方志编纂委员会编 贵阳 贵州人民出版社 1993年 227页

007505373
**六盘水市志 第4卷 大事记 1276—1991**
六盘水市地方志编纂委员会编 贵阳 贵州人民出版社 1992年 274页

008486762
**六盘水市志 第5卷 粮油志**
六盘水市地方志编纂委员会编 贵阳 贵州人民出版社 1993年 283页

008665773
**六盘水市志 第6卷 烟草志**
六盘水市地方志编纂委员会编 贵阳 贵州人民出版社 2000年 267页

008541900
**六盘水市志 第7卷 卫生医药志**
六盘水市地方志编纂委员会编 北京 方志出版社 1997年 386页

009265534
**六盘水市志 第8卷 冶金工业志**
六盘水市地方志编纂委员会编 贵阳 贵州人民出版社 2003年 331页

009336305
**六盘水市志 第 9 卷 劳动和社会保障志**
六盘水市地方志编纂委员会编 贵阳 贵州人民出版社 2002 年 604 页

009879133
**六盘水市志 第 10 卷 广播电视志**
六盘水市地方志编纂委员会编 贵阳 贵州人民出版社 2005 年 234 页

008783190
**六盘水市志 第 11 卷 煤炭工业志**
六盘水市地方志编纂委员会编 贵阳 贵州人民出版社 2000 年 515 页

009405866
**六盘水市志 第 12 卷 外贸志**
六盘水市地方志编纂委员会编 贵阳 贵州人民出版社 2003 年 198 页

008783187
**六盘水市志 第 13 卷 教育志**
六盘水市地方志编纂委员会编 贵阳 贵州人民出版社 2000 年 530 页

008783226
**六盘水市志 第 14 卷 统计志**
六盘水市地方志编纂委员会编 贵阳 贵州人民出版社 2001 年 278 页

008783184
**六盘水市志 第 15 卷 人民代表大会志**
六盘水市地方志编纂委员会编 贵阳 贵州人民出版社 2000 年 342 页

009511172
**六盘水市志 第 16 卷 体育志**
六盘水市地方志编纂委员会编 贵阳 贵州人民出版社 2004 年 358 页

008783208
**六盘水市志 第 17 卷 检察志**
六盘水市地方志编纂委员会编 贵阳 贵州人民出版社 2001 年 340 页

009412648
**六盘水市志 第 18 卷 交通志**
六盘水市地方志编纂委员会编 贵阳 贵州人民出版社 2004 年 606 页

009683971
**六盘水市志 第 19 卷 政府志**
六盘水市地方志编纂委员会编 贵阳 贵州人民出版社 2004 年 345 页

009511120
**六盘水市志 第 20 卷 公安志**
六盘水市地方志编纂委员会编 贵阳 贵州人民出版社 2004 年 361 页

009332489
**六盘水市志 第 21 卷 武警志**
六盘水市地方志编纂委员会编 贵阳 贵州人民出版社 2001 年 381 页

008783194
**六盘水市志** 第22卷 乡镇企业志
六盘水市地方志编纂委员会编 贵阳 贵州人民出版社 2001年 541页

008783204
**六盘水市志** 第23卷 邮电志
六盘水市地方志编纂委员会编 贵阳 贵州人民出版社 2001年 292页

009864391
**六盘水市志** 第24卷 军事志
六盘水市地方志编纂委员会编 贵阳 贵州人民出版社 2001年 364页

010195478
**六盘水市志** 第25卷 财政志
六盘水市地方志编纂委员会编 贵阳 贵州人民出版社 2006年 465页

008783218
**六盘水市志** 第26卷 民族志
六盘水市志民族志编纂组织机构编 贵阳 贵州人民出版社 2003年 242页

008783173
**六盘水市志** 第27卷 金融志
六盘水市地方志编纂委员会编 贵阳 贵州人民出版社 1995年 227页

008783201
**六盘水市志** 第28卷 税务志
六盘水市地方志编纂委员会编 贵阳 贵州人民出版社 2004年 473页

008783169
**六盘水市志** 第29卷 农业志 畜牧志
六盘水市地方志编纂委员会编 贵阳 贵州人民出版社 1995年 452页

008783206
**六盘水市志** 第30卷 民政志
六盘水市地方志编纂委员会编 贵阳 贵州人民出版社 2005年 472页

008783180
**六盘水市志** 第31卷 地理志
六盘水市地方志编纂委员会编 贵阳 贵州人民出版社 1997年 361页

008783176
**六盘水市志** 第32卷 政协志
六盘水市地方志编纂委员会编 北京 方志出版社 1998年 430页

008783214
**六盘水市志** 第33卷 审计志
六盘水市地方志编纂委员会编 贵阳 贵州人民出版社 2004年 157页

008783167
**六盘水市志** 第34卷 蔬菜水产志
六盘水市地方志编纂委员会编 贵阳 贵州人民出版社 1992年 111页

010962499

**六盘水市志 第 35 卷 党派群团志**

六盘水市地方志编纂委员会编 贵阳 贵州人民出版社 2006 年 429 页

011295611

**六盘水市志 第 36 卷 文化志**

六盘水市地方志编纂委员会编 贵阳 贵州人民出版社 2007 年 553 页

011475313

**六盘水市志 第 37 卷 工会志**

六盘水市总工会编 贵阳 贵州人民出版社 2008 年 534 页

011997370

**六盘水市志 第 38 卷 文学艺术志**

六盘水市地方志编纂委员会编 贵阳 贵州人民出版社 2008 年 276 页

008783224

**六盘水市志 第 39 卷 人事志**

六盘水市地方志编纂委员会编 贵阳 贵州人民出版社 2008 年 153 页

009399109

**六盘水市志 第 40 卷 审判志**

六盘水市地方志编纂委员会编 贵阳 贵州人民出版社 2009 年 366 页

012051681

**六盘水市志 第 41 卷 人物志**

六盘水市地方志编纂委员会编 贵阳 贵州人民出版社 2010 年 319 页

012139484

**六盘水市志城乡规划志**

六盘水市地方志编纂委员会编 贵阳 贵州人民出版社 2009 年 650 页

013647489

**贵州省有色地质勘查局二总队志**

贵州省有色地质勘查局二总队志编纂委员会编 六盘水 贵州省有色地质勘查局二总队志编纂委员会 2008 年 275 页

010777268

**六盘水供电志**

六盘水供电志编委会编 六盘水 六盘水供电志编委会 1999 年 373 页

013898377

**六枝矿务局地宗选煤厂志 1982—1992**

六枝矿务局地宗选煤厂编 六盘水 六盘水日报印刷厂 1992 年 242 页

010151404

**盘江煤矿志**

盘江煤矿志编纂委员会编 贵阳 贵州人民出版社 2005 年 1029 页

010576823

**土城煤矿志 1966—2005**

土城煤矿志编纂委员会编 贵阳 贵州人民出版社 2006 年 624 页

013753503

**六盘水市第一实验中学志(原水矿集团公司第一中学)** 1970—2010

六盘水市第一实验中学校志编委会编 贵阳 贵州新华印刷厂 2010年 503页

008541020

**贵州省六盘水市地名录**

六盘水市人民政府编 六盘水 六盘水市人民政府 1987—1988年 3册

## 钟山区

013774592

**六盘水市钟山区志 政协志** 1988—2010

政协六盘水市钟山区委员会编 贵阳 贵州人民出版社 2011年 563页

## 水城县

008784279

**水城县(特区)志**

水城县地方志编纂委员会编 贵阳 贵州人民出版社 1994年 1029页

013320990

**老鹰山选煤厂志** 1969—1993

水城矿务局老鹰山选煤厂编 水城 水城矿务局老鹰山选煤厂 1994年 361页

009996162

**水矿志**

贵州水城矿业(集团)有限责任公司矿志编委会编 贵阳 贵州人民出版社 2005年 735页

013706359

**水矿集团总医院志** 1965—2005

水矿总医院志编纂委员会编 水城 水矿总医院志编纂委员会 2005年 210页

## 盘县

008784274

**盘县特区志**

贵州省盘县特区地方志编纂委员会编 北京 方志出版社 1998年 1101页

013629307

**盘县发电厂厂志** 1989—2001

盘县发电厂编 盘县 盘县发电厂志编纂委员会 2002年 320页

008541895

**盘县特区烟草志**

贵州省六盘水市盘县特区烟草专卖局 贵州省烟草公司盘县特区公司编 北京 方志出版社 1997年 335页

013822672

**山脚树煤矿志** 1966—2004

山脚树煤矿志编纂委员会编 贵阳 贵阳经纬印刷厂 2012年 551页

013863145
**盘县税务志**
盘县税务志编委会编 盘县 盘县税务志编委会 2007 年 517 页

008665776
**盘县特区金融志**
贵州省盘县特区金融志编纂委员会编 贵阳 贵州人民出版社 1994 年 381 页

013898861
**盘县第二中学 贵州省示范性普通高中校志**（诞辰五十周年）1960—2010
贵州省盘县第二中学编 2010 年 434 页

013863141
**盘县第五中学校志**
盘县五中校志编纂委员会编 曲靖 曲靖先锋印刷有限责任公司 2008 年 414 页

013926234
**盘县一中校志**
盘县一中七十周年校庆组委会编 盘县 盘县一中 2010 年 565 页

013775104
**盘县一中校志**
盘县一中校庆筹委会办公室编 六盘水 盘江矿工报印刷厂 2000 年 310 页

010060962
**中国民间故事集成 中国民间歌谣集成 中国民间谚语集成 贵州省六盘水市 盘县特区卷**
盘县特区 1990 年 440 页

## 六枝特区

010278723
**郎岱县志长编**
李志高著 六枝特区 中国人民政治协商会议贵州省六枝特区委员会 1995 年 518 页

009010564
**六枝特区志**
六枝特区地方志编纂委员会编 贵阳 贵州人民出版社 2002 年 955 页

002870945
**六枝煤矿志**
六枝矿务局编 六盘水 六枝矿务局 1987 年 293 页

012766121
**六枝矿志**
贵州六枝工矿（集团）有限责任公司矿志编纂委员会编 六枝 贵州六枝工矿（集团）有限责任公司矿志编纂委员会 2007 年 669 页

## 遵义市

006548220
**遵义地区志**
贵州省遵义地区地方志编纂委员会编 贵阳 贵州人民出版社 1992年

009336315
**遵义地区志 财政志 税务志**
贵州省遵义市地方志编纂委员会编 贵阳 贵州人民出版社 2002年 469页

009310290
**遵义地区志 党派群团志**
贵州省遵义市地方志编纂委员会编 贵阳 贵州人民出版社 2003年 439页

009046165
**遵义地区志 工业志**
贵州省遵义市地方志编纂委员会编 贵阳 贵州人民出版社 2002年 258页

009332522
**遵义地区志 公安志**
贵州省遵义市地方志编纂委员会编 贵阳 贵州人民出版社 2002年 291页

009675206
**遵义地区志 广播电视志 报业志**
贵州省遵义市地方志编纂委员会编 贵阳 贵州人民出版社 2004年 275页

009441853
**遵义地区志 检察志**
贵州省遵义市地方志编纂委员会编 贵阳 贵州人民出版社 2003年 228页

009336311
**遵义地区志 金融志**
贵州省遵义市地方志编纂委员会编 贵阳 贵州人民出版社 2000年 352页

009311107
**遵义地区志 经济管理志**
贵州省遵义市地方志编纂委员会编 贵阳 贵州人民出版社 2003年 480页

009336329
**遵义地区志 军事志**
贵州省遵义市地方志编纂委员会编 贵阳 贵州人民出版社 2003年 468页

009699363
**遵义地区志 科学技术协会志**
贵州省遵义市地方志编纂委员会编 贵阳 贵州人民出版社 2005年 337页

009189709
**遵义地区志 民政志**
贵州省遵义市地方志编纂委员会编 贵阳 贵州人民出版社 2003年 436页

007930794
**遵义地区志 名产志**
遵义地区地方志编纂委员会编 贵阳 贵州人民出版社 1989年 191页

009336332
**遵义地区志 人物志**
贵州省遵义市地方志编纂委员会编 香港 天马出版社 2001年 368页

009332533
**遵义地区志 水利志**
贵州省遵义市地方志编纂委员会编 贵阳 贵州人民出版社 2001年 543页

009699359
**遵义地区志 司法行政志 对外贸易经济合作志**
贵州省遵义市地方志编纂委员会编 贵阳 贵州人民出版社 2004年 140页

009675210
**遵义地区志 文化志 文学艺术志**
贵州省遵义市地方志编纂委员会编 贵阳 贵州人民出版社 2004年 286页

008991081
**遵义地区志 武警志**
贵州省遵义市地方志编纂委员会编 贵阳 贵州人民出版社 2002年 312页

009336327
**遵义地区志 乡镇企业志**
贵州省遵义市地方志编纂委员会编 贵阳 贵州人民出版社 2003年 252页

009511187
**遵义地区志 政权 政协志**
贵州省遵义市地方志编纂委员会编 贵阳 贵州人民出版社 2004年 390页

010253958
**遵义地区志 卷首**
贵州省遵义市地方志编纂委员会编 贵阳 贵州人民出版社 2006年 148页

008541227
**遵义地区志 第1卷 民族志**
贵州省遵义市地方志编纂委员会编 贵阳 贵州人民出版社 1999年 257页

008541231
**遵义地区志 第2卷 林业志**
贵州省遵义市地方志编纂委员会编 贵阳 贵州人民出版社 2000年 324页

009443227
**遵义地区志 第3卷 行政建置志 自然地理志**
贵州省遵义地区地方志编纂委员会编 贵阳 贵州人民出版社 1992年 255页

009443292
**遵义地区志 第4卷 交通志 邮电志 城乡建设环境保护志**

贵州省遵义地区地方志编纂委员会编　贵阳　贵州人民出版社　1997 年　410 页

009408079
**遵义地区志　第 5 卷　概况　大事志**
贵州省遵义地区地方志编纂委员会编　贵阳　贵州人民出版社　1994 年　193 页

009332528
**遵义地区志　第 6 卷　商业志　供销志　粮食志　物资志　工商行政管理志**
贵州省遵义地区地方志编纂委员会编　贵阳　贵州人民出版社　1992 年　646 页

009105257
**遵义地区志　第 7 卷　审判志**
贵州省遵义市地方志编纂委员会编　贵阳　贵州人民出版社　2003 年　331 页

009105261
**遵义地区志　第 8 卷　卫生志**
贵州省遵义市地方志编纂委员会编　贵阳　贵州人民出版社　2002 年　331 页

009124692
**遵义地区志　第 9 卷　名胜志**
贵州省遵义市地方志编纂委员会编　北京　方志出版社　2002 年　104 页

009675209
**遵义地区志　第 10 卷　体育志　档案志**
贵州省遵义市地方志编纂委员会编　贵阳　贵州人民出版社　2004 年　392 页

009864534
**遵义地区志　第 11 卷　农业志　畜牧渔业志**
贵州省遵义市地方志编纂委员会编　贵阳　贵州人民出版社　2001 年　342 页

008488426
**遵义市志**
遵义市志编纂委员会编　北京　中华书局　1998 年　3 册

013996265
**遵义市党史工作志 1981—2011**
张黔生主编　中共遵义市委党史研究室编　北京　中共党史出版社　2013 年　376 页

013512169
**遵义市人民政府志 1997—2007**
遵义市人民政府办公室编　北京　方志出版社　2011 年　410 页

013606731
**遵义市公安志**
遵义市公安局编　北京　中国文化出版社　2009 年　404 页

013072602

**武警贵州省总队志 遵义市支队志**

武警贵州省总队遵义市史志编纂委员会编 遵义 武警贵州省总队遵义市史志编纂委员会 2002年 386页

008541251

**遵义市军事志**

贵州省遵义市人民武装部军事志编委会编纂 贵阳 贵州人民出版社 1994年 251页〔遵义市志丛书 5〕

013902072

**遵义市国土资源志**

遵义市国土资源局编 北京 方志出版社 2013年 418页

013134409

**遵义市质量技术监督志**

遵义市质量技术监督局编 北京 中国文化出版社 2011年 330页

013606728

**遵义市房产管理志**

遵义市房产管理局编 北京 中国文化出版社 2009年 346页

008991079

**遵义地区烟草志**

遵义地区烟草志编委会编 贵阳 贵州人民出版社 2001年 335页

013661857

**遵义市乳品公司志**

遵义市乳品公司志编委会编 遵义 遵义市乳品公司志编委会 1991年 90页

008541257

**遵义烟叶复烤厂志**

遵义烟叶复烤厂志编纂领导小组编 贵阳 贵州民族出版社 1997年 92页

013798876

**遵义市工业志** 1998—2007

遵义市工业志编纂委员会编 北京 方志出版社 2011年 474页

008541247

**遵义市交通志**

遵义市交通志编纂委员会编 贵阳 贵州人民出版社 1994年 275页〔遵义市志丛书 2〕

013902081

**遵义市交通志** 1990—2007

遵义市交通运输局编 北京 方志出版社 2012年 507页

013996264

**遵义高等级公路管理志**

遵义高等级公路管理志编委会编 北京 现代出版社 2009年 287页

008541250

**遵义地区税务志**

张如烈主编 严光第 陈作仁副主编 领导小组编纂 遵义 遵义地区税务志编纂领导小组 1991年 270页

013940921
**遵义市地方税务志** 1994—2007
遵义市地方税务局编 北京 中国文化出版社 2010年 310页

013686645
**遵义市税务志**
遵义市税务局编 遵义 遵义市税务局 1993年 160页〔遵义市志丛书 3〕

013012754
**遵义市金融志** 1996—2007
遵义市金融志编纂委员会编 遵义 遵义市金融志编纂委员会 2009年 239页

007885971
**遵义地区教育志**
遵义地区教育志编纂领导小组编 贵阳 贵州人民出版社 1993年 698页

013686642
**遵义市教育志**
遵义市教育局编 北京 中国文化出版社 2009年 374页

013686634
**遵义师范学校志**
遵义师范学校志编委会编 遵义 遵义师范学校志编委会 2009年 294页

010061390
**中国谚语集成 贵州省 遵义地区卷**
遵义地区文艺集成志书编辑部编 遵义 遵义地区文艺集成志书编辑部 1989年 159页

010008306
**遵义市城建志** 1176—1989
遵义市建设委员会编 遵义 遵义市建设委员会 1993年 374页〔遵义市志丛书 3〕

009227193
**遵义地区文物志**
贵州省遵义地区文物管理委员会 遵义地区文化局编 贵阳 贵州人民出版社 1984年 255页

008540959
**贵州省遵义市地名志**
遵义市地名办公室编 遵义 贵州省遵义市人民政府 1984年 432页

007910129
**遵义新志**
张其昀主编 遵义市志编纂委员会编 杭州 国立浙江大学史地研究所 1987年 152页

013926274
**贵州省遵义医院院志** 1998—2008
贵州省遵义医院院志编委会编撰 遵义 贵州省遵义医院院志编委会 2008年

369 页

013323321

**遵义水利水电勘测设计研究院志** 1959—2004

遵义 遵义水利水电勘测设计研究院 2009 年 292 页

## 汇川区

013512167

**遵义市汇川区(经济技术开发区)志**

遵义市汇川区地方志编纂委员会编 北京 方志出版社 2012 年 924 页

## 红花岗区

013824991

**南关镇志**

红花岗区南关镇人民政府编 贵州 2009 年 323 页

012999130

**红花岗区教育志** 1990—2007

遵义市红花岗区教育局教育志编纂委员会编 红花岗区 遵义市红花岗区教育局 2009 年 276 页

## 赤水市

013819178

**赤水市志** 1986—2006

贵州省赤水市地方志编纂委员会编 北京 方志出版社 2012 年 908 页

003324854

**赤水县志**

贵州省赤水县地方志编纂委员会编 贵阳 贵州人民出版社 1990 年 917 页

013859472

**赤水县交通志**

赤水县交通局 赤水县交通志编纂组编 合江 国营合江县印刷二厂 1987 年 169 页

008402553

**十年修志话春秋 赤水县志编纂文论选集**

贵州省赤水市地方志编纂委员会编 贵州 贵州省赤水市地方志编纂委员会 1992 年 328 页

008539951

**贵州省赤水县地名志**

杨精辉主编 余泠副主编 焦庆吉 高洪审稿 赤水 赤水县地名办公室 1986 年 416 页

## 仁怀市

013899361

**仁怀市志** 1978—2005

贵州省仁怀市地方志编纂委员会编 北京 方志出版社 2013 年 830 页

006795848

仁怀县志

贵州省仁怀县地方志编纂委员会编 贵阳 贵州人民出版社 1991年 1307页

013688683

贵州酒中酒集团志

贵州酒中酒集团志编纂委员会编 北京 中国文史出版社 2012年 328页

006003453

茅台酒厂志

茅台酒厂编著 北京 科学出版社 1991年 213页

013512076

中国贵州茅台酒厂有限责任公司志

中国贵州茅台酒厂有限责任公司编 北京 方志出版社 2011年 722页

009989212

仁怀教育志

仁怀教育志编写组编 仁怀 仁怀县教育局 1991年 303页

013509247

仁怀市教育志 1978—2005

仁怀市教育和科学技术局编 北京 方志出版社 2011年 762页

013320922

仁怀一中校志 1938—1998

仁怀一中校志编写组编 仁怀 仁怀一中 1998年 243页

008540014

贵州省仁怀县地名录

仁怀县人民政府编 仁怀 仁怀县人民政府 1988年 374页

## 遵义县

004516544

遵义县志

贵州省遵义县县志编纂委员会编著 贵阳 贵州人民出版社 1992年 1274页

014056748

遵义县毛石镇志 1600—2007

遵义县毛石镇志编纂委员会编 遵义 遵义县毛石镇志编纂委员会 2011年 620页

013996266

遵义县山盆镇志

遵义县山盆镇志编纂委员会编纂 贵阳 贵阳德堡快速印务有限公司 2010年 798页

010577396

遵义县交通志

遵义县交通志编纂领导小组编 贵阳 贵州人民出版社 1990年 267页〔遵义县志丛书 1〕

013902083

**遵义县粮食志**

遵义县粮食局粮食志编辑室编 遵义 遵义县粮食局 1992年 268页〔遵义县志丛书 10〕

008541240

**遵义县商业志**

遵义县商业志编纂委员会编 遵义 遵义县商业志编纂委员会 1992年 304页〔遵义县志丛书 6〕

008025690

**沙滩文化志**

黄万机著 贵州省地方志编纂委员会办公室编 贵阳 贵州省地方志编纂委员会办公室 1986年 179页〔贵州省地方志参考丛书 7〕

008541243

**遵义县教育志**

遵义县教育志编纂领导小组编 贵阳 贵州人民出版社 1991年 397页

010278473

**遵义县戏曲志**

贵州省艺术研究室 遵义县文艺集成志书领导小组编 遵义 贵州省艺术研究室 遵义县文艺集成志书领导小组 1993年 202页〔贵州艺术研究文丛〕

013606732

**遵义县文物志**

遵义县文物管理委员会 中国人民政治协商会议遵义县委员会编 遵义 遵义县文化馆 1983年

## 桐梓县

007992174

**桐梓县志**

桐梓县地方志编纂委员会编 北京 方志出版社 1997年 2册 1488页

013603316

**桐梓县建设志**

桐梓县建设志编纂委员会编 桐梓 桐梓县建设志编纂委员会 2000年 468页

013991577

**桐梓县教育志**

桐梓县教育志编纂委员会编 成都 四川大学出版社 1997年 410页

011764876

**桐梓方言志**

涂光禄主编 贵州省桐梓县地方志编纂委员会编 桐梓 贵州省桐梓县地方志编纂委员会 1987年 98页

013010680

**桐梓县文物志拓片专辑**

桐梓县文物志管理所编 桐梓 桐梓县文物志管理所 2004年 106页

013756350
**桐梓县气象志**
桐梓县气象志编纂委员会编 遵义 桐梓县气象志编纂委员会 2011年 163页

013342628
**桐梓县人民医院志**
桐梓县人民医院志编纂委员会编 桐梓 桐梓县人民医院志编纂委员会 2006年 445页

## 绥阳县

007488673
**绥阳县志**
贵州省绥阳县地方志编纂委员会编 贵阳 贵州人民出版社 1993年 1153页

013795572
**绥阳县政协志** 1981—1997
绥阳县政协志编委会编 中国人民政治协商会议贵州省绥阳县委员会编 遵义 遵义市彩印厂 1998年 194页

013683678
**贵州绥阳县检察志** 1950—2010
绥阳县检察志编写组编 绥阳 绥阳县人民检察院检察志编纂小组 2010年 197页

013704047
**贵州省绥阳县工商行政管理志**
绥阳县工商行政管理局编 绥阳 绥阳县人民印刷厂 1990年 355页〔绥阳县地方志丛书 3〕

009839646
**绥阳林业局志**
关德仁主编 北京 中国广播电视出版社 1991年 684页

007988981
**绥阳县水利志**
绥阳县水利志编纂委员会编 何世俊主编 绥阳 绥阳县水利志编纂委员会 1990年 249页〔绥阳地方志丛书 2〕

013603194
**绥阳县教育志**
绥阳县教育志编纂办公室编 绥阳 绥阳县教育志编纂办公室 1991年 290页〔绥阳县志丛书〕

013321002
**绥阳县文物志**
绥阳县文物志编委会编 绥阳 绥阳县文物志编委会 2011年 168页

008541131
**贵州省绥阳县地名志**
绥阳县人民政府编辑 绥阳 绥阳县人民政府 1987年 411页

## 正安县

008471205
**正安县志**
正安县地方志编纂委员会编 贵阳 贵州人民出版社 1999年 985页

013190075
**正安县志** 1978—2007
正安县地方志编纂委员会编 北京 方志出版社 2011年 1047页

012878955
**正安县人大志**
正安县人大志编纂委员会编 正安 正安县人大志编纂委员会 2007年 737页〔正安县地方志系列丛书 4〕

013512012
**正安县政协志**
正安县政协志编纂委员会编 正安 正安县政协志编纂委员会 2007年 505页〔正安县地方志系列丛书 5〕

012636613
**正安县林业志**
正安县林业局编 北京 中国文化出版社 2009年 370页

013961357
**正安县财政志**
贵州省正安县财政志编纂委员会编 贵阳 贵阳经纬印刷厂 2007年 328页〔正安县地方志系列丛书 5〕

008539964
**正安县地名志**
贵州省正安县人民政府编 正安 贵州省正安县人民政府 1984年 622页

009411484
**正安县卫生志**
贵州省正安县卫生志编纂委员会编 正安 贵州省正安县卫生志编纂委员会 2003年 335页〔正安县地方志系列丛书 1〕

## 凤冈县

006697078
**凤冈县志**
贵州省凤冈县地方志编纂委员会编 贵阳 贵州人民出版社 1994年 896页

012967551
**凤冈县志** 1978—2007
贵州省凤冈县地方志编纂委员会编 北京 方志出版社 2011年 775页

013860472
**凤冈县民政志**
贵州省凤冈县民政志编纂委员会编 凤冈 贵州省凤冈县民政志编纂委员会 2006年 272页

008541026
**贵州省凤冈县地名录**
凤冈县人民政府编 凤冈 凤冈县人民政府 1984年 345页

## 湄潭县

005285267
**湄潭县志**
湄潭县志编纂委员会编 贵阳 贵州人民出版社 1993年 998页

013184384
**湄潭县志** 1978—2007
贵州省湄潭县地方志编纂委员会编 北京 方志出版社 2011年 800页

013000464
**湄潭县文物志**
湄潭县文化馆编 湄潭 湄潭县文化馆 1984年

008540963
**贵州省湄潭县地名录**
湄潭县地名办公室编 湄潭 湄潭县地名办公室 1984年 303页

## 余庆县

007913528
**余庆县志**
贵州省余庆县地方志编纂委员会编 贵阳 贵州人民出版社 1992年 926页

012506614
**余庆县志** 1988—2005
贵州省余庆县地方志编纂委员会编 北京 方志出版社 2009年 953页

008540968
**贵州省余庆县地名录**
余庆县人民政府编 余庆 余庆县人民政府 1984年 244页

007684101
**余庆县水利电力志**
余庆县水利电力志编辑室编 南京 河海大学出版社 1991年 328页

## 习水县

006697077
**习水县志**
贵州省习水县地方志编纂委员会编 贵阳 贵州人民出版社 1995年 1037页

013899705
**习水县志** 1991—2010
贵州省习水县地方志编纂委员会编 北京 方志出版社 2012年 738页

013939459
**习水县军事志** 1109—2007
习水县军事志编纂委员会编纂 习水 习水县军事志编纂委员会 2008年

367 页

008928949

**习水县地名录**

贵州省习水县人民政府 习水县地名办公室编辑 习水 习水县人民政府 1985 年 626 页

## 道真仡佬族苗族自治县

004970852

**道真仡佬族苗族自治县志**

道真仡佬族苗族自治县志编纂委员会编 贵阳 贵州人民出版社 1992 年 747 页

012967476

**道真仡佬族苗族自治县志** 1988—2007

道真仡佬族苗族自治县志编纂委员会编 北京 方志出版社 2011 年 799 页

013771742

**道真仡佬族苗族自治县水利电力志**

道真仡佬族苗族自治县水利电力志编纂委员会编 2003 年 162 页

008541823

**道真仡佬族苗族自治县供销合作社志**

道真仡佬族苗族自治县供销合作社志编纂委员会编 贵阳 贵州人民出版社 1993 年 258 页〔道真地方志丛书 5〕

013924957

**道真仡佬族苗族自治县国税志**

道真仡佬族苗族自治县国税志编纂委员会编 北京 中国文化出版社 2013 年 349 页

012714076

**道真仡佬族苗族自治县教育志**

道真仡佬族苗族自治县教育志编纂委员会编 道真 道真仡佬族苗族自治县教育志编纂委员会 2009 年 543 页

013141114

**道真仡佬族苗族自治县道真中学校志**

道真仡佬族苗族自治县道真中学校志编纂委员会编 道真 道真仡佬族苗族自治县道真中学校志编纂委员会 2010 年 450 页

013141118

**道真仡佬族苗族自治县职业教育培训中心志**

道真仡佬族苗族自治县职业教育培训中心志编纂委员会编 道真 道真仡佬族苗族自治县职业教育培训中心志编纂委员会 2007 年 267 页

010251900

**道真仡佬族苗族自治县民族志**

道真仡佬族苗族自治县民族志编纂委员会编 贵阳 贵州人民出版社 1994 年 242 页〔道真地方志丛书 7〕

012714078
**道真仡佬族苗族自治县财政志**
道真仡佬族苗族自治县财政志编纂委
员会编 贵阳 19uu年 272页〔道真
地方志丛书 9〕

008540974
**贵州省道真县地名录**
道真县地名办公室编 道真 道真县人民
政府 1985年 309页

## 务川仡佬族苗族自治县

008836335
**务川仡佬族苗族自治县志**
贵州省务川仡佬族苗族自治县志编纂
委员会编 贵阳 贵州人民出版社
2001年 1296页

013899702
**务川仡佬族苗族自治县志 1978—2007**
务川仡佬族苗族自治县志编纂委员会
编 北京 方志出版社 2013年 784页

012814412
**务川仡佬族苗族自治县纪检监察志**
务川仡佬族苗族自治县纪检监察志编
纂委员会编 贵阳 贵州人民出版社
2010年 345页

013660396
**务川自治县老年大学校志**
中共务川仡佬族苗族自治县离退休干
部工作局 务川仡佬族苗族自治县老
年大学编 务川 务川仡佬族苗族自治
县老年大学 2009年 234页

008043220
**务川仡佬族苗族自治县民族志**
务川自治县民族志编写组编 贵阳 贵州
民族出版社 1992年 182页

# 安顺市

012741953
**安顺地区志**
安顺市地方志编纂委员会编 贵阳 贵州
人民出版社 2010年 482页

009332469
**安顺地区志 武警志**
安顺地区史志编纂委员会编 贵阳 贵州
人民出版社 2001年 340页

007490448
**安顺市志**
安顺市地方志编纂委员会编 贵阳 贵州
人民出版社 1995年 2册

013883836
**安顺市人口和计划生育志**
安顺市人口和计划生育志编纂委员会编 北京 中国文化出版社 2013年 360页

012635496
**安顺地区党群志** 1949.11—1990.12
安顺地区党群志编纂小组编 安顺 安顺地区党群志编纂小组 1996年 243页

012635500
**安顺地区林业志**
安顺地区林业志编辑室编 安顺 安顺地区林业志编辑室 1990年 240页

007685459
**安顺县水利志**
1994年 81页

013646794
**安顺烟草志**
贵州省安顺市烟草专卖局 贵州省安顺市烟草公司编 北京 中国图书出版社 2009年 588页

012638817
**贵州省安顺地区水利电力志**
贵州省安顺地区水利电力志编辑委员会编 安顺 贵州省安顺地区水利电力志编辑委员会 1997年 325页

008597965
**安顺地区邮电志**
安顺地区邮电局史志办公室编 北京 人民邮电出版社 1998年 129页

011496809
**安顺地区供销合作社志**
安顺地区供销社编纂组编 安顺 安顺地区供销社 1995年 200页

009864359
**安顺地方税务志**
贵州省安顺市地方税务志编纂委员会编 贵阳 贵州人民出版社 2004年 388页

008598416
**安顺地区财政志**
安顺地区财政志编纂委员会编 贵阳 贵州人民出版社 1996年 309页

012831056
**安顺市农村信用社志**
安顺市农村信用社志编纂委员会编纂 西宁 青海人民出版社 2010年 506页

008541736
**安顺地区民族志**
安顺地区民族事务委员会编 贵阳 贵州民族出版社 1996年 334页

011430280
**安顺县民族志 缩简本**
安顺县民族事务委员会编 安顺 安顺县民族事务委员会 1989年 191页

008540958
**安顺市地名录**
安顺市人民政府编 安顺 安顺市人民政府 1980年 61页

008540522
**安顺县地名录**
安顺县人民政府编 安顺 安顺县人民政府 1980年 144页

007988979
**贵州省安顺地区水利电力工程志**
贵州省安顺地区水利志编辑委员会编 贵州 贵州省安顺地区水利志编辑委员会 19uu年 630页

## 西秀区

011328743
**安顺市西秀区志**
安顺市西秀区地方志编纂委员会编 贵阳 贵州人民出版社 2007年 2册

009310266
**安顺市宋旗镇志**
贵州省安顺市宋旗镇志编纂委员会编 贵阳 贵州人民出版社 2001年 320页

009346541
**安顺市西秀区蔡官镇志**
贵州省安顺市西秀区蔡官镇志编纂委员会编 贵阳 贵州人民出版社 2004年 624页

010238262
**安顺市西秀区大西桥镇志**
安顺市西秀区大西桥镇志编纂委员会编 贵阳 贵州人民出版社 2006年 466页

009989190
**安顺市西秀区华西办事处管元村志**
管元村志编纂小组编 贵阳 贵州人民出版社 2005年 204页

009472107
**安顺市西秀区轿子山镇志**
贵州省安顺市西秀区轿子山镇志编纂委员会编 贵阳 贵州人民出版社 2004年 482页

009336333
**安顺市西秀区旧州镇志**
贵州省安顺市西秀区旧州镇志编纂委员会编 贵阳 贵州人民出版社 2003年 379页

009887128
**安顺市西秀区双堡镇志**
安顺市西秀区双堡镇志编纂委员会编 贵阳 贵州人民出版社 2005年

420 页

009346577
**中共安顺市西秀区委组织志**
中共安顺市西秀区委组织志编纂组编 贵阳 贵州人民出版社 2003 年 318 页

012263908
**安顺市西秀区人民代表大会志** 1949.11—2008.6
安顺市西秀区人民代表大会编纂委员会编 贵阳 贵州人民出版社 2009 年 287 页

009673772
**安顺市西秀区人民政府志**
安顺市西秀区地方志编纂委员会编 贵阳 贵州人民出版社 2004 年 440 页

012635558
**安顺市西秀区政协志**
西秀区政协志编纂小组编 安顺 中国人民政治协商会议西秀区委员会 2009 年 307 页

013308885
**安顺市西秀区工商行政管理志**
安顺市西秀区工商行政管理志编辑委员会编 贵阳 贵阳经纬印刷厂 2007 年 516 页

013625829
**安顺市西秀区地方税务志** 1994.9—2003.12
安顺市西秀区地方税务志编纂委员会编 安顺 安顺市西秀区地方税务志编纂委员会 2006 年 283 页

010962583
**安顺市西秀区教育志**
安顺市西秀区教育志编纂组编 贵阳 贵州人民出版社 2006 年 343 页

013506436
**安顺市西秀区苗族志**
安顺市西秀区民族宗教事务局 安顺市西秀区苗学研究会编 贵阳 贵州人民出版社 2012 年 455 页

## 平坝县

009864411
**平坝县志**
贵州省平坝县地方志编纂委员会编 贵阳 贵州人民出版社 2004 年 1168 页

012955815
**平坝县农村信用社志**
平坝县农村信用社志编纂委员会编 西宁 青海人民出版社 2010 年 522 页

008540329
**贵州省平坝县地名录**
平坝县人民政府编 平坝 平坝县人民政

府 1984年 131页

## 普定县

008598388
**普定县志**
贵州省普定县地方志编纂委员会编 贵阳 贵州人民出版社 1999年 883页

013629326
**普定县工商行政管理志**
普定县工商行政管理志编纂委员会编 普定 普定县工商行政管理志编纂委员会 2009年 487页

012639077
**普定县粮食志** 1914—1990
普定县粮食志编纂委员会编 普定 普定县粮食志编纂委员会 1992年 266页

012639078
**普定县财政志**
普定县财政局编 普定 普定县财政局 1991年 298页

008540977
**贵州省普定县地名录**
普定县人民政府编 普定 普定县人民政府 1987年 175页〔贵州省地名丛书50〕

## 镇宁布依族苗族自治县

008992706
**镇宁布依族苗族自治县志**
镇宁布依族苗族自治县志编纂委员会编 贵阳 贵州人民出版社 2002年 764页

013630734
**镇宁工会志**
镇宁布依族苗族自治县总工会编 镇宁 镇宁布依族苗族自治县总工会 1990年 84页

013012659
**镇宁布依族苗族自治县农村信用合作社志**
镇宁布依族苗族自治县农村信用合作社志编纂委员会编 北京 中国文化出版社 2009年 354页

013901260
**镇宁布依族苗族自治县民族志**
镇宁布依族苗族自治县民族事务局编 北京 方志出版社 2013年 235页

## 关岭布依族苗族自治县

008971705
**关岭布依族苗族自治县志**
关岭布依族苗族自治县地方志编纂委员会编 贵阳 贵州人民出版社 2002

年 710 页

## 紫云苗族布依族自治县

012872350
关岭布依族苗族自治县农村信用社志
关岭布依族苗族自治县农村信用社志编纂委员会编 西宁 青海人民出版社 2010 年 362 页

007913502
紫云苗族布依族自治县志
紫云苗族布依族自治县县志编纂委员会编 贵阳 贵州人民出版社 1991 年 736 页

013528952
贵州省关岭布依族苗族自治县教育志
贵州省关岭布依族苗族自治县教育局编 关岭 贵州省关岭布依族苗族自治县教育局 1991 年 355 页

010476442
紫云苗族布依族自治县政协志
中国人民政治协商会议贵州省紫云苗族布依族自治县委员会编 贵阳 贵州人民出版社 2006 年 352 页

008540023
贵州省关岭布依族苗族自治县地名录
关岭布依族苗族自治县人民政府编 关岭 关岭布依族苗族自治县人民政府 1986 年 195 页

008541016
贵州省紫云苗族布依族自治县地名录
紫云苗族布依族自治县人民政府编 紫云 紫云苗族布依族自治县人民政府 1988 年 177 页

## 毕节市

008900684
毕节地区志
贵州省毕节地区地方志编纂委员会编 贵阳 贵州人民出版社 1991 年

011995270
毕节地区志 人口与计划生育志
贵州省毕节地区地方志编纂委员会编 北京 中国广播电视出版社 2008 年 389 页

012249685
毕节地区志 对外贸易经济合作志
贵州省毕节地区地方志编纂委员会编 北京 方志出版社 2009 年 258 页

008541835
毕节地区志 第 1 卷 军事志
贵州省毕节地区地方志中国人民解放

军贵州省毕节军分区军事志编纂委员会编 贵阳 贵州人民出版社 1994年 318页

008997537
**毕节地区志** 第2卷 农牧渔业志
贵州省毕节地区地方志编纂委员会编 贵阳 贵州人民出版社 2002年 627页

008783275
**毕节地区志** 第3卷 民政志
贵州省毕节地区地方志编纂委员会编 北京 方志出版社 2002年 399页

006577108
**毕节地区志** 第4卷 人物志
贵州省毕节地区地方志编纂委员会编 贵阳 贵州人民出版社 1991年 331页

006577191
**毕节地区志** 第5卷 金融志
贵州省毕节地区地方志编纂委员会编 贵阳 贵州人民出版社 1992年 312页

006577137
**毕节地区志** 第6卷 文物名胜志
贵州省毕节地区地方志编纂委员会编 贵阳 贵州人民出版社 1994年 246页

006577136
**毕节地区志** 第7卷 教育志
贵州省毕节地区地方志编纂委员会编 贵阳 贵州人民出版社 1994年 353页

006795881
**毕节地区志** 第8卷 邮电志
贵州省毕节地区地方志编纂委员会编 贵阳 贵州人民出版社 1992年 263页

007885976
**毕节地区志** 第9卷 商业志
贵州省毕节地区地方志编纂委员会编 贵阳 贵州人民出版社 1995年 347页

007885974
**毕节地区志** 第10卷 林业志
贵州省毕节地区地方志编纂委员会编 贵阳 贵州人民出版社 1995年 249页

007885973
**毕节地区志** 第11卷 科学技术志
贵州省毕节地区地方志编纂委员会编 贵阳 贵州人民出版社 1996年 471页

008036601
**毕节地区志** 第12卷 交通志
贵州省毕节地区地方志编纂委员会编

贵阳 贵州人民出版社 1994 年 404 页

008036602
毕节地区志 第 13 卷 农机志
贵州省毕节地区地方志编纂委员会编 贵阳 贵州人民出版社 1995 年 153 页

009189428
毕节地区志 第 14 卷 武警志
贵州省毕节地区地方志编纂委员会编 贵阳 贵州人民出版社 2002 年 280 页

009082435
毕节地区志 第 15 卷 人事志
贵州省毕节地区地方志编纂委员会编 贵阳 贵州人民出版社 2002 年 415 页

009879116
毕节地区志 第 16 卷 土地志
贵州省毕节地区地方志编纂委员会编 贵阳 贵州人民出版社 2005 年 207 页

009399100
毕节地区志 第 17 卷 广播电视志
贵州省毕节地区地方志编纂委员会编 贵阳 贵州人民出版社 2003 年 262 页

009399098
毕节地区志 第 18 卷 文化艺术新闻出版志
贵州省毕节地区地方志编纂委员会编 贵阳 贵州人民出版社 2003 年 418 页

009560694
毕节地区志 第 19 卷 劳动志
贵州省毕节地区地方志编纂委员会编 贵阳 贵州人民出版社 2004 年 340 页

009878755
毕节地区志 第 20 卷 计划志
贵州省毕节地区地方志编纂委员会编 贵阳 贵州人民出版社 2005 年 288 页

011312192
毕节地区志 第 21 卷 司法行政志
贵州省毕节地区地方志编纂委员会编 贵阳 贵州人民出版社 2006 年 237 页

008783254
毕节地区志 第 22 卷 价格志
贵州省毕节地区地方志编纂委员会编 贵阳 贵州人民出版社 2000 年 359 页

011471218
毕节地区志 第 23 卷 党派群团志

贵州省毕节地区地方志编纂委员会编
　贵阳　贵州人民出版社　2007 年
　476 页

008783268
**毕节地区志　第 24 卷　政权志**
贵州省毕节地区地方志编纂委员会编
　贵阳　贵州人民出版社　1999 年
　359 页

009878753
**毕节地区志　第 25 卷　公安志**
贵州省毕节地区地方志编纂委员会编
　贵阳　贵州人民出版社　2005 年
　374 页

009510795
**毕节地区志　第 26 卷　地理志**
贵州省毕节地区地方志编纂委员会编
　贵阳　贵州人民出版社　2004 年
　371 页

008783281
**毕节地区志　第 27 卷　粮食志**
贵州省毕节地区地方志编纂委员会编
　贵阳　贵州人民出版社　2001 年
　258 页

008783250
**毕节地区志　第 28 卷　财政志**
贵州省毕节地区地方志编纂委员会编
　贵阳　贵州人民出版社　1998 年
　647 页

011943120
**毕节地区志　第 29 卷　检察志**
贵州省毕节地区地方志编纂委员会编
　北京　方志出版社　2008 年　308 页

011943128
**毕节地区志　第 30 卷　审计志**
贵州省毕节地区地方志编纂委员会编
　北京　方志出版社　2008 年　193 页

011471229
**毕节地区志　第 31 卷　乡镇企业志**
贵州省毕节地区地方志编纂委员会编
　北京　中国广播电视出版社　2007 年
　197 页

012191485
**毕节地区志　第 32 卷　档案志**
贵州省毕节地区地方志编纂委员会编
　北京　方志出版社　2009 年　320 页

012971651
**毕节地区志　第 33 卷　建设建筑志**
贵州省毕节地区地方志编纂委员会编
　贵阳　贵州人民出版社　2000 年
　563 页

013037893
**毕节地区志　第 33 卷　盐业志**
贵州省毕节地区地方志编纂委员会编
　北京　方志出版社　2011 年　266 页

013090764
毕节地区志 第34卷 审判志
贵州省毕节地区地方志编纂委员会编 北京 方志出版社 2011年 280页

013333848
毕节市志 1994—2010
毕节市志编纂委员会编 北京 中国文史出版社 2012年 2册

008640148
毕节县志
毕节县地方志编纂委员会编 贵阳 贵州人民出版社 1996年 1265页

011496835
毕节地区烟草志
贵州省毕节地区烟草专卖局 贵州省烟草公司毕节分公司烟草志编纂委员会编 贵阳 贵州人民出版社 1994年 394页

009379983
毕节县烟草志
毕节县烟草志编纂委员会编 贵阳 贵州人民出版社 1995年 191页

012635640
毕节县粮食志
毕节县粮食局编 毕节 毕节县粮食局 1991年 97页

013772660
贵州省毕节地区农村金融志 1667—1987
中国农业银行毕节地区农村金融志编纂委员会编 毕节 中国农业银行毕节地区农村金融志编纂委员会 1991年 261页

008541027
贵州省毕节县地名录
贵州省毕节县人民政府编 毕节 贵州省毕节县人民政府 1985年 622页

013955602
毕节市农业机械管理志
毕节市农业机械管理志编纂委员会编 毕节 毕节市农业机械管理局 2001年 571页

## 大方县

007885985
大方县志
贵州省大方县地方志编纂委员会编 北京 方志出版社 1996年 1010页

013626218
大方县工会志
大方县总工会编 大方 大方县总工会 1989年 75页

## 黔西县

007913488
**黔西县志**
黔西县志编写委员会编 贵阳 贵州人民出版社 1990年 756页

012542778
**黔西县志** 1986—2007
黔西县地方志编纂委员会编 北京 方志出版社 2009年 979页

009413398
**三角乡志**
李华明采写 贵州省黔西县志办编 黔西 贵州省黔西县志办 1986年 132页

013659765
**黔西县人民代表大会志**
贵州省黔西县人民代表大会志编纂委员会编 北京 中国民主法制出版社 2011年 1093页

013222981
**黔西县政协志** 1981—2007
黔西县政协志编纂委员会编 贵阳 贵州人民出版社 2011年 555页

011329677
**黔西县民政志**
黔西县民政志编纂委员会编 贵阳 贵州民族出版社 2007年 594页

009118613
**黔西县烟草志**
贵州省黔西县烟草专卖局 贵州省烟草公司黔西县公司编 北京 方志出版社 1995年 221页

008991121
**黔西县财政志**
黔西县财政志编委会编 贵阳 贵州人民出版社 2001年 621页

008447270
**黔西县教育志**
黔西县教育局编 1988年 196页

008540989
**贵州省黔西县地名录**
黔西县人民政府编 黔西 黔西县人民政府 1984年 419页

## 金沙县

008541908
**金沙县志**
贵州省金沙县地方志编纂委员会编 北京 方志出版社 1997年 1152页

009380815
**金沙县石场苗族彝族乡志**
金沙县石场乡志编纂小组编 金沙 金沙县石场乡志编纂小组 2000年 299页

013897652
**金沙县源村乡志**
金沙县源村乡志编纂委员会编 商水 河南省商水县宏达工印厂 2009 年 305 页

013897646
**金沙县林业志**
金沙县林业志编纂委员会编 金沙 金沙县林业局 2010 年 327 页

013897650
**金沙县农业志**
金沙县农业志编纂委员会编 金沙 金沙县农牧局 2010 年 417 页

008542019
**金沙县烟草志** 1941—1997
贵州省金沙县烟草专卖局 贵州省烟草公司金沙县公司编 贵阳 贵州人民出版社 1999 年 324 页

013627988
**金沙盐志**
金沙盐志编纂领导小组编 金沙 金沙盐志编纂领导小组 2001 年 360 页

013627987
**金沙县信用合作志**
金沙县信用合作志编纂委员会编 贵阳 贵阳天济彩印有限公司 2010 年 315 页

013752662
**金沙县教育志**
金沙县教育局编 金沙 金沙县教育局 2012 年 595 页

## 织金县

008488313
**织金县志**
贵州省织金县地方志编纂委员会编 北京 方志出版社 1997 年 958 页

012956920
**织金县政协志** 1981—1997
织金县政协志编纂委员会编 织金 织金县政协志编纂委员会 1999 年 192 页

013098036
**织金县检察志**
织金县人民检察院编 织金 织金县人民检察院 2006 年 222 页

012956918
**织金县烟草志**
贵州省织金县烟草专卖局 贵州省烟草公司织金县公司编 贵州 贵州省毕节地区新闻出版局 1997 年 217 页

013379591
**织金县志供销合作社志**
织金县供销合作社志编纂委员会编 织金 织金县供销合作社志编纂委员会 2009 年 347 页

013708137

**织金县文化艺术志**

织金县文化艺术志编委会编 织金 织金县文化艺术志编委会 1994年 272页

008540992

**贵州省织金县地名录**

织金县人民政府 喻泽正主编 织金 织金县人民政府 1986年 522页

013379587

**织金洞志**

贵州织金洞风景名胜管理局 贵州织金洞国家地质公园管理局编 贵阳 贵州人民出版社 2010年 216页

## 纳雍县

008598389

**纳雍县志**

贵州省纳雍县地方志编纂委员会编 贵阳 贵州人民出版社 1999年 928页

008541907

**纳雍县烟草志**

贵州省纳雍县烟草志编纂委员会编 北京 方志出版社 1996年 248页

008539985

**贵州省纳雍县地名录**

纳雍县人民政府 周兴志主编 徐思忠等副主编 纳雍 纳雍县人民政府 1987年 311页

## 赫章县

013728779

**赫章县志** 1996—2007

赫章县地方志编纂委员会编 北京 中国广播电视出版社 2011年 763页

012658591

**赫章县政协志**

赫章县政协志编纂委员会编 赫章 赫章县政协志编纂委员会 2002年 347页

008541905

**赫章县烟草志**

贵州省赫章县烟草专卖局 贵州省烟草公司赫章县公司编 北京 方志出版社 1995年 205页

013752341

**贵州省赫章一小校志** 1909—2009

赫章一小校志编纂委员会编 赫章 赫章县城关第一小学 2009年 296页

008541033

**贵州省赫章县地名录**

赫章县人民政府编 赫章 赫章县人民政府 1988年 241页

009310274

**赫章县水利志**

赫章县水利志编委会编 赫章 贵州省赫章县水利局 2003年 274页

## 威宁彝族回族苗族自治县

007590134
**威宁彝族回族苗族自治县志**
贵州省威宁彝族回族苗族自治县志编纂委员会编 贵阳 贵州人民出版社 1994年 754页

013373627
**威宁彝族回族苗族自治县志 1990—2010**
威宁彝族回族苗族自治县志编纂委员会编 北京 方志出版社 2012年 2册

013072560
**威宁县党史志 1982—2007**
中共威宁县委党史研究室编著 威宁 中共威宁县委党史研究室 2007年 105页

012766977
**威宁彝族回族苗族自治县法院志**
威宁彝族回族苗族自治县人民法院志编纂委员会编 贵阳 贵州人民出版社 2010年 314页

014052337
**威宁彝族回族苗族自治县财政志**
威宁彝族回族苗族自治县财政局财政志编纂小组编 1991年 567页

011147833
**中国歌谣集成 中国谚语集成 贵州省毕节地区 威宁县卷**
威宁县民间文学三套集成编委会编 贵州 贵州省地矿局113队印刷厂印刷 1988年 566页

008598423
**威宁彝族回族苗族自治县民族志**
威宁彝族回族苗族自治县民族事务委员会编 贵阳 贵州民族出版社 1997年 469页

008540056
**贵州省威宁彝族回族苗族自治县地名录**
威宁彝族回族苗族自治县人民政府编 威宁 威宁彝族回族苗族自治县人民政府 1985年 578页

# 铜仁市

008886968
**铜仁地区志**
铜仁地区地方志编纂委员会编 贵阳 贵州人民出版社 1991年

009145782

铜仁地区志 城乡建设环境保护志

贵州省铜仁地区地方志编纂委员会编 贵阳 贵州人民出版社 2001年 483页

009145787

铜仁地区志 供销合作社志

铜仁地区地方志编纂委员会编 贵阳 贵州人民出版社 1993年 488页

010962617

铜仁地区志 国土资源志

铜仁地区地方志编纂委员会编 贵阳 贵州人民出版社 2006年 556页

012722925

铜仁地区志 检察志 1991—2008

贵州省人民检察院铜仁分院编 贵阳 贵州科技出版社 2010年 366页

009146561

铜仁地区志 军事志

贵州省铜仁地区地方志编纂委员会编 贵阳 贵州人民出版社 2003年 580页

010962621

铜仁地区志 民政志

铜仁地区地方志编纂委员会编 贵阳 贵州人民出版社 2007年 741页

008836359

铜仁地区志 气象志

铜仁地区地方志编纂委员会编 贵阳 贵州人民出版社 1994年 267页

008783342

铜仁地区志 水利电力志

铜仁地区地方志编纂委员会编 贵阳 贵州科技出版社 1999年 560页

012814276

铜仁地区志 乡镇企业志

铜仁地区地方志编纂委员会编 贵阳 贵州科技出版社 2009年 296页

011295537

铜仁地区志 畜牧志

铜仁地区地方志编纂委员会编 贵阳 贵州人民出版社 2009年 381页

009319533

铜仁地区志 邮电志

铜仁地区地方志编纂委员会编 贵阳 贵州人民出版社 2003年 401页

011570863

铜仁地区志 政协志

铜仁地区志政协志编纂委员会编 贵阳 贵州人民出版社 2007年 407页

007493557

铜仁地区志 第1卷 交通志

铜仁地区地方志编纂委员会编 贵阳 贵

州人民出版社 1991年 382页

008541830
**铜仁地区志** 第2卷 体育志
铜仁地区地方志编纂委员会编 贵阳 贵州人民出版社 1993年 254页

008598394
**铜仁地区志** 第3卷 政党群团志
贵州省铜仁地区地方志编纂委员会编 贵阳 贵州人民出版社 1999年 334页

008783298
**铜仁地区志** 第4卷 粮食志
铜仁地区地方志编纂委员会办公室编 铜仁 贵州省铜仁地区粮食局 1988年 296页

008783336
**铜仁地区志** 第5卷 统计志
铜仁地区地方志编纂委员会编 铜仁 铜仁地区地方志编纂委员会 1993年 237页

009001616
**铜仁地区志** 第6卷 武警志
铜仁地区地方志编纂委员会编 贵阳 贵州人民出版社 2002年 369页

009145793
**铜仁地区志** 第7卷 检察志
贵州省检察院铜仁分院编 铜仁 贵州省检察院铜仁分院 1993年 270页

010238314
**铜仁地区志** 第8卷 政权志
铜仁地区地方志编纂委员会编 贵阳 贵州人民出版社 2006年 316页

009839221
**铜仁地区志** 第9卷 烟草志
铜仁地区地方志编纂委员会编 贵阳 贵州人民出版社 2005年 648页

009001611
**铜仁地区志** 第10卷 教育志
铜仁地区志教育志编纂领导小组编 贵阳 贵州人民出版社 2002年 430页

009412638
**铜仁地区志** 第11卷 林业志
贵州省铜仁地区地方志编纂委员会编 贵阳 贵州人民出版社 2004年 331页

009265503
**铜仁地区志** 第12卷 科学技术志
贵州省铜仁地区地方志编纂委员会编 贵阳 贵州人民出版社 2003年 643页

008783319
**铜仁地区志** 第13卷 金融志
贵州省铜仁地区地方志编纂委员会编 贵阳 贵州人民出版社 1992年

513 页

011908998

**铜仁地区志 第 14 卷 民族志**

铜仁地区地方志编纂委员会编 贵阳 贵州民族出版社 2008 年 567 页

011478680

**铜仁地区志 第 15 卷 工商行政管理志**

贵州省铜仁地区地方志编纂委员会编 贵阳 贵州人民出版社 2007 年 277 页

013321139

**铜仁地区志 第 16 卷 文化新闻出版志**

铜仁地区地方志编纂委员会编著 贵阳 贵州人民出版社 2010 年 418 页

013342632

**铜仁地区志 第 17 卷 地理志**

铜仁地区地方志编纂委员会编 贵阳 贵州科技出版社 2011 年 518 页

012174978

**铜仁地区志 第 18 卷 人事志**

铜仁地区地方志编纂委员会编 贵阳 贵州科技出版社 2009 年 489 页

012174970

**铜仁地区志 第 19 卷 工业志**

铜仁地区地方志编纂委员会编 贵阳 贵州科技出版社 2009 年 531 页

012174966

**铜仁地区志 第 20 卷 档案志**

铜仁地区地方志编纂委员会编 贵阳 贵州科技出版社 2009 年 287 页

012722930

**铜仁地区志 第 21 卷 审计志**

铜仁地区地方志编纂委员会编 贵阳 贵州人民出版社 2010 年 604 页

012174974

**铜仁地区志 第 22 卷 广播电视志**

铜仁地区地方志编纂委员会编 贵阳 贵州科技出版社 2009 年 347 页

013822926

**铜仁地区志 第 23 卷 质量技术监督志**

铜仁地区地方志编纂委员会编 贵阳 贵州科技出版社 2009 年 210 页

009105250

**铜仁市志**

贵州省铜仁市地方志编纂委员会编 贵阳 贵州人民出版社 2003 年 2 册 1936 页

013660363

**铜仁市地方志 金融志**

贵州省铜仁市金融志编纂委员会编 铜仁 贵州省铜仁市 103 印刷厂 2003 年 554 页

012051990
**铜仁地区残疾人事业志**
贵州省铜仁地区残疾人联合会编著 贵阳 贵州人民出版社 2008年 374页

013775909
**铜仁市城乡建设志**
铜仁市城乡建设志编纂委员会编 铜仁 铜仁市城乡建设志编纂委员会 1995年 201页〔铜仁市志丛书〕

008541910
**铜仁卷烟厂志**
铜仁卷烟厂志编纂委员会编 贵阳 贵州人民出版社 1994年 330页

013462682
**铜仁市粮食志**
贵州省铜仁市地方志编纂委员会办公室编 铜仁 贵州省铜仁市地方志编纂委员会办公室 1989年 269页

013133774
**铜仁地区税务志**
铜仁地区税务局编 铜仁 铜仁地区税务局 1994年 216页

008540980
**贵州省铜仁县地名录**
贵州省铜仁县人民政府编 铜仁 铜仁县人民政府 1986年 208页

## 万山区

007479152
**万山特区志**
贵州省万山特区地方志编纂委员会编 贵阳 贵州人民出版社 1993年 644页

012956067
**万山特区志** 1991—2005
万山特区地方志编纂委员会编 贵阳 贵州人民出版社 2011年 598页

009989222
**万山特区粮食志**
贵州省万山特区志编纂委员会办公室编 万山特区 1988年 283页

009684302
**万山特区财政志**
万山特区财政局编 万山特区 万山特区财政局 1994年 161页

009380849
**万山特区税务志**
万山特区税务局编纂委员会编 万山特区 万山特区税务局编纂委员会 1994年 170页

008540983
**贵州省万山特区地名录**
万山特区人民政府编 万山特区 万山特区人民政府 1986年 54页

## 江口县

013369923
**贵州省江口县人民代表大会志**
贵州省江口县人大常委会人大志编纂委员会编 江口 贵州省江口县人大常委会人大志编纂委员会 2002年 381页

012639005
**江口县粮食志** 1372—1988
江口县粮食志编纂委员会编 江口 江口县粮食志编纂委员会 1990年 249页

013129736
**江口县民族志**
江口县民族事务委员会 黄自新主编 江口 江口县民族事务委员会 1990年 241页

## 石阡县

007913629
**石阡县志**
贵州省石阡县地方志编纂委员会编 贵阳 贵州人民出版社 1992年 710页

009684008
**石阡县劳动人事志** 1941—1985
石阡县劳动人事局编 石阡 石阡县劳动人事局 1990年 109页

011908813
**石阡建设志**
贵州省石阡县建设局编 贵阳 贵州人民出版社 2008年 479页

012662271
**石阡交通志** 1990—2005
石阡县交通局编 石阡 石阡县交通局 2006年 254页

009684010
**石阡县粮食志**
贵州省石阡县粮食局编 石阡 贵州省石阡县粮食局 1987年 214页

009684005
**石阡物价志**
石阡 1992年 192页

009989217
**石阡县金融志**
石阡县金融志编纂委员会编 石阡 石阡县金融志编纂委员会 1991年 216页

011908820
**石阡县税务志**
石阡县税务局编 石阡 石阡县税务局 1992年 128页

011584970
**石阡县文物志**
石阡县文物志编辑组 石阡县文化馆编印 石阡 石阡县文化馆 1982年

179 页

008540314
**贵州省石阡县地名志**
石阡县人民政府 任福钧主编 石阡 石阡县人民政府 1987 年 310 页

007830795
**石阡水利志**
石阡县水利志编纂委员会编 石阡 石阡县水利志编纂委员会 1990 年 187 页

## 思南县

008784325
**思南县志**
思南县志编纂委员会编 贵阳 贵州人民出版社 1992 年 1057 页

013660322
**思南县志** 1978—2010
思南县地方志编纂委员会办公室编纂 北京 方志出版社 2011 年 2 册 1257 页

013462587
**思南县金融志** 1381—1986
思南县金融志编纂领导小组编 思南 思南县金融志编纂领导小组 1991 年 501 页

012140284
**思南县广播电视志** 1951—1990
刘嘉陵主编 思南县广播电视局编 思南 思南县广播电视局 1992 年 187 页

012955992
**思南县民族志**
思南县民族事务委员会编 思南 思南县民族事务委员会 1988 年 340 页

008540216
**贵州省思南县地名录**
贵州省思南县人民政府编 思南 贵州省思南县人民政府 1985 年 571 页

## 德江县

008666019
**德江县志**
贵州省德江县地方志编纂委员会编 贵阳 贵州人民出版社 1994 年 1009 页

012679215
**德江县志** 1978—2005
德江县地方志编纂委员会编纂 北京 方志出版社 2010 年 782 页

013702946
**德江县农业志**
德江县农业志编纂委员会编 德江 德江县农业志编纂委员会 2010 年 418 页

011496977
**德江县财政志**
德江县财政局编 德江 德江县财政局

1995年 228页

008067516
**德江县民族志**
德江县民族志编纂办公室编纂 贵阳 贵州民族出版社 1991年 228页

## 玉屏侗族自治县

008488266
**玉屏侗族自治县志**
玉屏侗族自治县志编纂委员会编 贵阳 贵州人民出版社 1993年 693页

012100768
**玉屏侗族自治县志** 1991—2005 讨论稿
玉屏侗族自治县地方志办公室编纂 2005年 2册

013072810
**玉屏侗族自治县志** 1991—2005
玉屏侗族自治县地方志编纂委员会编纂 北京 方志出版社 2011年 693页

013379490
**玉屏侗族自治县人民代表大会志**
玉屏侗族自治县人民代表大会志编纂委员会编 玉屏 玉屏侗族自治县人民代表大会志编纂委员会 1997年 287页

008086955
**玉屏侗族自治县水利电力志** 贵州省玉屏侗族自治县水利电力志编辑室编 玉屏 玉屏侗族自治县水利电力局 1991年 213页

009688736
**玉屏侗族自治县粮食志**
玉屏侗族自治县粮食局编 玉屏 玉屏侗族自治县粮食局 1990年 197页

## 印江土家族苗族自治县

012003029
**印江交通志** 1375—1988
印江交通志编纂委员会编 印江 印江交通志编纂委员会 1991年 195页

009743420
**印江粮食志** 1381—1985
印江粮食志编纂委员会编 印江 印江粮食志编纂委员会 1989年 354页

## 沿河土家族自治县

013939667
**沿河土家族自治县志** 1991—2010
沿河土家族自治县地方志编纂委员会编纂 北京 方志出版社 2013年 2册 878页

008470974
**沿河县志**
沿河土家族自治县志编纂委员会编 贵

阳 贵州人民出版社 1993 年 891 页

013958957
**沙陀电站建设公司志** 2005.10—2013.5
沙陀电站建设公司志编纂委员会编
2013 年 362 页

013961170
**沿河水电志**
沿河土家族自治县水利电力局编纂委员会编 沿河 沿河土家族自治县水利电力局 1994 年 287 页

013343382
**沿河土家族自治县财政志**
沿河土家族自治县财政局编 沿河 沿河土家族自治县财政局 1997 年 316 页

009989226
**沿河教育志**
沿河土家族自治县教育局编 沿河 沿河土家族自治县教育局 1994 年 225 页

011585184
**沿河土家族自治县民族志**
沿河土家族自治县民族宗教事务局编 贵阳 贵州民族出版社 2007 年 362 页

009240402
**沿河土家族自治县地理志**
沿河土家族自治县地方志编纂委员会编 贵阳 贵州人民出版社 2003 年 360 页

## 松桃苗族自治县

008784329
**松桃苗族自治县志**
松桃苗族自治县志编纂委员会编 贵阳 贵州人民出版社 1996 年 964 页

013776605
**松桃苗族自治县志** 1986—2006
松桃苗族自治县志编纂委员会编 北京 方志出版社 2012 年 1018 页

013379030
**松桃交通志**
贵州省松桃苗族自治县交通局编 松桃 贵州省松桃苗族自治县交通局 1991 年 200 页

013630072
**松桃苗族自治县财政志** 1986—2005
松桃苗族自治县财政志编纂委员会编 松桃 松桃苗族自治县财政志编纂委员会 2006 年 470 页

011998335
**松桃苗族自治县金融志**
松桃苗族自治县金融志编纂委员会编 贵州 松桃苗族自治县金融志编纂委员会 1996 年 420 页

# 黔西南布依族苗族自治州

008768699
**黔西南布依族苗族自治州志**
贵州省黔西南布依族苗族自治州史志征集编纂委员会编 贵阳 贵州民族出版社 1987年

009839218
**黔西南布依族苗族自治州志 人口与计划生育志**
贵州省黔西南州史志编纂委员会编 贵阳 贵州人民出版社 2005年 213页

011998072
**黔西南布依族苗族自治州志 司法行政志**
黔西南布依族苗族自治州史志编纂委员会编 贵阳 贵州民族出版社 2008年 265页

001920903
**黔西南布依族苗族自治州志 第1卷 文物志**
贵州省黔西南自治州史志征集编纂委员会编 贵阳 贵州民族出版社 1987年 276页

002987815
**黔西南布依族苗族自治州志 第2卷 交通志**
贵州省黔西南自治州史志征集编纂委员会编 贵阳 贵州民族出版社 1988年 293页

002987816
**黔西南布依族苗族自治州志 第3卷 军事志**
贵州省黔西南自治州史志征集编纂委员会编 贵阳 贵州民族出版社 1988年 380页

008598398
**黔西南布依族苗族自治州志 第4卷 水利水电志**
贵州省黔西南自治州史志征集编纂委员会编 贵阳 贵州人民出版社 1992年 303页

008598401
**黔西南布依族苗族自治州志 第5卷 轻纺工业志**
黔西南布依族苗族自治州地方志编纂委员会编 贵阳 贵州人民出版社 1995年 258页

009002370
**黔西南布依族苗族自治州志 第6卷 党派群团志**
黔西南布依族苗族自治州地方志编纂委员会编 贵阳 贵州人民出版社 2002年 657页

009437297
**黔西南布依族苗族自治州志 第7卷 武警志**
贵州省黔西南自治州史志编纂委员会编 贵阳 贵州人民出版社 2002年 326页

009046172
**黔西南布依族苗族自治州志 第8卷 乡镇企业志**
黔西南州史志编纂委员会编 贵阳 贵州民族出版社 2002年 553页

009319526
**黔西南布依族苗族自治州志 第9卷 人物志**
贵州省黔西南州史志编纂委员会编 贵阳 贵州人民出版社 2004年 273页

009319525
**黔西南布依族苗族自治州志 第10卷 科学志**
黔西南布依族苗族自治州史志编纂委员会编 贵阳 贵州人民出版社 2004年 598页

010293977
**黔西南布依族苗族自治州志 第11卷 工业经济志**
黔西南州地方志编纂委员会编 贵阳 贵州人民出版社 2006年 360页

008784214
**黔西南布依族苗族自治州志 第12卷 气候志**
贵州省黔西南自治州史志征集编纂委员会编 贵阳 贵州人民出版社 1989年 247页

008784217
**黔西南布依族苗族自治州志 第13卷 民政志**
贵州省黔西南自治州史志征集编纂委员会编 贵阳 贵州人民出版社 1989年 367页

011499543
**黔西南布依族苗族自治州志 第14卷 政权 政协志**
黔西南州史志编纂委员会编 贵阳 贵州人民出版社 2007年 882页

009864429
**黔西南布依族苗族自治州志 第15卷 国民经济发展计划志**
贵州省黔西南自治州史志编纂委员会编 贵阳 贵州人民出版社 2002年 487页

011998057
**黔西南布依族苗族自治州志 第16卷 林业志**
黔西南布依族苗族自治州史志编纂委员会编 贵阳 贵州人民出版社 2008年 399页

009511180

**黔西南布依族苗族自治州志 第 17 卷 广播电视志**

贵州省黔西南州史志编纂委员会编 贵阳 贵州人民出版社 2004 年 323 页

011998065

**黔西南布依族苗族自治州志 第 18 卷 商务志**

黔西南布依族苗族自治州史志编纂委员会编 贵阳 贵州人民出版社 2008 年 298 页

009879129

**黔西南布依族苗族自治州志 第 19 卷 房产志**

黔西南布依族苗族自治州史志编纂委员会编 贵阳 贵州人民出版社 2005 年 570 页

012614256

**黔西南布依族苗族自治州志 第 20 卷 卫生志**

黔西南布依族苗族自治州史志编纂委员会编 昆明 云南科技出版社 2009 年 170 页

012614247

**黔西南布依族苗族自治州志 第 21 卷 邮电志**

黔西南布依族苗族自治州史志编纂委员会编 昆明 云南科技出版社 2009 年 369 页

012614261

**黔西南布依族苗族自治州志 第 23 卷 体育 旅游名胜志**

黔西南布依族苗族自治州地方志编纂委员会编 昆明 云南科技出版社 2009 年 357 页

012766405

**黔西南布依族苗族自治州志 第 25 卷 供销合作 物价志**

黔西南布依族苗族自治州史志编纂委员会编 昆明 云南科技出版社 2010 年 409 页

012766401

**黔西南布依族苗族自治州志 第 26 卷 城乡建设志**

黔西南布依族苗族自治州史志编纂委员会编 昆明 云南科技出版社 2010 年 562 页

012639072

**黔西南布依族苗族自治州志 第 27 卷 质量技术监督志**

黔西南布依族苗族自治州史志编纂委员会编 贵阳 贵州人民出版社 2004 年 358 页

012639068

**黔西南布依族苗族自治州志 第 28 卷 人事劳动和社会保障志**

黔西南布依族苗族自治州史志编纂委员会编 昆明 云南科技出版社 2010

年 496 页

012099734

**黔西南布依族苗族自治州志 第 22 卷 农业 畜牧渔业志**

黔西南布依族苗族自治州史志编纂委员会编 贵阳 贵州人民出版社 2008 年 601 页

013958932

**黔西南布依族苗族自治州统计志**

黔西南布依族苗族自治州统计局编 黔西南 黔西南布依族苗族自治州统计局 2004 年 432 页

013822175

**黔西南布依族苗族自治州文化艺术志**

黔西南布依族苗族自治州文化艺术志编纂委员会编 昆明 云南科技出版社 2012 年 379 页

012614264

**黔西南布依族苗族自治州军事志 第 24 卷** 1987—2005

黔西南布依族苗族自治州军事志编纂委员会编纂 贵阳 黔西南布依族苗族自治州军事志编纂委员会 2008 年 290 页

008542036

**黔西南州教育志**

黔西南州教育志编纂领导小组编纂 贵阳 贵州教育出版社 1997 年 660 页

## 兴义市

012100609

**兴义市桔山城市中心区志** 1992—2007

兴义市桔山城市中心区志编纂委员会编 贵阳 贵州人民出版社 2008 年 391 页

011955757

**兴义市志** 1978—2006

兴义市史志编纂委员会编 贵阳 贵州人民出版社 2008 年 2 册

003075673

**兴义县志**

贵州省兴义县史志编纂委员会编 1988 年 669 页

012998981

**贵州兴义化工总厂厂志** 1966—2002

贵州兴义化工总厂编 南宁 广西民族出版社 2003 年 349 页

009380845

**天生桥水力发电总厂志**

天生桥水力发电总厂志编纂委员会编 贵阳 贵州人民出版社 1998 年 298 页

012051983

**天生桥水力发电总厂志** 1998—2007

中国南方电网调峰调频发电公司天生桥水力发电总厂编 贵州 天生桥水力

发电总厂 2008年 215页

012956937
**中国南方电网超高压输电公司天生桥局志** 1999—2009
中国南方电网公司超高压输电公司天生桥局编 2009年 189页

012252912
**贵州省兴义市档案志**
兴义市档案局编 贵阳 贵州人民出版社 2009年 419页

011585152
**兴义文物志**
中国人民政治协商会议贵州省兴义市委员会编 兴义 政协 2004年 156页〔贵州省兴义市旅游文史丛书〕

## 兴仁县

007342719
**兴仁县志**
贵州省兴仁县编史修志委员会编 贵阳 贵州人民出版社 1991年 677页

013321268
**兴仁县工会志** 1956—2010
兴仁县总工会编 兴仁 兴仁县总工会 2010年 234页

013797079
**兴仁县人民代表大会志** 1944—2011

兴仁县人民代表大会志编委会编纂 昆明 云南科技出版社 2011年 451页

009472115
**兴仁县教育志**
贵州省兴仁县教育志编纂委员会编 贵阳 贵州教育出版社 1999年 333页

008540046
**贵州省兴仁县地名录**
兴仁县人民政府编制 兴仁 兴仁县人民政府 1987年 253页〔贵州省地名丛书 29〕

012689853
**兴仁县水利志**
兴仁县水利志编纂委员会编 昆明 云南科技出版社 2010年 282页

## 普安县

008597962
**普安县志** 初稿
贵州省普安县地方志编纂委员会编 普安 普安县地方志编纂委员会 1997年 1册 161页

008597957
**普安县民族志**
普安县民族事务局编纂 普安 普安县民族事务局 1997年 1册

008597958
**普安县人物志**
普安县地方志编纂办公室编纂 普安 普安县地方志编纂办公室 1999 年 1 册

008540336
**贵州省普安县地名录**
普安县人民政府编 普安 普安县人民政府 1987 年 175 页〔贵州省地名丛书 28〕

## 晴隆县

008487048
**晴隆县志**
贵州省晴隆县县志编纂委员会编 贵阳 贵州人民出版社 1993 年 741 页

013753903
**晴隆县财政志**
贵州省晴隆县财政局编 晴隆 贵州省晴隆县财政局 1992 年 172 页

## 贞丰县

008488297
**贞丰县志**
贞丰县史志征集编纂委员会编 贵阳 贵州人民出版社 1994 年 930 页

008541133
**贵州省贞丰县地名录**
贞丰县人民政府编 贞丰 贞丰县人民政府 1987 年 205 页〔贵州省地名丛书 31〕

## 望谟县

008950036
**望谟县志**
贵州省望谟县地方志编纂委员会编 贵阳 贵州人民出版社 2001 年 1087 页

## 册亨县

009043294
**册亨县志**
贵州省册亨县地方志编纂委员会编 贵阳 贵州人民出版社 2002 年 1176 页

012587023
**册亨县军事志** 1727—2005
贵州省册亨县军事志编纂委员会编纂 册亨 贵州省册亨县军事志编纂委员会 2008 年 416 页

008539978
**贵州省册亨县地名录**
册亨县人民政府编制 册亨 册亨县人民政府 1988 年 138 页〔贵州省地名丛书 33〕

## 安龙县

004344824
**安龙县志**
贵州省安龙县志编纂委员会编 贵阳 贵州人民出版社 1992年 878页

013625736
**安龙县人口和计划生育志**
安龙县人口和计划生育志编撰委员会编 安龙 安龙县人口和计划生育志编撰委员会 2010年 151页

012263887
**安龙县军事志**
安龙县军事志编纂委员会编 贵阳 贵州人民出版社 2009年 304页〔中国地方志丛书〕

013316209
**贵州省安龙县财政志**
贵州省安龙县财政局编 安龙 贵州省安龙县财政局 1995年 318页

013140858
**安龙县教育志**
安龙县教育志编纂领导小组编纂 贵阳 贵州教育出版社 1993年 270页

013220907
**安龙县气象志**
安龙县气象志编纂委员会编纂 昆明 云南科技出版社 2011年 274页

## 黔东南苗族侗族自治州

006572924
**黔东南苗族侗族自治州志 财政志 审计志**
黔东南苗族侗族自治州地方志编纂委员会编 贵阳 贵州人民出版社 1989年 339页

003801447
**黔东南苗族侗族自治州志 地理志**
黔东南苗族侗族自治州地方志编纂委员会编 贵阳 贵州人民出版社 1990年 328页

013184597
**黔东南苗族侗族自治州志 公安交通志**
黔东南苗族侗族自治州公安局交通警察支队编 杭州 浙江文艺出版社 2008年 302页

009311075
**黔东南苗族侗族自治州志 金融志续编 1988—2000**

黔东南苗族侗族自治州地方志编纂委员会编 贵阳 贵州人民出版社 2001年 501页

005559190

**黔东南苗族侗族自治州志 军事志**

黔东南苗族侗族自治州地方志编纂委员会编 贵阳 贵州人民出版社 1992年 364页

007913599

**黔东南苗族侗族自治州志 劳动人事志**

黔东南苗族侗族自治州地方志编纂委员会编 贵阳 贵州人民出版社 1993年 442页

004900386

**黔东南苗族侗族自治州志 林业志**

黔东南苗族侗族自治州地方志编纂委员会编 北京 中国林业出版社 1990年 431页

003801446

**黔东南苗族侗族自治州志 人物志**

黔东南苗族侗族自治州地方志编纂委员会编 贵阳 贵州人民出版社 1990年 345页

012099724

**黔东南苗族侗族自治州志 武警志**

黔东南苗族侗族自治州地方志编纂委员会编 贵阳 贵州人民出版社 2001年 346页

004900349

**黔东南苗族侗族自治州志 邮电志**

黔东南苗族侗族自治州地方志编纂委员会编 贵阳 贵州人民出版社 1990年 227页

007505375

**黔东南苗族侗族自治州志 第1卷 供销合作志**

黔东南苗族侗族自治州地方志编纂委员会编 贵阳 贵州人民出版社 1991年 271页

006573056

**黔东南苗族侗族自治州志 第2卷 档案志**

黔东南苗族侗族自治州地方志编纂委员会编 贵阳 贵州人民出版社 1992年 232页

006573055

**黔东南苗族侗族自治州志 第3卷 公安志**

黔东南苗族侗族自治州地方志编纂委员会编 贵阳 贵州人民出版社 1992年 264页

006573088

**黔东南苗族侗族自治州志 第4卷 农业机具志**

黔东南苗族侗族自治州地方志编纂委员会编 贵阳 贵州人民出版社 1992年 357页

007505417

**黔东南苗族侗族自治州志 第 5 卷 名胜志 文物志**

黔东南苗族侗族自治州地方志编纂委员会编 贵阳 贵州人民出版社 1992 年 435 页

007505374

**黔东南苗族侗族自治州志 第 6 卷 科学技术志 科学普及志**

黔东南苗族侗族自治州地方志编纂委员会编 贵阳 贵州人民出版社 1992 年 2 册

007850850

**黔东南苗族侗族自治州志 第 7 卷 政协志**

黔东南苗族侗族自治州地方志编纂委员会编 贵阳 贵州人民出版社 1994 年 289 页

007850849

**黔东南苗族侗族自治州志 第 8 卷 交通志**

黔东南苗族侗族自治州地方志编纂委员会编 贵阳 贵州人民出版社 1993 年 452 页

007850846

**黔东南苗族侗族自治州志 第 9 卷 教育志**

黔东南苗族侗族自治州地方志编纂委员会编 贵阳 贵州人民出版社 1994 年 640 页

007850847

**黔东南苗族侗族自治州志 第 10 卷 重工业志 乡镇企业志**

黔东南苗族侗族自治州地方志编纂委员会编 贵阳 贵州人民出版社 1994 年 383 页

007850851

**黔东南苗族侗族自治州志 第 11 卷 工商行政管理志**

黔东南苗族侗族自治州地方志编纂委员会编 贵阳 贵州人民出版社 1994 年 424 页

007850862

**黔东南苗族侗族自治州志 第 12 卷 农业志**

黔东南苗族侗族自治州地方志编纂委员会编 贵阳 贵州人民出版社 1993 年 737 页

007850855

**黔东南苗族侗族自治州志 第 13 卷 税务志**

黔东南苗族侗族自治州地方志编纂委员会编 贵阳 贵州人民出版社 1993 年 516 页

007851004

**黔东南苗族侗族自治州志 第 14 卷 对外经济贸易志**

黔东南苗族侗族自治州地方志编纂委员会编 贵阳 贵州人民出版社 1994年 2册 361页

008038803

**黔东南苗族侗族自治州志 第15卷 粮食志**

黔东南苗族侗族自治州地方志编纂委员会编 北京 方志出版社 1995年 418页

008188662

**黔东南苗族侗族自治州志 第16卷 经济综述**

黔东南苗族侗族自治州地方志编纂委员会编 贵阳 贵州人民出版社 1997年 223页

008188669

**黔东南苗族侗族自治州志 第17卷 烟草志**

黔东南苗族侗族自治州地方志编纂委员会编 贵阳 贵州人民出版社 1997年 299页

008421040

**黔东南苗族侗族自治州志 第19卷 物价志**

黔东南苗族侗族自治州地方志编纂委员会编 贵阳 贵州人民出版社 1995年 449页

008421031

**黔东南苗族侗族自治州志 第20卷 卫生志**

黔东南苗族侗族自治州地方志编纂委员会编 贵阳 贵州人民出版社 1993年 447页

008421050

**黔东南苗族侗族自治州志 第21卷 水利志**

黔东南苗族侗族自治州地方志编纂委员会编 贵阳 贵州人民出版社 1998年 442页

008542030

**黔东南苗族侗族自治州志 第22卷 商业志**

黔东南苗族侗族自治州地方志编纂委员会编 贵阳 贵州人民出版社 1999年 355页

008487014

**黔东南苗族侗族自治州志 第23卷 政党群团志**

黔东南苗族侗族自治州地方志编纂委员会编 贵阳 贵州人民出版社 1999年 492页

009332501

**黔东南苗族侗族自治州志 第24卷 政权志 政府分册**

黔东南苗族侗族自治州志编纂委员会编 贵阳 贵州人民出版社 2002年

473 页

013461896

**黔东南苗族侗族自治州志 第 24 卷 政权志 人民代表大会分册**

黔东南苗族侗族自治州黔东南苗族侗族自治州地方志编纂委员会编 贵阳 贵州人民出版社 2002 年 354 页

009673819

**黔东南苗族侗族自治州志 第 25 卷 文化志**

黔东南苗族侗族自治州地方志编纂委员会编 贵阳 贵州人民出版社 2004 年 336 页

009730582

**黔东南苗族侗族自治州志 第 26 卷 社会科学志**

黔东南苗族侗族自治州地方志编纂委员会编 贵阳 贵州人民出版社 2005 年 257 页

008783554

**黔东南苗族侗族自治州志 第 27 卷 民政志**

黔东南苗族侗族自治州地方志编纂委员会编 贵阳 贵州人民出版社 2004 年 341 页

009227184

**黔东南苗族侗族自治州志 第 28 卷 水利志**

黔东南苗族侗族自治州地方志编纂委员会编 贵阳 贵州人民出版社 1998 年 458 页

006572923

**黔东南苗族侗族自治州志 第 29 卷 金融志**

黔东南苗族侗族自治州地方志编纂委员会编 贵阳 贵州人民出版社 1990 年 345 页

008928981

**黔东南苗族侗族自治州志 第 29 卷 金融志续编 1988—2000**

黔东南苗族侗族自治州地方志编纂委员会编 贵阳 贵州人民出版社 2001 年 501 页

008783551

**黔东南苗族侗族自治州志 第 30 卷 民族志**

黔东南苗族侗族自治州地方志编纂委员会编 贵阳 贵州人民出版社 2000 年 518 页

010297677

**黔东南苗族侗族自治州志 第 31 卷 技术监督志 统计志**

黔东南苗族侗族自治州地方志编纂委员会编 贵阳 贵州人民出版社 2003 年 120 页

008783560

黔东南苗族侗族自治州志 第32卷 轻纺工业志

黔东南苗族侗族自治州地方志编纂委员会编 贵阳 贵州人民出版社 2005年 318页

009989193

黔东南苗族侗族自治州志 第33卷 城建环保志

黔东南苗族侗族自治州地方志编纂委员会编 贵阳 贵州人民出版社 2005年 366页

008783480

黔东南苗族侗族自治州志 第34卷 司法志

黔东南苗族侗族自治州地方志编纂委员会编 贵阳 贵州人民出版社 1998年 265页

013794824

黔东南苗族侗族自治州林业志 1988—2010

黔东南苗族侗族自治州林业局编 北京 中国林业出版社 2012年 746页

011328745

黔东南苗族侗族自治州地方税务志 1994.9—2004.12

黔东南苗族侗族自治州地方税务志编纂委员会编 贵阳 贵州人民出版社 2007年 330页

011295987

黔东南方言志 黔东南苗族侗族地区汉语方言调查研究

黔东南州地方志办公室编 成都 巴蜀书社 2007年 311页

012832398

雷公山苗族 西江千家苗寨图像民族志

王唯惟 王良范著 贵阳 贵州人民出版社 2008年 309页〔贵州地方知识与文化记忆丛书〕

012684573

黔东南风物志

黔东南苗族侗族自治州地方志办公室编 昆明 云南美术出版社 2010年 2册

009335877

贵州省黔东南苗族侗族自治州地名志

黔东南苗族侗族自治州人民政府编 贵阳 黔东南苗族侗族自治州人民政府 1991年 250页

007851003

贵州省黔东南苗族侗族自治州地名志

黔东南苗族侗族自治州人民政府编 贵州 贵州黔东南师专印刷厂 1991年 261页

## 凯里市

008541730
**凯里市志**
贵州省凯里市地方志编纂委员会编 北京 方志出版社 1998年 2册

007587895
**凯里市概况**
凯里市地方志编纂委员会办公室编 1989年 134页

013958705
**凯里市政协志** 1950—2008
政协贵州省凯里市委员会编 凯里 政协贵州省凯里市委员会 2009年 386页

011499155
**凯里市教育志**
凯里市教育委员会教育志编纂领导小组编 凯里 凯里市教育委员会教育志编纂领导小组 1997年 320页

008541037
**贵州省凯里市地名志**
凯里市人民政府编 凯里 凯里市人民政府 1989年 397页

## 黄平县

008255684
**黄平县志**
黄平县地方志编纂委员会编 贵阳 贵州人民出版社 1993年 822页

012541780
**黄平县黄飘乡志**
黄平县黄飘乡志编委会编 黄平 黄平县黄飘乡志编委会 2007年 289页

008540996
**贵州省黄平县地名志**
黄平县人民政府编 黄平 黄平县人民政府 1987年 257页

## 施秉县

007755052
**施秉县志**
贵州省施秉县地方志编纂委员会编 北京 方志出版社 1997年 1130页

010686788
**施秉县林业志稿**
施秉县林业志稿编纂办公室编 施秉 施秉县林业志稿编纂办公室 1991年 212页

008541039
**贵州省施秉县地名志**
施秉县人民政府编 施秉 施秉县人民政府 1984年 285页

## 三穗县

007589113
**三穗县志**
三穗县志编纂委员会编 北京 民族出版社 1994年 723页

013096304
**三穗县民族志**
万生华主编 万德文 吴展明副主编 雷秀武 王胜先审编 三穗县民族事务委员会编 贵阳 贵州人民出版社 1990年 255页 〔黔东南民族志系列丛书3〕

008665841
**贵州省三穗县地名志**
三穗县地名办公室编 三穗 三穗县人民政府 1986年 208页

## 镇远县

004102850
**镇远县志**
贵州省镇远县志编纂委员会编 贵阳 贵州人民出版社 1992年 646页

013379577
**镇远县青溪志**
镇远县清溪志编写委员会编 镇远 镇远县清溪志编写委员会 2007年 396页

013134023
**镇远县工会志**
贵州年鉴编辑部 镇远县总工会编 贵州 贵州年鉴编辑部 1995年 143页

008539959
**贵州省镇远县地名志**
镇远县人民政府编 镇远 镇远县人民政府 1985年 246页

## 岑巩县

008053779
**岑巩县志**
贵州省岑巩县志编纂委员会编 贵阳 贵州人民出版社 1993年 966页

013923897
**岑巩县工会志**
岑巩县总工会编 岑巩 岑巩县总工会 1991年 214页

008542015
**岑巩县金融志**
中国人民银行岑巩县支行编 岑巩 中国人民银行岑巩县支行 1991年 232页

011148025
**中国民间文学三套集成 贵州省黔东南苗族侗族自治州岑巩县卷**
晏晓明主编 岑巩县民间文学三套集成办公室编 1990年 515页

009336270
**岑巩县民族志**
黄透松等主编 岑巩县民族事务委员会编 贵阳 贵州人民出版社 1991年 304页〔黔东南民族志系列丛书 2〕

008539990
**贵州省岑巩县地名志**
岑巩县人民政府编 岑巩 岑巩县人民政府 1987年 145页

## 天柱县

007621142
**天柱县志**
贵州省天柱县志编纂委员会编 贵阳 贵州人民出版社 1993年 966页

009310280
**天柱县林业志**
天柱县林业志编纂领导小组编 天柱 天柱县林业志编纂领导小组 1995年 371页

008541129
**贵州省天柱县地名志**
天柱县人民政府编 天柱 天柱县人民政府 1987年 83页

013795586
**天柱县人民医院院志** 1935—1995
天柱县人民医院院志编纂领导小组编 天柱 天柱县包装印刷厂印刷 1998年 181页

## 锦屏县

007490454
**锦屏县志**
贵州省锦屏县志编纂委员会编 贵阳 贵州人民出版社 1995年 1076页

013597590
**锦屏县志** 1991—2009
锦屏县地方志编纂委员会编 北京 方志出版社 2011年 2册 1749页

013064782
**锦屏县偶里乡志**
锦屏县偶里乡人民政府编 锦屏 锦屏县偶里乡人民政府 2002年 331页

013994228
**瑶白村志**
杨安亚主编 瑶白村志编委会编 2010年 399页

009336921
**锦屏县工会志**
锦屏县总工会编 锦屏 锦屏县总工会 1996年 248页

013531083
**锦屏工商行政管理志**
吴运钧主编 贵州省锦屏县工商行政管理局编 锦屏 贵州省锦屏县工商行政

管理局 1989年 183页

010279120
**锦屏县林业志**
锦屏县林业志编纂委员会编 贵阳 贵州人民出版社 2002年 512页

010278966
**锦屏磷矿志** 1919—1999
倪爱传主编 徐州 中国矿业大学出版社 1999年 385页

011954478
**锦屏县汉侗苗语方言志**
涂光禄编 贵阳 贵州大学出版社 2008年 145页

010138305
**锦屏县民族志 征求意见稿**
锦屏县民族事务委员会 锦屏县民族志编写组编 锦屏 锦屏县民族事务委员会 1988年 301页

008541044
**贵州省锦屏县地名志**
锦屏县人民政府编 锦屏 锦屏县人民政府 1987年 356页

## 剑河县

008036553
**剑河县志**
贵州省剑河县地方志编纂委员会编 贵阳 贵州人民出版社 1994年 1236页

008541305
**剑河县工会志**
剑河县总工会编 剑河 剑河县总工会 1994年 147页

008541296
**剑河县工商行政管理志** 1283—1987
贵州省剑河县工商行政管理局编 剑河 剑河县工商行政管理局 1990年 149页

008660259
**贵州省剑河县林业志**
贵州省剑河县林业局编 贵阳 贵州人民出版社 1992年 239页

008541041
**贵州省剑河县地名志**
剑河县人民政府编 剑河 剑河县人民政府 1985年 516页

## 台江县

008255650
**台江县志**
贵州省台江县志编纂委员会编 贵阳 贵州人民出版社 1994年 764页

013706514
**台江县供销合作志** 1939—1987
台江县供销合作社联合社编 台江 台江

县供销合作社联合社 1989年 197页

008539993
**贵州省台江县地名志**
台江县人民政府编 台江 台江县人民政府 1986年 189页

## 黎平县

009413356
**黎平县德凤区志**
黎平县德凤区志编纂领导小组编 德凤 黎平县德凤区志编纂领导小组 1991年 314页

009413387
**黎平县茅贡区志**
黎平县茅贡区志编纂领导小组编 茅贡 黎平县茅贡区志编纂领导小组 1989年 237页

007913601
**黎平县志**
贵州省黎平县志编纂委员会编 成都 巴蜀书社 1989年 777页

011997289
**黎平县志** 1985—2005
黎平县地方志编纂委员会编 贵阳 贵州人民出版社 2009年 2册

011954546
**黎平县民政志** 1912—2005

黎平县民政志编纂领导小组编 贵阳 贵州人民出版社 2008年 350页

009380818
**黎平县林业志**
黎平县林业局编 贵阳 贵州人民出版社 1989年 296页

009441857
**黎平县供销合作志** 1952—1985
黎平县供销合作社联合社编 黎平 黎平县供销合作社联合社 1988年 259页

009441855
**黎平县税务志**
黎平县税务志编纂领导小组编 黎平 1991年 273页

009380820
**黎平县民族志**
杨盛中主编 杨再宏 潘年庆副主编 王胜先 雷秀武审编 黎平县民族事务委员会编 贵阳 贵州人民出版社 1989年 358页〔黔东南民族志系列丛书1〕

009441854
**黎平人物志 文史特辑**
郭达津主编 黎平 政协黎平县委 2001年 590页

008540998
**贵州省黎平县地名志**

黎平县人民政府编 黎平 黎平县人民政府 1985年 423页

## 榕江县

008597950
**榕江县志**
榕江县地方志编纂委员会编 贵阳 贵州人民出版社 1999年 1046页

013096256
**榕江县政协志** 1950—2007
政协榕江县委员会编 榕江 政协榕江县委员会 2008年 254页

008541051
**贵州省榕江县地名志**
榕江县人民政府编 榕江 榕江县人民政府 1987年 297页

## 从江县

008666021
**从江县志**
贵州省从江县志编纂委员会编 贵阳 贵州人民出版社 1999年 784页

012679163
**从江县志** 1991—2008
贵州省从江县地方志编纂委员会编 北京 方志出版社 2010年 1050页

011995412
**从江风物志**
贵州省从江地方志编纂委员会 贵州省从江县从江风物志编辑委员会编 昆明 云南民族出版社 2008年 208页

008541047
**贵州省从江县地名志**
从江县人民政府编 从江 从江县人民政府 1985年 463页

## 雷山县

007913595
**雷山县志**
雷山县志编纂委员会编 贵阳 贵州人民出版社 1992年 863页

008597976
**雷山县志 金融志 讨论稿**
雷山县金融志编纂领导小组编 雷山 雷山县金融志编纂领导小组 1992年 1册〔雷山县志资料丛书〕

012872213
**达地水族乡志**
韦荣慧主编 侯天江副主编 北京 中央民族大学出版社 2011年 328页

008597970
**雷山县粮食志**
雷山县粮食局编 雷山 雷山县粮食局 1993年 258页

008597982
**雷山县农业区划志**
雷山县农业区划办编 雷山 雷山县农业区划办公室 1990年 86页

008597967
**雷山县交通志**
雷山县交通局编 雷山 雷山县交通局 1992年 170页

012899033
**雷山县旅游志**
雷山县旅游局编 雷山 贵州省雷山县旅游局 2007年 216页

008597978
**雷山县商业志**
雷山县商业总公司编 雷山 雷山县商业总公司 1994年 269页

008597980
**雷山县档案志**
雷山县档案局编 雷山 雷山县档案馆 1989年 90页

008597991
**西江苗族志**
黔东南州民族研究所 雷山县民族宗教事务局编 雷山 雷山县民族宗教事务局 1998年 213页〔黔东南州村寨民族志系列丛书 1〕

008541001
**雷山县地名志**
雷山县人民政府编 雷山 雷山县人民政府 1986年 245页

008597975
**雷山县卫生志** 初稿
雷山县卫生局 雷山县卫生志编纂领导小组合编 雷山 雷山县卫生局 1988年 381页

008597981
**雷山县水利志**
雷山县水利电力局 雷山县水利志编写组编 雷山 1989年 136页

## 麻江县

007913506
**麻江县志**
贵州省麻江县志编纂委员会编 贵阳 贵州人民出版社 1992年 917页

012614081
**麻江县志** 1991—2005
麻江县地方志编纂委员会编 郑州 中州古籍出版社 2009年 726页

008540994
**贵州省麻江县地名志**
麻江县人民政府编 麻江 麻江县人民政府 1987年 371页

## 丹寨县

008640142
丹寨县志
贵州省丹寨县地方志编纂委员会编 北京 方志出版社 1999 年 1057 页

008541005
贵州省丹寨县地名志
丹寨县人民政府编 丹寨 丹寨县人民政府 1988 年 282 页

# 黔南布依族苗族自治州

008767768
黔南布依族苗族自治州志
黔南布依族苗族自治州史志编纂委员会编 贵阳 贵州人民出版社 1986 年

011295527
黔南布依族苗族自治州志 简编本
黔南布依族苗族自治州史志编纂委员会编 贵阳 贵州人民出版社 2007 年 3 册

010008288
黔南布依族苗族自治州志 第 1 卷 大事记
黔南布依族苗族自治州史志编纂委员会编 贵阳 贵州人民出版社 2005 年 235 页

008767980
黔南布依族苗族自治州志 第 2 卷 地理卷
黔南布依族苗族自治州史志编纂委员会编 黔南 黔南布依族苗族自治州史志编纂委员会 1986 年 278 页

008768114
黔南布依族苗族自治州志 第 3 卷 文物名胜志
黔南布依族苗族自治州史志编纂委员会编 贵阳 贵州民族出版社 1989 年 163 页

008768126
黔南布依族苗族自治州志 第 4 卷 民族志
黔南布依族苗族自治州史志编纂委员会编 贵阳 贵州民族出版社 1993 年 315 页

008768551
黔南布依族苗族自治州志 第 5 卷 商业志
黔南布依族苗族自治州史志编纂委员会编 贵阳 贵州民族出版社 1993 年 310 页

008768555

**黔南布依族苗族自治州志 第6卷 交通志**

黔南布依族苗族自治州史志编纂委员会编 贵阳 贵州人民出版社 1993年 275页

008768587

**黔南布依族苗族自治州志 第7卷 卫生志**

黔南布依族苗族自治州史志编纂委员会编 贵阳 贵州人民出版社 1994年 288页

008768619

**黔南布依族苗族自治州志 第8卷 科学技术志**

黔南布依族苗族自治州史志编纂委员会编 贵阳 贵州民族出版社 1994年 233页

008768642

**黔南布依族苗族自治州志 第9卷 气象志**

黔南布依族苗族自治州史志编纂委员会编 贵阳 贵州民族出版社 1994年 233页

008783735

**黔南布依族苗族自治州志 第10—11卷 乡镇企业志 物资志**

黔南布依族苗族自治州史志编纂委员会编 贵阳 贵州人民出版社 1996年 340页

009311134

**黔南布依族苗族自治州志 第12卷 工商志**

黔南布依族苗族自治州史志编纂委员会编 贵阳 贵州人民出版社 1996年 345页

008783755

**黔南布依族苗族自治州志 第13卷 供销合作志**

黔南布依族苗族自治州史志编纂委员会编 贵阳 贵州人民出版社 1998年 213页

008783602

**黔南布依族苗族自治州志 第14卷 邮电志**

黔南布依族苗族自治州史志编纂委员会编 贵阳 贵州人民出版社 1996年 372页

008783756

**黔南布依族苗族自治州志 第15卷 农业志**

黔南布依族苗族自治州史志编纂委员会编 贵阳 贵州人民出版社 1998年 579页

008598411

**黔南布依族苗族自治州志 第17卷 文化艺术志**

黔南布依族苗族自治州史志编纂委员会编 贵阳 贵州人民出版社 1999年 288页

008598386

**黔南布依族苗族自治州志** 第18卷 林业志

黔南布依族苗族自治州史志编纂委员会编 贵阳 贵州科技出版社 1999年 331页

009335783

**黔南布依族苗族自治州志** 第19—21卷 对外经济贸易志 机械农机志 医药志

黔南布依族苗族自治州史志编纂委员会编 贵阳 贵州人民出版社 1999年 426页

008783778

**黔南布依族苗族自治州志** 第22卷 粮食志

黔南布依族苗族自治州史志编纂委员会编 贵阳 贵州人民出版社 1999年 316页

008598409

**黔南布依族苗族自治州志** 第23卷 司法行政志

黔南布依族苗族自治州史志编纂委员会编 贵阳 贵州人民出版社 1999年 289页

008598413

**黔南布依族苗族自治州志** 第24卷 金融志

黔南布依族苗族自治州史志编纂委员会编 贵阳 贵州人民出版社 1999年 576页

008598402

**黔南布依族苗族自治州志** 第25卷 烟草志

黔南布依族苗族自治州史志编纂委员会编 贵阳 贵州人民出版社 1999年 241页

008783802

**黔南布依族苗族自治州志** 第26—27卷 劳动志 民政志

黔南布依族苗族自治州史志编纂委员会编 贵阳 贵州人民出版社 2000年 368页

009311122

**黔南布依族苗族自治州志** 第29—30卷 计划志 统计志

黔南布依族苗族自治州史志编纂委员会编 贵阳 贵州人民出版社 2000年 2册

009332511

**黔南布依族苗族自治州志** 第31—32卷 轻纺工业志 重工业志

黔南布依族苗族自治州史志编纂委员会编 贵阳 贵州人民出版社 2001年

420页

008783804

**黔南布依族苗族自治州志 第33卷 土地管理志**

黔南布依族苗族自治州史志编纂委员会编 贵阳 贵州人民出版社 2001年 244页

009335774

**黔南布依族苗族自治州志 第34卷 检察志**

黔南布依族苗族自治州史志编纂委员会编 贵阳 贵州人民出版社 1999年 267页

011499533

**黔南布依族苗族自治州志 第35卷 武警志**

黔南布依族苗族自治州史志编纂委员会编 贵阳 贵州人民出版社 2001年 355页

009335849

**黔南布依族苗族自治州志 第36卷 军事志**

黔南布依族苗族自治州史志编纂委员会编 贵阳 贵州人民出版社 2002年 376页

008783820

**黔南布依族苗族自治州志 第37卷 水利电力志**

黔南布依族苗族自治州史志编纂委员会编 贵阳 贵州人民出版社 2002年 419页

009010566

**黔南布依族苗族自治州志 第38卷 政协志**

黔南布依族苗族自治州史志编纂委员会编 贵阳 贵州人民出版社 2002年 364页

009025818

**黔南布依族苗族自治州志 第39卷 财政志**

黔南布依族苗族自治州史志编纂委员会编 贵阳 贵州人民出版社 2002年 405页

009335836

**黔南布依族苗族自治州志 第40卷 党群志**

黔南布依族苗族自治州史志编纂委员会编 贵阳 贵州人民出版社 2003年 426页

009472113

**黔南布依族苗族自治州志 第44卷 城乡建设志**

黔南布依族苗族自治州史志编纂委员会编 贵阳 贵州人民出版社 2004年 335页

009699354

**黔南布依族苗族自治州志 第45卷 档案志**

黔南布依族苗族自治州史志编纂委员会编 贵阳 贵州人民出版社 2005年 359页

009675200

**黔南布依族苗族自治州志 第46卷 审判志**

黔南布依族苗族自治州史志编纂委员会编 贵阳 贵州人民出版社 2004年 454页

008783828

**黔南布依族苗族自治州志 第47卷 税务志**

黔南布依族苗族自治州史志编纂委员会编 贵阳 贵州人民出版社 2004年 289页

010108667

**黔南布依族苗族自治州志 第48卷 审计志**

黔南布依族苗族自治州史志编纂委员会编 贵阳 贵州人民出版社 2006年 274页

011295605

**黔南布依族苗族自治州志 第49卷 人事志**

黔南布依族苗族自治州史志编纂委员会编 贵阳 贵州人民出版社 2007年 141页

012836121

**黔南布依族苗族自治州招商引资志**

黔南布依族苗族自治州招商引资志编纂委员会编 北京 中国文化出版社 2010年 318页

009380858

**布依族苗族风土志稿**

韦廉舟编著 黔南布依族苗族自治州民族事务委员会文艺研究室编 贵州 贵州省出版局 1981年 274页

012950482

**布依族民俗志**

黔南布依族苗族自治州民族事务委员会 黄义仁 韦廉舟编撰 贵阳 贵州人民出版社 1985年 175页

## 都匀市

008471143

**都匀市志**

贵州省都匀市史志编纂委员会编 贵阳 贵州人民出版社 1999年 2册

009472100

**都匀市水利志**

都匀市水利电力局编纂领导小组编 贵阳 贵州教育出版社 1995年 351页

013987630
**都匀市民族志**
都匀市民族事务委员会编 1990 年 264 页

008964677
**贵州省都匀市地名志**
都匀市人民政府编 都匀 都匀市人民政府 1987 年 373 页

## 福泉市

007913515
**福泉县志**
贵州省福泉县地方志编纂委员会编 贵阳 贵州人民出版社 1992 年 1068 页

013897112
**福泉县工商行政管理志**
福泉县工商行政管理局编 福泉 福泉县工商行政管理局 1992 年 202 页

013404362
**高石煤矿志**
福泉市高石煤矿编 福泉 福泉市高石煤矿 2005 年 232 页

012998918
**福泉市信用合作志**
福泉市农村信用合作联社编 福泉 农村信用合作联社 2009 年 315 页

008541008
**贵州省福泉县地名志**
福泉县地名办公室编 福泉 福泉县人民政府 1986 年 236 页

## 荔波县

008470978
**荔波县志**
贵州省荔波县地方志编纂委员会编 北京 方志出版社 1997 年 914 页

012762473
**荔波县税务志**
荔波县国家税务局 荔波县地方税务局 荔波县财政局编纂 荔波 荔波县国家税务局 荔波县地方税务局 荔波县财政局 2009 年 420 页

## 贵定县

008486424
**贵定县志**
贵州省贵定县史志编纂委员会编 贵阳 贵州人民出版社 1995 年 1148 页

007988983
**新场区志**
贵定县史志办公室编 19uu 年 152 页

008540025
**贵州省贵定县地名录**

贵定县人民政府编 贵定 贵定县人民政府 1983年 210页

## 瓮安县

008598392
**瓮安县志**
贵州省瓮安县地方志编纂委员会编 贵阳 贵州人民出版社 1995年 764页

013732347
**瓮安县政协志**
中国人民政治协商会议瓮安县政协志编纂委员会编 瓮安 中国人民政治协商会议瓮安县政协志编纂委员会 1991年 142页

013462779
**瓮安煤矿志**
贵州省瓮安煤矿志编纂委员会编 瓮安 贵州省瓮安煤矿志编纂委员会 2008年 314页

008541034
**贵州省瓮安县地名录**
瓮安县人民政府编 瓮安 瓮安县人民政府 1982年 302页

## 独山县

007588037
**独山县志**
独山县地方志编纂委员会编 贵阳 贵州人民出版社 1996年 1155页

008540324
**贵州省独山县地名录**
独山县人民政府编 独山 独山县人民政府 1988年 247页

## 平塘县

004018806
**平塘县志**
贵州省平塘县史志编纂委员会编 贵阳 贵州人民出版社 1992年 767页

009336273
**平塘县情**
贵州省平塘县地方志编纂委员会编 贵阳 贵州人民出版社 1996年 475页

008541724
**平塘县教育志**
贵州省平塘县教育局编 平塘 贵州省平塘县教育局 1993年 320页

008541050
**贵州省平塘县地名录**
平塘县人民政府编 平塘 平塘县人民政府 1987年 209页

## 罗甸县

008597952
**罗甸县志 讨论稿**
罗甸县地方志办公室总纂 罗甸 罗甸县地方志办公室 1991年 5册

007731471
**罗甸县志**
罗甸县志编纂委员会编 贵阳 贵州人民出版社 1994年 621页

007772854
**罗甸县志 民族志**
罗甸县史志编纂委员会编 贵阳 贵州民族出版社 1989年 174页

## 长顺县

008640135
**长顺县志**
贵州省长顺县地方志编纂委员会编 贵阳 贵州人民出版社 1998年 717页

011995317
**长顺县农业志 1950—2005**
长顺县农业局 长顺县畜牧事业管理局编 长顺 长顺县农业局 2006年 196页

013402897
**长顺县科学技术志**
长顺县科学技术志编纂委员会编 长顺 长顺县科学技术志编纂委员会 1994年 460页

## 龙里县

008486776
**龙里县志**
贵州省龙里县地方志编纂委员会编 贵阳 贵州人民出版社 1995年 812页

013819435
**贵州省龙里中学校志**
贵州省龙里中学编 贵州 2001年 163页

013897151
**贵州省龙里中学校志 1941—2011**
贵州省龙里中学编 贵州 2011年 192页

013508667
**龙里县民族志**
龙里县民族事务委员会编 龙里 龙里县民族事务委员会 1991年 238页

008539975
**贵州省龙里县地名录**
龙里县地名领导小组办公室编 龙里 龙里县地名领导小组办公室 1983年 208页

## 惠水县

007913481
**惠水县志**
惠水县史志编纂委员会办公室编 贵阳 贵州人民出版社 1988年 493页

013647486
**惠水县文化艺术志**
惠水县文化局编 惠水 惠水县文化局 1991年 194页

012758975
**惠水县教育志**
贵州省惠水县教育局编 惠水 惠水县教育局 2008年 453页

## 三都水族自治县

005559158
**三都水族自治县志**
三都水族自治县志编纂委员会编 贵阳 贵州人民出版社 1992年 829页

005665255
**水语简志**
张均如编著 北京 民族出版社 1980年 111页〔中国少数民族语言简志丛书〕

008540317
**贵州省三都水族自治县地名录**
三都水族自治县人民政府编 三都 三都水族自治县人民政府 1987年 256页〔贵州省地名丛书 81〕

# 云南省

006395015
**云南省志**
云南省地方志编纂委员会总纂 昆明 云南民族出版社 1989年〔中华人民共和国地方志丛书〕

010278721
**云南省志 政务志 人民政府篇 征求意见稿**
云南省人民政府办公厅政务志编辑室编 昆明 云南省人民政府办公厅政务志编辑室 1994年 444页

009312772
**云南省志 首卷**
云南省地方志编纂委员会总纂 云南省地方志编纂委员会办公室编撰 昆明 云南人民出版社 2004年 505页〔中华人民共和国地方志丛书〕

008702838
**云南省志 第1卷 地理志**
云南省地方志编纂委员会编 昆明 云南人民出版社 1998年 515页〔中华人民共和国地方志丛书〕

009852541
**云南省志 第2卷 天文气候志**
云南省地方志编纂委员会编 昆明 云南人民出版社 1995年 294页〔中华人民共和国地方志丛书〕

010577218
**云南省志 第3卷 地震志 送审稿**
云南省地震局编 云南 云南省地震局 1998年 528页

008702841
**云南省志 第3卷 地震志**
云南省地方志编纂委员会编 昆明 云南人民出版社 1999年 581页〔中华人民共和国地方志丛书〕

009852566
**云南省志 第 4 卷 地质矿产志**
云南省地方志编纂委员会总纂 云南省地质矿产厅编撰 昆明 云南人民出版社 1997 年 449 页〔中华人民共和国地方志丛书〕

006402998
**云南省志 第 6 卷 动物志**
云南省地方志编纂委员会总纂 中国科学院昆明动物研究所编撰 昆明 云南人民出版社 1989 年 422 页〔中华人民共和国地方志丛书〕

008702848
**云南省志 第 7 卷 科学技术志**
云南省地方志编纂委员会编 昆明 云南人民出版社 1998 年 1355 页〔中华人民共和国地方志丛书〕

009245150
**云南省志 第 8 卷 经济综合志**
云南省地方志编纂委员会编 昆明 云南人民出版社 1995 年 605 页〔中华人民共和国地方志丛书〕

008488290
**云南省志 第 9 卷 工商行政管理志**
云南省地方志编纂委员会编 昆明 云南人民出版社 1998 年 291 页〔中华人民共和国地方志丛书〕

009852596
**云南省志 第 10 卷 技术监督志**
云南省地方志编纂委员会编 昆明 云南人民出版社 1993 年 446 页〔中华人民共和国地方志丛书〕

008975336
**云南省志 第 11 卷 乡镇企业志**
云南省地方志编纂委员会编 昆明 云南人民出版社 2001 年 381 页〔中华人民共和国地方志丛书〕

009409110
**云南省志 第 12 卷 财政志**
云南省地方志编纂委员会编 昆明 云南人民出版社 1994 年 482 页〔中华人民共和国地方志丛书〕

009409177
**云南省志 第 13 卷 金融志**
云南省地方志编纂委员会编 昆明 云南人民出版社 1994 年 702 页〔中华人民共和国地方志丛书〕

006395441
**云南省志 第 14 卷 商业志**
云南省地方志编纂委员会编 昆明 云南人民出版社 1993 年 582 页〔中华人民共和国地方志丛书〕

006395433
**云南省志 第 15 卷 粮油志**
云南省地方志编纂委员会编 昆明 云南

人民出版社 1993年 438页〔中华人民共和国地方志丛书〕

008702846
云南省志 第16卷 对外经济贸易志
云南省地方志编纂委员会编 昆明 云南人民出版社 1998年 400页〔中华人民共和国地方志丛书〕

006402939
云南省志 第17卷 供销合作社志
云南省地方志编纂委员会总纂 云南省供销合作社编撰 昆明 云南人民出版社 1992年 485页〔中华人民共和国地方志丛书〕

009852713
云南省志 第18卷 轻工业志
云南省地方志编纂委员会总纂 云南省轻纺工业厅编撰 昆明 云南人民出版社 1997年 532页〔中华人民共和国地方志丛书〕

006395420
云南省志 第19卷 盐业志
云南省地方志编纂委员会编 昆明 云南人民出版社 1993年 302页〔中华人民共和国地方志丛书〕

013708187
云南省志 第20卷 烟草志
云南省地方志编纂委员会总纂 云南省烟草公司编撰 昆明 云南人民出版社 2000年 478页〔中华人民共和国地方志丛书〕

009852730
云南省志 第21卷 纺织工业志
云南省地方志编纂委员会总纂 云南省志纺织工业志编纂委员会编撰 昆明 云南人民出版社 1996年 382页〔中华人民共和国地方志丛书〕

008702852
云南省志 第22卷 农业志
云南省地方志编纂委员会编 昆明 云南人民出版社 1996年 457页〔中华人民共和国地方志丛书〕

008702900
云南省志 第23卷 畜牧业志
云南省地方志编纂委员会编 昆明 云南人民出版社 1999年 394页〔中华人民共和国地方志丛书〕

009852753
云南省志 第24卷 煤炭工业志
云南省地方志编纂委员会编 昆明 云南人民出版社 1995年 863页〔中华人民共和国地方志丛书〕

008702897
云南省志 第25卷 温泉志
云南省地方志编纂委员会编 昆明 云南人民出版社 1999年 304页〔中华人民共和国地方志丛书〕

009852774
**云南省志** 第 26 卷 冶金工业志
云南省地方志编纂委员会编 昆明 云南人民出版社 1996 年 641 页〔中华人民共和国地方志丛书〕

009852794
**云南省志** 第 27 卷 机械工业志
云南省地方志编纂委员会编 昆明 云南人民出版社 1994 年 560 页〔中华人民共和国地方志丛书〕

009852815
**云南省志** 第 28 卷 化学工业志
云南省地方志编纂委员会编 昆明 云南人民出版社 1994 年 556 页〔中华人民共和国地方志丛书〕

006395414
**云南省志** 第 29 卷 电子工业志
云南省地方志编纂委员会编 昆明 云南人民出版社 1992 年 282 页〔中华人民共和国地方志丛书〕

013708183
**云南省志** 第 30 卷 物价志
云南省地方志编纂委员会 云南省物价局编撰 昆明 云南人民出版社 2000 年 530 页〔中华人民共和国地方志丛书〕

009852860
**云南省志** 第 31 卷 城乡建设志
云南省地方志编纂委员会总纂 云南省建设厅编撰 昆明 云南人民出版社 1996 年 592 页〔中华人民共和国地方志丛书〕

009852894
**云南省志** 第 32 卷 海关志
云南省地方志编纂委员会编 昆明 云南人民出版社 1996 年 305 页〔中华人民共和国地方志丛书〕

009114617
**云南省志** 第 33 卷 交通志
云南省地方志编纂委员会编 昆明 云南人民出版社 2001 年 809 页〔中华人民共和国地方志丛书〕

008887898
**云南省志** 第 34 卷 铁道志
云南省地方志编纂委员会编 昆明 云南人民出版社 1994 年 390 页〔中华人民共和国地方志丛书〕

009852920
**云南省志** 第 35 卷 邮电志
云南省地方志编纂委员会编 昆明 云南人民出版社 1996 年 528 页〔中华人民共和国地方志丛书〕

009160316
**云南省志** 第 36 卷 林业志
云南省地方志编纂委员会编 昆明 云南人民出版社 2003 年 903 页〔中华人

民共和国地方志丛书〕

006395442

**云南省志** 第37卷 电力工业志

云南省地方志编纂委员会编 昆明 云南人民出版社 1994年 523页〔中华人民共和国地方志丛书〕

008702884

**云南省志** 第38卷 水利志

云南省地方志编纂委员会编 昆明 云南人民出版社 1998年 691页〔中华人民共和国地方志丛书〕

010118455

**云南省志** 第39卷 农垦志

云南省地方志编纂委员会总纂 云南省农垦总局编撰 昆明 云南人民出版社 1998年 894页〔中华人民共和国地方志丛书〕

008702832

**云南省志** 第40卷 测绘志

云南省地方志编纂委员会编 昆明 云南人民出版社 1998年 503页〔中华人民共和国地方志丛书〕

009852939

**云南省志** 第41卷 建筑材料工业志

云南省地方志编纂委员会总纂 云南省建筑材料工业局编撰 昆明 云南人民出版社 1997年 453页〔中华人民共和国地方志丛书〕

011837346

**云南省志** 第42卷 建筑志

云南省地方志编纂委员会编 昆明 云南人民出版社 1995年 292页〔中华人民共和国地方志丛书〕

013708190

**云南省志** 第43卷 中共云南省委志

云南省地方志编纂委员会总纂 云南省文学艺术界联合会 云南省地方志编纂委员会办公室编撰 昆明 云南人民出版社 2000年 1187页〔中华人民共和国地方志丛书〕

009115251

**云南省志** 第44卷 党派志

云南省地方志编纂委员会总纂 中共云南省委统战部编撰 昆明 云南人民出版社 2001年 365页〔中华人民共和国地方志丛书〕

009126164

**云南省志** 第45卷 群众团体志

云南省地方志编纂委员会总纂 云南省志群众团体志编纂委员会编撰 昆明 云南人民出版社 2002年 521页〔中华人民共和国地方志丛书〕

009043457

**云南省志** 第46卷 人民代表大会志

云南省地方志编纂委员会编 昆明 云南人民出版社 2003年 617页〔中华人民共和国地方志丛书〕

008992587

**云南省志 第47卷 政府志**

云南省地方志编纂委员会总纂 云南省人民政府办公厅编撰 昆明 云南人民出版社 2001年 811页〔中华人民共和国地方志丛书〕

008721015

**云南省志 第48卷 政协志**

云南省地方志编纂委员会编 昆明 云南人民出版社 1999年 621页〔中华人民共和国地方志丛书〕

009852991

**云南省志 第49卷 军事志**

云南省地方志编纂委员会总纂 人民解放军云南省军区编撰 昆明 云南人民出版社 1997年 751页〔中华人民共和国地方志丛书〕

006395443

**云南省志 第50卷 劳动志**

云南省地方志编纂委员会编 昆明 云南人民出版社 1993年 337页〔中华人民共和国地方志丛书〕

009853011

**云南省志 第51卷 人事志**

云南省地方志编纂委员会总纂 云南省人事厅编撰 昆明 云南人民出版社 1997年 484页〔中华人民共和国地方志丛书〕

009853025

**云南省志 第52卷 民政志**

云南省地方志编纂委员会编 昆明 云南人民出版社 1996年 337页〔中华人民共和国地方志丛书〕

009853045

**云南省志 第53卷 外事志**

云南省地方志编纂委员会总纂 云南省外事办公室编撰 昆明 云南人民出版社 1996年 461页〔中华人民共和国地方志丛书〕

009853083

**云南省志 第54卷 检察志**

云南省地方志编纂委员会编 昆明 云南人民出版社 1996年 413页〔中华人民共和国地方志丛书〕

008702881

**云南省志 第55卷 审判志**

云南省地方志编纂委员会编 昆明 云南人民出版社 1999年 611页〔中华人民共和国地方志丛书〕

009853102

**云南省志 第56卷 公安志**

云南省地方志编纂委员会总纂 云南省公安厅编撰 昆明 云南人民出版社 1996年 861页〔中华人民共和国地方志丛书〕

008992593

**云南省志 第 57 卷 司法志**

云南省地方志编纂委员会总纂 云南省司法厅编撰 昆明 云南人民出版社 2001 年 528 页〔中华人民共和国地方志丛书〕

003324859

**云南省志 第 58 卷 汉语方言志**

云南省地方志编纂委员会总纂 云南省语言学会编撰 昆明 云南人民出版社 1989 年 569 页〔中华人民共和国地方志丛书〕

008702861

**云南省志 第 59 卷 少数民族语言文字志**

云南省地方志编纂委员会编 昆明 云南人民出版社 1998 年 1357 页〔中华人民共和国地方志丛书〕

009853123

**云南省志 第 60 卷 教育志**

云南省地方志编纂委员会编 昆明 云南人民出版社 1995 年 1095 页〔中华人民共和国地方志丛书〕

009852368

**云南省志 第 61 卷 民族志**

云南省地方志编纂委员会编 昆明 云南人民出版社 2002 年 860 页〔中华人民共和国地方志丛书〕

009341123

**云南省志 第 62 卷 文物志**

云南省地方志编纂委员会总纂 云南省文化厅编撰 昆明 云南人民出版社 2004 年 1000 页〔中华人民共和国地方志丛书〕

009853141

**云南省志 第 63 卷 地名志**

云南省地方志编纂委员会总纂 云南省地名委员会编撰 昆明 云南人民出版社 1997 年 302 页〔中华人民共和国地方志丛书〕

009266302

**云南省志 第 64 卷 土地志**

云南省地方志编纂委员会总纂 云南省土地管理局编撰 昆明 云南人民出版社 1997 年 301 页〔中华人民共和国地方志丛书〕

006395419

**云南省志 第 65 卷 侨务志**

云南省地方志编纂委员会总纂 云南省侨务办公室等编撰 昆明 云南人民出版社 1992 年 266 页〔中华人民共和国地方志丛书〕

009853503

**云南省志 第 66 卷 宗教志**

云南省地方志编纂委员会编 昆明 云南人民出版社 1995 年 391 页〔中华人民共和国地方志丛书〕

009853511

**云南省志 第 67 卷 环境保护志**
云南省地方志编纂委员会编 昆明 云南人民出版社 1994 年 196 页〔中华人民共和国地方志丛书〕

009853517

**云南省志 第 68 卷 旅游志**
云南省地方志编纂委员会总纂 云南省旅游局编撰 昆明 云南人民出版社 1996 年 455 页〔中华人民共和国地方志丛书〕

009002219

**云南省志 第 69 卷 卫生志**
云南省地方志编纂委员会编 昆明 云南人民出版社 2002 年 674 页〔中华人民共和国地方志丛书〕

009409171

**云南省志 第 70 卷 医药志**
云南省地方志编纂委员会编 昆明 云南人民出版社 1995 年 1094 页〔中华人民共和国地方志丛书〕

008702856

**云南省志 第 71 卷 人口志**
云南省地方志编纂委员会编 昆明 云南人民出版社 1998 年 466 页〔中华人民共和国地方志丛书〕

009409168

**云南省志 第 72 卷 体育志**
云南省地方志编纂委员会编 昆明 云南人民出版社 1994 年 620 页〔中华人民共和国地方志丛书〕

009198600

**云南省志 第 73 卷 文化艺术志**
云南省地方志编纂委员会总纂 云南省文化厅编撰 昆明 云南人民出版社 2002 年 1168 页〔中华人民共和国地方志丛书〕

009409100

**云南省志 第 74 卷 文学志**
云南省地方志编纂委员会总纂 云南省文学艺术界联合会 云南省地方志编纂委员会办公室编撰 昆明 云南人民出版社 1998 年 336 页〔中华人民共和国地方志丛书〕

009853597

**云南省志 第 75 卷 社会科学志**
云南省地方志编纂委员会总纂 云南省社会科学学会编撰 昆明 云南人民出版社 1997 年 660 页〔中华人民共和国地方志丛书〕

013708197

**云南省志 第 76 卷 出版志**
云南省地方志编纂委员会总纂 云南省文学艺术界联合会 云南省地方志编纂委员会办公室编撰 昆明 云南人民出版社 2000 年 879 页〔中华人民共和国地方志丛书〕

009853611

**云南省志 第 77 卷 报业志**

云南省地方志编纂委员会总纂 云南省新闻工作者协会编撰 昆明 云南人民出版社 1997 年 242 页〔中华人民共和国地方志丛书〕

009853622

**云南省志 第 78 卷 广播电视志**

云南省地方志编纂委员会编 昆明 云南人民出版社 1996 年 557 页〔中华人民共和国地方志丛书〕

008702836

**云南省志 第 79 卷 档案志**

云南省地方志编纂委员会编 昆明 云南人民出版社 2000 年 302 页〔中华人民共和国地方志丛书〕

009020510

**云南省志 第 80 卷 人物志**

云南省地方志编纂委员会编 昆明 云南人民出版社 2002 年 991 页〔中华人民共和国地方志丛书〕

009414983

**云南省志 末卷**

云南省地方志编纂委员会总纂 云南省地方志编纂委员会办公室编撰 昆明 云南人民出版社 2004 年 432 页〔中华人民共和国地方志丛书〕

011294245

**云南省志报业志 征求意见稿**

云南省志报业志编委会编 1995 年 199 页

008426165

**云南省志编撰文集**

云南省地方志编纂委员会办公室编 云南 云南省地方志编纂委员会办公室 1990 年 214 页

009266301

**云南省志大事记资料选编**

张曙东主编 云南省地方志办公室 省志总编室编 云南 云南省科技情报所印刷厂 1988 年 3 册

011321098

**云南省综合简志**

云南省地方志编纂委员会办公室编 昆明 云南美术出版社 2007 年 455 页

008104836

**云南地方志道教和民族民间宗教资料琐编**

云南省编辑组编 昆明 云南人民出版社 1986 年 194 页〔中国少数民族社会历史调查资料丛刊〕

007428129

**云南地方志佛教资料琐编**

云南省编辑组编 昆明 云南民族出版社 1986 年 314 页〔中国少数民族社会

历史调查资料丛刊〕

011793424
**云南穆斯林人物志**
纳国昌著 昆明 云南中振文化传播中心 2001年 322页〔中振伊斯兰文化丛书 2〕

012769537
**云南省邮电工会志** 1926—1990
许文忠主编 中国邮电工会云南省委员会工会志组编 昆明 云南省邮电工会 1996年 219页

008539753
**云南政协通志**
云南政协通志编纂委员会编纂 昆明 云南人民出版社 1997年 1680页

012816164
**云南省森林公安志** 1980—2009
云南省森林公安局编 昆明 云南民族出版社 2010年 475页

011292808
**云南民政志**
云南省民政厅编 云南 云南省民政厅 1991年 580页

010777230
**云南审判志** 1900—1994
云南省高级人民法院编 昆明 云南人民出版社 1996年 727页

009388541
**云南省检察志** 1910—1985
云南省检察志编纂领导小组编 北京 法律出版社 1991年 926页

011066730
**中国武警志 云南省总队总队医院志**
中国人民武装警察部队云南省总队医院编 云南 中国人民武装警察部队云南省总队医院 2002年 442页〔中国人民武装警察部队云南省总队史志丛书〕

011500820
**云南省扶贫开发志** 1984—2005
阿扎主编 云南省人民政府扶贫开发领导小组办公室 云南省扶贫开发志编纂委员会编 昆明 云南民族出版社 2007年 1册

013758019
**云南省电力工业志**
史豪华主编 云南省电力工业志编委会编著 昆明 云南省电力工业志编委会 2001年 325页

008442964
**云南省电力工业志**
云南省电力工业志编委会编 北京 中国电力出版社 1996年 566页〔中国电力工业志丛书〕

012506624
**云南省电力工业志** 1991—2002
云南省电力工业志编辑委员会编 北京 中国电力出版社 2009 年 715 页〔中国电力工业志丛书〕

013866278
**云南省化学工业志补充资料集**
云南省石油化学工业厅编 1991 年 340 页

010251889
**云南省烟草志**
云南省烟草专卖局 云南省烟草公司编 昆明 云南人民出版社 1993 年 428 页

011590236
**云南烟草志**
云南烟草志编纂委员会编纂 昆明 云南人民出版社 2008 年 2 册 1203 页〔云南省烟草志丛书〕

008190696
**中国石油地质志** 第 11 卷 滇黔桂油气区
滇黔桂石油地质志编写组编 北京 石油工业出版社 1992 年 399 页

010962590
**云南省道路交通管理志**
云南省道路交通管理志编纂委员会编纂 昆明 云南人民出版社 2006 年 838 页

011294351
**云南省税务志** 1949—1993
云南省税务志编纂委员会编 昆明 云南省税务志编纂委员会 1999 年 390 页

009388523
**云南建行志**
中国人民建设银行云南省分行金融志编写组 程愚主编 昆明 云南人民出版社 1990 年 292 页

008426826
**云南省农村金融志**
中国农业银行云南省分行编 昆明 云南民族出版社 1997 年 243 页

011586226
**中国建设银行云南省分行志** 1986—2004
中国建设银行云南省分行志编纂委员会编纂 昆明 云南人民出版社 2004 年 474 页

013996270
**中国农业银行云南省分行志** 1991—2008
中国农业银行云南省分行志编纂委员会编纂 昆明 云南人民出版社 2013 年 992 页

009415081
**云南教育改革志**
云南教育改革志编纂委员会编 昆明 云南人民出版社 2004 年 1411 页

008440281
**彝语简志**
陈士林 边仕明 李秀清编著 北京 民族出版社 1985 年 277 页〔中国少数民族语言简志丛书〕

001717406
**傣语简志**
喻翠容 罗美珍编著 北京 民族出版社 1980 年 139 页〔中国少数民族语言简志丛书〕

008395426
**傈僳语简志**
徐琳 木玉璋 盖兴之编著 北京 民族出版社 1986 年 178 页〔中国少数民族语言简志丛书〕

001920386
**拉祜语简志**
常竑恩等编著 北京 民族出版社 1986 年 140 页〔中国少数民族语言简志丛书〕

004191088
**德昂语简志**
陈相木 王敬骝 赖永良编著 北京 民族出版社 1986 年 147 页〔中国少数民族语言简志丛书〕

011761784
**中国歌谣集成** 第 14 卷 云南卷
中国民间文学集成全国编辑委员会 中国歌谣集成云南编辑委员会编 北京 中国 ISBN 中心 2003 年 2 册 1889 页

009648673
**中国谚语集成** 第 14 卷 云南卷
中国民间文学集成全国编辑委员会 中国民间文学集成云南卷编辑委员会编 北京 中国 ISBN 中心 2002 年 976 页

011762131
**中国戏曲音乐集成** 第 29 卷 云南卷
中国戏曲音乐集成编辑委员会 中国戏曲音乐集成云南卷编辑委员会编 北京 中国 ISBN 中心 2004 年 2 册 1740 页

011751789
**中华舞蹈志** 第 7 卷 云南卷
中华舞蹈志编辑委员会编 兰迪特约编辑 上海 学林出版社 2007 年 2 册

013996180
**中华舞蹈志** 第 7 卷 云南卷
中华舞蹈志编辑委员会编 上海 学林出版社 2014 年 2 册 1068 页

008708566

**中国民族民间舞蹈集成 第 27 卷 云南卷**

中国民族民间舞蹈集成编辑部编 北京 中国 ISBN 中心 1999 年 2 册 1954 页〔十部文艺集成志书〕

006319917

**中国戏曲志 第 20 卷 云南卷**

中国戏曲志编辑委员会 中国戏曲志云南卷编辑委员会编 北京 中国 ISBN 中心 1994 年 828 页〔十部文艺集成志书〕

012950351

**白族简志**

云南少数民族社会历史调查组大理分组编 大理 云南少数民族社会历史调查组大理分组 1961 年 285 页

012898324

**傣族文化志**

赵世林 伍琼华著 昆明 云南民族出版社 1997 年 487 页〔民族调查研究丛书〕

011482864

**哈尼族史志辑要**

姜定忠编著 昆明 云南民族出版社 2007 年 515 页

012360302

**瑶族志 香碗 云南瑶族文化与民族认同**

黄贵权著 昆明 云南大学出版社 2009 年 316 页〔云南民族志丛书〕

012878896

**云南省防空志 1937—2000**

吴先福主编 云南省人民防空办公室编 昆明 云南省人民防空办公室 2006 年 402 页

013647287

**滇商人物志**

云南省地方志专业志编纂中心编 潞西 德宏民族出版社 2012 年 242 页

011890438

**白族人物简志**

寸丽元特邀主编 寸丽香编著 北京 中国民族摄影艺术出版社 2008 年 430 页

009388446

**傣族风俗志**

胡绍华编著 北京 中央民族大学出版社 1995 年 269 页〔民俗文库 25〕

007445467

**傈僳族风俗志**

斯琴高娃 李茂林编著 北京 中央民族大学出版社 1994 年 169 页〔民俗文库 23〕

007984242

**佤族风俗志**

赵富荣编著 北京 中央民族大学出版社 1994年 197页〔民俗文库 24〕

007610949
**彝族风俗志**
姊妹彝学研究小组等编著 北京 中央民族学院出版社 1992年 241页〔民俗文库 16〕

008426822
**云南方志民族民俗资料琐编**
云南省编辑组编 昆明 云南民族出版社 1986年 171页〔中国少数民族社会历史调查资料丛刊〕

001642448
**云南少数民族婚俗志**
杨知勇 秦家华 李子贤编选 昆明 云南民族出版社 1983年 287页

007734385
**云南少数民族生产习俗志**
杨知勇 李子贤 秦家华编 昆明 云南民族出版社 1990年 428页

009388532
**云南少数民族生葬志**
杨知勇 秦家华 李子贤编 昆明 云南民族出版社 1988年 353页

001738115
**云南风物志**
余嘉华等编著 昆明 云南人民出版社 1986年 562页〔中国风物志丛书〕

008664867
**云南风物志**
余嘉华主编 昆明 云南教育出版社 1997年 567页〔中国风物志丛书〕

012052562
**云南新旅游风物志**
杨旭恒 罗宁 佟海敬主编 佟海敬等撰文 刘建明等摄影 昆明 云南美术出版社 2009年 274页

011910135
**云南省测绘志** 资料版
云南省测绘志编纂委员会编 云南 云南省测绘志编纂委员会 1995年 586页

009678854
**云南省地震监测志**
云南省地震局编 北京 地震出版社 2005年 2册 911页〔中国地震监测志系列〕

012900226
**云南省水文志**
云南省水文水资源局编 云南 云南省水文水资源局 2011年 498页

013098041
**中国古生物志** 云贵晚三叠世孢粉植物群
尚玉珂著 中国科学院南京地质古生物

研究所 古脊椎动物与古人类研究所编辑 北京 科学出版社 2011 年 276 页〔中国古生物志 总号第 196 册 新甲种 第 16 号〕

008473179
**中国古生物志 云南富源晚二叠世—早三叠世孢子花粉组合**
欧阳舒著 北京 科学出版社 1986 年 122 页〔中国古生物志 总号第 169 册 新甲种 第 9 号〕

008386591
**云南两栖类志**
杨大同主编 北京 中国林业出版社 1991 年 259 页

008539756
**云南鸟类志**
杨岚等编著 昆明 云南科技出版社 1998 年

011321113
**滇桂地区蚱总科动物志**
邓维安 郑哲民 韦仕珍编著 南宁 广西科学技术出版社 2007 年 458 页

008539755
**云南瓢虫志**
西南林学院 曹诚一主编 曹诚一 潘勇智 王红编撰 李楠绘图 昆明 云南科技出版社 1992 年 270 页

012545701
**云南蚊类志**
董学书 周红宁 龚正达编著 昆明 云南科技出版社 2010 年 2 册

010243640
**云南蚤类志**
云南省流行病防治研究所 解宝琦 曾静凡编著 昆明 云南科技出版社 2000 年 458 页

008539752
**云南卫生通志**
云南省卫生厅编 昆明 云南科技出版社 1999 年 788 页

011910127
**云南民族药志 第 1 卷**
朱兆云 韦群辉主编 云南省药物研究所 云南省民族药工程技术研究中心编著 昆明 云南民族出版社 2008 年 432 页

012612981
**云南民族药志 第 2 卷**
朱兆云 高丽主编 云南省药物研究所 云南省民族药工程技术研究中心编著 昆明 云南民族出版社 2009 年 439 页

013133997
**云南省血吸虫病防治史志**
张显清主编 苏发昌 张希昆副主编 昆

明 云南科技出版社 1992 年 407 页

010243632
**云南省血吸虫病防治史志** 续集
张显清 王秀芬主编 昆明 云南科技出版社 2000 年 426 页

010474148
**云南稻谷品种志** 1981—1990
云南省种子管理站编 昆明 云南省种子管理站 1992 年 233 页

013735515
**云南茶树品种志**
梁名志 田易萍主编 昆明 云南科技出版社 2012 年 172 页

008597818
**云南烟草品种志**
雷永和 许美玲 黄学跃主编 中国烟草育种研究(南方)中心 云南省烟草科学研究所编 昆明 云南科技出版社 1999 年 175 页

006067030
**云南山茶花图志**
俞德浚 冯耀宗合著 北京 科学出版社 1958 年 45 页

010275911
**云南经济木材志**
罗良才著 昆明 云南人民出版社 1989 年 586 页

010239097
**云南省家畜家禽品种志**
云南省畜牧局云南省家畜家禽品种志编写委员会编 昆明 云南科技出版社 1987 年 286 页

013776366
**云南省水利志** 1978—2005
云南省水利厅编 云南 云南省地矿测绘院印刷厂 2012 年 554 页

# 昆明市

008486726
**昆明市志**
昆明市地方志编纂委员会编 北京 人民出版社 1997 年

011320323
**昆明市志** 交通
昆明市交通志办编 昆明 昆明市交通志办 1993 年 135 页

013659556
**昆明市志长编**
陆复初主编 王道副主编 昆明 昆明市志编纂委员会 1983—1984 年 13 册

012132456
**碧鸡镇志**
碧鸡镇人民政府编 昆明 云南民族出版社 2009年 427页

013861848
**金碧街道志** 1956—2011
金碧街道志编纂办公室编 2011年 395页

012613274
**金河社区志** 1274—2009
昆明滇池国家旅游度假区海埂街道金河社区居民委员会编 昆明 云南美术出版社 2009年 251页

013820493
**金马街道志** 1978—2008
金马街道志编纂委员会编 昆明 云南民族出版社 2012年 280页

012545786
**中国共产党昆明市组织志** 1926.2—2008.12
中共昆明市委组织部编著 昆明 云南人民出版社 2009年 456页

013184281
**昆明市总工会志** 1927—2009
昆明市总工会志编纂委员会编 昆明 昆明市总工会志编纂委员会 2010年 153页

011585352
**云南纺织厂工会志** 1949.12.9—1987.10
云南纺织厂工会委员会编 云南 云南纺织厂工会委员会 1987年 120页

009388453
**昆明市人民代表大会志**
昆明市人民代表大会志编纂委员会编 昆明 云南人民出版社 1996年 304页

008837071
**昆明市政府志**
昆明市政府志编纂委员会编 北京 人民出版社 2001年 628页

011996948
**昆明市政协志**
昆明市政协志编纂委员会编纂 昆明 云南人民出版社 2000年 879页

011066656
**昆明公安交通管理志**
昆明市公安局史志办公室 昆明市公安局交通警察支队编 昆明 昆明公安交通管理志编纂领导小组 2004年 428页

011891886
**昆明公安志** 1904—2000
昆明市公安局编 昆明 昆明市公安局 2005年 584页

010244046

**昆明消防志** 续1 1996—2000

昆明市公安消防支队编 昆明 昆明市公安消防支队 2004年 203页

011499610

**群众团体昆明地方组织志**

昆明市志政党群团专志编辑室编 昆明 昆明市志政党群团专志编辑室 1995年 278页

010474457

**中国国民党及其他党团昆明地方组织志**

昆明市政党群团专志编辑室编 昆明 昆明市政党群团专志编辑室 1994年 171页

011328577

**中国农工民主党昆明市委员会志** 1989—2003

农工民主党昆明市委员会编 昆明 中国农工民主党昆明市委员会 2005年 179页

009799617

**昆明法院志** 1950—1990

云南省昆明市中级人民法院编 昆明 云南省昆明市中级人民法院 1994年 292页

010473960

**昆明检察志** 1910—1988

冉万军主编 北京 中国检察出版社 1992年 343页

013335450

**昆明市劳动教养管理所志** 1991—2008

昆明市劳动教养管理所编 昆明 昆明市劳动教养管理所 2009年 245页

010146998

**昆明铁路检察志**

昆明铁路运输检察院编 北京 中国铁道出版社 1992年 320页

010476002

**昆明高新技术产业开发区志**

刘明主编 昆明高新技术产业开发区志编纂委员会编 昆明 云南科技出版社 2002年 328页

012762205

**昆明高新技术产业开发区志** 2001—2008

昆明高新技术产业开发区管理委员会编 昆明 云南美术出版社 2010年 342页

010201592

**昆明市乡镇企业志**

昆明市乡镇企业局编 昆明 昆明市乡镇企业局 2003年 388页〔昆明市地方志丛书〕

011066956
**昆明东房产建筑段志** 1966—1996
昆明东房产建筑段志编纂委员会编 昆明 昆明铁路分局昆明东房产建筑段 1996年 303页

011310912
**昆明市政建设志**
昆明市政建设志编写组编 昆明 云南人民出版社 1991年 282页

008426285
**昆明自来水志**
昆明自来水志编纂委员会编 昆明 云南民族出版社 1993年 412页

013508528
**昆明市林业志**
昆明市林业志编辑组 昆明市林业局编 成都 成都科技大学出版社 1993年 474页

010278826
**昆明渔业志**
昆明 1996年 216页

008597825
**云南省林木种苗站志**
云南省林木种苗站编 昆明 云南科技出版社 1996年 194页〔云南省林业志丛书 31〕

010475734
**云南省林业勘察设计院志**
云南省林业勘察设计院编 芒市 德宏民族出版社 1996年 477页〔云南省林业志丛书 16〕

010577257
**昆明市农业志**
昆明市农业志编辑组编 昆明 云南大学出版社 1995年 251页

012878891
**兵器工业系统二九八厂志** 1936—1987
云南军事工业志编委会 二九八厂志编辑部编 云南 二九八厂厂志编辑部 1988年 915页〔云南军事工业系列志 1〕

008991788
**昆钢建设志**
李希林 张文复主编 昆钢工程管理处编 昆明 云南民族出版社 2001年 399页

013323325
**昆钢王家滩铁矿志** 1941—1990
昆钢王家滩铁矿编 昆明 昆钢王家滩铁矿 1993年 202页

012049692
**昆钢志** 1939—2007
昆钢志编纂委员会编 昆明 云南人民出版社 2009年 624页

013129797
**昆机志** 1989—2009
沈机集团昆明机床股份有限公司编 昆明 沈机集团昆明机床股份有限公司 2009年 461页

013958715
**昆明东升冶化有限责任公司志** 1952—2003
昆明东升冶化有限责任公司志编纂委员会编 2003年 116页

012265195
**昆明发电厂厂志** 1957—1997
昆明发电厂编 昆明 昆明发电厂 1997年 327页

011584410
**昆明供电局志** 1908—1988
昆明供电局编 昆明 昆明供电局 1990年 157页

010118401
**昆明机床厂志** 1936—1989
昆明机床厂厂志编辑部编 昆明 昆明机床厂 1989年 513页

013861875
**昆明焦化制气厂志** 1996—2005
昆明焦化制气厂编 2006年 294页

011589929
**昆明卷烟厂志** 1922—2005
昆明卷烟厂志编纂委员会编纂 昆明 云南人民出版社 2008年 856页〔云南省烟草志丛书〕

011589933
**昆明卷烟分厂志** 1956—2005
昆明卷烟分厂志编纂委员会编纂 昆明 云南人民出版社 2008年 325页〔云南省烟草志丛书〕

011589938
**昆明烟草志**
昆明烟草志编纂委员会编纂 昆明 云南人民出版社 2009年 676页〔云南省烟草志丛书〕

012317133
**云轮厂志** 1966—1986
云南轮胎厂编 昆明 云南轮胎厂 1989年 435页

010577212
**云南电力线路器材厂厂志** 1988.1—1998.12
云南 云南电力线路器材厂 1999年 219页

012837769
**云南电力线路器材厂厂志** 1999.1—2008.12
云南电力线路器材厂编纂 云南 云南电力线路器材厂 2009年 202页

010201631

**云南磷肥厂志** 第1卷 1962—1986

云南磷肥厂厂志编辑办公室编 云南 云南磷肥厂 1997年 332页〔云南地方志丛书〕

013866272

**云南磷肥厂志** 第2卷 1987—1996

云南磷肥厂厂志编辑办公室编 昆明 云南民族印刷厂 1997年 318页〔云南地方志丛书〕

011445613

**云南磷肥厂志** 第3卷 1997—2001

云南磷肥厂厂志编辑办公室编 云南 云南磷肥厂 2002年 586页〔云南地方志丛书〕

013148793

**云南磷化集团有限公司海口磷矿分公司志**

云南磷化集团有限公司海口磷矿分公司编 云南 云南磷化集团有限公司 2011年 433页

014053026

**云南省第六建筑工程公司志**

云南省第六建筑工程公司志编写委员会编 1997年 265页

011480447

**云南省电力工业局物资处(公司)志** 1908—1993

云南省电力工业局物资处(公司) 云南省电力企业管理协会物资协会编 云南 云南省电力工业局 1994年 289页

013776362

**云南省化工研究所志** 1957—1985

云南省化工研究所编 1989年 192页

012175222

**云南省化学工业建设公司志**

云南省化学工业建设公司编 云南 云南省化学工业建设公司 1987年 277页

011585355

**云南省火电建设公司志**

云南省火电建设公司编 云南 云南省火电建设公司 1991年 239页

012256543

**云南省水利水电勘测设计研究院院志** 1964—2004

云南省水利水电勘测设计研究院编 昆明 云南省水利水电勘测设计研究院 2006年 248页

010577077

**云南省送变电工程公司志**

云南省送变电工程公司编 云南 云南省送变电工程公司 2002年 444页

013129804

**云南省烟草烟叶公司志** 1982—2007

云南省烟草烟叶公司志编纂委员会编纂 昆明 云南人民出版社 2007年 363页〔云南省烟草志丛书〕

011571243
**云南石油化工集团有限公司志** 2000.8—2005.8
云南石油化工集团有限公司志编纂委员会编 云南 云南石油化工集团有限公司志编委会 2006年 334页

009688758
**云南冶金集团志** 1983—2003
云南冶金集团志编纂委员会编 昆明 云南人民出版社 2005年 669页

011571247
**云铜股份志** 1958—2006
云南铜业股份有限公司编纂 昆明 云南铜业股份有限公司 2006年 1244页〔云铜股份文库 6〕

013708152
**中国铁道建筑总公司昆明机械厂志** 1954—1995
昆明机械厂志编审委员会编 昆明 中国铁道建筑总公司昆明机械厂 1999年 359页

012505268
**昆明市交通志**
昆明市交通志编纂委员会编纂 昆明 云南人民出版社 2009年 322页

011584403
**昆明东站志** 1964—1999
昆明东站志编纂委员会 胡荻主编 昆明 昆明市五华区教育委员会印刷厂 2000年 614页

013659558
**昆明铁路局生活服务总公司志** 1999—2009
昆明铁路局生活服务总公司编纂 昆明 昆明铁路局生活服务总公司 2009年 178页

009994126
**昆明铁路局志** 1903—2000
昆明铁路局志编委会编 北京 中国铁道出版社 2005年 1178页

013897885
**昆明中铁大型养路机械集团有限公司志** 1996—2005
昆明中铁大型养路机械集团有限公司编纂 昆明 昆明中铁大型养路机械集团有限公司 2008年 260页

010476393
**昆明交通规费征收稽查志**
昆明交通规费征收稽查处编 昆明 云南民族出版社 2006年 540页

010243531
**昆明客运段志** 1966—1996
昆明客运段志编纂委员会编 昆明 昆明

市五华区教育委员会印刷厂 1998年 457页

009881585
**昆明滇池国家旅游度假区志**
昆明滇池国家旅游度假区志编纂委员会编 昆明 云南美术出版社 2005年 253页

010245149
**昆明通信段志** 1957—2000
昆明通信段志编纂委员会编 昆明 昆明通信段志编纂委员会 2000年 196页

011590217
**云南省卷烟销售公司志** 1982—2006
云南省卷烟销售公司志编纂委员会编纂 昆明 云南人民出版社 2008年 277页〔云南省烟草志丛书〕

009867332
**昆明市粮油志**
昆明市粮食局编 昆明 云南人民出版社 1995年 309页

011066907
**昆钢商业志** 1950—1997
郭永林主编 赵能文 郭永林 杨崇仁等编 昆钢商贸公司编 昆明 云南民族出版社 1999年 275页

010201591
**昆明市供销合作社志** 1927—1988
昆明市供销合作社联合社编 昆明 昆明市供销合作社联合社 1989年 499页

010242619
**昆明市商业志**
昆明市商业志编纂委员会编 昆明 云南人民出版社 1994年 451页

009081866
**昆明市对外经济贸易志**
昆明市对外贸易经济合作局编 昆明 云南民族出版社 2003年 417页

010242597
**云南省茶叶进出口公司志** 1938—1990
昆明 云南人民出版社 1993年 215页

011590222
**云南省烟草进出口公司志** 1985—2006
云南省烟草进出口公司志编纂委员会编纂 昆明 云南人民出版社 2008年 320页〔云南省烟草志丛书〕

010475739
**中华人民共和国昆明海关志**
昆明海关志编纂委员会编 昆明 云南人民出版社 1996年 305页〔中华人民共和国地方志丛书〕

010911756
**昆明市财政志** 1950—1988
昆明市财政局财政志编审委员会编 昆明 云南人民出版社 1998年 248页

010687016
**昆明市金融志**
昆明市金融志编纂委员会编 昆明 昆明市金融志编纂委员会 1993年 534页

012873009
**昆明市农村信用合作社志** 1952—2006
昆明市农村信用合作社联合社编纂 昆明 昆明市农村信用合作社联合社 2007年 406页

013064814
**昆明市档案志**
昆明市档案学会编 昆明 昆明市档案学会 2006年 132页

008539764
**昆明市科技志**
昆明市科学技术委员会编 昆明 云南科技出版社 1998年 571页

012954979
**昆明市科技志** 1991—2005
昆明市科技志编纂委员会编 昆明 云南科技出版社 2011年 605页

010475348
**昆钢教育志** 1939—1993
张文复主编 黄元心 申奇飞副主编 昆钢教育志编纂委员会编 昆明 云南民族出版社 1996年 514页

013129839
**昆明市教育志** 1978—2005
昆明市教育志编纂委员会编 昆明 云南教育出版社 2010年 208页

013628035
**昆明理工大学资源开发工程系志**
系志编写组编 昆明 系志编写组 1999年 248页

011585347
**云南大学志**
吴道源主编 云南大学志编审委员会编 昆明 云南大学出版社 1993年 10册

009388519
**云南工学院志** 2006—2011
于仪主编 潘明副主编 云南工学院志编纂委员会编 上海 上海社会科学院出版社 1994年 423页〔中国高等学校志〕

012956807
**云南省交通高级技工学校 云南省交通职业技术培训学院志** 1953—2008
云南省交通高级技工学校 云南省交通职业技术培训学院编纂 昆明 云南省交通高级技工学校 云南省交通职业技术培训学院 2008年 232页

011067728
**云南省文艺学校校志** 1956—1991
熊林主编 刘超萍 张学成副主编 校志

编委会编 昆明 校志编委会 1991 年 195 页

013774445
**昆明体育志**
昆明体育志编纂委员会编 昆明 云南民族出版社 2002 年 637 页

009995633
**昆明市戏曲志**
昆明市戏曲志编辑组 张晓秋主编 昆明 云南大学出版社 2001 年 552 页〔中国戏曲志云南卷丛书〕

012317148
**云南昆船电子设备有限公司人物志 1969—2005**
云南昆船电子设备有限公司编 昆明 云南昆船电子设备有限公司史志编审委员会 2008 年 170 页

002175740
**昆明风物志**
李孝友编著 李忠翔插图 昆明 云南民族出版社 1983 年 183 页

009337918
**新编昆明风物志**
卓维华主编 朱净宇执行主编 昆明 云南人民出版社 2001 年 453 页〔云南风物志丛书〕

008416413
**云南省昆明市地名志**
昆明市人民政府编 昆明 昆明市人民政府 1987 年 632 页〔云南省市县地名志 1〕

012636693
**云南植物志中名拉丁名和经济植物总索引**
中国科学院昆明植物研究所编著 北京 科学出版社 2010 年 682 页〔云南植物志〕

006006086
**云南植物志**
中国科学院昆明植物研究所编著 北京 科学出版社 1979 年

010475803
**云南省医学信息研究所所志 1979—1999**
云南省医学信息研究所所志编纂委员会编 云南 云南省医学信息研究所 1999 年 181 页

011311809
**云南省流行病防治研究所所志 1951—2001**
云南省流行病防治研究所所志编纂委员会编 云南 云南省流行病防治研究所 2001 年 445 页

009554119

**中华人民共和国昆明动植物检疫局志** 1965—1998

昆明动植物检疫局志编纂委员会编 昆明 昆明动植物检疫局 1999年 270页

011311790

**昆明市延安医院志**

昆明市延安医院志编纂委员会编纂 昆明 云南大学出版社 2001年 282页

012762207

**昆明铁路局中心卫生防疫站站志** 1959—2001

昆明铁路局中心卫生防疫站编 昆明 昆明铁路局中心卫生防疫站 2001年 236页

011954529

**昆明医学院第二附属医院院志** 1952—1992

昆明医学院第二附属医院院志办公室编 昆明 昆明医学院第二附属医院 1998年 421页

013861878

**昆明医学院第二附属医院院志** 1993—2009

昆明医学院第二附属医院编 昆明 云南民族出版社 2012年 456页

013861882

**昆明医学院第一附属医院院志** 1941—1991

昆明医学院第一附属医院编 昆明 中共云南省委党校印刷厂 1991年 321页

012636700

**云南省工人疗养院志**

云南省工人疗养院志编纂委员会编 昆明 云南民族出版社 2010年 395页

009700581

**云南省卫生防疫站志** 1993—2001

云南省卫生防疫站志编委会编 昆明 云南人民出版社 2005年 495页

011809769

**云南省中医医院院志** 1947—2006

云南 云南省中医医院 2006年 384页

008597932

**昆明卫生志**

昆明卫生志编纂委员会编纂 昆明 云南人民出版社 1998年 489页

013820538

**昆明卫生志** 1978—2008

许勇刚主编 张德执行主编 昆明市卫生局编 昆明 云南民族出版社 2011年 448页

011319978

**云南纺织厂卫生专业志** 1936—1985

云南纺织厂编 云南 1987年 143页

010243562
**云南省第一人民医院院志**
云南省第一人民医院编纂 昆明 云南省第一人民医院 1999年

012003058
**云南省精神病医院志** 1955—2005
云南省精神病医院编 云南 云南省精神病医院 2005年 214页

013464269
**云南省疟疾防治研究所志**
云南省疟疾防治研究所志编纂委员会编 周新文主编 云南 云南鸿志印刷厂 1998年 163页

009799635
**云南省农业科学院科技情报研究所志** 1985—2004
云南省农业科学院科技情报研究所编 昆明 云南科技出版社 2005年 227页

010962591
**云南省农业科学院志** 1950—2004
云南省农业科学院编 昆明 云南科技出版社 2006年 800页

011891891
**昆明市农校志** 1958—2005
昆明市农业学校编纂 昆明 昆明市农业学校 2006年 357页

009799633
**云南农业大学志**
云南农业大学志编纂委员会编 昆明 云南农业大学出版社 2001年 320页

011809760
**云南省农业科学院植物保护研究所所志**
云南省农业科学院植物保护研究所编著 昆明 云南科技出版社 2008年 170页

011809752
**云南省农业科学院粮食作物研究所志** 1979—2005
云南省农业科学院粮食作物研究所编 昆明 云南科技出版社 2007年 425页

008836412
**云南省林业科学院志**
朱用亨主编 李寿禄总纂 云南省林业科学院编 昆明 云南大学出版社 1998年 606页〔云南省林业志丛书 22〕

010252186
**云南省林业调查规划设计院志**
云南省林业调查规划设计院编 芒市 德宏民族出版社 1996年 644页

010293871
**西南航空护林志**
刘鸿诺主编 国家林业局西南航空护林总站站志编撰委员会编 国家林业局 2005 年 2 册

013704407
**昆明市畜禽疫病志**
昆明市畜牧兽医站编 昆明 昆明市畜牧兽医站 1990 年 214 页

010474455
**云南省设计院院志** 1952—1993
云南省设计院院志编辑委员会编 云南 云南省设计院院志编辑委员会 1994 年 247 页

013897882
**昆明园林志续集**
昆明市园林绿化局编纂 昆明 昆明市园林绿化局 2006 年 282 页

009126137
**昆明园林志**
昆明市园林绿化局编纂 昆明 云南人民出版社 2002 年 674 页

011954519
**中国水电顾问集团昆明勘测设计研究院志 续编**(1) 1996—2005
昆明勘测设计研究院志编辑组编 昆明 昆明勘测设计研究院志续编编辑组 2007 年 563 页

012132638
**滇池水利志**
昆明市水利局水利志编写小组编 昆明 云南人民出版社 1996 年 246 页

009388457
**昆明市水利志**
昆明市水利志编纂委员会编 昆明 云南人民出版社 1997 年 622 页

008539773
**昆明市松华坝水库志**
昆明市水利局松华坝水库志编纂领导小组编 昆明 云南科技出版社 1996 年 130 页

011998301
**水利电力部鲁布革工程管理局志**
水利电力部鲁布革工程管理局志编写组编 云南 水利电力部鲁布革工程管理局志编写组 2005 年 161 页

012052553
**云南省公路规划勘察设计院院志** 1956—2006
云南省公路规划勘察设计院院志编辑工作委员会编 云南 云南省公路规划勘察设计院 2006 年 543 页

## 呈贡区

007587874
**呈贡县志**

云南省呈贡县志编纂委员会编纂 太原 山西人民出版社 1992 年 581 页〔中华人民共和国地方志丛书〕

011890492
**呈贡县公安志** 续 1 1996—2005
呈贡县公安局编 呈贡 呈贡县公安局 2008 年 246 页

013955631
**呈贡县志** 1978—2005
呈贡县地方志编纂委员会编 昆明 云南人民出版社 2012 年 785 页〔中华人民共和国地方志丛书〕

012132582
**呈贡县法院志** 1950—1987
云南省呈贡县人民法院编 呈贡 云南省呈贡县人民法院 2009 年 335 页〔呈贡县地方志丛书〕

012635699
**呈贡县工会志**
呈贡县总工会编 呈贡 呈贡县总工会 1998 年 481 页

012831235
**呈贡县法院志** 1988—2007
云南省呈贡县人民法院编 昆明 云南民族出版社 2008 年 361 页〔呈贡县地方志丛书〕

010201457
**呈贡县人民代表大会志**
呈贡县人民代表大会志编纂委员会编 昆明 呈贡县人民代表大会志编纂委员会 2004 年 356 页

014026469
**呈贡县国土资源志** 1998—2007
呈贡县土地管理局编 2008 年 325 页

012951922
**呈贡县政协志** 1950.11—2008.2
中国人民政治协商会议云南省呈贡县委员会编 呈贡 中国人民政治协商会议云南省呈贡县委员会 2010 年 341 页

011472186
**呈贡县建设志**
呈贡县建设局编 呈贡 呈贡县建设局 2004 年 429 页

014026661
**呈贡县土地志**
呈贡县土地管理局编 呈贡 呈贡县土地管理局 1999 年 349 页

011472166
**呈贡县公安志**
云南省呈贡县公安局编 呈贡 云南省呈贡县公安局 1997 年 275 页

013771702
**呈贡县税志**

呈贡县税务局编 呈贡 呈贡县税务局 1988 年 116 页

008423648
**云南省呈贡县地名志**
呈贡县人民政府编 呈贡 呈贡县人民政府 1986 年 149 页

## 五华区

008636624
**五华区志**
昆明市五华区志编纂委员会编 成都 四川辞书出版社 1995 年 944 页〔中华人民共和国地方志丛书〕

013795664
**五华区人民代表大会志** 1953.10—2011.12
五华区人大常委会编 昆明 2012 年 623 页

011500739
**五华区政协志** 1993.2—2004.2
中国人民政治协商会议昆明市五华区委员会编 五华区 政协 2004 年 481 页

009388603
**五华区公安志**
昆明市公安局五华分局编 昆明 昆明市公安局五华分局 1996 年 488 页

012252744
**五华区公安志** 续 1 1994—2000
昆明市公安局五华分局编 昆明 昆明市公安局五华分局 2006 年 343 页

011313061
**五华区公安志** 续 1 终审稿
昆明市公安局五华分局编 昆明 昆明市公安局五华分局 200u 年 569 页

011996943
**昆明市五华区民政志**
昆明市五华区民政局编 昆明 昆明市五华区民政局 1998 年 322 页

010243660
**五华区法院志** 1956—1996
昆明市五华区人民法院编 昆明 昆明市五华区人民法院 2000 年 263 页

012970513
**五华区检察志** 1992—2002
昆明市五华区人民检察院编 昆明 昆明市五华区人民检察院 2006 年 286 页

013774443
**昆明市五华区土地志**
五华区土地管理局编 昆明 昆明市五华区土地管理局 1999 年 173 页

010476527
**五华区曲艺志**
宋海昆主编 周晓鹃 陈子云 杨宇白副

主编 昆明 云南民族出版社 2005年 384页〔五华文化丛书〕

010243533
**五华区文物志**
五华区文物管理委员会 昆明市五华区文物局编 芒市 德宏民族出版社 1998年 231页

008427872
**云南省昆明市五华区地名志**
昆明市五华区人民政府编 昆明 昆明市五华区人民政府 1984年 206页〔云南省县市地名志 3〕

## 盘龙区

008539890
**盘龙区志**
昆明市盘龙区志编纂委员会编纂 昆明 云南人民出版社 1998年 911页〔中华人民共和国地方志丛书〕

011320271
**昆明市盘龙区劳动人事志**
昆明市盘龙区劳动人事局编 昆明 昆明市盘龙区劳动人事局 1992年 210页

011293209
**昆明市盘龙区公安志**
昆明市公安局盘龙分局编 云南 云南省新闻出版局 1992年 314页

012614293
**盘龙区公安志** 续2 1996—2000
昆明市公安局盘龙分局编 昆明 昆明市公安局盘龙分局 2003年 388页

010242589
**昆明市盘龙区检察志** 1955—1988
昆明市盘龙区人民检察院编 盘龙区 昆明市盘龙区人民检察院 1993年 269页

010577207
**昆明市盘龙区人民法院志** 1956.8—1988.12
昆明市盘龙区人民法院编 昆明 昆明市盘龙区人民法院 1999年 237页

011584423
**昆明市盘龙区体育专志**
1993年 1册

010239295
**昆明曲剧志**
张晓秋主编 昆明市盘龙区文化局编 北京 文化艺术出版社 1991年 159页〔中国戏曲志云南卷丛书〕

013093215
**盘龙区文物志**
盘龙区文物志编写组编 昆明 云南人民出版社 1988年 133页

008427867
### 云南省昆明市盘龙区地名志
昆明市盘龙区人民政府编 昆明 昆明市盘龙区人民政府 1986年 178页〔云南省县市地名志 2〕

013002318
### 盘龙区人民医院志 1958—2008
盘龙区人民医院志编纂委员会编纂 昆明 盘龙区人民医院志编纂委员会 2010年 224页

013775023
### 盘龙区卫生志 1978—2008
盘龙区卫生局编 昆明 盘龙区卫生局 2011年 447页

013319933
### 盘龙区城市建设管理志
昆明市盘龙区城市建设管理委员会编 昆明 昆明市盘龙区城市建设管理委员会 1993年 341页

## 官渡区

011066942
### 官渡区志 送审稿
昆明市官渡区地方志编纂委员会编纂 昆明 云南人民出版社 1999年 3册

008539914
### 官渡区志
昆明市官渡区地方志编纂委员会编纂 昆明 云南人民出版社 1999年 890页〔中华人民共和国地方志丛书〕

013141085
### 大板桥村志
大板桥村志编纂委员会编 昆明 云南科技出版社 2010年 329页

009818069
### 福保村志
段永林主编 杨祯副主编 昆明 云南人民出版社 2005年 164页

013531139
### 福德村志
福达福德福发社区党总支委员会 福达福德福发社区居民委员会编 昆明 云南人民出版社 2012年 245页〔中华人民共和国地方志 云南省昆明市官渡区〕

010476100
### 联盟镇志
昆明市官渡区联盟镇人民政府编 联盟镇 昆明市官渡区联盟镇人民政府 2004年 184页〔昆明市官渡区地方志丛书〕

013862839
### 六甲村志
六甲村志编纂委员会编 昆明 六甲村志编纂委员会 2007年 145页

012955986
**上马村志**
上马村股份合作社编 上马村 上马村股份合作社 2009年 123页

011909088
**吴井村志**
张家驹编著 昆明 2007年 209页

011954044
**官渡区人口志**
官渡区人口志编纂室编 昆明 昆明市官渡区人口志编纂室 1992年 145页〔云南省昆明市官渡区地方志丛书〕

010577434
**官渡区党群志** 1927—1996 修订稿
中共昆明市官渡区委办公室编 昆明 中共昆明市官渡区委办公室 1998年 339页〔昆明市官渡区地方志丛书〕

010252854
**官渡区党群志** 1927—1999
中共昆明市官渡区委办公室 中共昆明市官渡区委党史研究室编 昆明 中共昆明市官渡区委党史研究室 2001年 381页〔昆明市官渡区地方志丛书〕

011320813
**官渡工会志**
官渡区总工会编 官渡 官渡区总工会 2003年 220页

009343449
**昆明市官渡区人民代表大会志**
昆明市官渡区人民代表大会志编纂委员会编 昆明 云南民族出版社 2004年 318页

008719085
**官渡区政府志**
昆明市官渡区人民政府编 昆明 云南民族出版社 1998年 373页

013819391
**官渡区政协志**
政协昆明市官渡区委员会编 昆明 云南科技出版社 2013年 396页

012541549
**官渡区纪检监察志**
中共昆明市官渡区纪委 昆明市官渡区监察局办公室编 昆明 昆明市官渡区监察局办公室 1999年 291页〔昆明市官渡区地方志丛书〕

009388584
**官渡区公安志**
昆明市公安局官渡分局编 官渡 昆明市公安局官渡分局 1997年 343页

010201480
**官渡区公安志 续1** 1994—2000
昆明市公安局官渡分局编 官渡 昆明市公安局官渡分局 2004年 407页

011762433

官渡区民政志

官渡区民政局编 云南 新闻出版局 1993年 145页〔昆明市官渡区地方志丛书〕

012758835

官渡区法院志

昆明市官渡区人民法院编 昆明 昆明市官渡区人民法院 1999年 267页

013129801

昆明市官渡区人民检察院检察志 1991—2007

昆明市官渡区人民检察院编 昆明 昆明市官渡区人民检察院 2009年 329页

010474101

官渡区城乡建设志

官渡区城乡建设环境保护局编 昆明 官渡区城乡建设环境保护局 1992年 356页〔昆明市官渡区地方志丛书〕

012173799

官渡区畜牧兽医志

昆明市官渡区农业局编 官渡区 昆明市官渡区农业局 1999年 175页

010242610

官渡区交通志

官渡区交通志编纂室编 昆明 云南大学出版社 1994年 276页〔云南省昆明市官渡区地方志丛书〕

014029004

官渡区文化体育旅游志 1978—2012

官渡区文化体育旅游局编制 2013年 524页

012954972

昆明市官渡区供销合作社志 1951—1990

昆明市官渡区供销合作社联合社编 昆明 昆明市官渡区供销合作社联合社 1992年 417页〔官渡区地方志丛书〕

013897876

昆明市官渡区粮油志 1950—1990

昆明市官渡区粮食局编 昆明 昆明市官渡区粮食局 1994年 300页〔官渡区地方志丛书〕

011762443

官渡区物价志 1909—1992

官渡区 昆明市官渡区物价局 1994年 205页〔昆明市官渡区地方志丛书〕

011804370

官渡区金融志

昆明市官渡区金融志编纂室编 昆明 昆明市官渡区金融志编纂室 1990年 284页〔官渡区地方志丛书〕

013064813

昆明官渡农村合作银行志 1953—2010

昆明官渡农村合作银行编纂 昆明 昆明

官渡农村合作银行 2010 年 438 页〔官渡地方志系列丛书〕

010577236
**官渡区文化志**
昆明市官渡区文化局编 昆明 昆明市官渡区文化局 1996 年 242 页〔昆明市官渡区地方志丛书〕

011327733
**官渡区科技志**
官渡区科学技术委员会编 官渡区 官渡区科学技术委员会 1993 年 268 页〔昆明市官渡区地方志丛书〕

012967569
**官渡区教育志** 1457—1994
昆明市官渡区教育局编 官渡区 昆明市官渡区教育局 1997 年 441 页〔昆明市官渡区地方志丛书〕

010468440
**昆明市官渡区文物志**
昆明市官渡区文物志编纂委员会编 昆明 昆明市官渡区文物志编纂委员会 1983 年 220 页

008416427
**云南省昆明市官渡区地名志**
昆明市官渡区人民政府编 昆明 昆明市官渡区人民政府 1988 年 262 页〔云南省县市地名志 4〕

011473052
**官渡区水利志**
昆明市官渡区水利局编 昆明 官渡区水利局 1997 年 266 页〔昆明市官渡区地方志丛书〕

## 西山区

008597941
**西山区志**
昆明市西山区地方志编纂委员会编纂 北京 中华书局 2000 年 847 页〔中华人民共和国地方志丛书〕

012679158
**船房村志**
昆明市西山区船房社区居民委员会编 昆明 昆明市西山区船房社区居民委员会 2007 年 179 页〔福海乡村志系列丛书〕

013314279
**大坝村志**
昆明市西山区大坝社区居民委员会编 昆明 昆明市西山区大坝社区居民委员会 2008 年 163 页〔福海乡村志系列丛书〕

012951985
**福海乡志**
陆蔚主编 昆明市西山区人民政府福海街道办事处编纂 昆明 昆明市西山区人民政府福海街道办事处 2008 年

302 页〔福海乡村志系列丛书〕

010201715
**海口镇志**
西山区海口镇志编纂办公室编纂 昆明 西山区海口镇志编纂办公室 2001 年 353 页〔中华人民共和国地方志丛书〕

013861513
**河南村志**
昆明市西山区河南社区居民委员会编 2009 年 185 页〔福海乡村志系列丛书〕

012541985
**黑林铺镇志**
黑林铺镇志编纂委员会编 昆明 黑林铺镇志编纂委员会 1995 年 384 页〔昆明市西山区地方志丛书〕

011892046
**梁家河村志**
昆明市西山区梁源社区居民委员会 地方志编纂委员会办公室编纂 昆明 昆明市西山区梁源社区居民委员会 地方志编纂委员会办公室 2007 年 390 页

013959448
**土堆村志**
昆明市西山区土堆社区居民委员会编纂 昆明 昆明市西山区土堆社区居民委员会 2012 年 215 页

010474390
**团结彝族白族乡志** 初稿
昆明市西山区团结彝族白族乡政府 中共团结彝族白族乡委员会编纂 团结乡 乡政府 1992 年 180 页

013865432
**新河村志**
杨彩总纂 李光辉副总纂 陆蔚主编 昆明 昆明市西山区新河村居民委员会 2006 年 145 页〔福海乡村志系列丛书〕

012663919
**周家村志**
陆蔚主编 昆明 西山区周家社区居民委员会 2006 年 136 页〔福海乡村志系列丛书〕

011328551
**西山区纪检监察志** 1990—2002
西山区纪检监察志编撰领导小组编 昆明 西山区纪检监察志编撰领导小组 2003 年 191 页

014052425
**西山区纪检监察志** 2003—2008
中共西山区纪律检查委员会 昆明市西山区监察局编 2010 年 342 页

010474360
**昆明市西山区工会志** 1962—1990
西山区工会编 西山区 西山区工会 1993年 176页〔西山区史志丛书〕

013335469
**昆明市西山区人民代表大会志**
昆明市西山区人民代表大会志编纂委员会编 2011年 306页

012100536
**西山区政协志**
中国人民政治协商会议昆明市西山区委员会编 昆明 西山区政协 2008年 389页

011585095
**西山区公安志**
昆明市公安局西山分局编 昆明 昆明市公安局西山分局 1998年 303页

010243963
**西山区公安志** 1994—2000
昆明市公安局西山分局编 昆明 昆明市公安局西山分局 2003年 500页

012613317
**昆明市西山区人民法院志** 1956—1988
西山区人民法院编 昆明 西山区人民法院 1990年 206页〔西山区史志丛书〕

011584436
**昆明市西山区司法行政志** 1981—1990
西山区 西山区司法局 1992年 217页〔西山区史志丛书〕

012877297
**西山区政法志**
中共西山区委政法委员会编 西山区 中共西山区委政法委员会 2011年 208页

013321193
**西山区城乡建设土地管理志**
昆明市西山区城乡建设环境保护局土地管理局合编 四川 四川省印刷制版技术开发公司 1993年 291页〔昆明市西山区史志丛书〕

010201624
**西山区农业志** 1990—2003
西山区农业局编 西山区 西山区农业局 2004年 133页〔西山区地方志丛书〕

012638616
**中国信合西山区农村信用社志** 1954—2007
西山区农村信用合作联社编纂 昆明 西山区农村信用合作联社 2008年 299页

011320171
**西山区民族志**

西山区民族志编写组编 昆明 云南人民出版社 1990 年 323 页〔昆明市西山区史志丛书〕

010239144
**昆明市西山区文物志**
昆明市西山区文物志编纂委员会编 西山区 昆明市西山区文物志编纂委员会 1988 年 202 页

008427877
**昆明市西山区地名志**
昆明市西山区人民政府编 昆明 昆明市西山区人民政府 1986 年 133 页〔云南省县市地名志 5〕

012954994
**昆明市西山区金顶山军队离退休干部休养所志**
昆明市西山区金顶山军队离退休干部休养所编 昆明 昆明市西山区金顶山军队离退休干部休养所 2002 年 220 页

013226446
**西山区水利志**
西山区水利志编纂委员会编纂 昆明 云南人民出版社 2011 年 317 页〔中华人民共和国地方志丛书〕

## 东川区

008423938
**东川铜矿志**
东川铜矿务局编 昆明 云南民族出版社 1990 年 526 页

## 安宁市

008598730
**安宁县志**
安宁县地方志编纂委员会编纂 昆明 云南人民出版社 1997 年 906 页〔中华人民共和国地方志丛书〕

013699152
**安宁县志** 1989—1995
安宁县地方志编纂委员会编纂 昆明 云南人民出版社 2012 年 849 页〔中华人民共和国地方志丛书〕

011430270
**安宁县八街镇志**
八街镇人民政府编 安宁 八街镇人民政府 1990 年 330 页〔安宁县史志丛书〕

013726757
**八街镇志** 1990—2009
安宁市八街镇人民政府编纂 安宁 安宁市八街镇人民政府 2012 年 392 页〔昆明市地方志丛书〕

008719428
**连然镇志**
连然镇人民政府编纂 昆明 云南人民出版社 1994年 492页〔安宁县地方志丛书〕

013706943
**县街乡志**
安宁县县街乡人民政府编 安宁 安宁县县街乡人民政府 1992年 216页〔安宁县地方志丛书〕

013865513
**一六街乡志** 1904—1991
安宁县一六街乡政府编 1994年 483页

010475290
**安宁县民族宗教志**
安宁县民族事务委员会 安宁县宗教局编 昆明 云南民族出版社 1995年 478页

012173622
**安宁县党群志**
中共安宁县委员会编 安宁 中共安宁县委员会 1991年 474页

011293348
**中国共产党安宁县纪律检查志**
中共云南省安宁县纪律检查委员会编 安宁 中共云南省安宁县纪律检查委员会 1992年 166页〔安宁县史志丛书〕

012967308
**安宁市公安志** 1950—2000
安宁市公安局编 安宁 安宁市公安局 2005年 434页

013699147
**安宁县民政志**
安宁县民政局编 安宁 安宁县民政局 1992年 252页〔安宁县史志丛书〕

010577312
**安宁县政务志**
安宁县人民政府编 安宁 安宁县人民政府 1992年 285页〔安宁县地方志丛书〕

013625826
**安宁监狱志**
云南省安宁监狱志编委会编 昆明 云南省安宁监狱志编委会 2011年 424页

012635485
**安宁市政法志**
云南 2001年

010732082
**安宁县乡镇企业志**
安宁县乡镇企业管理局编 安宁 安宁县乡镇企业管理局 1992年 167页〔安宁县志丛书〕

010195246
**安宁县农业志**

安宁市农业局编 安宁 安宁市农业局 1998 年 371 页〔安宁县史志丛书〕

010577333
**安宁县工业志**
安宁县工业志编纂领导小组编 安宁 安宁县工业志编纂领导小组 1992 年 273 页

013726753
**安宁市财政志** 1996—2006
安宁市财政局编 安宁 安宁市财政局 2008 年 185 页

010732081
**安宁县财政志**
安宁县财政局编 安宁 安宁县财政局 1989 年 118 页〔安宁县史志丛书〕

012713822
**安宁市农村信用社志** 1953—2009
安宁市农村信用合作联社编纂 安宁 安宁市农村信用合作联社 2010 年 379 页

011328098
**安宁县金融志**
安宁县金融志编纂委员会编 安宁 安宁县金融志编纂委员会 1994 年 566 页〔安宁县史志丛书〕

013883832
**安宁县教育志**

安宁县教育局编 安宁 安宁县教育局 1989 年 275 页〔安宁县志丛书〕

012995151
**安宁市教育志** 1987—2006
安宁市教育局编 安宁 安宁市教育局 2009 年 442 页

013866267
**云南交通技师学院志** 2008—2013
云南交通技师学院志编纂委员会编 2013 年 202 页

011469903
**安宁市文物志**
安宁市文物志编纂委员会编 昆明 云南民族出版社 2007 年 202 页

008417964
**云南省安宁县地名志**
安宁县人民政府编 安宁 安宁县人民政府 1986 年 156 页〔云南省县市地名志 7〕

## 晋宁县

013774271
**晋宁县志**
晋宁县地方志编纂委员会编纂 昆明 云南人民出版社 2003 年 1084 页〔中华人民共和国地方志丛书〕

010238843
晋宁县志 前298—2000 送审稿
晋宁县地方志编纂委员会编 晋宁 晋宁县地方志编纂委员会 2000年 1079页

012048718
宝峰镇志 1900—2001
宝峰镇人民政府编 宝峰镇 宝峰镇人民政府 2001年 253页〔晋宁县地方志丛书〕

011320299
晋宁县晋城镇志
晋宁县晋城镇志编写组编 晋城镇 晋宁县晋城镇志编写组 1993年 511页

012899019
昆阳镇志 1383—1995
云南省晋宁县昆阳镇人民政府编 1995年 343页〔晋宁县地方志丛书〕

012955073
六街乡志 1257—2007
晋宁县六街乡人民政府编纂 六街乡 晋宁县六街乡人民政府 2009年 354页

013067210
双河乡志 1911—1992
云南省晋宁县双河彝族乡人民政府编 晋宁 云南省晋宁县双河彝族乡人民政府 1995年 176页〔晋宁县地方志丛书〕

012174034
[晋宁县]纪检志 1953—1988
中共云南省晋宁县纪律检查委员会编 晋宁 晋宁县纪律检查委员会 1992年 230页〔晋宁县地方志丛书〕

010243557
晋宁县土地矿产志
晋宁县土地与矿产资源管理局编 晋宁 晋宁县土地与矿产资源管理局 1999年 319页

013144477
晋宁县林业志 1346—1988
晋宁县林业局编 晋宁 晋宁县林业局 1999年 230页

013531090
晋宁县水利志 21—1988
晋宁县水利局编 昆明 云南地质矿产局印刷厂 1995年 234页〔晋宁县地方志丛书〕

009388629
昆阳磷矿矿务局晋宁磷矿志 1965—1985
昆阳磷矿矿务局编 昆阳 晋宁磷矿志编纂委员会 1991年 126页

012872998
晋宁县地方税务志 1994—2003
晋宁县地方税务局编 晋宁 晋宁县地方税务局 2006年 355页

013335428
**[晋宁县]教育志** 1276—1990
云南省晋宁县教育局编 晋宁 云南省晋宁县教育局 1996年 356页〔晋宁县地方志丛书〕

008426801
**晋宁县地名志**
晋宁县人民政府编 晋宁 晋宁县人民政府 1987年 242页〔云南省县市地名志 9〕

## 富民县

008539797
**富民县志**
云南省富民县地方志编纂委员会编纂 昆明 云南人民出版社 1999年 738页〔中华人民共和国地方志丛书〕

012264261
**富民县纪检监察志** 1951—2005
中共富民县纪委 富民县监察局编 富民 富民县监察局编 2006年 209页

012049304
**富民县人民代表大会志**
富民县人民代表大会志编纂委员会编 富民 富民县人民代表大会志编纂委员会 2003年 454页

013726995
**富民县政协志**
政协富民县委员会编 富民 政协富民县委员会 2011年 481页

012658453
**富民县公安志** 1906—2005
富民县公安局编 昆明 公安局公安史志办公室 2007年 500页

013703345
**富民县农业志**
富民县农业局编 富民 富民县农业局 1992年 270页

012503935
**富民县农村信用社志** 1954—2007
富民县农村信用合作联社编纂 富民 富民县农村信用合作联社 2008年 363页

010577326
**富民县民族志**
富民县民族宗教事务局编 富民 富民县民族宗教事务局 1993年 365页〔云南省地方志丛书〕

008423594
**云南省富民县地名志**
富民县人民政府编 富民 富民县人民政府 1985年 252页〔云南省县市地名志 9〕

## 宜良县

008718481
**宜良县志**
宜良县志编纂委员会编 北京 中华书局 1998 年 907 页〔中华人民共和国地方志丛书〕

012679036
**草甸镇志**
草甸镇编纂委员会编纂 草甸镇 草甸镇人民政府 2004 年 385 页〔中华人民共和国地方志丛书〕

013461691
**南羊镇志**
宜良县南羊镇人民政府编纂 南羊镇 宜良县南羊镇人民政府 1990 年 209 页〔云南省地方志丛书〕

012208536
**宜良县公安志** 1997—2006
宜良县公安局编 宜良 宜良县公安局 2008 年 521 页

012256504
**宜良县检察志**
宜良县人民检察院编 宜良 宜良县人民检察院 1992 年 229 页

011809589
**宜良县交通志**
宜良县交通局编 宜良 宜良县交通局 2000 年 319 页

010473841
**宜良县粮食志**
宜良县粮食局编 宜良 宜良县粮食局 1989 年 176 页

008427182
**云南省宜良县地名志**
宜良县人民政府编 宜良 宜良县人民政府 1987 年 280 页〔云南省县市地名志 28〕

## 嵩明县

008053795
**嵩明县志**
云南省嵩明县县志编纂委员会编纂 昆明 云南人民出版社 1995 年 874 页〔中华人民共和国地方志丛书〕

008719449
**嵩明县情** 1986—1995
嵩明县地方志编纂委员会编 昆明 云南人民出版社 1997 年 697 页

013144437
**回子营村志**
嵩明县团结办事处编纂 1999 年 230 页〔云南省嵩明县地方志丛书〕

013936348
**上马坊村志**

嵩明县牛栏江镇上马坊村民委员会编
2009年 369页

013145449
**嵩明县人民代表大会志** 1950—2003
嵩明县人民代表大会常务委员会编纂 嵩明 嵩明县人民代表大会常务委员会 2006年 358页

013379039
**嵩明县政协志** 1950—1999
中国人民政治协商会议云南省嵩明县委员会编纂 昆明 昆明新闻印刷厂 2000年 304页

010201235
**嵩明县法院志** 1942—2000
嵩明县人民法院编纂 嵩明 嵩明县人民法院 2002年 324页

010242765
**嵩明烟草志** 1921—1992
云南省嵩明县烟草公司编 昆明 云南民族出版社 1995年 249页

013462597
**嵩明县供销合作社志** 1952—1985
嵩明县供销合作社志办公室编 昆明 昆明陆军学院印刷厂 1988年 210页

011805928
**嵩明信用社志** 1954—2004
嵩明县农村信用合作联社编纂 嵩明 嵩明县农村信用合作联社 2005年 292页

012766869
**嵩明县教育志**
云南省嵩明县教育局编纂 嵩明 云南省嵩明县教育局 2005年 577页

013865504
**杨林教育志**
嵩明县杨林镇中心学校编 2012年 486页

008427805
**云南省嵩明县地名志**
嵩明县人民政府编 嵩明 嵩明县人民政府 1983年 216页〔云南省县市地名志 26〕

013067284
**嵩明县卫生志** 1950—2010
嵩明县卫生局编纂 嵩明 嵩明县卫生局 2011年 365页〔嵩明县地方志系列丛书〕

010239069
**嵩明县水利志**
嵩明县水利志编辑室编 嵩明 嵩明县水利局 1987年 202页

## 石林彝族自治县

008716965

**路南彝族自治县志**

昆明市路南彝族自治县志编纂委员会编 昆明 云南民族出版社 1996年 950页〔中华人民共和国地方志丛书〕

011066384

**石林彝族自治县志** 1989—2000

石林彝族自治县志编纂委员会编 昆明 云南民族出版社 2006年 704页〔中华人民共和国地方志丛书〕

008719167

**圭山乡志**

圭山乡人民政府编 昆明 云南大学出版社 1993年 485页

012769615

**中共石林县委志**

中共石林彝族自治县委办公室 中共石林彝族自治县委党史研究室编 昆明 昆明市五华区教育委员会印刷厂 2003年 334页〔昆明市石林县地方志丛书〕

008992663

**路南彝族自治县人大工作志**

路南彝族自治县人大常委会编 路南 路南彝族自治县人大常委会 1991年 263页

013959380

**石林彝族自治县人民代表大会志**

1950.1—2011.3

石林彝族自治县人民代表大会志编纂委员会编 昆明 云南民族出版社 2011年 1032页

009091764

**路南政协志** 1965—1988

中国人民政治协商会议云南省路南彝族自治县委员会编 路南 中国人民政治协商会议云南省路南彝族自治县委员会 1996年 101页

008992665

**路南彝族自治县公安志**

路南彝族自治县公安局编 路南 路南彝族自治县公安局 1994年 233页

009867357

**石林彝族自治县公安志** 1991—2000

毕兴祥主编 石林彝族自治县公安局编 石林 石林彝族自治县公安局 2002年 488页

008992668

**路南彝族自治县法院志**

路南彝族自治县人民法院编 路南 路南彝族自治县人民法院 1996年 224页

008992655

**路南彝族自治县工商志**

路南彝族自治县工商行政管理局编 路

南 路南彝族自治县工商行政管理局 1993年 163页

011294608
**石林彝族自治县土地志**
石林彝族自治县土地管理局编 昆明 云南民族出版社 2000年 206页

008992671
**路南彝族自治县农牧志**
路南彝族自治县农牧局编 路南 路南彝族自治县农牧局 1990年 383页

008974107
**石林彝族自治县交通志**
石林彝族自治县交通局编 昆明 云南民族出版社 2001年 187页

009088952
**路南彝族自治县供销合作社志** 1952—1985
云南省路南彝族自治县供销合作社联合社编 路南 云南省路南彝族自治县供销合作社联合社 1987年 108页

011327646
**路南彝族自治县粮油志**
路南彝族自治县粮食局编 路南 路南彝族自治县粮食局 1992年 279页

008992674
**路南彝族自治县金融志**
路南彝族自治县金融系统编 路南 1991年 240页

012662270
**石林农村信用社志** 1954—2007
石林彝族自治县农村信用合作联社编纂 石林 石林彝族自治县农村信用合作联社 2008年 335页

008992676
**路南县科技志**
路南彝族自治县科学技术委员会编 路南 路南彝族自治县科学技术委员会 1993年 240页

008992656
**路南彝族自治县教育志**
路南彝族自治县教育局编 昆明 云南民族出版社 1991年 554页

011188327
**云南省民间文学集成 路南谚语**
中共路南彝族自治县委宣传部 路南彝族自治县文化馆编 昆明 云南民族出版社 1996年 101页

008992692
**石林文物志**
政协石林彝族自治县 文史资料编辑委员会 石林县文物管理所编 石林 政协石林彝族自治县委员会 1999年 217页〔石林文史资料专辑〕

008427857
**云南省路南彝族自治县地名志**
路南彝族自治县人民政府编 路南 路南彝族自治县人民政府 1989年 239页〔云南省县市地名志 29〕

008992678
**路南彝族自治县医院志**
路南彝族自治县人民医院编 路南 路南彝族自治县人民医院 1996年 160页

012638819
**石林彝族自治县卫生志**
石林彝族自治县卫生局编 昆明 石林彝族自治县卫生局 2006年 319页

## 禄劝彝族苗族自治县

007590097
**禄劝彝族苗族自治县志**
禄劝彝族苗族自治县地方志编纂委员会编 昆明 云南人民出版社 1995年 926页〔中华人民共和国地方志丛书〕

011534033
**禄劝彝族苗族自治县志** 1991—2000
禄劝彝族苗族自治县地方志编纂委员会编 昆明 云南人民出版社 2002年 568页〔中华人民共和国地方志丛书〕

012766209
**禄劝政协志**
政协禄劝彝族苗族自治县委员会编 禄劝 政协禄劝彝族苗族自治县委员会 2004年 267页

012766189
**禄劝彝族苗族自治县农业志**
禄劝彝族苗族自治县农业局编 昆明 云南大学出版社 1999年 323页〔禄劝地方志丛书 8〕

011584565
**禄劝彝族苗族自治县烟草志**
云南省禄劝县烟草专卖局 云南省烟草禄劝县公司编 昆明 云南人民出版社 1998年 224页〔禄劝地方志丛书 7〕

013461637
**禄劝彝族苗族自治县供销合作社志**
1952—1985
禄劝彝族苗族自治县供销社联合会编 昆明 禄劝彝族苗族自治县供销社联合会 1989年 270页〔禄劝地方志丛书 1〕

012766172
**禄劝彝族苗族自治县教育志**
禄劝彝族苗族自治县教育局编纂 昆明 禄劝彝族苗族自治县教育局 1999年 507页

008390675
**云南省禄劝彝族苗族自治县地名志**
禄劝彝族苗族自治县人民政府编 昆明 云南人民出版社 1995年 367页〔云南省县市地名志 86〕

010475749
**禄劝彝族苗族自治县气象志**
李兴尧主编 昆明 云南人民出版社 1997年 226页〔禄劝彝族苗族自治县地方志丛书 6〕

010147003
**禄劝彝族苗族自治县卫生志**
禄劝彝族苗族自治县卫生局编纂 芒市 德宏民族出版社 2002年 620页〔禄劝地方志丛书 12〕

008837131
**禄劝彝族苗族自治县水利电力志**
禄劝彝族苗族自治县水利电力局编 昆明 云南民族出版社 1993年 177页

## 寻甸回族彝族自治县

008038949
**东川市志**
云南省东川市地方志编纂委员会编纂 昆明 云南人民出版社 1995年 888页〔中华人民共和国地方志丛书〕

008718435
**寻甸回族彝族自治县志**
云南省寻甸回族彝族自治县志编纂委员会编纂 昆明 云南人民出版社 1999年 962页〔中华人民共和国地方志丛书〕

013148661
**寻甸回族彝族自治县人民代表大会志**
1950—2010
寻甸回族彝族自治县人大常委会编纂 寻甸 寻甸回族彝族自治县人大常委会 2010年 581页

012837541
**寻甸回族彝族自治县政协志**
中国人民政治协商会议寻甸回族彝族自治县委员会编 寻甸 中国人民政治协商会议寻甸回族彝族自治县委员会 2006年 323页

010239359
**寻甸回族彝族自治县民政志**
寻甸回族彝族自治县民政局编 寻甸 寻甸回族彝族自治县民政局 1992年 312页〔云南地方志丛书〕

010469354
**东川市农牧志**
东川市农牧渔业局编 东川 东川市农牧渔业局 1989年 248页

012173752
**东川市水利志**
东川市水利志编纂组编纂 东川 东川市

水利电力局 1998年 229页

010577076
**寻甸水电志**
寻甸回族彝族自治县水利电力局编 寻甸 寻甸回族彝族自治县水利电力局 1993年 207页〔云南省地方志丛书〕

013528833
**东川市供销合作社志**
东川市供销合作社志编 东川 东川市供销合作社 1991年 236页〔云南省地方志丛书〕

008992620
**东川市农村金融志**
东川市农村金融志编纂委员会编 昆明 云南民族出版社 2000年 281页

012252928
**寻甸回族彝族自治县金融志**
寻甸县金融志编写组编 昆明 寻甸县金融志编写组 1992年 261页

010252077
**寻甸回族彝族自治县民族志**
刘宝明著 北京 中央民族大学出版社 1995年 290页

013686424
**寻甸回族志**
马开尧编著 昆明 云南人民出版社 2012年 262页

010473959
**东川市文物志**
杨光昆主编 昆明 云南民族出版社 1992年 162页〔云南省文物志丛书〕

008420761
**云南省东川市地名志**
东川市人民政府编 东川 东川市人民政府 1989年 295页〔云南省县市地名志 10〕

009995669
**云南省寻甸回族彝族自治县地名志**
寻甸回族彝族自治县人民政府编 寻甸 寻甸回族彝族自治县人民政府 2004年 367页〔云南省市县志 31〕

# 曲靖市

008487059

**曲靖地区志**

云南省曲靖地区志编纂委员会 中共曲靖地委史志工作委员会编纂 昆明 云南人民出版社 1995 年

010239257

**曲靖地区志 民族志**

曲靖地区民族事务委员会 云南省民族研究所编 曲靖 1991 年 3 册

008422047

**曲靖市志**

曲靖市地方志编纂委员会编纂 昆明 云南人民出版社 1997 年 995 页〔中华人民共和国地方志丛书〕

012759962

**曲靖市志** 1978—2005

曲靖市志编纂委员会编纂 昆明 云南人民出版社 2009 年 3 册〔中华人民共和国地方志丛书〕

013659775

**云南省曲靖市人大志** 1950—1997

曲靖市人大常委会编 昆明 昆明市五华教委印刷厂 1997 年 375 页

013131105

**曲靖市法院志** 1942—2009

杨照民主编 曲靖市中级人民法院编 昆明 云南科技出版社 2008 年 650 页

011998124

**曲靖市城乡建设志**

薄云昆主编 曲靖市城乡建设志编撰委员会编 北京 中国建筑工业出版社 1996 年 557 页〔中华人民共和国地方志 云南省〕

013601969

**曲靖市土地志**

曲靖市土地管理局编 曲靖 曲靖市土地管理局 1998 年 251 页

009341115

**曲靖市林业志**

曲靖市林业局编 芒市 德宏民族出版社 1999 年 472 页

011445656

**曲靖地区副食品行业志**

曲靖地区副食品公司编 曲靖 曲靖地区副食品公司 1994 年 215 页〔云南省曲靖地区地方志丛书〕

008420920

**曲靖地区水利志**

曲靖地区水利志编纂委员会编纂 昆明 云南人民出版社 1996 年 285 页

008426217
**曲靖卷烟厂志**
吴广甲主编 昆明 云南民族出版社 1993年 254页

011589972
**曲靖卷烟厂志** 1966—2009
曲靖卷烟厂志编纂委员会编纂 昆明 云南人民出版社 2010年 826页〔云南省烟草志丛书〕

010577418
**曲靖市水利志**
曲靖市水利电力局编 曲靖 曲靖市水利电力局 1989年 309页〔云南地方志丛书〕

009341116
**曲靖烟草志**
曲靖烟草志编纂委员会编 昆明 云南美术出版社 2003年 2册

011589975
**曲靖烟草志**
曲靖烟草志编纂委员会编纂 昆明 云南人民出版社 2009年 848页〔云南省烟草志丛书〕

013863592
**曲靖地区建设银行志**
中国人民建设银行曲靖地区中心支行编 昆明 昆明市春城印刷厂 1993年 219页〔云南地方志丛书〕

012208635
**中国农业银行曲靖市分行志** 1919—2007
中国农业银行曲靖市分行编 曲靖 中国农业银行曲靖市分行 2008年 221页

012614167
**曲靖市教育志** 1978—2005
曲靖市教育局编纂 昆明 云南人民出版社 2009年 677页

012256676
**中国云南曲靖市教育志**
云南省曲靖市教育志编纂委员会编 昆明 云南民族出版社 2000年 837页

013686591
**云南曲靖陆良文化小学教育志** 第2辑 1542—2008
方祺来主编 昆明 云南人民出版社 2008年 248页

013066985
**曲靖市技工学校志** 1973—2010
曲靖市技工学校编 昆明 云南科技出版社 2011年 462页

012900220
**云南工业技师学院志** 1960—2010
云南工业技师学院编纂 昆明 云南科技出版社 2010年 400页

011310900

**曲靖地区戏曲志**

高天一主编 吴沛民常务副主编 王尧副主编 台枫等编 曲靖地区行署文化局编 北京 文化艺术出版社 1990年 393页〔中国戏曲志云南卷丛书〕

011320039

**曲靖市文物志**

曲靖市文物志编纂委员会 范利军主编 昆明 云南民族出版社 1989年 222页

009174502

**新编曲靖风物志**

杨朝俊 龚金才主编 刘坚咏 李云东副主编 昆明 云南人民出版社 1999年 369页〔云南风物志丛书〕

008427190

**云南省曲靖市地名志**

曲靖市人民政府编 曲靖 曲靖市人民政府 1985年 337页〔云南省县市地名志 20〕

007988984

**曲靖市卫生志**

曲靖市卫生志编纂委员会编 昆明 云南科技出版社 1990年 296页

010201635

**云南省曲靖地区第一人民医院院志**

曲靖地区第一人民医院编纂委员会编 昆明 云南大学出版社 1993年 208页〔云南卫生志丛书〕

010474394

**云南省曲靖地区畜禽疫病志**

曲靖 云南省曲靖地区行政公署畜牧局 1993年 432页

## 麒麟区

013684583

**曲靖市麒麟区白石江教育志** 1912—2008

曲靖市麒麟区白石江教育志编纂委员会编纂 曲靖 曲靖市麒麟白石江教育志编纂委员会 2011年 239页

012684631

**曲靖市麒麟区东山镇教育志** 1912—2009

曲靖市麒麟区东山镇教育志编纂委员会编纂 昆明 云南人民出版社 2010年 522页

011955312

**曲靖市麒麟区教育志** 古代—2005

曲靖市麒麟区教育志编纂委员会编纂 昆明 云南人民出版社 2008年 688页

012506618

**越州教育志**

越州教育志编纂委员会编 昆明 云南人

民出版社 2009年 266页

012898360
**曲靖市麒麟区东关小学志**
曲靖市麒麟区东关小学编 曲靖 曲靖市麒麟区东关小学 2008年 266页

013225614
**曲靖市教师进修学校志** 1977.3—1998.6
曲靖市麒麟区教师进修学校编 曲靖 曲靖市教师进修学校 2000年 195页

## 宣威市

008539793
**宣威市志**
孟德刚主编 中共宣威市委史志办公室编纂 昆明 云南人民出版社 1999年 903页〔中华人民共和国地方志丛书〕

011793295
**宣威市志** 1994—2005
宣威市志编纂委员会编纂 潞西 德宏民族出版社 2008年 905页〔中华人民共和国地方志丛书〕

013148657
**宣威市农业志**
宣威市农业局编 宣威 宣威市农业局 2011年 608页

009799954
**羊场煤矿志** 1958—1998
羊场煤矿志编写组编 羊场镇 1998年 129页

012900124
**宣威县财政志** 1578—1987
宣威县财政局编 宣威 宣威县财政局 1990年 319页

013097858
**宣威市文化艺术志**
宣威市文化艺术志编纂委员会编 香港 天马出版有限公司 2008年 400页

012614134
**热水镇教育志**
热水镇教育志编纂委员会编 杭州 浙江大学出版社 2009年 442页

011809502
**云南宣威格宜镇教育志** 1812—2006
宣威市格宜镇教育志编纂委员会编 昆明 云南人民出版社 2008年 443页〔教育志丛书〕

011809513
**中国云南曲靖宣威田坝镇教育志**
田坝镇教育志编委会编 昆明 云南人民出版社 2008年 402页〔教育志丛书〕

013823131

**宣威市第四中学校志** 1942—2010

宣威四中校志编纂委员会编 宣威 2011年 812页

012789904

**宣威市第五中学校志** 1980—2007.8

宣威市第五中学校志编纂委员会编 昆明 云南人民出版社 2008年 613页

011909923

**宣威市第一中学校志**

宣威一中校志编纂委员会编 昆明 云南民族出版社 2007年 2册

011447181

**中国云南曲靖宣威市第七中学校校志**

宣威市第七中学校校志编纂委员会编 昆明 云南人民出版社 2007年 211页

012639050

**曲靖市宣威第一职业技术学校校志**

宣威一职校校志编委会编 昆明 云南人民出版社 2010年 560页

010473924

**宣威县文物志**

浦恩宇主编 昆明 云南民族出版社 1990年 194页

008423831

**云南省宣威县地名志**

宣威县人民政府编 宣威 宣威县人民政府 1987年 416页〔云南省县市地名志 22〕

## 马龙县

008427049

**马龙县志**

马龙县志编纂委员会编纂 昆明 云南人民出版社 1997年 804页〔中华人民共和国地方志丛书〕

012873298

**马龙县志** 1978—2005

马龙县志编纂委员会编纂 昆明 云南人民出版社 2010年 674页〔中华人民共和国地方志丛书〕

013821943

**马龙县人大志**

马龙县人大常委会编 马龙 2007年 255页

013659623

**马龙县政协志** 1950—2006

中国人民政治协商会议云南省马龙县委员会编 曲靖 曲靖天圆彩印厂 2006年 273页

012614099

**马龙县烟草志**

马龙 马龙县烟草公司 1992年 218页

011805628
**马龙县供销合作社志** 1952—1990
马龙县供销合作社编 马龙 马龙县供销合作社 1993年 326页

008424630
**云南省马龙县地名志**
马龙县人民政府编 马龙 马龙县人民政府 1985年 111页〔云南省县市地名志 25〕

## 陆良县

006562141
**陆良县志**
云南省陆良县志编纂委员会编纂 上海 上海科学普及出版社 1991年 1054页〔中华人民共和国地方志丛书〕

012680450
**陆良县志** 1978—2005
陆良县志编纂委员会编纂 昆明 云南人民出版社 2010年 798页〔中华人民共和国地方志丛书〕

009561858
**陆良县土地志**
陆良县土地管理局编 昆明 云南美术出版社 1998年 187页

010239171
**陆良县水利志**
云南陆良县水利电力局水利志编写组编纂 陆良 陆良县水利电力局水利志编写组 1989年 202页〔中华人民共和国地方专志〕

009962448
**陆良县烟草志**
陆良县烟草司编 昆明 云南美术出版社 2005年 421页

013659619
**陆良县工业交通志**
陆良县人民政府经济委员会 陆良县经济委员会修志领导小组编 陆良 陆良县人民政府经济委员会 陆良县经济委员会修志领导小组 1989年 230页

009840413
**陆良县交通志**
陆良县交通局编 昆明 云南民族出版社 2005年 372页

013628086
**陆良县供销合作社志** 1978—2008
陆良县供销合作社志编纂委员会编 陆良 陆良县供销合作社志编纂委员会 2011年 335页

010577379
**陆良县文化艺术志**
陆良县文化局编 陆良 陆良县文化局 1991年 358页

010730733
**云南曲靖陆良文化小学教育志** 1542—2006
方祺来主编 昆明 云南人民出版社 2006年 267页

009162001
**陆良风物志**
平建友编著 昆明 云南教育出版社 2003年 276页

008424640
**云南省陆良县地名志**
陆良县人民政府编 陆良 陆良县人民政府 1984年 164页〔云南省地名志 30〕

013821912
**陆良县中医院院志** 2002—2012
陆良县中医院院志编纂委员会编 昆明 云南科技出版社 2012年 347页

## 师宗县

008427047
**师宗县志**
云南省师宗县志编纂委员会编 昆明 云南大学出版社 1997年 795页〔中华人民共和国地方志丛书〕

012814213
**师宗县志** 1978—2005
师宗县地方志编纂委员会办公室编 昆明 云南人民出版社 2010年 863页〔中华人民共和国地方志丛书〕

012969578
**师宗县物资志**
云南师宗腾达物资有限责任公司编 师宗 云南师宗腾达物资有限责任公司 2006年 151页

009855913
**师宗县烟草志**
师宗县烟草公司编 昆明 云南美术出版社 2005年 563页

012174903
**师宗县教育志**
师宗县教育志编委办公室编 昆明 云南美术出版社 2009年 554页

012638834
**云南曲靖师宗县丹凤完全小学校志** 1573—2008 修订本
师宗县丹凤完全小学编 昆明 云南人民出版社 2010年 469页

011805912
**师宗县第二中学校志**
师宗县第二中学编 昆明 云南美术出版社 2007年 208页

012837784
**云南曲靖师宗县丹凤镇第一中学校志** 1985—2008

师宗县丹凤镇第一中学编 昆明 云南人民出版社 2010年 321页

013343526
**云南曲靖师宗县教师进修学校校志** 1978—2006
师宗县教师进修学校编 师宗 师宗县教师进修学校 2009年 332页

013756071
**师宗县文物志**
钱永章主编 师宗县文物志编纂委员会编 昆明 云南大学出版社 1994年 201页

008423603
**云南省师宗县地名志**
师宗县人民政府编 师宗 师宗县人民政府 1986年 222页〔云南省县市地名志 32〕

010577463
**师宗县水利志**
师宗县水利电力局编 师宗 师宗县水利电力局 1987年 178页

## 罗平县

008596808
**罗平县志**
罗平县地方志编纂委员会编 昆明 云南人民出版社 1995年 715页〔中华人民共和国地方志丛书〕

012719334
**罗平县志** 1978—2005
罗平县地方志编纂委员会编纂 昆明 云南人民出版社 2010年 755页〔中华人民共和国地方志丛书〕

013375253
**罗平县工商联志**
罗平县工商联编纂委员会编纂 北京 人民交通出版社 2012年 372页

012661562
**鲁布革发电总厂厂志** 1999—2005
云南省鲁布革发电总厂编 鲁布革 云南省鲁布革发电总厂 2007年 231页〔中国南方电网〕

013461640
**罗平县供销合作社志** 1952—1985
云南省罗平县供销合作社联合社编 罗雄镇 云南省建筑工程总公司印刷所 1986年 186页

012719339
**云南曲靖罗平县教育志** 1978—2005
罗平县教育局编 罗平 罗平县教育局 2007年 530页

013776360
**云南曲靖罗平九龙一中校志** 建校—2010
九龙一中校志编纂委员会编 昆明 云南人民出版社 2012年 593页〔罗平县

教育志系列丛书〕

009678544
**云南省罗平县地名志**
吴玉常主编 罗平 2002 年 355 页

011068513
**罗平县卫生志**
罗平县卫生局 罗平县卫生志编纂组编 罗平 罗平县卫生局 1995 年 238 页

## 富源县

007501602
**富源县志**
中共富源县委史志工作委员会编 上海 上海古籍出版社 1993 年 805 页〔中华人民共和国地方志丛书〕

010962588
**富源县志** 1986—2000
富源县志编纂委员会编纂 昆明 云南人民出版社 2006 年 626 页〔中华人民共和国地方志丛书〕

012831445
**富源县人大志**
富源县人大志编纂委员会编 富源 富源县人大志编纂委员会 2010 年 478 页

013956988
**富源县财政志** 1986—2010
富源县财政局编 富源 富源县财政局

2013 年 303 页

012658458
**富源县金融志** 2000
富源县金融志编纂委员会编 昆明 云南科技出版社 2001 年 246 页

011757806
**富源县大河镇教育志** 1908—2005
富源县大河镇教育志编纂委员会编 昆明 云南人民出版社 2007 年 286 页〔教育志丛书〕

012609835
**富源县教育志**
云南省富源县教育志编写组编纂 昆明 云南民族出版社 1994 年 334 页〔云南省地方志丛书〕

011759020
**富源县教育志** 1978—2005
富源县教育志编纂委员会编 昆明 云南人民出版社 2007 年 557 页〔教育志丛书〕

012173769
**富源县营上镇教育志** 1880—2005
富源县营上镇教育志编纂委员会编纂 昆明 云南人民出版社 2007 年 274 页

012956804
**云南曲靖富源县十八连山镇教育志**

1908—2009

十八连山镇教育志编纂委员会编 富源 十八连山镇教育志编纂委员会 2010 年 268 页

012003722

**中安镇教育志** 1514—2007

中安镇教育志编纂委员会编 昆明 云南 人民出版社 2008 年 494 页

011910139

**云南省富源县第一中学校志** 1941.3—2007.3

云南省富源县第一中学校志编纂委员 会编纂 昆明 云南人民出版社 2008 年 392 页〔云南省教育志丛书〕

009677998

**云南省富源县地名志**

富源县人民政府编 富源 富源县人民政 府 1987 年 354 页

013956989

**富源县水利志**

富源县水利局编 富源 富源县水利局 2005 年 378 页

## 会泽县

008715895

**会泽县志**

云南省会泽县志编纂委员会编纂 昆明 云南人民出版社 1993 年 684 页〔中华人民共和国地方志丛书〕

011804664

**会泽县志** 1986—2000

会泽县志编纂委员会编纂 昆明 云南人 民出版社 2008 年 724 页〔中华人民 共和国地方志丛书〕

012202853

**会泽新街回族乡志** 1944—2007

保明航主编 段吉海副主编 会泽新街回 族乡志编纂委员会编纂 昆明 云南民 族出版社 2009 年 423 页〔中华人民 共和国地方志丛书〕

010576541

**藏族志 聆听乡音 云南藏族的生活与文化**

章忠云著 昆明 云南大学出版社 2006 年 397 页〔云南民族志丛书〕

011589884

**会泽卷烟厂志** 1973—2004

会泽卷烟厂志编纂委员会编纂 昆明 云 南人民出版社 2008 年 290 页〔云南 省烟草志丛书〕

009688181

**会泽县水利电力志**

会泽县水利电力志编纂委员会编 昆明 云南美术出版社 2004 年 317 页〔中 华人民共和国地方志丛书〕

011328471
**云南会泽铅锌矿矿志** 1991—2000
会泽铅锌矿编 会泽 会泽铅锌矿 2002年 457页

011327706
**云南会泽铅锌矿志**
会泽铅锌矿编 会泽 会泽铅锌矿 1992年 485页

012049515
**会泽县粮食志**
会泽县粮食局编 会泽 会泽县粮食局 2007年 258页〔中华人民共和国地方志丛书〕

011804657
**会泽县教育志**
会泽县教育志编纂委员会编纂 昆明 云南人民出版社 2008年 503页〔教育志丛书〕

014032790
**会泽民族志**
桂俊翔主编 李荫发主笔 会泽民族志编纂委员会编 2010年 678页〔云南民族志丛书〕

009561847
**会泽县文物志**
陶正明 梅世彬主编 昆明 云南美术出版社 2001年 229页

010243600
**娜姑镇文物志**
陈兆彩编著 昆明 云南民族出版社 2000年 99页

008423057
**云南省会泽县地名志**
会泽县人民政府编 会泽 会泽县人民政府 1987年 348页

010576731
**会泽卫生志**
会泽卫生志编纂委员会编 昆明 云南民族出版社 2006年 260页〔中华人民共和国地方志丛书〕

### 沾益县

009081851
**沾益县志**
沾益县地方志年鉴编纂委员会编纂 昆明 云南人民出版社 2003年 961页〔中华人民共和国地方志丛书〕

013512000
**沾益县第一中学校志** 1941—2001
沾益县第一中学校志六十周年校庆筹委会编 沾益 沾益县第一中学 2001年 507页

010243930
**沾益风物志**
傅元方主编 昆明 云南民族出版社 2002年 265页

# 玉溪市

008597842
**政协玉溪市志**
中国人民政治协商会议玉溪市委员会编　昆明　云南民族出版社　1998年　439页

008597839
**政协玉溪地区志**
中国人民政治协商会议云南省玉溪地区工作委员会编　昆明　云南科技出版社　1995年　417页〔玉溪地区方志丛书〕

008488269
**玉溪地区志**
玉溪地区地方志编纂委员会编　北京　中华书局　1994年　6册

010293937
**玉溪市乡镇简志**
玉溪市地方志编纂委员会办公室编　昆明　云南人民出版社　2006年　2册

007913524
**玉溪市志**
玉溪市地方志编纂委员会编　北京　中华书局　1993年　1113页〔中华人民共和国地方志丛书〕

007511840
**玉溪县志资料选刊**
玉溪县地方志编纂委员会办公室编　玉溪　玉溪县地方志编纂委员会办公室　1983年

009818343
**玉溪市州城志**
玉溪市州城办事处编　玉溪　玉溪市州城办事处　1987年　485页

013045519
**高仓志**
奚天学主编　郭本有　尹联国副主编　高仓区公所编　高仓区　玉溪市高仓区公所　1988年　422页

013680665
**春和志**
玉溪市春和区公所编　玉溪　云南省玉溪市春和区公所　1988年　491页

012967466
**大营街志**
大营街区公所编　大营街区　大营街区公所　1988年　438页

013353526
**玉溪市计划生育志**
玉溪市计划生育委员会编纂　昆明　云南

科技出版社 1990 年 216 页

012723420
**玉溪市人口志**
玉溪市计划生育委员会编 玉溪 玉溪市计划生育委员会 2002 年 212 页

012900203
**玉溪市妇联志**
玉溪市妇联编纂 玉溪 玉溪市妇女联合会 1989 年 119 页

012878885
**玉溪统战志**
中共玉溪市统战部编 玉溪 中共玉溪市统战部 2009 年 357 页

009106161
**玉溪市人民代表大会志**
玉溪市人民代表大会常务委员会编 昆明 云南民族出版社 1998 年 411 页

012814533
**玉溪市人民代表大会志**
玉溪市人民代表大会常务委员会编 玉溪 玉溪市人民代表大会常务委员会 2009 年 471 页

012900185
**玉溪地区民政志**
玉溪地区民政处编 昆明 云南人民出版社 1996 年 662 页〔玉溪地区地方志丛书〕

012956621
**玉溪司法志**
玉溪市司法局编 玉溪 玉溪市司法局 2010 年 272 页

009818260
**玉溪市军事志**
玉溪市人民武装部编 玉溪 玉溪市人民武装部 1988 年 291 页

013097964
**云南玉溪高新技术产业开发区志 1992—2007**
云南玉溪高新技术产业开发区管理委员会编 玉溪 云南玉溪高新技术产业开发区管理委员会 2008 年 314 页

010278006
**云南省玉溪地区城乡集体企业志**
玉溪地区城乡集体企业局志办编 玉溪 玉溪地区城乡集体企业局志办 1990 年 321 页〔玉溪地区地方志丛书〕

009818346
**玉溪市自来水公司志**
玉溪市供排水公司编 玉溪 玉溪市供排水公司 2002 年 248 页

009399285
**玉溪地区林业志**
玉溪行署林业局 张汉光主编 昆明 云南科技出版社 1995 年 286 页〔玉溪地区方志丛书〕

008416666

**玉溪地区农业志**

玉溪行署农牧局编纂 昆明 云南人民出版社 1994年 563页〔玉溪地区方志丛书〕

013133985

**玉溪市农经志** 1952—2005

玉溪市农村合作经济经营管理站编 玉溪 玉溪市农村合作经济经营管理站 2007年 278页

008423047

**玉溪地区烟草志**

玉溪地区烟草专卖局 玉溪地区烟草公司 玉溪卷烟厂编 昆明 云南人民出版社 1994年 273页〔玉溪地区方志丛书〕

011294947

**玉溪电力工业志**

云南电网公司玉溪供电局编 昆明 云南民族出版社 2006年 700页〔玉溪电力工业志丛书〕

011590018

**玉溪烟草志**

玉溪烟草志编纂委员会编纂 昆明 云南人民出版社 2007年 724页〔云南省烟草志丛书〕

011590224

**云南烟草科学研究院志** 1998—2008

云南烟草科学研究院志编纂委员会编纂 昆明 云南人民出版社 2007年 442页〔云南省烟草志丛书〕

012900231

**玉溪地区交通志**

玉溪地区行署交通局编 玉溪 玉溪地区行署交通局 1989年 521页

010242591

**玉溪地区旅游志**

玉溪地区行政公署旅游办公室编 玉溪 玉溪地区行政公署旅游办公室 1993年 411页〔玉溪地区方志丛书〕

012837759

**玉溪地区粮油志**

玉溪地区粮食局粮油志办公室编 玉溪 玉溪地区粮食局粮油志办公室 1991年 369页〔玉溪地区地方志丛书〕

009818264

**玉溪市粮食志** 1989—2005

玉溪市粮食局 玉溪国家粮食储备库编 昆明 云南民族出版社 2008年 406页

013604583

**玉溪地区商业志**

玉溪地区商业志办公室编 玉溪 玉溪地区商业志办公室 1991年 618页〔玉溪地区方志丛书〕

012956618
**玉溪市对外经济贸易志**
玉溪市对外经济贸易合作局编 玉溪 玉溪市对外经济贸易合作局 2005年 314页〔玉溪市方志丛书〕

013901142
**玉溪地区税务志**
玉溪地区税务局税务志编写组编 玉溪 玉溪地区税务局税务志编纂组 1989年 509页〔玉溪地区税务志丛书 玉溪地区方志丛书〕

009688739
**玉溪地区金融志**
玉溪地区金融志编纂办公室编纂 昆明 云南人民出版社 1994年 288页〔玉溪地区方志丛书〕

009818259
**玉溪市金融志**
玉溪市地方志编纂委员会办公室编 玉溪 玉溪市地方志编纂委员会办公室 1984年 296页

009818316
**玉溪市文工团志**
玉溪市文工团编 玉溪 玉溪市文工团 1995年 375页

013901147
**玉溪市文化艺术志** 1978—2005
玉溪市文化局编 昆明 云南人民出版社 2012年 391页

008597836
**玉溪地区科技志**
玉溪地区科学技术委员会编著 昆明 云南科技出版社 1994年 415页

012878882
**玉溪地区教育志**
玉溪地区教育局编 北京 中国人民大学出版社 1993年 471页

013686530
**玉溪财贸学校志**
玉溪财贸学校编 昆明 云南大学出版社 1990年 192页〔玉溪地区方志丛书〕

012317110
**玉溪市老年人体育志** 1984—2006
玉溪市老年人体育志编纂委员会编 玉溪 玉溪市老年人体育志编纂委员会 2008年 215页

013464258
**玉溪市体育志**
玉溪市体育局编 玉溪 玉溪市体育局 2008年 428页

009818121
**玉溪方言志**
张苇编著 玉溪 玉溪市地方志办公室 1985年 336页

011188334
**云南省民间文学集成 玉溪地区回族卷**
1988年 193页

009388644
**玉溪地区曲艺志**
陈克勤主编 曾庆延 黄富副主编 玉溪地区行署文化局 玉溪地区群众艺术馆编 玉溪 玉溪地区行署文化局 1996年 382页〔中国曲艺志 云南卷丛书〕

009818273
**玉溪地区民族志**
玉溪地区民族事务委员会编 昆明 云南民族出版社 1992年 540页

009818270
**洛河志**
中共玉溪市洛河彝族乡委员会 玉溪市洛河彝族乡人民政府编 玉溪 玉溪市地方志办公室 1991年 379页

013735506
**史志资料合订本**
玉溪地区文化史志办公室编 玉溪 玉溪地区文化史志办公室 1987—1990年 3册

008597796
**新编玉溪风物志**
梁耀武编著 昆明 云南人民出版社 2000年 321页〔云南风物志丛书〕

008418172
**云南省玉溪市地名志**
玉溪市人民政府编 玉溪 玉溪市人民政府 1986年 208页〔云南省县市地名志 11〕

012612997
**玉溪市地震志**
玉溪市防震减灾局编 昆明 云南科技出版社 2009年 342页

008597833
**玉溪地区卫生志**
玉溪地区卫生志编纂委员会编 昆明 云南科技出版社 1995年 585页

011294704
**玉溪市人民医院志**
玉溪市人民医院编 玉溪 玉溪市人民医院 2003年 421页

013706863
**玉溪市卫生志**
玉溪市卫生局编 玉溪 玉溪市卫生局 1989年 414页

013707159
**玉溪市卫生志** 1989—2005 送审稿
玉溪市卫生志编纂办编 玉溪 玉溪市卫生局 2010年 2册

009700569
**玉溪地区水利志**

玉溪地区水利志编辑室编 香港 黄河文化出版社 1992年 339页〔玉溪地区地方志丛书〕

013606508
**云南省烟草农业研究院志**
云南省烟草农业研究所编纂 昆明 云南人民出版社 2009年 529页

009867383
**云南省烟草科学研究所志**
云南省烟草科学研究所编 昆明 云南科技出版社 2001年 215页

013236347
**云南省烟草科学研究所志** 1955—2007
云南省烟草科学研究所编 昆明 云南人民出版社 2008年 744页〔云南省烟草志丛书〕

013604584
**玉溪市城乡建设环境保护志**
玉溪市城乡建设环境保护局编 玉溪 云南省玉溪市城乡建设环境保护局 1988年 407页

013661570
**玉溪市水利志**
玉溪市水利志编辑组编纂 玉溪 玉溪市水利电力局 1987年 255页

008488270
**玉溪方志提要**
吴明铠主编 梁耀武 李亚平副主编 玉溪地区地方志编纂委员会办公室编 昆明 云南科技出版社 1997年 369页

## 红塔区

010779124
**中卫社区志**
中共中卫社区总支部委员会 中卫社区居民委员会编 昆明 云南民族出版社 2006年 466页〔红塔区地方志丛书 2〕

013706967
**玉溪市研和区志**
玉溪市地方志办公室编审 研和区 玉溪市研和区公所 1987年 478页

011563627
**北城志**
玉溪市北城镇政府编纂 玉溪 北城镇政府 1988年 635页

013990899
**李棋镇志** 1978—2010
中共玉溪市红塔区李棋街道工作委员会 玉溪市红塔区人民政府李棋街道办事处编纂 昆明 云南人民出版社 2012年 602页〔红塔区地方志丛书〕

009818084

**洛河彝族乡志**

中共洛河彝族乡委员会 洛河彝族乡人民政府编 昆明 云南人民出版社 2003年 372页

013072723

**小石桥志**

中共玉溪市小石桥乡委员会 玉溪市小石桥彝族乡人民政府编 玉溪 中共玉溪市小石桥乡委员会 玉溪市小石桥彝族乡人民政府 1992年 556页

012052496

**研和镇志** 1978—2007

中共玉溪市红塔区研和镇委员会 玉溪市红塔区研和镇人民政府编 潞西 德宏民族出版社 2009年 545页〔红塔区地方志丛书〕

012952112

**红塔区民政志**

玉溪市红塔区民政局编 玉溪 玉溪市红塔区民政局 2008年 326页〔红塔区地方志丛书 5〕

010731609

**红塔区农业志** 1978—2005

红塔区农业局编 昆明 云南民族出版社 2006年 368页〔红塔区地方志丛书 3〕

009818303

**玉溪市土地志**

玉溪市红塔区土地矿产资源管理局编 玉溪 玉溪市红塔区土地矿产资源管理局 2002年 242页

011589879

**红塔集团志** 1956—2005

红塔烟草(集团)有限责任公司编纂 昆明 云南人民出版社 2007年 671页〔云南省烟草志丛书〕

010476390

**红塔区烟草志**

云南省玉溪市红塔区烟草专卖局 云南烟草玉溪市红塔区公司编 昆明 云南民族出版社 2006年 499页〔红塔区地方志丛书 4〕

012758960

**红塔区财政志** 1978—2005

玉溪市红塔区财政局编 玉溪 玉溪市红塔区财政局 2010年 372页〔红塔区地方志丛书 7〕

## 江川县

012141558

**政协江川县志**

王恩霖主编 政协云南省江川县委员会编 江川 政协云南省江川县委员会 1995年 288页

008715943

江川县志

云南省江川县史志编纂委员会编纂 昆明 云南人民出版社 1994 年 768 页〔中华人民共和国地方志丛书〕

009338023

江川县安化彝族乡志

安化彝族乡志办公室编 江川 中共安化彝族乡委员会 1996 年 519 页〔中华人民共和国地方志丛书〕

012099781

三街村志

江川县大街镇三街村委会编纂 昆明 云南人民出版社 2008 年 297 页

013774222

江川县纪检监察志

中共江川县纪律检查委员会 江川县监察局编 昆明 昆明锦润印刷有限公司 2011 年 340 页

012954922

江川县工会志 1956—2005

江川县总工会编 江川 中共江川县委办公室 2005 年 222 页

013144461

江川县人民代表大会志 1950—1997

江川县人民代表大会常务委员会编 江川 江川县人民代表大会常务委员会 1998 年 436 页

012613256

江川检察志 1955—2003

江川县人民检察院编 江川 江川县人民检察院 2004 年 340 页

010293954

江川电力工业志

江川供电有限公司编 昆明 云南民族出版社 2006 年 308 页〔玉溪电力工业志丛书〕

010280321

江川县烟草志 1978—2005

云南省江川县烟草专卖局 云南省烟草江川县公司编 潞西 德宏民族出版社 2006 年 408 页

013730115

江川县商业志

江川县商业局编 江川 江川县商业局 1988 年 211 页〔地方志丛书 5〕

009245046

江川县文化志

江川县文化局编 昆明 云南人民出版社 2000 年 331 页

013730114

江川县教育志

江川县教育局编 江川 江川县教育局 1987 年 216 页

008416439

**云南省江川县地名志**

江川县人民政府编 江川 江川县人民政府 1989年 125页〔云南省县市地名志 12〕

011068402

**江川县水利志**

江川县水利志编辑组编 江川 江川县水利电力局 1988年 160页

## 澄江县

008664841

**政协澄江县志**

中国人民政治协商会议澄江县委员会编 昆明 云南人民出版社 1996年 192页

009115255

**澄江县志**

澄江县史志编纂委员会编纂 昆明 云南人民出版社 2002年 853页〔中华人民共和国地方志丛书〕

009016170

**中共澄江县党史大事记**

澄江县史志办编 昆明 云南民族出版社 1999年 211页

011890503

**澄江县法院志**

澄江县人民法院编 澄江 澄江县人民法院 2001年 424页

012831243

**澄江县人民检察院检察志** 1955—2008

澄江县人民检察院编 澄江 澄江县人民检察院 2010年 295页

010293950

**澄江电力工业志**

澄江供电有限公司编 昆明 云南民族出版社 2006年 305页〔玉溪电力工业志丛书〕

011564491

**澄江县烟草志** 1662—2005

玉溪市烟草公司澄江县分公司编 潞西 德宏民族出版社 2007年 357页

009388568

**澄江县邮电志**

澄江县邮电志编纂领导小组编纂 昆明 云南人民出版社 1998年 352页

010118398

**澄江县文化志**

澄江县文化局编 澄江 澄江县文化局 1991年 222页

009388640

**澄江方言志**

张苇著 澄江县地方志办公室编 昆明 云南民族出版社 1996年 254页〔澄江县乡土教材丛书〕

012141553
**澄江县曲艺志**
澄江县文化局 澄江县文化馆编 澄江 澄江县文化局 1997年 310页

011589965
**关索戏志**
洪加智主编 刘体操 杨应康副主编 玉溪地区行署文化局 澄江县文化局编 北京 文化艺术出版社 1992年 215页〔中国戏曲志云南卷丛书〕

013334547
**澄江县烤烟志**
澄江县烟草公司编 澄江 澄江县烟草公司 1986年 72页〔澄江县地方志丛书 1〕

009677958
**澄江风物志**
杨应康著 昆明 云南民族出版社 2004年 299页

008416436
**云南省澄江县地名志**
澄江县人民政府编 澄江 澄江县人民政府 1984年 151页〔云南省县市地名志 15〕

## 通海县

004344808
**通海县志**
云南省通海县史志工作委员会编纂 昆明 云南人民出版社 1992年 784页〔中华人民共和国地方志丛书〕

010144773
**甸心行政村志**
杨应昌主编 云南省通海县甸心行政村志编纂委员会编纂 昆明 云南民族出版社 2006年 622页〔云南省地方志丛书〕

010279785
**兴蒙蒙古族乡志**
兴蒙蒙古族乡志编纂组编 通海 云南通海县兴蒙蒙古族乡志编纂组 2003年 508页

008719444
**秀山镇志**
中共通海县秀山镇委员会 通海县秀山镇人民政府编 昆明 云南人民出版社 1994年 437页〔云南地方志丛书〕

013901243
**者湾村志**
云南省通海县者湾村志编纂委员会编 通海 云南通海彩印厂 2000年 293页

013899636
**通海县土地管理志**
通海县土地矿产资源管理局编 通海 通海县土地矿产资源管理局 1996年

307 页〔云南地方志丛书〕

012899486
**通海县农业区划志**
通海县农业区划委员会办公室编 通海 通海县农业区划委员会办公室 1989 年 159 页〔云南省地方志丛书〕

010146571
**通海电力工业志**
通海供电有限公司编 昆明 云南民族出版社 2006 年 391 页〔玉溪电力工业志丛书〕

012051984
**通海县轻手工业志**
通海县轻手工业局编 通海 通海县轻手工业局 1990 年 424 页〔通海县地方志丛书〕

011329477
**通海县烟草志** 1662—2005
通海县史志编纂办公室编 潞西 德宏民族出版社 2007 年 411 页

009388464
**通海县邮电志**
通海县邮电局编 通海 通海县邮电局 1998 年 332 页〔云南地方志丛书〕

013899635
**通海县税务志**
通海县税务局税务志编写组编 通海 通海县税务局 1993 年 326 页〔通海地方志丛书〕

013072551
**通海县文化志**
通海县文化旅游局编 童永年等主编 通海 通海县文化旅游局 2000 年 494 页

013775726
**通海县教育志**
通海县人民政府教育局编 通海 通海县彩印厂 1989 年 313 页〔云南地方志丛书〕

012208278
**通海县少数民族志**
通海县民族事务委员会编 昆明 云南人民出版社 1994 年 298 页〔云南地方志丛书〕

008427239
**云南省通海县地名志**
通海县人民政府编 通海 通海县人民政府 1988 年 172 页〔云南省县市地名志 14〕

013797081
**秀山志**
玉溪市地方志办公室 通海县史志办公室编 芒市 云南人民出版社 德宏民族出版社 2012 年 350 页

## 华宁县

009561884
**政协华宁县志**
政协华宁县志编纂委员会编 昆明 云南美术出版社 1997年 289页

008715885
**华宁县志**
华宁县地方志编纂委员会编 北京 中华书局 1994年 608页〔中华人民共和国地方志丛书〕

013792294
**华宁县志** 1978—2005
中共华宁县地方志编纂办公室编 昆明 云南人民出版社 2012年 938页

013772835
**华宁县工会志**
华宁县总工会编 1995年 65页

009678121
**华宁县人民代表大会志**
华宁县人民代表大会志编纂委员会编 潞西 德宏民族出版社 2002年 470页

013730071
**华宁县公安志** 1950—1990
华宁县公安局编 华宁 华宁县公安局 1996年 213页

013531013
**华宁县工商行政管理志**
龚培生主编 华宁 华宁县工商行政管理局 1989年 114页

010146570
**华宁电力工业志**
华宁供电有限公司编 昆明 云南民族出版社 2006年 351页〔玉溪电力工业志丛书〕

011067186
**华宁县水利志**
华宁县水利电力局编 华宁 华宁县水利电力局 1993年 236页

013683709
**华宁县水利志** 1624—2005 送审稿
华宁县水利局编制 2007年 261页

011804584
**华宁县烟草志**
华宁县烟草志编纂领导小组编纂 昆明 云南人民出版社 2008年 410页

012969395
**盘溪糖厂志**
华宁县盘溪糖厂编 华宁 华宁县盘溪糖厂 1996年 465页

013957641
**华宁县财政志**
华宁县人民政府财政局编 华宁 华宁县

人民政府财政局 1998年 381页

013092915
**华宁县金融志** 1948—1988
华宁县金融志编纂办公室编 华宁 华宁县金融志编纂办公室 1991年 211页

010239350
**华宁县民族志**
华宁县民族事务委员会编 昆明 云南民族出版社 1992年 191页

013143956
**华宁县卫生志**
华宁县卫生局编 华宁 华宁县卫生局 1995年 256页

## 易门县

011312140
**易门县志**
易门县地方志编纂委员会编纂 北京 中华书局 2006年 1053页〔中华人民共和国地方志丛书〕

010577057
**易门县纪检监察志**
中共易门县纪律检查委员会 易门县监察局编 易门 中共易门县纪律检查委员会 易门县监察局 2003年 387页〔易门县地方志丛书〕

012900149
**易门县工会志**
易门县总工会编 易门 易门县总工会 2009年 321页〔云南省地方志丛书〕

011571180
**易门县政协志** 1950—2005
政协易门县委员会编纂 昆明 2007年 267页

013464221
**易门县民政志**
云南省易门县民政局编 易门 云南省易门县民政局 1989年 289页

012900151
**易门县司法志**
易门县人民政府司法局编 易门 易门县人民政府司法局 2001年 185页〔易门县地方志丛书〕

010293958
**易门电力工业志**
易门供电有限公司编 昆明 云南民族出版社 2006年 257页〔玉溪电力工业志丛书〕

010577546
**易门矿务局志** 1952.12—2002.12
易门矿务局编 易门 易门矿务局 2003年 763页

013686442
**易门县水利志**
易门县水利志编纂委员会编 易门 易门县水利志编纂委员会 1990年 350页

011571176
**易门县烟草志**
云南省易门县烟草专卖局 云南省烟草易门县公司编 易门 云南省烟草易门县公司 2002年 381页〔易门县地方志丛书〕

012052515
**易门县经贸简志**
易门县人民政府经济贸易委员会编 易门 易门县人民政府经济贸易委员会 2001年 220页

012317046
**易门县财政志**
易门县财政局编纂 易门 易门县财政局 2005年 408页〔易门县地方志丛书〕

010243925
**易门县金融志**
易门县金融系统编 易门 易门县金融系统 2002年 391页〔易门县地方志丛书〕

013732560
**易门县教育志** 1989—2007
易门县教育局编纂 玉溪 云南玉溪紫光印务纸业有限公司印装 2007年 296页〔易门县地方志丛书〕

013732561
**易门县气象志**
易门县气象局编 易门 易门县气象局 2003年 225页

## 峨山彝族自治县

008836897
**政协峨山彝族自治县志** 1951—1994
中国人民政治协商会议云南省峨山彝族自治县委员会编 峨山 中国人民政治协商会议云南省峨山彝族自治县委员会 1997年 227页〔峨山地方志丛书〕

008836418
**峨山彝族自治县志**
云南省峨山彝族自治县志编纂委员会编 北京 中华书局 2001年 905页〔中华人民共和国地方志丛书〕

012970771
**云南峨山文明清真寺志**
峨山县文明清真寺管理委员会编 峨山 峨山县文明清真寺管理委员会 2006年 293页

008836903
**峨山彝族自治县统计志**
峨山彝族自治县统计局编 峨山 峨山彝

族自治县统计局 1993年 251页〔峨山地方志丛书〕

008836823
**峨山彝族自治县人口志**
峨山彝族自治县计划生育委员会编 峨山 峨山彝族自治县计划生育委员会 1995年 208页〔峨山地方志丛书〕

008836881
**峨山彝族自治县党群志**
中共云南省峨山县委员会办公室编 峨山 中共云南省峨山县委员会办公室 1996年 505页〔峨山地方志丛书〕

008836928
**峨山彝族自治县人民代表大会志**
1949—1993
峨山彝族自治县人大常委会编 峨山 峨山彝族自治县人大常委会 1993年 346页〔峨山地方志丛书〕

008837001
**峨山彝族自治县公安志**
峨山彝族自治县公安局编 峨山 峨山彝族自治县公安局 1993年 196页〔峨山地方志丛书〕

008836916
**峨山彝族自治县法院志**
峨山彝族自治县人民法院编 峨山 1992年 160页〔峨山地方志丛书〕

008836907
**峨山彝族自治县检察志**
峨山彝族自治县人民检察院编 峨山 峨山彝族自治县人民检察院 1995年 266页〔峨山地方志丛书〕

008837004
**峨山彝族自治县司法志**
峨山彝族自治县司法局编 峨山 峨山彝族自治县司法局 1993年 193页〔峨山地方志丛书〕

008837044
**峨山彝族自治县军事志**
峨山彝族自治县人民武装部编 峨山 峨山彝族自治县人民武装部 1993年 244页〔峨山地方志丛书〕

008836909
**峨山彝族自治县经济技术协作志**
峨山彝族自治县经济技术协作办公室编 峨山 峨山彝族自治县经济技术协作办公室 1994年 119页〔峨山地方志丛书〕

008836950
**峨山彝族自治县工商行政管理志**
云南省峨山彝族自治县工商行政管理局编 峨山 云南省峨山彝族自治县工商行政管理局 1990年 233页〔峨山地方志丛书〕

008836884
**峨山彝族自治县技术监督志**
峨山彝族自治县技术监督局编 峨山 峨山彝族自治县技术监督局 1997 年 180 页〔峨山地方志丛书〕

008836839
**峨山彝族自治县审计志**
峨山彝族自治县审计局编 峨山 峨山彝族自治县审计局 1995 年 110 页〔峨山地方志丛书〕

008836981
**峨山彝族自治县劳动人事志**
李寿德主编 峨山彝族自治县人事劳动局编 峨山 峨山彝族自治县人事劳动局 1998 年 432 页〔峨山地方志丛书〕

008837048
**峨山彝族自治县乡镇企业志**
峨山彝族自治县乡镇企业管理局编 峨山 峨山彝族自治县乡镇企业管理局 1992 年 144 页〔峨山地方志丛书〕

008836995
**峨山彝族自治县林业志**
云南省峨山彝族自治县林业局编 峨山 云南省峨山彝族自治县林业局 1990 年 287 页〔峨山地方志丛书〕

008837040
**峨山彝族自治县农牧志**
峨山彝族自治县农牧局编 峨山 峨山彝族自治县农牧局 1996 年 276 页〔峨山地方志丛书〕

008837046
**峨山彝族自治县土地志**
云南省峨山彝族自治县土地矿产资源管理局编 峨山 峨山彝族自治县土地矿产资源管理局 1998 年 209 页〔峨山地方志丛书〕

010293951
**峨山电力工业志**
峨山供电有限公司编 昆明 云南民族出版社 2006 年 306 页〔玉溪电力工业志丛书〕

008836875
**峨山彝族自治县轻手工业志**
峨山彝族轻工业局编 峨山 峨山彝族轻工业局 1993 年 143 页〔峨山地方志丛书〕

008836965
**峨山彝族自治县国营工业志**
峨山彝族自治县经济委员会编 峨山 1998 年 355 页〔峨山地方志丛书〕

008836996
**峨山县交通志**
峨山彝族自治县交通局编 峨山 峨山彝族自治县交通局 1993 年 223 页〔峨山地方志丛书〕

012758800
峨山彝族自治县交通运输管理志
峨山彝族自治县交通运政管理所 中共峨山县委史志编纂办公室编 峨山 峨山彝族自治县交通运政管理所 中共峨山县委史志编纂办公室 2005年 298页〔峨山地方志丛书〕

008836424
峨山彝族自治县邮电志
峨山彝族自治县邮电局编 峨山 峨山彝族自治县邮电局 1989年 420页〔峨山地方志丛书〕

008836957
峨山彝族自治县供销合作社志
峨山彝族自治县供销合作社编 峨山 峨山彝族自治县供销合作社 1995年 361页〔峨山地方志丛书〕

008836912
峨山彝族自治县物价志
峨山彝族自治县物价局编 峨山 峨山彝族自治县物价局 1993年 287页〔峨山地方志丛书〕

008836989
峨山彝族自治县粮油志
峨山彝族自治县粮食局编 峨山 峨山彝族自治县粮食局 1991年 210页〔峨山地方志丛书〕

008836972
峨山彝族自治县商业志
峨山彝族自治县商业局编 峨山 峨山彝族自治县商业局 1993年 318页〔峨山地方志丛书〕

008837052
峨山彝族自治县对外经济贸易志
峨山彝族自治县对外经济贸易局编 峨山 峨山彝族自治县对外经济贸易局 1994年 155页〔峨山地方志丛书〕

013528844
峨山彝族自治县财税志
峨山彝族自治县财政局税务局合编 昆明 峨山彝族自治县财政局税务局 1990年 418页〔峨山彝族自治县地方志丛书〕

008837005
峨山彝族自治县金融志
峨山彝族自治县金融系统合编 峨山 峨山彝族自治县金融系统 1991年 416页〔峨山地方志丛书〕

011311342
峨山彝族自治县文化志
峨山彝族自治县文化局编 昆明 云南民族出版社 1997年 323页

008836985
峨山彝族自治县广播电视志
峨山县广播电视局编 峨山 峨山县广播

电视局 1997 年 296 页〔峨山县地方志丛书〕

008836961
**峨山彝族自治县档案志**
峨山彝族自治县档案局编 昆明 云南大学出版社 1992 年 273 页〔峨山地方志丛书〕

008836967
**峨山彝族自治县教育志**
峨山彝族自治县教育局编 峨山 峨山彝族自治县教育局 1991 年 270 页〔峨山彝族自治县地方志丛书〕

012249945
**峨山彝族自治县回族志**
合忠孝主编 峨山县民族事务委员会 峨山县志编纂委员会办公室编 昆明 云南民族出版社 1996 年 345 页

008836932
**峨山彝族志**
峨山彝族自治县人民政府编 昆明 云南民族出版社 2001 年 322 页〔峨山县地方志丛书〕

009677983
**云南省峨山彝族自治县地名志**
峨山彝族自治县人民政府编 峨山 峨山彝族自治县人民政府 2000 年 344 页

008836997
**峨山彝族自治县地震志**
峨山彝族自治县地震办公室编 峨山 峨山彝族自治县地震办公室 1996 年 267 页〔峨山地方志丛书〕

008836948
**峨山彝族自治县水利志**
峨山彝族自治县水电局编 峨山 峨山彝族自治县水电局 1992 年 336 页〔峨山地方志丛书〕

010577335
**化念水库志**
云南省化念农场编 云南 云南省化念农场 1993 年 211 页〔峨山地方志丛书〕

008836432
**峨山彝族自治县城乡建设环境保护志**
峨山彝族自治县城乡建设环境保护局编 峨山 峨山彝族自治县城乡建设环境保护局 1998 年 218 页〔峨山地方志丛书〕

## 新平彝族傣族自治县

008718428
**新平县志**
新平彝族傣族自治县志编纂委员会编 北京 生活·读书·新知三联书店 1993 年 700 页

012175101

**新平彝族傣族自治县人口志**

新平彝族傣族自治县计划生育委员会编 新平 新平彝族傣族自治县计划生育委员会 2000年 258页〔云南地方志丛书〕

012100582

**新平彝族傣族自治县工会志**

新平彝族傣族自治县总工会编 新平 新平彝族傣族自治县总工会 2006年 369页〔云南地方志丛书〕

012956578

**新平县妇联志**

新平彝族傣族自治县妇女联合会编 新平 新平县妇女联合会 2006年 257页

013226618

**新平彝族傣族自治县公安志**

新平彝族傣族自治县公安局编 新平 新平彝族傣族自治县公安局 2011年 398页

013661501

**新平彝族傣族自治县检察志** 1955—2005

新平彝族傣族自治县人民检察院编 昆明 新平彝族傣族自治县人民检察院 2010年 324页

012317161

**云南省第三劳动教养管理所志** 1990—2003

云南省第三劳动教养管理所编 新平 云南省第三劳动教养管理所 2004年 360页

012317166

**云南省漠沙亚热带园艺场劳改劳教志** 1956—1989

云南省第三劳动教养管理所编 云南 云南省漠沙亚热带园艺场志编纂办公室 2004年 294页

013775989

**新平彝族傣族自治县军事志** 1388—2005

新平彝族傣族自治县军事志编纂委员会编 云南 云南亚太彩印有限公司 2012年 243页〔玉溪市军事志丛书〕

012900050

**新平彝族傣族自治县农业志**

新平彝族傣族自治县农业局编 新平 新平彝族傣族自治县农业局 2010年 384页

012140831

**新平彝族傣族自治县土地志**

新平彝族傣族自治县土地矿产资源管理局编 新平 新平彝族傣族自治县土地矿产资源管理局 1997年 189页

〔云南地方志丛书〕

010293957
**新平电力工业志**
新平供电有限公司编 昆明 云南民族出版社 2006 年 279 页〔玉溪电力工业志丛书〕

009480329
**新平彝族傣族自治县烟草志**
云南省烟草新平县公司编 潞西 德宏民族出版社 2004 年 283 页

013510783
**新平彝族傣族自治县邮电志**
新平彝族傣族自治县邮电局编 新平 新平彝族傣族自治县邮电局 1994 年 217 页〔新平地方志丛书〕

010468970
**新平方言志**
新平县地方志办公室编 昆明 云南民族出版社 1986 年 99 页

009867365
**新平彝族傣族自治县民族志**
新平彝族傣族自治县民族事务委员会编 昆明 云南民族出版社 1992 年 396 页

008427810
**云南省新平彝族傣族自治县地名志**
新平彝族傣族自治县人民政府编 新平 新平彝族傣族自治县人民政府 1988 年 361 页〔云南省县市地名志 18〕

012877317
**新平彝族傣族自治县妇幼卫生志**
新平彝族傣族自治县妇幼保健院编 新平 新平彝族傣族自治县妇幼保健院 2008 年 339 页

013321257
**新平彝族傣族自治县人民医院志**
新平彝族傣族自治县人民医院编 新平 新平彝族傣族自治县人民医院 2011 年 271 页

## 元江哈尼族彝族傣族自治县

013606604
**政协元江县志** 1950—1994
中国人民政治协商会议元江哈尼族彝族傣族自治县委员会编 元江 中国人民政治协商会议元江哈尼族彝族傣族自治县委员会 1996 年 310 页〔中国地方志丛书〕

007254526
**元江哈尼族彝族傣族自治县志**
云南省元江哈尼族彝族傣族自治县志编纂委员会编 北京 中华书局 1993 年 956 页〔中华人民共和国地方志丛书〕

012956632

**元江哈尼族彝族傣族自治县人民代表大会志**

元江哈尼族彝族傣族自治县人大常委会编 元江 元江哈尼族彝族傣族自治县人大常委会 2008年 358页

012256534

**元江哈尼族彝族傣族自治县检查志**

元江哈尼族彝族傣族自治县人民检察院编 元江 元江哈尼族彝族傣族自治县人民检察院 2006年 421页

012903475

**云南省元江监狱志** 1954—2004

2004年 199页

008488277

**元江哈尼族彝族傣族自治县农牧志**

魏存龙主编 李崇隆副主编 成都 四川民族出版社 1993年 391页

010146575

**元江电力工业志**

元江供电有限公司编 昆明 云南民族出版社 2006年 431页〔玉溪电力工业志丛书〕

011910093

**元江哈尼族彝族傣族自治县烟草志**

玉溪市烟草公司元江哈尼族彝族傣族自治县分公司编 昆明 云南民族出版社 2008年 348页

008488280

**元江哈尼族彝族傣族自治县国营工业志**

成都 四川民族出版社 1994年 189页

008488284

**元江哈尼族彝族傣族自治县交通志**

元江哈尼族彝族傣族自治县交通局编 昆明 云南大学出版社 1991年 271页

008488273

**元江哈尼族彝族傣族自治县粮油志**

元江哈尼族彝族傣族自治县粮食局编纂 昆明 云南人民出版社 1992年 198页〔云南地方志丛书〕

013735508

**元江哈尼族彝族傣族自治县广播电视志**

元江哈尼族彝族傣族自治县广播电视事业局编 元江 元江哈尼族彝族傣族自治县广播电视事业局 2006年 308页

008488286

**元江哈尼族彝族傣族自治县教育志**

元江哈尼族彝族傣族自治县教育局编 昆明 云南大学出版社 1990年 335页

012317118

**元江哈尼族彝族傣族自治县因远镇中**

心小学校志

因远镇中心小学编 元江 因远镇中心小学 2006年 479页

009388588
元江哈尼族彝族傣族自治县民族志

元江县民委 县志办编 昆明 云南大学出版社 1990年 320页〔云南省地方志丛书〕

008416432
云南省元江哈尼族彝族傣族自治县地名志

元江哈尼族彝族傣族自治县人民政府编 元江 元江哈尼族彝族傣族自治县人民政府 1983年 402页〔云南省县市地名志 19〕

# 保山市

008592585
保山地区志

保山地区地方志编纂委员会编 北京 中华书局 1998—2003年 3册

005591356
保山市志

云南省保山市志编纂委员会编 昆明 云南民族出版社 1993年 886页〔中华人民共和国地方志丛书〕

009337982
保山市潞江傣族乡志

中共潞江傣族乡委员会 潞江傣族乡人民政府编 潞江 潞江傣族乡人民政府 2001年 428页〔保山市乡(镇)志丛书〕

009190855
保山市瓦房彝族乡志

中共保山市委史志委员会 中共瓦房彝族乡党委政府编 保山 中共瓦房彝族乡党委政府 1999年 114页

009190793
道街乡志

中共保山市道街乡委员会 保山市道街乡人民政府编 道街乡 2001年 249页〔保山市乡(镇)志丛书〕

012191362
保山聚贤工程咨询志 1997—2006

保山聚贤工程咨询有限公司 保山市老科协经济专业委员会编 保山 保山聚贤工程咨询有限公司 2007年 349页

011757301
保山纪检监察志

中共保山市纪律检查委员会 保山市监察局编 昆明 云南民族出版社 2008

年 567 页

013883849
**保山地区政协志**
保山地区政协志编纂委员会编 保山 中国人民政治协商会议云南省保山地区工作委员会 1999 年 269 页

012048721
**保山市检察志** 1945—1997
保山市人民检察院编 保山 保山市人民检察院 1998 年 413 页

009799638
**保山地区物资志**
保山地区物资志编纂室编 北京 中国物资出版社 1992 年 246 页

013037876
**保山市城乡建设志**
中共保山市建委委员会 保山市城乡建设委员会编 香港 天马图书有限公司 2002 年 579 页

008539876
**保山地区林业志**
保山地区行政公署林业局编 杨文虎主编 刘沛然编撰 昆明 云南教育出版社 1996 年 277 页

012995263
**保山地区农牧业志**
保山地区行署农牧业局专志办公室编 保山 保山地区行署农牧业局专志办公室 1988 年 292 页

012742134
**保山市扶贫开发志** 1978—2008
保山市扶贫开发办公室 保山市扶贫开发志编纂委员会编 昆明 云南民族出版社 2010 年 404 页〔中华人民共和国地方志丛书〕

011066981
**保山地区水利志**
保山地区水利电力局编 芒市 德宏民族出版社 1995 年 428 页

013680558
**保山市人民印刷厂厂志**
保山市人民印刷厂编纂 保山 保山市人民印刷厂 2004 年 91 页

010577314
**保山市水利志**
保山市水利志编辑组编 保山市水利电力局编 保山 保山市水利电力局 1993 年 212 页

013128795
**保山市水利志** 1978—2005
保山市水利局编 保山 保山市水利局 2009 年 374 页

013129326
**保山香料烟志**

保山香料烟志编纂委员会编纂 昆明 云南人民出版社 2009 年 364 页〔云南省烟草志丛书〕

011589794
**保山烟草志**
保山烟草志编纂委员会编纂 昆明 云南人民出版社 2007 年 628 页〔云南省烟草志丛书〕

009106623
**保山地区交通志**
保山地区行政公署交通局编 昆明 云南民族出版社 2001 年 729 页〔保山地区交通志系列丛书〕

009245171
**保山市交通志**
保山市交通局编 昆明 云南民族出版社 2001 年 392 页〔保山地区交通志系列丛书〕

013402844
**保山公路志** 1999—2008
保山公路志编审委员会编 昆明 保山公路志编审委员会 2008 年 155 页

013128792
**保山地区金融志**
保山地区金融志编纂委员会编 保山 保山地区金融志编纂委员会 2000 年 381 页

008539874
**保山地区教育志**
杜少美 王新民主编 谯人亮编纂 尹可华编审 保山地区行政公署教育委员会编 昆明 云南教育出版社 1994 年 378 页〔云南省地方志丛书〕

013883865
**保山市教育志**
保山市教育局编 保山 保山市教育局 1994 年 368 页

010243927
**云南省保山市实验小学志**
祝有光主编 昆明 云南民族出版社 2002 年 267 页

013866275
**云南省保山市实验小学志**
祝有光主编 昆明 云南民族出版社 2012 年 449 页

010008982
**保山市少数民族志**
保山市民族宗教事务局编 昆明 云南民族出版社 2006 年 628 页

004449228
**保山地区史志文辑 抗日战争专辑**
保山地区行政公署史志办公室编 芒市 德宏民族出版社 1989 年

011890556
**甸苴志**
李茂智主编 北京 北京燕山出版社 2005年 307页

008426062
**云南省保山市地名志**
保山市人民政府编 保山 保山市人民政府 1984年 378页〔云南省市地名志 123〕

014026350
**保山市第二人民医院院志** 1950—2008
段杏花主编 2009年 270页

011293362
**保山市卫生志**
保山市卫生志编纂委员会 保山市卫生局编纂 昆明 云南大学出版社 1993年 329页

## 隆阳区

009190836
**板桥镇志**
中共板桥镇委员会 板桥镇人民政府编 香港 天马图书有限公司 2001年 411页〔保山市乡(镇)志丛书〕

009190858
**保山市金鸡乡志**
中共保山市委史志委员会 中共保山市金鸡乡党委政府编 保山 中共保山市金鸡乡党委政府 1998年 164页〔保山市乡(镇)地方志丛书〕

009190846
**丙麻乡志**
中共保山市丙麻乡委员会 保山市丙麻乡人民政府编 香港 天马图书有限公司 2001年 366页〔保山市乡(镇)志丛书〕

009190818
**汉庄镇志**
中共保山市汉庄镇委员会 保山市汉庄镇人民政府编 香港 天马图书有限公司 2001年 312页〔保山市乡(镇)志丛书〕

009190797
**河图镇志**
中共河图镇委员会 河图镇人民政府编 香港 天马图书有限公司 2000年 383页〔保山市乡(镇)志丛书〕

009190806
**老营乡志**
中共老营乡委员会 老营乡人民政府编 香港 天马图书有限公司 2001年 315页〔保山市乡(镇)志丛书〕

009190841
**芒宽彝族傣族乡志**
中共芒宽彝族傣族乡委员会 芒宽彝族傣族乡人民政府编 香港 天马图书有

限公司 2001年 614页〔保山市乡(镇)志丛书〕

009190851
蒲缥镇志
中共保山市蒲缥镇委员会 保山市蒲缥镇人民政府编 香港 天马图书有限公司 2001年 380页〔保山市乡(镇)志丛书〕

009190789
水寨乡志
中共保山市水寨乡委员会 保山市水寨乡人民政府编 水寨乡 2001年 315页〔保山市乡(镇)志丛书〕

009190812
瓦渡乡志
中共瓦渡乡委员会 瓦渡乡人民政府编 瓦渡乡 2001年 349页〔保山市乡(镇)志丛书〕

009190843
瓦马彝族白族乡志
中共瓦马彝族白族乡委员会 瓦马彝族白族乡人民政府编 瓦马彝族白族乡 2001年 253页〔保山市乡(镇)志丛书〕

009190803
瓦窑白族彝族乡志
中共瓦窑白族彝族乡委员会 瓦窑白族彝族乡人民政府编 瓦窑白族彝族乡人民政府 2000年 325页〔保山市乡(镇)地方志丛书〕

009190839
汶上彝族苗族乡志
中共汶上彝族苗族乡委员会 汶上彝族苗族乡人民政府编 香港 天马图书有限公司 2002年 371页〔保山市乡(镇)志丛书〕

009190816
西邑乡志
中共西邑乡委员会 西邑乡人民政府编 香港 天马图书有限公司 2001年 319页〔保山市乡(镇)志丛书〕

009190810
辛街乡志
中共辛街乡委员会 辛街乡人民政府编 辛街乡 2001年 272页〔保山市乡(镇)志丛书〕

009190833
杨柳白族彝族乡志
中共杨柳白族彝族乡委员会 杨柳白族彝族乡人民政府编 香港 天马图书有限公司 2001年 287页〔保山市乡(镇)志丛书〕

009190798
永昌镇志
中共永昌镇委员会 永昌镇人民政府编 香港 天马图书有限公司 2001年

488 页〔保山市乡(镇)志丛书〕

012661520
**隆阳区政协志**
中国人民政治协商会议隆阳区委员会编 昆明 云南美术出版社 2010 年 282 页

013688981
**隆阳区司法志** 1980—2009
保山市隆阳区司法局编 保山 保山市隆阳区司法局 2011 年 399 页

013753536
**隆阳区烟草志**
隆阳区烟草专卖局(公司)编 隆阳区 隆阳区烟草专卖局 2007 年 380 页

## 施甸县

008592589
**施甸县志**
云南省施甸县志编纂委员会编 北京 新华出版社 1997 年 740 页

013379048
**太平镇志**
太平镇志编纂委员会编 潞西 德宏民族出版社 2011 年 682 页

012956599
**姚关镇志**
姚关镇志编纂委员会编 姚关镇 姚关镇志编纂委员会 2007 年 558 页

012613946
**施甸县人口志** 1912—2008
施甸县人口志编纂委员会编 昆明 云南美术出版社 2009 年 249 页

010253968
**施甸县政协志** 1984.3—2005.3
中国人民政治协商会议云南省施甸县委员会编 施甸 中国人民政治协商会议云南省施甸县委员会 2006 年 417 页

010244270
**施甸县水利志**
施甸县水利志编辑室编 施甸 施甸县水利志编辑室 1990 年 134 页

012099915
**施甸县烟草志** 1945—2007
云南省施甸县烟草专卖局 云南省烟草施甸县公司编 潞西 德宏民族出版社 2008 年 265 页

009245164
**施甸县交通志**
施甸县交通局编 昆明 云南民族出版社 2001 年 247 页〔保山地区交通志系列丛书〕

013756072
**施甸县地方税务志**

施甸县地方税务志编纂委员会编 施甸 施甸县地方税务志编纂委员会 2010年 261页

009769263
**云南省施甸县地名志**
施甸县人民政府编 施甸 施甸县人民政府 2001年 146页

## 腾冲县

008421044
**腾冲县志**
腾冲县志编纂委员会编纂 北京 中华书局 1995年 1134页〔中华人民共和国地方志丛书〕

012999138
**猴桥镇志**
中共猴桥镇委员会 猴桥镇人民政府编 昆明 云南美术出版社 2011年 506页

013991231
**明光镇志**
明光镇志编纂委员会编 昆明 云南人民出版社 2012年 532页〔中华人民共和国地方志丛书 云南省保山市腾冲县〕

012662332
**腾冲县工会志**
腾冲县总工会编 昆明 云南人民出版社 2010年 385页

013226333
**腾冲县人民代表大会志**
腾冲县人大常委会编 北京 华艺出版社 2005年 479页

010113106
**腾冲县政协志**
中国人民政治协商会议云南省腾冲县委员会编 北京 中国文联出版社 2004年 558页

013863843
**腾冲县民政志**
腾冲县民政局编 北京 中国国际文化出版社 2007年 385页〔腾冲县地方志系列丛书〕

009190785
**腾冲县建设志**
腾冲县建委编 昆明 云南民族出版社 2003年 449页

008539868
**腾冲县轻手工业志**
腾冲县轻手工业志编纂办公室编 腾冲 腾冲县二轻工业局 1989年 207页〔云南地方志丛书〕

008539813
**腾冲县水利志**
腾冲县水利志编辑室编 腾冲 腾冲县水

利电力局 1988年 221页

013822748
**腾冲县烟草志**
腾冲县烟草志编纂委员会编纂 腾冲 腾冲县烟草志编纂委员会 2008年 237页

011066845
**腾冲县交通志**
腾冲县交通局编 昆明 云南民族出版社 2001年 442页〔保山地区交通志系列丛书〕

008539889
**腾冲县供销社志** 1952—1983
腾冲县供销社编 腾冲 腾冲县供销社 1986年 180页

008660283
**腾冲县粮油志**
腾冲县粮食局编 腾冲 腾冲县粮食局 1989年 256页〔云南地方志丛书〕

008539885
**腾冲县粮油志稿**
腾冲县粮食局编 腾冲 腾冲县粮食局 1987年 2册

008539887
**云南省腾冲县商业志**
腾冲县商业局编 腾冲 腾冲县商业局 1989年 202页

008539882
**腾冲县教育志**
腾冲县教育局编 腾冲 腾冲县教育局 1990年 396页〔云南地方志丛书〕

013936414
**腾冲县界头乡教育志**
腾冲县界头乡中心学校编 腾冲 腾冲县界头乡中心学校 2007年 214页

008423348
**云南省腾冲县地名志**
腾冲县人民政府编 腾冲 腾冲县人民政府 1982年 297页

013991570
**腾冲县人民医院志** 1940—2009
腾冲县人民医院志编纂委员会编纂 昆明 云南人民出版社 2013年 411页

008539869
**腾冲县卫生志**
云南省腾冲县卫生局编 腾冲 云南省腾冲县卫生局 1987年 231页

## 龙陵县

008592587
**龙陵县志**
龙陵县委党史地方志工作办公室编 北京 中华书局 2000年 784页

013821884
**龙陵县人大志**
龙陵县人大常委会编 龙陵 龙陵县人大常委会 2006 年 232 页

011805550
**龙陵政协志**
中国人民政治协商会议云南省龙陵县委员会编 龙陵 中国人民政治协商会议云南省龙陵县委员会 2007 年 295 页

013144578
**龙陵县土地志**
龙陵县土地志编纂委员会编 龙陵 龙陵县土地志编纂委员会 1999 年 142 页

011066991
**龙陵县水利志**
龙陵县水利电力局编 芒市 德宏民族出版社 1995 年 255 页

013898383
**龙陵县烟草志**
云南省龙陵县烟草专卖局 云南省烟草公司保山市公司龙陵县分公司编 昆明 云南民族印刷厂 2011 年 327 页

009245175
**龙陵县交通志**
龙陵县交通局著 昆明 云南民族出版社 2001 年 349 页〔保山地区交通志系列丛书〕

011441013
**龙陵县科技志**
龙陵县科学技术委员会 龙陵县科学技术协会编 龙陵 龙陵县科学技术委员会 2005 年 379 页

008426072
**云南省龙陵县地名志**
龙陵县人民政府编 龙陵 龙陵县人民政府 1984 年 320 页

## 昌宁县

007913494
**昌宁县志**
张金辉主编 普嘉兴编审 云南省昌宁县志编纂委员会编纂 芒市 德宏民族出版社 1990 年 820 页〔中华人民共和国地方志丛书〕

012813957
**龙泉村志**
普晋昌主编 昌宁县田园镇龙泉村志编纂委员会编 昆明 云南民族出版社 2010 年 354 页〔中华人民共和国地方志丛书〕

012100930
**中共昌宁县委党校志**
兰梓龙主编 昆明 云南大学出版社 2008 年 266 页

013140943
**昌宁县政协志** 1984—2010
中国人民政治协商会议云南省昌宁县委员会编 昌宁 中国人民政治协商会议云南省昌宁县委员会 2011年 430页

013987577
**昌宁茶叶志**
刘文允主编 昌宁县文化发展促进会编 昆明 云南民族出版社 2013年 404页

010577376
**昌宁县水利志**
昌宁县水利志编辑室编 昌宁县水利电力局编 昌宁 昌宁县水利电力局 1991年 208页

012587030
**昌宁县烟草志**
云南省昌宁县烟草专卖局 云南省烟草公司保山市公司昌宁县分公司编 昆明 云南民族出版社 2009年 439页〔中华人民共和国地方志丛书〕

009245168
**昌宁县交通志**
昌宁县交通局编 昆明 云南民族出版社 2001年 361页〔保山地区交通志系列丛书〕

012889242
**昌宁县财政志** 1933—2006
昌宁县财政局编 昆明 云南民族出版社 2010年 349页

012503687
**昌宁县文化体育志** 1933—2008
穆尚勇主编 昌宁县文化体育局编纂 昆明 云南民族出版社 2009年 369页

008539871
**昌宁县教育志**
昌宁县教育局编 昆明 云南教育出版社 1995年 265页〔云南地方志丛书〕

012658227
**昌宁县示范小学志** 1908—2008
郭云禄主编 昆明 云南科技出版社 2008年 195页

## 昭通市

007849151
**昭通地区志**
昭通地区地方志编纂委员会编纂 昆明 云南人民出版社 1997年〔中华人民

共和国地方志丛书〕

008637271
**昭通市志**
昭通市志编纂委员会编纂 昆明 云南人民出版社 2000年 860页〔中华人民共和国地方志丛书〕

012816174
**昭通市志** 1978—2005
昭通市志编纂委员会编纂 昆明 云南人民出版社 2010年 2册 1575页〔中华人民共和国地方志丛书〕

008420913
**昭通地区公安志**
昭通地区行政公署公安局编纂 昆明 云南人民出版社 1998年 339页

012956823
**昭通检察志**
昭通检察志编纂委员会编 昭通 昭通检察志编纂委员会 2009年 378页

010201640
**昭通市检察志**
昭通市检察院编 昭通 昭通市检察院 1993年 485页〔昭通市地方志丛书〕

011590242
**昭通卷烟厂志**
昭通卷烟厂志编纂委员会编纂 昆明 云南人民出版社 2007年 520页〔云南省烟草志丛书〕

011590244
**昭通烟草志** 1982—2006
昭通烟草志编纂委员会编纂 昆明 云南人民出版社 2007年 599页

007685867
**昭通地区土特名产志**
昭通地区行政公署地方志办公室编 成都 成都科技大学出版社 1993年 191页〔云南省昭通地区地方志丛书〕

010293947
**昭通少数民族志**
昭通市民族宗教事务局编纂 昆明 云南民族出版社 2006年 438页

009337933
**新编昭通风物志**
邹长铭编著 昆明 云南人民出版社 1999年 319页〔云南风物志丛书〕

008427793
**云南省昭通市地名志**
昭通市人民政府编 昭通 昭通市人民政府 1985年 178页〔云南省县市地名志 34〕

010243931
**昭通地区人民医院志**

昭通地区人民医院志编纂委员会编 昆明 云南民族出版社 2002年 346页

## 昭阳区

012141545
**昭通市昭阳区公安道路交通管理志**
昭通市昭阳区公安道路交通管理志编纂领导组编纂 昆明 云南人民出版社 2009年 304页

## 鲁甸县

007819125
**鲁甸县志**
云南省鲁甸县志编纂委员会编纂 昆明 云南人民出版社 1995年 804页〔中华人民共和国地方志丛书〕

008426214
**鲁甸县检察志**
鲁甸县检察院编 鲁甸 鲁甸县检察院 1996年 195页〔云南省鲁甸县地方志丛书 11〕

008426712
**鲁甸县工商行政管理志**
鲁甸县工商行政管理局编 乌鲁木齐 新疆科技卫生出版社 1996年 201页〔鲁甸县地方志丛书 9〕

013898407
**鲁甸县土地志**
鲁甸县土地管理局编 鲁甸 鲁甸县土地管理局 1999年 151页

008426230
**鲁甸县林业志**
鲁甸县林业局 庞金祥主编 成都 成都科技大学出版社 1993年 217页〔云南省林业志丛书 2 鲁甸县地方志丛书 3〕

008426208
**鲁甸县畜牧志**
鲁甸县畜牧兽医站编 鲁甸 鲁甸县畜牧兽医站 1994年 150页〔云南省鲁甸县地方志丛书 5〕

011892139
**鲁甸县农业志**
鲁甸县农业局编纂 昆明 云南人民出版社 2008年 675页

008426189
**鲁甸县水利志**
鲁甸县水利电力局编 鲁甸 鲁甸县水利电力局 1993年 232页〔鲁甸县地方志丛书〕

008426716
**鲁甸县交通志**
鲁甸县工业交通局编 乌鲁木齐 新疆科技卫生出版社 1996年 169页〔鲁甸

县地方志丛书 10〕

012051685
**鲁甸县交通志** 1978—2007
鲁甸县交通局编纂 昆明 云南人民出版社 2008年 301页

008426708
**鲁甸县粮油志**
鲁甸县粮食局编 芒市 德宏民族出版社 1993年 212页〔云南省鲁甸县地方志丛书 6〕

011805581
**鲁甸县财政志**
鲁甸县财政局编纂 昆明 云南人民出版社 2007年 391页

008426235
**鲁甸县教育志**
鲁甸县教育局编 昆明 云南民族出版社 1996年 216页〔鲁甸县地方志丛书 7〕

013821901
**龙头山镇中心小学校志**
鲁甸县龙头山镇中心小学编 芒市 德宏民族出版社 2012年 312页

009890595
**鲁甸县少数民族志**
鲁甸县少数民族志编纂委员会编 昆明 云南民族出版社 2005年 369页

008427214
**云南省鲁甸县地名志**
鲁甸县人民政府编 鲁甸 鲁甸县人民政府 1983年 188页〔云南省县市地名志 35〕

009337943
**鲁甸县人民医院院志**
云南省鲁甸县人民医院编 北京 北京燕山出版社 2002年 456页〔云南省鲁甸县地方志丛书 13〕

008426717
**鲁甸县卫生志**
鲁甸县卫生局编 乌鲁木齐 新疆科技卫生出版社 1996年 215页〔鲁甸县地方志丛书 8〕

## 巧家县

008219500
**巧家县志**
云南省巧家县志编纂委员会编纂 昆明 云南人民出版社 1997年 714页〔中华人民共和国地方志丛书〕

008667604
**巧家县工业志**
巧家县工业志编审委员会编 成都 四川辞书出版社 1993年 228页

009995639
**巧家县粮油志**

彭永年主编 巧家县粮食局编 昆明 云南美术出版社 1994年 249页

013066958
**巧家县教育志** 1978—2005
巧家县教育局编 巧家 巧家县教育局 2007年 284页

008427222
**云南省巧家县地名志**
巧家县人民政府编 巧家 巧家县人民政府 1983年 245页〔云南省县市地名志 36〕

## 盐津县

013994219
**盐津县民政志**
盐津县民政局编纂 昆明 云南人民出版社 2012年 287页〔中华人民共和国地方志丛书〕

009995647
**盐津县林业志**
盐津县林业局编 昆明 云南美术出版社 1995年 263页〔云南省林业志丛书 8〕

009814578
**盐津方言志**
耿德撰著 盐津县志编纂委员会主编 昆明 云南教育出版社 1991年 202页

008427860
**云南省盐津县地名志**
盐津县人民政府编 盐津 盐津县人民政府 1985年 306页

## 大关县

009413395
**大关区志**
大关区志办公室编 大关区 大关区志办公室 1988年 291页

007490844
**大关县志**
张维翰审订 张铭琛主编 台北 正中书局 1977年 588页

008426302
**大关县志**
云南省大关县地方志编纂委员会编纂 昆明 云南人民出版社 1998年 777页〔中华人民共和国地方志丛书〕

012658314
**大关县志** 1978—2005
云南省大关县地方志编纂委员会编纂 昆明 云南人民出版社 2010年 625页〔中华人民共和国地方志丛书〕

012264074
**大关县教育志**
大关县教育局编 昆明 云南民族出版社 2009年 382页

008423623
**云南省大关县地名志**
大关县人民政府编 大关 大关县人民政府 1985年 263页

## 永善县

007509460
**永善县志**
云南省永善县人民政府编纂 昆明 云南人民出版社 1995年 772页〔中华人民共和国地方志丛书〕

009388650
**永善县金融志**
陈自轩主编 永善县金融志编纂办公室编 永善 本书编委会 1993年 228页〔永善县地方志丛书〕

008427785
**云南省永善县地名志**
永善县人民政府编 永善 永善县人民政府 1983年 315页〔云南省县市地名志 39〕

## 绥江县

007362132
**绥江县志**
绥江县志编纂委员会编 成都 四川辞书出版社 1994年 619页〔中华人民共和国地方志丛书〕

008423345
**云南省绥江县地名志**
绥江县人民政府编 绥江 绥江县人民政府 1984年 81页〔云南省县市地名志 40〕

## 镇雄县

003807780
**镇雄县志**
云南省镇雄县志编纂委员会编纂 昆明 云南人民出版社 1987年 710页〔中华人民共和国地方志丛书〕

011910298
**镇雄县人民代表大会志**
镇雄县人民代表大会志编纂委员会编 镇雄 镇雄县人民代表大会志编纂委员会 2007年 382页

012061157
**镇雄县政协志** 1984.6—2007.12
镇雄县政协志编纂委员会编 镇雄 镇雄县政协志编纂委员会 2007年 649页

009126175
**镇雄县土地志**
镇雄县土地志编纂委员会编 镇雄 镇雄县土地志编纂委员会 2002年 295页

009688760
**镇雄县供销合作社志**
镇雄县供销社修志办公室编纂 昆明 云

南人民出版社 1989 年 387 页〔云南地方志丛书〕

008423072
**镇雄教育志**
镇雄县教育志编纂委员会编 昆明 云南人民出版社 1997 年 356 页

012690013
**镇雄一中校志**
邱宗林主编 昆明 云南人民出版社 2010 年 398 页

013379576
**镇雄人物志**
邓培基 项国香编 镇雄 镇雄县志办公室 1990 年 2 册 553 页

013630735
**镇雄县风物志**
邓培基 项国香编 镇雄 镇雄县志办公室 1991 年 206 页

008423662
**云南省镇雄县地名志**
镇雄县人民政府编 镇雄 镇雄县人民政府 1987 年 667 页〔云南省县市地名志 41〕

## 彝良县

008417011
**彝良县志**
云南省彝良县志编纂委员会编纂 昆明 云南人民出版社 1995 年 782 页〔中华人民共和国地方志丛书〕

012174798
**牛街镇志**
彝良县牛街镇志编纂委员会编 牛街镇 彝良县牛街镇志编纂委员会 2005 年 397 页〔中华人民共和国地方志丛书 彝良县地方志丛书 3〕

011585229
**彝良县公安志**
彝良县公安局编 昆明 云南人民出版社 1997 年 342 页

008416415
**云南省彝良县地名志**
彝良县人民政府编 彝良 彝良县人民政府 1984 年 421 页

## 威信县

008717809
**威信县志**
云南省威信县志编纂委员会编纂 昆明 云南人民出版社 1999 年 811 页〔中华人民共和国地方志丛书〕

010475820
**威信县教育志**
威信县教育委员会编 昆明 云南民族出版社 2000 年 250 页

009245062

**威信镇雄方言志**

邓天玲 黄吉昌 王琼著 昆明 云南民族出版社 2003 年 588 页

008427821

**云南省威信县地名志**

威信县人民政府编 威信 威信县人民政府 1984 年 186 页〔云南省县市地名志 43〕

## 水富县

008421045

**水富县志**

水富县地方志编纂委员会编纂 昆明 云南人民出版社 1996 年 510 页〔中华人民共和国地方志丛书〕

013464275

**云南天然气化工厂志** 1987—1997.3

云天化厂志编委会编 水富 云天化厂志编委会 2000 年 578 页

011584974

**水富方言志**

卢开礴 张弗著 北京 语文出版社 1988 年 195 页〔昭通方言丛书〕

008423542

**水富县地名志**

水富县人民政府编 水富 水富县人民政府 1983 年 63 页〔云南省县市地名志 44〕

# 丽江市

008992698

**丽江地区志**

丽江地区地方志编纂委员会编纂 昆明 云南民族出版社 2000 年〔中华人民共和国地方志丛书〕

009115259

**丽江纳西族自治县志**

李汝明总纂 和新贵 杨俊生 张永香副总纂 丽江纳西族自治县志编纂委员会编纂 昆明 云南人民出版社 2001 年 1100 页〔中华人民共和国地方志丛书〕

013224587

**丽江市人口和计划生育志**

丽江市人口和计划生育委员会编 昆明 云南美术出版社 2011 年 514 页

010144770

**中共丽江市委党校志**

中共丽江市委党校编 昆明 云南美术出

版社 2006年 331页

012899040
**丽江统战志**
中共丽江市统战部 丽江市地方志办公室编 昆明 云南人民出版社 2006年 276页

013684470
**丽江市政协志** 1950—2010
中国人民政治协商会议云南省丽江市委员会编 昆明 云南美术出版社 2011年 347页

012680401
**丽江市人事志**
丽江市人事局编 昆明 云南美术出版社 2010年 540页

008865406
**丽江地区民政志**
丽江地区民政局 丽江地区行署地方志办公室编 昆明 云南民族出版社 2001年 279页

012873044
**丽江市质量技术监督志**
丽江市质量技术监督局编 丽江 丽江市质量技术监督局 2010年 330页

008427153
**丽江地区林业志**
牛存道主编 丽江地区行政公署林业局编撰 昆明 云南民族出版社 1998年 325页

011571219
**云南省黑白水林业局志**
云南省黑白水林业局志编纂领导小组编 云南 云南省黑白水林业局 2000年 465页〔云南省林业志丛书 23〕

010243016
**云南省巨甸林业局志**
云南省巨甸林业局编 巨甸 云南省巨甸林业局 1995年 242页〔云南省林业志丛书 17〕

009414991
**丽江地区烟草志**
丽江地区烟草专卖局(公司) 丽江地区地方志办公室编 昆明 云南民族出版社 2004年 210页

011589941
**丽江烟草志**
丽江烟草志编纂委员会编纂 昆明 云南人民出版社 2010年 431页〔云南省烟草志丛书〕

008423052
**丽江地区交通志**
和康主编 丽江地区交通局编撰 昆明 云南民族出版社 1997年 252页

008865404
丽江地区电信志
云南省电信公司丽江地区分公司 丽江地区地方志办公室编 昆明 云南民族出版社 2001年 255页

013752742
丽江地方税务志
丽江市地方税务局 丽江市地方志办公室编 昆明 云南人民出版社 2011年 336页

009393250
丽江地区财政志
丽江市财政局编 昆明 云南民族出版社 2004年 450页

009890590
丽江金融志
丽江金融志编纂委员会 丽江市地方志办公室编 昆明 云南民族出版社 2005年 474页

013820597
丽江市文化广电新闻出版志
丽江市文化广电新闻出版局编 昆明 云南美术出版社 2011年 467页

010201595
丽江地区教育志
云南省丽江地区教育委员会编 昆明 云南民族出版社 1999年 698页

013601782
丽江纳西族自治县教育志
丽江纳西族自治县教育委员会编 丽江 丽江纳西族自治县教育委员会 2001年 685页

012613334
丽江古城一中志 1969—2009
丽江古城一中志编委会编纂 昆明 云南人民出版社 2009年 411页

009840407
丽江一中校志
丽江一中校志编纂委员会编 昆明 云南民族出版社 2005年 464页

008395204
纳西语简志
和即仁 姜竹仪编著 北京 民族出版社 1985年 175页〔中国少数民族语言简志丛书〕

008865409
丽江地区民族志
和旭东主编 丽江地区行署民族宗教事务局 丽江地区行署地方志办公室编 昆明 云南民族出版社 2001年 410页

008665510
纳西族人物简志
彭建华 李近春主编 呼和浩特 内蒙古大学出版社 1998年 405页

008271740
**新编丽江风物志**
李群育主编 昆明 云南人民出版社 1999年 320页〔云南风物志丛书〕

012505284
**丽江市卫生志**
丽江市卫生局编 昆明 云南美术出版社 2009年

## 永胜县

007913480
**永胜县志**
云南省永胜县志编纂委员会编纂 昆明 云南人民出版社 1989年 807页〔中华人民共和国地方志丛书〕

008424910
**永胜人口志**
云南省永胜县人口志编纂委员会编 永胜 云南省永胜县人口志编纂委员会 1996年 340页

012814520
**永胜县政协志** 1949—2005
政协永胜县委员会编纂 永胜 政协永胜县委员会 2009年 370页

013961224
**永胜县司法志**
永胜县司法局编 永胜 永胜县司法局 2009年 194页〔云南省丽江市永胜县地方志丛书 4〕

013707154
**永胜县国土资源志**
永胜县国土资源局编 永胜 永胜县国土资源局 2009年 323页〔云南省丽江市永胜县地方志丛书 5〕

013901068
**永胜县财政志**
永胜县财政局编 永胜 永胜县财政局 2009年 393页

008594534
**永胜方言志**
何守伦著 北京 语文出版社 1989年 194页

008423085
**云南省永胜县地名志**
永胜县人民政府编 永胜 永胜县人民政府 1989年 267页〔云南省县市地名志 104〕

013776042
**永胜县水利志**
永胜县税务局编 永胜 永胜县税务局 2012年 422页〔云南省丽江市永胜县地方志丛书 16〕

## 华坪县

008426319
**华坪县志**
云南省华坪县地方志编纂委员会编 昆明 云南民族版社 1997年 889页

013897578
**华坪县政协志** 1950—2010
中国人民政治协商会议华坪县委员会编 昆明 云南人民出版社 2013年 266页〔云南省丽江市华坪县地方志丛书 4〕

013316282
**华坪县中心人民小学校志** 1909—2009
华坪县中心人民小学编 华坪 华坪县中心人民小学 2009年 143页

## 玉龙纳西族自治县

013824276
**玉龙纳西族自治县政协志**
政协玉龙纳西族自治县委员会编 昆明 昆明鹰达印刷有限公司 2011年 536页

## 宁蒗彝族自治县

007590142
**宁蒗彝族自治县志**
宁蒗彝族自治县志编纂委员会编 昆明 云南民族出版社 1993年 725页〔中华人民共和国地方志丛书〕

010231152
**宁蒗彝族自治县志** 1989—2005
宁蒗彝族自治县地方志编纂委员会编 潞西 德宏民族出版社 2006年 676页

012542719
**宁蒗彝族自治县人民代表大会志** 1950—2007
宁蒗彝族自治县人大常委会 宁蒗彝族自治县地方志办公室编 宁蒗 宁蒗彝族自治县人大常委会 宁蒗彝族自治县地方志办公室 2008年 425页

013659696
**宁蒗彝族自治县交通志**
宁蒗彝族自治县交通志编写组编 昆明 云南民族出版社 1993年 184页

013000655
**宁蒗彝族自治县财政志**
宁蒗彝族自治县财政局 宁蒗彝族自治县地方志办公室编纂 宁蒗 宁蒗彝族自治县财政局 2011年 397页

008423876
**宁蒗彝族自治县教育志**
宁蒗彝族自治县教育局编 昆明 云南民族出版社 1997年 272页

013343529
**云南省宁蒗民族中学志** 1981—2011
云南省宁蒗民族中学志编委会编纂 昆明 云南美术出版社 2011年 436页

010777311
**宁蒗彝族自治县卫生志**
宁蒗彝族自治县卫生局 宁蒗彝族自治县史志办编 昆明 云南民族出版社 2000年 239页

013225480
**宁蒗彝族自治县水利志**
和建全主编 宁蒗彝族自治县水电局 中共宁蒗县委史志办编 昆明 云南大学出版社 1995年 182页〔云南省地方志丛书〕

# 普洱市

008390682
**思茅地区志**
思茅地区地方志编纂委员会编 昆明 云南民族出版社 1996年 2册〔中华人民共和国地方志丛书〕

012208227
**思茅地区公安志** 1905—2003
普洱市公安局编 普洱 普洱市公安局 2008年 775页

012814085
**普洱市劳动和社会保障志**
普洱市劳动和社会保障志编纂委员会编 普洱 普洱市劳动和社会保障志编纂委员会 2009年 364页

012684789
**卫国林业局志**
普洱市卫国林业局编 普洱 普洱市卫国林业局 2009年 271页

013220498
**普洱烟草志**
普洱烟草志编纂委员会编纂 昆明 云南人民出版社 2007年 539页〔云南省烟草志丛书〕

008426323
**思茅地区水利志**
思茅地区行政公署水利水电局编 昆明 云南民族出版社 1997年 334页

011477215
**思茅市交通志**
思茅市交通局编著 昆明 云南人民出版社 2008年 498页

009867370
**思茅地区邮电志**

思茅地区邮电志编纂委员会编 昆明 云南民族出版社 1999 年 212 页〔云南地方志丛书〕

008390670
**思茅地区商业志**
张寿年主编 思茅地区行政公署商业局编纂 昆明 云南人民出版社 1994 年 364 页

013659742
**普洱市地方税务志**
普洱市地方税务志编纂委员会编纂 昆明 云南人民出版社 2011 年 548 页

008837141
**思茅地区建设银行志**
中国人民建设银行思茅地区中心支行编 昆明 云南人民出版社 1994 年 221 页

008427055
**思茅地区金融志**
杨兴才主编 思茅地区金融志编纂委员会编 昆明 云南民族出版社 1998 年 236 页

013603185
**思茅地区农村金融志**
思茅地区农村金融志编纂委员会编 昆明 云南科技出版社 1999 年 382 页

009388578
**思茅地区文化志**
云南省思茅地区行政公署文化局编 昆明 云南民族出版社 1992 年 439 页〔云南地方志丛书〕

008597934
**思茅地区科学技术志**
思茅地区科学技术志编纂委员会编纂 昆明 云南人民出版社 1993 年 383 页

012722072
**普洱市教育志** 1978—2008
普洱市教育局编 昆明 云南民族出版社 2010 年 394 页

009840418
**思茅地区教育志**
思茅地区行政公署教育局编 昆明 云南民族出版社 1993 年 304 页

013775125
**普洱中学志**
普洱中学编 昆明 云南民族出版社 2012 年 636 页

012252300
**普洱市民族志**
云南省普洱市民族宗教事务局编 昆明 云南民族出版社 2009 年 395 页

013067234
**思茅地区精神病医院院志** 1979—1999
思茅地区精神病医院编 思茅 思茅地区精神病医院 2000年 93页

013509219
**普洱市卫生志** 1949—2009
普洱市卫生局编 普洱 普洱市卫生局 2012年 618页

008597823
**云南省思茅地区土种志**
思茅地区土壤肥料工作站 思茅地区农业科学研究所编著 昆明 云南科技出版社 1993年 390页

## 思茅区

006567463
**思茅县志**
云南省思茅县地方志编纂委员会编 北京 生活·读书·新知三联书店 1993年 602页〔中国地方志丛书〕

011955485
**思茅镇志**
思茅镇人民政府编纂 昆明 云南民族出版社 2008年 431页

008597804
**新编思茅风物志**
黄桂枢编著 昆明 云南人民出版社 2000年 293页〔云南风物志丛书〕

008427246
**云南省思茅县地名志**
思茅县人民政府编 思茅 思茅县人民政府 1987年 148页〔云南省县市地名志 66〕

## 宁洱哈尼族彝族自治县

007806954
**普洱哈尼族彝族自治县志**
云南省普洱哈尼族彝族自治县地方志编纂委员会编 北京 生活·读书·新知三联书店 1993年 861页〔中国地方志丛书〕

013898935
**普洱哈尼族彝族自治县土地志**
普洱哈尼族彝族自治县土地管理局组编 普洱 普洱哈尼族彝族自治县土地管理局 2000年 227页

012542770
**普洱哈尼族彝族自治县林业志**
普洱哈尼族彝族自治县林业局编 普洱 普洱哈尼族彝族自治县林业局 2003年 375页

013144604
**磨黑盐矿志**
普洱哈尼族彝族自治县磨黑盐矿 中共普洱哈尼族彝族自治县史志办编 普洱 普洱哈尼族彝族自治县磨黑盐矿 2004年 217页

012836112

**普洱哈尼族彝族自治县地税志**

普洱哈尼族彝族自治县地方税务局 中共普洱哈尼族彝族自治县委史志办编 普洱 普洱哈尼族彝族自治县地方税务局 2005年 274页

013066912

**普洱哈尼族彝族自治县国税志**

普洱哈尼族彝族自治县国家税务局编 普洱 普洱哈尼族彝族自治县国家税务局 2004年 271页

007672168

**普洱哈尼族彝族自治县地名志**

普洱哈尼族彝族自治县人民政府编 普洱 普洱哈尼族彝族自治县人民政府 1987年 312页

010239107

**云南省普洱哈尼族彝族自治县地名志**

普洱哈尼族彝族自治县人民政府编 宁洱镇 普洱哈尼族彝族自治县人民政府 1987年 312页

013131076

**普洱哈尼族彝族自治县建设志**

普洱哈尼族彝族自治县建设局编 普洱 普洱哈尼族彝族自治县建设局 2003年 207页

013184544

**普洱哈尼族彝族自治县水利志**

普洱哈尼族彝族自治县水利局编 普洱 普洱哈尼族彝族自治县水利局 2002年 238页

## 墨江哈尼族自治县

009046187

**墨江哈尼族自治县志**

墨江哈尼族自治县志编纂委员会编纂 昆明 云南人民出版社 2002年 960页〔中华人民共和国地方志丛书〕

013093143

**墨江哈尼族自治县志** 1978—2005

墨江哈尼族自治县地方志编纂委员会编纂 昆明 云南人民出版社 2011年 790页〔中华人民共和国地方志丛书〕

012139555

**墨江哈尼族自治县工会志**

墨江哈尼族自治县总工会编 墨江 墨江哈尼族自治县总工会 1997年 245页

012139564

**墨江哈尼族自治县人民代表大会志**

墨江哈尼族自治县人民代表大会志编纂组编 墨江 墨江哈尼族自治县人民代表大会志编纂组 2002年 283页

012139559

**墨江哈尼族自治县林业志**

墨江哈尼族自治县林业局编 墨江 墨江

哈尼族自治县林业局 1997年 358页

012899427
**思茅市墨江林业局志**
思茅市墨江林业局编 思茅 思茅市墨江林业局 2006年 195页

013753710
**墨江哈尼族自治县土地志**
墨江哈尼族自治县土地管理局编 墨江 墨江哈尼族自治县土地管理局 1999年 156页

012251471
**墨江哈尼族自治县民族志** 1950—2005
墨江哈尼族自治县民族宗教事务局编 墨江 墨江哈尼族自治县民族宗教事务局 2007年 280页

008427830
**云南省墨江哈尼族自治县地名志**
墨江哈尼族自治县人民政府编 墨江 墨江哈尼族自治县人民政府 1985年 503页〔云南省县市地名志 70〕

## 景东彝族自治县

008486701
**景东彝族自治县志**
景东彝族自治县志编纂委员会编 成都 四川辞书出版社 1994年 616页〔中华人民共和国地方志丛书〕

012048814
**大街乡志**
中共景东彝族自治县大街乡委员会 景东彝族自治县大街乡人民政府编 大街乡 景东彝族自治县大街乡人民政府 2003年 307页

013730137
**景东彝族自治县锦屏镇志**
中共锦屏镇委员会 锦屏镇人民政府编 锦屏镇 锦屏镇人民政府 2005年 327页

012899003
**景东彝族自治县文井镇志**
文井镇志编纂委员会编 文井镇 文井镇志编纂委员会 2006年 276页

013065011
**龙街乡志**
中共龙街乡委员会 龙街乡人民政府编 龙街乡 中共龙街乡委员会 龙街乡人民政府 2009年 254页

012203060
**曼等乡志**
中共景东彝族自治县曼等乡委员会 景东彝族自治县曼等乡人民政府编 曼等乡 景东彝族自治县曼等乡人民政府 2001年 234页

011475233
**景东人口与计划生育志**

景东彝族自治县计划生育局编纂 景东 景东彝族自治县计划生育局 2005年 174页

012174084
**景东彝族自治县政协志**
中国人民政治协商会议景东彝族自治县委员会编 2008年 395页

012202962
**景东法院志**
2002年 239页

012202965
**景东检察志** 1955—1999
景东彝族自治县人民检察院编 景东 景东彝族自治县人民检察院 2001年 299页

013093066
**景东彝族自治县工商行政管理志**
景东彝族自治县工商行政管理局编 景东 景东彝族自治县工商行政管理局 2003年 207页

013531116
**景东彝族自治县城乡建设志**
景东彝族自治县城乡建设局编 景东 景东彝族自治县城乡建设局 2005年 189页

010243558
**景东农业志**
景东彝族自治县农业志编纂委员会编 景东 景东彝族自治县农业志编纂委员会 1999年 294页

013752694
**景东彝族自治县土地志**
景东彝族自治县土地管理局编 景东 景东彝族自治县土地管理局 2000年 146页

012680293
**景东税务 国税志**
景东彝族自治县国家税务局编 景东 景东彝族自治县国家税务局 2008年 313页

013335440
**景东县文化志**
景东彝族自治县文化广播电视局 景东彝族自治县文化馆编 昆明 云南大学出版社 1991年 273页

012097654
**景东彝族自治县教育志**
景东彝族自治县教育委员会编 昆明 云南民族出版社 2001年 414页

008427787
**云南省景东彝族自治县地名志**
景东彝族自治县人民政府编 景东 景东彝族自治县人民政府 1985年 434页〔云南省县市地名志 67〕

012049639
**景东彝族自治县人民医院院志** 1938—2000
景东县人民医院编纂委员会编 景东 景东县人民医院 2000年 163页

012954947
**景东彝族自治县水利志**
景东彝族自治县水利局编 景东 景东彝族自治县水利局 2007年 336页

## 景谷傣族彝族自治县

006562131
**景谷傣族彝族自治县志**
云南省景谷傣族彝族自治县志编纂委员会编 成都 四川辞书出版社 1993年 799页〔中华人民共和国地方志丛书〕

013897674
**景谷傣族彝族自治县志** 1978—2008
景谷傣族彝族自治县地方志编纂委员会编纂 昆明 云南人民出版社 2012年 662页

012762136
**景谷政协志** 1984—2007
中国人民政治协商会议景谷傣族彝族自治县委员会编 景谷 景谷政协志编纂委员会 2007年 218页

013897676
**景谷林业志**
景谷傣族彝族自治县林业局编 景谷 景谷傣族彝族自治县林业局 2002年 276页

010475766
**景谷傣族彝族自治县邮电志** 1732—1994
景谷傣族彝族自治县邮电局编纂 昆明 云南民族出版社 1998年 289页〔云南省景谷地方志丛书 2〕

008423514
**云南省景谷傣族彝族自治县地名志**
景谷傣族彝族自治县人民政府编 景谷 景谷傣族彝族自治县人民政府 1986年 433页

## 镇沅彝族哈尼族拉祜族自治县

007807104
**镇沅彝族哈尼族拉祜族自治县志**
云南省镇沅彝族哈尼族拉祜族自治县志编纂委员会编纂 昆明 云南人民出版社 1995年 756页〔中华人民共和国地方志丛书〕

012839279
**政协镇沅彝族哈尼族拉祜族自治县委员会志**
政协镇沅彝族哈尼族拉祜族自治县委员会编纂 镇沅 政协镇沅彝族哈尼族

拉祜族自治县委员会 2008 年 346 页

012769580
**镇沅彝族哈尼族拉祜族自治县交通志**
镇沅彝族哈尼族拉祜族自治县交通局编 镇沅 镇沅彝族哈尼族拉祜族自治县交通局 2004 年 382 页

013074820
**镇沅彝族哈尼族拉祜族自治县邮电志**
镇沅邮电局邮电志编写组主编 镇沅 镇沅邮电局 1999 年 193 页

013901261
**镇沅县商业局志**
镇沅县商业局编 1990 年 95 页

013098027
**镇沅彝族哈尼族拉祜族自治县税务志**
1727—2005
镇沅彝族哈尼族拉祜族自治县国家税务局 镇沅彝族哈尼族拉祜族自治县地方税务局编纂 镇沅 镇沅彝族哈尼族拉祜族自治县国家税务局 2007 年 318 页

012956913
**镇沅彝族哈尼族拉祜族自治县农村信用合作联社志**
镇沅彝族哈尼族拉祜族自治县农村信用合作联社编 镇沅 镇沅彝族哈尼族拉祜族自治县农村信用合作联社 2009 年 409 页

013901262
**镇沅彝族哈尼族拉祜族自治县教育志**
1727—2008
镇沅彝族哈尼族拉祜族自治县教育局编 昆明 云南科技出版社 2012 年 504 页

012141549
**镇沅彝族哈尼族拉祜族自治县第二中学校志**
镇沅彝族哈尼族拉祜族自治县第二中学编 潞西 德宏民族出版社 2008 年 702 页

008423838
**云南省镇沅县地名志**
镇沅县人民政府编 镇沅 镇沅县人民政府 1986 年 335 页〔云南省县市地名志 68〕

## 江城哈尼族彝族自治县

009388560
**江城哈尼族彝族自治县志　送审稿**
江城哈尼族彝族自治县志编纂委员会编 江城 江城哈尼族彝族自治县志编纂委员会 1987 年 598 页

007913467
**江城哈尼族彝族自治县志**
云南省江城哈尼族彝族自治县志编纂委员会编纂 昆明 云南人民出版社 1989 年 443 页〔中华人民共和国地

方志丛书〕

011474582
**江城哈尼族彝族自治县政协志**
1954—2003
中国人民政治协商会议云南省江城哈尼族彝族自治县委员会编 江城 政协 2004年 275页〔云南地方志丛书〕

009341112
**江城哈尼族彝族自治县土地志**
江城哈尼族彝族自治县土地管理局编 芒市 德宏民族出版社 2000年 166页

008427209
**云南省江城哈尼族彝族自治县地名志**
江城哈尼族彝族自治县人民政府编 江城 江城哈尼族彝族自治县人民政府 1988年 174页〔云南省县市地名志 72〕

013990768
**江城哈尼族彝族自治县人民医院院志**
1953.4—2004.4
江城哈尼族彝族自治县人民医院编 2004年 232页

### 孟连傣族拉祜族佤族自治县

008717017
**孟连傣族拉祜族佤族自治县志**
孟连傣族拉祜族佤族自治县志编纂委员会编纂 昆明 云南人民出版社 1999年 465页〔中华人民共和国地方志丛书〕

013461668
**孟连傣族拉祜族佤族自治县政协志**
1953—2003
中国人民政治协商会议孟连自治县委员会编 孟连 中国人民政治协商会议孟连自治县委员会 2004年 377页

008424625
**云南省孟连傣族拉祜族佤族自治县地名志**
孟连傣族拉祜族佤族自治县人民政府编 孟连 孟连傣族拉祜族佤族自治县人民政府 1988年 164页〔云南省县市地名志 74〕

### 澜沧拉祜族自治县

007818006
**澜沧拉祜族自治县志**
云南省澜沧拉祜族自治县志编纂委员会编纂 昆明 云南民族出版社 1996年 769页〔中华人民共和国地方志丛书〕

013820570
**澜沧拉祜族自治县志** 1978—2005
澜沧拉祜族自治县地方志编纂委员会编纂 昆明 云南人民出版社 2013年 938页〔中华人民共和国地方志丛

书〕

013144511
澜沧拉祜族自治县人民代表大会志
1958.5—2007.2
澜沧拉祜族自治县人民代表大会常务委员会编 澜沧 澜沧拉祜族自治县人民代表大会常务委员会 2007年 378页

008426832
澜沧拉祜族自治县教育志
云南省澜沧拉祜族自治县教育局编 昆明 云南民族出版社 1995年 288页

008423482
云南省澜沧拉祜族自治县地名志
澜沧拉祜族自治县人民政府编 澜沧 澜沧拉祜族自治县人民政府 1986年 416页

## 西盟佤族自治县

008380073
西盟佤族自治县志
西盟佤族自治县志编纂委员会编纂 昆明 云南人民出版社 1997年 481页〔中华人民共和国地方志丛书〕

012680473
勐梭村志
刀学清编 思茅 勐梭村党支部 2005年 231页

008426721
云南省西盟佤族自治县地名志
西盟佤族自治县人民政府编 西盟 西盟佤族自治县人民政府 1996年 141页〔云南省县市地名志 75〕

## 临沧市

009149424
临沧地区志
云南临沧地区地方志编纂委员会编 北京 北京燕山出版社 2004年 3册 1996页〔中华人民共和国地方志丛书〕

008426844
中国共产党临沧地区委员会志

李景明主编 中国共产党临沧地区委员会志编纂委员会编 昆明 云南民族出版社 1998年 530页

009561857
临沧地区公安志
徐振华主编 芒市 德宏民族出版社 1995年 217页〔云南临沧地区地方志丛书〕

012832441
**临沧市公安志**
临沧市公安局编 临沧 临沧市公安局 2009年 456页〔云南省临沧市地方志丛书〕

013958753
**临沧地区法院志** 1953—2004
云南省临沧地区中级人民法院编 临沧 云南省临沧地区中级人民法院 2007年 394页

013461575
**临沧地区检察志** 1945—2000
云南省人民检察院临沧分院编 临沧 云南省人民检察院临沧分院 2003年 262页

010243598
**临沧地区土地志**
临沧地区土地管理局编 昆明 云南民族出版社 2000年 202页

011445643
**云南省临沧地区勐撒农场志**
云南省临沧地区勐撒农场志编纂委员会编 昆明 云南民族出版社 1998年 354页

009995664
**云南省临沧地区农垦志** 1955—1990
云南省临沧地区农垦分局农垦志编纂委员会办公室编 临沧 临沧地区农垦分局 1999年 470页

009125982
**临沧地区林业志**
临沧地区行署林业局编 杨乘时编修 昆明 云南民族出版社 2003年 448页〔云南省林业志丛书 42〕

009338003
**临沧地区烟草志**
临沧地区烟草公司编 昆明 云南民族出版社 2002年 239页〔云南省地方烟草志系列丛书〕

011589947
**临沧烟草志** 1985—2005
临沧烟草志编纂委员会编纂 昆明 云南人民出版社 2007年 317页〔云南省烟草志丛书〕

009399284
**临沧地区交通志**
临沧地区行政公署交通局编 昆明 云南民族出版社 2003年 446页〔云南省临沧地区地方交通志系列丛书〕

013143739
**广通车务段志** 1970—2000
广通车务段志编纂委员会编 昆明 广通车务段志编纂委员会 2003年 435页

009414992
**临沧地区粮油志**

金美文主编 临沧 2003 年 216 页〔临沧地区地方志丛书〕

014047638
**临沧市地方税务志**
临沧市地方税务局编 2010 年 547 页〔云南省地方税务志系列丛书〕

010201600
**临沧地区农村金融志**
中国农业银行临沧地区中心支行编 昆明 云南民族出版社 1996 年 361 页〔地方志丛书〕

009962447
**临沧市广播电视志**
罗灿武主编 临沧市广电视局编 昆明 云南科技出版社 2006 年 392 页

013705130
**临沧市档案志**
临沧市档案局 临沧市档案馆编 昆明 云南民族出版社 2012 年 300 页

008665683
**临沧地区科技志**
临沧地区行政公署科学技术委员会编纂 昆明 云南科技出版社 1998 年 471 页

010118424
**临沧地区汉语方言志**
陈丽萍著 昆明 云南人民出版社 2001 年 219 页

009149423
**临沧地区民族志**
临沧地区民族宗教事务局编 昆明 云南民族出版社 2003 年 207 页

008597807
**新编临沧风物志**
武定云编著 昆明 云南人民出版社 2000 年 228 页〔云南风物志丛书〕

## 临翔区

007806434
**临沧县志**
武定云主编 临沧县地方志编纂委员会编 昆明 云南人民出版社 1993 年 723 页〔中华人民共和国地方志丛书〕

012871852
**博尚镇志**
博尚镇人民政府编 临沧 博尚镇人民政府 2007 年 519 页

013730189
**临沧县政协志** 1950—2004
中国人民政治协商会议临沧市临翔区委员会编 临沧 中国人民政治协商会议临沧市临翔区委员会 2009 年 235 页

013129949
**临翔区审计志**
李奎主编 临沧市临翔区审计局编 临翔区 临翔区审计局 2008年 265页

012051658
**临翔区供销合作社志**
李彪主编 临沧市临翔区供销合作社编 临沧 临翔区供销合作社 2008年 190页

013461576
**临沧县税务志**
临沧县税务局编 临沧 临沧县税务局 1994年 322页

008427802
**云南省临沧县地名志**
临沧县人民政府编 临沧 临沧县人民政府 1984年 246页〔云南省地名志 117〕

## 凤庆县

005591359
**凤庆县志**
云南省凤庆县志编纂委员会编纂 昆明 云南人民出版社 1993年 825页〔中华人民共和国地方志丛书〕

013933208
**勐佑乡志**
杨恒芳主编 凤庆县勐佑乡人民政府 凤庆县地方志办公室编 昆明 昆明市盘龙新知识印刷部 1991年 396页〔云南省凤庆县地方志丛书 2〕

012766851
**诗礼乡志**
凤庆县地方志办公室 诗礼乡人民政府编 凤庆 凤庆县地方志办公室 诗礼乡人民政府 2000年 334页〔云南省凤庆县地方志丛书 30〕

010201473
**凤庆县军事志**
云南省凤庆县人民武装部队编 凤庆 云南省凤庆县人民武装部 1994年 495页

013128904
**凤庆县农业志**
凤庆县农业局 凤庆县史志办公室编 凤庆 凤庆县农业局 2000年 444页〔云南省凤庆县地方志丛书 29〕

013860478
**凤庆县习谦水泥厂志** 1972.8—2002.12
凤庆县习谦水泥厂志编纂委员会编 临沧 临沧地区印刷有限责任公司 2002年 319页〔云南省凤庆县地方志丛书 36〕

013751669
**凤庆县交通志**
凤庆县交通局 凤庆县史志办公室编 凤

庆 凤庆县交通局 1997 年 145 页〔云南省凤庆县地方志丛书 18〕

012658428
**凤庆县广播电视志**
凤庆县史志办公室 凤庆县广播电视志局编 凤庆 凤庆县史志办公室 2006 年 316 页〔云南省凤庆县地方志丛书 40〕

009995621
**凤庆县教育志**
杨虎主编 凤庆县教育局 凤庆县地方志办公室编 凤庆 凤庆县教育局 1991 年 492 页〔云南省凤庆县地方志丛书 1〕

010201476
**凤庆县民族志**
李成忠主编 凤庆县卫生局 凤庆县地方志办公室编 凤庆 凤庆县地方志办公室 1991 年 322 页〔云南省凤庆县地方志丛书 5〕

009677995
**云南省凤庆县地名志**
杨卫东主修 杨滋荣主编 凤庆县人民政府编 凤庆 凤庆县人民政府 1999 年 534 页

008418708
**凤庆县茶叶志**
杨林泽主编 凤庆县茶叶志编纂委员会

凤庆县地方志办公室编 昆明 云南人民出版社 1995 年 510 页〔云南省凤庆县地方志丛书 15〕

## 云县

010146832
**云县志** 1991—2000 送审稿
云县地方志编纂办公室编 云县 云县地方志编纂办公室 2005 年 2 册

007366623
**云县志** 第 1 卷
云南省云县地方志编纂委员会编纂 昆明 云南人民出版社 1994 年 934 页〔中华人民共和国地方志丛书〕

010008983
**云县志** 第 2 卷 1991—2000
云南省云县地方志编纂委员会编纂 昆明 云南人民出版社 2006 年 597 页〔中华人民共和国地方志丛书〕

008665531
**云县乡镇概况** 晓街乡分册
云县晓街乡人民政府 云县地方志编纂办公室编 云县 云县地方志编纂办公室 1988 年 78 页〔云县地方志丛书〕

008418695
**爱华镇志**
云县爱华镇人民政府 云县地方志编纂

办公室编 云县 爱华镇人民政府 云县地方志编纂办公室 1989年 266页〔云县地方志丛书〕

008418685
**云县乡镇概况 大石乡分册**
云县大石乡人民政府 云县地方志编纂办公室编 云县 云县地方志编纂办公室 1989年 54页〔云县地方志丛书〕

008418658
**云县乡镇概况 大寨乡分册**
云县大寨乡人民政府 云县地方志编纂办公室编 云县 云县地方志编纂办公室 1989年 61页〔云县地方志丛书〕

008418623
**云县乡镇概况 茂兰彝族布朗族乡分册**
云县茂兰彝族布朗族乡人民政府 云县地方志编纂办公室编 云县 云县地方志编纂办公室 1989年 144页〔云县地方志丛书〕

008418689
**云县乡镇概况 糯洒彝族傣族乡分册**
云县糯洒彝族傣族乡人民政府 云县地方志编纂办公室编 云县 云县糯洒彝族傣族乡人民政府 1989年 14页

008418669
**云县乡镇概况 头道水乡分册**
云县头道水乡人民政府 云县地方志编纂办公室编 云县 云县地方志编纂办公室 1989年 99页〔云县地方志丛书〕

008418678
**云县乡镇概况 幸福彝族拉祜族傣族乡分册**
云县幸福彝族拉祜族傣族乡人民政府 云县地方志编纂办公室编 云县 云县地方志编纂办公室 1989年 104页〔云县地方志丛书〕

013776438
**中共云县县委党校志 1962—2012**
中共云县县委党校 云县地方志编纂办公室编 深圳 深圳市美嘉美印刷有限公司 2012年 297页

012903478
**云县工会志**
云县总工会 云县地方志编纂办公室编 云县 云县总工会 云县地方志编纂办公室 2009年 329页

013072857
**云县政协志 1950—2004**
中国人民政府政治协商会议云县委员会编 云县 中国人民政府政治协商会议云县委员会 2006年 412页

008420610
**云县民政志**

云县地方志编纂办公室 云县民政局编 云县 云县地方志编纂办公室 云县民政局 1998年 244页

012636690
**云县工商业联合会（商会）志** 1909—2008
云县工商业联合会（商会） 云县地方志编纂办公室编 云县 云县工商业联合会（商会） 2008年 272页

008426201
**云县土地志**
云县土地管理局 云县地方志编纂办公室编 云县 云县土地管理局 1998年 331页

013901149
**云县粮油志**
云县粮食局 云县地方志编纂办公室编 云县 云县粮食局 1990年 180页〔云县地方志丛书〕

008418630
**云县文化志**
云县文化局 云县地方志编纂办公室编印 云县 云县文化局 云县地方志编纂办公室 1991年 176页〔云县地方志丛书〕

009561879
**云县教育志**
云县教育局编纂 云县地方志编纂办公室协编 昆明 云南科技出版社 2004年 512页

008418649
**云县一中校志**
云县一中 云县教育志编写组编 云县 云县教育志编写组 1990年 153页〔云县地方志丛书〕

008427899
**云县民族志**
云县民族事务委员会 云县地方志编纂办公室编 云县 云县民族事务委员会 云县地方志编纂办公室 1988年 176页〔云南省地方志丛书〕

008427823
**云南省云县地名志**
云县人民政府编 云县 云县人民政府 1985年 244页〔云南省县市地名志26〕

## 永德县

007425681
**永德县志**
鲁成旺主编 云南省永德县志编纂委员会编纂 昆明 云南人民出版社 1994年 733页〔中华人民共和国地方志丛书〕

013776037
**永德工会志**

云南省临沧市永德县总工会编 临沧 云南省临沧市永德县总工会 2010年 416页

011571194
**永德县政协志** 1950—2005
罗跃班主编 中国人民政治协商会议永德县委员会编 永德 永德县政协 2007年 512页

013630680
**永德县民政志**
永德县民政局 永德县地方志办公室编 永德 永德县民政局 2004年

013865561
**永德县土地志**
云南省永德县人民政府土地管理局编 云南 云南地勘局第三地质大队绘图印刷厂 1998年 144页

012832555
**勐底农场志** 1978—2005
勐底农场志编纂委员会编 永德 勐底农场志编纂委员会 2010年 287页

012769485
**永德县财政志**
永德县财政局编 永德 永德县财政局 2005年 251页

008418222
**云南省永德县地名志**
永德县人民政府编 永德 永德县人民政府 1988年 309页〔云南省县市地名志 118〕

## 镇康县

005559221
**镇康县志**
萧德虎主编 云南省镇康县志编纂委员会编 成都 四川民族出版社 1992年 1005页〔中华人民共和国地方志丛书〕

013323150
**镇康县民族志**
镇康县民族事务委员会编 昆明 云南民族出版社 1994年 255页〔镇康县地方志丛书〕

011320063
**镇康县粮油志**
镇康县粮食局编 镇康 镇康县粮食局 1991年 394页

013776384
**镇康县教育志**
罗尚忠主编 镇康县教育委员会教育志编辑室纂修 芒市 德宏民族出版社 1994年 272页〔云南地方志丛书〕

008416423
**云南省镇康县地名志**
镇康县人民政府编 镇康 镇康县人民政

府 1989年 203页〔云南省县市地名志 119〕

## 双江拉祜族佤族布朗族傣族自治县

008386603
**双江拉祜族佤族布朗族傣族自治县志**
赵成龙主编 双江拉祜族佤族布朗族傣族自治县志编纂委员会编纂 昆明 云南民族出版社 1995年 976页〔中华人民共和国地方志丛书〕

009245178
**双江政协志** 1963—2003
中国人民政治协商会议云南省双江拉祜族佤族布朗族傣族自治县委员会编 昆明 云南民族出版社 2003年 321页

011067239
**双江拉祜族佤族布朗族傣族自治县水利志**
双江自治县水利电力局编 双江 双江自治县水利电力局 1993年 169页〔云南省地方志丛书〕

012051937
**双江拉祜族佤族布朗族傣族自治县教育志**
双江拉祜族佤族布朗族傣族自治县教育领导小组编纂 双江 双江拉祜族佤族布朗族傣族自治县教育领导小组 2000年 417页〔地方志丛书〕

005028087
**布朗语简志**
李道勇 聂锡珍 邱锷锋编著 北京 民族出版社 1986年 127页〔中国少数民族语言简志丛书〕

013660318
**双江拉祜族佤族布朗族傣族自治县民族志**
双江拉祜族佤族布朗族傣族自治县民族事务委员会编 昆明 云南民族出版社 1995年 392页

008416434
**云南省双江拉祜族佤族布朗族傣族自治县地名志**
双江拉祜族佤族布朗族傣族自治县人民政府编 双江 双江拉祜族佤族布朗族傣族自治县人民政府 1985年 120页

## 耿马傣族佤族自治县

007817976
**耿马傣族佤族自治县志**
耿马傣族佤族自治县地方志编纂委员会编 昆明 云南民族出版社 1995年 979页〔中华人民共和国地方志丛书〕

013314451

**耿马傣族佤族自治县政协志** 1952—2007

中国人民政治协商会议耿马傣族佤族自治县委员会编　耿马　中国人民政治协商会议耿马傣族佤族自治县委员会　2011年　315页

013819386

**耿马傣族佤族自治县交通志**

付兆云主修　肖学仁主编　耿马傣族佤族自治县交通局编纂　耿马　耿马傣族佤族自治县交通局　2001年　160页〔耿马傣族佤族自治县地方志丛书〕

008418618

**耿马傣族佤族自治县税务志**

耿马傣族佤族自治县国家税务局编　昆明　云南民族出版社　1998年　400页

011431447

**耿马傣族佤族自治县金融志**

耿马傣族佤族自治县金融志编纂委员会编　耿马　耿马傣族佤族自治县金融志编纂委员会　1994年　204页〔地方志丛书〕

008423545

**云南省耿马傣族佤族自治县地名志**

耿马傣族佤族自治县人民政府编　耿马　耿马傣族佤族自治县人民政府　1985年　220页

## 沧源佤族自治县

008714989

**沧源佤族自治县志**

李明富主编　肖国光副主编　杨跃文　彭兆瑛编　沧源佤族自治县地方志编纂委员会编纂　昆明　云南民族出版社　1998年　1084页〔中华人民共和国地方志丛书〕

012658199

**沧源佤族自治县人民代表大会志**

沧源佤族自治县人大常委会编　昆明　云南民族出版社　2010年　440页

011430400

**沧源佤族自治县政协志**

中国人民政治协商会议沧源佤族自治县委员会编　沧源　沧源佤族自治县政协　2007年　360页

010144772

**沧源佤族自治县民政志**

沧源佤族自治县民政局　沧源佤族自治县地方志办公室编　昆明　云南民族出版社　2006年　190页

009393191

**沧源佤族自治县交通志**

沧源佤族自治县交通局　沧源佤族自治县地方志办公室编　昆明　云南民族出版社　2004年　198页〔临沧地区地方志丛书〕

013923890
沧源佤族自治县教育志
沧源佤族自治县教育局编 沧源 沧源佤族自治县教育局 1991年 402页

008426742
云南省沧源佤族自治县地名志
沧源佤族自治县人民政府编 沧源 沧源佤族自治县人民政府 1988年 130页〔云南省县市地名志 122〕

## 楚雄彝族自治州

007590144
楚雄彝族自治州志
楚雄彝族自治州地方志编纂委员会编 北京 人民出版社 1994年

010243909
楚雄彝族自治州社会科学志
楚雄彝族自治州社会科学界联合会编 楚雄 楚雄彝族自治州社会科学界联合会 2001年 379页

012995308
楚雄彝族自治州人口志
楚雄彝族自治州计划生育委员会编 楚雄 楚雄彝族自治州计划生育委员会 2007年 390页

013626213
楚雄彝族自治州党派群团志
中共楚雄州委办公室 德宏民族出版社编 芒市 德宏民族出版社 1994年 335页〔云南省楚雄州地方志资料丛书〕

013751593
楚雄彝族自治州妇女志 1991—2005
楚雄彝族自治州妇女联合会编 楚雄 楚雄彝族自治州妇女联合会 2010年 598页

008992642
楚雄彝族自治州政协志
中国人民政治协商会议楚雄彝族自治州委员会编 昆明 云南大学出版社 2001年 559页

012048807
楚雄州公安志
楚雄彝族自治州公安局编 楚雄 楚雄彝族自治州公安局 2002年 630页

013179373
楚雄州人事志 1988—2010
云南省楚雄彝族自治州人事局 云南省楚雄彝族自治州机构编制委员会办公室编 楚雄 楚雄彝族自治州人事局 2010年 306页

012048805

**楚雄彝族自治州检察志**

楚雄彝族自治州人民检察院编 楚雄 楚雄彝族自治州人民检察院 2002年 470页

008992647

**楚雄州审判志**

楚雄州审判志编纂领导小组编审 昆明 云南大学出版社 1997年 381页

012679151

**楚雄监狱志**

云南省楚雄监狱编 楚雄 云南省楚雄监狱 2005年 503页

010476477

**楚雄彝族自治州乡镇企业志**

楚雄彝族自治州乡镇企业局编 潞西 德宏民族出版社 2006年 635页

011320737

**云南省仁兴饲养场场志** 建场50周年纪念

云南省仁兴饲养场编纂委员会编 云南 云南省仁兴饲养场编纂委员会 2001年 398页

011589801

**楚雄卷烟厂志** 1974—2007

楚雄卷烟厂志编纂委员会编纂 昆明 云南人民出版社 2008年 729页〔云南省烟草志丛书〕

011589812

**楚雄烟草志**

楚雄烟草志编纂委员会编纂 昆明 云南人民出版社 2010年 738页〔云南省烟草志丛书〕

010475345

**楚雄州水利志**

楚雄彝族自治州水利水电局编 楚雄 楚雄彝族自治州水利水电局 1996年 542页〔楚雄州地方志丛书〕

009388653

**楚雄州烟草志**

云南省楚雄彝族自治州烟草公司烟草志编写组编 楚雄 云南省楚雄州烟草公司 1990年 129页〔楚雄彝族自治州地方志丛书〕

008992645

**楚雄州盐业志**

楚雄州盐业志编纂委员会编 昆明 云南民族出版社 2001年 461页

010474379

**吕合煤矿志** 1960—1987

楚雄彝族自治州吕合煤矿编 楚雄 楚雄彝族自治州吕合煤矿 1993年 243页〔云南地方志丛书〕

013753587

**吕合煤业志** 1988—2010

楚雄州吕合煤业有限责任公司编 楚雄

楚雄州吕合煤业有限责任公司 2010年 586页

011320515
奕标水泥公司志
楚雄奕标水泥有限公司编 楚雄 楚雄奕标水泥有限公司 2000年 219页

010251795
楚雄州交通志
楚雄彝族自治州交通志编纂委员会编 王有奇主编 天津 天津人民出版社 1992年 553页

012191590
楚雄公路管理志
楚雄公路管理志编纂委员会编 昆明 云南省公路局楚雄公路管理总段 1989年 534页

012264050
楚雄交通规费征收稽查志
楚雄交通规费征收稽查处编 楚雄 楚雄交通规费征收稽查处 2007年 410页

011472228
楚雄州道路交通管理志
楚雄州公安局交通警察支队编 昆明 云南民族出版社 2008年 430页

013090927
楚雄州粮食志
楚雄州粮食局编 楚雄 楚雄州粮食局 1992年 583页

011320903
楚雄州粮食志 1988—2004
云南省楚雄彝族自治州粮食局编 昆明 云南民族出版社 2006年 417页

009000400
楚雄彝族自治州地方税务志
楚雄彝族自治州地方税务局编纂 昆明 云南人民出版社 2001年 917页〔中华人民共和国地方志丛书〕

011321133
楚雄彝族自治州地方税务志 2000—2005
楚雄彝族自治州地方税务局编纂 昆明 云南民族出版社 2007年 845页〔中华人民共和国地方志丛书〕

013646939
楚雄州金融志
楚雄州金融志编纂组编 楚雄 楚雄州金融志编纂组 1994年 583页〔楚雄彝族自治州地方志资料丛书〕

008426851
楚雄彝族自治州教育志
楚雄彝族自治州教育志编纂委员会编 昆明 云南民族出版社 1998年 511页

011293354
**楚雄彝族自治州机关幼儿园园志**
1952—1992
楚雄彝族自治州机关幼儿园编 楚雄 楚雄彝族自治州地方志办公室 1992年 164页

013819189
**楚雄彝族自治州幼儿园志** 1992—2012
楚雄彝族自治州幼儿园编纂 2012年 266页

013819213
**楚雄州体育志**
楚雄彝族自治州体育局编 楚雄 楚雄彝族自治州体育局 2005年 408页

011472243
**楚雄州戏曲志**
冷用忠主编 徐学森 陶叶彩副主编 楚雄彝族自治州文化局编 北京 文化艺术出版社 1994年 484页〔中国戏曲志云南卷丛书〕

011943202
**楚雄彝族自治州文物志**
种仕民主编 楚雄彝族自治州博物馆编 昆明 云南民族出版社 2008年 498页

008271680
**新编楚雄风物志**
陈九彬 周永源编著 昆明 云南人民出版社 1999年 298页〔云南风物志丛书〕

013894439
**楚雄彝族自治州人民医院院志**
1991—2010
楚雄彝族自治州人民医院编纂 昆明 云南科技出版社 2013年 396页

011579513
**楚雄彝族自治州中医院志**
楚雄州中医院志编写组编 楚雄 楚雄州中医院 1988年 122页

013236339
**云南省楚雄彝族自治州人民医院志**
1938—1990
樊移山主编 楚雄人民医院编 昆明 云南人民出版社 1993年 262页

013771706
**楚雄彝族自治州卫生志**
楚雄彝族自治州卫生局编 昆明 云南民族出版社 2012年 525页

001770392
**彝药志**
云南省楚雄彝族自治州卫生局药检所编 成都 四川人民出版社 1983年 273页

012689963
**楚雄彝族自治州水利志** 1991—2005

楚雄彝族自治州水利局编 楚雄 楚雄彝族自治州水利局 2008 年 605 页

## 楚雄市

008718910
**楚雄市志**
云南省楚雄市地方志编纂委员会编 天津 天津人民出版社 1993 年 896 页

013821878
**龙江社区志**
楚雄市鹿城镇龙江社区志编纂领导小组办公室编 楚雄 楚雄洪园印刷有限责任公司 2010 年 488 页

009245183
**鹿城志**
中共楚雄市鹿城镇委员会 楚雄市鹿城镇人民政府编 昆明 云南人民出版社 1995 年 375 页

010730752
**楚雄市人民代表大会志**
楚雄市人民代表大会常务委员会编 昆明 云南人民出版社 2007 年 563 页

011995396
**楚雄市检察志** 1941—2004
楚雄市人民检察院编 楚雄 楚雄市人民检察院 2005 年 435 页

010243032
**楚雄市林业志**
楚雄市林业局编 芒市 德宏民族出版社 1996 年 347 页〔云南省林业志丛书 11〕

014026671
**楚雄市供销合作社志** 1952—2008
楚雄市供销合作社编 昆明 昆明市人文印刷厂 2009 年 412 页

013961323
**云南省楚雄农村金融学校校志**
云南省楚雄农村金融学校编 楚雄 楚雄师专印刷厂 1996 年 236 页

008423389
**云南省楚雄市地名志**
楚雄市人民政府编 楚雄 楚雄市人民政府 1984 年 441 页〔云南省县市地名志 79〕

008708869
**紫溪山志**
楚雄市建设局编 昆明 云南民族出版社 2000 年 340 页

014026674
**楚雄市卫生志**
楚雄市卫生局编 2013 年 478 页

009867323
**楚雄市水利志**

楚雄市水利电力局编 楚雄 楚雄市水利电力局 1996年 244页

## 双柏县

007818003
**双柏县志**
云南省双柏县地方志编纂委员会编纂 昆明 云南人民出版社 1996年 636页〔中华人民共和国地方志丛书〕

010474219
**双柏县林业志**
双柏县林业志编纂委员会编 成都 成都科技大学出版社 1993年 466页〔云南省林业志系列丛书 3〕

009840417
**双柏县水利志**
双柏县水电局编 双柏 双柏县水电局 1992年 128页

008416445
**云南省双柏县地名志**
双柏县人民政府编 双柏 双柏县人民政府 1987年 300页〔云南省县市地名志 89〕

## 牟定县

005591355
**牟定县志**
云南省牟定县志编纂委员会编纂 昆明 云南人民出版社 1993年 692页〔中华人民共和国地方志丛书〕

012680510
**牟定县志** 1978—2005
牟定县史志编纂委员会编纂 昆明 云南出版集团有限责任公司 云南人民出版社有限责任公司 2010年 651页

012766276
**牟定凤头甸村志**
牟定凤头甸村志编辑委员会编 牟定 牟定凤头甸村志编辑委员会 2009年 365页

008423089
**云南省牟定县地名志**
牟定县人民政府编 牟定 牟定县人民政府 1989年 183页〔云南省县市地名志 88〕

013689041
**牟定县卫生志**
牟定县卫生局编 牟定 牟定县卫生局 2011年 308页

## 南华县

008038800
**南华县志** 第1卷
云南省南华县志编纂委员会编纂 昆明 云南人民出版社 1995年 795页〔中

华人民共和国地方志丛书〕

010293942

**南华县志** 第 2 卷 1986—2002

云南省南华县地方志编纂委员会编纂 昆明 云南人民出版社 2006 年 824 页〔中华人民共和国地方志丛书〕

012899172

**南华县政协志** 1950.3—2006.3

中国人民政治协商会议云南省南华县委员会编 2006 年 448 页

009867350

**南华县交通志**

南华县交通局编 南华 南华县交通局 1992 年 373 页

012051730

**南华县粮食志**

南华县粮食局编 南华 南华县粮食局 2002 年 220 页

013131037

**南华县教育志**

南华县教育委员会编 南华 南华县教育委员会 1997 年 570 页〔云南省地方志丛书〕

008426724

**云南省南华县地名志**

南华县人民政府编 南华 南华县人民政府 1988 年 309 页〔云南省县市地名志 80〕

## 姚安县

008388819

**姚安县志**

云南省姚安县志编纂委员会编纂 昆明 云南人民出版社 1996 年 1068 页〔中华人民共和国地方志丛书〕

012208532

**姚安县人大志** 1950.2—2003.3

姚安县人民代表大会常务委员会编 姚安 姚安县人民代表大会常务委员会 2003 年 446 页

012208528

**姚安县金融志**

姚安县金融志编纂领导小组编 昆明 姚安县金融志编纂领导小组 1995 年 396 页

011479461

**云南省楚雄彝族自治州姚安县广播电视志**

姚安县广播电视局编 姚安 姚安县广播电视局 1987 年 134 页

008427879

**云南省姚安县地名志**

姚安县人民政府编 姚安 姚安县人民政府 1983 年 138 页〔云南省县市地名志 81〕

013661512
**姚安县人民医院志** 1941—2011
姚安县人民医院院志编纂委员会编 姚安 姚安县人民医院院志编纂委员会 2011 年 366 页

## 大姚县

008715650
**大姚县志**
云南省大姚县地方志编纂委员会编纂 昆明 云南大学出版社 1999 年 890 页〔中华人民共和国地方志丛书〕

012609556
**大姚县志** 1978—2005
大姚县地方志编纂委员会办公室编纂 昆明 云南大学出版社 2010 年 765 页〔中华人民共和国地方志丛书〕

008426154
**七街乡志**
七街乡志编纂小组编纂 昆明 云南省地方志编纂委员会 1987 年 163 页〔云南方志丛书 1〕

010243033
**大姚县林业志**
大姚县林业志编纂领导小组编 大姚 大姚县林业志编纂领导小组 1996 年 407 页

011066641
**大姚铜矿志** 1986—2004
云南大姚铜矿编 昆明 云南大姚铜矿 2004 年 469 页

010243919
**大姚县盐业志**
大姚县地方志办公室编 大姚 大姚县地方志办公室 2002 年 205 页

012898319
**大姚一中校志** 1940—2010
云南省大姚第一中学编 大姚 云南省大姚第一中学 2010 年 274 页

011188651
**大姚县民族民间歌曲舞蹈集成**
中共大姚县委宣传部 大姚县民族文化发展工作领导小组办公室编 2003 年 190 页〔大姚文化建设丛书〕

008417955
**云南省大姚县地名志**
大姚县人民政府编 大姚 大姚县人民政府 1993 年 249 页〔云南省县市地名志 83〕

011997436
**妙峰山志**
释印严主编 中国人民政治协商会议大姚县委员会编 昆明 云南人民出版社 2008 年 364 页

## 永仁县

008718531
**永仁县志**
云南省永仁县志编纂委员会编 昆明 云南人民出版社 1995年 767页〔中华人民共和国地方志丛书〕

013190018
**永仁县教育志** 1616—1994
永仁县教育委员会编 永仁 永仁县教育委员会 1996年 448页〔云南省地方志丛书〕

008418052
**云南省永仁县地名志**
永仁县人民政府编 永仁 永仁县人民政府 1992年 164页〔云南省县市地名志 83〕

## 元谋县

007366609
**元谋县志**
云南省元谋县志编纂委员会编纂 昆明 云南人民出版社 1993年 457页〔中华人民共和国地方志丛书〕

011809725
**元谋县志** 1978—2005
元谋县地方志编纂委员会编纂 昆明 云南人民出版社 2008年 755页

012208545
**元谋县人民代表大会志**
元谋县人民代表大会常务委员会编 元谋 元谋县人民代表大会常务委员会 2005年 364页

012900209
**元谋县老干部志**
中共元谋县老干部局编 元谋 中共元谋县老干部局 2006年 266页

009867377
**元谋县林业志**
元谋县林业局编 元谋 元谋县林业局 1997年 397页

010577297
**元谋县水利志**
元谋县水电局 元谋县水利志编纂领导小组编 元谋 元谋县水电局 1994年 194页

009867375
**元谋风物志**
李在营编著 昆明 云南美术出版社 1994年 251页〔元谋地方志丛书〕

007183995
**云南省元谋县地名志**
元谋县人民政府编 元谋 元谋县人民政府 1983年 209页〔云南省县市地名志 84〕

009337930
**元谋县卫生志**
元谋县卫生局编 元谋 元谋县卫生局 1994年 451页

## 武定县

007913555
**武定县志**
云南省武定县志编纂委员会编纂 天津 天津人民出版社 1990年 541页〔中华人民共和国地方志丛书〕

013684235
**武定县志** 1978—2005
武定县地方志编纂委员会编 昆明 云南人民出版社 2012年 778页〔中华人民共和国地方志丛书〕

013462829
**武定县人民代表大会志**
武定县人民代表大会志编纂委员会编 武定 武定县人民代表大会志编纂委员会 2003年 342页

013379054
**武定县水利志**
武定县水力电力局编 昆明 云南美术出版社 1994年 196页

008423379
**云南省武定县地名志**
武定县人民政府编 武定 武定县人民政府 1986年 228页〔云南省县市地名志 85〕

009855926
**武定狮子山志**
云南武定狮子山旅游服务有限公司编 昆明 云南美术出版社 2005年 220页

## 禄丰县

008716942
**禄丰县志**
云南省禄丰县地方志编纂委员会编纂 昆明 云南人民出版社 1997年 913页〔中华人民共和国地方志丛书〕

008992702
**禄丰县志** 1988—2000
云南省禄丰县地方志编纂委员会编纂 昆明 云南人民出版社 2001年 800页〔中华人民共和国地方志丛书〕

013461633
**禄丰县工会志**
禄丰县总工会编 禄丰 禄丰县总工会 2001年 208页

012873283
**禄丰县政协志** 1950—2002
政协禄丰县委员会编 禄丰 政协禄丰县委员会 2003年 225页

013319723
禄丰县民政志
禄丰县民政局编 禄丰 禄丰县民政局 1992年 362页

013148797
云南省第二劳动教养管理所志 1951—2011
云南省第二劳动教养管理所编 云南 云南省第二劳动教养管理所 2011年 535页

010252601
一平浪林场志
一平浪林场编 昆明 云南大学出版社 1997年 268页〔云南省地方林业志丛书〕

012317141
云南滇中化工厂志 1971—1986
云南滇中化工厂厂志办公室编 昆明 云南省新闻出版局 1992年 309页〔云南地方志丛书〕

008427175
云南省禄丰县地名志
禄丰县人民政府编 禄丰 禄丰县人民政府 1986年 422页〔云南省县市地名志 87〕

# 红河哈尼族彝族自治州

007807186
红河哈尼族彝族自治州志
云南省红河哈尼族彝族自治州志编纂委员会编 北京 生活·读书·新知三联书店 1994—1997年 7册

008426173
红河哈尼族彝族自治州概况
红河哈尼族彝族自治州概况编写组编 昆明 云南民族出版社 1986年 183页〔中国少数民族自治地方概况丛书〕

012541685
红河哈尼族彝族自治州人民代表大会志 1950—1993
红河州人大常委会编 红河 红河州人大常委会 1993年 342页

012680072
红河哈尼族彝族自治州政协志 1998.4—2008.2
中国人民政治协商会议云南省红河哈尼族彝族自治州委员会编 红河 中国人民政治协商会议云南省红河哈尼族彝族自治州委员会 2009年 300页

012898578
**红河哈尼族彝族自治州法院志**
张邦富主编 红河州中级人民法院院志办公室编 红河 红河州中级人民法院院志办公室 1997年 420页

010473933
**红河州农垦志** 1951—1985
红河州农垦志编纂委员会编 红河 红河州农垦志编纂委员会 1991年 789页

011328353
**红河哈尼族彝族自治州林业志**
红河哈尼族彝族自治州林业局编 昆明 云南大学出版社 1991年 282页〔云南省地方志丛书〕

013728896
**红河州农牧业志**
红河州农牧业局志编纂委员会编纂 红河 红河州农牧业局志编纂委员会 1988年 559页〔云南地方志丛书〕

011066879
**红河州土地志**
红河州土地管理局编 红河 红河州土地管理局 2000年 220页

011329721
**红河哈尼族彝族自治州水利志**
红河哈尼族彝族自治州水利电力局编 红河 红河哈尼族彝族自治州水利电力局 1993年 438页

012811482
**红河集团志** 1985—2008
红河集团志编纂委员会编纂 昆明 云南人民出版社 2010年 698页

011589873
**红河烟草志**
红河烟草志编纂委员会编纂 昆明 云南人民出版社 2007年 320页〔云南省烟草志丛书〕

011762114
**红河州烟草志**
李保文主编 红河州烟草志编纂委员会编纂 昆明 云南科技出版社 2007年 232页

012837774
**云南电网公司红河供电局志**
云南电网公司红河供电局编纂委员会编纂 云南 云南电网公司红河供电局编纂委员会 2008年 586页

010201590
**红河州邮电志**
红河州邮电局编 红河 红河州邮电局 1996年 361页

009799616
**红河州税务志**
红河州税务志编纂委员会编纂 昆明 云南人民出版社 1995年 410页

008664965
**红河哈尼族彝族自治州金融志**
红河州金融志办公室编纂 昆明 云南人民出版社 1996年 240页

008660291
**红河哈尼族彝族自治州农村金融志**
中国农业银行红河哈尼族彝族自治州中心支行编 昆明 云南人民出版社 1998年 237页

009126160
**红河哈尼族彝族自治州文化艺术志**
云南省红河哈尼族彝族自治州文化局编 北京 文化艺术出版社 1991年 619页

011474460
**红河州戏曲志**
陈文心主编 吴耀东副主编 红河哈尼族彝族自治州文化局编 北京 文化艺术出版社 1991年 402页〔中国戏曲志云南卷丛书〕

010577403
**云南省红河哈尼族彝族自治州民族志**
红河哈尼族彝族自治州民族志编写办公室编 昆明 云南大学出版社 1989年 378页〔云南地方志丛书〕

011432716
**红河州文物志**
红河州文化局编 昆明 云南人民出版社 2007年 306页

008597809
**新编红河风物志**
于志伟主编 谢永健 何永才副主编 谢永健执行副主编 昆明 云南人民出版社 2000年 293页〔云南风物志丛书〕

011809742
**云南红河竹类图志**
云南红河哈尼族彝族自治州林业局等编 昆明 云南人民出版社 2004年 125页

## 蒙自市

008717009
**蒙自县志**
蒙自县志编纂委员会编 北京 中华书局 1995年 1096页〔中华人民共和国地方志丛书〕

011143636
**续蒙自县志**
上海 上海古籍书店 1961年 12册

013863030
**蒙自县金融志**
蒙自县金融志编纂办公室编 1990年 267页〔蒙自县史志丛书 3〕

008423846
**云南省蒙自县地名志**
蒙自县人民政府编 蒙自 蒙自县人民政府 1987年 139页〔云南省县市地名志 51〕

012680478
**蒙自县爱国卫生运动志** 1950—2007
蒙自县爱国卫生运动委员会办公室编 蒙自 蒙自县爱国卫生运动委员会办公室 2007年 221页

## 个旧市

008414647
**个旧市志**
个旧市志编纂委员会编 昆明 云南人民出版社 1998年 2册 1728页

011837439
**卡房镇志**
个旧市卡房镇镇志编纂委员会编著 昆明 云南美术出版社 2008年 643页

013925263
**个旧市统计志** 1949—2008
个旧市统计局编 个旧 个旧市统计局 2012年 453页

010243554
**个旧市工会志**
个旧市总工会编纂 个旧 个旧市总工会 1999年 263页

012504002
**个旧市民盟志** 1957—2007
中国民主同盟个旧市委员会编 个旧 中国民主同盟个旧市委员会 2009年 262页

011328104
**个旧市工商业联合会会志**
个旧市工商业联合会编 个旧 个旧市工商业联合会 1994年 124页

012898397
**个旧市残疾人事业志**
个旧市残疾人联合会编纂 个旧 个旧市残疾人联合会 2006年 248页

012250944
**个旧检察志**
个旧检察志编委会编著 昆明 云南人民出版社 2008年 681页

012878897
**云锡物资储运公司志** 1997—2008
云锡集团(控股)有限责任公司物资储运公司编纂 红河 云锡物资储运公司 2010年 681页

013989058
**个旧市城乡建设志**
个旧市城乡建设志编纂委员会编纂 昆明 云南人民出版社 2012年 556页

012049336
**个旧锡业志**
个旧市志编纂委员会办公室 个旧市重工业局编 个旧 个旧市志编纂委员会办公室 1999年 283页

011292459
**有色金属加工厂志** 1969—1986
个旧 有色金属加工厂 1987年 162页

012837777
**云南金星化工有限公司志** 1967—2007
云南金星化工有限公司志编纂委员会编 云南 云南金星化工有限公司志编纂委员会 2008年 211页

010201633
**云南省绿水河电厂志** 1972—2000
云南省绿水河电厂志编委会编纂 个旧 云南省绿水河电厂 2002年 208页

013343569
**云锡老厂锡矿志** 1940—2009
云锡老厂分矿编纂 云南 云锡老厂分矿 2010年 661页

009115254
**云锡志**
云锡志编委会编 昆明 云南人民出版社 1992年 1283页

011995646
**个旧市财政志** 1991—2005
个旧市财政局编纂 个旧 个旧市财政局 2007年 318页

012250947
**个旧市税务志**
个旧市税务局编 个旧 个旧市税务局 1992年 443页

010195473
**个旧市文化志**
个旧市文化局编 个旧 个旧市文化局 1988年 427页

008427825
**云南省个旧市地名志**
个旧市人民政府编 个旧 个旧市人民政府 1985年 154页〔云南省县市地名志 45〕

012506627
**云南省有色地质三〇八队志**
云南省有色地质三〇八队编纂 个旧 云南省有色地质三〇八队 2007年 332页

## 开远市

008596812
**开远市志**
云南省开远市志编纂委员会编纂 昆明 云南人民出版社 1996年 679页〔中华人民共和国地方志丛书〕

013144493
**开远市残疾人事业志**
云南省开远市残疾人联合会编 开远 云南省开远市残疾人联合会 2011年 335页

010146817
**国电小龙潭发电厂简志** 1985—2005
国电小龙潭发电厂简志编撰委员会编 云南 国电小龙潭发电厂简志编撰委员会 2005年 357页

010243045
**开远铁路分局志** 1903—1990
开远铁路分局志编纂委员会编 北京 中国铁道出版社 1997年 435页

011996837
**开远文化艺术志** 1528—2005
开远市文化体育局开远文化艺术志编纂委员会编 开远 开远市文化体育局开远文化艺术志编纂委员会 2007年 568页

013129784
**开远市教育志**
开远市教育志编纂组编纂 开远 开远市教育志编纂组 2001年 266页〔云南省地方志丛书〕

013606097
**云南省开远市第一中学校志** 1917—1992
开远一中校志编写领导小组编 开远 开远一中校志编写领导小组 1992年 159页

011805458
**开远文物志**
开远市文物管理所编 昆明 云南美术出版社 2007年 246页〔开远文库〕

008427217
**云南省开远市地名志**
开远市人民政府编 开远 开远市人民政府 1985年 98页〔云南省县市地名志 48〕

## 弥勒市

007913487
**弥勒县志**
云南省弥勒县志编纂委员会编纂 昆明 云南人民出版社 1987年 856页〔中华人民共和国地方志丛书〕

012051700
**弥勒县志** 1978—2005
弥勒县地方志编纂委员会编 潞西 德宏民族出版社 2008年 699页〔中华人民共和国地方志丛书〕

012899165
**弥勒县可邑彝族村志**
可邑村民小组编 可邑村 2001年 183页

012506402
**新哨镇志**
中共新哨镇委员会 新哨镇人民政府编 昆明 云南美术出版社 2009 年 240 页

012955177
**弥勒县城乡建设志** 1991—2005
弥勒县建设志编纂委员会编 弥勒 弥勒县建设志编纂委员会 2007 年 325 页

010577456
**弥勒县水利志**
弥勒县水利电力局编 弥勒 弥勒县水利电力局 1987 年 200 页

009388659
**弥勒县粮油志** 1382—1989
弥勒县粮食局局志编纂领导小组编 昆明 弥勒县粮食局局志编纂领导小组 1991 年 325 页

013990947
**弥勒县农村信用社志** 1953—2012
弥勒县农村信用合作联社编 昆明 云南人民出版社 2013 年 457 页

011998135
**阮氏家族志**
弥勒 2003 年 157 页

011312412
**弥勒风物志**
黄光平主编 中共弥勒县委 弥勒县人民政府编 昆明 云南人民出版社 2007 年 260 页

010289625
**云南省弥勒县地名志**
弥勒县人民政府编 弥勒 弥勒县人民政府 1988 年 172 页

011584675
**弥勒县人民医院志**
毕自荣主编 弥勒县人民医院编 昆明 云南民族出版社 2001 年 543 页

010735970
**弥勒县卫生志**
弥勒县卫生局编 弥勒 弥勒县卫生局 1988 年 236 页〔云南地方志丛书〕

## 建水县

008388802
**建水县志**
建水县志编纂委员会编 北京 中华书局 1994 年 886 页〔中华人民共和国地方志丛书〕

012661250
**建水县志** 1978—2005
建水县地方志编纂委员会编纂 昆明 云南人民出版社 2010 年 854 页〔中华人民共和国地方志丛书〕

012251188
**建水县人民代表大会志** 1950—1998
建水县人大常委会人民代表大会志编纂领导小组编 建水 建水县人大常委会人民代表大会志编纂领导小组 1999年 406页

012251181
**建水县民政志**
建水县民政局编 建水 建水县民政局 1997年 874页〔云南省地方志丛书〕

013861798
**建水法院志**
建水法院志编纂委员会编纂 昆明 云南人民出版社 2012年 518页

010577383
**建水县水利志**
建水县水利电力局编 建水 建水县水利电力局 1990年 188页〔云南省地方志丛书〕

013531036
**建水县邮电志** 1886—1993
建水县邮电局编 建水 建水县邮电局 1995年 307页

011762310
**建水县国家税务志** 前109—2005
建水县国家税务局编纂 昆明 云南美术出版社 2007年 298页

010476516
**建水县农村金融志 续集**
中国农业银行建水县支行编 建水 中国农业银行建水县支行 1995年 96页

011762313
**建水县教育志**
虎保华主编 昆明 云南民族出版社 2007年 874页

011445634
**云南省建水第一中学校志**
云南省建水第一中学校志编纂委员会编纂 昆明 云南人民出版社 2007年 409页

008423654
**云南省建水县地名志**
建水县人民政府编 建水 建水县人民政府 1992年 249页〔云南省县市地名志 50〕

## 石屏县

007913485
**石屏县志**
云南省石屏县志编纂委员会编纂 昆明 云南人民出版社 1990年 885页〔中华人民共和国地方志丛书〕

009678836
**石屏县志** 1986—2000
云南省石屏县志编纂委员会编纂 昆明

云南人民出版社 2005 年 655 页〔中华人民共和国地方志丛书〕

009388571
**石屏县土地志**
石屏县土地管理局编 昆明 云南人民出版社 1999 年 296 页

011320490
**石屏县文物志**
苏佛涛主编 石屏县文化体育局编 石屏 石屏县文化体育局 1998 年 258 页

008427204
**云南省石屏县地名志**
石屏县人民政府编 石屏 石屏县人民政府 1987 年 225 页〔云南省县市地名志 49〕

## 泸西县

012719279
**泸西县志** 1978—2005
泸西县地方志编纂委员会编 昆明 云南人民出版社 2011 年 780 页〔中华人民共和国地方志丛书〕

008992636
**泸西县人民代表大会志**
泸西县人民代表大会志编纂委员会编 泸西 泸西县人民代表大会志编纂委员会 2001 年 358 页

010577022
**云南省泸西县城乡建设志**
泸西县城乡建设志编纂委员会编 泸西 泸西县城乡建设志编纂委员会 2005 年 417 页

011328473
**云南省泸西县交通志**
泸西县交通志编纂委员会编 泸西 泸西县交通志编纂委员会 2002 年 311 页

010576944
**泸西县农村信用合作志**
泸西县农村信用合作社联合社编 泸西 泸西县农村信用合作社联合社 2006 年 375 页

012208561
**云南省泸西县地名志**
泸西县人民政府编 泸西 泸西县人民政府 1986 年 150 页〔云南省县市地名志 46〕

## 元阳县

012256536
**元阳县志** 1978—2005
元阳县地方志编纂委员会编纂 昆明 云南民族出版社 2009 年 664 页〔中华人民共和国地方志丛书〕

011319967
**元阳县党群志**

中共元阳县委党群志编纂办公室编 元
　阳 中共元阳县委党群志编纂办公室
　1986年 269页

013604604
**元阳县教育志**
元阳县教育局教育志编纂办公室编 元
　阳 元阳县教育局教育志编纂办公室
　1989年 119页

008426728
**云南省元阳县地名志**
元阳县人民政府编 元阳 元阳县人民政
　府 1992年 176页

013343516
**元阳县卫生志**
元阳县卫生志编纂委员会编 昆明 云南
　民族出版社 1993年 242页

## 红河县

008420616
**红河县志 修订稿**
红河县志编纂委员会编 红河 红河县志
　编纂委员会 1989年 6册

004102777
**红河县志**
云南省红河县志编纂委员会编纂 昆明
　云南人民出版社 1991年 803页〔中
　华人民共和国地方志丛书〕

011328455
**红河县政协志**
中国人民政治协商会议红河县委员会
　编 红河 中国人民政治协商会议红河
　县委员会 2001年 267页

008416442
**云南省红河县地名志**
红河县人民政府编 昆明 云南民族出版
　社 1991年 176页〔云南省县市地名
　志 54〕

## 绿春县

005559157
**绿春县志**
云南省绿春县志编纂委员会编纂 昆明
　云南人民出版社 1992年 849页〔中
　华人民共和国地方志丛书〕

013066328
**绿春县政协志 1961—2001**
云南省绿春县委员会编 绿春 云南省绿
　春县委员会 2001年 253页〔云南省
　地方志丛书〕

008426737
**云南省绿春县地名志**
绿春县人民政府编 绿春 绿春县人民政
　府 1990年 177页〔云南省县市地名
　志 57〕

## 屏边苗族自治县

008539933

**屏边苗族自治县志**

屏边苗族自治县县志编纂委员会编纂 北京 新华出版社 1999年 755页

012955856

**屏边苗族自治县志** 1978—2005

屏边苗族自治县地方志编纂委员会编纂 昆明 云南人民出版社 2011年 752页〔中华人民共和国地方志丛书〕

013822147

**屏边苗族自治县政协志** 1984.8—2004.8

中国人民政治协商会议云南省屏边苗族自治县委员会编 个旧 云南省个旧市印刷厂 2006年 295页〔云南省地方志丛书〕

009678775

**云南省屏边苗族自治县地名志**

屏边苗族自治县人民政府编 屏边 屏边苗族自治县人民政府 1999年 200页

## 金平苗族瑶族傣族自治县

008037826

**金平苗族瑶族傣族自治县志**

云南省金平苗族瑶族傣族自治县志编纂委员会编 北京 生活·读书·新知三联书店 1994年 848页〔中国地方志丛书〕

011496828

**板板桥村志**

金平县板板桥村志编纂小组编 北京 中国国际文化出版社 2007年 302页〔金平苗族瑶族傣族自治县地方志系列丛书〕

013820497

**金平县交通志**

金平县交通志编纂小组编 北京 中国国际文化出版社 2007年 295页〔金平苗族瑶族傣族自治县地方志系列丛书〕

013129777

**金平民族志**

晏红星主编 普正华 赵元春副主编 金平苗族瑶族傣族自治县民族事务委员会编 昆明 云南民族出版社 1990年 206页

008427198

**云南省金平苗族瑶族傣族自治县地名志**

金平苗族瑶族傣族自治县人民政府编 金平 金平苗族瑶族傣族自治县人民政府 1991年 145页〔云南省县市地名志 56〕

## 河口瑶族自治县

009268522
**河口瑶族自治县志**
云南省河口瑶族自治县志编纂委员会编 北京 生活·读书·新知三联书店 1994年 817页

012139150
**国营坝洒农场志** 1956—2006
国营坝洒农场志编纂委员会编 云南 国营坝洒农场志编纂委员会 2008年 665页

013369927
**国营蚂蝗堡农场志** 1956—1996
国营蚂蝗堡农场志编纂委员会编 云南 国营蚂蝗堡农场志编纂委员会 2000年 340页

009677990
**云南省河口瑶族自治县地名志**
河口瑶族自治县人民政府编 河口 河口瑶族自治县人民政府 1998年 175页

## 文山壮族苗族自治州

009021839
**文山壮族苗族自治州志**
文山壮族苗族自治州地方志编纂委员会编纂 昆明 云南人民出版社 2000—2002年 6册〔中华人民共和国地方志丛书〕

011998497
**文山壮族苗族自治州党群志** 1927.3—1996.3
文山州党群志编纂领导小组编 昆明 云南人民出版社 2008年 404页

011328163
**文山州统战志**
中共文山州委统战部编 文山 中共文山州委统战部 1999年 204页

011570926
**文山壮族苗族自治州政府志**
文山州人民政府办公室编 文山 文山州人民政府 2004年 419页

012638648
**文山壮族苗族自治州检察志**
文山州人民检察院编 昆明 云南科技出版社 2010年 322页

009411844
**文山州战备支前志**
文山州战区善后工作基金会编纂 文山州 文山州战区善后工作基金会 2003

年 258 页

013994008
**文山州扶贫开发志** 1986—2010
文山州人民政府扶贫开放领导小组办公室 文山州扶贫开发志编纂委员会编 昆明 云南人民出版社 2013 年 495 页

009388479
**文山州林业志**
文山州林业局编 成都 成都科技大学出版社 1996 年 574 页

010201612
**文山壮族苗族自治州畜牧志**
文山州畜牧局畜牧志编纂委员会编 文山 文山州畜牧局 2004 年 330 页

011590010
**文山烟草志** 1984—2005
文山烟草志编纂委员会编纂 昆明 云南人民出版社 2008 年 453 页〔云南省烟草志丛书〕

010201638
**云南省文山壮族苗族自治州医药志**
文山壮族苗族自治州医药管理局编 文山 文山壮族苗族自治州医药管理局 1998 年 390 页

011066893
**文山州金融志**
文山州金融志编纂委员会编 文山 文山州金融志编纂委员会 2000 年 385 页

011585065
**文山州文化艺术志**
文山州文化艺术编纂委员会编纂 文山 文山州文化艺术编纂委员会 2004 年 659 页

011066707
**文山壮族苗族自治州文化艺术志** 送审稿
文山壮族苗族自治州文化艺术志编纂委员会编 文山 文山壮族苗族自治州文化艺术志编纂委员会 2002 年 1 册

009700557
**文山壮族苗族自治州文化艺术志**
文山壮族苗族自治州文化艺术志编纂委员会编纂 昆明 云南民族出版社 2005 年 514 页〔文山民族文化系列丛书〕

011806025
**文山州广播电视志**
文山州广播电视局编纂 昆明 云南人民出版社 2007 年 351 页

013603328
**文山州档案志**
文山州档案局编 文山 文山州档案局 2010 年 257 页

010239071

**文山州科技志** 初稿

文山壮族苗族自治州科学技术委员会 文山壮族苗族自治州科学技术协会编 文山 文山壮族苗族自治州科学技术协会 1987年 123页

009511355

**文山州体育志**

文山州体育志编纂委员会编 潞西 德宏民族出版社 2004年 205页

009995642

**文山壮族苗族自治州民族志**

文山壮族苗族自治州民族宗教事务委员会编 昆明 云南民族出版社 2005年 357页〔文山州地方志丛书〕

008597795

**新编文山风物志**

刘德荣 高先觉 王明富编著 昆明 云南人民出版社 2000年 250页

011570922

**文山壮族苗族自治州气象志**

云南省文山气象局编纂 文山 云南省文山气象局 2006年 248页

013133785

**文山州地方畜禽品种志**

文山州地方畜禽品种志编写组编 文山 文山州地方畜禽品种志编写组 1981年 114页

010577232

**云南省文山壮族苗族自治州水利电力志**

文山壮族苗族自治州水利电力局编 文山 文山州水利电力局 1997年 489页

## 文山市

008487343

**文山县志**

云南省文山县志编纂委员会编纂 昆明 云南人民出版社 1999年 918页

009399203

**小街镇志**

小街镇志编纂委员会编 文山 小街镇志编纂委员会 2003年 230页

009399181

**文山县人民代表大会志** 1950—2000

文山县人大常委会编 文山 人大 2002年 402页

009399177

**文山县财政志**

文山县财政局编 文山 文山县财政局 2002年 296页

008427816

**文山县地名志**

文山县人民政府编 文山 文山县人民政府 1988年 378页〔云南省县市地名

志 58〕

## 砚山县

008837135
**砚山县志**
砚山县志编纂委员会编纂 昆明 云南人民出版社 2000 年 1005 页〔中华人民共和国地方志丛书〕

008539899
**砚山县烟草志**
王明华主编 钱绍明 白绍林副主编 顾问张汉德 万国华执行编纂 云南省砚山县烟草专卖局 云南烟草砚山县公司编纂 昆明 云南科技出版社 1997 年 257 页

008427230
**云南省砚山县地名志**
砚山县人民政府编 砚山 砚山县人民政府 1991 年 209 页〔云南省县市地名志 59〕

## 西畴县

008422019
**西畴县志**
云南省西畴县志编纂委员会编纂 昆明 云南人民出版社 1996 年 736 页〔中华人民共和国地方志丛书〕

010201621
**西畴县人民代表大会志** 1949—2004
西畴县人民代表大会常务委员会编 西畴 西畴县人大常委会 2005 年 364 页

010201619
**西畴县国营坪寨林场志** 1915—2000
西畴县国营坪寨林场编 西畴 西畴县国营坪寨林场 2002 年 381 页

010201615
**西畴县国营香坪山林场志** 1915—2001
西畴县国营香坪山林场编 西畴 西畴县国营香坪山林场 2003 年 312 页

011066897
**西畴县农业志**
西畴县农业局编 西畴 西畴县农业局 2000 年 402 页

011066721
**西畴县金融志** 1912—2002
西畴 2003 年 272 页

009561878
**西畴方言志**
西畴县志编纂委员会编 北京 语文出版社 1993 年 332 页

008426807
**云南省西畴县地名志**
西畴县人民政府编 西畴 西畴县人民政

府 1987 年 286 页〔云南省县市地名志 61〕

010201622
**西畴县医药志** 1956—2000
西畴县医药公司编 西畴 西畴县医药公司 2000 年 223 页

## 麻栗坡县

008716982
**麻栗坡县志**
云南省麻栗坡县地方志编纂委员会编纂 昆明 云南民族出版社 2000 年 1198 页

008424920
**麻栗坡县人民代表大会志**
麻栗坡县人大常委会办公室编 麻栗坡 麻栗坡县人大常委会办公室 1996 年 365 页

011327133
**麻栗坡军事志**
云南省麻栗坡县军事志编纂委员会编纂 昆明 云南科技出版社 1989 年 427 页

013628131
**麻栗坡县军事志** 1665—2005
麻栗坡县军事志编纂委员会编 麻栗坡 麻栗坡县军事志编纂委员会 2012 年 504 页〔云南省军事志丛书〕

008866676
**麻栗坡工商行政管理志**
麻栗坡县工商行政管理局编 麻栗坡 麻栗坡县工商行政管理局 1992 年 318 页

008539930
**麻栗坡县邮电志**
麻栗坡县邮电局编 麻栗坡 麻栗坡县邮电局 1996 年 213 页

010242587
**麻栗坡县财政志**
麻栗坡县财政志局编 麻栗坡 麻栗坡县财政志局 1993 年 186 页

009411826
**麻栗坡县民族志**
麻栗坡县民族事务委员会编 昆明 云南民族出版社 2001 年 544 页

008426770
**云南省麻栗坡县地名志**
麻栗坡县人民政府编 麻栗坡 麻栗坡县人民政府 1990 年 391 页〔云南省县市地名志 62〕

## 马关县

007850877
**马关县志**
云南省马关县地方志编纂委员会编 北京 生活·读书·新知三联书店 1996

年 945 页〔中国地方志丛书〕

009769272
**马关县志(简本)**
马关县地方志编纂委员会编 北京 中华书局 2002 年 256 页〔中国地方志丛书〕

010293024
**马关县计划生育志**
马关县计划生育委员会编 马关 马关县计划生育委员会 1998 年 315 页

009411848
**马关县政协志**
中国人民政治协商会议云南省马关县委员会编 马关 中国人民政治协商会议云南省马关县委员会 2002 年 504 页〔云南省地方志丛书〕

010293536
**马关县公安志**
云南省马关县公安局编 马关 云南省马关县公安局 2001 年 451 页〔云南省地方志丛书〕

009554118
**马关县工商行政管理志**
文山州马关县工商行政管理局编 马关 文山州马关县工商行政管理局 2004 年 358 页〔云南省地方志丛书〕

012251457
**马关县金城林场志**
马关县金城林场编 郑州 郑州市方志印务有限公司 2009 年 254 页

010293697
**马关县粮食志**
马关县粮食局编 马关 马关县粮食局 2003 年 233 页〔云南省地方志丛书〕

010151391
**马关县农业志**
云南省马关县农业局编 马关 马关县农业局 2005 年 270 页〔云南省地方志丛书〕

010293539
**马关县水利水电志**
云南省马关县水利水电局编 马关 云南省马关县水利水电局 2001 年 377 页

013190039
**云南华联锌铟股份有限公司志**
云南华联锌铟股份有限公司志编纂委员会编 云南 云南华联锌铟股份有限公司志编纂委员会 2011 年 337 页

010293533
**马关县财政志**
云南省马关县财政局编 马关 云南省马关县财政局 2001 年 401 页〔云南省地方志丛书〕

008426364
**马关县第一中学校志**
栾兴阶编撰 云南省马关县第一中学编纂 昆明 云南人民出版社 1998年 322页

009554115
**马关县彝族志**
马关县彝族学会编 马关 马关县彝族学会 2004年 167页〔云南省地方志丛书〕

012097812
**马关县壮族志**
马关县壮学学会编 马关 马关县壮学学会 2008年 319页〔云南省地方志丛书〕

008420749
**云南省马关县地名志**
马关县人民政府编 马关 马关县人民政府 1988年 289页〔云南省县市地名志 63〕

## 邱北县

008476198
**邱北县志**
张正荣 陈兴年主编 云南省邱北县地方志编纂委员会编 北京 中华书局 1999年 888页〔中华人民共和国地方志丛书〕

011328343
**邱北县金融志**
云南省邱北县金融志编纂领导小组编 邱北 云南省邱北县金融志编纂领导小组 1996年 368页

008423619
**云南省邱北县地名志**
邱北县人民政府编 邱北 邱北县人民政府 1987年 186页

## 广南县

009000493
**广南县志**
云南省广南县地方志编纂委员会编 北京 中华书局 2001年 1354页〔中华人民共和国地方志丛书〕

012049404
**广南县粮食志**
广南县粮食局编 广南 广南县粮食局 2000年 228页

013183448
**广南县水利电力志**
广南县水务局编 广南 广南县水务局 2002年 345页

010473850
**广南县交通志**
朱振仑编写 广南县工业交通局编 广南

广南县工业交通局 1990 年 144 页

## 富宁县

011579865
**广南第一中学校志** 1933—2003
黄保兵编 北京 华夏出版社 2003 年 340 页

008715842
**富宁县志**
云南省富宁县地方志编纂委员会编 昆明 云南民族出版社 1997 年 892 页〔中华人民共和国地方志丛书〕

008837054
**广南古今**
广南县志编纂委员会编 广南 广南县志编纂委员会 1997 年 401 页〔广南县志丛书〕

012831438
**富宁县统战志** 1931—2009
中共富宁县委统战部编 富宁 中共富宁县委统战部 2010 年 216 页

008426780
**云南省广南县地名志**
广南县人民政府编 广南 广南县人民政府 1986 年 390 页〔云南省县市地名志 64〕

008992626
**富宁县民族志**
吕正元 农贤生主编 昆明 云南民族出版社 1998 年 618 页〔云南省地方志丛书〕

013860624
**广南县人民医院志** 1941—2012
广南县人民医院编 昆明 云南华闻传媒 2013 年 242 页

008423863
**云南省富宁县地名志**
富宁县人民政府编 富宁 富宁县人民政府 1987 年 350 页〔云南省县市地名志 65〕

## 西双版纳傣族自治州

008539924
**西双版纳傣族自治州志**
西双版纳傣族自治州地方志编纂委员会编 北京 新华出版社 2002 年 3 册〔中华人民共和国地方志丛书〕

010476388

**西双版纳傣族自治州民族宗教志**

西双版纳傣族自治州民族宗教事务局编 昆明 云南民族出版社 2006年 390页

009744945

**西双版纳傣族自治州人民代表大会志**

西双版纳傣族自治州人民代表大会常务委员会编纂 昆明 云南民族出版社 2005年 461页

011066386

**西双版纳傣族自治州政协志**

西双版纳傣族自治州政协志编纂委员会编 昆明 云南美术出版社 2006年 535页

012837450

**西双版纳傣族自治州公安志**

西双版纳傣族自治州公安局编 西双版纳 西双版纳傣族自治州公安局 2006年 2册

008664956

**西双版纳傣族自治州城乡建设环境保护志**

西双版纳傣族自治州城乡建设环境保护局编 昆明 云南科技出版社 1998年 233页

013226529

**西双版纳傣族自治州林业志** 1978—2005

西双版纳傣族自治州林业局编 昆明 云南民族出版社 2011年 226页

013072661

**西双版纳傣族自治州农业志** 1978—2005

西双版纳傣族自治州农业局编 西双版纳 西双版纳傣族自治州农业局 2008年 301页

009744956

**农垦黎明志**

李长风主编 云南省国营黎明农场编 昆明 云南民族出版社 2005年 707页

011590012

**西双版纳烟草志**

西双版纳烟草志编纂委员会编纂 昆明 云南人民出版社 2008年 277页〔云南省烟草志丛书〕

010146820

**西双版纳州烟草志** 1991—2002

云南省西双版纳傣族自治州烟草专卖局 云南省烟草西双版纳傣族自治州公司编 西双版纳 云南省西双版纳傣族自治州烟草专卖局 云南省烟草西双版纳傣族自治州公司 2003年 215页

012545415

**西双版纳傣族自治州财政志**

云南西双版纳州财政局编 西双版纳 云南西双版纳州财政局 1997年 226页

**009399161**
**西双版纳傣族自治州金融志**
江林主编 西双版纳傣族自治州金融志办公室编 昆明 云南大学出版社 2003年 294页

**009388499**
**西双版纳傣族自治州教育志**
管开荣主编 王军健副主编 西双版纳傣族自治州教育委员会编 昆明 云南民族出版社 1998年 501页

**012052580**
**章哈剧志**
冯晓飞主编 杨力 曾安秀副主编 西双版纳傣族自治州文化局编 北京 文化艺术出版社 1993年 278页〔中国戏曲志云南卷丛书〕

**008271611**
**新编西双版纳风物志**
征鹏 杨胜能编著 昆明 云南人民出版社 1999年 417页〔云南风物志丛书〕

**010251860**
**西双版纳动物志**
西双版纳傣族自治州地方志编纂委员会办公室编 昆明 云南大学出版社 1993年 319页〔西双版纳傣族自治州史志丛书〕

**013775965**
**西双版纳傣族自治州民族医药研究所 西双版纳傣族自治州傣医医院志**
西双版纳傣族自治州民族医药研究所 西双版纳傣族自治州傣医医院编 昆明 云南民族出版社 2012年 273页

**011324965**
**西双版纳傣药志**
中国科学院云南热带植物研究所等编写 西双版纳 西双版纳州民族药调查研究办公室 1981年 291页

**012684969**
**西双版纳傣族自治州自然保护区志 1958—2008**
西双版纳国家级自然保护区管理局编 昆明 云南科技出版社 2011年 279页

**010265753**
**西双版纳州地方畜禽品种志**
西双版纳 1983年 122页

**013706915**
**西双版纳傣族自治州水利志 1978—2005**
西双版纳傣族自治州水利局编 昆明 云南科技出版社 2012年 389页

## 景洪市

008629279
**景洪县志**
景洪县地方志编纂委员会编纂 昆明 云南人民出版社 2000年 1217页〔中华人民共和国地方志丛书〕

012639190
**景洪县人民代表大会志** 1950—1993
景洪市人民代表大会常务委员会编 景洪 景洪市人民代表大会常务委员会 1999年 557页

011068357
**东风农场志稿** 1958—1987
东风农场志稿编纂委员会编 云南 东风农场志稿编纂委员会 1988年 489页

011995503
**东风农场志续篇** 1988—2007
唐保国主编 国营东风农场编 昆明 云南人民出版社 2008年 851页

011762912
**勐养农场志**
勐养农场编 昆明 云南民族出版社 2007年 661页

007271884
**基诺语简志**
盖兴之编著 北京 民族出版社 1986年 171页〔中国少数民族语言简志丛书〕

008395441
**基诺族风俗志**
陈平编著 北京 中央民族学院出版社 1993年 159页〔民俗文库 19〕

008423528
**云南省景洪县地名志**
景洪县人民政府编 景洪 景洪县人民政府 1985年 241页

013072851
**云南省农垦总局第一职工医院志** 1971.10—2004.12
云南省农垦总局第一职工医院编 云南 云南省农垦总局第一职工医院 2005年 513页

011294827
**景洪市卫生志**
云南省景洪市卫生局编 景洪 云南省景洪市卫生局 2006年 344页〔云南省景洪市地方志丛书〕

## 勐海县

008206903
**勐海县志**
云南省勐海县地方志编纂委员会编纂 昆明 云南人民出版社 1997年 1051页〔中华人民共和国地方志丛书〕

013863045
**勐海县人民代表大会志**
勐海县人大常委会编 勐海 勐海县人大常委会 2003年 330页

010252872
**勐海县交通志**
勐海县交通局编 勐海 勐海县交通局 2001年 477页〔西双版纳州勐海县地方志丛书〕

008427249
**云南省勐海县地名志**
勐海县人民政府编 勐海 勐海县人民政府 1986年 199页〔云南省县市地名志 77〕

## 勐腊县

008144148
**勐腊县志**
云南省勐腊县志编纂委员会编纂 昆明 云南人民出版社 1994年 825页〔中华人民共和国地方志丛书〕

009890597
**勐腊县国土资源志**
勐腊县国土资源局编 昆明 云南民族出版社 2005年 312页

010238550
**国营勐捧农场志** 1974—1997
国营勐捧农场编 云南 国营勐捧农场 2000年 566页

010010048
**勐腊农场志**
勐腊农场编 勐腊 勐腊农场 1999年 394页

009125983
**勐腊县交通志**
勐腊县交通局编 昆明 云南民族出版社 2003年 303页

008427792
**云南省勐腊县地名志**
勐腊县人民政府编 勐腊 勐腊县人民政府 1988年 247页〔云南省县市地名志 78〕

012661611
**勐腊县水利志**
勐腊县水利局编 昆明 云南出版集团公司 2010年 368页

# 大理白族自治州

004970840
**大理白族自治州志**
大理白族自治州地方志编纂委员会编纂 昆明 云南人民出版社 1992年 〔中华人民共和国地方志丛书〕

012766961
**天马村志**
天马村志编纂组编纂 大理 天马村志编纂组 2005年 374页

012609534
**大理白族自治州民族宗教志**
大理白族自治州民族事务委员会编 昆明 云南民族出版社 2009年 495页

009337993
**新民主主义革命时期中国共产党大理地方党史大事记** 1919—1950.3
中共大理州委党史征集研究室编 昆明 云南民族出版社 1997年 221页

013012690
**中共大理州委党校校志** 1951—2001 修订版
大理州委党校校志编纂委员会编 大理 大理州委党校校志编纂委员会 2001年 501页

013323166
**中共大理州委党校校志** 1951—2011
中共大理州委党校校志编写组编 大理 中共大理州委党校校志编写组 2011年 376页

012831334
**大理州纪检监察志**
中共大理州纪律检查委员会大理白族自治州监察局编 深圳 新东方出版社 2004年 281页

012713987
**大理白族自治州工会志**
大理白族自治州工会志编纂委员会编 大理 大理白族自治州工会志编纂委员会 1998年 481页

012264084
**大理白族自治州人民代表大会志**
大理白族自治州第十二届人民代表大会常务委员会编纂 昆明 云南人民出版社 2009年 438页

008426258
**大理白族自治州政协志** 1957—1992
苏松林主编 中国人民政治协商会议云南省大理白族自治州委员会编 昆明 云南民族出版社 1994年 390页

013506635

**大理白族自治州公安志**

大理白族自治州公安局编 大理 大理白族自治州公安局 1998年 312页

012679184

**大理白族自治州民政志**

宝洪峰主编 云南省大理白族自治州民政局编纂 大理 云南省大理白族自治州民政局 1995年 352页

013090941

**大理白族自治州法院志**

大理白族自治州法院志编纂委员会编 大理 大理白族自治州法院志编纂委员会 1996年 297页

008597931

**大理白族自治州检察志**

王长寿 周策主编 大理白族自治州人民检察院编 昆明 云南民族出版社 1997年 198页

012831330

**大理白族自治州发展计划志** 1949—2005

大理白族自治州发展和改革委员会编 大理 大理白族自治州发展和改革委员会 2007年 370页

012831332

**大理白族自治州工商行政管理志**

大理白族自治州工商行政管理局编 大理 大理白族自治州工商行政管理局 1993年 301页

008637820

**大理白族自治州劳动志**

杨朝栋主编 大理白族自治州劳动局编 昆明 云南民族出版社 1995年 288页〔云南省地方志丛书〕

008597929

**大理白族自治州林业志**

和锡品主编 杨炳绪副主编 大理白族自治州林业局编 昆明 云南民族出版社 1993年 285页

013402918

**大理白族自治州土地志**

大理白族自治州土地局编 大理 大理白族自治州土地局 2004年 313页

013096512

**云南省大理白族自治州农业科学研究所志**

大理 云南省大理白族自治州农业科学研究所 1991年 226页

008418598

**大理白族自治州电力工业志**

大理州电力工业公司编 昆明 云南民族出版社 1990年 348页〔云南地方志丛书〕

011312414
**大理卷烟厂志** 1950—2005
大理卷烟厂志编纂委员会编纂 昆明 云南人民出版社 2007年 739页

011589817
**大理烟草志**
大理烟草志编纂委员会编纂 昆明 云南人民出版社 2008年 734页〔云南省烟草志丛书〕

009744958
**大理州烟草志**
云南省大理州烟草专卖局 云南省烟草大理州公司编 昆明 云南人民出版社 2005年 2册〔云南省烟草志大理白族自治州地方志丛书〕

009388431
**大理白族自治州交通志**
大理白族自治州交通局编 昆明 云南人民出版社 1991年 566页〔云南地方志丛书〕

013402913
**大理白族自治州公路志**
下关公路管理总段编 大理 下关公路管理总段 1993年 322页

012636822
**大理白族自治州旅游志**
大理白族自治州旅游局编 昆明 云南大学出版社 2010年 298页

013128821
**大理白族自治州邮电志**
大理白族自治州邮电志编纂委员会编 大理 大理白族自治州邮电志编纂委员会 1999年 318页

013751608
**大理白族自治州粮油志**
大理州粮食局编 大理 大理州粮食局 1990年 366页〔云南地方志丛书〕

013528815
**大理白族自治州商业志**
大理州商业局商业志办公室编 大理 大理州商业局商业志办公室 1989年 227页〔大理白族自治州地方志丛书1〕

013506634
**大理白族自治州财政志**
大理州财政志编纂领导组编 大理 大理州财政志编纂领导组 1995年 292页

013334554
**大理白族自治州国税志** 1978—2007
大理州国家税务局编 昆明 云南民族出版社 2011年 598页

013696388
**大理市国税志** 1978—2007
大理市国家税务局编 昆明 云南民族出版社 2011年 366页〔大理白族自治州国税志丛书〕

013128826
**大理州工商税务志**
大理白族自治州税务局编 大理 大理白族自治州税务局 1990年 289页

013681518
**大理白族自治州金融志**
大理白族自治州金融志编纂领导组编 大理 大理白族自治州金融志编纂领导组 1990年 384页

009337988
**大理白族自治州广播电视志**
大理白族自治州广播电视局编 昆明 云南民族出版社 1991年 221页

010473955
**大理白族自治州图书馆志**
吴棠主编 昆明 云南教育出版社 1992年 241页

013314282
**大理白族自治州档案志**
大理白族自治州档案局(馆)编纂 昆明 云南民族出版社 2010年 425页〔大理白族自治州地方志丛书〕

013626221
**[大理白族自治州]标准计量志**
大理白族自治州技术监督局编 1991年 198页〔大理白族自治州地方志丛书〕

009245154
**大理白族自治州教育志**
赵泽生主编 刘瑞儒 侯祖佑副主编 大理白族自治州教育委员会编 昆明 云南民族出版社 1992年 416页〔云南省地方志丛书〕

013128823
**大理农校校志** 1956.3—2006.3
云南省大理农业学校编 大理 云南省大理农业学校 2006年 356页

013646942
**大理州财贸学校校志** 1979—1999
大理州财贸学校编 大理 大理州财贸学校校志编纂委员会 1999年 272页

009388437
**大理白族自治州体育志**
张铣主编 李湖生等副主编 大理白族自治州体育运动委员会编 昆明 云南民族出版社 1996年 301页

007862985
**白族音乐志**
中国艺术研究院音乐研究所 云南省民族艺术研究所 云南省大理白族自治州文化局 伍国栋主编 北京 文化艺术出版社 1992年 437页

012048811
**大本曲简志**
杨政业主编 大理白族自治州文化局编

昆明 云南民族出版社 2003 年 192 页〔苍洱文苑丛书〕

013859474
**大理白族自治州电影志**
大理白族自治州广播电视局编 昆明 云南大学出版社 2012 年 313 页

008271670
**新编大理风物志**
薛琳主编 昆明 云南人民出版社 1999 年 477 页〔云南风物志丛书〕

011995278
**苍山志**
孙明主编 大理白族自治州苍山保护管理局编 昆明 云南民族出版社 2008 年 609 页

011804204
**大理白族自治州气象志**
大理白族自治州气象局编纂 北京 气象出版社 2008 年 513 页〔大理白族自治州地方志丛书〕

008426836
**大理白族自治州卫生志**
大理州卫生志编纂委员会编 昆明 云南民族出版社 1996 年 565 页

013316314
**辉煌十年 大理白族自治州人民医院志**
1992—2001
辉煌十年（院志）编纂委员会编 大理 大理白族自治州人民医院 2001 年 253 页

008637825
**大理中药资源志**
大理白族自治州人民政府编 昆明 云南民族出版社 1991 年 389 页

010265752
**大理州地方畜禽品种志**
大理州地方畜禽品种志编写组编 大理 大理州畜牧处 1980 年 176 页

010201466
**大理白族自治州畜禽疫病志** 1949—1989
大理州畜牧兽医工作站编 大理 大理州畜牧兽医工作站 2000 年 553 页

012831333
**大理白族自治州土木建筑学会志** 1979—2009
大理白族自治州土木建筑学会志编纂委员会编 大理 大理白族自治州土木建筑学会志编纂委员会 2010 年 171 页

013630699
**云南省大理白族自治州建筑安装公司志**
大理州建筑安装公司编 芒市 德宏民族出版社 1997 年 281 页

008420928
**大理白族自治州水利志**
大理白族自治州水利电力局编 昆明 云南民族出版社 1995年 348页

## 大理市

008416417
**大理市志**
大理市史志编纂委员会编 北京 中华书局 1998年 1005页〔中华人民共和国地方志丛书〕

012872296
**福星村志**
大理市下关镇福星村委会编 2006年 136页

013091099
**海东镇志**
海东镇志编纂委员会编 昆明 云南民族出版社 2011年 641页〔中华人民共和国地方志丛书〕

012899000
**金星村志**
华克祥著 香港 天马图书有限公司 2004年 153页〔大理村志丛书〕

012955982
**上关村志**
杨文映主编 喜洲镇上关村民委员会编 大理 喜洲镇上关村民委员会 2006年 564页〔大理村志丛书〕

012899482
**天井村志**
赵云寿 赵继权主编 香港 天马图书有限公司 2004年 150页〔大理村志丛书〕

009700563
**喜洲镇志**
喜洲镇志编纂委员会编 昆明 云南大学出版社 2005年 458页〔喜洲文化丛书〕

013702936
**大理市统计志**
大理市统计局 大理市统计学会合编 大理 大理市统计学会 1990年 278页

013859487
**大理市工会志**
大理市总工会编 1990年 232页〔云南省地方志丛书〕

013402940
**大理市统战志**
中共大理市委统战部编 大理 中共大理市委统战部 2004年 257页

012758758
**大理市人大志**
云南省大理市人大志编纂委员会编 大理 大理白族自治州文化局 1992年

240 页

012714016
**大理市政协志**
中国人民政治协商会议云南省大理市委员会编 大理 中国人民政治协商会议云南省大理市委员会 1997 年 240 页〔云南地方志丛书〕

012540905
**大理市检查志**
大理市人民检查院编 大理 大理市人民检查院 1997 年 257 页〔大理市地方志丛书〕

012872217
**大理市工商行政管理志**
大理市工商行政管理局编 大理 大理市工商行政管理局 1997 年 166 页

013859492
**大理市劳动志**
大理市劳动局编 大理 大理市印刷一厂 1992 年 173 页

013221071
**大理市乡镇企业志**
大理市乡镇企业管理局编 大理 大理市乡镇企业管理局 1991 年 3 册 245 页

012713995
**大理市供排水志**
大理市供排水有限责任公司编 大理 大理市供排水有限责任公司 2005 年 289 页

012714004
**大理市林业志**
大理市林业局编 大理 大理市林业局 1993 年 246 页

013402935
**大理市林业志** 1978—2005
大理市林业局编 大理 大理市林业局 2008 年 115 页

012714008
**大理市土地志**
大理市土地管理局编 大理 大理市土地管理局 1999 年 193 页

011067720
**大理市食品志 初审稿**
大理市食品公司编 大理 大理市食品公司 1990 年 311 页〔大理市商业丛书〕

008539806
**大理市烟草志**
云南省烟草大理市公司编 昆明 云南教育出版社 1999 年 186 页

013072845
**云南省滇西电业局志** 1971.8—1987.12
大理 云南省滇西电业局 1992 年

161页

013859495

**大理市粮油志**

大理市粮食局编 大理 大理市粮食局 1990年 346页〔云南地方志丛书〕

012713993

**大理市财政志**

云南省大理市财政局编 大理 云南省大理市财政局 1994年 220页〔云南省地方志丛书〕

008597923

**大理市文化志**

大理市文化丛书编辑委员会编 昆明 云南民族出版社 1996年 513页

008846474

**大理市教育志**

大理市教育局编 昆明 云南教育出版社 1994年 282页〔云南省地方志丛书〕

008715656

**凤仪志**

凤仪志编纂委员会编 昆明 云南大学出版社 1996年 872页〔中华人民共和国地方志丛书〕

008427776

**云南省大理市地名志**

大理市人民政府编 大理 大理市人民政府 1990年 223页〔云南省市县地名志 91〕

013894476

**大理市卫生志**

杨可大主编 大理市卫生志编纂委员会编 昆明 云南民族出版社 1992年 277页

013190053

**云南省地方病防治所所志** 2001—2010

云南省地方病防治所所志编纂委员会编 云南 云南省地方病防治所所志编纂委员会 2011年 478页

## 祥云县

007818021

**祥云县志**

云南省祥云县志编纂委员会编纂 北京 中华书局 1996年 904页〔中华人民共和国地方志丛书〕

013959604

**祥云县志** 1978—2005

云南省祥云县地方志编纂委员会办公室编纂 昆明 云南人民出版社 2012年 1270页〔中华人民共和国地方志丛书〕

012767076

**祥云县志总体设想**

祥云县志编纂委员会办公室编 祥云 祥

云县志编纂委员会办公室 1992年 125页

011995455
**大波那村志**
赵德坤主编 昆明 云南民族出版社 2008年 243页〔苍山文丛 第3辑〕

011479322
**祥云县民族宗教志**
祥云县民族宗教事务局编 昆明 云南民族出版社 2007年 233页

012956561
**祥云县人口志**
祥云县计划生育局编 祥云 祥云县计划生育局 2002年 344页

012956564
**祥云县人民代表大会志**
祥云县人民代表大会常务委员会 祥云县人民代表大会志编纂委员会编 昆明 云南人民出版社 2010年 497页

012767073
**祥云县政协志** 1984—2002
任光培主编 中国人民政治协商会议祥云县委员会编 祥云 中国人民政治协商会议祥云县委员会 2002年 332页

012723172
**祥云县检察志** 1944—1990
祥云县人民检察院编 祥云 祥云县人民检察院 1996年 236页〔祥云县地方志丛书〕

013343366
**祥云县检察志** 1955—2010
祥云县人民检察院编纂 昆明 云南人民出版社 2011年 307页〔云南省地方志丛书〕

012723168
**祥云县计划志**
祥云县计划委员会编 祥云 祥云县计划委员会 1996年 163页〔祥云县地方志丛书〕

012767070
**祥云县城乡集体企业志**
祥云县城乡集体企业管理局编 祥云 祥云县城乡集体企业管理局 1991年 172页

013010913
**祥云县粮食志**
祥云县粮食局部门志编纂组编 祥云 祥云县粮食局 1993年 411页〔祥云县地方志丛书〕

011294602
**祥云县水利志**
祥云县水利水电局编 昆明 云南民族出版社 1999年 343页〔云南省地方志丛书〕

012814422
**祥云县水利志** 1978—2005
祥云县水利志编纂委员会编纂 昆明 云南人民出版社 2009年 284页〔云南省地方志丛书〕

013660417
**祥云县交通志**
祥云县交通局编 祥云 祥云县交通局 2002年 151页

013133833
**祥云县供销合作社志** 1952—1990
云南省祥云县供销合作社联合社编 祥云 云南省祥云县供销合作社联合社 1993年 450页

013097823
**祥云县商务志** 1911—2008
祥云县商务局编 昆明 云南人民出版社 2011年 298页

013706946
**祥云县国税志** 1978—2008
祥云县国家税务局编 昆明 云南民族出版社 2011年 304页〔大理白族自治州国税志丛书〕

013994114
**祥云县金融志**
祥云县金融志编纂领导组办公室编纂 昆明 云南人民出版社 2013年 418页〔祥云县地方志丛书〕

012723176
**祥云县人民银行志**
中国人民银行祥云县支行编 祥云 中国人民银行祥云县支行 1993年 126页

012899972
**祥云县教育志**
云南省祥云县教育局编 祥云 云南省祥云县教育局 1992年 279页

009840421
**祥云县少数民族志**
王丽珠撰 祥云县民族事务委员会编 昆明 云南人民出版社 1990年 223页〔云南地方志丛书〕

008423588
**云南省祥云县地名志**
祥云县人民政府编 祥云 祥云县人民政府 1987年 427页〔云南省县市地名志 101〕

013072721
**祥云县卫生志**
祥云县卫生志编纂委员会编 祥云 祥云县卫生志编纂委员会 2009年 214页

013343363
**祥云县城乡建设环境保护志**
祥云县城乡建设环境保护局编 祥云 祥云县城乡建设环境保护局 1994年 267页〔祥云县地方志丛书〕

## 宾川县

008486220
**宾川县志**
云南省宾川县志编纂委员会编 昆明 云南人民出版社 1997年 991页〔中华人民共和国地方志丛书〕

013859482
**下三家村村志**
李培德著 大理 大理地矿绘图印刷有限责任公司 2010年 136页

013140904
**宾川县工会志** 1911—2005
宾川县总工会编 宾川 宾川县总工会 2007年 241页

013098037
**中共宾川县委统战志** 1950—2009
中共宾川县委统战部编 宾川 中共宾川县委统战部 2010年 276页

013923881
**宾川县人民代表大会志**
宾川县第十五届人民代表大会常务委员会编 昆明 云南大学出版社 2013年 382页

013726789
**宾川县政协志** 1984.4—2010.12
中国人民政治协商会议云南省宾川县委员会编 宾川 中国人民政治协商会议云南省宾川县委员会 2011年 501页

013726786
**宾川县公安志** 1950—2009
宾川县公安局编 宾川 宾川县公安局 2010年 228页

013090770
**宾川县审判志**
宾川 宾川县审判志编纂委员会 2009年 275页

013702872
**宾川县工业志**
宾川县经济局编 2007年 164页

012758743
**宾川县财政志** 1910—2007
宾川县财政志编纂组编 北京 中国国际文化出版社 2009年 372页

013818249
**宾川县国税志** 1978—2007
宾川县国家税务局编 昆明 云南民族出版社 2011年 249页〔大理白族自治州国税志丛书〕

012950458
**宾川县教育志** 1494—1988
宾川县教育局编纂 宾川 宾川县教育局 1989年 286页〔中华人民共和国地方志丛书〕

012679018

**宾川县教育志** 1978—2007

云南省宾川县教育局编 宾川 云南省宾川县教育局 2008年 305页〔中华人民共和国地方志丛书〕

012903578

**中国共产党宾川县教育史志** 1929—2009

云南省宾川县教育局编 宾川 云南省宾川县教育局 2009年 238页〔中华人民共和国地方志丛书〕

008427193

**云南省宾川县地名志**

宾川县人民政府编 宾川 宾川县人民政府 1989年 193页

013128803

**宾川县人民医院志**

宾川县人民医院志编纂工作领导小组编撰 昆明 云南人民出版社 2011年 204页〔中华人民共和国地方志丛书〕

013702875

**宾川县卫生志**

宾川县卫生局编 宾川 宾川县卫生局 2011年 213页

013771533

**宾川县水利志**

宾川县水利电力局编 宾川 宾川县水利电力局 1992年 356页

## 弥渡县

005591357

**弥渡县志**

弥渡县志编纂委员会编 成都 四川辞书出版社 1993年 901页〔中华人民共和国地方志丛书〕

013723602

**弥渡县志** 1978—2005

弥渡县地方志编纂委员会编纂 昆明 云南人民出版社 2012年 782页〔中华人民共和国地方志丛书〕

012723436

**云南省弥渡县人民代表大会志**

弥渡县人大常委会编 弥渡 弥渡县人大常委会 2005年 252页

013461671

**弥渡县政协志**

中国人民政治协商会议云南省弥渡县委员会编 弥渡 中国人民政治协商会议云南省弥渡县委员会 1999年 335页

013129989

**弥渡县土地志**

弥渡县土地管理局编 弥渡 弥渡县土地管理局 1999年 245页

010474218

弥渡县水利志

弥渡县水利志编纂委员会编 成都 成都科技大学出版社 1993年 167页

012899154

弥渡县烟草志

弥渡县烟草专卖局 弥渡县烟草公司编 成都 巴蜀书社 1997年 319页〔弥渡县地方志丛书〕

012721867

弥渡县财政志

弥渡县财政局编 弥渡 弥渡县财政局 2004年 498页

013821968

弥渡县国税志 1914—2007

弥渡县国家税务局编 昆明 云南民族出版社 2011年 376页〔大理白族自治州国税志丛书〕

008597827

弥渡县教育志

弥渡县教育局 李灼征主编 李思贵副主编 昆明 云南科技出版社 1997年 281页〔云南省地方志丛书〕

012955172

弥渡县教育志 1992—2007

弥渡县教育局 中共弥渡县委党史研究室编 弥渡 弥渡县教育局 2008年 331页

012956809

云南省弥渡县第一中学校志 1926—1991

弥渡一中校志办公室编 弥渡 弥渡第一中学 1993年 289页〔弥渡县地方志丛书〕

010244183

弥渡文物志

张昭编纂 昆明 云南民族出版社 2005年 267页〔弥渡文苑丛书〕

008426739

云南省弥渡县地名志

弥渡县人民政府编 弥渡 弥渡县人民政府 1986年 153页〔云南省县市地名志 100〕

013686271

太极顶志

太极顶志编纂委员会编 昆明 云南人民出版社 2011年 206页〔弥渡县地方志丛书〕

013144600

弥渡县人民医院志 1951—2006

弥渡县人民医院编 弥渡 弥渡县人民医院 2007年 162页〔弥渡县地方志丛书〕

011499337

弥渡县卫生志

弥渡县卫生局编 昆明 云南民族出版社

2007年 366页〔弥渡县地方志丛书〕

## 永平县

008036550
**永平县志**
云南省永平县志编纂委员会编纂 昆明 云南人民出版社 1994年 749页〔中华人民共和国地方志丛书〕

009254051
**中国共产党永平县地方党史大事记** 1949.12—2000.12
中共永平县委党史征集研究室 永平县档案馆编 潞西 德宏民族出版社 2003年 363页

013994239
**永平县政协志** 1984—2012
中国人民政治协商会议云南省永平县委员会编 昆明 云南人民出版社 2013年 456页

008837058
**永平县林业志**
杨德溥主编 马学谦 张焕明副主编 永平县林业局编 昆明 云南民族出版社 1996年 210页〔云南省林业志丛书10〕

009190771
**永平县农业志**
云南省永平县农业局编 昆明 云南民族出版社 2003年 287页

008539903
**永平县水利志**
永平县水利水电局编 昆明 云南科技出版社 1997年 202页

012900171
**永平县供销合作社志** 1952—1990
永平县供销合作社联合社编 永平 永平县供销合作社联合社 1990年 233页

012837678
**永平县国税志**
永平县国家税务局编 北京 京华出版社 2004年 283页

010576733
**永平县民族志**
永平县民族宗教事务局编 昆明 云南民族出版社 2006年 144页

008426060
**云南省永平县地名志**
永平县人民政府编 永平 永平县人民政府 1986年 261页〔云南省县市地名志 98〕

## 云龙县

007913510
**云龙县志**

云南省云龙县志编纂委员会编纂 北京 农业出版社 1992 年 652 页〔中华人民共和国地方志丛书〕

012878889
**云龙县政协志** 1984—2009
中国人民政治协商会议云南省云龙县委员会编 2011 年 401 页

008424696
**云龙县林业志**
云龙县林业局编 北京 科学出版社 1996 年 397 页〔云南省林业志丛书 13〕

013866264
**云龙县国税志** 1950—2007
云龙县国家税务局编 昆明 云南民族出版社 2011 年 444 页〔大理白族自治州国税志丛书〕

008718726
**云龙县民族志**
谢道辛撰 云龙县民族事务委员会编 昆明 云南教育出版社 1994 年 240 页

012100861
**云龙风物志**
中共云龙县委 云龙县人民政府编 潞西 德宏民族出版社 2008 年 264 页

008423065
**云南省云龙县地名志**
云龙县人民政府编 云龙 云龙县人民政府 1986 年 287 页〔云南省县市地名志 95〕

## 洱源县

008388854
**洱源县志**
云南省洱源县志编纂委员会编 昆明 云南人民出版社 1996 年 783 页〔中华人民共和国地方志丛书〕

012872255
**洱源县土庞村志**
洱源县土庞村志编委会编 昆明 云南科技出版社 2011 年 141 页

010576585
**洱源县民族宗教志**
洱源县民族宗教事务局编 昆明 云南民族出版社 2006 年 399 页

013956860
**洱源县人民代表大会志**
洱源县第十四届人民代表大会常务委员会编纂 昆明 云南民族出版社 2012 年 277 页

013528829
**邓川奶粉厂志** 1959—1989
洱源县邓川奶粉厂编 2004 年 184 页

013183414
**洱源县农村信用合作社志**
洱源县农村信用合作社联合社编 大理 云南省大理州文化局新闻出版 2002 年 184 页

012831389
**洱源县教育志**
洱源县教育局主编 洱源 洱源县教育局 1998 年 411 页

008423079
**云南省洱源县地名志**
洱源县人民政府编 洱源 洱源县人民政府 1988 年 155 页〔云南省地名志 94〕

013335030
**洱源县河湖专志集**
洱源县水利电力局编 昆明 昆明市清泉彩印厂 1995 年 175 页

013128885
**云南省大理白族自治州洱源县血防志** 1953—1979
洱源县人民政府血防办公室 洱源县血吸虫病防治站编 洱源 洱源县血吸虫病防治站编 1986 年 86 页

013334550
**洱源县水利志**
洱源县水利电力局编 昆明 云南大学出版社 1995 年 361 页〔云南地方志丛书〕

## 剑川县

008715914
**剑川县志**
云南省剑川县志编纂委员会编纂 昆明 云南民族出版社 1999 年 1081 页〔中华人民共和国地方志丛书〕

009433667
**剑川县民族宗教志**
陆家瑞主编 剑川县民族宗教事务局编 昆明 云南民族出版社 2003 年 559 页

013224432
**剑川县民政志**
剑川县民政局编 剑川 剑川县民政局 1986 年 194 页

010243923
**剑川县检察志** 1906—1991
剑川县人民检察院编 剑川 剑川县人民检察院 2002 年 121 页

008665677
**剑川县供销合作社志**
剑川县供销合作社编 昆明 云南民族出版社 1991 年 358 页

013957734
**剑川县国税志** 1978—2007

剑川县国家税务局编 昆明 云南民族出版社 2011年 360页〔大理白族自治州国税志丛书〕

008837124
**剑川县教育志**
剑川县教育局编 昆明 云南民族出版社 1994年 333页〔云南省地方志丛书〕

008426734
**云南省剑川县地名志**
剑川县人民政府编 剑川 剑川县人民政府 1988年 235页〔云南省县市地名志 92〕

013096379
**石宝山小志**
云南省剑川县沙溪诗社编 剑川 云南省剑川县沙溪诗社 2001年 222页

013133994
**云南省剑川县血吸虫防治工作史志**
剑川县血防领导小组办公室编 剑川 剑川县血防领导小组办公室 1983年 67页

012680219
**剑川县艺文志**
剑川县史志办公室编 昆明 云南民族出版社 2010年 649页

## 鹤庆县

008414533
**鹤庆县志**
云南省鹤庆县志编纂委员会编纂 昆明 云南人民出版社 1991年 865页〔中华人民共和国地方志丛书〕

011321373
**鹤庆县塔冲村志**
张自新执笔 村志编写委员会编 塔冲村 1997年 213页

012832046
**鹤庆县政协志**
政协鹤庆县第六届委员会编 鹤庆 政协鹤庆县第六届委员会 2007年 251页

012611052
**鹤庆县监察志**
鹤庆县人民检察院编 鹤庆 鹤庆县人民检察院 2004年 251页〔中华人民共和国地方志丛书〕

013129124
**鹤庆县邮电志**
鹤庆县邮电志编纂领导小组编 鹤庆 鹤庆县邮电志编纂领导小组 1994年 220页

013861517
**鹤庆县工商税务志**
鹤庆县税务局编 鹤庆 鹤庆县税务局

1988年 171页

011995735
**鹤庆人物志**
赵椿编著 鹤庆 鹤庆人物志编纂委员会 2006年 270页

009561843
**鹤庆风物志**
李森编著 中共鹤庆县委 鹤庆县人民政府编 昆明 云南民族出版社 2004年 258页

008416426
**云南省鹤庆县地名志**
鹤庆县人民政府编 鹤庆 鹤庆县人民政府 1987年 204页〔云南省县市地名志 93〕

012766130
**龙华山志**
施灿松主编 鹤庆县龙华山志编纂委员会编 鹤庆 龙华山志编纂委员会 2010年 383页

013129120
**鹤庆县防治血吸虫病工作史志** 1954—1979
鹤庆县县委血防领导小组 鹤庆县卫生局 鹤庆县血吸虫病防治站编 鹤庆 鹤庆县血吸虫病防治站 1983年 93页

## 漾濞彝族自治县

008837992
**漾濞彝族自治县志**
漾濞彝族自治县地方志编纂委员会编纂 昆明 云南人民出版社 2000年 847页〔中华人民共和国地方志丛书〕

009890603
**漾濞彝族自治县民族宗教志**
漾濞彝族自治县民族宗教事务局编 昆明 云南民族出版社 2005年 352页

012767161
**漾濞彝族自治县政协志**
政协漾濞彝族自治县委员会编 漾濞 政协漾濞彝族自治县委员会 2008年 240页

012837577
**漾濞检察志**
漾濞彝族自治县人民检察院编 漾濞 漾濞彝族自治县人民检察院 2009年 291页

011444197
**漾濞彝族自治县财政志**
漾濞彝族自治县财政局编纂 昆明 云南人民出版社 2003年 475页

013823145
**漾濞彝族自治县国税志** 1950—2007

漾濞彝族自治县国家税务局编 昆明 云南民族出版社 2011年 370页〔大理白族自治州国税志丛书〕

012837612
**漾濞彝族自治县金融志**
漾濞彝族自治县金融志编纂领导组编纂 漾濞 漾濞彝族自治县金融志编纂领导组 2008年 477页

013510881
**漾濞彝族自治县教育志**
云南省漾濞彝族自治县教育局编 漾濞 云南省漾濞彝族自治县教育局 1993年 362页

008427243
**云南省漾濞彝族自治县地名志**
漾濞彝族自治县人民政府编 漾濞 漾濞彝族自治县人民政府 1991年 256页〔云南省县市地名志 96〕

013133892
**漾濞县血吸虫病防治工作史志 1964—1984**
云南省漾濞县卫生防疫站编 漾濞 云南省漾濞县卫生防疫站 1984年 32页

## 南涧彝族自治县

006555936
**南涧彝族自治县志**
南涧县志编纂委员会编 成都 四川辞书出版社 1993年 597页〔中华人民共和国地方志丛书〕

012614187
**南涧彝族自治县志 1978—2005**
南涧彝族自治县地方志编纂委员会编纂 昆明 云南人民出版社 2009年 971页〔中华人民共和国地方志丛书〕

012661685
**南涧镇志**
中共南涧镇委员会 南涧镇人民政府编 昆明 云南民族出版社 2010年 368页

013863074
**南涧县公安志**
南涧县公安局编 南涧 南涧县公安局 1995年 182页

012766301
**南涧县交通志**
南涧县交通局编 大理 南涧县交通局 2008年 302页〔云南省南涧县地方志丛书〕

013461675
**南涧广播电视志**
南涧县广播电视事业局编 大理 云南省大理州新闻出版局 2006年 316页

013184410
**南涧彝族自治县教育志**
南涧彝族自治县教育局编 南涧 南涧彝族自治县教育局 2008 年 296 页〔云南省南涧彝族自治县地方志系列丛书 3〕

008992630
**南涧彝族自治县民族志**
南涧彝族自治县民族事务委员会编 昆明 云南民族出版社 1995 年 246 页〔云南省地方志丛书〕

008418008
**云南省南涧彝族自治县地名志**
南涧彝族自治县人民政府编 南涧 南涧彝族自治县人民政府 1986 年 225 页〔云南省县市地名志 102〕

## 巍山彝族回族自治县

010475743
**蒙化志稿**
梁友檍纂 巍山彝族回族自治县地方志办公室编 芒市 德宏民族出版社 1996 年 250 页〔巍山县旧志丛书〕

006497415
**巍山彝族回族自治县志**
云南省巍山彝族回族自治县志编纂委员会编纂 昆明 云南人民出版社 1993 年 1084 页〔中华人民共和国地方志丛书〕

013141089
**大围埂村志**
大围埂村志编委会编 昆明 云南民族出版社 2010 年 243 页

012877267
**巍山彝族回族自治县民族宗教志**
字国顺监修 薛琳编纂 巍山彝族回族自治县志编委会办公室 巍山彝族回族自治县民族事务委员会编 昆明 云南人民出版社 1992 年 486 页〔云南地方志丛书〕

013133779
**巍山彝族回族自治县统计志 初稿**
巍山县统计局编 巍山 巍山县统计局 1989 年 133 页

013133781
**巍山彝族回族自治县政协志**
阳绍兴主编 中国人民政治协商会议云南省巍山彝族回族自治县委员会编 芒市 德宏民族出版社 1996 年 824 页

010243658
**巍山彝族回族自治县农业志**
巍山彝族回族自治县农业志编纂领导组编 巍山 农业局 2000 年 264 页〔云南地方志丛书〕

010577362
**巍山彝族回族自治县水利志**

巍山彝族回族自治县水利电力局水利志编纂领导小组编 昆明 云南人民出版社 1991年 202页〔云南地方志丛书〕

011478718
**巍山彝族回族自治县交通志** 1978—2005
巍山彝族回族自治县交通志编纂委员会编纂 昆明 云南人民出版社 2007年 463页

009388469
**巍宝山志**
巍山彝族回族自治县县志编委会办公室编 毕忠武监修 薛琳编纂 昆明 云南人民出版社 1989年 217页

008423610
**云南省巍山彝族回族自治县地名志**
巍山彝族回族自治县人民政府编 巍山彝族回族自治县人民政府 1987年 238页〔云南省县市地名志 99〕

012877272
**巍山彝族回族自治县人民医院志**
巍山县人民医院编 北京 中国国际文化出版社 2008年 230页〔巍山彝族回族自治县地方志系列丛书〕

013226389
**巍山彝族回族自治县卫生志**
巍山彝族回族自治县卫生局编 北京 中国国际文化出版社 2007年 404页〔巍山彝族回族自治县地方志系列丛书〕

## 德宏傣族景颇族自治州

008970884
**德宏州志 经济卷**
德宏傣族景颇族自治州志编纂委员会编 芒市 德宏民族出版社 1997年 2册〔中华人民共和国地方志丛书〕

008970893
**德宏州志 综合卷**
德宏傣族景颇族自治州志编纂委员会编 芒市 德宏民族出版社 1994年 730页〔中华人民共和国地方志丛书〕

013956885
**德宏宗教 德宏傣族景颇族自治州宗教志**
张建章主编 德宏州委统战部 德宏州史志办公室合编 芒市 德宏民族出版社 1992年 373页

013726901
**德宏傣族景颇族自治州人民代表大会**

志 1950.4—1998.3
德宏傣族景颇族自治州人民代表大会志编纂委员会编 昆明 云南民族出版社 2000年 553页

009688716
**德宏傣族景颇族自治州政协志**
中国人民政治协商会议云南省德宏州委员会编 昆明 云南民族出版社 2005年 439页

010576579
**德宏法院志**
云南省德宏傣族景颇族自治州中级人民法院编 潞西 德宏民族出版社 2006年 313页

013726905
**德宏农垦志** 1951—2010
德宏农垦志编纂委员会编纂 昆明 云南人民出版社 2011年 832页〔德宏农垦志丛书 1〕

012264187
**德宏州林业志**
德宏州林业局编 德宏 德宏州林业局 2006年 297页

013221090
**德宏电力工业志** 1932—2006
德宏电力工业志编纂委员会编 北京 中国电力出版社 2011年 593页

011589860
**德宏烟草志**
德宏烟草志编纂委员会编纂 昆明 云南人民出版社 2009年 309页〔云南省烟草志丛书〕

011328418
**德宏州交通志**
德宏州交通局编 昆明 云南民族出版社 1999年 433页

011320295
**德宏州粮食志**
杨宇屏 朱振宏主编 德宏傣族景颇族自治州粮食局编 芒市 德宏民族出版 1993年 224页

013860377
**德宏州物价志**
德宏州物价局编 云南 云南新闻图片社印刷厂 2000年 384页〔德宏州地方志丛书〕

011943244
**德宏州财政志**
庄汝熔主编 德宏州财政局编 芒市 德宏民族出版社 1996年 248页

011579714
**德宏州金融志**
德宏州金融志编纂组编 芒市 德宏民族出版社 1995年 323页〔德宏地方志丛书〕

010577250

**德宏州教育志**

德宏傣族景颇族自治州教育局编 昆明 云南教育出版社 1995年 446页〔云南省地方志丛书〕

012679212

**德宏州教育志** 1978—2008

德宏州教育局编 潞西 德宏民族出版社 2010年 289页

001690831

**景颇族语言简志(景颇语)**

刘璐编著 北京 民族出版社 1984年 128页〔中国少数民族语言简志丛书〕

001920331

**景颇族语言简志(载瓦语)**

徐悉艰 徐桂珍编著 北京 民族出版社 1984年 178页〔中国少数民族语言简志丛书〕

012758764

**德宏傣族景颇族自治州曲艺志**

云南 1998年

011447171

**傣剧志**

施之华主编 刀保堂 刀安禄副主编 德宏傣族自治州文化局编 北京 文化艺术出版社 1992年 325页〔中国戏曲志云南卷丛书〕

008597802

**新编德宏风物志**

张方元主编 昆明 云南人民出版社 2000年 228页〔云南风物志丛书〕

013735518

**云南省农垦总局第二职工医院志** 1972—2010

云南省农垦总局第二职工医院志编纂委员会编 昆明 云南人民出版社 2012年 359页〔德宏农垦志丛书8〕

013751624

**德宏州傣族景颇族自治州医疗集团志** 1954—2003

德宏州傣族景颇族自治州医疗集团编 昆明 德宏州傣族景颇族自治州医疗集团 2004年 376页

012191734

**德宏州卫生志**

德宏州卫生志编纂委员会编 德宏 德宏州卫生志编纂委员会 2008年 472页

## 芒市

007366611

**潞西县志**

云南省潞西县志编纂委员会编 昆明 云南教育出版社 1993年 584页〔中华人民共和国地方志丛书〕

013958764

**潞西市人民代表大会志**

芒市人民代表大会常务委员会编 芒市 德宏民族出版社 2012年 526页

013774596

**潞西市人民代表大会志** 1950—2010

芒市人民代表大会常务委员会编 芒市 德宏民族出版社 2012年 562页

012542657

**潞西市政协志** 1952.3—2009.7

潞西市政协志编纂委员会编 潞西 德宏民族出版社 2009年 280页

013601796

**潞西县公安志** 1950—1989

潞西县公安志编纂委员会编 潞西 潞西县公安局 1994年 271页

013735630

**遮放农场志** 1956—2010

遮放农场志编纂委员会编纂 昆明 云南人民出版社 2012年 434页〔德宏农垦志丛书 4〕

011328449

**德宏傣族景颇族自治州公路管理志**

芒市公路管理总段编 昆明 云南民族出版社 2000年 272页

012968316

**潞西县教育志**

潞西县教育局编 芒市 德宏民族出版社 1993年 349页

013184362

**潞西市水利志**

潞西市水利水电局编 潞西 潞西市水利水电局 2002年 460页〔中华人民共和国地方志丛书〕

## 瑞丽市

008719426

**瑞丽市志**

瑞丽市志编纂委员会编 成都 四川辞书出版社 1996年 800页〔中华人民共和国地方志丛书〕

013822663

**瑞丽市志** 1978—2005

云南省瑞丽市地方志编纂委员会编著 昆明 云南人民出版社 2012年 796页〔中华人民共和国地方志丛书〕

008719472

**畹町市志**

云南省畹町市志编纂委员会编纂 昆明 云南民族出版社 1995年 464页〔中华人民共和国地方志丛书〕

012208158

**瑞丽市政协志** 1950—2004

中国人民政治协商会议云南省瑞丽市委员会编纂 瑞丽 中国人民政治协商

会议云南省瑞丽市委员会 2006 年 475 页

012877138
**瑞丽农场志**
国营瑞丽农场编 瑞丽 国营瑞丽农场 1992 年 276 页

013731159
**瑞丽农场志** 1959—2010
瑞丽农场志编纂委员会编纂 昆明 云南人民出版社 2012 年 562 页〔德宏农垦志丛书 5〕

013731958
**畹町农场志** 1959—2010
畹町农场志编纂委员会编纂 昆明 云南人民出版社 2012 年 324 页〔德宏农垦志丛书 6〕

009388612
**瑞丽教育志**
瑞丽市教育局编 昆明 云南教育出版社 1993 年 390 页〔中华人民共和国地方志丛书〕

013959451
**畹町市教育志**
黄桂兰主编 畹町市教育局编 芒市 德宏民族出版社 1998 年 182 页

013756861
**畹町市教育志** 1994—2007
畹町教育局编 芒市 德宏民族出版社 2012 年 242 页

008423642
**云南省瑞丽县地名志**
瑞丽县人民政府编 瑞丽 瑞丽县人民政府 1987 年 203 页〔云南省县市地名志 129〕

008427799
**云南省畹町市地名志**
畹町市人民政府编 畹町 畹町市人民政府 1986 年 71 页〔云南省县市地名志 128〕

013684469
**瑞丽口岸动植物检疫简志** 1982—1992
中华人民共和国瑞丽动植物检疫局编 瑞丽 中华人民共和国瑞丽动植物检疫局 1993 年 121 页

## 梁河县

006697015
**梁河县志**
云南省梁河县志编纂委员会编纂 昆明 云南人民出版社 1993 年 999 页〔中华人民共和国地方志丛书〕

013705126
**梁河县志** 1978—2005
云南省梁河县地方志编纂委员会编著 昆明 云南人民出版社 2011 年 672

页〔中华人民共和国地方志丛书〕

009002333
**梁河县人民代表大会志**
梁河县人大常委会编纂 昆明 云南美术出版社 2002年 328页

013774479
**梁河县公安志**
梁河县公安局编 昆明 昆明富新春彩色印务有限公司 2013年 418页

011329469
**梁河县经济综合志**
云南省德宏州梁河县发展和改革局编纂 昆明 云南科技出版社 2007年 383页

009561850
**梁河县教育志**
梁河县教育局编 昆明 云南美术出版社 1995年 307页

008427837
**云南省梁河县地名志**
梁河县人民政府编 梁河 梁河县人民政府 1994年 257页〔云南省县市地名志 130〕

## 盈江县

008426839
**盈江县志**
盈江县志编纂委员会编 昆明 云南民族出版社 1997年 808页〔中华人民共和国地方志丛书〕

013732565
**盈江农场志** 1952—2010
盈江农场志编纂委员会编纂 昆明 云南人民出版社 2012年 586页〔德宏农垦志丛书 2〕

012636770
**盈江县水利水电志**
盈江县水利水电局编写组编 盈江 盈江县水利水电局编写组 1999年 401页

010577547
**盈江县水利志**
盈江县水利电力局编纂 盈江 盈江县水利电力局 1989年 274页

013797188
**盈江县交通志**
袁玉富主编 盈江县交通志编纂领导小组编 盈江 盈江县交通志编纂领导小组 1992年 424页

009995674
**云南省盈江县地名志**
盈江县人民政府编 盈江 盈江县人民政府 2001年 355页

## 陇川县

009688723
**陇川县志**
云南省陇川县志编纂委员会编纂 昆明 云南民族出版社 2005年 954页〔中华人民共和国地方志丛书〕

013821904
**陇川县政协志** 1950—2005
中国人民政治协商会议云南省陇川县委员会编 昆明 昆明鹰达印刷有限公司 2007年 245页

013224659
**陇川县公安志**
陇川县公安局编 陇川 陇川县公安局 2011年 405页

013730206
**陇川农场志** 1955—2010
陇川农场志编委会编 昆明 云南人民出版社 2012年 476页〔德宏农垦志丛书 3〕

010243646
**陇川县教育志**
陇川县教委编志委员会编 昆明 云南教育出版社 2000年 302页

## 怒江傈僳族自治州

009221761
**怒江傈僳族自治州志**
怒江傈僳族自治州地方志编纂委员会编 北京 民族出版社 2006年 2册〔中华人民共和国地方志丛书〕

013093205
**怒江州志 评审稿**
云南省怒江傈僳族自治州地方志编纂委员会编 怒江 云南省怒江傈僳族自治州地方志编纂委员会 1998年 3册〔中华人民共和国地方志丛书〕

012542745
**怒江傈僳族自治州计划生育志**
怒江傈僳族自治州计划生育委员会编 怒江 怒江傈僳族自治州计划生育委员会 2004年 205页

012955308
**怒江州工会志**
怒江傈僳族自治州总工会编 怒江 怒江傈僳族自治州总工会 2006年 272页〔怒江傈僳族自治州地方志丛书〕

013000673
**怒江公安志**

怒江傈僳族自治州公安处编 怒江 怒江傈僳族自治州公安处 1991年 322页

013659700
**怒江州移民开发志** 2005.8—2011.8
怒江傈僳族自治州移民开发局编 怒江 怒江傈僳族自治州移民开发局 2011年 146页〔怒江傈僳族自治州地方志丛书〕

013131054
**怒江傈僳族自治州政协志**
中国人民政治协商会议云南省怒江傈僳族自治州委员会编 芒市 德宏民族出版社 1996年 312页〔云南省地方志丛书〕

013000692
**怒江州残联志** 1988—2010
怒江傈僳族自治州残疾人联合会编 怒江 怒江傈僳族自治州残疾人联合会 2010年 316页〔怒江傈僳族自治州地方志丛书〕

013000682
**怒江傈僳族自治州检察志** 评审稿
怒江傈僳族自治州人民检察院编 怒江 怒江傈僳族自治州人民检察院 2009年 487页

012877061
**怒江傈僳族自治州工商行政管理志**
怒江傈僳族自治州工商行政管理局编 怒江 怒江傈僳族自治州工商行政管理局 1999年 148页

013628770
**怒江州城乡建设环境保护志**
木云湘主编 怒江州城建局编制 怒江 怒江州城建局 1998年 403页

008426226
**怒江傈僳族自治州林业志**
怒江傈僳族自治州林业局编 昆明 云南民族出版社 1996年 449页〔云南省林业志丛书 19〕

009337937
**怒江州农牧志**
怒江州农业局 怒江州畜牧局编 昆明 云南民族出版社 1999年 562页〔怒江傈僳族自治州地方志丛书〕

011589949
**怒江烟草志** 1994—2007
怒江烟草志编纂委员会编纂 昆明 云南人民出版社 2008年 200页〔云南省烟草志丛书〕

012766320
**怒江州工业志**
怒江傈僳族自治州经济贸易委员会编 怒江 怒江傈僳族自治州经济贸易委员会 1996年 384页

008597684
**怒江州交通志**
王玉球主编 怒江傈僳族自治州交通局编 昆明 云南人民出版社 2000年 463页

008539906
**六库公路管理志**
六库公路管理总段编 昆明 云南教育出版社 1996年 217页

012208091
**怒江交通运输集团公司志**
怒江交通运输集团公司编 怒江 怒江交通运输集团公司 2008年 399页〔云南省怒江傈僳族自治州地方志丛书〕

012877050
**怒江傈僳族自治州财政志**
云南省怒江傈僳族自治州财政局编 怒江 云南省怒江傈僳族自治州财政局 2001年 345页

013000698
**怒江州金融志**
怒江州金融志编纂委员会编 昆明 云南民族出版社 2001年 413页〔怒江傈僳族自治州地方志丛书〕

010243035
**怒江州科技志**
怒江州科学技术委员会 怒江州科学技术协会编 怒江 怒江州科学技术协会 1996年 394页〔怒江傈僳族自治州地方志丛书〕

012877064
**怒江傈僳族自治州教育志**
怒江傈僳族自治州教育委员会编 昆明 云南民族出版社 1998年 555页〔云南省地方志丛书〕

013342319
**怒江州农业学校志**
云南省怒江傈僳族自治州农业中等专业学校编 怒江 怒江州农业学校 1996年 263页

012680550
**怒江傈僳族自治州体育志**
怒江州体育局编 怒江 怒江州体育局 2002年 200页

005646251
**怒族语言简志(怒苏语)**
孙宏开 刘璐编著 北京 民族出版社 1986年 179页〔中国少数民族语言简志丛书〕

008424799
**怒江傈僳族自治州民族志**
怒江州民族事务委员会 怒江州州志编纂委员会编 昆明 云南民族出版社 1993年 329页〔云南省地方志丛书〕

011296171
**怒江傈僳族自治州文物志**
怒江傈僳族自治州文物志编纂委员会编 昆明 云南大学出版社 2007年 606页

008597810
**新编怒江风物志**
赵伯乐主编 严峰 朱发德副主编 昆明 云南人民出版社 2000年 366页〔云南风物志丛书〕

012003061
**云南省怒江傈僳族自治州人民医院志 1995—2006**
高星主编 怒江州人民医院编纂 怒江 怒江州人民医院 2007年 305页

011584755
**怒江傈僳族自治州卫生志**
怒江傈僳族自治州卫生志编纂委员会编 昆明 云南民族出版社 1997年 441页

013508785
**怒江州中心血站志**
朱发德主编 张秀鹏副主编 香港 天马出版有限公司 2011年 708页

## 泸水县

008386610
**泸水县志**
云南省泸水县志编纂委员会编 昆明 云南人民出版社 1995年 529页〔中华人民共和国地方志丛书〕

008714977
**碧江县志**
云南省怒江傈僳族自治州地方志编纂委员会编纂 昆明 云南民族出版社 1994年 505页〔中华人民共和国地方志丛书〕

012873280
**泸水县工会志**
泸水县总工会编 泸水 泸水县总工会 1994年 144页〔云南省工会志丛书〕

013144588
**泸水县政协志**
中国人民政治协商会议泸水县委员会编 泸水 中国人民政治协商会议泸水县委员会 1997年 192页

008992632
**泸水县林业志**
云南省泸水县林业局 云南省泸水县木材公司编 昆明 云南民族出版社 2001年 490页〔云南省地方志丛书〕

008426046
**云南省泸水县地名志**
泸水县人民政府编 泸水 泸水县人民政

府 1989年 214页〔云南省县市地名志 110〕

009995651
**云南省碧江县地名志**
碧江县人民政府编 碧江 碧江县人民政府 1985年 200页〔云南省县市地名志 112〕

013859384
**碧江县卫生志**
碧江县卫生局卫生志编写组编 昆明 昆明陆军学院印刷厂 1988年 191页

012836065
**怒江傈僳族自治州首府—六库镇城乡建设环境保护志** 1909—1990
怒江傈僳族自治州城乡建设环境保护局城乡建设志编纂组编 六库镇 怒江傈僳族自治州城乡建设环境保护局城乡建设志编纂组 1998年 180页

## 福贡县

011068503
**福贡县志 送审稿**
福贡县地方志编纂委员会编 福贡 福贡县地方志编纂委员会 1996年 6册〔中华人民共和国地方志丛书〕

008539803
**福贡县志**
福贡县地方志编纂委员会编 昆明 云南民族出版社 1999年 547页〔中华人民共和国地方志丛书〕

013528850
**福贡县政协志** 1951.8—2007.10
中国人民政治协商会议福贡县第九届委员会编 福贡 政协福贡县委员会 2010年 340页

013404259
**福贡县公安志**
福贡县公安局编 福贡 福贡县公安局 1991年 210页〔怒江地方志丛书〕

013335034
**福贡县财政税务志**
木劲松主编 福贡县财政局 福贡县税务局编 怒江 怒江州民族印刷厂 1997年 342页

012049288
**福贡县教育志**
福贡县教育志领导组和编写组成员 福贡 福贡县教育局教育志办公室 1990年 244页

009561839
**福贡县地名志**
福贡县人民政府编 昆明 云南人民出版社 1995年 325页

013860500
**福贡县卫生志**

福贡县卫生志编纂小组编 大理 大理市印刷一厂 1990年 150页

## 贡山独龙族怒族自治县

010576590
**贡山独龙族怒族自治县志**
贡山独龙族怒族自治县志编纂委员会编 北京 民族出版社 2006年 595页〔中华人民共和国地方志丛书〕

010687031
**贡山独龙族怒族自治县粮油志**
贡山独龙族怒族自治县粮食局编 贡山 贡山独龙族怒族自治县粮食局 1994年 249页〔怒江地方志丛书〕

010475292
**贡山独龙族怒族自治县教育志**
陶天麟主编 昆明 云南民族出版社 1995年 270页〔云南省地方志丛书〕

012609856
**贡山独龙族怒族自治县地名志**
贡山独龙族怒族自治县民政局编 昆明 云南民族出版社 2009年 232页

008418177
**云南省贡山独龙族怒族自治县地名志**
贡山独龙族怒族自治县人民政府编 贡山 贡山独龙族怒族自治县人民政府 1988年 196页〔云南省县市地名志114〕

## 兰坪白族普米族自治县

009149419
**兰坪白族普米族自治县志**
李嘉郁总纂 杨增才 罗德胜 李松发副总纂 云南省兰坪白族普米族自治县志编纂委员会编纂 昆明 云南民族出版社 2003年 1070页〔中华人民共和国地方志丛书〕

013144505
**兰坪白族普米族自治县志** 1978—2005
兰坪白族普米族自治县志编纂委员会编 昆明 云南人民出版社 2010年 979页〔中华人民共和国地方志丛书〕

009867339
**兰坪白族普米族自治县地方志丛书 广播电视志**
兰坪白族普米族自治县广播电视局编 兰坪 兰坪白族普米族自治县广播电视局 2001年 216页

011438663
**[兰坪]江头河村志**
张月林主编 江头河村 村志编纂小组 2005年 142页〔兰坪白族普米族自治县地方志丛书〕

013774269

[兰坪]金凤村志

兰坪白族普米族自治县金顶镇金凤村民委员会编 昆明 云南民族出版社 2012年 523页〔兰坪白族普米族自治县地方志丛书〕

013660360

[兰坪]通甸镇志

中共兰坪白族普米族自治县通甸镇委员会 兰坪白族普米族自治县通甸镇人民政府编 兰坪 中共兰坪白族普米族自治县通甸镇委员会 2008年 408页〔兰坪白族普米族自治县地方志丛书〕

011480433

营盘镇志

中共营盘镇委员会 营盘镇人民政府编纂 昆明 云南民族出版社 2008年 785页

008715965

兰坪白族普米族自治县党群志 1943—1990

中共兰坪白族普米族自治县委党史征集研究室编 昆明 云南民族出版社 1997年 163页〔云南省地方志丛书〕

010577015

兰坪妇联志

兰坪白族普米族自治县妇女联合会编 兰坪 兰坪白族普米族自治县妇女联合会 2005年 247页〔兰坪白族普米族自治县地方志丛书〕

013336252

兰坪政协志

中国人民政治协商会议兰坪白族普米族自治县委员会编 兰坪 中国人民政治协商会议兰坪白族普米族自治县委员会 1997年 185页〔兰坪白族普米族自治县地方志丛书〕

013336250

[兰坪]法院志 1912—1990

兰坪白族普米族自治县人民法院编 怒江 怒江州新闻出版局 1995年 338页〔兰坪白族普米族自治县方志丛书〕

012832310

[兰坪白族普米族自治县]法院志 1912—1990

兰坪白族普米族自治县人民法院编 兰坪 兰坪白族普米族自治县人民法院 1996年 328页

013531164

兰坪检察志 1956—1990

云南省兰坪白族普米族自治县人民检察院编 北京 中国检察出版社 1992年 363页

013659569

[兰坪]军事志 1912—1990

兰坪白族普米族自治县人民武装部编
兰坪 兰坪白族普米族自治县人民武装部 1994年 250页〔兰坪白族普米族自治县地方志丛书〕

008426262
**兰坪白族普米族自治县林业志**
兰坪白族普米族自治县林业局 兰坪白族普米族自治县木材总公司编 昆明 云南民族出版社 1997年 518页〔云南省林业志丛书 21〕

013730170
**兰坪畜牧志** 1919—1994
兰坪白族普米族自治县畜牧局编 兰坪 兰坪白族普米族自治县畜牧局 1996年 388页〔兰坪白族普米族自治县地方志丛书〕

009867345
**[兰坪]盐业志**
兰坪白族普米族自治县盐矿编 兰坪 兰坪白族普米族自治县盐矿 1995年 447页〔兰坪白族普米族自治县地方志丛书〕

013129889
**兰坪白族普米族自治县水利电力志**
兰坪白族普米族自治县水务局编 兰坪 兰坪白族普米族自治县水务局 2007年 490页

013129938
**兰坪冶金工业志**
兰坪白族普米族自治县经济委员会编 兰坪 兰坪白族普米族自治县经济委员会 1993年 262页〔兰坪白族普米族自治县地方志丛书〕

012832321
**兰坪交通志** 1995—2008
兰坪白族普米族自治县交通局编 兰坪 兰坪白族普米族自治县交通局 2010年 341页〔兰坪白族普米族自治县地方志丛书〕

013752794
**[兰坪]粮油志**
兰坪白族普米族自治县粮食局编 兰坪 兰坪白族普米族自治县粮食局 1998年 555页〔兰坪白族普米族自治县地方志丛书〕

013531169
**兰坪县财政税务志**
杨世林主编 兰坪白族普米族自治县财政局 税务局编 昆明 兰坪白族普米族自治县财政局 税务局 1993年 333页〔兰坪白族普米族自治县地方志丛书〕

013932236
**[兰坪]金融志**
兰坪县金融志编纂委员会编 北京 中国财政经济出版社 2002年 392页〔兰

坪白族普米族自治县地方志丛书〕

009799612
**［兰坪］文化艺术志**
兰坪白族普米族自治县文化局编 兰坪 兰坪白族普米族自治县文化局 1998年 536页〔兰坪白族普米族自治县地方志丛书〕

013317850
**兰坪白族普米族自治县教育志**
兰坪白族普米族自治县教育委员会编 昆明 云南民族出版社 2001年 438页

001921259
**普米语简志**
陆绍尊编著 北京 民族出版社 1983年 132页〔中国少数民族语言简志丛书〕

008493150
**［兰坪］普米族志**
熊贵华著 兰坪县民族事务委员会 兰坪县政协民族研究室编 昆明 云南民族出版社 2000年 293页〔兰坪白族普米族自治县方志丛书〕

009337954
**［兰坪］交通志**
兰坪白族普米族自治县交通局编 1995年 216页〔兰坪白族普米族自治县县志丛书〕

009388635
**黄柏志**
朱发德主编 昆明 云南民族出版社 1997年 306页

007951657
**普米族风俗志**
殷海涛著 北京 中央民族大学出版社 1993年 142页〔民俗文库 20〕

008426067
**云南省兰坪白族普米族自治县地名志**
兰坪白族普米族自治县人民政府编 兰坪 兰坪白族普米族自治县人民政府 1991年 163页〔云南省县市地名志 113〕

012832342
**［兰坪］卫生志**
兰坪白族普米族自治县卫生局编 1993年 215页〔兰坪白族普米族自治县地方志丛书〕

# 迪庆藏族自治州

009393146
**迪庆藏族自治州志**
勒安旺堆主编 云南省迪庆藏族自治州地方志编纂委员会编 昆明 云南民族出版社 2003年 2册 1472页〔中华人民共和国地方志丛书〕

010730010
**迪庆州宗教志**
迪庆藏族自治州民族宗教事务委员会编 北京 中国藏学出版社 1994年 239页〔迪庆州志系列丛书 1〕

012636883
**迪庆藏族自治州工会志**
迪庆州总工会编 迪庆 迪庆州总工会 2008年 280页

013626255
**迪庆藏族自治州人民代表大会志**
和根合主编 迪庆藏族自治州人民代表大会常务委员会编 迪庆 迪庆藏族自治州人民代表大会常务委员会 2012年 415页

012831369
**迪庆藏族自治州政协志** 1978—2007
中国人民政治协商会议迪庆藏族自治州委员会编 迪庆 迪庆藏族自治州委员会 2008年 655页

013961376
**政协迪庆藏族自治州委员会志**
政协迪庆藏族自治州委员会编 1996年 224页

013141144
**迪庆藏族自治州宏观经济管理志** 1978—2007
迪庆藏族自治州发展和改革委员会编 迪庆 迪庆藏族自治州发展和改革委员会 2007年 266页

012951951
**迪庆藏族自治州计划志**
迪庆藏族自治州发展计划委员会编 迪庆 迪庆藏族自治州发展计划委员会 2002年 150页

008992614
**迪庆藏族自治州工商行政管理志**
云南省迪庆藏族自治州工商行政管理局编 昆明 云南民族出版社 1997年 145页

013771767
**迪庆藏族自治州审计志**
迪庆藏族自治州审计局编 昆明 昆明市盘龙区鑫林印刷厂 2011年 358页

009337945
**迪庆藏族自治州林业志**
迪庆藏族自治州林业局编 迪庆 迪庆藏族自治州林业局 2001年 187页

013403086
**迪庆藏族自治州畜牧志**
迪庆藏族自治州农牧局编 迪庆 迪庆藏族自治州农牧局 1994年 192页

013045490
**迪庆藏族自治州扶贫志** 1987—2007
和永忠主编 迪庆 迪庆藏族自治州扶贫办 2009年 165页

010243550
**迪庆藏族自治州农业志**
云南省迪庆藏族自治州农牧局编 迪庆 云南省迪庆藏族自治州农牧局 1999年 390页〔云南省迪庆州地方志丛书〕

011067145
**迪庆藏族自治州水利志**
迪庆藏族自治州水利水电局编 迪庆 迪庆藏族自治州水利水电局 1994年 236页

011589864
**迪庆烟草志**
迪庆烟草志编纂委员会编纂 昆明 云南人民出版社 2009年 242页〔云南省烟草志丛书〕

012758770
**迪庆藏族自治州交通运输志**
倪荣华著 迪庆藏族自治州交通局编 昆明 云南民族出版社 2010年 459页

013369760
**迪庆州道路交通安全管理图志**
迪庆州道路交通安全管理图志编纂委员会编纂 昆明 云南人民出版社 2012年 326页

013221101
**迪庆藏族自治州粮食志**
迪庆藏族自治州粮食局编 迪庆 迪庆藏族自治州粮食局 1994年 270页

008420937
**迪庆藏族自治州商业志**
迪庆藏族自治州商业局 供销合作社 烟草专卖局编 昆明 云南民族出版社 1996年 299页

012951949
**迪庆藏族自治州财政志**
迪庆藏族自治州财政局编 迪庆 迪庆藏族自治州财政局 2006年 450页

013179417
**迪庆藏族自治州金融志**
迪庆藏族自治州金融志编纂委员会编 芒市 德宏民族出版社 1997年 331页〔迪庆藏族自治州地方志丛书 8〕

012898352
**迪庆藏族自治州金融志**
迪庆藏族自治州金融志编纂委员会编 昆明 云南人民出版社 2010年 304页

013133992
**迪庆藏族自治州民族中等专业学校志**
赵贵华主编 迪庆藏族自治州民族中等专业学校编 迪庆 迪庆藏族自治州民族中等专业学校 2007年 180页

013128848
**迪庆藏族自治州民族师范学校志**
迪庆藏族自治州民族中等专业学校编 迪庆 迪庆藏族自治州民族中等专业学校 2005年 209页

012831364
**迪庆藏族自治州卫生学校志**
迪庆藏族自治州民族中等专业学校编 迪庆 迪庆藏族自治州民族中等专业学校 2005年 178页

010022760
**中国戏曲音乐集成 云南卷 大词戏音乐**
邓虹主编 和鼎正特约编辑 迪庆藏族自治州文化局编 北京 文化艺术出版社 1992年 203页

009337948
**迪庆藏族自治州民族志**
迪庆藏族自治州民族宗教事务委员会编 迪庆 迪庆藏族自治州民族宗教事务委员会 2001年 256页

008271686
**新编迪庆风物志**
李茂春主编 昆明 云南人民出版社 1999年 244页〔云南风物志丛书〕

013045491
**迪庆藏族自治州生物志**
迪庆藏族自治州人民政府生物资源开发创新办公室编 广州 广州出版社 2011年 350页

012998909
**迪庆藏族自治州食品药品监督管理志**
迪庆藏族自治州食品药品监督管理局编 迪庆 迪庆藏族自治州食品药品监督管理局 2011年 286页

## 香格里拉县

008421049
**中甸县志**
云南省中甸县志编纂委员会编 昆明 云南民族出版社 1997年 1044页〔中华人民共和国地方志丛书〕

013959599
**香格里拉县上江乡志**
周国星主编 北京 线装书局 2012年 303页〔史志书系〕

012684992
**香格里拉县小中甸镇志**
周世全主编 香格里拉县小中甸镇人民政府编 香格里拉 香格里拉县小中甸镇人民政府 2010年 310页

012767051
**香格里拉县人民代表大会志** 1950.5—2003.5
彭真灵主编 香格里拉县人大志编纂委员会编 香格里拉 香格里拉县人大志编纂委员会 2004年 266页

012769614
**中共香格里拉县委志** 1978—2005
中共香格里拉县委志编纂领导小组编纂 香格里拉 中共香格里拉县委志编纂领导小组 2010年 362页

012839286
**中甸县政协志**
中国人民政治协商会议云南省中甸县委员会编纂 中甸 中国人民政治协商会议云南省中甸县委员会 2003年 305页

010201627
**香格里拉县林业志**
杨学光主编 昆明 云南民族出版社 2006年 277页 〔云南省林业志丛书〕

008426368
**中甸县畜牧志**
中甸县畜牧局 中甸县县志办公室编 昆明 云南民族出版社 1995年 300页 〔中甸县地方志系列丛书 1〕

012767049
**香格里拉县交通运输志**
倪荣华著 香格里拉县交通局编 昆明 云南民族出版社 2010年 362页

009393155
**中甸公路管理总段志**
香格里拉公路管理总段编 昆明 云南人民出版社 2004年 187页

012767047
**香格里拉县财政志**
香格里拉县财政局编 香格里拉 香格里拉县财政局 2008年 295页

012767053
**香格里拉县税务志**
香格里拉县国家税务局 香格里拉县地方税务局编 香格里拉 香格里拉县国家税务局 香格里拉县地方税务局 2007年 404页

013343362
**香格里拉县第六中学校志**
香格里拉县第六中学编 香格里拉 香格里拉县第六中学 2009年 131页

011068544

**香格里拉县五中校志** 1985—2005

刘群主编 香格里拉县第五中学编 香格里拉 香格里拉县第五中学 2005 年 288 页

012956557

**香格里拉县一中校志** 1996—2005

香格里拉县第一中学编 香格里拉 香格里拉县第一中学 2006 年 217 页

011445749

**中甸一中志** 1956—1995

中甸县第一中学编 中甸 中甸县第一中学 1996 年 222 页〔中甸县地方志系列丛书 2〕

012132632

**迪庆·香格里拉旅游风物志 沿着地名的线索**

吴光范著 昆明 云南人民出版社 2009 年 617 页

008427779

**云南省中甸县地名志**

中甸县人民政府编 中甸 中甸县人民政府 1986 年 316 页〔云南省县市地名志 107〕

## 德钦县

008715654

**德钦县志**

德钦县志编纂委员会编 昆明 云南民族出版社 1997 年 388 页〔中华人民共和国地方志丛书〕

013141134

**德钦县志** 1978—2005

德钦县志编纂委员会编纂 昆明 云南人民出版社 2011 年 707 页〔中华人民共和国地方志丛书〕

011067687

**德钦县水利志**

德钦县水利水电局编 德钦 德钦县水利水电局 1992 年 218 页〔中华人民共和国地方专志〕

012872229

**德钦教育志**

德钦县教育局编 德钦 德钦县教育局 2010 年 262 页

012995350

**德钦县第四中学校志** 1969—2009

斯那培初主编 德钦县第四中学编 德钦 德钦县第四中学 2009 年 244 页

008423334

**云南省德钦县地名志**

德钦县地名办公室编 德钦 德钦县地名办公室 1987 年 258 页〔云南省县市地名志 109〕

008539897

**德钦县卫生志**

德钦县卫生志编纂委员会编 昆明 云南科技出版社 1994年 113页

## 维西傈僳族自治县

008539909

**维西傈僳族自治县志**

云南省维西傈僳族自治县志编纂委员会编 昆明 云南民族出版社 1999年 987页〔中华人民共和国地方志丛书〕

012613320

**维西傈僳族自治县志** 1978—2005

侯吉林主编 维西傈僳族自治县志编纂委员会编 昆明 云南民族出版社 2009年 542页〔中华人民共和国地方志丛书〕

012877276

**维西县志 土地志**

维西傈僳族自治县土地矿产管理局编 维西 维西傈僳族自治县土地矿产管理局 1997年 128页

013226397

**维西傈僳族自治县人民法院志**

维西傈僳族自治县人民法院志编纂委员会编 昆明 云南民族出版社 2011年 417页

012766983

**维西傈僳族自治县幼儿园志**

维西傈僳族自治县幼儿园志编纂委员会编 昆明 云南民族出版社 2010年 341页

011757295

**保和镇完全小学志** 1907—2007

吴成虎主编 保和镇完全小学志编纂委员会编 昆明 云南民族出版社 2007年 236页

009818350

**维西傈僳族自治县汉语方言志**

吴成虎著 吴积才审订 云南省语言学会 维西县志办公室主编 昆明 云南教育出版社 1996年 254页

008427782

**云南省维西傈僳族自治县地名志**

维西傈僳族自治县人民政府编 维西 维西傈僳族自治县人民政府 1987年 235页〔云南省县市地名志 109〕

# 西藏自治区

010777327
**西藏自治区志 环境保护志**
西藏自治区环境保护局编 西藏 环境保护局 2000年 281页

009799596
**西藏自治区志 教育志 终审稿**
西藏自治区教育志编纂委员会编 西藏 西藏自治区教育厅 2003年 550页

010730270
**西藏自治区志 语言文字志 初审稿**
西藏 2001年 1056页

010777981
**西藏自治区志 政协志 初稿**
2001年 588页

010201429
**西藏自治区志 第1卷 教育志**
西藏自治区地方志编纂委员会编 北京 中国藏学出版社 2005年 687页〔中华人民共和国地方志丛书〕

009818068
**西藏自治区志 第2卷 税务志**
西藏自治区地方志编纂委员会编 北京 中国藏学出版社 2005年 404页〔中华人民共和国地方志丛书〕

009840388
**西藏自治区志 第3卷 统计志**
西藏自治区地方志编纂委员会编 北京 中国藏学出版社 2005年 332页〔中华人民共和国地方志丛书〕

009840387
**西藏自治区志 第4卷 广播电影电视志**
西藏自治区地方志编纂委员会编 北京 中国藏学出版社 2005年 362页〔中华人民共和国地方志丛书〕

009799600
**西藏自治区志 第5卷 外事志**

西藏自治区地方志编纂委员会编 北京 中国藏学出版社 2005 年 428 页〔中华人民共和国地方志丛书〕

009818062

**西藏自治区志** 第 6 卷 动物志

西藏自治区地方志编纂委员会编 北京 中国藏学出版社 2005 年 664 页〔中华人民共和国地方志丛书〕

009881546

**西藏自治区志** 第 7 卷 民航志

西藏自治区地方志编纂委员会编 北京 中国藏学出版社 2005 年 310 页〔中华人民共和国地方志丛书〕

009799598

**西藏自治区志** 第 8 卷 气象志

西藏自治区地方志编纂委员会编 北京 中国藏学出版社 2005 年 362 页〔中华人民共和国地方志丛书〕

010778946

**西藏自治区志** 第 9 卷 公路交通志

西藏自治区地方志编纂委员会编 北京 中国藏学出版社 2007 年 378 页〔中华人民共和国地方志丛书〕

011500755

**西藏自治区志** 第 10 卷 价格志

西藏自治区地方志编纂委员会编 北京 中国藏学出版社 2006 年 516 页〔中华人民共和国地方志丛书〕

011444001

**西藏自治区志** 第 11 卷 政务志

西藏自治区人民政府办公厅编 北京 中国藏学出版社 2007 年 2 册 1663 页〔中华人民共和国地方志丛书〕

011443994

**西藏自治区志** 第 12 卷 海关志

西藏自治区海关志编纂委员会编 北京 中国藏学出版社 2007 年 418 页〔中华人民共和国地方志丛书〕

011793054

**西藏自治区志** 第 13 卷 军事志

西藏自治区地方志编纂委员会编 北京 中国藏学出版社 2007 年 864 页〔中华人民共和国地方志丛书〕

011813675

**西藏自治区志** 第 14 卷 体育志

西藏自治区地方志编纂委员会编 北京 中国藏学出版社 2008 年 456 页〔中华人民共和国地方志丛书〕

011813687

**西藏自治区志** 第 15 卷 旅游志

西藏自治区地方志编纂委员会编 北京 中国藏学出版社 2008 年 365 页〔中华人民共和国地方志丛书〕

011813690

**西藏自治区志** 第 16 卷 金融志

西藏自治区地方志编纂委员会编 北京

中国藏学出版社 2008年 597页〔中华人民共和国地方志丛书〕

010778947
**西藏自治区志 第17卷 粮食志**
西藏自治区地方志编纂委员会编 北京 中国藏学出版社 2007年 454页〔中华人民共和国地方志丛书〕

012100068
**西藏自治区志 第18卷 武警志**
西藏自治区地方志编纂委员会总编 西藏自治区志武警志编纂委员会编撰 北京 中国藏学出版社 2008年 531页〔中华人民共和国地方志丛书〕

012100066
**西藏自治区志 第19卷 审计志**
西藏自治区地方志编纂委员会编 北京 中国藏学出版社 2008年 361页〔中华人民共和国地方志丛书〕

010778948
**西藏自治区志 第20卷 审判志**
西藏自治区地方志编纂委员会总编 西藏自治区高级人民法院编撰 北京 中国藏学出版社 2007年 547页〔中华人民共和国地方志丛书〕

012175058
**西藏自治区志 第21卷 测绘志**
西藏自治区地方志编纂委员会总编 西藏自治区志测绘志编纂委员会编撰 北京 中国藏学出版社 2009年 454页〔中华人民共和国地方志丛书〕

012140683
**西藏自治区志 第22卷 邮电志**
西藏自治区地方志编纂委员会总编 西藏自治区志邮电志编纂委员会编撰 北京 中国藏学出版社 2009年 462页〔中华人民共和国地方志丛书〕

012252752
**西藏自治区志 第24卷 政协志**
西藏自治区政协志编纂委员会编 北京 中国藏学出版社 2009年 573页

012545406
**西藏自治区志 第25卷 民政志**
西藏自治区地方志编纂委员会总编 西藏自治区志民政志编纂委员会编纂 北京 中国藏学出版社 2010年 781页〔中华人民共和国地方志丛书〕

012175061
**西藏自治区志 第26卷 城乡建设志**
西藏自治区地方志编纂委员会总编 西藏自治区志城乡建设志编纂委员会编撰 北京 中国藏学出版社 2011年 300页〔中华人民共和国地方志丛书〕

012971614
**西藏自治区志 第27卷 财政志**
西藏自治区地方志编纂委员会总编 西

藏自治区志财政志编纂委员会编撰
北京 中国藏学出版社 2011年 674
页〔中华人民共和国地方志丛书〕

012877294

**西藏自治区志 第28卷 卫生志**
西藏自治区地方志编纂委员会编 北京
中国藏学出版社 2011年 690页〔中
华人民共和国地方志丛书〕

013353520

**西藏自治区志 第29卷 检验检疫志**
西藏自治区地方志编纂委员会总编 西
藏自治区志检验检疫志编纂委员会
编撰 北京 中国藏学出版社 2012年
188页〔中华人民共和国地方志丛
书〕

013706909

**西藏自治区志 第30卷 共青团志**
西藏自治区地方志编纂委员会总编 西
藏自治区志共青团志编纂委员会编
纂 北京 中国藏学出版社 2012年
684页〔中华人民共和国地方志丛
书〕

013706905

**西藏自治区志 第31卷 文物志**
西藏自治区地方志编纂委员会总编 西
藏自治区志文物志编纂委员会编撰
北京 中国藏学出版社 2012年 2册
1456页〔中华人民共和国地方志丛
书〕

013630273

**西藏自治区志 第32卷 人大志**
西藏自治区地方志编纂委员会总编 西
藏自治区志人大志编纂委员会编撰
北京 中国藏学出版社 2011年 753
页〔中华人民共和国地方志丛书〕

012769667

**中国改革志 西藏卷**
黄奉初编 北京 人民日报出版社 2000
年 222页

011479280

**西藏消防志** 1961—2001
西藏自治区公安消防总队编 西藏 西藏
自治区公安消防总队 2001年 99页

009388419

**西藏自治区电力工业志 第9卷**
西藏自治区电力工业志编纂委员会编
北京 民族出版社 1995年 278页
〔中国电力工业志丛书〕

013236394

**中国建设银行西藏自治区分行志**
1954—2004
中国建设银行西藏自治区分行志编纂
委员会编 温州 浙江泰港印业有限公
司 2005年 486页

013630268

**西藏科技志**
徐正余主编 拉萨 西藏人民出版社

1995年 414页

007884686
**藏语简志**
金鹏主编 北京 民族出版社 1983年 198页〔中国少数民族语言简志丛书〕

008395214
**珞巴族语言简志 崩尼—博嘎尔语**
欧阳觉亚编著 北京 民族出版社 1985年 123页〔中国少数民族语言简志丛书〕

007562215
**中国歌谣集成 第6卷 西藏卷**
中国民间文学集成全国编辑委员会 中国歌谣集成西藏卷编辑委员会编 北京 中国ISBN中心 1995年 1091页〔十部文艺集成志书〕

009648711
**中国谚语集成 第16卷 西藏卷**
中国民间文学集成全国编辑委员会 中国民间文学集成西藏卷编辑委员会编 北京 中国ISBN中心 2001年 914页

009619502
**中国戏曲音乐集成 第19卷 西藏卷**
中国戏曲音乐集成编辑委员会 中国戏曲音乐集成西藏卷编辑委员会编 北京 中国ISBN中心 2003年 716页

012584282
**中国曲艺音乐集成 第26卷 西藏卷**
中国曲艺音乐集成全国编辑委员会 中国曲艺音乐集成西藏卷编辑委员会编 北京 中国ISBN中心 2007年 1014页

009649282
**中国民族民间舞蹈集成 第28卷 西藏卷**
中国民族民间舞蹈集成编辑部编 北京 中国ISBN中心 2000年 827页

012584251
**中国曲艺志 第15卷 西藏卷**
中国曲艺志全国编辑委员会 中国曲艺志西藏卷编辑委员会编 北京 中国ISBN中心 2007年 559页

008703984
**中国戏曲志 第19卷 西藏卷**
中国戏曲志编辑委员会编 北京 文化艺术出版社 1993年 725页〔十部文艺集成志书〕

010684786
**西藏民族志**
姚兆麟著 北京 中国藏学出版社 2006年 323页

007274615
**西藏风物志**
西藏人民出版社编著 拉萨 西藏人民出

版社 1985 年 213 页〔中国风物志丛书〕

009790397
**西藏风物志**
拉萨 西藏人民出版社 1999 年 190 页〔中国风物志丛书〕

001737315
**西藏风土志**
赤烈曲扎编 拉萨 西藏人民出版社 1982 年 299 页

009149400
**西藏自治区地名志**
中国地名委员会 西藏自治区人民政府编 北京 中国地名委员会 1993 年

011501603
**西藏水文志**
李代明主编 中共西藏自治区水文水资源勘测局党委 西藏自治区水文水资源勘测局编 西藏 西藏自治区水文水资源勘测局 1992 年 363 页

009818055
**西藏自治区区域地质志**
西藏自治区地质矿产局编 北京 地质出版社 1993 年 707 页〔地质专报 1 区域地质 第 31 号〕

001346829
**西藏苔藓植物志**
中国科学院青藏高原综合科学考察队编 北京 科学出版社 1985 年 581 页〔青藏高原科学考察丛书〕

001795204
**西藏鸟类志**
中国科学院青藏高原综合科学考察队编 北京 科学出版社 1983 年 353 页〔青藏高原科学考察丛书〕

009254021
**西藏夜蛾志**
陈一心 王保海 林大武编著 郑州 河南科学技术出版社 1991 年 460 页

009174469
**西藏自治区土种志**
西藏自志区土地管理局编著 北京 科学出版社 1994 年 317 页〔西藏土地资源调查丛书〕

009867315
**西藏果树种质资源志**
郑惠章等编著 北京 中国农业出版社 2004 年 338 页

011321085
**西藏江河志 洪灾录**
张玉初主编 拉萨 西藏人民出版社 2007 年 166 页

## 拉萨市

011584442
**拉萨市志**
拉萨市地方志编纂委员会编 北京 中国藏学出版社 2008年 2册 1888页〔中华人民共和国西藏自治区地方志丛书〕

010475956
**拉萨市政协志** 1959.12—2000.12
拉萨 2001年 579页

011294657
**拉萨邮政志**
西藏自治区拉萨市邮政局编 拉萨 西藏自治区拉萨市邮政局 2003年 441页

013732371
**西藏军区拉萨八一学校志**
西藏军区拉萨八一学校编 拉萨 西藏军区拉萨八一学校 2012年 369页

010468581
**拉萨文物志**
西藏自治区文物管理委员会编 拉萨 西藏自治区文物管理委员会 1985年 168页

012950472
**布达拉宫胜迹志**
布达拉宫管理处编 拉萨 布达拉宫管理处 1992年 111页

013236405
**中国人民解放军西藏军区总医院院志** 1949.11—2003.12
西藏军区总医院编 西藏 西藏军区总医院 2004年 703页

010473939
**拉萨土种志**
拉萨市农牧局编 拉萨 拉萨市农牧局 1991年 275页

### 城关区

012832289
**拉萨市城关区志**
西藏自治区地方志编纂委员会总编 西藏自治区拉萨市城关区地方志编纂委员会编撰 北京 中国藏学出版社 2010年 808页〔中华人民共和国西藏自治区地方志丛书〕

### 林周县

013601789
**林周县志**
西藏自治区地方志编纂委员会总编 西藏自治区林周县地方志编纂委员会

编撰 北京 中国藏学出版社 2012 年 857 页〔中华人民共和国西藏自治区地方志丛书〕

### 曲水县

013222175
**河曲水利志**
韩骏飞主编 北京 中国水利水电出版社 2011 年 343 页

### 堆龙德庆县

012714111
**堆龙德庆县志**
西藏自治区地方志编纂委员会总编 西藏自治区堆龙德庆县地方志编纂委员会编撰 北京 中国藏学出版社 2010 年 1054 页〔中华人民共和国西藏自治区地方志丛书〕

### 达孜县

013723469
**达孜县志**
西藏自治区地方志编纂委员会总编 西藏自治区达孜县地方志编纂委员会编撰 北京 中国藏学出版社 2013 年 737 页〔中华人民共和国西藏自治区地方志丛书〕

### 墨竹工卡县

012832599
**墨竹工卡县志**
西藏自治区地方志编纂委员会总编 西藏自治区墨竹工卡县地方志编纂委员会编撰 北京 中国藏学出版社 2010 年 808 页〔中华人民共和国西藏自治区地方志丛书〕

## 昌都地区

009769238
**昌都地区志**
西藏昌都地区地方志编纂委员会编 北京 方志出版社 2005 年 2 册〔中华人民共和国西藏自治区地方志丛书〕

013923905
**昌都地区邮电志**
昌都电信分公司 昌都移动通信分公司 昌都地区邮政局编 昌都 昌都地区邮电志编委会 2002 年 207 页

### 昌都县

012679044
**昌都县志**

西藏自治区昌都县地方志编纂委员会编 成都 巴蜀书社 2010年 1029页

## 江达县

012680234
**江达县志**
西藏自治区江达县地方志编纂委员会编 成都 巴蜀书社 2010年 736页

## 贡觉县

012679345
**贡觉县志**
西藏自治区贡觉县地方志编纂委员会编 成都 巴蜀书社 2010年 1067页

## 八宿县

013702854
**八宿县志**
西藏自治区地方志编纂委员会 西藏自治区昌都地区地方志编纂委员会总编 西藏自治区八宿县地方志编纂委员会编撰 成都 巴蜀书社 2012年 1056页

## 芒康县

011762902
**芒康县志**
西藏自治区芒康县地方志编纂委员会编 成都 巴蜀书社 2008年 470页〔中华人民共和国西藏自治区地方志丛书〕

# 山南地区

012051894
**山南地区志**
山南地区地方志编纂委员会编 北京 中华书局 2009年 2册〔中华人民共和国西藏自治区地方志丛书〕

## 乃东县

009554081
**乃东县志**
乃东县地方志编纂委员会编 北京 中国藏学出版社 2006年 883页〔中华人民共和国西藏自治区地方志丛书〕

010201421
**乃东县文物志**
西藏自治区文物管理委员会编 西藏 西藏自治区文物管理委员会 1986年 186页

### 扎囊县

010201435
**扎囊县文物志**
西藏自治区文物管理委员会编 扎囊 西藏自治区文物管理委员会 1986 年 298 页

### 桑日县

011892445
**桑日县志**
桑日县地方志编纂委员会编 北京 中国藏学出版社 2008 年 901 页〔中华人民共和国西藏自治区地方志丛书〕

010777078
**桑日县文物志**
土登朗嘎 强巴次仁主编 西藏山南地区文管会编 成都 成都科技大学出版社 1992 年 198 页

### 琼结县

012814165
**琼结县志**
西藏自治区地方志编纂委员会总编 西藏自治区琼结县地方志编纂委员会编撰 北京 中国藏学出版社 2010 年 868 页〔中华人民共和国西藏自治区地方志丛书〕

010201422
**琼结县文物志**
西藏自治区文物管理委员会编 西藏 西藏自治区文物管理委员会 1986 年 163 页

### 曲松县

011995419
**错那 隆子 加查 曲松县文物志**
索朗旺堆主编 霍巍 李永宪 更堆编写 拉萨 西藏人民出版社 1993 年 241 页〔西藏文物志丛书〕

### 加查县

012811566
**加查县志**
西藏自治区地方志编纂委员会总编 西藏自治区加查县地方志编纂委员会编撰 北京 中国藏学出版社 2010 年 848 页〔中华人民共和国西藏自治区地方志丛书〕

### 错那县

013726879
**错那县志**
西藏自治区地方志编纂委员会总编 西藏自治区错那县地方志编纂委员会编撰 北京 中国藏学出版社 2013 年 1153 页〔中华人民共和国西藏自治

001921236
**错那门巴语简志**

陆绍尊编著 北京 民族出版社 1986年 189页〔中国少数民族语言简志丛书〕

## 日喀则地区

013131116
**日喀则地区志**

西藏自治区地方志编纂委员会总编 西藏自治区日喀则地区地方志编纂委员会编撰 北京 中国藏学出版社 2011年 2册〔中华人民共和国西藏自治区地方志丛书〕

013706079
**日喀则地区电信志**

西藏自治区电信公司日喀则分公司编 日喀则 西藏自治区电信公司日喀则分公司 2007年 299页

010473949
**西藏自治区日喀则地区土种志**

日喀则 日喀则地区农牧局 1991年 106页

### 江孜县

009840376
**江孜县志**

江孜县地方志编纂领导小组编 北京 中国藏学出版社 2004年 783页〔中华人民共和国西藏自治区地方志丛书〕

### 定日县

013819252
**定日县志**

西藏自治区地方志编纂委员会总编 西藏自治区定日县地方志编纂委员会编撰 北京 中国藏学出版社 2013年 969页〔中华人民共和国西藏自治区地方志丛书〕

### 昂仁县

009313351
**昂仁县文物志**

索朗旺堆主编 李永宪 霍巍 尼玛编写 拉萨 西藏人民出版社 1992年 203页〔西藏地方文物志丛书〕

## 谢通门县

012545469
**谢通门县志**
西藏自治区地方志编纂委员会总编 西藏自治区谢通门县地方志编纂委员会编撰 北京 中国藏学出版社 2009年 682页〔中华人民共和国西藏自治区地方志丛书〕

011998140
**萨迦 谢通门县文物志**
索朗旺堆主编 陈建彬 丹扎 颜泽余编写 拉萨 西藏人民出版社 1993年 220页〔西藏文物志丛书〕

## 定结县

012003019
**亚东 康马 岗巴 定结县文物志**
索朗旺堆主编 何强 朱建中编写 拉萨 西藏人民出版社 1993年 154页〔西藏文物志丛书〕

## 亚东县

013961165
**亚东县志**
西藏自治区地方志编纂委员会总编 西藏自治区亚东县地方志编纂委员会编纂 北京 中国藏学出版社 2013年 956页〔中华人民共和国西藏自治区地方志丛书〕

## 吉隆县

011996723
**吉隆县文物志**
索朗旺堆主编 霍巍 李永宪 尼玛编写 拉萨 西藏人民出版社 1993年 213页〔西藏文物志丛书〕

# 那曲地区

013601849
**那曲地区志**
西藏自治区地方志编纂委员会总编 西藏自治区那曲地区地方志编纂委员会编撰 北京 中国藏学出版社 2012年 2册〔中华人民共和国西藏自治区地方志丛书〕

## 申扎县

013320961
**申扎县志**
西藏自治区地方志编纂委员会总编 西藏自治区申扎县地方志编纂委员会编撰 北京 中国藏学出版社 2012年

826 页〔中华人民共和国西藏自治区地方志丛书〕

# 阿里地区

012540667

**阿里地区志**

西藏自治区地方志编纂委员会总编 西藏自治区阿里地区地方志编纂委员会编撰 北京 中国藏学出版社 2009 年 2 册〔中华人民共和国西藏自治区地方志丛书〕

012657669

**阿里地区政协志**

阿里地区政协志编纂领导小组编撰 阿里地区地方志办公室总编 北京 中国藏学出版社 2010 年 292 页

013307270

**阿里地区邮电志**

西藏自治区阿里地区电信局编 成都 四川人民出版社 2002 年 310 页

009198572

**阿里金融志**

阿里金融志编纂委员会编 成都 四川人民出版社 2003 年 301 页

011995209

**阿里地区文物志**

索朗旺堆主编 李永宪 霍巍 更堆编写 拉萨 西藏人民出版社 1993 年 159 页

## 噶尔县

013860511

**噶尔县志**

西藏自治区地方志编纂委员会总编 西藏自治区阿里地区噶尔县志编纂委员会编 成都 巴蜀书社 2013 年 881 页

## 普兰县

013225560

**普兰县志**

西藏自治区地方志编纂委员会总编 西藏自治区阿里地区普兰县地方志编纂委员会编 成都 巴蜀书社 2011 年 724 页

# 林芝地区

010576708
**林芝地区志**
林芝地区地方志编纂委员会编 北京 中国藏学出版社 2006年 1031页〔中华人民共和国西藏自治区地方志丛书〕

010475888
**林芝地区邮电志**
李荣华 鲁选会总纂 西藏自治区林芝地区电信局 西藏自治区林芝地区邮政局编 成都 四川人民出版社 2001年 354页

## 工布江达县

012049342
**工布江达县志**
工布江达县地方志编纂委员会编 北京 中国藏学出版社 2008年 982页〔西藏自治区地方志丛书〕

## 米林县

012542675
**米林县志**
西藏自治区地方志编纂委员会总编 西藏自治区米林县地方志编纂委员会编撰 北京 中国藏学出版社 2009年 982页〔中华人民共和国西藏自治区地方志丛书〕

## 墨脱县

008395425
**仓洛门巴语简志**
张济川编著 北京 民族出版社 1986年 216页〔中国少数民族语言简志丛书〕

# 陕西省

006384377
**陕西省志**
陕西省地方志编纂委员会编 西安 陕西人民出版社 1993年〔中华人民共和国地方志丛书〕

007724494
**陕西省志 第1卷 大事记**
陕西省地方志编纂委员会编 西安 三秦出版社 1996年 595页〔中华人民共和国地方志丛书〕

012614041
**陕西省志 第1卷 大事志 1949—2009**
陕西省地方志编纂委员会编 西安 三秦出版社 2009年 731页〔陕西地方志丛书〕

008447385
**陕西省志 第1卷 历史大事记 讨论稿**
李登弟主编 张宪臣副主编 西安 陕西省社会科学院历史研究所 1987年 10册〔中华人民共和国地方志丛书〕

005544051
**陕西省志 第2卷 行政建置志**
吴镇烽编著 陕西省地方志编纂委员会编 西安 三秦出版社 1992年 751页〔中华人民共和国地方志丛书〕

008697704
**陕西省志 第3卷 地理志**
陕西省地方志编纂委员会编 西安 陕西人民出版社 2000年 882页〔中华人民共和国地方志丛书〕

010776991
**陕西省志 第3篇 金融志 城市信用 初稿**
1989年 2册

008697763
**陕西省志 第4卷 地质矿产志**
陕西省地方志编纂委员会编 西安 陕西

人民出版社 1993 年 306 页〔中华人民共和国地方志丛书〕

006583635
陕西省志 第 5 卷 黄土高原志
陕西省地方志编纂委员会编 西安 陕西人民出版社 1995 年 473 页〔中华人民共和国地方志丛书〕

008666952
陕西省志 第 6 卷 气象志 送审稿
陕西省地方志编纂委员会编 北京 气象出版社 1995 年 423 页〔中华人民共和国地方志丛书〕

008992755
陕西省志 第 6 卷 气象志
陕西省地方志编纂委员会编 北京 气象出版社 2001 年 459 页〔中华人民共和国地方志丛书〕

013936222
陕西省志 第 7 卷 经济 审计志 1990—2010
陕西省地方志编纂委员会编 西安 陕西人民出版社 2013 年 531 页〔陕西地方志丛书〕

008427898
陕西省志 第 7 卷 人口志
曹占泉编著 陕西省地方志编纂委员会主编 西安 三秦出版社 1986 年 350 页〔中华人民共和国地方志丛书〕

003801443
陕西省志 第 8 卷 地震志
陕西省地方志编纂委员会主编 宋立胜等编著 骆正乾 李金政绘 北京 地震出版社 1989 年 331 页〔中华人民共和国地方志丛书〕

013225797
陕西省志 第 8 卷 人民代表大会志 1991—2008
陕西省地方志编纂委员会编 西安 陕西人民出版社 2011 年 602 页〔陕西地方志丛书〕

012661834
陕西省志 第 8 卷 土地志
陕西省地方志编纂委员会编 西安 陕西人民出版社 2010 年 486 页〔中华人民共和国地方志丛书〕

011321177
陕西省志 第 9 卷 环境保护志
陕西省地方志编纂委员会编 西安 陕西科学技术出版社 2007 年 568 页〔中华人民共和国地方志丛书〕

006384388
陕西省志 第 9 卷 冶金工业志
曹向昱等编著 陕西省地方志编纂委员会主编 北京 冶金工业出版社 1991 年 425 页〔中华人民共和国地方志丛书〕

012899399

**陕西省志** 第11卷 军事志 1991—2005
陕西省地方志编纂委员会编 西安 三秦出版社 2010年 1100页〔陕西地方志丛书〕

007202279

**陕西省志** 第11卷 农牧志
陕西省地方志编纂委员会编 西安 陕西人民出版社 1993年 792页〔中华人民共和国地方志丛书〕

008427037

**陕西省志** 第12卷 林业志
陕西省地方志编纂委员会编 北京 中国林业出版社 1996年 709页〔中华人民共和国地方志丛书〕

008697872

**陕西省志** 第13卷 水利志
陕西省地方志编纂委员会编 西安 陕西人民出版社 1999年 774页〔中华人民共和国地方志丛书〕

008929099

**陕西省志** 第14卷 水土保持志
陕西省地方志编纂委员会编 西安 陕西人民出版社 2000年 634页〔中华人民共和国地方志丛书〕

012722251

**陕西省志** 第14卷 知识产权志
陕西省地方志编纂委员会编 西安 三秦出版社 2010年 373页〔陕西地方志丛书〕

008697829

**陕西省志** 第15卷 轻工业志
陕西省地方志编纂委员会编 西安 三秦出版社 1999年 708页〔中华人民共和国地方志丛书〕

008697810

**陕西省志** 第16卷 纺织工业志
陕西省地方志编纂委员会编 西安 三秦出版社 1993年 677页〔中华人民共和国地方志丛书〕

006548283

**陕西省志** 第17卷 煤炭志
陕西省地方志编纂委员会编 西安 陕西人民出版社 1993年 883页〔中华人民共和国地方志丛书〕

005536258

**陕西省志** 第18卷 石油化学工业志
白步义 侯沛等编著 陕西省地方志编纂委员会编 西安 陕西人民出版社 1991年 358页〔中华人民共和国地方志丛书〕

007883881

**陕西省志** 第19卷 电力工业志
陕西省地方志编纂委员会编 北京 中国电力出版社 1997年 649页〔中华人民共和国地方志丛书〕

008094653
**陕西省志 第 20 卷 有色金属工业志**
杜连山等编著 陕西省地方志编纂委员会编 西安 三秦出版社 1994 年 504 页〔中华人民共和国地方志丛书〕

008667320
**陕西省志 第 20 卷 黄金工业志**
陕西省地方志编纂委员会编 西安 陕西人民出版社 2000 年 470 页〔中华人民共和国地方志丛书〕

008612623
**陕西省志 第 22 卷 军事工业志**
陕西省地方志编纂委员会编 西安 陕西省地方志编纂委员会 2000 年 778 页〔中华人民共和国地方志丛书〕

012614025
**陕西省志 第 23 卷 建材工业志**
陕西省地方志编纂委员会编 西安 陕西科学技术出版社 2009 年 424 页〔中华人民共和国地方志丛书〕

008427026
**陕西省志 第 24 卷 建设志**
陕西省地方志编纂委员会编 西安 三秦出版社 1999 年 796 页〔中华人民共和国地方志丛书〕

009106139
**陕西省志 第 25 卷 乡镇企业志**
陕西省地方志编纂委员会编 西安 陕西人民出版社 2003 年 371 页〔中华人民共和国地方志丛书〕

008697814
**陕西省志 第 26 卷 公路志**
陕西省地方志编纂委员会编 西安 陕西人民出版社 2000 年 821 页〔中华人民共和国地方志丛书〕

007724492
**陕西省志 第 26 卷 航运志**
陕西省地方志编纂委员会主编 西安 陕西人民出版社 1996 年 677 页〔中华人民共和国地方志丛书〕

008928902
**陕西省志 第 26 卷 民航志**
陕西省地方志编纂委员会编 西安 西安地图出版社 2001 年 425 页〔中华人民共和国地方志丛书〕

007620811
**陕西省志 第 27 卷 铁路志**
李济洲等编著 陕西省地方志编纂委员会主编 西安 陕西人民出版社 1993 年 409 页〔中华人民共和国地方志丛书〕

008427033
**陕西省志 第 28 卷 邮电志**
陕西省地方志编纂委员会编 西安 三秦出版社 1998 年 797 页〔中华人民共和国地方志丛书〕

008842916
**陕西省志** 第29卷 商业志
陕西省地方志编纂委员会编 西安 陕西人民出版社 1999年 658页〔中华人民共和国地方志丛书〕

009881491
**陕西省志** 第30卷 经贸志
陕西省地方志编纂委员会编 西安 陕西人民出版社 2006年 452页〔中华人民共和国地方志丛书〕

008386596
**陕西省志** 第32卷 粮食志
崔振禄 李式蝶主编 陕西省地方志编纂委员会编 西安 陕西旅游出版社 1995年 466页〔中华人民共和国地方志丛书〕

010280094
**陕西省志** 第33卷 烟草志
陕西省地方志编纂委员会编 西安 陕西人民出版社 2006年 699页〔中华人民共和国地方志丛书〕

013731199
**陕西省志** 第34卷 税务志
陕西省地方志编纂委员会编 西安 三秦出版社 2011年 792页〔中华人民共和国地方志丛书〕

007724493
**陕西省志** 第35卷 固定资产投资管理志
陕西省地方志编纂委员会主编 西安 陕西人民出版社 1996年 462页〔中华人民共和国地方志丛书〕

006577160
**陕西省志** 第36卷 金融志
陕西省地方志编纂委员会编 西安 陕西人民出版社 1992年 606页〔中华人民共和国地方志丛书〕

007620818
**陕西省志** 第37卷 财政志
谢伯华等编著 陕西省地方志编纂委员会编 西安 陕西人民出版社 1994年 855页〔中华人民共和国地方志丛书〕

008388796
**陕西省志** 第38卷 计划志
陕西省地方志编纂委员会编 西安 陕西人民出版社 1995年 671页〔中华人民共和国地方志丛书〕

007620759
**陕西省志** 第39卷 测绘志
陕西省地方志编纂委员会编 陕西省测绘局编著 西安 西安地图出版社 1992年 709页〔中华人民共和国地方志丛书〕

008697864
**陕西省志** 第40卷 审计志
陕西省地方志编纂委员会编 西安 陕西

人民出版社 1997 年 518 页〔中华人民共和国地方志丛书〕

008598509
**陕西省志 第 41 卷 工商行政管理志**
陕西省地方志编纂委员会编 西安 陕西人民出版社 2000 年 354 页〔中华人民共和国地方志丛书〕

006761832
**陕西省志 第 42 卷 物价志**
赵景炎等编著 陕西省地方志编纂委员会编 北京 中国物价出版社 1992 年 485 页〔中华人民共和国地方志丛书〕

006947620
**陕西省志 第 43 卷 物资志**
陕西省地方志编纂委员会编 西安 陕西人民出版社 1994 年 398 页〔中华人民共和国地方志丛书〕

008994041
**陕西省志 第 44 卷 技术监督志**
陕西省地方志编纂委员会编 西安 三秦出版社 2001 年 700 页〔中华人民共和国地方志丛书〕

006583621
**陕西省志 第 45 卷 进出口商品检验志**
陕西省地方志编纂委员会编 西安 陕西人民出版社 1994 年 385 页〔中华人民共和国地方志丛书〕

008838026
**陕西省志 第 46 卷 统计志**
陕西省地方志编纂委员会编 陕西省志统计志编纂委员会编 西安 三秦出版社 2001 年 483 页〔中华人民共和国地方志丛书〕

009149282
**陕西省志 第 47 卷 中国共产党志**
陕西省地方志编纂委员会编 西安 陕西人民出版社 2002 年 2 册 1637 页〔中华人民共和国地方志丛书〕

012614005
**陕西省志 第 48 卷 民主党派志**
陕西省地方志编纂委员会编 西安 三秦出版社 2009 年 884 页〔中华人民共和国地方志丛书〕

008094654
**陕西省志 第 49 卷 人民代表大会志**
陕西省地方志编纂委员会主编 单修治主编 西安 陕西人民出版社 1994 年 212 页〔中华人民共和国地方志丛书〕

008426310
**陕西省志 第 50 卷 政务志**
陕西省地方志编纂委员会编 西安 陕西人民出版社 1997 年 928 页〔中华人民共和国地方志丛书〕

013225804
**陕西省志　第51卷　公安志**
陕西省志公安志编纂委员会编　西安　陕西人民出版社　2011年　1411页

011998183
**陕西省志　第52卷　司法行政志**
陕西省地方志编纂委员会主编　西安　三秦出版社　2009年　923页〔中华人民共和国地方志丛书〕

009106134
**陕西省志　第53卷　民政志**
陕西省地方志编纂委员会主编　西安　陕西人民出版社　2003年　820页〔中华人民共和国地方志丛书〕

008094655
**陕西省志　第54卷　劳动志**
陕西省地方志编纂委员会编　西安　陕西人民出版社　1994年　512页〔中华人民共和国地方志丛书〕

013795158
**陕西省志　第55卷　人事志**
陕西省地方志编纂委员会编　西安　陕西人民出版社　2012年　722页〔中华人民共和国地方志丛书〕

006761744
**陕西省志　第56卷　档案志**
苏盈等编著　陕西省地方志编纂委员会主编　西安　陕西人民出版社　1991年　342页〔中华人民共和国地方志丛书〕

009688439
**陕西省志　第57卷　检察志**
陕西省地方志编纂委员会编　西安　陕西人民出版社　2008年　447页〔中华人民共和国地方志丛书〕

007540999
**陕西省志　第58卷　审判志**
陕西省地方志编纂委员会编　西安　陕西人民出版社　1994年　736页〔中华人民共和国地方志丛书〕

008447383
**陕西省志　第59卷　军事志　初稿**
陕西省军区军事志办公室编　西安　陕西省军区军事志办公室　1993年

008697818
**陕西省志　第59卷　军事志**
陕西省地方志编纂委员会编　西安　陕西人民出版社　2000年　2册　1538页〔中华人民共和国地方志丛书〕

013461557
**陕西省志　第60卷　武警志**
陕西省地方志编纂委员会编　陕西　陕西省地方志编纂委员会　2008年　646页〔中华人民共和国地方志丛书〕

008094663
**陕西省志** 第61卷 政治协商会议志
刘永端主编 陕西省地方志编纂委员会编 西安 陕西人民出版社 1995年 299页〔中华人民共和国地方志丛书〕

009312600
**陕西省志** 第62卷 工会志
陕西省地方志编纂委员会编 西安 陕西人民出版社 2003年 704页〔中华人民共和国地方志丛书〕

011441942
**陕西省志** 第62卷 共青团志
陕西省地方志编纂委员会编 西安 陕西人民出版社 2007年 999页〔中华人民共和国地方志丛书〕

008838015
**陕西省志** 第62卷 妇女志
陕西省地方志编纂委员会编 西安 陕西人民出版社 2001年 588页〔中华人民共和国地方志丛书〕

009045900
**陕西省志** 第62卷 工商联志
陕西省地方志编纂委员会编 西安 西安出版社 2002年 671页〔中华人民共和国地方志丛书〕

009045915
**陕西省志** 第62卷 社科联志
陕西省地方志编纂委员会编 西安 西安地图出版社 2001年 511页〔中华人民共和国地方志丛书〕

012614015
**陕西省志** 第63卷 教育志
陕西省地方志编纂委员会编 西安 三秦出版社 2009年 2册〔中华人民共和国地方志丛书〕

008447381
**陕西省志** 第64卷 科学技术志 送审稿
陕西省科委科技志编辑室编 西安 陕西省科委科技志编辑室 1994年 4册 1232页

008388804
**陕西省志** 第64卷 科学技术志
陕西省地方志编纂委员会编 北京 中国科学技术出版社 1995年 1011页〔中华人民共和国地方志丛书〕

008838030
**陕西省志** 第65卷 文化艺术志
陕西省地方志编纂委员会编 西安 陕西人民出版社 2005年 1288页〔中华人民共和国地方志丛书〕

008386598
**陕西省志** 第66卷 文物志
陕西省地方志编纂委员会编 西安 三秦出版社 1995年 698页〔中华人民共和国地方志丛书〕

012099825

**陕西省志** 第 67 卷 旅游志

陕西省地方志编纂委员会编 董宪民卷主编 西安 陕西旅游出版社 2008 年 596 页〔中华人民共和国地方志丛书〕

007254630

**陕西省志** 第 69 卷 广播电视志

陕西省地方志编纂委员会编 北京 中国广播电视出版社 1993 年 593 页〔中华人民共和国地方志丛书〕

008427040

**陕西省志** 第 70 卷 出版志

陕西省地方志编纂委员会编 西安 三秦出版社 1998 年 839 页〔中华人民共和国地方志丛书〕

008598538

**陕西省志** 第 70 卷 报刊志

陕西省地方志编纂委员会编 西安 陕西人民出版社 2000 年 614 页〔中华人民共和国地方志丛书〕

008598539

**陕西省志** 第 71 卷 著述志 古代部分

陕西省地方志编纂委员会编 西安 三秦出版社 2000 年 504 页〔中华人民共和国地方志丛书〕

008697875

**陕西省志** 第 72 卷 卫生志

陕西省地方志编纂委员会编 西安 陕西人民出版社 1996 年 1068 页〔中华人民共和国地方志丛书〕

008427032

**陕西省志** 第 73 卷 体育志

陕西省地方志编纂委员会编 西安 陕西人民出版社 1995 年 718 页〔中华人民共和国地方志丛书〕

013629541

**陕西省志** 第 74 卷 民族志

陕西省地方志编纂委员会编 西安 陕西人民出版社 2012 年 322 页〔中华人民共和国地方志丛书〕

013629544

**陕西省志** 第 74 卷 宗教志

陕西省地方志编纂委员会编 西安 陕西人民出版社 2012 年 974 页〔中华人民共和国地方志丛书〕

009785314

**陕西省志** 第 75 卷 黄帝陵志

陕西省地方志编纂委员会编 西安 陕西人民出版社 2005 年 558 页〔中华人民共和国地方志丛书〕

006384283

**陕西省志** 第 76 卷 方言志（陕北部分）

刘育林著 陕西省地方志编纂委员会主编 西安 陕西人民出版社 1990 年 224 页〔中华人民共和国地方志丛

书〕

008842922
**陕西省志 第 77 卷 民俗志**
陕西省地方志编纂委员会编 西安 三秦出版社 2000 年 520 页〔中华人民共和国地方志丛书〕

008913723
**陕西省志 第 78 卷 外事志**
陕西省地方志编纂委员会编 西安 陕西人民出版社 2001 年 910 页〔中华人民共和国地方志丛书〕

008447376
**陕西省志 第 78 卷 外事志 古代篇 初稿**
陕西省人民政府外事办公室外事志编纂委员会编 西安 陕西省人民政府外事办公室外事志编纂委员会 1995 年

008447377
**陕西省志 第 78 卷 外事志 现代篇 1949—1991 初稿**
陕西省人民政府外事办公室陕西外事志办公室编 西安 陕西省人民政府外事办公室陕西外事志办公室 1997 年

008666967
**陕西省志 第 79 卷 人物志**
陕西省地方志编纂委员会编 西安 三秦出版社 1998 年〔中华人民共和国地方志丛书〕

012614028
**陕西省志 第 80 卷 炎帝志**
陕西省地方志编纂委员会编 西安 三秦出版社 2009 年 768 页〔中华人民共和国地方志丛书〕

008447372
**陕西省志 第 85 卷 技术监督志 计量卷 送审稿**
陕西省技术监督局编 西安 陕西省技术监督局 1995 年 306 页

009854372
**陕西出入境管理志**
陕西省公安厅出入境管理处编 西安 陕西省公安厅出入境管理处 2005 年 321 页〔陕西省公安史志丛书〕

009312594
**陕西警卫志**
余文兴主编 西安 陕西省公安厅警卫局 2002 年 487 页〔陕西省公安史志丛书〕

013731915
**汶川特大地震陕西抗震救灾志**
陕西省地方志编纂委员会编 西安 三秦出版社 2012 年 1114 页〔陕西地方志丛书〕

011328407
**陕西监狱志**
陕西省监狱管理局编 西安 陕西省监狱

管理局 1998年 530页〔陕西地方志资料丛书〕

008637878
**陕西省防空志** 1934—1990
陕西省人民防空办公室编 西安 陕西省人民防空办公室 1999年 296页〔陕西省地方志资料丛书〕

013959352
**陕西武警志 第四支队志**
中国人民武装警察部队陕西省总队第四支队志编审委员会编 2004年 405页〔武警陕西省总队史志丛书〕

013131201
**陕西省印刷物资供销志** 1949—1998 征求意见稿
陕西省印刷物资总公司志编纂委员会编 陕西 陕西省印刷物资总公司志编纂委员会 1998年 318页〔陕西省出版史志丛书〕

013629547
**陕西畜牧业志**
陕西省农牧厅畜牧局 陕西省畜牧业志编委办公室编著 西安 三秦出版社 1992年 243页

011584832
**陕西农垦志**
陕西省农垦事业管理局 陈焕廷 王福顺 陈锡祚编著 西安 三秦出版社 1990年 206页

013602008
**陕西纺织科学技术志** 上古—1990
陕西省纺织工业总公司编 西安 陕西科学技术出版社 1995年 403页〔陕西地方志丛书〕

011320302
**陕西纺织器材研究所志** 1965—1990
陕西纺织器材研究所编 咸阳 陕西纺织器材研究所 1992年 215页

013794971
**陕西省电力工业志** 1991—2002
陕西省电力公司编 北京 中国电力出版社 2013年 632页〔中国电力工业志丛书〕

008298338
**陕西省电力工业志**
陕西省电力工业志编纂委员会编 北京 中国电力出版社 1996年 695页〔中国电力工业志丛书〕

008298334
**西北电力工业志 第1卷**
西北电力工业志编委会编 北京 中国电力出版社 1997年 815页〔中国电力工业志丛书〕

010010015
**西北电力建设志**

西北电力建设志编委会编 北京 中国电力出版社 1997 年 556 页〔中国电力工业志丛书〕

007984429
**陕西省道路交通管理志**
陕西省地方志编纂委员会编 西安 陕西人民出版社 1997 年 699 页〔陕西省地方志资料丛书〕

008844072
**陕西省纺织品商业志** 1949—1988
陕西省纺织品公司编 西安 陕西省纺织品公司 1992 年 216 页〔陕西地方志丛书〕

013629536
**陕西钱币简史**
田荣著 西安 陕西人民出版社 1991 年 189 页〔陕西地方志资料丛书〕

013629533
**陕西出版史志资料选编**
陕西出版史志资料选编编辑部编 西安 陕西人民出版社 1989 年 97 页

008845134
**陕西教育志资料续编** 第 2 卷
杨生枝主审 杨汉名 魏天纬主编 陕西省教育委员会编 西安 三秦出版社 2000 年 1104 页

013795148
**陕西教育志资料选编**
陕西省教育厅陕西教育志编写办公室编 西安 陕西省教育厅陕西教育志编写办公室 1985—1986 年 2 册

013795152
**陕西教育志资料选编**
陕西省教育厅陕西教育志编纂办公室编 西安 陕西人民出版社 1987—1988 年 2 册〔陕西地方志资料丛书〕

008850611
**中国谚语集成** 第 11 卷 陕西卷
中国民间文学集成全国编辑委员会 中国民间文学集成陕西卷编辑委员会编 北京 中国 ISBN 中心 2000 年 834 页

009844804
**陕西民间歌曲资料** 陕北地区
中国民间歌曲集成陕西卷编委会编 西安 中国民间歌曲集成陕西卷编委会 1964 年 66 页

008706629
**中国民间歌曲集成** 第 21 卷 陕西卷
中国民间歌曲集成全国编辑委员会 中国民间歌曲集成陕西卷编辑委员会编 北京 中国 ISBN 中心 1994 年 2 册 1551 页〔十部文艺集成志书〕

011762126
**中国戏曲音乐集成** 第28卷 陕西卷
中国戏曲音乐集成编辑委员会 中国戏曲音乐集成陕西卷编辑委员会编 北京 中国ISBN中心 2005年 2册 2155页

007853261
**中国曲艺音乐集成** 第1卷 陕西卷
中国曲艺音乐集成全国编辑委员会 中国曲艺音乐集成陕西卷编辑委员会编 北京 中国ISBN中心 1995年 2册 1761页〔十部文艺集成志书〕

004341349
**中国民族民间器乐曲集成** 第6卷 陕西卷
中国民族民间器乐曲集成全国编辑委员会主编 中国民族民间器乐曲集成陕西卷编辑委员会编纂 北京 人民音乐出版社 1992年 2册 1859页〔十部文艺集成志书〕

013996094
**中华舞蹈志** 第16卷 陕西卷
中华舞蹈志编辑委员会编 上海 学林出版社 2014年 471页

007366679
**中国民族民间舞蹈集成** 第5卷 陕西卷
中国民族民间舞蹈集成编辑部编 北京 中国ISBN中心 1995年 1098页〔十部文艺集成志书〕

012798980
**中国曲艺志** 第21卷 陕西卷
中国曲艺志全国编辑委员会 中国曲艺志陕西卷编辑委员会编 北京 中国ISBN中心 2009年 922页

008637928
**陕西省戏剧志**
鱼讯主编 陕西省戏剧志编纂委员会编 西安 三秦出版社 1994—2000年 11册

012140375
**陕西省戏剧志** 第1卷 省直卷
鱼讯主编 陕西省戏剧志编纂委员会编 西安 三秦出版社 2000年 1003页

012140720
**陕西省戏剧志** 第5卷 渭南地区卷
鱼讯主编 陕西省戏剧志编纂委员会编 西安 三秦出版社 1994年 432页

012140735
**陕西省戏剧志** 第7卷 榆林地区卷
鱼讯主编 陕西省戏剧志编纂委员会编 西安 三秦出版社 1998年 294页

012140755
**陕西省戏剧志** 第10卷 安康地区卷
鱼讯主编 陕西省戏剧志编纂委员会编 西安 三秦出版社 1994年 420页

007461165
**中国戏曲志 第4卷 陕西卷**
中国戏曲志编辑委员会 中国戏曲志陕西卷编辑委员会编 北京 中国ISBN中心 1995年 977页〔十部文艺集成志书〕

009392904
**陕西电影志**
陕西省文化厅编 西安 陕西省文化厅 1999年 519页〔陕西省志 文化艺术志 第5篇〕

008914096
**川陕苏区人物志**
何光表 魏继红编 北京 中国社会出版社 1992年 550页

009018401
**陕西高级医药卫生专家人名志**
卢希谦 刘爱梅主编 辛智科常务副主编 孙忠年 郝润英 戴芝莲副主编 陕西省卫生志编纂委员会办公室编 西安 陕西科学技术出版社 1995年

002986543
**中国地方志民俗资料汇编 西北卷**
丁世良 赵放主编 白玉良等编 北京 书目文献出版社 1989年 369页

011584836
**陕西省水文志**
陕西省水文水资源勘测局编 北京 中国水利水电出版社 2007年 423页〔陕西省地方志 水利志丛书〕

009700352
**陕西省地震监测志**
陕西省地震局编 北京 地震出版社 2005年 258页〔中国地震监测志系列〕

009553285
**中国西北地区风沙志**
李耀辉 祝小妮 冯建英主编 北京 气象出版社 2004年 229页

005985656
**大巴山西段早古生代地层志**
李耀西等编著 北京 地质出版社 1975年 384页

002523409
**陕西省区域地质志**
陕西省地质矿产局编 北京 地质出版社 1989年 698页〔地质专报 1 区域地质 第13号〕

008994047
**陕甘宁盆地植物志**
乐天宇 徐纬英著 钱崇澍 陈嵘校 北京 中国林业出版社 1957年 276页

013185707
**陕西省植被志**
陕西省地方志编纂委员会编 西安 西安

地图书版社 2011年 622页〔陕西地方志资料丛书〕

007936438
中国古生物志 陕北中生代延长层植物群
斯行健著 中国科学院古生物研究所 古脊椎动物研究室编辑 北京 科学出版社 1956年 273页〔中国古生物志 总号第139册 新甲种 第5号〕

012814152
秦岭兽类志
郑生武 宋世英主编 北京 中国林业出版社 2010年 464页

011295876
中国陕西鸟类图志
孙承骞主编 王万云等副主编 西安 陕西科学技术出版社 2007年 340页

007664840
陕西省经济昆虫图志 鳞翅目 蝶类
西北农学院植物保护系编 西安 陕西人民出版社 1978年 123页

009330478
西北农林蚜虫志 昆虫纲 同翅目 蚜虫类
张广学主编 北京 中国环境科学出版社 1999年 565页

002924112
秦岭巴山天然药物志
李世全主编 西安 陕西科学技术出版社 1987年 922页

006007044
陕西中药志
中国医学科学院陕西分院中医研究所编 西安 陕西人民出版社 1961年

011324964
陕西省经济昆虫志 贮粮昆虫
陕西省动物志昆虫志编委会编 西安 陕西科学技术出版社 1981年 141页

009996172
中国牡丹品种图志 西北 西南 江南卷
李嘉珏主编 北京 中国林业出版社 2006年 205页

005203518
陕西树木志
牛春山主编 北京 中国林业出版社 1990年 1285页

010280123
陕西林木病虫图志
陕西省农林科学院林业研究所编著 西安 陕西人民出版社 1977年 218页

013342506
陕西省地方家畜家禽品种志
陕西省地方家畜家禽品种志编辑委员

会编著 西安 三秦出版社 2011 年 138 页

013666974
**中国油气田开发志 第 23 卷 西北油气区卷**
中国油气田开发志总编纂委员会编 北京 石油工业出版社 2011 年 343 页

013667080
**中国油气田开发志 第 23 卷 西北油气区油气田卷**
中国油气田开发志总编纂委员会编 北京 石油工业出版社 2011 年 295 页

008228879
**陕西黄河小北干流志**
陕西黄河小北干流志编纂委员会编 郑州 黄河水利出版社 1999 年 326 页

# 西安市

007791009
**西安市志**
西安市地方志编纂委员会编 西安 西安出版社 1996 年〔陕西地方志丛书〕

009046408
**西安市志 第 1 卷 总类**
西安市地方志编纂委员会编 西安 西安出版社 2000 年 624 页〔陕西地方志丛书〕

008856446
**西安市志 第 2 卷 城市基础设施**
西安市地方志编纂委员会编 西安 西安出版社 2000 年 816 页〔陕西地方志丛书〕

009348228
**西安市志 第 3 卷 经济（上）**
西安市地方志编纂委员会编 西安 西安出版社 2003 年 915 页〔陕西地方志丛书〕

010522346
**西安市志 第 4 卷 经济（下）**
西安市地方志编纂委员会编 西安 西安出版社 2004 年 952 页〔陕西地方志丛书〕

008856433
**西安市志 第 5 卷 政治军事**
西安市地方志编纂委员会编 西安 西安出版社 2000 年 864 页〔陕西地方志丛书〕

009045920
**西安市志 第 6 卷 科教文卫**
西安市地方志编纂委员会编 西安

出版社 2002年 938页〔陕西地方志丛书〕

009995080
**西安市志 第7卷 社会 人物**
西安市地方志编纂委员会编 西安 西安出版社 2006年 974页〔陕西地方志丛书〕

008844102
**大慈恩寺志**
陈景富主编 西安 三秦出版社 2000年 627页

013706883
**西安统计志**
袁华表主编 西安 西安统计局 1999年 286页

012663846
**中国共产党西安市委员会志** 1925.10—2002.7
中共西安市委办公厅编 西安 中共西安市委办公厅 2004年 785页

008637969
**西安市工会志**
西安市工会志编纂委员会编 西安 西安市工会志编纂委员会 1997年 358页

009337863
**西安市人民代表大会志** 1949.7—1997.5
西安市人民代表大会志编纂委员会 郝树茂主编 西安 西安出版社 1998年 568页〔西安市地方志专业志丛书〕

008598478
**西安市人事志**
西安市人事局编纂 西安 西安出版社 1993年 193页〔西安市专业志丛书〕

013865246
**西安铁路公安处志** 1949—2009
西安铁路公安处编制 西安 西安铁路局西安印刷厂 2011年 381页

013603424
**〔未央区〕民政志**
未央区民政志编纂委员会编 未央区 未央区民政志编纂委员会 1999年 313页〔西安市未央区地方志丛书〕

013603430
**西安政府法制志** 1986—2009
西安政府法制志编纂组编 西安 西安煤航信息产业有限公司 2010年 177页

009190505
**中国人民武装警察部队工程学院志**
武警工程学院志编纂办公室编 张险峰主编 西安 三秦出版社 2001年 551页

013660106
**陕西武警志 总队医院志**
中国人民武装警察部队陕西省总队医院志编审委员会编 西安 中国人民武装警察部队陕西省总队医院志编审委员会 2004 年 191 页

009198562
**西安市军事志**
西安市军事志编纂委员会编 西安 三秦出版社 2003 年 1051 页〔西安市地方志丛书〕

008993412
**彩虹志**
中国彩虹编委会编 陕西 陕西彩色显像管总厂 1992 年 277 页

009378285
**长庆油田志** 1970—1985
长庆油田志编纂委员会编 庆阳 长庆油田志编纂委员会 1989 年 954 页

013897195
**国营西北第六棉纺织厂志** 1955—1987
国营西北第六棉纺织厂志编纂委员会编 西安 国营西北第六棉纺织厂志编纂办公室 1988 年 322 页

013145626
**国营西北第五棉纺织厂志** 1954—1986
西北五棉志编辑室编 西安 国营西北第五棉纺织厂 1987 年 419 页

013731060
**秦川厂志** 1953—1986
秦川厂志编写办公室编辑 西安 秦川厂志编写办公室 1988 年 978 页

010730165
**陕鼓厂志** 1987—1997
陕西鼓风机(集团)有限公司厂志编辑委员会编 陕西 陕西鼓风机(集团)有限公司厂志编辑委员会 1998 年 429 页

012208173
**陕汽厂志** 1968—2003
陕西汽车集团有限责任公司编 西安 陕西汽车集团有限责任公司 2005 年 676 页

013067168
**陕西省建筑工程总公司志** 1950—1990
陕西省建筑工程总公司修志办编 陕西 陕西省建筑工程总公司 1995 年 623 页

013145366
**神华电力通信志** 1985.10—1998.12
神华电力通信志编纂委员会编 陕西 神华电力通信志编纂委员会 1998 年 265 页

012956035
**唐华四棉志** 1956—2005
陕西唐华四棉有限责任公司编 陕西 陕

西唐华四棉有限责任公司 2006 年 486 页

011320004
**西安变压器电炉厂志** 1958—1986
西安变压器电炉厂修志办公室编 西安 西安变压器电炉厂修志办公室 1988 年 524 页

009340830
**西安电力电容器厂厂志** 1953—1985
西安 西安电力电容器厂 1988 年 310 页

008994025
**西安电力机械制造公司志** 1953—1986
西安电力机械制造公司志编辑部编辑 西安 西安电力机械制造公司 1988 年 562 页〔陕西地方志丛书〕

009337844
**西安电力机械制造公司志** 1987—2000
白武勤主编 刘向宇 陈玉亭副主编 西安 西安电力机械制造公司志编辑部 2003 年 578 页

011320273
**西安高压电瓷厂志** 1953—1988
王占和 何恩生主编 西安高压电瓷厂志编纂办公室编 西安 西安高压电瓷厂 1991 年 512 页

011320833
**西安高压电瓷厂志** 1989—2001
西安 西安高压电瓷厂 2004 年 338 页

008637972
**西安供电志** 1917—1997
西安供电志编纂委员会编 北京 中国电力出版社 1999 年 557 页〔陕西省电力工业志丛书〕

013072616
**西安供电志** 1998—2007
西安供电局编 西安 西安供电局 2008 年 378 页

011311009
**西安煤炭经营志** 1911—1990
西安市燃料总公司编 西安 西安市燃料总公司 1993 年 339 页

012684929
**西安三棉志** 1954—2009
西安三棉纺织有限责任公司编 西安 西安三棉纺织有限责任公司 2009 年 432 页

012052403
**西安商业志**
西安市商业贸易委员会编 西安 西安市商业贸易委员会 2001 年 297 页〔西安地方志丛书〕

013706879
**西安市第二印刷厂志** 1896—1996
厂志编纂委员会编 西安 西安市第二印刷厂厂志编纂委员会 1996年 278页

012140671
**西安探矿机械厂志** 1958—2007
于吉祥主编 西安 西安探矿机械厂 2008年 306页

008863910
**西安印钞厂志**
西安印钞厂志编辑委员会编 北京 中国金融出版社 1993年 442页〔中国印钞造币志丛书〕

011793024
**西安印钞厂志** 1991—2000
西安印钞厂志编辑委员会编 北京 中国金融出版社 2002年 470页〔中国印钞造币志丛书〕

009414963
**西安造纸网厂志** 1965—1993
厂志编纂委员会编 西安 西安造纸网厂 1997年 352页

008994020
**西化厂志** 1858—1987
西化厂志编辑室编辑 西安 国营西安化工厂 1988年 353页

008190701
**中国石油地质志** 第12卷 长庆油田
长庆油田石油地质志编写组编 北京 石油工业出版社 1992年 490页

013689496
**中国水利水电建设集团公司志** 中国水利水电第三工程局卷 1958—2006
中国水利水电建设集团公司史志编辑委员会编 北京 中国电力出版社 2012年 619页

013961398
**中国水利水电建设集团公司志** 中国水电建设集团十五工程局有限公司卷 1952—2006
中国水利水电建设集团公司史志编辑委员会编 北京 中国电力出版社 2013年 446页

008492910
**西安古代交通志**
西安市交通局史志编纂委员会编 西安 陕西人民出版社 1997年 797页〔中华人民共和国地方志丛书〕

008492911
**西安铁路分局志** 1905—1990
西安铁路分局史志编纂委员会编 西安 西安铁路分局史志编纂委员会 1997年 815页

012636509
**中铁一局集团有限公司志** 1996—2009
中铁一局集团有限公司志编纂委员会编 西安 西安出版社 2010年 731页

008637899
**陕西省道路交通管理志 第7卷 西安分志**
陕西省道路交通管理志西安分志编纂委员会编 西安 陕西人民出版社 2000年 872页〔陕西省地方志资料丛书〕

008844068
**西信厂志**
西安铁路信号工厂编 西安 西安铁路信号工厂 1989年

007347877
**西安邮政简志**
史海生主编 史瑞龙 周正龙副主编 西安 陕西人民出版社 1992年 193页

013959576
**五环集团志** 1987—2007
五环(集团)实业有限责任公司编 西安 陕西德兴印务印刷厂 2007年 257页

008993429
**西安市职工技协志** 1964—1991
西安 陕西人民教育出版社 1993年 356页

008487355
**西安市教育志**
西安市教委教育志编纂办公室编 西安 陕西人民出版社 1995年 730页〔西安市教育丛书〕

013994025
**西安市第八十九中学百年校志** 1912—2012
西安市第八十九中学校志编委会编 2012年 498页

012767014
**西安电力学校志** 1953—1993
西安电力学校编 西安 西安电力学校 1993年 316页

013630264
**西安旅游职业学校校志**
西安旅游职业学校校志编辑委员会编 西安 西安旅游职业学校校志编辑委员会 1993年 68页

012140401
**陕西省戏剧志 第2卷 西安市卷**
鱼讯主编 陕西省戏剧志编纂委员会编 西安 三秦出版社 1998年 1015页

011584852
**陕西省戏曲研究院院志**
杨兴主编 陕西省戏曲研究院院志编纂委员会编 西安 三秦出版社 1998年 412页

011327678
**西安电影志**
西安市电影发行放映公司编 西安 西安市电影发行放映公司 1992 年 421 页

011376211
**长安地志**
刘安琴著 西安 西安出版社 2007 年 325 页〔古都西安〕

012662492
**西安六十年图志** 1949.5—2009.5
西安市地方志办公室编 西安 西安出版社 2010 年 2 册

008542632
**陕西省西安市地名志**
西安市地名委员会 西安市民政局编 西安 西安市民政局 1986 年 428 页

005101459
**西安市地理志**
陕西师范大学地理系编 西安 陕西人民出版社 1988 年 514 页

011310520
**丽山古迹名胜志**
张自修编著 丽山 丽山旅游读物编委会 1985 年 344 页

007885122
**秦始皇帝陵志**
陕西省地方志编纂委员会编 西安 三秦出版社 1997 年 325 页〔陕西省地方志资料丛书〕

009046103
**秦始皇帝陵志**
陕西省地方志编纂委员会编 西安 三秦出版社 1997 年 311 页〔陕西省地方志资料丛书〕

007572591
**西安市地震志**
西安市地震局编 北京 地震出版社 1991 年 134 页〔西安市专业志丛书〕

009415085
**西北勘测设计研究院志** 1950—1996
西北勘测设计研究院志编纂委员会编 北京 中国电力出版社 2000 年 841 页

012100062
**西安植物志**
谢寅堂 王玛丽 赵桂彷主编 西安 陕西科学技术出版社 2007 年 750 页

006049718
**秦岭鸟类志**
郑作新著 北京 科学出版社 1973 年 242 页

009817940
**陕西省卫生学校校志** 1951—1991

陕西省卫生学校编 西安 陕西省卫生学校 1991年 204页

011294824
**陕西省中医药研究院陕西省中医医院志** 1956—2006
陕西省中医药研究院陕西省中医医院志编纂委员会编 陕西 陕西省中医药研究院陕西省中医医院志编纂委员会 2006年 780页

013630266
**西安市精神卫生中心志** 1957—1997
西安市精神卫生中心志编纂委员会编 西安 西安市精神卫生中心志编纂委员会 1997年 161页

011311487
**西安铁路成人中等卫生学校(中国铁道建筑总公司西安医院)志** 1984—1995
西安卫校(医院)史志编审委员会编 西安 西安卫校(医院)史志编审委员会 2000年 138页

008845125
**陕西省药品检验所志** 1974—1993
陕西省药品检验所编 西安 陕西人民出版社 1994年 206页

013096579
**西安市红十字会医院志** 1911—2011
西安市红十字会医院志编纂委员会编 西安 西安市红十字会医院 2011年 345页

008542846
**西安市卫生志**
西安市卫生志编纂委员会编 西安 西安出版社 1994年 255页〔西安市专业志丛书〕

011329807
**西安市卫生志续篇** 1990—2000
西安市卫生局卫生志编纂委员会编 西安 西安出版社 2004年 816页〔西安市专业志丛书〕

013630168
**中国油气田开发志 第12卷 长庆油气区卷**
中国油气田开发志总编纂委员会编 北京 石油工业出版社 2011年 550页

008442959
**西北电力设计院志** 1856—1995
西北电力设计院志编纂委员会编 西北电力设计院志编纂委员会 1995年 724页

013603439
**西北电力设计院志** 1996—2005
西北电力设计院志编纂委员会编 西北电力设计院志编纂委员会 2007年 720页

008672868

**中国建筑西北设计研究院志** 1952—1996

中国建筑西北设计研究院志编委会编 西安 陕西人民出版社 2001年 701页〔中国建筑工程总公司企业志系列丛书 11〕

013797371

**中国建筑西北设计研究院志** 1997.1—2012.3

中国建筑西北设计研究院志（续一）编辑组编 西安 陕西人民出版社 2012年 660页〔中国建筑西北设计研究院纪念建院六十周年系列丛书 1〕

008838292

**西安建筑科技大学志** 1956—2000

西安建筑科技大学志编委会编 西安 陕西人民出版社 2001年 942页

013133809

**西安建筑科技大学志** 1999—2010

西安建筑科技大学志编委会编 西安 三秦出版社 2011年 1408页

008637961

**西安市城建系统志**

西安市城建系统方志编纂委员会编 西安 西安市城建系统方志编纂委员会 2000年 722页

008793340

**西安市水利志**

西安市水利志编纂委员会编 西安 陕西人民出版社 1999年 518页〔陕西地方志 水利志丛书〕

012954962

**〔三门峡〕库区图志**

马文泉主编 陕西省三门峡库区管理局编 陕西 陕西省三门峡库区管理局 2007年 150页

011295662

**陕西省三门峡库区志**

翟新才主编 陕西省三门峡库区管理局编 北京 中国水利水电出版社 2007年 583页〔陕西地方志 水利志丛书〕

010779113

**陕西省水利电力勘测设计研究院志**

陕西省水利电力勘测设计研究院志编纂委员会编著 北京 中国水利水电出版社 2006年 438页〔陕西地方志 水利志丛书〕

012638940

**陕西师范大学著作志**

郭福堂 周莲芳主编 西安 陕西师范大学出版社 1994年 347页

## 未央区

009010240
**未央区志** 送审稿
未央区地方志编委会编 未央区 未央区地方志编委会 199u年

009411661
**未央区志**
西安市未央区地方志编纂委员会编 西安 陕西人民出版社 2004年 1278页

012542636
**六村堡乡志**
六村堡乡志编纂委员会编 西安 六村堡乡志编纂委员会 1996年 305页〔西安未央区地方志丛书〕

012722207
**三桥村志**
三桥村志编纂委员会编 西安 三桥村志编纂委员会 2009年 356页〔西安市未央区地方志丛书〕

013755964
**三桥街道志** 1994—2005
三桥街道志编纂委员会编 西安 三桥街道志编纂委员会 2008年 356页〔西安市未央区地方志丛书〕

009338007
**三桥镇志**
三桥镇志编纂委员会编 西安 陕西人民出版社 2002年 562页〔西安市未央区地方志丛书〕

012662319
**谭家乡志**
谭家乡志编纂委员会编 2000年 412页〔西安市未央区地方志丛书〕

013630247
**五一村志**
五一村志编纂委员会编 五一村志编纂委员会 2011年 375页

013661599
**张家堡街道志**
张家堡街道志编纂小组编 西安 张家堡街道志编纂委员会 1997年 115页〔西安市未央区地方志丛书〕

013606592
**中共未央区委党校志** 1958—2009
中共西安市未央区委党校志编纂委员会编 西安 中共西安市未央区委党校志编纂委员会 2009年 113页〔西安市未央区地方志丛书〕

012663825
**[西安市未央区]政协志** 1955.1—1993.12
西安市未央区政协志编委会编 西安 西安市未央区政协志编委会 1998年 114页〔西安市未央区地方志丛书〕

011320330
**西安市未央区教育志** 1912—1989
李跻群主编 王智才主审 史柯华 陈永安 赵永荫副主审 西安 陕西人民出版社 1992 年 221 页〔西安市教育志丛书〕

## 新城区

008994249
**新城区志**
新城区志编纂委员会办公室编 新城区 新城区志编纂委员会办公室 1998 年 27 册

008598548
**新城区志**
新城区区志编纂委员会编 西安 三秦出版社 2000 年 925 页〔陕西省地方志丛书〕

008667324
**太华路街志** 1955—1998
西安市新城区太华路街志编纂委员会编 陕西 1998 年 345 页〔西安市地方丛书〕

009817945
**西安市新城区教育志**
新城区教育志编纂办公室编 西安 陕西人民出版社 1992 年 243 页〔西安市教育志丛书〕

## 碑林区

008992818
**碑林区志** 初审稿
碑林区地方志办公室编 西安 碑林区地方志办公室 2000 年

009046136
**碑林区志**
西安市碑林区地方志编纂委员会编 西安 三秦出版社 2003 年 995 页〔陕西地方志丛书〕

013822943
**西安市碑林区志** 1994—2008
西安市碑林区地方志编纂委员会编 西安 三秦出版社 2012 年 814 页〔陕西地方志丛书〕

013090749
**北沙坡村志**
北沙坡村志编委会编 西安 陕西人民出版社 2011 年 206 页

008542636
**西安市碑林区地名录**
西安市碑林区人民政府地名办公室编 西安 西安市碑林区地名办公室 1982 年 242 页

## 莲湖区

010573593

**莲湖区志 终审稿**

莲湖区地方志编纂委员会办公室编 西安 莲湖区地方志编纂委员会办公室 2000 年 26 册〔陕西地方志丛书〕

008923265

**莲湖区志**

西安市莲湖区地方志编纂委员会编 西安 三秦出版社 2001 年 923 页〔陕西地方志丛书〕

008835428

**西安市莲湖区教育志**

莲湖区教育志编纂办公室编 西安 陕西人民出版社 1993 年 274 页〔西安市教育志丛书〕

009433661

**西安市莲湖区地名录**

西安市莲湖区地名办公室编 西安 西安市莲湖区地名办公室 1984 年 143 页

## 灞桥区

008866277

**灞桥区志 送审稿**

灞桥区志编纂委员会办公室编 灞桥区 灞桥区志编纂委员会办公室 1996—1999 年 30 册

009337936

**灞桥区志**

西安市灞桥区志编纂委员会编 西安 三秦出版社 2003 年 1019 页〔陕西地方志丛书〕

013660297

**十里铺街道志**

十里铺街道志编纂委员会编 西安 十里铺街道志编纂委员会 2007 年 430 页〔西安市灞桥区地方志丛书〕

009387334

**西安市灞桥区教育志**

灞桥区教育志编纂办公室编 西安 陕西人民出版社 1997 年 342 页〔西安市教育志丛书〕

008542682

**西安市灞桥区地名志**

灞桥区地名志编纂办公室编 灞桥区 灞桥区地名志编纂办公室 1990 年 158 页

## 雁塔区

009337968

**雁塔区志 初审稿**

雁塔区 1998 年 30 册

009024889

**雁塔区志**

西安市雁塔区地方志编纂委员会编 西

安 三秦出版社 2003年 895页〔陕西地方志丛书〕

013863590
**曲江乡志**
曲江乡志编纂委员会 车宝仁主编 西安 西安地图出版社 2012年 244页〔西安市地方志丛书〕

012684937
**西安市雁塔区军事志**
西安市雁塔区军事志编纂委员会编 西安 西安市雁塔区军事志编纂委员会 2006年 250页

008542685
**西安市雁塔区地名录**
西安 西安市雁塔区地名工作办公室 1985年 144页

## 阎良区

009046100
**阎良区志**
阎良区地方志编纂委员会编 西安 三秦出版社 2002年 1080页〔陕西地方志丛书〕

008116872
**关山镇志**
孙玉亭主持 郭仪撰稿 陕西省地方志编纂委员会主编 西安 陕西人民出版社 1991年 190页〔陕西地方志丛书〕

## 临潼区

005591299
**临潼县志**
陕西省临潼县志编纂委员会编 上海 上海人民出版社 1991年 1370页〔陕西省地方志丛书〕

013000333
**临潼政协志**
政协西安市临潼区第十一届委员会编 临潼区 政协西安市临潼区第十一届委员会 2009年 349页

012723003
**西安市临潼区军事志** 前4000—2005
西安市临潼区军事志编纂委员会编 西安 临潼区军事志编纂委员会 2010年 408页

013627751
**西安市临潼县华清中学校志** 1938—1988
张兆庆主编 临潼 华清中学 1989年 241页

## 长安区

008612650
**长安县志**
长安县地方志编纂委员会编 西安 陕西人民教育出版社 1999年 939页〔陕

西省地方志丛书〕

009442073
**长安区军事志**
西安市长安区军事志编纂委员会编 西安 西安市长安区军事志编纂委员会 2004年 468页〔西安市地方志丛书〕

009687219
**长安县邮电志** 1890—1997
长安县邮电志编纂委员会编 长安 长安县邮电局 1999年 374页

012503694
**长安教育志**
西安市长安区教育局教育志编纂委员会编 西安 西安出版社 2009年 634页〔西安市教育志丛书〕

013402895
**长安县水利志**
长安县水利志编纂组编 西安 陕西师范大学出版社 1996年 361页〔陕西地方志水利志丛书〕

## 蓝田县

007486925
**蓝田县志**
蓝田县地方志编纂委员会编 西安 陕西人民出版社 1994年 858页〔陕西地方志丛书〕

012049501
**蓝田县军事志** 前704—2005
蓝田县军事志编纂委员会编 蓝田 蓝田县军事志编纂委员会 2009年 343页

010201230
**蓝田县农村信用合作社志**
蓝田信用合作联社编 蓝田 蓝田信用合作联社 1994年 218页

008542385
**陕西省蓝田县地名志**
蓝田县人民政府编 蓝田 蓝田县人民政府 1986年 322页

006484074
**中国古生物志 陕西蓝田公王岭更新世哺乳动物群**
胡长康 齐陶著 北京 科学出版社 1978年 64页〔中国古生物志 总号第155册 新丙种 第21号〕

008928884
**蓝田县水利志**
蓝田县水利志编写组编 蓝田 蓝田县水利志编写组 1992年 274页〔陕西地方志水利志丛书〕

## 周至县

006562098
**周至县志**
周至县志编纂委员会编 西安 三秦出版

社 1993 年 680 页〔陕西地方志丛书〕

012769680
**周至县林业志**
周至县林业志编纂委员会编 周至 周至县林业志编纂委员会 2010 年 346 页

013134086
**周至税务志**
周至县国家税务局编 周至 周至县国家税务局 2008 年 200 页

012636498
**周至县地名志**
周至县地名志编纂委员会 周至县民政局编 周至 周至县地名志编纂委员会 周至县民政局 2008 年 286 页

## 户县

013222244
**户县人民代表大会志** 1949—2010
户县人民代表大会常务委员会编 户县 户县人民代表大会常务委员会 2011 年 822 页

013897574
**户县审判志**
户县审判志编纂委员会编 2000 年 289 页〔户县地方志丛书〕

009244995
**户县军事志**
户县军事志编纂委员会编 陕西 陕西天一考试印务有限责任公司 2003 年 604 页〔户县地方志丛书〕

013756018
**陕西省户县城乡建设志**
户县城乡建设志编纂委员会编 户县 户县城乡建设志编纂委员会 1991 年 146 页

013010709
**西安市户县教育志**
户县教育志编纂办公室编 西安 陕西人民 1991 年 166 页〔西安市教育志丛书〕

013143950
**户县第一中学志** 1941—1991
户县第一中学志编委会编 户县 户县第一中学 2011 年 172 页

009688434
**户县文物志**
户县文物志编纂委员会编 西安 陕西人民教育出版社 1995 年 289 页

008542623
**陕西省户县地名志**
户县地名志编纂办公室编 户县 户县地名志编纂办公室 1987 年 316 页

013140915
**草堂寺志**
草堂寺志编委会编 史生辉主编 户县 陕西省户县草堂寺 2005年 665页

013415273
**户县水利志** 送审稿
户县水利志编纂领导小组编 户县 户县水利志编纂领导小组 1990年 437页〔陕西省地方志水利志丛书〕

### 高陵县

008866649
**高陵县水利志**
高陵县水利志编写组编 高陵 高陵县水利志编写组 1995年 123页〔陕西地方志水利志丛书〕

013703940
**高陵县税务志**
高陵县税务局编写 高陵 高陵县税务局 1987年 183页

013626436
**高陵县文化体育志**
高陵县文化体育志编纂委员会编 高陵 高陵县文化体育志编纂委员会 2012年 338页

008542064
**陕西省高陵县地名志**
高陵县地名工作办公室编 高陵 高陵县地名工作办公室 1984年 197页

013626432
**高陵县建设志**
高陵县建设局编 高陵 高陵县建设局 2006年 297页

## 铜川市

007819185
**铜川市志**
张立主编 铜川市地方志编纂委员会编 西安 陕西师范大学出版社 1997年 1066页

008992919
**铜川工商联志** 1943—1991
陕西省铜川市工商业联合会编 铜川 陕西省铜川市工商业联合会 1992年 60页〔陕西省铜川市地方志丛书〕

013321028
**铜川法院志** 1943—1986
陕西省铜川市中级人民法院铜川法院志编辑室编 铜川 陕西省铜川市中级

人民法院铜川法院志编辑室 1989 年 162 页

009399142
**铜川市军事志**
铜川市军事志编纂委员会编 铜川 铜川市军事志编纂委员会 2003 年 458 页

013775735
**铜川市审计志**
铜川市审计志编纂委员会编 西安 三秦出版社 2012 年 410 页 〔陕西地方志资料丛书〕

008992906
**铜川市物资志**
铜川市物资局编 铜川 铜川市物资局 1990 年 161 页

013863859
**铜川市土地志**
铜川市土地志编纂委员会编 铜川 铜川市新闻出版管理局 2001 年 441 页

013959445
**铜川市农业志**
铜川市农业志编纂委员会编 西安 三秦出版社 2013 年 472 页 〔铜川市地方志丛书〕

008866660
**铜川市水利志**
铜川市水利水土保持局水利志编纂领导小组编 铜川 铜川市水利水土保持局水利志编纂领导小组 1991 年 220 页 〔陕西省铜川市地方志丛书〕

013775740
**铜川市水利志**
铜川市水利志编纂委员会编 西安 三秦出版社 2012 年 450 页 〔陕西地方志资料丛书〕

008453780
**陕西省道路交通管理志 第 8 卷 铜川分志**
邢四喜主编 陕西省道路交通管理志铜川分志编纂委员会编 西安 陕西人民出版社 1997 年 336 页 〔陕西省地方志资料丛书〕

009348223
**铜川市公路交通志**
铜川市公路交通志编纂委员会编 西安 陕西人民出版社 2004 年 335 页 〔陕西省铜川市地方志丛书〕

008992909
**铜川石油商业志**
陕西省石油公司铜川分公司编 铜川 陕西省石油公司铜川分公司 1989 年 187 页 〔陕西省铜川市地方志丛书〕

008992915
**铜川市外贸志**
铜川外贸志编写组 铜川 1989 年 60 页

〔陕西省铜川市地方志丛书〕

008992902
**铜川市财政志**
铜川市财政局编 铜川 铜川市财政局 1990年 151页〔陕西省铜川市地方志丛书〕

013462674
**铜川市金融志**
铜川市金融志编纂办公室编 铜川 铜川市金融志编纂办公室 1988年 186页〔陕西省地方志丛书〕

008992912
**铜川市科学技术志**
铜川市科学技术志编纂委员会编 铜川 铜川市科学技术志编纂委员会 1990年 139页〔陕西省铜川市地方志丛书〕

013462670
**铜川市教育志**
铜川市教育志编纂委员会编 西安 陕西人民教育出版社 2000年 420页〔陕西地方志丛书〕

014052301
**铜川市景丰中学志**
铜川市景丰中学志编纂委员会编 2006年 289页

011188646
**铜川市郊区民间歌谣谚语集成**
铜川市郊区文化馆编 1987年 74页

012140744
**陕西省戏剧志 第8卷 铜川市卷**
鱼讯主编 陕西省戏剧志编纂委员会编 西安 三秦出版社 1996年 451页

008992716
**陕西省铜川市地理志**
陕西师范大学地理系铜川市地理志编写组编 西安 陕西人民出版社 1990年 297页

013959447
**铜川市人民医院志** 1949—2011
铜川市人民医院志编纂委员会编 铜川 铜川市人民医院 2013年 421页

009106179
**铜川市环境保护志**
铜川市环境保护志局编 铜川 铜川市环境保护志局 1990年 118页

## 耀州区

008386605
**耀县志**
耀县志编纂委员会编 北京 中国社会出版社 1997年 533页〔陕西地方志丛书〕

## 王益区

012174960
**铜川市王益区军事志** 前221—2005
王益区军事志编纂委员会编 陕西 王益区军事志编纂委员会 2008年 254页

## 印台区

012051986
**铜川市印台区军事志** 1980—2005
铜川市印台区军事志编纂委员会编 铜川 铜川市印台区军事志编纂委员会 2008年 240页

008992920
**铜川郊区苹果志**
铜川市郊区政协文史资料委员会铜川市郊区科委(协) 苹果生产办公室 蒙憬主编 西安 三秦出版社 1991年 156页〔铜川郊区文史 第11辑〕

## 宜君县

005536241
**宜君县志**
宜君县志编纂委员会编 西安 三秦出版社 1992年 815页〔陕西省地方志丛书〕

012175161
**宜君县军事志** 前215—2005
宜君县军事志编纂委员会编 陕西 宜君县军事志编纂委员会 2008年 309页

013961183
**宜君县林业志** 1949—2012
宜君县林业志编纂委员会编 西安 三秦出版社 2013年 426页

013775241
**神华陕西集华柴家沟矿业有限公司志** 1992—2009
神华陕西集华柴家沟矿业有限公司志编纂委员会编 2009年 320页

# 宝鸡市

008426894
**宝鸡市志**
宝鸡市地方志编纂委员会编 西安 三秦出版社 1998年 3册〔陕西地方志丛书〕

008417696
**宝鸡市统计志**
陕西省宝鸡市统计局编 宝鸡 宝鸡市统计局 1990年 198页〔宝鸡市部门志丛书 43〕

013788238
**宝鸡市人口和计划生育志**
宝鸡市人口和计划生育志编纂小组编 2012年 592页

008417656
**[中国共产党宝鸡市]中心工作志**
中国共产党宝鸡市委员会编 1990年 330页

013379660
**中国共产党宝鸡市委员会宣传志** 1997—2010
中共宝鸡市委宣传部编 宝鸡 中共宝鸡市委宣传部 2011年 264页

008993841
**宝鸡市农民组织志**
中共宝鸡市委农村研究室编志办公室编 宝鸡 中共宝鸡市委农村研究室编志办公室 1989年 17页〔宝鸡市部门志丛书〕

008993981
**陕西省宝鸡市妇女组织志** 1907—1987
宝鸡市妇女联合会编 宝鸡 宝鸡市妇女联合会 1988年 199页〔宝鸡市部门志丛书 58〕

008417728
**宝鸡市人民代表大会志**
宝鸡市人大常委会办公室编 宝鸡 宝鸡市人大常委会办公室 1988年 412页〔宝鸡市部门志丛书 53〕

012753153
**宝鸡市政协志**
宝鸡市政协志编纂委员会编 宝鸡 宝鸡市政协志编纂委员会 2007年 739页〔陕西地方志丛书〕

008417764
**宝鸡市监察志**
陕西省宝鸡市监察局编 宝鸡 宝鸡市监察局 1991年 85页〔宝鸡市部门志丛书 92〕

012662398
**汶川特大地震陕西宝鸡水利抗震救灾志**
宝鸡市水利局编 杨凌 西北农林科技大学出版社 2010年 255页

012871825
**宝鸡市民主党派志**
领导小组编纂 宝鸡 民主党派志编纂领导小组 1988年 93页〔宝鸡市部门志丛书 55〕

013369099
**宝鸡市残疾人事业志** 1989—2010
宝鸡市残疾人事业志编纂委员会编 宝鸡 宝鸡市残疾人事业志编纂委员会 2011年 288页

008417651
宝鸡市信访志 1951.6—1985.12
宝鸡市信访志编纂小组编 宝鸡 宝鸡市信访志编纂小组 1988 年 40 页 〔宝鸡市部门志丛书 72〕

011066732
宝鸡市法院志
陕西省宝鸡市中级人民法院编 宝鸡 陕西省宝鸡市中级人民法院 2001 年 618 页

008418406
宝鸡司法志
宝鸡市司法局编 宝鸡 宝鸡市司法局 1996 年 168 页 〔宝鸡市部门志丛书 119〕

013923576
宝鸡市国有资产监督管理志 1991—2010
宝鸡市国有资产监督管理志编纂委员会编 宝鸡 陕西省岐山彩色印刷厂 2013 年 417 页 〔宝鸡市二轮志书部门志丛书 21〕

008418321
宝鸡市工商业者组织志
宝鸡市工商业者组织志编纂领导小组编 宝鸡 宝鸡市工商业者组织志编纂领导小组 1988 年 155 页 〔宝鸡市部门志丛书 60〕

009251636
宝鸡市工商行政管理志
宝鸡市工商行政管理志编纂办公室编 宝鸡 宝鸡市工商行政管理志编纂办公室 1988 年 148 页

008417738
宝鸡市劳动志
宝鸡市劳动局编志领导小组编 宝鸡 宝鸡市劳动局编志领导小组 1993 年 255 页 〔宝鸡市部门志丛书 64〕

008993843
宝鸡市乡镇企业志
宝鸡市乡镇企业志编纂办公室编 宝鸡 宝鸡市乡镇企业志编纂办公室 1989 年 177 页 〔宝鸡市部门志丛书 12〕

008417798
宝鸡市房地产志
宝鸡市房地产管理办公室编 宝鸡 宝鸡市房地产管理办公室 1989 年 414 页 〔宝鸡市部门志丛书 27〕

008417742
宝鸡市公用事业志
宝鸡市公用事业志编纂办公室编 宝鸡 宝鸡市公用事业志编纂办公室 1992 年 183 页 〔陕西地方志丛书 宝鸡市部门志丛书 25〕

008417684
宝鸡市畜牧志

宝鸡市畜牧局畜牧志编纂委员会编 宝鸡 宝鸡市畜牧局畜牧志编纂委员会 1988年 210页〔宝鸡市部门志丛书87〕

008993834
**[宝鸡市消防器材厂]厂志** 1959—1985
宝鸡市消防器材厂厂志办公室编辑 宝鸡 宝鸡市消防器材厂 1987年 216页

008993837
**宝鸡发电厂志** 1956—1985
宝鸡发电厂志编纂领导小组主编 宝鸡 宝鸡发电厂 1988年 204页〔陕西地方志丛书〕

008844083
**宝鸡供电志**
宝鸡供电志编纂委员会编 西安 三秦出版社 1993年 114页〔陕西地方志丛书〕

008417787
**宝鸡机械工业志** 1937—1985
陕西省宝鸡市机械工业局编 宝鸡 陕西省宝鸡市机械工业局 1990年 318页

008426900
**宝鸡卷烟厂志**
陕西省烟草志编纂委员会编 西安 陕西人民出版社 1998年 561页〔陕西省烟草志丛书1〕

013308898
**宝鸡石油钢管厂厂志** 1958—1985
宝鸡石油钢管厂厂志编写组编 宝鸡 宝鸡石油钢管厂厂志编写组 1986年 187页

008417745
**宝鸡市纺织工业志**
鹿汉荣编纂 宝鸡市纺织工业办公室主编 宝鸡 宝鸡市纺织工业办公室 1991年 286页〔宝鸡市部门志丛书20〕

008793288
**宝鸡市烟草志**
陕西省烟草志编纂委员会编 西安 陕西人民出版社 2000年 617页〔陕西省烟草志丛书〕

008417754
**宝鸡市烟酒工业志**
宝鸡市轻工业局主编 宝鸡 宝鸡市轻工业局 1989年 162页〔宝鸡市专业志丛书〕

008993988
**宝鸡市一轻工业志**
宝鸡市轻工业局主编 宝鸡 宝鸡市轻工业局 1989年 311页〔宝鸡市部门志丛书〕

013377070
**陕棉十二厂志** 1986—1998

陕棉十二厂志编纂委员会编 宝鸡 陕棉十二厂志编纂委员会 1998 年 357 页

013922890
**宝鸡车务段志** 1938—1996
西安铁路分局宝鸡车务段编 西安 西北大学印刷厂 1997 年 284 页

008417814
**宝鸡铁路交通志** 1935—1990
西安铁路分局史志编纂委员会编 西安 西安铁路分局史志编纂委员会 1991 年 258 页〔宝鸡市部门志丛书 30〕

013308894
**宝鸡古代道路志**
王开主编 宝鸡市公路交通史志编写办公室编 西安 陕西人民出版社 1988 年 191 页

009251458
**宝鸡市公路交通志**
宝鸡市交通史志编写办公室编 宝鸡 宝鸡市交通史志编写办公室 1988 年 452 页

008453782
**陕西省道路交通管理志** 第 3 卷 宝鸡分志
陕西省道路交通管理志宝鸡分志编纂委员会编 西安 陕西人民出版社 1998 年 575 页〔陕西省地方志资料丛书〕

008418290
**宝鸡市外事旅游志**
宝鸡市外事旅游局编 宝鸡 宝鸡市外事旅游局 1989 年 156 页〔宝鸡市部门志丛书 67〕

009251404
**宝鸡市邮电志**
宝鸡市邮电志编纂领导小组编 宝鸡 宝鸡市邮电志编纂委员会 1987 年 295 页

008418254
**宝鸡市供销合作社志**
宝鸡市供销合作供销志办公室编 宝鸡 宝鸡市供销合作供销志办公室 1987 年 240 页〔宝鸡市部门志丛书 57〕

008418266
**宝鸡市医药商业志** 1949—1987
宝鸡市医药公司编 宝鸡 宝鸡市医药公司 1988 年 219 页〔宝鸡市部门志丛书 23〕

008993986
**陕西省宝鸡市粮食志**
宝鸡市粮食局粮食志编纂领导小组编 宝鸡 宝鸡市粮食局粮食志编纂领导小组 1988 年 259 页〔宝鸡市部门志丛书 38〕

009251766
**宝鸡市物价志** 前 2300—1989

宝鸡市物价局物价志编纂领导小组编 宝鸡 宝鸡市物价局物价志编纂领导小组 1990年 269页

008418263
**宝鸡市商业志**
宝鸡市商业志编纂领导小组编 宝鸡 宝鸡市商业志编纂领导小组 1992年 433页〔宝鸡市部门志丛书 33〕

009251594
**宝鸡市对外经济贸易志** 1838—1988
宝鸡市对外经济贸易局编 1991年 178页

008993982
**宝鸡市财政志**
宝鸡市财政志编纂领导小组编 宝鸡 宝鸡市财政志编纂领导小组 1988年 154页〔宝鸡市部门志丛书 34〕

008417831
**宝鸡市税务志** 1745—1987
宝鸡市税务局编 宝鸡 宝鸡市税务局 1989年 283页〔宝鸡市部门志丛书 37〕

013787977
**宝鸡金融志** 1988—2010
宝鸡金融志编纂委员会编 宝鸡 宝鸡金融志编纂委员会 2013年 699页

008417948
**宝鸡市金融志**
宝鸡市金融志编纂办公室编 宝鸡 宝鸡市金融志编纂办公室 1990年 435页〔宝鸡市部门志丛书 37〕

008418310
**陕西省宝鸡市广播电视志**
宝鸡市广播电视局 彭光乾 赵瑞轩主编 宝鸡 宝鸡市广播电视局 1986年 159页〔宝鸡市部门志丛书 78〕

008418240
**宝鸡市档案志**
宝鸡市档案志编纂小组编 宝鸡 宝鸡市档案志编纂小组 1988年 140页〔宝鸡市部门志丛书 75〕

008793286
**宝鸡市教育志**
关鸿英主编 宝鸡市教育委员会编 西安 三秦出版社 1998年 611页〔陕西地方志丛书〕

013923828
**宝鸡中学校志**
惠树才编纂 2000年 514页

012753159
**宝鸡中学校志**
吴文博主编 宝鸡中学校志编纂委员会编 宝鸡 宝鸡中学校志编纂委员会 2010年 577页

013377106
**陕西广播电视大学宝鸡市分校校志**
1979—2009
陕西广播电视大学宝鸡市分校校志编纂委员会编 陕西 陕西广播电视大学宝鸡市分校 2009年 451页

009251647
**宝鸡市体育志**
宝鸡市体育运动委员会编 宝鸡 宝鸡市体育运动委员会 1990年 367页

012140452
**陕西省戏剧志 第3卷 宝鸡市卷**
鱼讯主编 陕西省戏剧志编纂委员会编 西安 三秦出版社 1996年 563页

008096649
**陕西省宝鸡市地理志**
陕西师大地理系宝鸡市地理志编写组编 西安 陕西人民出版社 1987年 330页

008418297
**宝鸡市气象志**
徐玉祥编纂 李民权审订 宝鸡 1987年 168页〔宝鸡市部门志丛书 5〕

008418279
**宝鸡市中医医院志** 1939—1987
宝鸡市中医医院志办公室编 西安 陕西人民出版社 1989年 234页

008417842
**宝鸡市卫生志** 前1122—1990
宝鸡市卫生志编纂委员会编 宝鸡 宝鸡市卫生志编纂委员会 1995年 512页〔宝鸡市部门志丛书 118〕

008417637
**宝鸡市水利志**
宝鸡市水利水保局水利志编纂领导小组办公室编 宝鸡 宝鸡市水利水保局水利志编纂领导小组办公室 1987年 449页〔宝鸡市部门志丛书 11〕

013402835
**宝鸡市水利志**
宝鸡市水利志编纂委员会编 西安 陕西人民出版社 2012年 2册

013660117
**陕西中烟工业有限责任公司宝鸡卷烟厂志** 1996—2008
宝鸡卷烟厂志编纂委员会编 西安 陕西人民出版社 2011年 574页

010777062
**冯家山水库志**
宝鸡市冯家山水库管理局水库志编辑领导小组编辑室编 宝鸡 宝鸡市冯家山水库管理局水库志编辑领导小组编辑室 1992年 384页〔陕西地方志水利志丛书〕

009790412

**冯家山水库志**

宝鸡市冯家山水库管理局编 西安 陕西人民出版社 2004年 531页〔陕西地方志水利志丛书〕

009840235

**石头河水库志**

石头河水库志编纂委员会编 北京 中国水利水电出版社 2005年 401页〔陕西地方志 水利志丛书〕

## 金台区

007488693

**宝鸡市金台区志**

宝鸡市金台区地方志编纂委员会编 西安 陕西人民出版社 1993年 783页〔陕西地方志丛书〕

011762861

**联盟村志**

联盟村志编纂委员会编 北京 华夏文化出版社 1999年 403页〔陕西地方志丛书〕

013183678

**金台区政协志**

金台区政协志编纂委员会编 金台区 金台区政协志编纂委员会 2011年 308页〔宝鸡地方志丛书〕

012809896

**宝鸡市金台区军事志** 前7100—2005

宝鸡市金台区军事志编纂委员会编 宝鸡 金台区军事志编纂委员会 2009年 547页

## 渭滨区

008416655

**宝鸡市渭滨区志**

宝鸡市渭滨区地方志编纂委员会编 西安 陕西人民出版社 1996年 587页〔陕西地方志丛书〕

012955911

**燃灯寺村志**

燃灯寺村志编纂委员会编 燃灯寺村 燃灯寺村志编纂委员会 2003年 660页〔陕西地方志丛书〕

013757990

**永清村志**

永清村志编纂委员会编 宝鸡 宝鸡市文舫印务有限责任公司 2009年 571页

013818234

**宝鸡市渭滨区人口和计划生育志** 1971—2010

宝鸡市渭滨区人口和计划生育志编纂委员会编 宝鸡 宝鸡市渭滨区人口和计划生育志编纂委员会 2013年 269页〔宝鸡市渭滨区地方志丛书〕

013369103
宝鸡市公安局渭滨公安志
公安渭滨分局公安志编纂委员会编 宝鸡 公安渭滨分局公安志编纂委员会 2008年 425页〔陕西地方志丛书〕

## 陈仓区

008612645
宝鸡县志
宝鸡县志编纂委员会编 西安 陕西人民出版社 1996年 1080页〔陕西地方志丛书〕

004139812
宝鸡县志 财税金融志
宝鸡县县志编纂委员会编 宝鸡 宝鸡县县志编纂委员会 1988年 92页〔陕西省地方志丛书 11〕

004135864
宝鸡县志 城乡建设志
宝鸡县县志编纂委员会编 宝鸡 宝鸡县县志编纂委员会 1988年 61页〔陕西省地方志丛书 13〕

004139809
宝鸡县志 大事记
宝鸡县县志编纂委员会编 宝鸡 宝鸡县县志编纂委员会 1988年 84页〔陕西省地方志丛书 24〕

004135866
宝鸡县志 党派群团志
宝鸡县县志编纂委员会编 宝鸡 宝鸡县县志编纂委员会 1988年 100页〔陕西省地方志丛书 14〕

004129921
宝鸡县志 地理志
宝鸡县县志编纂委员会编 宝鸡 宝鸡县县志编纂委员会 1988年 207页〔陕西省地方志丛书 1〕

004135871
宝鸡县志 工业志
宝鸡县县志编纂委员会编 宝鸡 宝鸡县县志编纂委员会 1988年 68页〔陕西省地方志丛书 8〕

004135870
宝鸡县志 交通邮电志
宝鸡县县志编纂委员会编 宝鸡 宝鸡县县志编纂委员会 1988年 118页〔陕西省地方志丛书 9〕

008714105
宝鸡县志 经济管理志
宝鸡县县志编纂委员会编 宝鸡 宝鸡县县志编纂委员会 1988年 112页〔陕西省地方志丛书〕

004135868
宝鸡县志 军事志
宝鸡县县志编纂委员会编 宝鸡 宝鸡县

县志编纂委员会 1988 年 53 页〔陕西省地方志丛书 17〕

004129924
**宝鸡县志 科技志**
宝鸡县县志编纂委员会编 宝鸡 宝鸡县县志编纂委员会 1988 年 38 页〔陕西省地方志丛书 22〕

004129928
**宝鸡县志 粮食志**
宝鸡县县志编纂委员会编 宝鸡 宝鸡县县志编纂委员会 1988 年 54 页〔陕西省地方志丛书 6〕

004129929
**宝鸡县志 林业志**
宝鸡县县志编纂委员会编 宝鸡 宝鸡县县志编纂委员会 1988 年 60 页〔陕西省地方志丛书 4〕

004129925
**宝鸡县志 农业志**
宝鸡县县志编纂委员会编 宝鸡 宝鸡县县志编纂委员会 1988 年 168 页〔陕西省地方志丛书 3〕

004129922
**宝鸡县志 人口志**
宝鸡县县志编纂委员会编 宝鸡 宝鸡县县志编纂委员会 1988 年 61 页〔陕西省地方志丛书 2〕

004129926
**宝鸡县志 人物志**
宝鸡县县志编纂委员会编 宝鸡 宝鸡县县志编纂委员会 1988 年 121 页〔陕西省地方志丛书 23〕

004139811
**宝鸡县志 商业志**
宝鸡县县志编纂委员会编 宝鸡 宝鸡县县志编纂委员会 1988 年 81 页〔陕西省地方志丛书 10〕

004129923
**宝鸡县志 社会志**
宝鸡县县志编纂委员会编 宝鸡 宝鸡县县志编纂委员会 1988 年 95 页〔陕西省地方志丛书 16〕

004129927
**宝鸡县志 水利水保志**
宝鸡县县志编纂委员会编 宝鸡 宝鸡县县志编纂委员会 1988 年 97 页〔陕西省地方志丛书 5〕

004135869
**宝鸡县志 体育志**
宝鸡县县志编纂委员会编 宝鸡 宝鸡县县志编纂委员会 1988 年 41 页〔陕西省地方志丛书 21〕

004139808
**宝鸡县志 文化志**
宝鸡县县志编纂委员会编 宝鸡 宝鸡县

县志编纂委员会 1988 年 84 页〔陕西省地方志丛书 18〕

004139810
**宝鸡县志 文物胜迹志**
宝鸡县县志编纂委员会编 宝鸡 宝鸡县县志编纂委员会 1988 年 97 页〔陕西省地方志丛书 19〕

004135873
**宝鸡县志 乡镇企业志**
宝鸡县县志编纂委员会编 宝鸡 宝鸡县县志编纂委员会 1988 年 48 页〔陕西省地方志丛书 7〕

004135872
**宝鸡县志 医疗卫生志**
宝鸡县县志编纂委员会编 宝鸡 宝鸡县县志编纂委员会 1988 年 72 页〔陕西省地方志丛书 20〕

004135867
**宝鸡县志 政权志**
宝鸡县县志编纂委员会编 宝鸡 宝鸡县县志编纂委员会 1988 年 153 页〔陕西省地方志丛书 15〕

013313481
**陈仓政协志**
中国人民政治协商会议宝鸡市陈仓区委员会文史资料委员会编 宝鸡 中国人民政治协商会议宝鸡市陈仓区委员会文史资料委员会 2007 年 298 页

012173674
**宝鸡市陈仓区军事志** 前 1039—2005
宝鸡市陈仓区军事志编纂委员会编 西安 陕西人民出版社 2009 年 380 页

009091777
**宝鸡县税务志**
陕西省宝鸡县税务局编 宝鸡 宝鸡县务局 1989 年 286 页〔陕西地方志丛书〕

013037963
**陈仓财政志** 1986—2010
宝鸡市陈仓区财政局编 宝鸡 陈仓区财政局 2011 年 450 页〔宝鸡市陈仓区地方志丛书〕

013923937
**陈仓区地方税务志** 1995—2010
陈仓区地方税务志编纂领导小组编 宝鸡 陈仓区地方税务局 2012 年 401 页〔宝鸡市陈仓区地方志丛书〕

013751482
**西城高中校志** 1946—2009
西城高中校志编纂委员会编 2009 年 180 页〔陈仓区校志丛书〕

## 凤翔县

004102853
**凤翔县志**
陕西省凤翔县地方志编纂委员会编 西

安 陕西人民出版社 1991年 1107页〔陕西省地方志丛书〕

011471182
**凤翔县司法审判志**
陕西省凤翔县人民法院编辑 凤翔 凤翔县人民法院 2002年 465页〔宝鸡市地方志丛书〕

013771892
**凤翔县军事志**
凤翔县军事志编纂委员会编 北京 军事科学出版社 2008年 281页

011067744
**西凤酒厂志** 1956—1989 初稿
西凤酒厂志编纂办公室编 凤翔 西凤酒厂 1990年 3册

013757057
**西凤酒志** 1992—2010
喻德鱼主编 张保乾总编 西凤酒志编纂委员会编 西安 陕西人民出版社 2012年 720页

008993437
**凤翔县供销合作社志**
凤翔县供销合作社联合社社志编纂组编 凤翔 凤翔县供销合作社联合社社志编纂组 1988年 192页

008993433
**凤翔县商业志**
凤翔县商业局商业志编纂组编 凤翔 凤翔县商业局 1986年 222页

008993435
**凤翔县税务志** 1851—1985
陕西省凤翔县税务局编 凤翔 凤翔县税务局 1986年 99页

009472769
**凤翔县教育志**
凤翔县教育局编 西安 三秦出版社 2004年 591页〔陕西地方志丛书〕

013045510
**凤翔中学校志**
陕西省凤翔中学编 凤翔 陕西省凤翔中学 1988年 401页

009009782
**陕西省凤翔师范学校校志**
安健主编 陕西省凤翔师范学校校志编纂委员会编 西安 三秦出版社 2002年 468页〔陕西地方志丛书〕

## 岐山县

004344799
**岐山县志**
岐山县志编纂委员会编 西安 陕西人民出版社 1992年 828页〔陕西地方志丛书〕

008426913
**五二三厂志** 1967—1995
五二三厂志编纂委员会编 西安 陕西人民出版社 1996 年 414 页〔陕西出版史志丛书〕

## 扶风县

006543060
**扶风县志**
扶风县地方志编纂委员会编 西安 陕西人民出版社 1993 年 1132 页

012658439
**扶风县政协志**
中国人民政治协商会议陕西省扶风县第七届委员会编 西安 中国人民政治协商会议陕西省扶风县第七届委员会 2009 年 605 页〔陕西地方志丛书〕

012679311
**扶风县军事志** 前 12 世纪—2005
扶风县军事志编纂委员会编 扶风 扶风县军事志编纂委员会 2009 年 519 页

012096682
**扶风县水利志**
扶风县水利局编 扶风 扶风县水利局 2008 年 340 页

012810574
**扶风文化艺术志**
扶风文化文物局编 扶风 扶风文化文物局 2009 年 950 页

008844246
**扶风县教育志**
扶风县教育志编纂办公室编 西安 陕西人民出版社 1999 年 639 页〔陕西省地方志丛书〕

008542690
**陕西省扶风县地名志**
扶风县地名办公室编 扶风 扶风县地名办公室 1985 年 231 页

## 眉县

009016300
**眉县志** 初稿
眉县地方志编纂委员会编 眉县 县地方志编纂委员会 1992—1995 年 32 册

008542844
**眉县志**
眉县地方志编纂委员会编 西安 陕西人民出版社 2000 年 1033 页〔陕西地方志丛书〕

009016175
**眉县印刷厂志** 1956—1985
眉县 1986 年 56 页

## 陇县

006497474
**陇县志**
陇县地方志编纂委员会编 西安 陕西人民出版社 1993年 1030页〔陕西地方志丛书〕

008993270
**陇县统计志**
陇县统计局编志组编 陇县 陇县统计局编志组 1986年 193页〔陇县地方志丛书〕

008993336
**中共陇县县委志**
中共陇县县委办公室编 陇县 中共陇县县委办公室 1986年 106页〔陇县地方志丛书〕

009106199
**中共陇县县委组织志**
中国共产党陇县委员会组织部编 陇县 中共陇县县委组织部 1986年 90页〔陇县地方志丛书〕

008993386
**陇县宣传志**
中共陇县县委宣传部编 陇县 中共陇县县委宣传部 1987年 99页〔陇县地方志丛书〕

008992943
**中共陇县县委党校志**
中共陇县县委党校编 陇县 中共陇县县委党校 1986年 60页〔陇县地方志丛书〕

008993344
**中共陇县纪律检查志**
中国共产党陇县纪律检查委员会编 陇县 中国共产党陇县纪律检查委员会 1986年 86页〔陇县地方志丛书〕

008993383
**陇县工会志**
陇县总工会编 陇县 陇县总工会 1985年 67页〔陇县地方志丛书〕

008993317
**陇县妇女志**
陇县妇女联合会编 陇县 陇县妇女联合会 1986年 126页〔陇县地方志丛书〕

008992922
**中共陇县县委统战志**
中共陇县县委统战部编 陇县 中共陇县县委统战部 1987年 96页〔陇县地方志丛书〕

008993360
**陇县人民代表大会志**
陕西省陇县人民代表大会常务委员会编志领导小组编 陇县 陕西省陇县人

民代表大会常务委员会编志领导小组 1985 年 205 页〔陇县地方志丛书〕

008993240
**陇县人民政府志**
陇县人民政府编 陇县 陇县人民政府 1986 年 110 页

008993366
**陇县政协志 征求意见稿**
政协陇县委员会编 陇县 政协陇县委员会 1986 年 2 册〔陇县地方志丛书〕

013319719
**陇县政协志** 1955.7—2010.7
中国人民政治协商会议陇县第十三届委员会办公室编 陇县 中国人民政治协商会议陇县第十三届委员会办公室 2010 年 452 页〔陕西地方志丛书〕

008993253
**陇县劳动人事志** 1949—1985
陇县劳动人事局编 陇县 陇县劳动人事局 1986 年 232 页〔陇县地方志丛书〕

008993374
**陇县工商联志**
陇县政协文史办公室编 陇县 政协陇县委员会 1987 年 199 页〔陇县地方志丛书〕

008993369
**陇县信访志**
陇县信访局编 陇县 陇县信访局 1988 年 112 页〔陇县地方志丛书〕

008993237
**陇县社会群团志**
陇县政协编志小组编 陇县 陇县政协编志小组 1987 年 64 页〔陇县地方志丛书〕

008993363
**陇县法院志**
陕西省陇县人民法院编 陇县 陕西省陇县人民法院 1985 年 2 册〔陇县地方志丛书〕

008993354
**陇县检察志**
陇县人民检察院编 陇县 陇县人民检察院 1986 年 114 页〔陇县地方志丛书〕

008993318
**陇县军事志**
陇县人民武装部编 陇县 陇县人民武装部 1987 年 101 页〔陇县地方志丛书〕

012251435
**陇县军事志** 前776—2005
陇县军事志编纂委员会编 陇县 陇县军事志编纂委员会 2009 年 254 页

008993376
陇县工商行政管理志
陕西省陇县工商行政管理局编 陇县 陕西省陇县工商行政管理局 1986年 146页〔陇县地方志丛书〕

008993340
陇县物资志 1954—1985
陇县物资局编志组编辑 陇县 陇县物资局编志组 1986年 80页〔陇县地方志丛书〕

008993239
陇县物资志 续编 1986—1989
陇县物资局编志组编辑 陇县 陇县物资局编志组 1990年 55页〔陇县地方志丛书〕

008993382
陇县城乡建设志
陇县乡建设志纂辑组编 陇县 1987年 163页〔陇县地方志丛书〕

008993367
中共陇县县委农村工作志
中国共产党陇县委员会农村工作部编 陇县 中国共产党陇县委员会农村工作部 1987年 160页〔陇县地方志丛书〕

008993276
陇县林业志
陇县林业局编 陇县 陇县林业局 1986年 296页〔陇县地方志丛书〕

008993255
陇县电池厂志
地方国营陇县电池厂编 陇县 地方国营陇县电池厂 1988年 99页〔陇县地方志丛书〕

008993390
陇县电力志
陇县电力局编 陇县 陇县电力局 1986年 90页〔陇县地方志丛书〕

008993358
陇县红卫农机修造厂志
陇县红卫农机修造厂编 陇县 陇县红卫农机修造厂 1985年 97页〔陇县地方志丛书〕

008993352
陇县煤矿志
地方国营陇县煤矿编 陇县 地方国营陇县煤矿 1986年 130页〔陇县地方志丛书〕

008993260
陇县轻工机械厂志
陇县轻工机械厂编 陇县 县轻工机械厂 1986年 69页〔陇县地方志丛书〕

008993243
陇县水利志
陇县水利水保局水利志编写办公室编

陇县 陇县水利水保局水利志编写办公室 1985年 210页〔陇县地方志丛书〕

008993349
**陇县水泥厂志**
地方国营陇县水泥厂编 陇县 地方国营陇县水泥厂 1986年 89页〔陇县地方志丛书〕

008993370
**陇县陶瓷厂志**
地方国营陇县陶瓷厂编 陇县 地方国营陇县陶瓷厂 1986年 67页〔陇县地方志丛书〕

008993335
**陇县医药志** 1954—1986
陕西省陇县医药志编辑委员会编 陇县 陕西省陇县医药志编辑委员会 1986年 223页〔陇县地方志丛书〕

008993359
**陇县纸箱厂志**
陇县纸箱厂编 陇县 陇县纸箱厂 1986年 56页〔陇县地方志丛书〕

008993380
**陇县交通志**
陇县交通局编 陇县 陇县交通局 1986年 138页〔陇县地方志丛书〕

008993327
**陇县供销合作社志** 1934—1985
陇县供销合作社编 陇县 陇县供销合作社 1987年 280页〔陇县地方志丛书〕

008993389
**陇县物价志**
陇县物价局编 陇县 物价局 1978年 233页〔陇县地方志丛书〕

008993357
**陇县商业志** 1913—1985
陕西省陇县商业志编辑组编 陇县 陕西省陇县商业志编辑组 1986年 313页〔陇县地方志丛书〕

009106190
**陇县财政志**
陇县财政局编 陇县 陇县财政局 1986年 148页〔陇县地方志丛书〕

008993346
**陇县税务志**
陕西省陇县税务局编 陇县 陕西省陇县税务局 1986年 218页〔陇县地方志丛书〕

008993252
**陇县建设银行志**
县建设银行编志组编纂 陇县 陇县建设银行 1986年 29页〔陇县地方志丛书〕

008993409
**中国工商银行陇县支行志**
陇县支行编 陇县 陇县支行 1986年 77页〔陇县地方志丛书〕

008993338
**陇县档案志**
陇县档案局编 陇县 陇县档案局 1986年 81页〔陇县地方志丛书〕

008993371
**陇县科技志**
陇县科学技术委员会编 陇县 陇县科学技术委员会 1986年 199页〔陇县地方志丛书〕

008993272
**陇县教育志**
陇县文教局编 陇县 陇县文教局 1987年 294页〔陇县地方志丛书〕

008993257
**陇县卫生志**
陇县卫生局编 陇县 陇县卫生局 1985年 350页〔陇县地方志丛书〕

009337980
**关山树木志**
陕西省陇县林业局编 西安 陕西科学技术出版社 1989年 400页

008993264
**陇县标准计量志**
陇县标准计量志管理所编 陇县 陇县标准计量志管理所 1986年 90页〔陇县地方志丛书〕

## 千阳县

007900117
**千阳县志**
千阳县志编纂委员会编 西安 陕西人民出版社 1991年 437页〔陕西地方志丛书〕

008993631
**千阳县财政志**
陕西省千阳县财政志编纂领导小组编 千阳 陕西省千阳县财政志编纂领导小组 1986年 152页

013601955
**千阳县教育志**
陕西省千阳县文教局编 千阳 陕西省千阳县文教局 1989年 290页〔陕西地方志丛书〕

## 麟游县

006795909
**麟游县志**
麟游县地方志编纂委员会编 西安 陕西人民出版社 1993年 656页〔陕西地方志丛书〕

013961350
**丈八乡志**
赵世昌 赵元王主编 宝鸡 宝鸡市同创彩色快印公司 2005年 189页〔麟游县地方志丛书〕

012051666
**麟游县军事志** 598—2005
麟游县军事志编纂委员会编 麟游 麟游县军事志编纂委员会 2009年 337页

008994008
**陕西省麟游县粮食志** 1986
麟游县粮食局编志领导小组编 麟游 麟游县粮食局编志领导小组 1987年 127页〔麟游县地方志丛书 19〕

008994003
**麟游县供销合作社志**
麟游县供销合作社志编写领导小组编 麟游 麟游县供销合作社志编写领导小组 1990年 265页〔麟游县地方志丛书 18〕

## 凤县

008421030
**凤县志**
凤县志编纂委员会编 西安 陕西人民出版社 1994年 727页〔陕西地方志丛书〕

012139112
**凤县军事志** 前1914—2005
凤县军事志编纂委员会编 陕西 凤县军事志编纂委员会 2009年 200页

008993445
**凤县林业志**
凤县林业志编纂领导小组编 凤县 凤县林业志编纂领导小组 1990年 337页

013771888
**凤县水利志**
凤县水利志编纂委员会编 西安 三秦出版社 2012年 316页〔凤县地方志丛书〕

## 太白县

008542855
**太白县志**
太白县地方志编纂委员会编 西安 三秦出版社 1995年 605页〔陕西地方志丛书〕

012051952
**太白县军事志** 1953—2005
太白县军事志编纂委员会编 太白 太白县军事志编纂委员会 2008年 247页

009889979
**陕西省太白酒厂志**
杨志春主编 陕西省太白酒厂志编纂委员会编写 西安 西北大学出版社 2005年 365页

# 咸阳市

010144653
**咸阳市志 送审稿**
咸阳市地方志编纂委员会编 咸阳 咸阳市地方志编纂委员会 1995年 660页

007818018
**咸阳市志**
咸阳市地方志编纂委员会编 西安 陕西人民出版社 1996年〔陕西地方志丛书〕

008913704
**咸阳市志 经济卷 送审稿**
咸阳市地方志编纂委员会编 咸阳 咸阳市地方志编纂委员会 2001年 8册〔陕西地方志丛书〕

008453796
**咸阳市民族宗教志**
咸阳市民政局 咸阳市民族宗教事务管理局编 西安 陕西人民出版社 1997年 218页

013776436
**中共咸阳市委中心工作志** 1984—2008
中共咸阳市委中心工作志编纂委员会编 西安 陕西人民出版社 2012年 1294页〔咸阳市地方志丛书〕

009010213
**中国共产党咸阳市组织志** 1925—1990
中共咸阳市委组织部编 西安 陕西人民出版社 2000年 434页

009010216
**咸阳市工会志**
咸阳市工会志编写办公室编 咸阳 咸阳市地方志办公室 1995年 315页

009010228
**咸阳市妇女志**
咸阳市地方志办公室编 咸阳 咸阳市妇女联合会 1996年 225页〔咸阳市地方志丛书〕

008994067
**咸阳市民政志**
咸阳市民政局 咸阳市地方志办公室编 咸阳 咸阳市民政局 咸阳市地方志办公室 1993年 257页

009010234
**咸阳市精神文明建设志**
咸阳市文明委办公室 咸阳市地方志办公室编 咸阳 1992年 79页〔咸阳市地方志丛书〕

009000260
**咸阳市政务志**

咸阳市政务志编纂委员会编 西安 陕西人民出版社 2002 年 915 页〔咸阳市地方志丛书〕

008598482
**咸阳审判志**
陕西咸阳市中级人民法院 咸阳市地方志编纂委员会编 西安 陕西人民出版社 1997 年 399 页〔咸阳市地方志丛书〕

009010226
**咸阳市司法行政志**
咸阳市司法局 咸阳市地方志办公室编 咸阳 咸阳市司法局 1992 年 140 页〔咸阳市地方志丛书〕

008997497
**咸阳市防空志**
咸阳市防空志编纂委员会编 西安 三秦出版社 2002 年 216 页

009045925
**咸阳市军事志**
咸阳市军事志编纂委员会编 西安 三秦出版社 2002 年 834 页

009010232
**咸阳市经济体制改革志**
咸阳 1996 年 367 页〔咸阳市地方志丛书〕

011320470
**咸阳市经济体制改革志**
咸阳市经济体制改革志编辑委员会 咸阳市地方志编纂委员会办公室编 咸阳 咸阳市地方志编纂委员会办公室 1996 年 376 页〔咸阳市地方志丛书〕

008672876
**咸阳市房地产志**
咸阳市房地产志编纂委员会编 西安 三秦出版社 2001 年 709 页〔咸阳市地方志丛书〕

008598480
**咸阳市建设志**
咸阳市建设志编纂委员会编 西安 三秦出版社 2000 年 580 页〔咸阳市地方志丛书〕

013865276
**咸阳市粮食志**
咸阳市粮食局 咸阳市地方志办公室编 陕西 陕西省岐山彩色印刷厂 1992 年 242 页〔咸阳市地方志丛书〕

009340867
**咸阳市林业志**
咸阳市林业志编纂委员会编 咸阳 咸阳市林业志编纂委员会 2002 年 329 页〔咸阳市地方志丛书〕

012048857

**第三普查勘探大队志** 1955—2005

第三普查勘探大队志编撰领导小组编 北京 第三普查勘探大队志编撰领导小组 2005年 420页

009089002

**国营咸阳纺织机械厂志** 1958—1986

咸阳纺织机械厂志编纂委员会办公室编 咸阳 咸阳纺织机械厂志编纂委员会办公室 1988年 255页〔陕西地方志丛书〕

013863626

**陕毛一厂志** 1958—1985

陕毛一厂志编纂委员会编 咸阳 陕西第一毛纺织厂 1988年 387页

009414483

**西北二棉志** 1986—2002

西北二棉集团有限公司编 西安 三秦出版社 2004年 405页〔陕西地方志丛书〕

010009418

**西北国棉七厂志** 1958—1985

西北国棉七厂志编委会办公室编 咸阳 国营西北第七棉纺织厂 1987年 318页

010732108

**咸阳供电志** 1936—2000

咸阳供电志编纂委员会编 西安 陕西人民出版社 2007年 348页〔陕西省电力工业志丛书〕

009010229

**咸阳市水利志**

咸阳市水利局编 咸阳 咸阳市水利局 1995年 265页〔陕西地方志水利志丛书〕

009962218

**咸阳市烟草志**

陕西省烟草志编纂委员会编 西安 陕西人民出版社 2005年 600页〔陕西省烟草志丛书〕

008838301

**咸阳市重工业志**

咸阳市重工业志编纂委员会编 西安 陕西人民出版社 1999年 588页

011293552

**咸阳市工业经济志**

咸阳市经济委员会 咸阳市地方志办公室编著 西安 西北大学出版社 1994年 198页〔咸阳市地方志丛书〕

008994069

**咸阳市交通志**

咸阳市交通史志编写办公室 咸阳市地方志办公室编 咸阳 咸阳市地方志办公室 1993年 397页〔咸阳市地方志丛书〕

008637901
**陕西省道路交通管理志 第5卷 咸阳分志**
陕西省道路交通管理志咸阳分志编纂委员会编 西安 陕西人民出版社 2000年 605页〔陕西省地方志资料丛书〕

009010224
**咸阳市物价志**
咸阳市物价局物价志编纂领导小组编 咸阳 咸阳市物价局物价志编纂领导小组 1991年 137页〔咸阳市部门志丛书〕

009106247
**咸阳市对外贸易志 1815—1990**
咸阳市地方志办公室编 咸阳 咸阳市对外经济贸易局 1992年 218页〔咸阳市地方志丛书〕

009010215
**咸阳市财政志**
咸阳市财政局 咸阳市财政志编纂办公室编 西安 陕西人民出版社 1993年 166页〔咸阳市地方志丛书〕

009010208
**咸阳市税务志**
咸阳市国家税务局税务志编纂委员会编 咸阳 咸阳市国家税务局税务志编纂委员会 1998年 275页〔咸阳市地方志丛书〕

008838034
**咸阳市金融志**
咸阳市地方志办公室 咸阳市地方志编纂委员会编 西安 三秦出版社 2001年 488页〔咸阳市地方志丛书〕

009010223
**咸阳市广播电视志**
咸阳市广播电视局 咸阳市地方志办公室编 咸阳 咸阳市地方志办公室 1990年 93页〔咸阳市地方志丛书〕

009010201
**咸阳市档案志**
咸阳市档案志编纂委员会 咸阳市地方志办公室编 咸阳 咸阳市档案局 2001年 222页〔咸阳市地方志丛书〕

009010210
**咸阳市科技志**
咸阳市科学技术委员会 咸阳市地方志办公室编 咸阳 咸阳市地方志办公室 1994年 589页〔咸阳市地方志丛书〕

009340798
**咸阳市教育志**
咸阳市教育志编纂委员会编 西安 三秦出版社 1997年 473页〔陕西地方志丛书〕

009010221

**咸阳市体育志**

刘耀武主编 西安 西北大学出版社 1994年 203页〔陕西省地方志丛书〕

012140468

**陕西省戏剧志** 第4卷 咸阳市卷

鱼讯主编 陕西省戏剧志编纂委员会编 西安 三秦出版社 1994年 524页

012545432

**咸阳百年图志**

咸阳百年图志编纂委员会 张英民主编 西安 三秦出版社 2009年 744页

012506328

**咸阳市文物志**

咸阳市文物事业管理局编 西安 三秦出版社 2008年 698页

007986722

**茂陵志**

陕西省地方志编纂委员会编 西安 三秦出版社 1997年 327页〔陕西省地方志资料丛书〕

012266256

**陕西省咸阳市地名志**

咸阳市地名工作办公室编 咸阳 咸阳市地名工作办公室 1984年 200页

009446545

**黄土高原植物志**

傅坤俊主编 傅竞秋 陈彦生副主编 西北植物研究所编著 北京 科学出版社 2000年

011444024

**咸阳市卫生志** 前581—1990

咸阳市卫生史志编写办公室编 陕西 咸阳市卫生史志编写办公室 1998年 295页

## 秦都区

008637981

**咸阳市秦都区志**

咸阳市秦都区地方志编纂委员会编 西安 陕西人民出版社 1995年 865页〔陕西地方志丛书〕

013630110

**天阁村志**

天阁村志编纂委员会编 咸阳 咸阳市印刷厂 2010年 292页

012100538

**咸阳市秦都区军事志** 前16世纪—2005

许四清主编 咸阳市秦都区军事志编纂委员会编 西安 三秦出版社 2008年 317页

009399140

**咸阳市秦都区教育志**

咸阳市秦都区教育志编纂委员会编 北京 东方出版社 2002年 304页〔陕西省地方志丛书〕

## 杨陵区

009622046
**杨陵区志**
陕西 杨陵区地方志编纂委员会 1998年

009348234
**杨陵区志**
杨陵区地方志编纂委员会编 西安 西安地图出版社 2004年 821页〔陕西地方志丛书〕

008994033
**陕西省道路交通管理志 第10卷 杨陵分志**
陕西省道路交通管理志杨凌分志编纂委员会编 西安 陕西人民出版社 2001年 390页〔陕西省地方志资料丛书〕

## 渭城区

008487323
**咸阳市渭城区志**
咸阳市渭城区地方志编纂委员会编 西安 陕西人民出版社 1996年 816页〔陕西地方志丛书〕

010778553
**渭城文物志**
咸阳市渭城区文物管理委员会 张德臣编著 西安 三秦出版社 2007年 598页〔陕西地方志丛书〕

## 兴平市

008845147
**兴平县志**
兴平县地方志编纂委员会编 西安 陕西人民出版社 1994年 1021页〔陕西省地方志丛书〕

009387338
**兴平县政协志**
政协兴平县文史资料委员会兴平县政协志编纂组编 兴平 政协兴平县文史资料委员会兴平县政协志编纂组 1988年 82页〔兴平文史资料 第6辑〕

013148635
**兴平市金融志** 1990—2009
兴平市金融志编纂办公室编 兴平 兴平市金融志编纂办公室 2011年 403页〔兴平市地方志丛书〕

013661506
**兴平县金融志**
兴平县金融志编辑组 朱启昌主编 兴平 兴平县金融志编辑组 1990年 344页

013604256
**兴平县教育志**
兴平县教育局教育志编写组编 兴平 兴平县教育局教育志编写组 1990年 202页〔兴平县地方志丛书〕

011585146
**兴平县风俗志**
张教武编撰 兴平 兴平县文化馆 1987年 105页

013939601
**兴平县卫生志** 初稿
兴平县卫生局编 1987年 220页〔兴平县地方志丛书〕

013630424
**兴平县水利志** 送审稿
兴平县水利局编 兴平 兴平县水利局 1987年 1册〔兴平县地方志丛书〕

## 三原县

008913698
**三原县志** 送审稿
三原县志编纂委员会编 三原 三原县志编纂委员会 1992年 35册〔陕西地方志丛书〕

008612704
**三原县志**
三原县志编纂委员会编 西安 陕西人民出版社 2000年 1164页〔陕西地方志丛书〕

013629503
**三原县民政志**
三原县民政局编 三原 三原县民政局 1991年 162页〔陕西地方志丛书〕

008488445
**泾惠渠志**
泾惠渠志编写组编 叶遇春 李林主编 西安 三秦出版社 1991年 313页〔陕西地方志水利志丛书〕

008672851
**三原县邮电志**
孙亚伦主编 三原 三原县邮电局 1998年 206页〔咸阳市地方志丛书〕

013377041
**三原县财政志** 1989—2009
三原县财政局编 北京 北京华联印刷有限公司 2011年 317页〔陕西地方志丛书〕

012639016
**三原县教育志**
三原县教育志编纂委员会编 西安 三秦出版社 2010年 473页〔陕西地方志丛书〕

009433650
**陕西省三原县地名志**
三原县地名工作办公室编 三原 三原县

地名工作办公室 1989 年 262 页

## 泾阳县

008844292
**泾阳县志**
泾阳县县志编纂委员会编 西安 陕西人民出版社 2001 年 924 页〔陕西地方志丛书〕

013224466
**泾阳县人民代表大会志**
泾阳县人民代表大会志编纂委员会编 西安 陕西人民出版社 2010 年 609 页

012202950
**泾阳县军事志 前823—2005**
泾阳县军事志编纂委员会编 泾阳 泾阳县军事志编纂委员会 2009 年 218 页

013224458
**泾阳县国土资源志**
泾阳县国土资源局编 泾阳 泾阳县国土资源局 2011 年 271 页

008542313
**陕西省泾阳县地名志**
泾阳县地名志编辑办公室编 泾阳 泾阳县地名志编辑办公室 1985 年 236 页

## 乾县

009149278
**乾县志**
乾县县志编纂委员会编 西安 陕西人民出版社 2003 年 1001 页〔陕西省地方志丛书〕

008838279
**陕西省乾县师范学校校志**
陕西省乾县师范学校校志编纂委员会编 西安 三秦出版社 2001 年 206 页〔陕西地方志丛书〕

011570178
**乾县文物志**
乾县文物志编辑委员会编 乾县 乾县文物志编辑委员会 1983 年 179 页

008542052
**陕西省乾县地名志**
陕西省乾县地名工作办公室编 乾县 陕西省乾县地名工作办公室 1984 年 307 页

## 礼泉县

008844282
**礼泉县志**
礼泉县地方志编纂委员会编 西安 三秦出版社 1999 年 1174 页〔陕西地方志丛书〕

## 永寿县

006414258
**永寿县志**
永寿县志编纂委员会编 西安 三秦出版社 1991年 719页〔中华人民共和国地方志丛书〕

013689482
**永寿县志** 1990—2005
永寿县地方志编纂委员会编 西安 陕西人民出版社 2012年 896页〔陕西地方志丛书〕

012613021
**永寿县军事志** 前21世纪—2005
永寿县军事志编纂委员会编 永寿 永寿县军事志编纂委员会 2008年 178页

## 彬县

008660277
**彬县志**
彬县志编纂委员会编 西安 陕西人民出版社 2000年 809页

013333850
**彬县政协志**
彬县政协志编纂委员会编 西安 三秦出版社 2011年 360页

013955640
**彬县教育志**
李万凌主编 彬县教育志编纂委员会编 西安 三秦出版社 2013年 452页〔陕西地方志丛书〕

008542343
**陕西省彬县地名志**
彬县地名工作办公室编 彬县 彬县地名工作办公室 1992年 136页

## 长武县

008844017
**长武县志**
长武县志编纂委员会编 西安 陕西人民出版社 2000年 734页〔陕西地方志丛书〕

012132534
**长武县军事志**
长武县军事志编纂委员会编 西安 三秦出版社 2009年 237页

## 旬邑县

008993643
**旬邑县志** 送审稿
旬邑县地方志编纂委员会编 旬邑 旬邑县地方志编纂委员会 1996年 687页

008612749
**旬邑县志**
旬邑县地方志编纂委员会编 西安 三秦出版社 2000 年 836 页〔陕西地方志丛书〕

012954933
**湫坡头镇志**
旬邑县湫坡头镇志编写组编 北京 中国文化出版社 2010 年 197 页〔咸阳市地方志丛书〕

011320901
**旬邑县财政志**
旬邑县财政志编写组编 北京 中国文化出版社 2006 年 238 页〔咸阳市地方志丛书〕

008542622
**陕西省旬邑县地名志**
旬邑县地名志编辑委员会编 旬邑 旬邑县地名志编辑委员会 1988 年 253 页

## 淳化县

008844011
**淳化县志**
淳化县志编纂委员会编 西安 三秦出版社 2000 年 1146 页〔陕西地方志丛书〕

012132609
**淳化县军事志** 前 400—2005
淳化县军事志编纂委员会编 陕西 淳化县军事志编纂委员会 2009 年 314 页

## 武功县

008793333
**武功县志**
武功县地方志编纂委员会编 西安 陕西人民出版社 2001 年 923 页〔陕西地方志丛书〕

008929145
**武功县水利志**
武功县水利局编 武功 武功县水利局 1993 年 221 页〔陕西地方志丛书〕

013795707
**武功县教育志**
武功县文教局教育志编纂办公室编 咸阳 陕西省杨陵区新星印刷厂 1991 年 293 页〔陕西地方志丛书〕

# 渭南市

008598470
**渭南地区志**
渭南地区地方志编纂委员会编 西安 三秦出版社 1996 年 1045 页〔陕西地方志丛书〕

011909057
**渭南市志**
渭南市地方志办公室编 西安 三秦出版社 2008 年

007900086
**渭南县志**
渭南县志编纂委员会编 西安 三秦出版社 1987 年 848 页〔中华人民共和国地方志丛书〕

009399134
**渭南市军事志**
渭南市军事志编纂委员会编 渭南 渭南市军事志编纂委员会 2003 年 655 页

009889990
**澄合矿务局志**
澄合矿务局志编纂委员会编 北京 煤炭工业出版社 1999 年 593 页

009045902
**渭南市水利志**
渭南市水利志编纂委员会编 西安 三秦出版社 2002 年 718 页〔陕西地方志水利志丛书〕

008994031
**渭南市烟草志**
陕西省烟草志编纂委员会编 西安 陕西人民出版社 2002 年 496 页〔陕西省烟草志丛书 6〕

008715627
**陕西省道路交通管理志 第 4 卷 渭南分志**
陕西省道路交通管理志渭南分志编纂委员会编 西安 陕西人民出版社 1999 年 538 页〔陕西省地方志资料丛书〕

008492905
**渭南邮电志**
渭南邮电志编纂委员会编 西安 陕西人民出版社 1998 年 433 页

011443964
**渭南地区金融志**
渭南地区金融志编纂委员会编 渭南 渭南地区金融志编纂委员会 1994 年 506 页

009392912
**渭南科技志**

马光荣 贺池堂编 西安 三秦出版社 1998年 575页

014052344
**下吉中学校志** 1823—2013
下吉中学校志编纂委员会编 2013年 543页

011443965
**渭南技术学院渭南工业学校志**
渭南技术学院渭南工业学校志编委会编 西安 陕西人民出版社 2007年 161页

007262060
**陕西省渭南地区地理志**
陕西师范大学地理系渭南地区地理志编写组编 西安 陕西人民出版社 1990年 398页

008667308
**交口抽渭志**
交口抽渭志编纂委员会编 西安 陕西人民出版社 1999年 295页〔陕西地方志水利志丛书〕

013067164
**陕西农田杂草图志**
陕西省农牧厅渭南农垦科研所编著 王枝荣 王权编著 西安 陕西科学技术出版社 1984年 372页

007882087
**东雷抽黄志**
东雷抽黄志编写组编 西市 三秦出版社 1990年 187页

## 临渭区

012140456
**渭南市临渭区军事志** 前209—2005
渭南市临渭区军事志编纂委员会编 西安 三秦出版社 2009年 235页

008845156
**渭南市临渭区水利志**
渭南市临渭区水利志编纂办公室编 西安 三秦出版社 1997年 427页〔陕西地方志水利志丛书〕

## 韩城市

004715715
**韩城市志**
韩城市志编纂委员会编 西安 三秦出版社 1991年 1134页〔陕西地方志丛书〕

013728726
**韩城市志** 1990—2005
韩城市地方志编纂委员会办公室编 西安 陕西人民出版社 2012年 1217页〔陕西地方志丛书〕

012662720

**阳山庄村志**

阳山庄村志编纂组编 韩城 阳山庄村志编纂组 2004年 259页

012898472

**韩城市军事志** 前654—2005

韩城市军事志编纂委员会编 西安 三秦出版社 2010年 274页

008426904

**韩城矿务局志**

韩城矿务局志编纂委员会编 北京 煤炭工业出版社 1995年 644页

008845151

**韩城市水利续志** 1986—2000

贾珉主编 韩城市水利续志编纂领导小组编 西安 三秦出版社 2001年 282页 〔陕西地方志丛书〕

013660414

**下峪口煤矿志** 1970—1988

下峪口煤矿史志编纂办公室编 下峪口 下峪口煤矿史志编纂办公室 1989年 565页 〔陕西煤炭工业史志丛书〕

012872377

**韩城市交通志**

韩城市交通志编纂委员会编 韩城 韩城市交通志编纂委员会 2009年 244页

008993641

**韩城市邮电志**

韩城市邮电局编写组编 韩城 韩城市邮电局编写组 1989年 113页

013819484

**韩城财政志**

韩城财政志编纂领导小组编 韩城 韩城市西庄印刷厂 2007年 419页 〔陕西地方志丛书〕

013819485

**韩城市教育志**

韩城市教育局编 西安 陕西人民出版社 1993年 284页 〔陕西省教育志丛书〕

009024881

**韩城市文物志**

韩城市文物旅游局编 西安 三秦出版社 2002年 515页

008542657

**陕西省韩城市地名志**

韩城市地名办公室编 韩城 韩城市民政局 1990年 296页

012541627

**韩城市环境保护志** 1973—2006

韩城市环境保护编 韩城 韩城市环境保护局 2007年 192页

## 华阴市

007992180
**华阴县志**
华阴市地方志编纂委员会编 北京 作家出版社 1995 年 921 页〔陕西地方志丛书〕

013730073
**华阴人大志** 1949—2010
华阴人大志编纂委员会编 华阴 华阴人大志编纂委员会 2010 年 800 页

012049506
**华阴市军事志** 前 1046—2005
华阴市军事志编纂委员会编 华阴 华阴市军事志编纂委员会 2009 年 336 页

008420944
**秦岭发电厂志**
秦岭发电厂志编纂办公室编著 西安 三秦出版社 1995 年 192 页〔陕西地方志丛书〕

008842904
**陕西省道路交通管理志** 第 6 卷 华阴市分志
陕西省道路交通管理志华阴市分志编纂委员会编 西安 陕西人民出版社 2000 年 443 页〔陕西省地方志资料丛书〕

013627753
**华阴市国税志**
华阴市国税志编纂委员会编 华阴 华阴市国税志编纂委员会 2010 年 224 页

008427891
**华阴市教育志**
华阴市教育局编 华阴 华阴市教育局 1996 年 267 页〔陕西省教育志丛书〕

011804596
**华山药物志**
华山药物志编辑委员会编 西安 陕西科学技术出版社 1985 年 597 页

## 华县

007289990
**华县志**
华县地方志编纂委员会编 西安 陕西人民出版社 1992 年 756 页〔陕西地方志丛书〕

012049715
**华县军事志** 前 806—2005
华县军事志编纂委员会编 华县 华县军事志编纂委员会 2009 年 250 页

009561636
**华县教育志**
华县教育志编委会编 西安 陕西人民出版社 2005 年 609 页〔陕西省教育志

丛书〕

011146872
**中国民间文学集成 陕西卷 华县歌谣集成**
华县民间文学集成编辑委员会编 华县 华县民间文学集成编辑委员会 1988年 226页

012662556
**华县人民医院志** 1949—2009
华县人民医院志编纂委员会编 华县 华县人民医院志编纂委员会 2009年 519页

## 潼关县

005331657
**潼关县志**
潼关县志编纂委员会编 西安 陕西人民出版社 1992年 823页〔陕西省地方志丛书〕

013706851
**潼关县志** 1990—2005
潼关县地方志编纂委员会编 西安 三秦出版社 2012年 860页〔陕西地方志丛书〕

008835418
**潼关县电力志**
潼关县电力志编纂委员会编 西安 陕西人民出版社 1999年 299页

## 大荔县

007482381
**大荔县志**
大荔县志编纂委员会编 西安 陕西人民出版社 1994年 1172页〔陕西地方志丛书〕

013924048
**大荔县志** 1990—2005
大荔县地方志编纂委员会编 西安 陕西人民出版社 2013年 605页〔陕西地方志丛书〕

012809951
**大荔县军事志** 前2020—2005
大荔县军事志编纂委员会编 大荔 大荔县军事志编纂委员会 2009年 315页

011327732
**大荔改水志**
陕西大荔县农村改水办公室编 大荔 陕西大荔县农村改水办公室 1993年 230页

## 合阳县

012097408
**合阳县军事志** 1953—2005
合阳县军事志编纂委员会编 合阳 合阳县军事志编纂委员会 2008年 358页

011804468

合阳县交通志

合阳县交通志编纂委员会编 西安 陕西人民出版社 2008 年 280 页

008672847

合阳县教育志

合阳县教育局教育志编纂办公室编 西安 三秦出版社 1998 年 326 页〔陕西省教育志丛书〕

## 澄城县

007900118

澄城县志

澄城县志编纂委员会主编 西安 陕西人民出版社 1991 年 759 页〔陕西省地方志丛书〕

013334545

澄城人大志

澄城人大志编纂委员会编 2007 年 241 页

009319906

澄城卷烟厂志

陕西省烟草志编纂委员会编 西安 陕西人民出版社 2003 年 361 页〔陕西省烟草志丛书〕

013934396

陕西省澄城县地名志

澄城县地名志编纂委员会编 1984 年 302 页

## 蒲城县

009005883

蒲城县志

蒲城县志编纂委员会 刘福谦主编 北京 中国人事出版社 1993 年 846 页〔中国地方志丛书〕

012899327

蒲城县志 1991—2005

蒲城县地方志编纂委员会编 西安 三秦出版社 2010 年 1171 页〔陕西省地方志丛书〕

009338017

蒲城县罕井镇地方志

罕井镇人民政府编 罕井镇 罕井镇人民政府 1984 年 209 页

011997481

蒲城县军事志 前 617—2005

蒲城县军事志编纂委员会编 西安 三秦出版社 2008 年 431 页

009472772

蒲白矿务局志

蒲白矿务局志编纂委员会编 北京 煤炭工业出版社 2000 年 704 页

013822152

蒲城县水利志

蒲城县水利志编纂委员会编 蒲城 蒲城
　县水利志编纂委员会 2008年 422页
　〔陕西地方志水利志丛书〕

012208178
**陕西蒲城发电有限责任公司志** 1983
—2002
陕西蒲城发电有限责任公司志编委会
　编 蒲城 陕西蒲城发电有限责任公司
　2003年 404页〔陕西地方志丛书〕

011441190
**蒲城县交通志**
蒲城县交通局编 蒲城 蒲城县交通局
　1991年 303页

## 白水县

007289932
**白水县志**
白水县县志编纂委员会主编 西安 西安
　地图出版社 1989年 836页〔陕西省
　地方志丛书〕

012678975
**白水县志** 1984—2003
白水县地方志办公室编 西安 三秦出版
　社 2010年 944页〔陕西地方志丛
　书〕

012096324
**白水县军事志** 前823—2005
白水县军事志编纂委员会编 白水 白水
　县军事志编纂委员会 2008年 249页

## 富平县

007491023
**富平县志**
富平县地方志编纂委员会编 西安 三秦
　出版社 1994年 1019页〔陕西省地
　方志丛书〕

013925188
**富平县志** 1989—2005
富平县地方志编纂委员会编 西安 陕西
　人民出版社 2013年 982页〔陕西地
　方志丛书〕

013823151
**迤山中学校志**
富平县迤山中学编著 陕西 富平县迤山
　中学 2012年 333页

# 延安市

008598542
### 延安地区志
延安市地方志编纂委员会编 西安 西安出版社 2000 年 1234 页〔陕西地方志丛书〕

007482388
### 延安市志
延安市志编纂委员会编 西安 陕西人民出版社 1994 年 897 页〔陕西省地方志丛书〕

008488227
### 延安地区统计志
延安地区统计志编纂委员会编 北京 中国统计出版社 1995 年 235 页〔陕西地方志丛书〕

013133866
### 延安市工会志
延安市工会志编纂委员会编 西安 三秦出版社 2011 年 359 页

008845968
### 延安市妇女运动志
延安市妇女运动志编纂委员会编 西安 陕西人民出版社 2001 年 362 页

009107324
### 延安市人民代表大会志
延安市人民代表大会志编纂委员会编 西安 陕西人民出版社 2002 年 343 页〔陕西省地方志丛书〕

009349743
### 延安市民政志
延安市民政志编纂委员会编 西安 陕西人民出版社 2003 年 290 页〔陕西地方志丛书〕

008913717
### 延安地区政务志
延安地区政务志编委会编 西安 陕西人民出版社 2000 年 305 页〔延安地方志丛书〕

009046068
### 延安地区审判志
延安市中级人民法院审判志编纂委员会编 西安 陕西人民出版社 2002 年 388 页〔延安地方志丛书〕

010280097
### 延安市检察志
延安市人民检察院检察志编纂委员会编 西安 陕西人民出版社 2006 年 311 页〔陕西地方志丛书〕

013148682
### 延安地区司法行政志

延安地区司法行政志编纂委员会编 西安 陕西人民出版社 2001年 251页

013660109
**陕西武警志 延安市支队志**
中国人民武装警察部队陕西省总队延安市支队志编审委员会编 延安 中国人民武装警察部队陕西省总队延安市支队志编审委员会 2004年 366页〔武警陕西省总队史志丛书〕

008667315
**延安军事志**
延安军事志编纂委员会编 西安 陕西人民出版社 2000年 394页〔陕西地方志丛书〕

009160185
**延安市计划志**
延安市计划志编委会编 西安 陕西人民出版社 2006年 460页〔延安地方志丛书〕

009337877
**延安地区工商行政管理志**
延安地区工商行政管理志编纂办公室编 西安 陕西人民出版社 1992年 304页〔延安地区专志丛书〕

009160179
**延安地区审计志**
延安地区审计志编纂委员会编 西安 陕西人民出版社 2002年 329页〔陕西地方志丛书〕

014052899
**延安市审计志** 1997—2010
延安市审计志编纂委员会编 西安 三秦出版社 2011年 368页〔延安地方志丛书〕

008838265
**延安地区林业志**
延安地区林业志编纂委员会 王友法主编 赵启华常务副主编 崔玉民副主编 西安 陕西人民出版社 2000年 432页〔延安地方志丛书〕

014052885
**延安市林业志** 1997—2010
延安市林业志编纂委员会编 西安 陕西人民出版社 2013年 763页〔延安地方志丛书〕

013628698
**美水酒厂厂志** 1975—2002
延安市美水酒厂志编纂委员会编 延安 延安市美水酒厂志编纂委员会 2003年 327页

013933327
**青化砭采油厂志**
青化砭采油厂志编纂委员会编 西安 陕西人民出版社 2013年 421页

011444154
**延安地区烟草志**
陕西省烟草志编纂委员会编 西安 陕西人民出版社 2004年 566页〔陕西省烟草志丛书〕

008672884
**延安卷烟厂志**
延安卷烟厂志编纂委员会编 西安 陕西人民出版社 2000年 550页〔陕西省烟草志丛书〕

013757221
**延安市煤炭志**
延安市煤炭志编纂委员会编 延安 延安市煤炭工业局 2001年 536页

008637906
**陕西省道路交通管理志 第2卷 延安市分志**
陕西省道路交通管理志延安市分志编纂委员会编 西安 陕西人民出版社 1999年 341页〔陕西省地方志资料丛书〕

008866435
**延安邮电志**
高军主编 西安 陕西人民出版社 2001年 580页〔陕西地方志丛书〕

009561640
**延安地区物价志**
周学通 张波 艾克建主编 延安地区物价局编 西安 陕西人民出版社 1990年 459页〔陕西省地方志丛书〕

008844234
**延安地区财政志**
延安地区财政志编纂委员会编 西安 陕西人民出版社 2000年 484页

013133861
**延安地区金融志**
延安地区金融志编纂委员会编 延安 延安地区金融志编纂委员会 2000年 362页

013865488
**延安市文化艺术志** 1997—2010
延安市文化广电新闻出版局编 西安 陕西人民出版社 2013年 280页〔延安市地方志丛书〕

008846395
**延安地区档案志**
延安市档案局 延安市档案馆编 西安 陕西人民出版社 2000年 85页

012099828
**陕西延安中学校志**
陕西延安中学校志编纂委员会编 西安 地方志办 2008年 520页

012140732
**陕西省戏剧志 第6卷 延安地区卷**
鱼讯主编 陕西省戏剧志编纂委员会编

西安 三秦出版社 1997年 383页

009554016
**延安市文物志**
延安市文物志编纂委员会编 西安 陕西旅游出版社 2004年 547页〔延安地方志丛书〕

001737369
**陕西省延安地区地理志**
陕西师范大学地理系延安地区地理志编写组编 西安 陕西人民出版社 1983年 268页

## 宝塔区

012316988
**延安市宝塔区军事志**
延安市宝塔区统编纂委员会编 北京 军事科学出版社 2009年 320页

013865479
**延安市宝塔区地名志**
宝塔区地名志编纂委员会编 2004年 303页

## 延长县

004102851
**延长县志**
延长县地方志编纂委员会编 西安 陕西人民出版社 1991年 691页〔陕西地方志丛书〕

012175127
**延长县军事志 前221—2005**
延长县军事志编纂委员会编 西安 三秦出版社 2009年 241页

013630472
**子北采油厂志**
子北采油厂志编纂委员会编著 长春 吉林电子出版社 2010年 289页

008542088
**陕西省延长县地名志**
延长县人民政府编 延长 延长县人民政府 1984年 248页

013718209
**中国油气田开发志 延长油气田卷**
中国油气田开发志延长油气区编纂委员会编 北京 石油工业出版社 2011年

013190401
**中国油气田开发志 第30卷 延长油气区卷**
中国油气田开发志总编纂委员会编 北京 石油工业出版社 2011年 292页

013630215
**中国油气田开发志 第30卷 延长油气区油气田卷**
中国油气田开发志总编纂委员会编 北

京 石油工业出版社 2011年 2册

## 延川县

008453799
**延川县志**
延川县志编纂委员会编 西安 陕西人民出版社 1999年 862页〔陕西地方志丛书〕

012141472
**延川县军事志** 前1085—2005
延川县军事志编纂委员会编 西安 三秦出版社 2009年 283页

008470913
**延川方言志**
张崇编 北京 语文出版社 1990年 136页

010293332
**陕西省延川县地名志**
延川县地名志编纂委员会编 延川 延川县地名志编纂委员会 1986年 275页

## 子长县

006928409
**子长县志**
子长县志编纂委员会编 西安 陕西人民出版社 1993年 878页〔陕西地方志丛书〕

012175610
**子长县军事志** 前627—2005
子长县军事志编纂委员会编 西安 三秦出版社 2009年 302页

## 安塞县

007480707
**安塞县志**
安塞县地方志编纂委员会编 西安 陕西人民出版社 1993年 820页〔陕西省地方志丛书〕

012173641
**安塞县军事志** 前221—2005
安塞县军事志编纂委员会编 陕西 安塞县军事志编纂委员会 2009年 275页

013853462
**安塞县高级中学校志**
安塞县高级中学编 安塞 安塞县高级中学 2013年 456页

## 志丹县

007818010
**志丹县志**
志丹县志编纂委员会编 西安 陕西人民出版社 1996年 872页〔陕西地方志丛书〕

012317254
**志丹县军事志** 前328—2005
志丹县军事志编纂委员会编 西安 三秦出版社 2009年 300页

## 吴起县

007900130
**吴旗县志**
吴旗县地方志编纂委员会编 西安 三秦出版社 1991年 1000页〔陕西地方志丛书〕

013706867
**吴起县人民代表大会志** 1934—2011
吴起县人民代表大会志编纂委员会编 西安 陕西人民出版社 2012年 762页

012208323
**吴起县军事志** 前445—2005
吴起县军事志编纂委员会编 西安 三秦出版社 2009年 374页

## 甘泉县

008036517
**甘泉县志**
甘泉县地方志编纂委员会编 西安 陕西人民出版社 1993年 829页〔陕西地方志丛书〕

012191827
**甘泉县军事志** 前358—2005
甘泉县军事志编纂委员会编 西安 三秦出版社 2009年 238页

009216938
**甘泉宫志**
姚生民编著 西安 三秦出版社 2003年 403页

## 富县

007590094
**富县志**
富县地方志编纂委员会编 西安 陕西人民出版社 1994年 576页〔陕西地方志丛书〕

013143678
**富县人民代表大会志** 1940—2009
富县人民代表大会志编纂委员会编 西安 陕西人民出版社 2011年 412页

011943612
**富县军事志** 前330—2005
富县军事志编纂委员会编 西安 三秦出版社 2008年 278页

013987659
**富县教育志**
陕西省富县教育局编 富县 陕西省富县教育局 2005年 329页〔陕西省教育志丛书〕

012836231
**陕西省富县地名志**
富县地名志编纂委员会编 西安 陕西省出版总社 2002年 414页

## 洛川县

008486800
**洛川县志**
洛川县地方志编纂委员会编 西安 陕西人民出版社 1994年 647页〔陕西地方志丛书〕

013793262
**洛川县人民代表大会志**
洛川县人民代表大会常务委员会编 西安 西安市建明工贸有限责任公司 2011年 515页〔陕西地方志丛书〕

012051691
**洛川县军事志** 前406—2005
洛川县军事志编纂委员会编 西安 三秦出版社 2009年 336页

009676076
**洛川县烟草志**
陕西省烟草志编纂委员会编 西安 陕西人民出版社 2004年 298页

008094647
**洛川县教育志**
陕西省洛川县教育局编 西安 陕西人民出版社 1993年 287页〔陕西省教育志丛书〕

013628101
**洛川县中学校志** 1940—2010
陕西省洛川县中学编 洛川 陕西省洛川县中学 2010年 353页

## 宜川县

008542859
**宜川县志**
宜川县地方志编纂委员会编 西安 陕西人民出版社 2000年 962页〔陕西地方志丛书〕

013226754
**宜川县人民代表大会志**
宜川县人民代表大会志编纂委员会编 陈宜生主编 宜川 宜川县人民代表大会志编纂委员会 2008年 346页〔陕西省地方志丛书〕

012689876
**宜川县政协志** 1984—2009
中国人民政治协商会议宜川县第七届委员会编 宜川 宜川县政协志编纂委员会 2009年 481页〔陕西省地方志丛书〕

012317035
**宜川县军事志** 前1912—2005

宜川县军事志编纂委员会编 西安 三秦出版社 2009年 245页

## 黄龙县

007806620
**黄龙县志**
黄龙县地方志编纂委员会编 西安 陕西人民出版社 1995年 713页〔陕西省地方志丛书〕

012611125
**黄龙县军事志** 前359—2005
黄龙县军事志编纂委员会编 西安 三秦出版社 2009年 173页

008542675
**陕西省黄龙县地名志**
黄龙县地名委员会编 黄龙 黄龙县地名委员会 1983年 157页

## 黄陵县

007589129
**黄陵县志**
黄陵县地方志编纂委员会编 西安 西安地图出版社 1995年 798页〔陕西地方志丛书〕

012049514
**黄陵县军事志** 前11世纪—2005
黄陵县军事志编纂委员会编 西安 三秦出版社 2009年 229页

011804638
**黄帝祭祀大典图志** 1980—2007
陕西省公祭黄帝陵工作委员会办公室编 北京 中国文史出版社 2008年 251页

008542639
**陕西省黄陵县地名志**
黄陵县地名委员会办公室编 黄陵 黄陵县地名办公室 1991年 158页

# 汉中市

010101049
**汉中地区志** 送审稿
汉中市地方志办公室编 汉中 汉中市地方办公室 2002年 〔陕西地方志丛书〕

010144642
**汉中地区志** 修改稿
汉中市地方志编纂委员会编 汉中 汉中市地方志编纂委员会 2003年 7册〔陕西地方志丛书〕

008094650

**汉中市志**

汉中市地方志编纂委员会编 北京 中共中央党校出版社 1994 年 1005 页〔陕西地方志丛书〕

013143823

**汉中市人大志** 1996.6—2001.4

汉中市人大常委会编 汉中 汉中市人大常委会 2001 年 493 页

009045886

**汉中市军事志**

汉中市军事志编纂委员会编 西安 陕西人民出版社 2002 年 675 页〔陕西省地方志丛书〕

013756029

**汉中古渠堰述略**

南泽华编著 陕西 陕西省水利志编纂委员会办公室 1988 年 82 页〔陕西水利志资料 第 2 辑〕

008928874

**汉中市水利志**

陕西省汉中市水利局编 汉中 汉中市水利局 1992 年 192 页〔陕西地方志水利志丛书〕

009414477

**汉中烟草志**

汉中市烟草专卖局 陕西省烟草公司汉中分公司编 西安 三秦出版社 2004 年 540 页〔陕西省烟草志丛书 8〕

011497742

**汉中市交通志**

王建法主编 汉中 汉中市交通局 2003 年 368 页

009003156

**陕西省道路交通管理志 汉中分志**

陕西省道路交通管理志汉中分志编纂委员会编 西安 陕西人民出版社 2002 年 708 页〔陕西省地方志资料丛书〕

013404420

**汉中邮电志**

陕西省汉中市邮电局编 汉中 汉中市邮电局 1997 年 473 页〔汉中地方志丛书〕

009337912

**汉中财政志**

汉中地区(市)财政志编纂委员会编 汉中 汉中地区(市)财政志编纂委员会 2001 年 489 页〔陕西汉中地方志丛书〕

008994061

**汉中市税务志**

陕西省汉中市税务局编 汉中 汉中市税务局 1992 年 311 页〔陕西地方志丛书〕

008844087
### 汉中金融志
汉中金融志编委会编 西安 陕西人民出版社 2000年 782页〔汉中市地方志丛书〕

012898528
### 汉中农村信用合作志
汉中农村信用合作志编纂委员会编 西安 陕西人民出版社 2011年 493页

012140750
### 陕西省戏剧志 第9卷 汉中地区卷
鱼讯主编 陕西省戏剧志编纂委员会编 西安 三秦出版社 1997年 379页

007366629
### 陕西省汉中地区地理志
杨起超主编 西安 陕西人民出版社 1993年 463页

013991401
### 陕西省汉中市地名志
汉中市地名办公室编 汉中 汉中市地名办公室 1985年 375页

008486474
### 汉中地区水利志
汉中地区水利志编纂委员会编 西安 陕西人民出版社 1993年 409页〔陕西地方志水利志丛书〕

## 汉台区

010144644
### 汉中市汉台区军事志
汉中市汉台区军事志编纂委员会编 西安 陕西人民出版社 2006年 448页

## 南郑县

007900105
### 南郑县志
南郑县地方志编纂委员会编 北京 中国人民公安出版社 1990年 775页〔陕西地方志丛书〕

007940968
### 南郑县志评论与编纂文集
华夏地方志研究所编 北京 中国人民公安大学出版社 1991年 289页〔华夏新方志评论丛书〕

008993792
### 南郑县交通志
南郑县交通局编 南郑 南郑县交通局 1989年 203页〔南郑县地方志丛书〕

009700320
### 梁山志
张海生编校 南郑县梁山炉具有限公司编 南郑 南郑县梁山炉具有限公司 2004年 284页

### 城固县

007215343
**城固县志**
城固县地方志编纂委员会编 北京 中国大百科全书出版社 1994 年 896 页

009091786
**陕西省城固县交通志**
陕西省城固县交通局编 城固 陕西省城固县交通局 1991 年 336 页〔陕西省地方志丛书〕

### 洋县

009621053
**洋县志 校样稿**
洋县地方志编纂委员会编 西安 三秦出版社 1994 年 32 册

007491010
**洋县志**
洋县地方志编纂委员会编 西安 三秦出版社 1996 年 983 页〔陕西地方志丛书〕

### 西乡县

007900154
**西乡县志**
西乡县地方志编纂委员会编 西安 陕西人民出版社 1991 年 723 页〔陕西地方志丛书〕

### 勉县

007900104
**勉县志**
勉县志编纂委员会主编 北京 地震出版社 1989 年 650 页〔陕西地方志丛书〕

### 宁强县

007425701
**宁强县志**
宁强县志编纂委员会编 西安 陕西师范大学出版社 1995 年 740 页〔陕西地方志丛书〕

013991263
**宁强县政协志** 1981—2010
政协宁强县委员会编 宁强 政协宁强县委员会 2011 年 333 页

010201231
**宁强县交通志**
宁强县交通局编 宁强 宁强县交通局 1992 年 172 页〔宁强县地方志丛书〕

011477155
**羌州茶志**
丁振华 张怀清编著 香港 天马图书有限公司 2003 年 136 页〔陕西茶文化

系列丛书〕

## 略阳县

006697164
**略阳县志**
略阳县志编纂委员会编 西安 陕西人民出版社 1992年 652页〔陕西地方志丛书〕

## 镇巴县

007883890
**镇巴县志**
镇巴县地方志编纂委员会编 西安 新华书店经销 1996年 767页〔陕西地方志丛书〕

012690004
**镇巴县军事志**
陕西省镇巴县军事志编纂委员会编 镇巴 陕西省镇巴县军事志编纂委员会 2007年 235页〔陕西省地方志丛书〕

## 留坝县

009045876
**留坝县志**
陕西省留坝县地方志编纂委员会编 西安 陕西人民出版社 2002年 944页〔陕西省地方志丛书〕

008542384
**陕西省留坝县地名志**
留坝县地名志编纂办公室编 留坝 留坝县地名志编纂办公室 1983年 240页

009337996
**张良庙 紫柏山风景名胜区志**
陕西省留坝县地方志编纂委员会 苏建忠主编 西安 西北大学出版社 2002年 88页〔陕西省汉中市留坝县地方志丛书〕

## 佛坪县

011145711
**中国民间文学集成 陕西卷 佛坪县故事集成**
佛坪县民间文学集成编辑委员会编 佛坪 1987年 145页

008542644
**陕西省佛坪县地名志**
佛坪县人民政府编 佛坪 佛坪县人民政府 1992年 146页

# 榆林市

005665478
**榆林地方简志**
王毕余编著 台北 台湾武学美术印刷公司 1964年 66页

007493489
**榆林地区志**
榆林地区地方志指导小组编 西安 西北大学出版社 1994年 915页〔陕西地方志丛书〕

012238638
**榆林市志 第1卷 商业卷**
榆林市志编纂委员会编 榆林 榆林市志编纂委员会 1990年 66页

012238666
**榆林市志 第2卷 自然地理卷**
榆林市志编纂委员会编 榆林 榆林市志编纂委员会 1990年 70页

012238653
**榆林市志 第3卷 治沙卷**
榆林市志编纂委员会编 榆林 榆林市志编纂委员会 1990年 55页

012238617
**榆林市志 第4卷 大事记**
榆林市志编纂委员会编 榆林 榆林市志编纂委员会 1990年 43页

012545714
**镇川志**
榆林市镇川志编纂委员会编 榆林 镇川志编纂委员会 2000年 516页〔陕西省地方志丛书〕

008793358
**榆林地区审判志**
榆林地区中级人民法院编 西安 陕西人民出版社 1999年 429页〔陕西省地方志丛书〕

013464230
**司法行政志**
榆林市司法行政志编纂委员会编 榆林 榆林市司法行政志编纂委员会 2004年 416页〔榆林市地方志丛书〕

009676079
**榆林市军事志**
榆林市军事志编纂委员会编 西安 陕西人民出版社 2006年 906页

012955972
**陕北矿业公司志**
陕北矿业公司志编纂委员会编 陕西 陕北矿业公司志编纂委员会 2009年 308页

009995083
**榆林地区烟草志**
陕西省烟草志编纂委员会编 西安 陕西人民出版社 1999年 344页〔陕西省烟草志丛书〕

008929133
**榆林县水利志**
榆林县水利志编纂委员会 榆林县地方编纂委员会编 榆林 榆林县水利志编纂委员会 榆林县地方志编纂委员会 1988年 176页〔陕西地方志水利志丛书〕

008672887
**榆林邮电志**
榆林邮电志编纂委员会编 西安 三秦出版社 1999年 344页

009561643
**榆林地区税务志**
陈建国编著 榆林地区税务局主编 西安 三秦出版社 1992年 238页

011292806
**榆林地区教育志**
李春元主编 榆林地区教育志办公室编 西安 陕西人民出版社 1991年 281页

013323124
**榆林工业学校校志**
曹永军主编 榆林工业学校校志编纂委员会编 榆林 榆林工业学校 2011年 548页

011321069
**榆林人物志**
常银山 常龙主编 西安 陕西人民出版社 2007年 1301页〔榆林地方志丛书〕

006361484
**陕西省榆林地区地理志**
陕西师范大学地理系榆林地区地理志编写组编 西安 陕西人民出版社 1987年 359页

## 榆阳区

012613003
**榆林市榆阳区军事志**
榆林市榆阳区军事志编纂委员会编 西安 陕西人民出版社 2009年 469页

## 神木县

010113621
**神木县志**
陕西省神木县县志党史红军史编纂委员会编 神木 陕西省神木县县志党史红军史编纂委员会 1982年 4册

007289928
**神木县志**

神木县志编纂委员会编 北京 经济日报出版社 1990年 637页〔陕西地方志丛书〕

012969343
**陕西神木马镇村志**
马镇村志编纂委员会编 马镇村 马镇村志编纂委员会 2009年 453页

009337620
**石角塔村志**
石角塔村志编委会编 石角塔村 石角塔村村志编委会 2002年 139页

012662268
**神木县政协志** 1984.6—2006.12
中国人民政治协商会议陕西省神木县委员会编 神木 中国人民政治协商会议陕西省神木县委员会 2006年 275页〔神木文史 11〕

012099908
**神木县军事志**
神木县军事志编纂委员会编 西安 陕西人民出版社 2008年 399页

013726883
**大砭窑煤矿志**
大砭窑煤矿志编委会编 西安 陕西人民出版社 2013年 178页

011321383
**神华神府精煤公司志** 1981—1998.8
神华神府精煤公司志编辑委员会编 陕西 神华神府精煤公司志编辑委员会 2001年 651页

013323120
**榆家梁煤矿志** 1999—2009
中国神华神东煤炭集团有限责任公司榆家梁煤矿编 陕西 中国神华神东煤炭集团有限责任公司 2009年 270页

010730563
**神朔铁路分公司志**
神朔铁路分公司志编纂委员会编 北京 中华书局 2007年 473页

013145370
**神木中学校志** 1939—1995
神木中学校志编纂组编 神木 神木中学校志编纂组 2000年 469页

013730200
**刘兴运支系家族史志**
刘长沛 刘凯 刘玉堂编撰 2003年 75页

## 府谷县

005696921
**府谷县志**
府谷县志编纂委员会编 西安 陕西人民出版社 1994年 848页〔陕西地方志丛书〕

012264255
**府谷县军事志**
府谷县军事志编纂委员会编 西安 陕西人民出版社 2009年 504页

010962587
**府谷农村信用合作志**
府谷农村信用合作志编纂委员会编 西安 三秦出版社 2006年 766页〔府谷县地方志丛书〕

008844106
**府谷人物志**
府谷县史志办公室编 西安 陕西人民出版社 2000年〔陕西省地方志丛书〕

## 横山县

007013609
**横山县志**
横山县志编纂委员会编 西安 陕西人民出版社 1993年 775页〔陕西地方志丛书〕

009688442
**石湾镇志**
石湾镇志编纂委员会编 石湾镇 石湾镇志编纂委员会 1997年 320页〔陕西地方志丛书〕

013096531
**王梁村志** 1949—2009
王梁村志编纂委员会编 西安 西安天翰文化产业有限公司 2011年 297页

012139194
**横山县军事志** 前823—2005
横山县军事志编纂委员会编 西安 三秦出版社 2009年 348页

## 靖边县

006555947
**靖边县志**
靖边县地方志编纂委员会编 西安 陕西人民出版社 1993年 550页〔陕西地方志丛书〕

014047459
**靖边县人民代表大会志** 1953—2011
靖边县人民代表大会志编纂委员会编 西安 陕西人民出版社 2013年 474页

012541967
**靖边县军事志**
靖边县军事志编纂委员会编 西安 陕西人民出版社 2009年 240页

013752698
**靖边县教育志**
靖边县教育志编辑委员会编 西安 西安地图出版社 2001年 221页

## 定边县

009106110
**定边县志**
定边县志编纂委员会编 北京 方志出版社 2003 年 1280 页〔陕西省地方志丛书〕

012809965
**定边县人民代表大会志**
定边县人民代表大会志编纂委员会编 西安 陕西人民出版社 2009 年 510 页

012048861
**定边县军事志**
马骥主编 定边县军事志编纂委员会编 北京 军事科学出版社 2009 年 603 页

012809967
**定边中学校志**
尚琦瑛主编 定边中学校志编纂委员会编 西安 陕西人民出版社 2009 年 546 页

## 绥德县

009198559
**绥德县志**
中共绥德县委史志编纂委员会编 西安 三秦出版社 2003 年 821 页〔陕西地方志丛书〕

012967431
**崔家湾镇志**
李林 雷鸿儒主编 西安 陕西人民出版社 2011 年 560 页〔陕西省地方志丛书〕

012679216
**定仙墕镇志**
绥德县定仙墕镇志编纂委员会编 定仙墕 定仙墕镇志编纂委员会 2005 年 403 页〔陕西地方志丛书〕

011320884
**吉镇村志**
马静章主编 吉镇村村民委员会编 吉镇村 吉镇村村民委员会 2006 年 379 页

012202987
**梁家甲村志**
马贵麟 马胜麟主编 绥德 梁家甲村志编撰委员会 2008 年 169 页

012266324
**四十里铺镇志**
四十里铺镇志编纂委员会编 四十里铺镇 四十里铺镇志编纂委员会 2009 年 476 页〔陕西省地方志丛书〕

012542950
**绥德县军事志** 前 635—2005

绥德县军事志编纂委员会编 西市 三秦出版社 2009年 398页

013321001
**绥德县教育志**
张宗武主编 绥德县教育局编 榆林 榆林报社印刷厂 2000年 266页

011908922
**绥德中学校志**
张俊谊主编 陕西省绥德中学校志编写小组编 陕西 绥德中学 2005年 453页

## 米脂县

010735991
**米脂县志 初稿**
米脂县志编纂委员会办公室编 米脂 米脂县志编纂委员会办公室 1988年 25册

007900236
**米脂县志**
米脂县志编纂委员会编 西安 陕西人民出版社 1993年 843页〔陕西省地方志丛书〕

011805647
**米脂县军事志**
米脂县军事志编纂委员会编 北京 军事科学出版 2008年 361页

010776936
**米脂县志粮食志**
米脂县志编纂委员会办公室编 米脂 米脂县志编纂委员会办公室 1988年 34页

013129992
**米脂县档案志**
米脂县档案局编 米脂 米脂县档案局 2010年 101页

012955182
**米脂中学校志**
米脂中学校志编纂委员会编 米脂 米脂中学校志编纂委员会 2007年 425页

011499418
**米脂常氏家志**
1990年 3册

## 佳县

008612673
**佳县志**
佳县县志编纂委员会编 佳县 佳县县志编纂委员会 1994年 600页

012097557
**佳县志**
佳县地方志编纂委员会编 西安 陕西旅游出版社 2008年 1166页〔陕西地方志丛书〕

013787961
**白云山白云观道教志**
白云山道教民主管理委员会编 榆林 榆林报社印刷厂 2007 年 166 页

011804693
**佳县军事志**
佳县军事志编纂委员会编 西安 三秦出版社 2008 年 350 页

## 吴堡县

008594658
**吴堡县志**
吴堡县志编纂委员会编 西安 陕西人民出版社 1995 年 889 页〔陕西地方志丛书〕

012052395
**吴堡县军事志**
吴堡县军事志编纂委员会编 西安 三秦出版社 2009 年 352 页

## 清涧县

008844006
**清涧县志**
清涧县志编纂委员会 杨明芳主编 西安 陕西人民出版社 2001 年 923 页〔陕西地方志丛书〕

012208122
**清涧县军事志** 前 639—2005
清涧县军事志编纂委员会编 西安 陕西人民出版社 2009 年 351 页

## 子洲县

007900152
**子洲县志**
子洲县志编纂委员会编 西安 陕西人民出版社 1993 年 575 页〔陕西地方志丛书〕

013863131
**牛薛沟村志**
牛薛沟村志编纂委员会编 西安 西安市建明工贸有限责任公司 2013 年 294 页

010201234
**子洲政协志** 1984—2004
中国人民政治协商会议陕西省子洲县委员会编 子洲 子洲政协 2004 年 117 页〔子洲文史资料 第 5 辑〕

012003258
**子洲县军事志** 前 210—2005
子洲县军事志编纂委员会编 西安 三秦出版社 2009 年 287 页

013134388
**子洲中学校志** 1954—2004
陕西省子洲中学校志编写领导小组 姬

世武编写 张俊谊修订 子洲 陕西省子洲中学校志编写领导小组 2004 年 359 页

# 安康市

008612640
**安康地区志**
安康市地方志编纂委员会编 西安 陕西人民出版社 2004 年 2 册 1698 页

006542662
**安康县志**
安康市地方志编纂委员会编 西安 陕西人民出版社 1989 年 997 页〔陕西地方志丛书〕

009313222
**中共安康地区纪检志**
中共安康地区纪律检查委员会编 安康 中共安康地区纪律检查委员会 1996 年 311 页

008993420
**陕西省安康地区妇女志** 1908—1989
陕西省妇联安康地区办事处编 安康 陕西省妇联安康地区办事处 1990 年 144 页

009244982
**中共安康地委统战志**
中共安康地委统战部编 安康 中共安康地委统战部 1999 年 345 页

012871756
**安康地区监察志**
安康地区监察局编 安康 安康地区监察局 2000 年 209 页

008993417
**安康地区法院志** 1935—1989
陕西省安康地区中级人民法院编 安康 陕西省安康地区中级人民法院 1992 年 345 页

014026319
**安康城乡建设志** 1991—2012
安康市住房和城乡建设局编 西安 三秦出版社 2013 年 564 页〔安康市地方志丛书〕

012678337
**安康供电志** 1931—2009
安康供电志编纂委员会编 西安 陕西人民出版社 2010 年 718 页〔陕西省电力工业志丛书〕

011320483
**安康酒厂志**
安康酒厂志编纂委员会编 陕西 陕西安康泸康酒业有限公司 1998 年 388 页

009228137
**安康铁路分局志** 1970—2000
安康铁路分局志编纂委员会编 北京 中国铁道出版社 2003年 489页〔中铁史志〕

009348221
**陕西省道路交通管理志 第9卷 安康分志**
陕西省道路交通管理志安康分志编纂委员会编 西安 陕西人民出版社 2003年 895页〔陕西省地方志资料丛书〕

008486179
**安康供销志**
安康地区供销合作社志编纂委员会编著 西安 陕西科学技术出版社 1993年 241页〔陕西地方志丛书〕

008486176
**安康地区财政志**
安康地区财政志编纂委员会编 西安 陕西人民出版社 1992年 196页

008793281
**安康地区教育志**
李胜金主编 西安 三秦出版社 1996年 380页〔陕西地方志丛书〕

010242633
**安康中学校志** 1930—1994
安康中学校志编纂委员会编 安康 安康中学校志编纂委员会 1995年 252页

013646784
**安康学院校志** 1958—2008
杨行玉 姚维荣主编 西安 西北大学出版社 2008年 291页

013402710
**安康市技工学校志** 1979—2011
周育论主编 香港 中国国际文化艺术出版社 2012年 251页〔安康市地方志丛书〕

006322612
**陕西省安康地区地理志**
陕西师范大学地理系安康地区地理志编写组编 西安 陕西人民出版社 1986年 386页

013220901
**陕西省安康市中心医院院志** 1937.8—2005.12
安康市中心医院志编辑委员会编 安康 安康市中心医院志编辑委员会 2006年 578页

011469895
**安康市卫生防疫志**
安康市卫生防疫志编纂委员会编 安康 安康市卫生防疫志编纂委员会 2006年 537页

008993423

**安康市建设志**

安康市建设志编纂委员会编 西安 三秦出版社 2000年 535页〔中华人民共和国地方志 陕西省〕

008928959

**安康地区水利志**

安康地区水电水土保持局编 安康 安康地区水电水土保持局 2000年 431页〔陕西省地方志水利志丛书〕

## 汉阴县

007900132

**汉阴县志**

汉阴县志编纂委员会编 西安 陕西人民出版社 1991年 840页〔陕西地方志丛书〕

## 石泉县

007778822

**后柳区志**

吴龙晏主编 后柳区地方志编纂领导小组编 后柳区 后柳区地方志编纂领导小组 1989年 220页〔陕西地方志丛书〕

004102804

**石泉县志**

石泉县地方志编纂委员会编 西安 陕西人民出版社 1991年 799页〔陕西地方志丛书〕

008101491

**石泉县地方志评介文集**

李佩今主编 华夏地方志研究所 1993年 240页〔华夏地方志评论丛书〕

012661829

**陕西省石泉县地名志**

石泉县人民政府 张德善主编 石原 石泉县人民政府 1985年 364页

## 宁陕县

007657568

**宁陕县志**

宁陕县地方志编纂委员会编 西安 陕西人民出版社 1992年 774页〔陕西地方志丛书〕

014047780

**宁东林业局志** 1958—2007

方有为 张战勇主编 陕西省宁东林业局编纂 宁陕 陕西省宁东林业局 2008年 412页

## 紫阳县

002988768

**紫阳县志**

樊光春主编 紫阳县志编纂委员会编 西

安　三秦出版社　1989 年　932 页〔中华人民共和国地方志丛书〕

008488416
**紫阳县供销合作社志**
紫阳县供销合作社志编纂委员会　涂作洲主编　西安　三秦出版社　1991 年　256 页〔陕西地方志丛书〕

008844238
**紫阳县教育志**
紫阳县教育志编纂委员会编　西安　陕西人民出版社　1995 年　424 页〔陕西地方志丛书〕

008045583
**紫阳茶业志**
樊光春等主编　程良斌执笔　紫阳县志编纂委员会编　西安　陕西省新华书店经销　1987 年　186 页

## 岚皋县

007900136
**岚皋县志**
岚皋县志编纂委员会编　西安　陕西人民出版社　1993 年　654 页〔陕西地方志丛书〕

011805510
**岚皋县军事志　1634—2005**
岚皋县军事志编纂委员会编　西安　三秦出版社　2007 年　264 页

## 平利县

008598474
**平利县志**
平利县志编纂委员会编著　西安　三秦出版社　1995 年　766 页〔陕西省地方志丛书〕

009340817
**平利县财政志**
平利县财政局编　西安　陕西人民出版社　1991 年　218 页

## 镇坪县

009700373
**镇坪县志**
镇坪县地方志编委会编　西安　陕西人民出版社　2004 年　777 页〔陕西地方志丛书〕

008542650
**陕西省镇平县地名志**
镇平县人民地名办公室编　陕西　镇平县人民地名办公室　1984 年　163 页

012100914
**镇坪县军事志　1476—2005**

镇坪县军事志编纂委员会编 镇坪 镇坪县军事志编纂委员会 2008年 285页

## 旬阳县

008426862
**旬阳县志**
张沛主编 旬阳县地方志编纂委员会编 北京 中国和平出版社 1996年 747页〔陕西地方志丛书〕

008637988
**旬阳卷烟厂志**
陕西省烟草志编纂委员会编 西安 陕西人民出版社 1999年 408页〔陕西省烟草志丛书〕

## 白河县

007819193
**白河县志**
白河县地方志编纂委员会编 西安 陕西人民出版社 1996年 714页〔陕西地方志丛书〕

013308892
**白河县广播电视志**
陕西省白河县广播电视局编 白河 白河县广播电视局 1990年 83页

013402780
**白河县卫生志**
白河县卫生志编纂委员会编 白河 白河县卫生志编纂委员会 2006年 385页〔白河县地方志丛书〕

# 商洛市

010113618
**商洛地区志**
商洛市地方志编纂委员会编 北京 方志出版社 2006年 898页

013684609
**商洛市道教志**
商洛市道教协会编 商洛 商洛市道教协会 2002年 148页

013096353
**陕西省商洛地区法院志**
商洛地区中级人民法院编 商洛 商洛地区中级人民法院 2005年 349页〔陕西省地方志丛书〕

011294271
**商洛地区人事劳动志**
商洛地区人事劳动局编 洛南 商洛地区

人事劳动局 1997年 416页〔陕西地方志丛书〕

009411667
**商洛供电志**
商洛供电志编纂委员会编 西安 西北大学出版社 2004年 548页〔陕西省电力工业志丛书〕

008487102
**商洛地区交通志**
商洛地区交通局交通史志编写办公室编 西安 陕西人民出版社 1993年 528页〔陕西地方志丛书〕

008542702
**陕西省道路交通管理志 第1卷 商洛分志**
陕西省道路交通管理志商洛分志编纂委员会编 西安 陕西人民出版社 1999年 501页〔陕西省地方志资料丛书〕

008993623
**商洛地区广播电视志**
陕西省商洛地区广播电视局编 商洛 陕西省商洛地区广播电视局 1989年 176页〔商洛地区地方志丛书〕

007518532
**商洛地区档案志**
郝臣杰编著 西安 陕西人民教育出版社 1992年 259页

009840231
**商洛地区教育志**
商洛地区教育局编 西安 三秦出版社 2006年 643页〔陕西地方志丛书〕

012140764
**陕西省戏剧志 第11卷 商洛地区卷**
鱼讯主编 陕西省戏剧志编纂委员会编 西安 三秦出版社 1997年 376页

008993625
**陕西省商洛地区地震志**
商洛地区地震办公室编 商洛 商洛地区地震办公室 1986年 62页

005591189
**陕西省商洛地区地理志**
陕西师范大学地理系 陕西省商洛地区地理志编写组编 西安 陕西人民出版社 1981年 303页

008866648
**商洛地区水利志**
商洛地区水电水土保持局编 商洛 陕西省商洛县印刷厂 1993年 452页〔陕西地方志水利志丛书〕

## 商州区

008453791
**商州市志**
商州市地方编纂委员会编 北京 中华书局 1998年 919页〔陕西省地方志丛

书〕

008993616
**商州市公路交通志**
商州市交通局编 商州 商州市交通局 1989年 148页

008993619
**陕西省商县广播电视志** 1936—1985
商县广播电视局编 商县 商县广播电视局 1987年 86页〔陕西省商县地方志丛书〕

008993611
**商州市教育志**
陕西省商州市教育局教育志编纂组编 商州 陕西省商州市教育局 1989年 377页

011321408
**商州市城关小学校志**
商州 城关小学 1992年 201页

012955976
**陕西省商州中学校志**
陕西省商州中学编 2001年 350页

## 洛南县

009025814
**石门镇志**
石门镇镇志编纂委员会编 北京 方志出版社 2002年 474页

013628103
**洛南县人口与计划生育志**
洛南县人口和计划生育志编纂委员会编 商洛 商洛日报社印刷厂 2011年 333页〔洛南地方志丛书〕

011499336
**洛南县军事志**
洛南县军事志编纂委员会编 洛南 洛南县军事志编纂委员会 2007年 480页〔洛南县地方志丛书〕

011997391
**洛南县国土资源志**
洛南县国土资源志编纂委员会编 洛南 洛南县国土资源志编纂委员会 2008年 428页〔洛南地方志丛书〕

011499323
**洛南城乡建设志**
洛南县城乡建设环境保护局编 1992年 250页

011499331
**洛南县城乡建设志 续** 1991—2006
洛南县城乡建设局编 洛南 洛南县城乡建设局 2007年 272页〔洛南地方志丛书〕

008542858
**洛惠渠志**
洛惠渠志编纂委员会编 西安 陕西人民出版社 1995年 378页〔陕西地方志

水利治志丛书〕

008993634
**陕西省洛南县广播电视志** 1936—1985
洛南县广播电视局编 洛南 洛南县广播电视局 1987年 82页

013756022
**陕西省洛南中学校志** 1995—2012.6
陕西省洛南中学校志编纂委员会编 洛南 陕西省洛南中学校志编纂委员会 2012年 393页〔洛南县地方志丛书〕

013793267
**洛南县职业技术教育中学志**
洛南县职业技术教育中心志编纂委员会编 商洛 商洛日报社印刷厂 2011年 356页〔洛南地方志丛书〕

008993636
**洛南县卫生志**
陕西省洛南县卫生志编纂委员会编 洛南 洛南县印刷厂 1989年 195页

## 丹凤县

007060945
**丹凤县志**
丹凤县志编纂委员会编 西安 陕西人民出版社 1994年 902页〔陕西地方志丛书〕

009266244
**丹凤县建设志**
丹凤县建设局编 西安 陕西人民出版社 2003年 382页

008866654
**丹凤县水利志**
陕西省丹凤县水利志编纂组编 丹凤 丹凤县水利水土保持局 1990年 256页〔陕西地方志水利志丛书〕

009337922
**丹凤交通志**
陕西省丹凤县交通局编 陕西 陕西省丹凤县交通局 1990年 84页

009118637
**丹凤县教育志**
丹凤县教育志编纂委员会编 西安 陕西人民出版社 1996年 448页

013819245
**丹凤县商镇中心小学校志** 1908—2009
丹凤县商镇中心小学校志编纂委员会编 商南 商南县顺意印务有限责任公司 2009年 332页

012955973
**陕西省丹凤中学校志**
陕西省丹凤中学校志编纂委员会编 西安 陕西师范大学出版社 2002年 439页〔陕西省教育志丛书〕

009337927
**陕西省丹凤中学校志** 1942—1989
陕西省丹凤中学校志编辑部编 陕西 陕西省丹凤中学校志编辑部 1989 年 218 页

011995472
**丹凤县医院志**
李抗美 刘逢生主编 西安 陕西旅游出版社 2000 年 309 页

009244987
**丹凤县中医医院志**
丹凤县中医医院志编纂委员会编 西安 陕西人民出版社 2002 年 254 页〔丹凤县地方志丛书〕

## 商南县

007477982
**商南县志**
商南县志编辑委员会编 北京 作家出版社 1993 年 992 页〔陕西地方志丛书〕

009313211
**商南县粮食志**
商南县粮食志编纂委员会编 洛南 商南县粮食志编纂委员会 1996 年 258 页〔商南县部门专业志丛书〕

013320952
**商南县高级中学志** 1941—2009
商南县高级中学志编纂委员会编 商南 商南县高级中学 2009 年 473 页

## 山阳县

007856404
**山阳县志**
山阳县地方志编纂委员会编 西安 陕西人民出版社 1991 年 430 页〔陕西地方志丛书〕

010308028
**中国共产党山阳县历史大事记**
中共山阳县委党史县志办公室编 山阳 中共山阳县委党史县志办公室 1999 年 209 页

012140266
**山阳县军事志**
山阳县军事志编纂委员会编 陕西 山阳县军事志编纂委员会 2007 年 396 页

008993627
**山阳县水利志**
山阳县水利志编纂组编 山阳 山阳县水利水土保持局 1992 年 177 页〔陕西地方志水利志丛书〕

## 镇安县

007809773
**镇安县志**

镇安县志编纂委员会编 陕西 陕西人民出版社 1995年 678页〔陕西地方志丛书〕

013901258
**镇安县交通志**
镇安县交通局交通志编写办公室编 西安 陕西人民教育出版社 1993年 134页

## 柞水县

008453786
**柞水县志**
柞水县志编纂委员会编 西安 陕西人民出版社 1998年 890页〔陕西地方志丛书〕

009337985
**柞水县教育志**
柞水县教育志编写组编 柞水 柞水县教育志编写组 1991年 226页〔柞水县地方志丛书〕

# 甘肃省

006088028

**甘肃省志**

甘肃省地方史志编纂委员会编 兰州 甘肃文化出版社 1989年

010777088

**甘肃省志 标准质量志 初稿**

甘肃省质量管理局编 甘肃 甘肃省质量管理局 1993年 2册

013528904

**甘肃省志 监察志 1950—2007**

甘肃省地方史志编纂委员会 甘肃省监察志编纂委员会编 兰州 甘肃文化出版社 2012年 978页

011757863

**甘肃省志 教育志 1987—2005 征求意见稿**

2006年 715页

012831463

**甘肃省志 林业志 1986—2005**

甘肃省地方史志编纂委员会编纂 兰州 甘肃文化出版社 2009年 2册

012718811

**甘肃省志 人事志 1989—2007**

甘肃省地方史志编纂委员会 甘肃省人事志编纂领导小组编纂 兰州 甘肃文化出版社 2010年 665页

010779389

**甘肃省志 社会科学志 1991—2000**

甘肃省地方史志编纂委员会 甘肃省社会科学志编纂委员会编纂 兰州 甘肃人民出版社 2006年 639页

008599817

**甘肃省志 第1卷 概述**

甘肃省地方史志编纂委员会编纂 兰州 甘肃人民出版社 1989年 181页

008599814
**甘肃省志 第2卷 大事记**
甘肃省地方史志编纂委员会编纂 兰州 甘肃人民出版社 1989年 591页

011804350
**甘肃省志 第3卷 共产党志**
甘肃省地方史志编纂委员会编纂 北京 中共党史出版社 2008年 2册

009683649
**甘肃省志 第4卷 政权志 人大**
甘肃省地方史志编纂委员会 甘肃省志政权志人大编纂委员会编纂 兰州 甘肃人民出版社 2005年 980页

009042986
**甘肃省志 第5卷 公安志**
甘肃省地方史志编纂委员会 甘肃省志公安志编纂领导小组编纂 兰州 甘肃文化出版社 1995年 715页

008680719
**甘肃省志 第6卷 检察志**
甘肃省地方史志编纂委员会 甘肃省志检察志编纂领导小组编纂 兰州 甘肃文化出版社 1995年 276页

008512793
**甘肃省志 第7卷 审判志**
甘肃省地方史志编纂委员会 甘肃省审判志编纂委员会编纂 兰州 甘肃文化出版社 1995年 815页

012541541
**甘肃省志 第8卷 司法行政志**
甘肃省地方史志编纂委员会 甘肃省司法行政志编纂委员会编纂 兰州 甘肃人民出版社 2009年 554页

008680831
**甘肃省志 第9卷 民政志**
甘肃省地方史志编纂委员会 甘肃省民政志编委会编纂 兰州 甘肃人民出版社 1994年 934页

008994296
**甘肃省志 第10卷 军事志**
甘肃省地方史志编纂委员会 甘肃省军区军事领导小组编纂 兰州 甘肃人民出版社 2001年 2册 1903页

008680863
**甘肃省志 第10卷 军事志 人民防空**
甘肃省地方史志编纂委员会 甘肃省人民防空办公室编纂 兰州 甘肃人民出版社 2000年 285页

009042960
**甘肃省志 第12卷 地震志**
甘肃省地方史志编纂委员会 甘肃省地震志编纂委员会编纂 兰州 甘肃人民出版社 1991年 375页

009336611
**甘肃省志 第13卷 气象志**
甘肃省地方史志编纂委员会 甘肃省志

气象志编辑室编纂 兰州 甘肃人民出版社 1992年 285页

008680422
**甘肃省志** 第14卷 测绘志
甘肃省地方史志编纂委员会 甘肃省测绘志编纂委员会编纂 兰州 甘肃人民出版社 1998年 386页

008842712
**甘肃省志** 第15卷 经济计划志 计划
甘肃省地方史志编纂委员会 甘肃省发展计划委员会编纂 兰州 甘肃人民出版社 2000年 1085页

009173842
**甘肃省志** 第16卷 统计志
甘肃省地方史志编纂委员会 甘肃省志统计志编纂委员会编纂 兰州 甘肃文化出版社 1995年 405页

009441460
**甘肃省志** 第17卷 审计志
甘肃省地方史志编纂委员会 甘肃省审计志编纂委员会编纂 兰州 甘肃文化出版社 2004年 638页

009043169
**甘肃省志** 第18卷 农业志
甘肃省地方史志编纂委员会 甘肃省农业志编纂委员会编纂 兰州 甘肃文化出版社 1995年 2册 1239页

009336649
**甘肃省志** 第19卷 农垦志
甘肃省地方史志编纂委员会 甘肃省农垦志编纂领导小组编 兰州 甘肃人民出版社 1993年 474页

008680827
**甘肃省志** 第20卷 林业志
甘肃省地方史志编纂委员会 甘肃省林业志编辑委员会编纂 兰州 甘肃人民出版社 1999年 988页

008599830
**甘肃省志** 第21卷 畜牧志
甘肃省地方史志编纂委员会 甘肃省畜牧志编辑委员会编纂 兰州 甘肃人民出版社 1991年 609页

009336662
**甘肃省志** 第22卷 渔业志
甘肃省地方史志编纂委员会 甘肃省渔业志编委会编纂 兰州 甘肃人民出版社 1991年 148页

008680885
**甘肃省志** 第23卷 水利志
甘肃省地方史志编纂委员会 甘肃省水利志编纂领导小组编纂 兰州 甘肃文化出版社 1998年 883页

009336671
**甘肃省志** 第24卷 农业机械化志
甘肃省地方史志编纂委员会 甘肃省农

业机械化志编委会编纂 兰州 甘肃人民出版社 1991 年 235 页

008680710
**甘肃省志 第 25 卷 机械工业志**
甘肃省地方史志编纂委员会编纂 甘肃省机械工业志编辑室编 兰州 甘肃人民出版社 1989 年 377 页

008680690
**甘肃省志 第 26 卷 电力工业志**
甘肃省地方史志编纂委员会 甘肃省志电力工业志编纂委员会编纂 兰州 甘肃文化出版社 1999 年 564 页

009043152
**甘肃省志 第 27 卷 石油化工志**
甘肃省地方史志编纂委员会 甘肃省石油化学工业厅编纂 兰州 甘肃人民出版社 1994 年 524 页

012609837
**甘肃省志 第 28 卷 妇女志**
甘肃省地方史志编纂委员会 甘肃省妇联妇女志编纂委员会编纂 兰州 甘肃文化出版社 2009 年 514 页

011473025
**甘肃省志 第 29 卷 政协志**
甘肃省地方史志编纂委员会 中国人民政治协商会议甘肃省委员会编纂 兰州 甘肃人民出版社 2008 年 1080 页

011473018
**甘肃省志 第 30 卷 旅游志**
甘肃省地方史志编纂委员会 甘肃省旅游局编纂 兰州 甘肃文化出版社 2007 年 397 页

009336782
**甘肃省志 第 31 卷 煤炭工业志**
甘肃省地方史志编纂委员会 甘肃省煤炭工业志编纂委员会编纂 兰州 甘肃文化出版社 1995 年 921 页

008842706
**甘肃省志 第 32 卷 建设志**
甘肃省地方史志编纂委员会 甘肃省志建设志编纂委员会编纂 兰州 甘肃人民出版社 2000 年 893 页

011328752
**甘肃省志 第 33 卷 环境保护志**
甘肃省地方史志编纂委员会 甘肃省环境保护局编纂 兰州 甘肃人民出版社 2007 年 582 页

009336812
**甘肃省志 第 34 卷 建材工业志**
甘肃省地方史志编纂委员会 甘肃省建材工业志编委会编纂 兰州 甘肃人民出版社 1993 年 547 页

008680847
**甘肃省志 第 35 卷 轻纺工业志 二轻**
甘肃省地方史志编纂委员会 甘肃省林

业志编辑委员会编纂 兰州 甘肃文化出版社 1995年 564页

011954022
**甘肃省志** 第36卷 乡镇企业志
甘肃省地方史志编纂委员会 甘肃省志乡镇企业志编纂委员会编 兰州 甘肃人民出版社 2008年 508页

009336833
**甘肃省志** 第37卷 财税志
甘肃省地方史志编纂委员会 甘肃省财税志编委会编纂 兰州 甘肃人民出版社 1990年 464页

009336853
**甘肃省志** 第39卷 航运志
甘肃省地方史志编纂委员会 甘肃省交通史志年鉴编写委员会编纂 兰州 甘肃人民出版社 1992年 243页

008994293
**甘肃省志** 第40卷 铁路志
甘肃省地方史志编纂委员会 甘肃省铁路志编纂委员会编纂 兰州 甘肃文化出版社 2000年 767页

009082406
**甘肃省志** 第41卷 民航志
甘肃省地方史志编纂委员会 甘肃省志民航志编辑委员会编纂 兰州 甘肃人民出版社 2003年 242页

009336916
**甘肃省志** 第42卷 邮电志
甘肃省地方史志编纂委员会 甘肃省邮电志编纂委员会编纂 兰州 甘肃人民出版社 1993年 1052页

008599819
**甘肃省志** 第43卷 军事工业志
甘肃省地方史志编纂委员会 甘肃省军事工业志编审委员会编纂 兰州 甘肃人民出版社 1992年 377页

008680770
**甘肃省志** 第44卷 金融志
甘肃省地方史志编纂委员会 甘肃省金融志编纂委员会编纂 兰州 甘肃文化出版社 1996年 1428页

008680419
**甘肃省志** 第45卷 标准化与质量志
甘肃省地方史志编纂委员会 甘肃省标准化与质量志编纂委员会编纂 兰州 甘肃文化出版社 1999年 561页

009336998
**甘肃省志** 第46卷 计量志
甘肃省地方史志编纂委员会 甘肃省计量志编委会编纂 兰州 甘肃人民出版社 1990年 386页

008599825
**甘肃省志** 第47卷 物资志
甘肃省地方史志编纂委员会 甘肃省物

资局物资志编纂领导小组编纂 兰州 甘肃人民出版社 1991 年 435 页

009061911
**甘肃省志 第 48 卷 储备物资志**
甘肃省地方史志编纂委员会 甘肃省志储备物资志编纂领导小组编纂 兰州 甘肃文化出版社 1996 年 303 页

008599822
**甘肃省志 第 49 卷 商业志**
甘肃省地方史志编纂委员会 甘肃省商业志编委会编纂 兰州 甘肃人民出版社 1993 年 598 页

008512792
**甘肃省志 第 50 卷 供销合作社志**
甘肃省地方史志编纂委员会 甘肃省民政志编委会编纂 兰州 甘肃人民出版社 1995 年 774 页

009337009
**甘肃省志 第 51 卷 工商行政管理志**
甘肃省地方史志编纂委员会 甘肃省工商行政管理志编委会编纂 兰州 甘肃人民出版社 1991 年 659 页

009742393
**甘肃省志 第 53 卷 外经贸志**
甘肃省地方史志编纂委员会 甘肃省志外经贸志编纂委员会编纂 兰州 甘肃文化出版社 2005 年 656 页

008994302
**甘肃省志 第 54 卷 民主党派工商联志**
甘肃省地方史志编纂委员会 甘肃省志民主党派工商联志编辑委员会编纂 兰州 甘肃文化出版社 2001 年 816 页

009115588
**甘肃省志 第 55 卷 群众团体志 工会**
甘肃省地方史志编纂委员会 甘肃省总工会工会志编纂委员会编纂 兰州 甘肃文化出版社 2001 年 364 页

010280104
**甘肃省志 第 56 卷 外事志**
甘肃省地方史志编纂委员会 甘肃省人民政府外事办公室编纂 兰州 甘肃文化出版社 2006 年 516 页

009337033
**甘肃省志 第 57 卷 人事志**
甘肃省地方史志编纂委员会 甘肃省人事志编纂领导小组编纂 兰州 甘肃人民出版社 1992 年 511 页

011954019
**甘肃省志 第 58 卷 劳动志**
甘肃省地方史志编纂委员会 甘肃省志劳动志编纂委员会编纂 兰州 甘肃文化出版社 2008 年 554 页

009337078
**甘肃省志 第 60 卷 科学技术志**

甘肃省地方史志编纂委员会 甘肃省科技史志编纂委员会编纂 兰州 甘肃文化出版社 1995年 1404页

010779399

**甘肃省志 第61卷 社会科学志 古代—1990**

甘肃省地方史志编纂委员会 甘肃省社会科学志编纂委员会编纂 兰州 甘肃人民出版社 2007年 639页

009337093

**甘肃省志 第63卷 新闻出版志 出版**

甘肃省地方史志编纂委员会 甘肃省新闻出版志出版卷编纂委员会编纂 兰州 甘肃人民出版社 1994年 656页

011564567

**甘肃省志 第64卷 广播电影电视志**

甘肃省地方史志编纂委员会 甘肃省广播电影电视志编纂委员会编纂 兰州 甘肃人民出版社 2007年 955页

013369838

**甘肃省志 第66卷 烟草志**

甘肃省地方史志编纂委员会 甘肃省志烟草志编纂委员会编纂 兰州 甘肃文化出版社 2011年 775页

008842710

**甘肃省志 第67卷 医药卫生志 卫生**

甘肃省地方史志编纂委员会 甘肃省志医药卫生志卫生编纂委员会编纂 兰州 甘肃文化出版社 1999年 654页

008680895

**甘肃省志 第68卷 体育志**

甘肃省地方史志编纂委员会 甘肃省体育志编纂委员会编纂 兰州 甘肃人民出版社 1997年 730页

008994052

**甘肃省志 第69卷 人口志**

甘肃省地方史志编纂委员会 甘肃省志人口志编纂委员会编纂 兰州 甘肃文化出版社 2001年 567页

009234432

**甘肃省志 第70卷 民族志**

甘肃省地方史志编纂委员会 甘肃省志民族志编纂委员会编纂 兰州 甘肃人民出版社 2003年 1006页

009742395

**甘肃省志 第71卷 宗教志**

甘肃省地方史志编纂委员会 甘肃省志宗教志编纂委员会编纂 兰州 甘肃人民出版社 2005年 533页

013091056

**甘肃省伊斯兰教教志** 初审稿

甘肃省伊斯兰教协会编 1998年 271页

012541939

**甘肃60年图志**

经典中国编委会编著 北京 研究出版社

2009年 472页

011497044
甘肃省人民代表大会志 初审稿
甘肃 2002年 785页

012658463
甘肃电力抗震救灾志
甘肃电力抗震救灾志编委会编 兰州 甘肃文化出版社 2010年 311页

013096541
汶川特大地震甘肃工会抗震救灾志
甘肃省总工会编 甘肃 甘肃省总工会 2011年 415页

013939400
汶川特大地震甘肃抗震救灾志 甘肃省水利抢险救灾资料长编 2008.5.12—12.31
甘肃省水利厅编 兰州 甘肃省水利厅 2009年 279页

013957002
甘肃省宣传思想志 1949.10—1983.12
中共甘肃省委宣传部政策法规研究室编 兰州 中共甘肃省委宣传部 2006年 175页

012998931
甘肃劳改工作志 1949—1989
甘肃劳改工作管理局编 甘肃 甘肃劳改工作管理局 1994年 473页

013626431
甘肃省电力工业志 1991—2002
中国电力工业史志编辑委员会编 北京 中国电力出版社 2012年 637页〔中国电力工业志丛书〕

013528901
甘肃省煤炭工业志 1949—1959
甘肃省煤炭工业局编 兰州 甘肃省煤炭工业局 1960年 120页

009988792
甘肃省烟草行业志 首卷 甘肃省烟草志
甘肃省烟草行业志编纂委员会 甘肃省烟草志编纂委员会编纂 兰州 甘肃文化出版社 2004年 1042页

012967553
甘肃探矿机械厂志 1957—2007
刘进才主编 甘肃探矿机械厂志编纂委员会编 甘肃 甘肃探矿机械厂 2008年 264页

012658477
甘肃电信精神文明建设志 1979—2002
中国电信集团甘肃省电信公司编 甘肃 中国电信集团甘肃省电信公司 2002年 108页

013703926
甘肃省地方税务志 1994—2010
甘肃省地方税务局编 甘肃 甘肃省地方税务局 2011年 511页

007662815
甘肃农村金融志 1949—1988
甘肃农村金融志编审委员会编 兰州 甘肃人民出版社 1994年 594页

011586267
中国人民建设银行甘肃省分行行志
中国人民建设银行甘肃省分行编 兰州 中国人民建设银行甘肃省分行 1994年 500页

013925192
甘肃科技志 大事记
吴克 芦开文 胡延清主编 甘肃省科技史志编辑部编纂 兰州 甘肃科学技术出版社 1989年 245页

009265465
甘肃省冶金科学技术志
甘肃省冶金工业厅 甘肃省金属学会编纂 兰州 甘肃人民出版社 1997年 366页

009648791
中国歌谣集成 第8卷 甘肃卷
中国民间文学集成全国编辑委员会 中国民间文学集成甘肃卷编辑委员会编 北京 中国ISBN中心 2000年 937页

007476003
中国民间歌曲集成 第3卷 甘肃卷
中国民间歌曲集成全国编辑委员会主编 中国民间歌曲集成甘肃卷编辑委员会编纂 北京 人民音乐出版社 1994年 1068页〔十部文艺集成志书〕

011534089
中国戏曲音乐集成 甘肃卷
中国戏曲音乐集成编辑委员会 中国戏曲音乐集成甘肃卷编辑委员会编 北京 中国ISBN中心 2006年 2册 1568页

008707350
中国曲艺音乐集成 第9卷 甘肃卷
中国曲艺音乐集成全国编辑委员会 中国曲艺音乐集成甘肃卷编辑委员会编 北京 中国ISBN中心 1998年 917页

007908851
中国民族民间器乐曲集成 第4卷 甘肃卷
中国民族民间器乐曲集成全国编辑委员会 中国民族民间器乐曲集成甘肃卷编辑委员会编 北京 中国ISBN中心 1997年 1198页〔十部文艺集成志书〕

007562228
中国民族民间舞蹈集成 第7卷 甘肃卷
中国民族民间舞蹈集成编辑部编 北京 中国ISBN中心 1996年 479页〔十

部文艺集成志书〕

012584247
中国曲艺志 第 14 卷 甘肃卷
中国曲艺志全国编辑委员会 中国曲艺志甘肃卷编辑委员会编 北京 中国 ISBN 中心 2008 年 868 页

007369229
中国戏曲志 第 3 卷 甘肃卷
中国戏曲志编辑委员会 中国戏曲志甘肃卷编辑委员会编 北京 中国 ISBN 中心 1995 年 830 页〔十部文艺集成志书〕

011329334
甘肃方志通览
郝玉屏主编 高子贵 金钰铭副主编 兰州 兰州大学出版社 2007 年 745 页

011325418
甘肃省民兵英模人物志
甘肃省军区民兵史编写办公室编 甘肃 甘肃省军区民兵史编写办公室 1986 年 264 页

009336890
甘肃河西走廊风物志
魏明孔著 昆明 云南人民出版社 2001 年 281 页〔中国西部风物志丛书〕

001737959
甘肃风物志
吴月等编 兰州 甘肃人民出版社 1985 年 318 页〔中国风物志丛书〕

012831452
甘肃省科协所属学会志
甘肃省科协学会部编 甘肃 甘肃省科协学会部 1995 年

011943626
甘肃省地震监测志
张新基主编 甘肃省地震局编 兰州 兰州大学出版社 2005 年 311 页〔中国地震监测志系列〕

009878644
甘肃植物志
甘肃植物志编辑纂委员会编 兰州 甘肃科学技术出版社 200u 年

008453808
甘肃脊椎动物志
王香亭主编 兰州 甘肃科学技术出版社 1991 年 1371 页

011954009
甘肃省叶甲科昆虫志
王洪建 杨星科主编 兰州 甘肃科技出版社 2006 年 317 页

013143687
甘肃省医药卫生简志 216—1985
甘肃省卫生厅 甘肃省医药卫生志编辑室编 甘肃 甘肃省卫生厅 1987 年

2 册

009348554
**甘肃中草药资源志**
赵汝能主编 兰州 甘肃科学技术出版社 2004 年 2 册

012952024
**甘肃土种志**
甘肃省土壤普查办公室编著 兰州 甘肃科学技术出版社 1993 年 447 页

011320036
**甘肃小麦品种志** 1950—1987
甘肃省农业科学院粮食作物研究所编 1989 年 143 页

009399125
**甘肃省经济植物病害志**
孟有儒主编 兰州 甘肃科学技术出版社 2003 年 458 页

009959540
**甘肃果树志**
甘肃省农业科学院果树研究所编 北京 中国农业出版社 1995 年 487 页

013091054
**甘肃省梨树志**
甘肃省农业科学院果树研究所情报研究所编 甘肃 甘肃省农业科学院果树研究所情报研究所 1981 年 175 页

013703924
**甘肃林木病虫图志**
甘肃省林业厅 甘肃省森林病虫害防治检疫站编著 杨陵 天则出版社 1995 年

008453811
**甘肃省畜禽疫病志**
甘肃省畜禽疫病志编辑委员会编纂 甘肃省畜牧厅主编 兰州 甘肃民族出版社 1992 年 965 页

011497028
**甘肃蜜源植物志**
甘肃省养蜂研究所编著 章定生主编 佘坚强等编 兰州 甘肃科学技术出版社 1987 年 673 页〔甘肃丛书〕

## 兰州市

008636381
**兰州市志** 第 1 卷 建置区划志
兰州市地方志编纂委员会 兰州市建置区划志志编纂委员会编纂 兰州 兰州

大学出版社 1999 年 435 页

009310124
**兰州市志** 第 2 卷 自然地理志
兰州市地方志编纂委员会 兰州市自然地理志编纂委员会编纂 兰州 兰州大学出版社 1998 年 522 页

008471307
**兰州市志** 第 3 卷 自然资源志
兰州市地方志编纂委员会 兰州市自然资源志编纂委员会编纂 兰州 兰州大学出版社 1999 年 313 页

008471298
**兰州市志** 第 5 卷 土地志
兰州市地方志编纂委员会 兰州市土地志编纂委员会编纂 兰州 兰州大学出版社 1998 年 323 页

009310131
**兰州市志** 第 6 卷 城市规划志
兰州市地方志编纂委员会 兰州市城市规划志编纂委员会编纂 兰州 兰州大学出版社 2001 年 571 页

009310133
**兰州市志** 第 7 卷 市政建设志
兰州市地方志编纂委员会 兰州市市政建设志编纂委员会编纂 兰州 兰州大学出版社 1997 年 407 页

009310136
**兰州市志** 第 8 卷 公用事业志
兰州市地方志编纂委员会 兰州市公用事业志编纂委员会编纂 兰州 兰州大学出版社 2001 年 497 页

009310216
**兰州市志** 第 9 卷 房地产志
兰州市地方志编纂委员会 兰州市房地产志编纂委员会编纂 兰州 兰州大学出版社 1998 年 571 页

008994310
**兰州市志** 第 10 卷 园林绿化志
兰州市地方志编纂委员会 兰州市园林绿化志编纂委员会编纂 兰州 兰州大学出版社 2001 年 489 页

008471303
**兰州市志** 第 11 卷 环境保护志
兰州市地方志编纂委员会 兰州市环境保护志编纂委员会编纂 兰州 兰州大学出版社 1999 年 343 页

009046149
**兰州市志** 第 12 卷 城建综合志
兰州市地方志编纂委员会 兰州市城建综合志编纂委员会编纂 兰州 兰州大学出版社 2002 年 1091 页

013774450
**兰州市志** 第 13 卷 重工业志
兰州市地方志编纂委员会 兰州市重工

业志编纂委员会编纂 兰州 兰州大学出版社 2012年 774页

009310150
**兰州市志 第17卷 建材工业志**
兰州市地方志编纂委员会 兰州市建材工业志编纂委员会编纂 兰州 兰州大学出版社 2001年 350页

009310155
**兰州市志 第18卷 建筑业志**
兰州市地方志编纂委员会 兰州市建筑业志编纂委员会编纂 兰州 兰州大学出版社 1998年 474页

009310164
**兰州市志 第20卷 粮食志**
兰州市地方志编纂委员会 兰州市粮食志编纂委员会编纂 兰州 兰州大学出版社 2008年 421页

013064829
**兰州市志 第21卷 工会志**
兰州市地方志编纂委员会 兰州市工会志编纂委员会编纂 兰州 兰州大学出版社 2010年 785页

009310170
**兰州市志 第21卷 交通志**
兰州市地方志编纂委员会 兰州市交通志编纂委员会编纂 兰州 兰州大学出版社 2001—2005年 2册 978页

009310174
**兰州市志 第22卷 电信志**
兰州市地方志编纂委员会 兰州市电信志编纂委员会编纂 兰州 兰州大学出版社 1998年 23页

009310178
**兰州市志 第22卷 邮政志**
兰州市地方志编纂委员会 兰州市邮政志编纂委员会编纂 兰州 兰州大学出版社 1996年 383页

008994312
**兰州市志 第23卷 农业志**
兰州市地方志编纂委员会 兰州市农业志编纂委员会编纂 兰州 兰州大学出版社 2000年 387页

009310181
**兰州市志 第24卷 畜牧渔业志**
兰州市地方志编纂委员会 兰州市畜牧渔业志编纂委员会编纂 兰州 兰州大学出版社 2008年 473页

009310183
**兰州市志 第25卷 水利志**
兰州市地方志编纂委员会 兰州市水利志编纂委员会编纂 兰州 兰州大学出版社 2008年 418页

009310184
**兰州市志 第26卷 林业志**
兰州市地方志编纂委员会 兰州市林业

志编纂委员会编纂 兰州 兰州大学出版社 1998 年 360 页

009348563
**兰州市志 第 27 卷 蔬菜志**
兰州市地方志编纂委员会 兰州市蔬菜志编纂委员会编纂 兰州 兰州大学出版社 1997 年 301 页

009310186
**兰州市志 第 28 卷 瓜果志**
兰州市地方志编纂委员会 兰州市蔬菜志编纂委员会编纂 兰州 兰州大学出版社 2005 年 329 页

009348570
**兰州市志 第 29 卷 乡镇企业志**
兰州市地方志编纂委员会 兰州市乡镇企业志编纂委员会编纂 兰州 兰州大学出版社 1997 年 284 页

009310192
**兰州市志 第 31 卷 工商行政管理志**
兰州市地方志编纂委员会 兰州市工商行政管理志编纂委员会编纂 兰州 兰州大学出版社 2009 年 633 页

009348573
**兰州市志 第 32 卷 统计志**
兰州市地方志编纂委员会 兰州市统计志编纂委员会编纂 兰州 兰州大学出版社 2008 年 419 页

009001403
**兰州市志 第 33 卷 对外经济贸易志**
兰州市地方志编纂委员会 兰州市对外经济贸易志编纂委员会编纂 兰州 兰州大学出版社 2002 年 427 页

009310193
**兰州市志 第 34 卷 技术监督志**
兰州市地方志编纂委员会 兰州市技术监督志编纂委员会编纂 兰州 兰州大学出版社 2004 年 426 页

009310196
**兰州市志 第 35 卷 计划生育志**
兰州市地方志编纂委员会 兰州市计划生育志编纂委员会编纂 兰州 兰州大学出版社 2003 年 417 页

008471289
**兰州市志 第 36 卷 财政税务志**
兰州市地方志编纂委员会 兰州市财政税务志编纂委员会编纂 兰州 兰州大学出版社 1998 年 707 页

009310206
**兰州市志 第 39 卷 物价志**
兰州市地方志编纂委员会 兰州市物价志编纂委员会编纂 兰州 兰州大学出版社 1998 年 348 页

009348578
**兰州市志 第 42 卷 民族宗教志**
高子贵主编 兰州市地方志编纂委员会

兰州市民族宗教志编纂委员会编纂
兰州 兰州大学出版社 2007年
393页

009348591
**兰州市志 第43卷 外事侨务志**
兰州市地方志编纂委员会 兰州市外事侨务志编纂委员会编纂 兰州 兰州大学出版社 2004年 359页

010731610
**兰州市志 第44卷 公安志**
兰州市地方志编纂委员会 兰州市公安志编纂委员会编纂 兰州 兰州大学出版社 2006年 644页

009348612
**兰州市志 第45卷 司法志**
兰州市地方志编纂委员会 兰州市司法志编纂委员会编纂 兰州 兰州大学出版社 2004年 470页

013820551
**兰州市志 第46卷 人物志**
兰州市地方志编纂委员会 兰州市人物志编纂委员会编纂 兰州 兰州大学出版社 2013年 650页

008994315
**兰州市志 第47卷 民政志**
兰州市地方志编纂委员会 兰州市民政志编纂委员会编纂 兰州 兰州大学出版社 2001年 430页

008845842
**兰州市志 第48卷 劳动志**
兰州市地方志编纂委员会 兰州市劳动志编纂委员会编纂 兰州 兰州大学出版社 1997年 357页

009348593
**兰州市志 第49卷 人事志**
兰州市地方志编纂委员会 兰州市人事志编纂委员会编纂 兰州 兰州大学出版社 1996年 535页

009348595
**兰州市志 第50卷 文化事业志**
兰州市地方志编纂委员会 兰州市文化事业志编纂委员会编纂 兰州 兰州大学出版社 2004年 591页

009348598
**兰州市志 第51卷 文物志**
兰州市地方志编纂委员会 兰州市文物志编纂委员会编纂 兰州 兰州大学出版社 2006年 475页

009348604
**兰州市志 第52卷 档案志**
兰州市地方志编纂委员会 兰州市档案志编纂委员会编纂 兰州 兰州大学出版社 2000年 304页

009336914
**兰州市志 第54卷 军事志**
兰州市地方志编纂委员会 兰州市军事

志编纂委员会编纂 兰州 兰州大学出版社 2002 年 448 页

009348608
**兰州市志** 第 54 卷 人民防空志
兰州市地方志编纂委员会 兰州市人民防空志编纂委员会编纂 兰州 兰州大学出版社 1998 年 290 页

008838450
**兰州市志** 第 55 卷 教育志
兰州市地方志编纂委员会 兰州市教育志编纂委员会编纂 兰州 兰州大学出版社 1997 年 519 页

008471301
**兰州市志** 第 56 卷 科学技术志
兰州市地方志编纂委员会 兰州市科学技术志编纂委员会编纂 兰州 兰州大学出版社 1999 年 465 页

012968196
**兰州市志** 第 57 卷 地方文献志
兰州市地方志编纂委员会编纂 兰州 兰州大学出版社 1996—2011 年

009046152
**兰州市志** 第 59 卷 方言志
兰州市地方志编纂委员会 兰州市方言志编纂委员会编纂 兰州 兰州大学出版社 2002 年 663 页

008471295
**兰州市志** 第 61 卷 卫生志
兰州市地方志编纂委员会 兰州市卫生志编纂委员会编纂 兰州 兰州大学出版社 1999 年 435 页

008471309
**兰州市志** 第 63 卷 广播电视志
兰州市地方志编纂委员会 兰州市广播电视志编纂员会编纂 兰州 兰州大学出版社 1999 年 379 页

010687023
**兰州市工会志**
兰州市总工会史志办公室编 兰州 兰州市总工会史志办公室 1993 年 543 页

013793103
**兰州市公安交通管理志** 1998—2009
兰州市公安局交通警察支队编 兰州 兰州市公安局交通管理支队 2009 年 278 页

010293542
**兰州铁路检察志**
兰州铁路运输检察分院编 兰州 兰州铁路运输检察分院 2002 年 96 页

009988820
**兰州铁路运输中级法院志**
兰州铁路运输中级法院编 兰州 兰州铁路运输中级法院 2002 年 153 页

009016793
**兰州市司法行政志**
兰州市司法行政志编委会编 兰州 兰州大学出版社 1994年 231页〔兰州市地方史志丛书〕

011292461
**甘肃省金属材料公司志** 1963—1985
郑启民主编 兰州 甘肃省金属材料公司 1988年 288页

013990897
**[兰州搪瓷厂]厂志** 1950—1990
兰州搪瓷厂厂志编纂委员会编 1991年 135页

012540818
**八盘峡水电厂志** 1969—2004
八盘峡水电厂志编纂委员会编 甘肃 八盘峡水电厂志编纂委员会 2009年 459页

013987338
**滨河图志**
甘肃滨河食品工业(集团)有限责任公司编 2010年 106页

011579838
**甘肃省建材化轻公司志** 1963—1985
甘肃省建材化轻公司编 兰州 甘肃省建材化轻公司 1988年 248页

012658483
**甘肃省建筑工程总公司海外志** 1978—2008
甘肃海外工程总公司编 甘肃 甘肃海外工程总公司 2009年 336页

009378300
**甘肃省建筑总公司志** 1949—1989
甘肃省建筑总公司志编辑委员会编 兰州 甘肃省建筑总公司 1993年 752页

012679324
**甘肃省木材总公司志** 1954—2008
甘肃省木材总公司志编纂委员会编 甘肃 甘肃省木材总公司 2008年 779页

013647466
**甘肃省轻工业物资公司志** 1984—1991
甘肃省轻工业物资公司编辑委员会编 兰州 甘肃省轻工业物资公司编辑委员会 1992年 345页

013819379
**甘肃省烟草行业志 兰州烟草志** 2001—2010
甘肃省烟草行业志编纂委员会 兰州烟草志编纂委员会编 兰州 甘肃文化出版社 2013年 483页

009107138
**甘肃省烟草行业志 第1卷 兰州卷烟**

厂志
甘肃省烟草行业志编纂委员会 兰州卷烟厂志编纂委员会编纂 兰州 甘肃文化出版社 2002 年 617 页

009189037
**甘肃省烟草行业志 第 7 卷 兰州烟草志**
甘肃省烟草行业志编纂委员会 兰州烟草志编纂委员会编纂 兰州 甘肃文化出版社 2003 年 472 页

013925246
**甘肃送变电工程公司志** 1958—2010
甘肃送变电工程公司志编纂委员会编 甘肃 甘肃送变电工程公司 2013 年 481 页〔甘肃省电力工业志丛书〕

013860518
**甘肃兆远集团志**
甘肃兆远集团志编纂委员会编 北京 线装书局 2012 年 189 页

009378303
**兰化志** 1952—1988
兰化志编纂委员会编 甘肃 张掖河西印刷厂 1991 年 2 册

012541992
**兰铝志**
中国铝业股份有限公司兰州分公司编 兰州 中国铝业股份有限公司兰州分公司 2008 年 2 册

013704411
**兰炭厂志**
兰州炭素厂编 兰州 兰州炭素厂 1995 年

010469070
**兰针厂志** 1958—1986
国营兰州针织厂编 兰州 国营兰州针织厂 1987 年 146 页

010251353
**兰州电机厂厂志** 1958—1987
兰州电机厂编 兰州 兰州电机厂 198u 年 142 页

008453812
**兰州供电局志**
兰州供电局编 兰州 兰州供电局 1989 年 225 页

007704248
**兰州炼油化工总厂志**
兰州炼油化工总厂志编辑委员会编 兰州 甘肃人民出版社 1996 年 814 页

011996973
**兰州生物药厂厂志**
程俊琨主编 兰州生物药厂厂志编辑委员会编 兰州 兰州生物药厂 1999 年 235 页

010275874
**兰州石油机械研究所志** 1960—1985

兰州石油机械研究所编 兰州 兰州石油机械研究所 1988年 343页

**011892006**
**兰州市机械电子工业志**
兰州市机械电子工业志编纂委员会编 兰州 兰州市机械电子工业志编辑室编 1992年 254页

**010730221**
**西北油漆厂志** 1965—1995
西北油漆厂志编纂委员会编 兰州 甘肃民族出版社 1998年 392页

**013735988**
**中国人民解放军第七二一九工厂厂志** 1949—1989
七二一九工厂厂志编纂组编 兰州 七二一九工厂 1990年 243页

**013861888**
**兰州车站志** 1952—2005
兰州车站志编纂委员会编 兰州 兰州车站志编纂委员会 2005年 544页

**009025833**
**兰州铁路分局志** 2002
兰州铁路分局志编委会编 北京 中国铁道出版社 2002年 994页

**009010534**
**兰州铁路局志** 1956—1995
谢永杰 于永平主编 北京 中国铁道出版社 2001年 1164页

**011584457**
**兰州西站志** 1952—2002
兰州西站志编纂委员会编 兰州 兰州西站 2003年 332页

**012256512**
**颖川堡车辆段志** 1959—2000
颖川堡车辆段志编纂委员会编 兰州 颖川堡车辆段志编辑委员会 2000年 194页

**010278953**
**兰州市电信局志**
兰州市电信局志编纂委员会编纂 兰州 兰州大学出版社 1998年 295页〔兰州市地方史志丛书〕

**009442811**
**中国石油西北销售公司志** 1946—2000
中国石油西北销售公司志编纂委员会 刘守德主编 侯践副主编 兰州 甘肃人民出版社 2004年 716页

**013531173**
**兰州五金交电化工商业志**
兰州五金交电化工商业志编委会编 兰州 兰州五金交电化工商业志编委会 1991年 201页

**012251351**
**兰州海关志** 1989—2004

兰州海关志编纂委员会编著 兰州 甘肃人民美术出版社 2009 年 253 页

013861891
**兰州市财政志**
兰州市地方志编纂委员会 兰州市财政志编纂委员会编纂 兰州 兰州大学出版社 2013 年 942 页

011579831
**甘肃人民广播电台志**
甘肃人民广播电台志编辑委员会编写 兰州 甘肃人民广播电台志编辑委员会 1993 年 349 页

008338462
**甘肃人民出版社志**
甘肃人民出版社志编纂领导小组编 兰州 甘肃人民出版社 1990 年 244 页

012873016
**兰州电力技术学院志** 1956—2009
兰州电力技术学院志编纂委员会编 兰州 兰州电力技术学院志编纂委员会 2010 年 415 页〔甘肃省电力工业志丛书〕

013958721
**兰州电力学校志** 1840—2011
兰州电力学校志编纂委员会编 2013 年 329 页〔甘肃省电力工业志丛书〕

012998934
**甘肃省体育工作第一大队史志**
甘肃省体育工作第一大队史志编纂委员会编 甘肃 甘肃省体育工作第一大队 2002 年 206 页

011329725
**兰州戏曲志**
兰州戏曲志编委会编 兰州 兰州戏曲志编委会 1993 年 347 页〔中国戏曲志甘肃卷兰州分卷〕

012965204
**兰州百年图志** 1909—2009
袁志学主编 中共兰州市委党史办公室编 兰州 甘肃文化出版社 2011 年 405 页

013093107
**兰州地震志**
兰州市地震局编 兰州 兰州大学出版社 1991 年 218 页

013093109
**兰州地震志**
兰州市地震局编 兰州 兰州大学出版社 2011 年 438 页

011499156
**兰州植物通志**
孙宪武著 兰州 甘肃人民出版社 1962 年 797 页

001593719
**中国沙漠植物志**
刘媖心等编著 中国科学院兰州沙漠研究所编辑 北京 科学出版社 1985—1992年 3册

012636528
**中华人民共和国甘肃出入境检验检疫局志**
甘肃省出入境检验检疫局编纂委员会编 兰州 甘肃省出入境检验检疫局编纂委员会 2002年 663页

012191830
**甘肃省妇幼保健院志** 1942—2002
刘宗昆主编 甘肃省妇幼保健院志编委会编 甘肃 甘肃省妇幼保健院志编委会 2002年 211页

012139123
**甘肃省康复中心医院志** 1991—2008
甘肃省康复中心医院编 甘肃 甘肃省康复中心医院 2008年 250页

011497701
**甘肃省中医院院志** 1953—1999
李强主编 李谦英等副主编 冯守文 徐文科主审 兰州 甘肃省中医院 2002年 703页

010475800
**兰化医院志**
兰州化学工业公司职工医院编 兰州 兰化医院 1999年 758页

012202975
**兰州医学院第二附属医院院志** 1959—1999
康笃伦主编 兰州 兰州医学院第二附属医院 1999年 393页

013684463
**兰州医学院第一附属医院院志** 1948—2004
兰医一院院志编纂委员会编 兰州 兰医一院院志编纂委员会 2006年 284页

011957422
**中国农业科学院兰州畜牧与兽药研究所所志**
中国农业科学院兰州畜牧与兽药研究所所志编纂委员会编 北京 中国农业科学技术出版社 2008年 316页

011445830
**中国农业科学院兰州兽医研究所所志** 续1 1997.1—2006.12
中国农业科学院兰州兽医研究所编 兰州 兰州兽医研究所 2007年 349页

009796904
**兰州石化公司石油化工研究院志** 1958—2003
兰州石化公司石油化工研究院志编纂委员会编 兰州 甘肃人民出版社 2005年 643页

013901324

**中国石油化工总公司兰州石油化工设计院院志** 1958—1981

中国石油化工总公司兰州石油化工设计院院志编辑委员会编 兰州 兰州石油化工设计院 1988年 296页

013511997

**[中国市政工程西北设计研究院]院志** 1959—1994

中国市政工程西北设计研究院编 兰州 中国市政工程西北设计研究院院志编辑委员会 1994年 177页

012658489

**甘肃省水力发电工程学会会志**

胡金荣主编 甘肃省水力发电工程学会会志编辑委员会编 兰州 甘肃省水力发电工程学会 2009年 200页

012252713

**铁道部科学研究院西北研究所志** 1961—1987

西北研究所编辑委员会编 兰州 西北研究所 1989年 170页

013961422

**中铁西北科学研究院有限公司院志** 1988—2005

中铁西北科学研究院有限公司院志编辑委员会编 2004年 224页

009856048

**铁道部第一勘测设计院志** 1953—1993

铁道部第一勘测设计院志编纂委员会编 兰州 铁道部第一勘测设计院志 1998年 759页

## 城关区

008838464

**兰州市城关区志**

兰州市城关区地方志编纂委员会编 兰州 甘肃人民出版社 2000年 1155页 〔中华人民共和国地方志丛书〕

011584452

**兰州市城关区雁滩乡志**

雁滩乡志编纂领导小组编 兰州 雁滩乡志编纂领导小组 2005年 434页

011996997

**兰州市城关区工会志**

兰州市城关区工会志编纂委员会编 兰州 兰州大学出版社 2008年 540页 〔中华人民共和国地方志丛书〕

010108282

**兰州市城关区工商行政管理志**

李丰文主编 杨培英等副主编 兰州市城关区工商行政管理志编纂委员会编纂 兰州 兰州大学出版社 1993年 537页

013793101

**兰州市城关区国税志**

兰州市城关区国税志编纂委员会编 兰州 兰州大学出版社 2013年 696页

## 七里河区

008914502

**兰州市七里河区志**

兰州市七里河区地方志编纂委员会编 兰州 甘肃人民出版社 2001年 1406页

008531948

**彭家坪乡志**

方创琳 杨玉梅编著 兰州 甘肃教育出版社 1995年 268页

## 西固区

012680398

**甘肃兰州西固区志 1991—2005**

西固区地方志编纂委员会编 兰州 甘肃文化出版社 2010年 771页

008845836

**兰州市西固区志**

兰州市西固区地方志编纂委员会编 兰州 甘肃人民出版社 2000年 1230页

012762466

**兰州市西固区新安路街道志** 1957—1990

新安路街道志编辑室编 新安路街道志编辑室 1991年 140页

## 安宁区

008838460

**兰州市安宁区志**

兰州市安宁区地方志编纂委员会编 兰州 兰州大学出版社 1999年 810页

012049701

**兰州市安宁区吊场乡志**

兰州市安宁区吊场乡志编纂委员会编 吊场乡 兰州市安宁区吊场乡志编纂委员会 2003年 246页

## 红古区

008994317

**兰州市红古区志**

兰州市红古区地方志编纂委员会编 兰州 兰州大学出版社 2001年 990页〔中华人民共和国地方志丛书〕

012968192

**兰州市红古区国土资源志**

红古区地方志编纂委员会办公室 红古区国土资源志编纂领导小组 赵虎主编 兰州 红古区地方志编纂委员会办公室 2005年 205页〔红古专业志3〕

## 永登县

007987749
**永登县志**
永登县地方志编纂委员会编 兰州 甘肃民族出版社 1997 年 979 页〔中华人民共和国地方志丛书〕

013012589
**永登县志** 1991—2006
火泽东 苏裕民主编 永登县地方史志编纂委员会编 兰州 甘肃文化出版社 2011 年 807 页

008385481
**永登县水利电力志**
永登县水利电力志编纂领导小组编 兰州 甘肃民族出版社 1996 年 341 页

009016791
**永登教育志**
永登教育志编纂委员会编纂 兰州 甘肃文化出版社 2002 年 500 页

012107773
**永登县城镇建设志**
永登县城镇建设志编纂委员会编纂 兰州 甘肃文化出版社 2008 年 377 页

## 皋兰县

008470895
**皋兰县志**
皋兰县县志编纂委员会编纂 兰州 甘肃人民出版社 1999 年 1158 页

012609841
**皋兰县志** 1991—2005
皋兰县县志编纂委员会编 银川 宁夏人民出版社 2009 年 698 页

## 榆中县

008838370
**榆中县志**
榆中县志编纂委员会编 兰州 甘肃人民出版社 2001 年 974 页〔中华人民共和国地方志丛书〕

014030808
**和平镇志**
榆中县地方志编纂委员会 榆中县和平镇志编纂委员会编 北京 中国文史出版社 2014 年 465 页

012893185
**清水驿乡志**
榆中县地方志编纂委员会 榆中县清水驿乡志编纂委员会编 兰州 甘肃文化出版社 2010 年 425 页

013072795
**榆中县人事志** 1949.8—2005.12
榆中县人事局编 榆中 榆中县人事局 2007年 255页

013939723
**榆中法院志** 1950.4—2011.4
榆中县人民法院编 榆中 榆中县人民法院 2011年 497页

010275942
**榆中县邮电志**
榆中县邮电志编写领导小组编 榆中 榆中县邮电志编写领导小组 1990年 257页

013464236
**榆中县粮食志**
甘肃省榆中县粮食局编 榆中 甘肃省榆中县粮食局 1991年 202页

013236293
**榆中县财政志**
榆中县地方志编纂委员会 榆中县财政志编纂委员会编 兰州 甘肃文化出版社 2011年 443页

013464238
**榆中县税务志**
榆中县税务志编纂小组编 榆中 榆中县税务志编纂小组 1990年 185页

012956614
**榆中县教育志**
榆中县地方志编纂委员会 榆中县教育志编纂委员会编 兰州 甘肃文化出版社 2011年 418页

013866256
**榆中县妇幼卫生志**
榆中县妇幼保健所编 1990年 74页

011579855
**榆中县水利志**
榆中县水利志编辑室 榆中县水电局编 榆中 榆中县水电局 1991年 341页

## 嘉峪关市

008794146
**嘉峪关市志**
嘉峪关市志编纂委员会编 兰州 甘肃人民出版社 1990年 455页

013684391
**嘉峪关市政协志** 1983—2003
嘉峪关市政协志编辑委员会编 嘉峪关 嘉峪关市政协志编辑委员会 2004年 296页

012872622

**嘉峪关市民政志** 1965—2007

嘉峪关市民政志编辑委员会编 嘉峪关 嘉峪关市民政志编辑委员会 2008 年 245 页

009198075

**甘肃省烟草行业志 第 11 卷 酒泉 嘉峪关烟草志**

甘肃省烟草行业志编纂委员会 酒泉 嘉峪关烟草志编纂委员会编纂 兰州 甘肃文化出版社 2003 年 388 页

013774294

**嘉峪关市酒钢第三中学校史** 1978—2008

周大成编 兰州 兰州奥林印刷有限责任公司 2008 年 2 册 880 页

008453817

**嘉峪关市文物志**

嘉峪关市志办公室编 兰州 甘肃人民出版社 1990 年 175 页

# 金昌市

007480673

**金昌市志**

甘肃省金昌市地方志编纂委员会编纂 北京 中国城市出版社 1994 年 935 页〔中华人民共和国地方志丛书〕

013866400

**甘肃省烟草行业志 金昌烟草志** 2001—2010

甘肃省烟草行业志编纂委员会 金昌烟草志编纂委员会编 兰州 甘肃文化出版社 2013 年 364 页

009250651

**甘肃省烟草行业志 第 14 卷 金昌烟草志**

甘肃省烟草行业志编纂委员会 金昌烟草志编纂委员会编纂 兰州 甘肃文化出版社 2003 年 332 页

012661310

**金昌冶炼厂志** 1986—2005

金昌冶炼厂志编纂委员会编 金昌 金昌冶炼厂 2007 年 473 页

013074870

**中国人民建设银行金昌市支行志**

高庆东主编 建行金昌市支行志编纂办公室编 金昌 建行金昌市支行志编纂办公室 1990 年 190 页

## 金川区

010730040
**金川有色金属公司井巷工程公司志**
井巷工程公司志编纂委员会编 金昌 井巷工程公司 1996年 308页

009149373
**金川有色金属公司科技志** 1959—1988
金川有色金属公司编 金昌 金川有色金属公司 1989年 276页

007661122
**金川有色金属公司志**
金川有色金属公司志编辑委员会编 兰州 甘肃人民出版社 1995年 800页

012097589
**金川公司医院志**
金川公司医院志编辑委员会编 金昌 金川公司医院 2001年 603页

## 永昌县

007486926
**永昌县志**
永昌县志编纂委员会编 兰州 甘肃人民出版社 1993年 1195页

012506606
**永昌县志** 1991—2005
永昌县县志编纂委员会编 北京 方志出版社 2009年 901页

013236283
**永昌县人民代表大会志**
永昌县人民代表大会志编纂委员会编 永昌 永昌县人民代表大会志编纂委员会 2011年 591页

009988827
**永昌发电公司志**
永昌发电公司志编纂委员会编 兰州 甘肃人民出版社 2005年 522页

013776033
**永昌县人民医院志** 1943—2011
永昌县人民医院编 金昌 金昌灵星印务有限责任公司 2011年 163页

# 白银市

008453814
**白银市志**
白银市地方志编纂委员会编 北京 中华书局 1999 年 1101 页〔中华人民共和国地方志丛书〕

012809889
**白银市志** 1991—2005
李金财主编 白银市地方志编纂委员会编 北京 中华书局 2010 年 1258 页

012587000
**白银市人大志**
白银市人大志编纂委员会编 白银 白银市人大常委会 2003 年 334 页

013955613
**白银供电公司志** 1958—2008
白银供电公司志编纂委员会编 白银 白银兴银贵印务有限公司 2011 年 576 页〔甘肃省电力工业志丛书〕

011804083
**白银有色志** 1954.9—2004.9
白银有色金属集团公司编 白银 白银有色金属集团公司 2004 年 951 页

009234440
**甘肃省烟草行业志** 第 6 卷 白银烟草志
甘肃省烟草行业志编纂委员会 白银烟草志编纂委员会编纂 兰州 甘肃文化出版社 2003 年 374 页

012265163
**靖会电力提灌工程志**
白银市靖会电力提灌工程志编纂委员会编 兰州 甘肃人民出版社 1994 年 272 页

008600315
**白银市公路交通史** 第 1 卷
白银市公路交通史编委会编 北京 人民交通出版社 1993 年 390 页〔甘肃公路交通史志丛书〕

008453816
**白银市金融志**
白银市金融志编纂委员会编 白银 白银市金融志编纂委员会 1998 年 260 页

012889183
**白银公司基础教育志**
白银公司教培中心编 白银 白银公司教培中心 2004 年 284 页

012635561
**白银市教育志**
白银 白银市教育局 2005 年 823 页

## 白银区

009000364

**白银区志**

白银市白银区地方志编纂委员会编 北京 中华书局 2002年 693页〔中华人民共和国地方志丛书〕

013506539

**白银区志** 1996—2008

白银市白银区地方志编纂委员会编 北京 中华书局 2012年 784页

## 平川区

008793368

**白银市平川区志**

白银市平川区地方志编纂委员会编 北京 中华书局 2000年 443页〔中华人民共和国地方志丛书〕

013863150

**平川区人大志**

平川区人大志编纂委员会编 北京 方志出版社 2012年 461页

011756398

**白银市平川区财政志**

柴友兰主编 兰州 甘肃人民出版社 2007年 517页

## 靖远县

008994258

**靖远县志**

甘肃省靖远县地方志编纂委员会编 兰州 甘肃文化出版社 1995年 887页〔中华人民共和国地方志丛书〕

010730387

**平堡乡志**

杨国材主编 平堡乡 2004年 332页

013956994

**甘肃省白银市靖远兴堡川电灌工程志** 1976.7—1994.12

甘肃省白银市靖远兴堡川电灌工程指挥部编 靖远 甘肃省靖远县印刷厂 1996年 142页

008846123

**靖远矿务局志**

靖远矿务局志编纂委员会编 靖远 靖远矿务局志编纂委员会 1997年 992页〔甘肃省地方志丛书〕

008848140

**靖远法泉寺石窟志**

张尚瀛主编 白银市文化局 靖远县文化局编 白银 靖远县文化局 1995年 67页

## 会宁县

011497815
**会宁县志** 1990—2005
会宁县地方志编纂委员会编 兰州 甘肃人民出版社 2007年 883页

014032787
**会宁县纪检监察志** 1951—2012
中共会宁县纪律检查委员会 会宁县监察局编 会宁 中共会宁县纪律检查委员会 2013年 265页

013415301
**会宁县交通志**
会宁县交通志编委会编 会宁 会宁县交通志编委会 1992年 194页〔甘肃公路交通史志丛书〕

## 景泰县

008453907
**创修红水县志**
景泰县县志编纂委员会办公室校印 景泰 景泰县县志编纂委员会办公室 1989年 207页

008645293
**景泰县志**
景泰县志编纂委员会编 兰州 兰州大学出版社 1996年 969页〔中华人民共和国地方志丛书〕

010108280
**景泰县志** 1991—2000
景泰县志编纂委员会编 兰州 甘肃人民出版社 2006年 758页

012174817
**坪上村志**
2006年 243页

012049313
**甘肃省景泰县地名志**
景泰县人民政府编 景泰 景泰县人民政府编 1986年 258页

# 天水市

009472084
**天水市志**
天水市地方志编纂委员会编 北京 新华书店总店北京发行所 2004年 3册 2923页

009016805
**玉泉观志**
赵昌荣著 天水市地方志办公室编 兰州 甘肃文化出版社 2002年 158页〔天水地方志丛书〕

013603205
**天水市统计志**
天水市统计局编 天水 天水市统计局 1992年 511页

012174952
**天水市计划生育志**
天水市计划生育委员会编 天水 天水市计划生育委员会 1999年 202页

013866318
**中国共产党天水市委员会志** 1985—2011
中共天水市委志编纂委员会编 兰州 甘肃人民出版社 2012年 938页

008846105
**天水市政府志**
天水市人民政府办公室编 兰州 甘肃人民出版社 1997年 274页

013863844
**天水市政协志**
政协天水市委员会编 天水 天水新华印刷厂 2010年 436页

012877259
**天水市民政志**
天水市民政局编 西安 陕西人民出版社 2001年 582页

011955658
**天水市城镇集体经济志**
胡昌珊主编 天水市城镇集体经济管理局编 天水 天水市城镇集体经济管理局 2001年 477页

012208369
**小陇山林业志**
甘肃省小陇山林业实验局编 甘肃 甘肃省小陇山林业实验局 2002年 734页

009247436
**长控厂厂志** 1991—1995
天水长城控制电器厂编 天水 天水长城控制电器厂 1996年 158页

009234444
**甘肃省烟草行业志 第2卷 天水卷烟厂志**
甘肃省烟草行业志编纂委员会 天水卷烟厂志编纂委员会编纂 兰州 甘肃文化出版社 2003年 427页

011955662
**天缆厂志** 1969—1999
天水 天水铁路电缆工厂 1999年 323页

013959440
**天水电力工业志** 1986—2007
天水电力工业志编纂委员会编 天水 天水电力工业志编纂委员会 2010年 402页〔甘肃省电力工业志丛书〕

012208275
天水车辆段志 1952—2002
天水 2002年 395页

013822785
天水车站志 1991—2001
天水车站志编纂委员会编 天水 天水车站志编纂委员会 2003年 437页

011764805
天水机务段志 1945—1995
天水机务段志编纂委员会编 天水 天水机务段志编委会 1995年 264页

007661141
天水市财政志
天水市财政局编 兰州 甘肃人民出版社 1996年 429页

011585021
天水市广播电视志
宋旺喜主编 刘克敏 郭大庆编 兰州 兰州大学出版社 1994年 118页

013991574
天水市图书馆志 初稿
魏玉芳 田德海主编 天水 天水市图书馆印刷部 1995年 275页

009510519
天水市科学技术志
蔡培川主编 天水市科学技术志编写领导小组 天水市科学技术志编辑部编 兰州 甘肃文化出版社 2004年 1158页

010475778
天水市文物志
左峰 王彦俊主编 天水 天水市文化出版局 1998年 353页

009336958
伏羲庙志
刘雁翔著 兰州 兰州大学出版社 1995年 215页〔天水地方志丛书〕

009336806
甘肃省小陇山高等植物志
安定国编著 兰州 甘肃民族出版社 2002年 1249页

011320354
天水市医药卫生志
天水市卫生局医药卫生志编辑室编 兰州 甘肃教育出版社 1994年 440页

011497699
甘肃省天水市土壤志
天水市人民委员会编 天水 天水市人民委员会 1959年 1册

008385890
天水城市建设志
天水城市建设委员会编 兰州 甘肃人民出版社 1996年 500页

## 秦州区

009332432
**秦城区志**
天水市秦城区地方志编纂委员会编 兰州 甘肃文化出版社 2001年 1203页

## 麦积区

009198279
**北道区志**
王世华主编 郭明卿 裴守业 潘守正副主编 天水市北道区地方志编纂委员会编 兰州 甘肃文化出版社 1997年 1036页

009346059
**中共北道区党史大事记** 1949—1999
天水市北道区史志办公室编 兰州 甘肃文化出版社 2003年 379页

008453909
**麦积山石窟志**
冯国瑞著 天水 天水报社印刷厂 1989年 111页

011764818
**天水市北道区卫生志**
天水市北道区卫生局编 兰州 甘肃科学技术出版社 1994年 272页

## 清水县

008992718
**清水县志**
马健虎主编 蒲松延等副主编 清水县地方志编纂委员会编 西安 陕西人民出版社 2001年 1173页〔甘肃地方志丛书〕

013601964
**清水县畜牧志** 初稿
清水县畜牧局编 清水 清水县畜牧局 1987年 131页

012252350
**清水河方言志**
李景泉编 呼和浩特 内蒙古大学出版社 1996年 173页

## 秦安县

008838487
**秦安县志**
秦安县志编纂委员会编 兰州 甘肃人民出版社 2001年 2册

013991343
**秦安县人民代表大会志** 1990—2009
秦安县人大常委会办公室编 秦安 秦安县人大常委会 2010年 245页

012722502
**秦安县检察志**
秦安县人民检察院编志办公室编 秦安 秦安县人民检察院编志办公室 1998年 205页

011294362
**秦安县军事志**
王文杰主编 秦安县军事志编纂委员会编 兰州 甘肃人民出版社 1999年 253页

013933317
**秦安县乡镇企业志**
甘肃省秦安县乡镇企业管理局编 天水 天水新华印刷厂 1993年 142页

008453897
**秦安县城乡建设志**
秦安县城乡建设志编纂委员会编纂 兰州 兰州大学出版社 1999年 285页

011294358
**秦安县财政志**
秦安县财政志编纂委员会 胡政平主编 兰州 甘肃人民出版社 1999年 369页

## 甘谷县

008453903
**伏羌县志**
甘谷县县志编纂委员会办公室 巩建丰编纂 甘谷 甘谷县县志编纂委员会办公室 1999年 145页

008453872
**甘谷县志**
杜松奇主编 牛勃副主编 甘肃省甘谷县县志编纂委员会编 北京 中国社会出版社 1999年 718页

013467155
**善华寺志**
牛勃编著 兰州 甘肃人民美术出版社 2012年 178页

013989038
**甘谷政协志** 1949.10—2009.9
甘谷县政协志编纂委员会编 甘谷 甘谷县政协志编纂委员会 2009年 248页

012952015
**甘谷教育志**
甘谷教育志编纂委员会编 甘谷 甘谷教育志编纂委员会 1998年 375页

012951948
**大像山志**
李亚太编 1998年 203页

## 武山县

009433709
**武山县志** 送审稿
武山县地方志编纂委员会 李恰主编 西

安 陕西人民出版社 2001年 32册 〔甘肃地方志丛书〕

008992738
**武山县志**
武山县地方志编纂委员会编 西安 陕西人民出版社 2002年 817页

012970527
**武山县人民代表大会志**
武山县人民代表大会志编辑委员会编 兰州 甘肃文化出版社 2011年 460页

013899692
**武山县财政志**
武山县财政局编纂 武山 武山县财政局 2006年 350页

## 张家川回族自治县

008846130
**张家川回族自治县志**
张家川回族自治县地方志编纂委员会编 兰州 甘肃人民出版社 1999年 1582页 〔中华人民共和国地方志丛书〕

012100630
**宣化冈图志**
马百龄主编 北京 中国文联出版社 2007年 108页

009673109
**宣化冈志**
马国璘主编 兰州 甘肃人民出版社 2005年 406页

# 武威市

008471200
**武威市志**
武威市市志编纂委员会编 兰州 兰州大学出版社 1998年 981页 〔中华人民共和国地方志丛书〕

011500749
**武威通志**
罗文擘 刘开柱主编 武威通志编委会编纂 兰州 甘肃人民出版社 2007年 8册

009010249
**武威市民族宗教志**
武威市民族宗教事务局编 兰州 甘肃民族出版社 2002年 368页 〔武威市地方志丛书〕

011478760
**武威人事志**

武威市人事局编 武威 武威市人事局 2005年 299页〔武威地方志丛书〕

008846137
**武威市水利志**
武威市水利局水利志编纂委员会 王兴柱主编 兰州 兰州大学出版社 1998年 406页〔武威市地方志丛书〕

009557531
**武威市审判志**
武威市人民法院编 兰州 兰州大学出版社 2001年 239页〔武威市地方志丛书〕

009411408
**武威铁路分局志** 1952—2000
武威铁路分局志编委会编 北京 中国铁道出版社 2004年 988页

012140660
**武威铁路运输法院志**
武威铁路运输法院编 甘肃 武威铁路运输法院 2002年 232页

008997475
**武威市粮食志**
武威市粮食局粮食志编纂办公室编 兰州 兰州大学出版社 2002年 582页〔中华人民共和国行业志丛书〕

013899695
**武威粮食志**
武威市粮食局编 武威 武威市粮食局 2009年 631页〔武威地方专业志丛书〕

011585085
**武威市广播电视志**
徐永盛主编 武威市广播电视局编纂 兰州 兰州大学出版社 2001年 331页〔武威市地方志丛书〕

009250599
**甘肃省烟草行业志 第12卷 武威烟草志**
甘肃省烟草行业志编纂委员会 武威烟草志编纂委员会编纂 兰州 甘肃文化出版社 2003年 319页

008846074
**武威市教育志**
武威市教育委员会编纂 兰州 甘肃人民出版社 1999年 414页〔武威市地方志丛书〕

013732369
**武威市电力志**
武威市凉州区电力局电力志编纂委员会编 兰州 兰州大学出版社 2007年 748页〔武威市地方志丛书〕

008453868
**甘肃省武威县地名资料汇编**
武威县人民政府编 武威 武威县人民政府 1981年 363页

009399127
**武威市地震志**
武威市地震局编 兰州 兰州大学出版社 2003年 308页〔武威市地方志丛书〕

013797002
**武威地区人民医院志**
武威地区人民医院院志编辑部编 武威 武威地区人民医院 2001年 435页

011479278
**武威卫生志**
武威市卫生局编 武威 武威市卫生局 2006年 742页〔武威地方志丛书〕

009557527
**城乡建设环境保护志**
武威市城乡建设环境保护委员会 武威市环境保护局编纂 兰州 兰州大学出版社 2001年 482页〔武威市地方志丛书〕

## 凉州区

013630259
**武威市凉州区检察志**
武威市凉州区人民检察院编 兰州 甘肃文化出版社 2011年 242页〔武威市凉州区地方志丛书〕

009673289
**武威市人事志**
凉州区人事局编 兰州 兰州大学出版社 2004年 466页〔武威市地方志丛书〕

013958737
**凉州区供销合作社志**
武威市凉州区供销合作总社编 武威 武威市凉州区供销合作总社 2010年 420页〔凉州区地方志丛书〕

012847060
**凉州区财政志**
凉州区财政局编 兰州 甘肃文化出版社 2011年 641页〔凉州区地方志丛书〕

011892037
**凉州区国税志**
凉州区国家税务局编 兰州 甘肃文化出版社 2008年 681页〔凉州区地方志丛书〕

013072605
**武威市文物志**
凉州区文化体育局编纂 凉州区 文化体育局 2004年 368页〔武威市地方志丛书〕

009683653
**武威市卫生志**
武威市凉州区卫生局编纂 兰州 兰州大学出版社 2005年 653页〔武威市地方志丛书〕

## 民勤县

007932005
**民勤县志**
民勤县志编纂委员会编 兰州 兰州大学出版社 1994 年 1018 页〔中华人民共和国地方志丛书〕

011584676
**民勤县军事志**
民勤县军事志编纂委员会编 民勤 民勤县军事志编纂委员会 2004 年 290 页

012955214
**民勤县教育志**
民勤县教育局编 兰州 兰州大学出版社 2010 年 1110 页

012955216
**民勤县卫生志初修续修合辑**
民勤县卫生局编 民勤 民勤县卫生局 2010 年 729 页

008453881
**民勤县水利志**
民勤县水利志编纂委员会 常厚春主编 兰州 兰州大学出版社 1994 年 220 页

## 古浪县

008453882
**古浪县志**
古浪县志编纂委员会编 兰州 甘肃文化出版社 1996 年 1275 页〔中华人民共和国地方志丛书〕

012967564
**古浪县志** 1991—2007
古浪县志编纂委员会编 北京 方志出版社 2011 年 687 页

008994323
**甘肃省景泰川电力提灌第二期工程古浪灌区志**
银守钰主编 兰州 甘肃人民出版社 2001 年 463 页

008453884
**古浪县水利电力志**
田国治主编 徐运泰 李正夫副主编 古浪 古浪县水利电力志编辑室 1990 年 371 页

## 天祝藏族自治县

011329407
**天祝藏族自治县志** 1989—2005
天祝藏族自治县志编纂委员会编 北京 方志出版社 2007 年 702 页

007657566
**天祝县志**
天祝藏族自治县志编纂委员会编 兰州 甘肃民族出版社 1994 年 975 页〔中华人民共和国地方志丛书〕

013072544

**天祝藏族自治县人民代表大会志** 1949—2008

天祝藏族自治县人民代表大会志编纂委员会编 天祝 天祝藏族自治县人民代表大会志编纂委员会 2009年 660页

011955665

**天祝藏族自治县祁连林场志**

天祝藏族自治县祁连林场志编纂委员会编纂 兰州 甘肃人民出版社 2009年 468页

013660357

**天祝藏族自治县广播电影电视志**

天祝藏族自治县广播电影电视局编 天祝 天祝藏族自治县广播电影电视局 2006年 360页

013863849

**天祝藏族自治县教育志**

天祝藏族自治县教育局编 天祝 天祝藏族自治县教育局 2010年 597页

013462657

**天祝藏族自治县地震志**

天祝藏族自治县地震志编纂委员会编 天祝 天祝藏族自治县地震志编纂委员会 2004年 343页

# 张掖市

013236362

**张掖地区志** 远古—1995

张掖地区志编纂委员会编 兰州 甘肃人民出版社 2010年 3册

007425705

**张掖市志**

甘肃省张掖市志编修委员会编纂 兰州 甘肃人民出版社 1995年 1124页 〔中华人民共和国地方志丛书〕

012256568

**张掖市精神文明建设志** 1979—2005

张掖市精神文明建设指导委员会办公室编 张掖 张掖市精神文明建设指导委员会办公室 2007年 472页

013464338

**张掖农场志** 1955—1995

甘肃省国营张掖农场场志编纂委员会编 张掖 甘肃省国营张掖农场场志编纂委员会 1999年 427页

009145248

**甘肃省烟草行业志 第9卷 张掖烟草志**

甘肃省烟草行业志编纂委员会 张掖烟草志编纂委员会编纂 兰州 甘肃文化出版社 2003年 455页

008453842

**张掖地区电力工业志**

张掖地区电力工业局编纂 兰州 甘肃人民出版社 1998年 302页〔中国电力工业志丛书〕

008453843

**张掖地区水利志**

甘肃省张掖地区行政公署水利电力处编 张掖 甘肃省张掖地区行政公署水利电力处 1993年 471页〔甘肃省地方史志丛书〕

013735540

**张掖电力工业志** 1998—2009

张掖电力工业志编纂委员会编 张掖 张掖电力工业志编纂委员会 2012年 534页〔甘肃省电力工业志丛书〕

008453844

**张掖市水利电力志**

甘肃省张掖市水利电力志编辑委员会编 张掖 甘肃省张掖市水利电力志编辑委员会 1993年 411页〔张掖市市志水电专丛志丛书〕

007530701

**张掖工业志**

甘肃省张掖市经济委员会编纂 北京 中国城市出版社 1993年 494页〔中华人民共和国地方志丛书〕

007516519

**张掖交通志**

甘肃省张掖市经济委员会编纂 北京 中国城市出版社 1993年 242页〔中华人民共和国地方志丛书〕

012208565

**张掖公路总段志**

甘肃省张掖公路总段编 北京 张掖公路总段志编纂委员会 2001年 329页〔甘肃省地方志丛书〕

008845996

**张掖地区粮食志**

张掖地区粮食志编纂领导小组编 兰州 甘肃人民出版社 1999年 295页〔中华人民共和国专业志丛书〕

011320303

**张掖市金融志**

甘肃省张掖市志编辑委员会编纂 北京 中国金融出版社 1992年 393页

013901226

**张掖地区广播电视志** 1949—1988

王宗武编审 甘肃省张掖地区广播电视局史志编辑组编 张掖 甘肃省张掖地

区河西印刷厂 1989年 166页

009189020
**张掖新华书店志**
张掖新华书店志编纂委员会编 兰州 甘肃人民出版社 2003年 363页〔中华人民共和国专业志丛书〕

008846000
**张掖地区教育志**
甘肃省张掖地区教育志编纂委员会编 兰州 甘肃文化出版社 1998年 521页〔中华人民共和国专业志丛书〕

013961341
**张掖市第二中学志** 1956—2008
张掖市第二中学志编纂委员会编 张掖 张掖市河西印刷有限责任公司 2008年 546页

008380832
**裕固族风俗志**
才让丹珍编 天津 天津古籍出版社 1993年 272页〔甘肃省少数民族古籍丛书〕

013097981
**张掖地区人民医院志**
张掖地区人民医院志编辑部编 张掖 张掖地区人民医院 1996年 241页〔甘肃省地方志丛书〕

010238304
**张掖市人民医院志**
张掖市人民医院院志编委会编 兰州 甘肃科学技术出版社 2006年

012264268
**甘肃祁连山国家级自然保护区志**
甘肃祁连山国家级自然保护区志编纂委员会编 兰州 甘肃科学技术出版社 2009年 782页

## 甘州区

013379021
**水磨湾村志**
水磨湾村志编纂委员会编 水磨湾村 水磨湾村志编纂委员会 2011年 313页

012970790
**中共甘州区委党校志**
中共甘州区委党校志编纂委员会编 兰州 甘肃文化出版社 2011年 546页

012872304
**甘州农村信合志** 1952—2006
甘州农村信合志编纂委员会编 甘州 甘州农村信合志编纂委员会 2008年 370页

## 民乐县

007924623
**民乐县志**

民乐县志编纂委员会编 兰州 甘肃人民出版社 1996年 1073页〔中华人民共和国地方志丛书〕

011321109
**八卦营村志**
八卦营村志编纂委员会编 兰州 甘肃文化出版社 2007年 507页

012553913
**民乐史志文稿**
刘汶著 兰州 甘肃文化出版社 2010年 503页

## 高台县

007587899
**高台县志**
高台县志编纂委员会编 兰州 兰州大学出版社 1993年 708页〔中华人民共和国地方志丛书〕

012174941
**天城志**
天城志编委会编纂 甘肃 天城志编委会 2000年 382页

## 山丹县

007482404
**山丹县志**
山丹县地方志编纂委员会编纂 兰州 甘肃人民出版社 1993年 873页〔中华人民共和国地方志丛书〕

009389599
**山丹军马场志**
山丹军马场志编纂委员会编纂 山丹 兰州军区后勤部马场管理局 1995年 483页

010576698
**山丹县教育志**
山丹县教育志编纂委员会编纂 兰州 甘肃文化出版社 2006年 860页

013131127
**山丹方言志**
何茂活著 兰州 甘肃人民出版社 2007年 434页〔河西历史与文化研究丛书〕

013755975
**山丹农场志** 1958—2005
甘肃省国营山丹农场场志编纂委员会编 山丹 甘肃省国营山丹农场场志编纂委员会 2007年 280页

## 肃南裕固族自治县

010007694
**肃南裕固族自治县明花区志**
肃南裕固族自治县明花区志编委会编 兰州 甘肃人民出版社 2006年 376页

007588023
**肃南裕固族自治县志**
甘肃省肃南裕固族自治县地方志编纂委员会编 兰州 甘肃民族出版社 1994年 509页〔中华人民共和国地方志丛书〕

013630520
**汧翔藏族乡志**
汧翔乡志编委会编 汧翔乡 汧翔乡志编委会 2005年 236页

011294283
**甘肃省皇城绵羊育种试验场志**
甘肃省皇城绵羊育种试验场志编委会编 甘肃 甘肃省皇城绵羊育种试验场志编委会 1998年 334页

013959392
**肃南裕固族自治县第一中学校志**
1957—2012
肃南县第一中学校志编纂委员会编 兰州 甘肃教育出版社 2012年 464页

001795201
**东部裕固语简志**
照那斯图编著 北京 民族出版社 1981年 110页〔中国少数民族语言简志丛书〕

008395203
**西部裕固语简志**
陈宗振 雷选春编著 北京 民族出版社 1985年 184页〔中国少数民族语言简志丛书〕

013146325
**肃南裕固族自治县标准地名录**
贺敬农主编 北京 民族出版社 2010年 754页

013897123
**甘肃省肃南裕固族自治县土壤志**
肃南县土壤普查办公室编 1985年 158页

# 平凉市

013659732
**平凉地区志**
平凉市地方志编纂委员会 平凉地区志编纂委员会编 北京 中华书局 2012年 3册 2524页

007819162
**平凉市志**
平凉市志编纂委员会编 北京 中华书局 1996年 951页〔中华人民共和国地方志〕

010731761
**平凉西寺志**
李树生编 兰州 甘肃民族出版社 2007年 394页

009145238
**甘肃省烟草行业志 第5卷 平凉烟草志**
甘肃省烟草行业志编纂委员会 平凉烟草志编纂委员会编纂 兰州 甘肃文化出版社 2003年 364页

013730367
**平凉地区水利志**
平凉地区水利志编纂领导小组编 平凉 平凉地区水利志编纂领导小组 1997年 572页

012877079
**平凉电力志**
平凉电力志编辑委员会编 平凉 甘肃平凉供电公司 2006年 524页

008453904
**平凉市公路交通志**
平凉市公路交通志编纂委员会编 兰州 兰州大学出版社 1993年 357页〔甘肃公路交通史志丛书〕

011501597
**中国曲艺志 甘肃卷 平凉地区分卷 泾川县卷**
姜士彦主编 泾川 中国曲艺志泾川县卷编辑部 1992年 322页

013991289
**平凉市第二人民医院志**
平凉市第二人民医院志编纂委员会编 兰州 兰州大学出版社 2011年 398页

## 崆峒区

013758771
**赵堡村志**
王增钦编 赵堡村 赵堡村村志编写小组 2012年 239页

013317841
**崆峒佛教志**
妙林主审 仇非主编 崆峒佛教志编撰组 兰州 甘肃文化出版社 2007年 174页

012722018
**平凉市崆峒区军事志**
平凉市崆峒区军事志编辑委员会编 兰州 甘肃人民出版社 2010年 371页

012816594
**平凉崆峒区人物志**
平凉市崆峒区地方志年鉴办公室编 兰州 甘肃人民美术出版社 2010年 376页

011954511
**崆峒山新志**
国家重点风景名胜区崆峒山管理局编

兰州 甘肃文化出版社 2008 年 585 页

008846133
**崆峒山植物志**
高维衡编著 兰州 甘肃文化出版社 1998 年 634 页

## 泾川县

007819166
**泾川县志**
泾川县县志编纂委员会编 兰州 甘肃人民出版社 1996 年 758 页

008453852
**泾川教育志**
泾川教育志编纂委员会编 泾川 泾川纸利来印务有限责任公司 2005 年 569 页

## 灵台县

007428139
**灵台县志**
灵台县志编纂委员会编 灵台 1991 年 512 页

012832481
**灵台县人民代表大会志**
灵台县人大常委会编 灵台 灵台县人大常委会 2009 年 508 页

008453856
**灵台县水利志**
灵台县水利志编纂领导小组编 灵台 灵台县水利志编纂领导小组 1991 年 164 页

## 崇信县

008453860
**崇信县志**
崇信县地方志编纂委员会编 兰州 甘肃人民出版社 1997 年 689 页

008453866
**崇信县水利志**
崇信县水利志编纂领导小组编 崇信 1992 年 179 页

012052590
**樟木林志**
樟木林乡人民政府编 樟木林乡 樟木林乡人民政府 2008 年 221 页

## 华亭县

013925168
**东峡社区志** 1950—2012
东峡社区居民委员会编 北京 中国文化出版社 2013 年 240 页

008645286
**华亭县志**

华亭县地方志编纂委员会编 兰州 甘肃人民出版社 1996年 808页

008453880
**华亭县水利志**
华亭县水利志编纂领导小组编 华亭 华亭县水利局 1996年 114页

012967939
**华亭县财政志**
华亭县财政局编 兰州 甘肃人民出版社 2010年 284页

013704268
**华亭县卫生志** 1949—1999
甘肃省华亭县卫生局编 平凉 平凉地区行政公署文化出版处 2000年 636页

## 庄浪县

012003251
**庄浪县畜牧志**
庄浪县畜牧中心编 庄浪 庄浪县畜牧中心 2006年 453页

008453895
**庄浪县水利志**
庄浪县水利志编纂领导小组编 庄浪 庄浪县水利局 1994年 142页

014056737
**庄浪县财政志**
庄浪县财政志编纂委员会编 北京 中华书局 2011年 407页

012003247
**庄浪县人民医院志**
高建荣主编 郭振亚副主编 庄浪 庄浪县人民医院 2005年 444页

009153979
**庄浪县水土保持志**
庄浪县水土保持志编纂领导小组编 庄浪 庄浪县水土保持志编纂领导小组 1998年 238页

## 静宁县

007905727
**静宁县志**
静宁县县志编纂委员会编 兰州 甘肃人民出版社 1993年 772页

009472078
**静宁县志** 1986—2002
静宁县县志编纂委员会编 北京 中华书局 2005年 584页

011805448
**静宁军事志**
静宁县地方志编纂委员会编 兰州 甘肃文化出版社 2008年 485页

013091050
**甘肃省静宁县农牧志**
甘肃省静宁县农牧局编 兰州 甘肃科学

技术出版社 1990 年 384 页

012811636
**静宁建筑集团第四分公司志**
静宁建筑集团第四分公司志编纂委员会编 北京 中华书局 2007 年 337 页

008453894
**静宁县水利志**
静宁县水利志编纂领导小组编 静宁 1992 年 276 页

008846093
**静宁财政志**
王维军主编 兰州 甘肃人民出版社 2001 年 295 页

009189032
**静宁税务志**

马玉清 苟彦忠主编 兰州 兰州大学出版社 1996 年 311 页

011328614
**静宁县教育志**
静宁县教育局编 兰州 甘肃教育出版社 2006 年 856 页

012872301
**甘沟中学校志**
殷永明 甘沟中学校志编委会编主编 静宁 甘沟中学校志编委会 2007 年 363 页

009878621
**静宁卫生志**
静宁卫生志编纂委员会编 兰州 甘肃文化出版社 2005 年 575 页

# 酒泉市

013925218
**甘肃省烟草行业志 酒泉 嘉峪关烟草志 2001—2010**
甘肃省烟草行业志编纂委员会 酒泉烟草志编纂委员会 嘉峪关烟草志编纂委员会编 兰州 甘肃文化出版社 2013 年 516 页

012541970
**酒钢五十年 酒钢志 1958—2008**
酒钢志编写办公室编 酒泉 酒泉钢铁（集团）有限责任公司 2008 年 1063 页

008601041
**酒泉地区公路交通史**
酒泉地区公路交通史编委会编 北京 人民交通出版社 1993 年 497 页〔甘肃公路交通史志丛书〕

011566174

**酒泉地区人民医院志** 1951—2001

酒泉地区人民医院志编委会编 酒泉 酒泉地区人民医院志编委会 2001年 392页〔甘肃省地方志丛书〕

011584386

**酒钢公司医院志** 1958—1997

酒泉钢铁（集团）公司医院编 酒泉 酒泉钢铁（集团）公司医院 1997年 281页

## 肃州区

012049650

**酒泉市肃州区志**

刘吉平主编 肃州区地方志编纂委员会编 兰州 甘肃文化出版社 2009年 666页

008471155

**酒泉市志**

酒泉市史志办公室编 兰州 兰州大学出版社 1998年 1125页〔中华人民共和国地方志丛书〕

011891872

**酒泉市志**

孙占鳌主编 杨永生 陈学军副主编 酒泉市志编纂工作委员会编 北京 方志出版社 2008年 3册 2389页

## 玉门市

007905715

**玉门市志**

玉门市地方志编纂委员会编 北京 新华出版社 1991年 779页〔中华人民共和国地方志丛书〕

013323132

**玉门市志** 1988—2004

赵玉海主编 曹福斌副主编 北京 现代出版社 2011年 575页

011793402

**玉门油田志** 1939—1986

玉门油田志编纂委员会编 西安 西北大学出版社 1993年 617页

008385849

**中国石油地质志** 第13卷 玉门油田

玉门油田石油地质志编写组编 北京 石油工业出版社 1989年 441页

011497700

**甘肃省玉门市土壤志** 初稿

玉门市人民委员会编 玉门 玉门市人民委员会 1959年 17页

013190404

**中国油气田开发志** 第11卷 玉门油气区卷

中国油气田开发志总编纂委员会编 北京 石油工业出版社 2011年 464页

014061174
**中国油气田开发志 第 11 卷 玉门油气区油气田卷**
中国油气田开发志总编纂委员会编 北京 石油工业出版社 2011 年 493 页

## 敦煌市

012132705
**敦煌志**
敦煌市地方志编纂委员会编 北京 中华书局 2007 年 2 册 1358 页

009399086
**甘肃省烟草行业志 第 16 卷 敦煌烟草志**
甘肃省烟草行业志编纂委员会 敦煌烟草志编纂委员会编纂 兰州 甘肃文化出版社 2003 年 367 页

007377964
**敦煌方言志**
刘伶著 兰州 兰州大学出版社 1988 年 250 页〔丝绸之路语言丛书〕

012096652
**敦煌人物志**
李富华 姜德治编著 兰州 甘肃人民出版社 2009 年 322 页〔敦煌记忆书系〕

013329737
**甘肃石窟志**
敦煌研究院 甘肃省文物局编 兰州 甘肃教育出版社 2011 年 440 页〔敦煌研究院学术文库〕

008589014
**中国石窟图文志**
敦煌研究院编 卢秀文编著 兰州 敦煌文艺出版社 2002 年 3 册

012998915
**敦煌地名志**
敦煌市地名志编纂办公室编 敦煌 敦煌市地名志编纂办公室 2010 年 175 页

011497031
**甘肃省敦煌县土壤志 初稿**
中共敦煌县土壤普查办公室编 敦煌 中共敦煌县土壤普查办公室 1959 年 33 页

## 金塔县

007588032
**金塔县志**
金塔县地方志编纂委员会编 兰州 甘肃人民出版社 1992 年 709 页

012661316
**金塔县志 1990—2008**
金塔县地方史志编纂委员会编 兰州 甘肃文化出版社 2010 年 2 册〔甘肃地方志〕

013990781
金塔县志 农业志 至2006
金塔县地方史志编纂委员会编 金塔 金塔县地方史志编纂委员会 2011年 422页〔甘肃省金塔县地方史志丛书〕

013144473
金塔文物志
梁世林 陶玉乐编著 金塔文物志编委会编 金塔 金塔文物志编委会 2009年 260页

## 瓜州县

008594679
安西县志
安西县志编纂委员会编 北京 知识出版社 1992年 637页〔中华人民共和国地方志丛书〕

012839569
瓜州县志 1986—2005
瓜州县志编纂工作委员会编 兰州 甘肃文化出版社 2010年 780页

011995222
安西县财政志 1986—2004
安西县财政志编纂领导小组编 甘肃 2006年 212页〔中华人民共和国地方志丛书〕

005584715
安西府沿革志
安西府庙管理委员会编 安西府庙管理委员会 1969年 11页

## 肃北蒙古族自治县

013956998
甘肃省肃北蒙古族自治县人民代表大会志 1949—2010
肃北蒙古族自治县人大常委会 肃北蒙古族自治县人民代表大会志编委会编 酒泉 酒泉市汇丰彩色印刷有限公司 2010年 225页

011908915
肃北蒙古族自治县军事志
肃北蒙古族自治县军事志编纂委员会编 肃北 肃北蒙古族自治县军事志编纂委员会 2005年 318页

013795570
肃北蒙古族自治县畜牧业志
云红琦主编 肃北蒙古族自治县畜牧业志编纂委员会 肃北蒙古族自治县牧农林业局编纂 肃北 肃北蒙古族自治县牧农林业局 2000年 288页

## 阿克塞哈萨克族自治县

007693095
阿克塞哈萨克族自治县

何奇主编 阿克塞哈萨克族自治县地方志编纂委员会编 兰州 甘肃人民出版社 1996年 574页〔中华人民共和国地方志丛书〕

009554086
**阿克塞哈萨克族自治县志** 1988—2002
阿克塞县志编纂委员会编 兰州 敦煌文艺出版社 2004年 495页〔中华人民共和国地方志丛书〕

012889123
**阿克塞哈萨克族自治县军事志** 1919—2006
阿克塞哈萨克族自治县军事志编纂委员会编 阿克塞 阿克塞哈萨克族自治县军事志编纂委员会 2009年 202页

# 庆阳市

008453824
**庆阳地区志**
甘肃省庆阳地区志编纂委员会编 兰州 兰州大学出版社 1998年 5册〔中华人民共和国地方志丛书〕

008453827
**庆阳地区志主要编修人员名录**
庆阳地区志编纂委员会办公室编 庆阳 庆阳地区志编纂委员会办公室 1998年 57页

008846052
**庆阳地区乡镇企业志**
庆阳地区乡镇企业志编辑委员会编 庆阳 庆阳地区乡镇企业志编辑委员会 1988年 296页

009157944
**庆阳建设志**
庆阳建设志编纂委员会编 兰州 甘肃人民出版社 2003年 565页

008453828
**庆阳地区畜牧志**
庆阳地区畜牧志编纂组编 庆阳 庆阳地区畜牧志编纂组 1997年 535页

013925194
**甘肃省庆阳市净石沟煤矿志**
甘肃省庆阳市净石沟煤矿志编纂委员会编 2004年 264页

013703936
**甘肃省烟草行业志 庆阳烟草志** 2001—2010
甘肃省烟草行业志编纂委员会 庆阳烟草志编纂委员会编 兰州 甘肃文化出版社 2012年 541页

009198072
甘肃省烟草行业志 第4卷 庆阳烟草志
甘肃省烟草行业志编纂委员会 庆阳烟草志编纂委员会编纂 兰州 甘肃文化出版社 2002年 469页

008994341
庆阳地区供销合作社志
庆阳地区供销合作社志编纂委员会编 庆阳 庆阳地区供销合作社志编纂委员会 1993年 728页

008453833
庆阳地区粮食志
甘肃省庆阳地区行政公署粮食处编辑 北京 中国商业出版社 1993年 514页

008453835
庆阳地区税务志
庆阳地区税务志编纂委员会编 庆阳 庆阳地区税务志编纂委员会 1993年 446页

008453836
庆阳地区金融志
庆阳地区金融志编纂委员会编 北京 中国金融出版社 1992年 645页

011499607
庆阳地区新闻报刊志
陇东报社编 高文主笔 甘肃 陇东报社 1984年 79页

008453829
庆阳地区广播电视志
王同春编审 李雄浩主编 张自仁副主编 甘肃省庆阳地区广播电视局史志编辑组编 庆阳 甘肃省庆阳地区广播电视局史志编辑组 1991年 367页

013863582
庆阳市档案志
庆阳市档案局编纂 兰州 甘肃文化出版社 2013年 346页

008453832
庆阳地区教育志
甘肃省庆阳地区教育处编 兰州 甘肃人民出版社 1994年 683页

008846062
庆阳地区体育志
甘肃省庆阳地区体育运动委员会编 西峰 甘肃省庆阳地区体育运动委员会 1988年 427页

008453830
庆阳地区卫生志
庆阳地区卫生处主编 庆阳 庆阳地区卫生处 1998年 5册

013731102
庆阳市医药志
庆阳市食品药品监督管理局 庆阳市医药志编纂委员会编写 庆阳 庆阳市医药志编纂委员会 2012年 433页

008453834

**庆阳地区农机化志**

庆阳地区农机化志编辑组编 西峰 庆阳地区农机化志编辑组 1991年 558页

008453890

**子午岭木本植物志**

刘立品主编 兰州 兰州大学出版社 1998年 376页

### 西峰区

012173778

**秦霸岭村志**

秦霸岭村志编纂委员会编 秦霸岭村 秦霸岭村志编纂委员会 2007年 460页

013186011

**西峰城乡建设志**

西峰区建设委员会编 北京 方志出版社 2011年 401页

### 庆城县

008383969

**庆阳县志**

庆阳县志编纂委员会编 兰州 甘肃人民出版社 1993年 670页

011998119

**庆城县电力工业志** 1950—2007

庆城县电力工业志编纂委员会编 兰州 甘肃文化出版社 2008年 442页

012969477

**庆城县教育志**

庆城县教育志编委会编 兰州 甘肃文化出版社 2011年 726页

### 环县

007668520

**环县志**

环县志编纂委员会编 兰州 甘肃人民出版社 1993年 565页

012967944

**环县人口志**

环县人口志编纂委员会编纂 兰州 甘肃人民出版社 2011年 328页

010576695

**环县道情皮影志**

环县道情皮影志编纂委员会编 兰州 甘肃文化出版社 2006年 373页

### 华池县

001770374

**华池县志**

华池县志编写领导小组编 兰州 甘肃人民出版社 1984年 304页

013531012
**华池县人大志**
华池县人大志编纂委员会编 兰州 甘肃文化出版社 2012 年 611 页

012967938
**华池县军事志**
华池县军事志编纂委员会编 华池 华池县军事志编纂委员会 2004 年 373 页

## 合水县

011432666
**合水县志**
合水县志编纂委员会编 兰州 甘肃文化出版社 2007 年 2 册 1896 页

009107133
**甘肃省烟草行业志 第 3 卷 合水雪茄卷烟厂志**
甘肃省烟草行业志编纂委员会 合水雪茄卷烟厂志编纂委员会编纂 兰州 甘肃文化出版社 2002 年 447 页

## 正宁县

012837842
**正宁县志**
正宁县志编纂委员会编 兰州 甘肃文化出版社 2010 年 2 册

012506646
**正宁县国土资源志**
正宁县国土资源志编纂委员会编 兰州 甘肃人民出版社 2009 年 549 页

## 宁县

006958545
**宁县志**
宁县志编委会编 兰州 甘肃人民出版社 1988 年 916 页

008453902
**瓦斜乡志稿**
瓦斜乡志稿编委会 谢生权主编 杨正存等副主编 瓦斜乡 瓦斜乡志稿编委会 1998 年 378 页

008828309
**新庄煤矿志 1978—1997**
新庄煤矿志编纂委员会编 北京 中华书局 1999 年 416 页

008453915
**宁县戏曲志**
邱永泉主编 宁县戏曲志编委会编 宁县 宁县戏曲志编委会 1998 年 314 页

011497041
**甘肃省宁县土壤志**
宁县土壤普查办公室编印 宁县 宁县土壤普查办公室 1959 年 11 页

## 镇原县

007424768
**镇原县志** 前11世纪—1985
镇原县志编辑委员会编 镇原 镇原县志编辑委员会 1987年 2册

011445744
**镇原县现代人物志**
中共镇原县委党史办编 镇原 中共镇原县委党史办 2002年 619页

## 定西市

013403089
**定西地区志**
定西地区志编纂委员会编 北京 中华书局 2013年 2册 2383页

013995961
**中国共产党定西人物志** 党政篇
中共定西市委党史研究室编 定西 定西天河印务有限公司 2008年 234页

011312127
**定西建设志**
定西建设志编纂委员会编 兰州 甘肃人民出版社 2006年 648页

013955697
**定西市电力工业志** 1955—2009
定西市电力工业志编纂委员会编 定西 定西市电力工业志编纂委员会 2012年 524页〔甘肃省电力工业志丛书〕

009189028
**甘肃省烟草行业志** 定西烟草志
甘肃省烟草行业志编纂委员会 定西烟草志编纂委员会编纂 兰州 甘肃文化出版社 2003年 388页

013866405
**甘肃省烟草行业志** 定西烟草志 2001—2010
甘肃省烟草行业志编纂委员会 定西烟草志编纂委员会编 兰州 甘肃文化出版社 2013年 552页

012714086
**定西分行农村金融志** 1950—2003
中国农业银行定西分行编 定西 中国农业银行定西分行 2008年 620页

012052470
**杏坛百年神韵** 定西市安定区松川学校教育志
李鸿鸣编 甘肃 李鸿鸣 2008年 280页

010730274
**定西地区医院志** 1950.10—2000.12
定西地区医院志编纂委员会编 定西 定西地区医院 2002年 298页〔甘肃省地方志丛书〕

## 安定区

005331715
**定西县志**
定西县志编纂委员会编 兰州 甘肃人民出版社 1990年 990页

## 通渭县

004018836
**通渭县志**
通渭县志编纂委员会编 兰州 兰州大学出版社 1990年 816页〔中华人民共和国地方志丛书〕

012506270
**通渭县志** 1986—2005
通渭县志编纂委员会编 兰州 兰州大学出版社 2010年 901页

010577019
**通渭人物志**
通渭人物志编纂委员会编 通渭 通渭人物志编纂委员会 2005年 489页

## 陇西县

007378022
**陇西县志**
陇西县志编纂委员会编 兰州 甘肃人民出版社 1990年 812页

012639742
**陇西工务段志** 1952—2000
陇西工务段志编纂委员会编 陇西 陇西工务段志编纂委员会 2001年 429页

012542640
**陇西县教育志**
陇西县教育局编 兰州 兰州大学出版社 2009年 1056页

012661489
**陇西树德堂岭顶李氏谱志**
岭顶李氏谱志编纂委员会编 2000年 197页

011497035
**甘肃省陇西县土壤志** 初稿
陇西县土壤普查委员会办公室编 兰州 甘肃省农林厅土壤普查办公室 1959年 37页

013688982
**陇西县水利志** 1949—2009
陇西县水务局编 陇西 陇西县水务局 2010年 241页

## 渭源县

014052345
**渭源县志** 1986—2007
渭源县志编纂委员会编 兰州 兰州大学出版社 2013 年 820 页

## 临洮县

007905721
**临洮县志**
临洮县志编纂委员会编 兰州 甘肃人民出版社 1990 年 3 册

008994319
**临洮县志**
临洮县志编纂委员会编 兰州 甘肃人民出版社 2001 年 876 页

012899086
**临洮县志** 1986—2005
临洮县志编纂委员会编纂 兰州 甘肃人民出版社 2010 年 968 页

010687010
**临洮教育志**
临洮教育志编写领导小组编 临洮 临洮教育志编写领导小组 1992 年 305 页

012505334
**临洮教育志** 续编 1992—2000
临洮县教育局编 临洮 临洮县教育局 2000 年 357 页

011571155
**崖湾志**
崖湾志编辑小组编著 崖湾村 崖湾志编辑小组 2005 年 105 页

## 漳县

009804605
**漳县志**
漳县志编纂委员会编 兰州 甘肃文化出版社 2005 年 1302 页

## 岷县

007672321
**岷县志**
岷县志编纂委员会编 兰州 甘肃人民出版社 1995 年 930 页

011497037
**甘肃省岷县土壤志**
岷县土壤普查办公室编 岷县 岷县土壤普查办公室 1959 年 36 页

# 陇南市

013319714

**陇南地区军事志**

中国人民解放军甘肃省陇南分区编 甘肃 中国人民解放军甘肃省陇南分区 2002年 431页

009227060

**甘肃省烟草行业志 第8卷 陇南烟草志**

甘肃省烟草行业志编纂委员会 陇南烟草志编纂委员会编纂 兰州 甘肃文化出版社 2003年 340页

009510525

**陇南风物志**

韩博文 陈启生著 兰州 兰州大学出版社 1996年 287页〔中国风物志丛书〕

013065016

**陇南土种志**

甘肃省陇南地区土壤普查办公室编 陇南 甘肃省陇南地区土壤普查办公室 1988年 206页

010732085

**甘肃省陇南冬小麦农家品种志**

齐敬修编 天水 天水市农科所 19uu年 2册 502页

## 武都区

008645308

**武都县志**

曾礼主编 武都县地方志编纂委员会编 北京 生活·读书·新知三联书店 1998年 1233页〔中国地方志丛书〕

013706869

**武都政协志**

武都政协志编修委员会编 武都 武都政协志编修委员会 2004年 545页

## 成县

011890488

**成县人民代表大会志**

成县人民代表大会志编辑委员会编 成县 成县人民代表大会志编辑委员会 2000年 185页

## 文县

008594666

**文县志**

文县县志编纂委员会编 兰州 甘肃人民出版社 1997年 1077页

## 宕昌县

008001438
**宕昌县志**
宕昌县县志编纂委员会编 兰州 甘肃文化出版社 1995年 692页

010576577
**宕昌县志 续编** 1985—2005
宕昌县志编纂委员会编 兰州 甘肃文化出版社 2006年 755页

013791109
**宕昌县人大志** 1950—2012
宕昌县人大志编纂委员会编 兰州 甘肃人民出版社 2013年 537页

013726900
**宕昌人物志**
宕昌县政协编 宕昌 宕昌县政协 2000年 386页

## 康县

004970790
**康县志**
康县志编纂委员会 黄俊武主编 雍维铭副主编 兰州 甘肃人民出版社 1989年 940页〔中华人民共和国地方志丛书〕

012873007
**康县教育志**
康县教育志编纂委员会编 兰州 兰州大学出版社 1993年 445页〔甘肃省地方志丛书〕

## 西和县

012506658
**政协西和县志**
中国人民政治协商会议西和县委员会编 兰州 兰州大学出版社 2009年 960页

008471162
**西和县志**
西和县志编纂委员会编 西安 陕西人民出版社 1997年 870页〔甘肃省地方志丛书〕

013145630
**西和县人民代表大会志** 1996—2010
西和县人民代表大会志续编领导小组编 兰州 兰州大学出版社 2011年 770页

013145628
**西和县民政志**
西和县民政局编 陈国强主编 兰州 兰州大学出版社 2011年 473页

011579852
**甘肃省西和县尖崖沟铅锌矿志**

尖崖沟铅锌矿志编纂领导小组编 西和 尖崖沟铅锌矿志编纂领导小组 1999 年 131 页

011809275
**西和县财政志**
西和县财政局编 西和 西和县财政局 2003 年 262 页

012100531
**西和乞巧风俗志**
雷海峰主编 王钊副主编 西和 西和乞巧风俗志编纂委员会 2006 年 387 页

## 礼县

009115616
**礼县志**
礼县志编纂委员会编 西安 陕西人民出版社 1999 年 922 页〔甘肃省地方志丛书〕

013862776
**礼县政协志**
政协礼县委员会编 兰州 甘肃新华印刷厂 2012 年 510 页

## 徽县

009346492
**徽县志**
甘肃省徽县志编纂委员会 梁晓明主编 西安 陕西人民出版社 2003 年 1184 页〔甘肃省地方志丛书〕

013092929
**徽县电力志**
梁晓明等编著 西安 陕西人民出版社 2006 年 309 页〔甘肃省地方志丛书〕

## 两当县

009887090
**两当县志**
刘瑞 杨永红主编 甘肃省两当县志编纂委员会编纂 兰州 甘肃文化出版社 2005 年 913 页

# 临夏回族自治州

007905780
**临夏州志**
王震编 临夏州志编纂委员会编 兰州 甘肃人民出版社 1993 年 2 册 1569 页〔中华人民共和国地方志丛书〕

009890620
**黄河三峡移民志**

黄河三峡移民志编纂委员会编 兰州 兰州大学出版社 2005年 608页

011475309
**临夏回族自治州土地管理志**
临夏回族自治州土地管理志编纂办公室编 临夏 临夏回族自治州土地管理志编纂办公室 2001年 306页

009399585
**甘肃省烟草行业志 第15卷 临夏烟草志**
甘肃省烟草行业志编纂委员会 临夏烟草志编纂委员会编纂 兰州 甘肃文化出版社 2003年 376页

008453848
**临夏回族自治州公路交通史**
甘肃交通史志及年鉴编写委员会编 兰州 甘肃民族出版社 1992年 430页〔甘肃公路交通史志丛书〕

010776985
**临夏州志外贸志 送审稿**
临夏州外贸志编纂领导小组编 临夏 临夏州外贸志编纂领导小组 1989年

011584540
**临夏州金融志**
临夏州金融志编纂领导小组编 临夏 临夏州金融志编纂领导小组 1986年 150页

008453850
**临夏回族自治州教育志**
临夏回族自治州教育志编纂委员会编 兰州 甘肃文化出版社 1997年 827页

012097750
**临夏人物志**
陈龙编著 兰州 甘肃人民出版社 2002年 314页

## 临夏市

008190743
**临夏市志**
临夏市地方志编纂委员会编 兰州 甘肃人民出版社 1995年 962页〔中华人民共和国地方志丛书〕

013184334
**临夏市志 1986—2005**
临夏市地方志编纂委员会编 兰州 甘肃文化出版社 2011年 882页

## 临夏县

008486759
**临夏县志**
临夏县志编纂委员会编 兰州 兰州大学出版社 1995年 677页〔中华人民共和国地方志丛书〕

### 康乐县

007969454
**康乐县志**
甘肃省康乐县志编纂委员会编 北京 生活·读书·新知三联书店 1995 年 501 页〔中国地方志丛书〕

### 永靖县

007986605
**永靖县志**
永靖县志编纂委员会编 兰州 兰州大学出版社 1995 年 694 页

013313386
**永靖县志** 1986—2005
永靖县县志编纂委员会编 兰州 甘肃文化出版社 2011 年 784 页

013628081
**刘化厂志** 1966—1990
刘化厂志编纂委员会编 兰州 兰州大学出版社 1996 年 357 页

009234425
**刘家峡水电厂志**
刘家峡水电厂志编纂委员会编纂 兰州 甘肃人民出版社 1999 年 454 页

013659606
**刘家峡水电厂志** 1997—2009
刘家峡水电厂志编纂委员会编 兰州 甘肃人民出版社 2012 年 743 页

011295617
**吧咪山志**
吧咪山志编纂委员会编 兰州 兰州大学出版社 2007 年 261 页

010779383
**永靖县卫生志**
孔德双主编 孔垂英 晋源蛟副主编 兰州 甘肃人民出版社 2006 年 348 页

### 广河县

008645280
**广河县志**
广河县志编纂委员会编 兰州 兰州大学出版社 1995 年 709 页〔中华人民共和国地方志丛书〕

### 和政县

008338415
**和政县志**
和政县志编纂委员会编 兰州 兰州大学出版社 1993 年 542 页

013647580
**和政县志** 1986—2005
梁明主编 和政县地方史志编纂委员会编纂 兰州 甘肃文化出版社 2011 年

938 页

## 东乡族自治县

008837056
**东乡族自治县志**
东乡族自治县地方史志编纂委员会编 兰州 甘肃文化出版社 1996 年 646 页〔中华人民共和国地方志丛书〕

002603519
**东乡语简志**
刘照雄编著 北京 民族出版社 1981 年 124 页〔中国少数民族语言简志丛书〕

002284524
**东乡族风俗志**
马自祥编著 北京 中央民族学院出版社 1989 年 107 页〔民俗文库 6〕

## 积石山保安族东乡族撒拉族自治县

008793369
**积石山保安族东乡族撒拉族自治县志**
积石山保安族东乡族撒拉族自治县志编纂委员会编 兰州 甘肃文化出版社 1998 年 593 页〔中华人民共和国地方志丛书〕

001920943
**保安语简志**
布和 刘照雄编著 北京 民族出版社 1982 年 96 页〔中国少数民族语言简志丛书〕

# 甘南藏族自治州

008618491
**甘南藏族自治州志**
甘南藏族自治州地方史志编纂委员会编 北京 民族出版社 1999 年 2 册 2042 页〔中华人民共和国地方志丛书〕

009411406
**甘南人大志**
甘南藏族自治州人大常委会编纂委员会编 兰州 甘肃民族出版社 2004 年 624 页

009198296
**甘南政协志**
卡尔·罗赛 贡保旺杰主审 马建新主编 甘肃省甘南藏族自治州政协志编纂委员会编 兰州 兰州大学出版社 2003 年 584 页

011579825
**甘南藏族自治州土地志**
祁殿臣主编 甘南藏族自治州土地管理局编 甘南 甘南藏族自治州土地管理局 1999年 379页

009378295
**甘南藏族自治州林业志**
甘南藏族自治州农林局 甘南藏族自治州林业志编纂委员会编 兰州 甘肃民族出版社 1997年 554页

008453878
**甘南藏族自治州畜牧志**
马江主编 甘南藏族自治州畜牧志编辑委员会 甘南藏族自治州畜牧局编纂 兰州 甘肃民族出版社 1993年 458页

008601015
**甘南藏族自治州公路交通史**
吴志杰主编 张逢禄副主编 张逢禄等编撰 北京 人民交通出版社 1992年 430页〔甘肃公路交通史志丛书〕

008848331
**甘南藏族自治州金融志**
甘南藏族自治州金融志编委会编 兰州 兰州大学出版社 1993年 212页

008959313
**甘肃甘南风物志**
尕藏才旦编著 昆明 云南人民出版社 2002年 152页〔中国西部风物志丛书 第1辑〕

008453879
**甘南藏族自治州藏医志**
甘南藏族自治州卫生局藏医志编纂委员会编 兰州 甘肃民族出版社 1993年 238页

008835772
**甘南藏族自治州卫生志**
甘南藏族自治州卫生局卫生志编写组编 甘南 甘南藏族自治州卫生局卫生志编写组 1991年 384页

010008945
**青藏高原甘南藏药植物志**
杜品编著 兰州 甘肃科学技术出版社 2006年 355页

007661142
**甘南树木图志**
1994年 559页

## 合作市

012680054
**合作市志**
合作市地方史志编纂委员会编 兰州 甘肃民族出版社 2010年 771页〔中华人民共和国地方志丛书〕

## 临潭县

007850906
**临潭县志**
临潭县志编纂委员会编　兰州　甘肃民族出版社　1997年　974页〔中华人民共和国地方志丛书〕

012097744
**临潭县志** 1991—2006
临潭县志编纂委员会编　兰州　甘肃人民出版社　2008年　895页

## 卓尼县

007672303
**卓尼县志**
祁殿臣主编　卓尼县志编纂委员会编　兰州　甘肃民族出版社　1994年　817页〔中华人民共和国地方志丛书〕

013989041
**甘肃省卓尼县军事志** 至2006
甘肃省卓尼县军事志编纂委员会编　卓尼　甘肃省卓尼县军事志编纂委员会　2011年　307页

013996261
**卓尼县教育志**
卓尼县教育局编　卓尼　卓尼县教育局　2011年　138页

## 舟曲县

007724497
**舟曲县志**
甘肃省舟曲县地方志编纂委员会编　北京　生活·读书·新知三联书店　1996年　785页〔中华人民共和国地方志丛书〕

012882678
**舟曲县志** 1991—2006
甘肃省舟曲县地方志编纂委员会编　北京　方志出版社　2010年　902页

013736512
**舟曲县人民代表大会志** 1949.10—2011.9
舟曲县人民代表大会志编纂委员会编　北京　方志出版社　2012年　555页

## 迭部县

008471168
**迭部县志**
宁学义主编　迭部县志编纂委员会编　兰州　兰州大学出版社　1998年　913页〔中华人民共和国地方志丛书〕

## 玛曲县

008838404
**玛曲县志**

玛曲县志编纂委员会编纂 兰州 甘肃人民出版社 2001年 1135页〔中华人民共和国地方志丛书〕

## 碌曲县

010244192
**碌曲县志**
碌曲县地方志编纂委员会编 兰州 甘肃文化出版社 2006年 565页

013000432
**碌曲人大志**
碌曲人大志编纂委员会编 碌曲 碌曲人大志编纂委员会 2006年 529页

## 夏河县

008838469
**夏河县志**
甘肃省夏河县志编纂委员会编 兰州 甘肃文化出版社 1999年 1136页

010009344
**夏河县人大志**
夏河县人大常委会编纂 夏河 夏河县人大常委会 2005年 379页

013464175
**夏河县伊斯兰民族志**
俺优步 陈世明编著 合作 甘南州羚城印刷厂 2007年 349页

# 青海省

006573063
**青海省志**
青海省地方志编纂委员会编 西宁 青海人民出版社 1993 年

010010032
**青海省志 人物传 终审稿**
青海省地方志编纂委员会编 青海 1999 年 274 页

011884211
**青海省志 索引**
王昱主编 西宁 青海人民出版社 2008 年 3 册 1481 页

009337012
**青海省志 第 1 卷 总述**
青海省地方志编纂委员会编 合肥 黄山书社 2001 年 336 页

008994357
**青海省志 第 2 卷 大事记**
青海省地方志编纂委员会编 西宁 青海人民出版社 2001 年 437 页

008994360
**青海省志 第 3 卷 建置沿革志**
青海省地方志编纂委员会编 西宁 青海人民出版社 2001 年 586 页

008694671
**青海省志 第 4 卷 自然地理志**
青海省地方志编纂委员会编 合肥 黄山书社 1995 年 363 页

009790426
**青海省志 第 6 卷 测绘志**
青海省地方志编纂委员会编 西宁 青海人民出版社 1993 年 203 页

008668109
**青海省志 第 7 卷 长江黄河澜沧江源志**
青海省地方志编纂委员会编 郑州 黄河水利出版社 2000 年 414 页

008667938
**青海省志** 第8卷 青海湖志
青海省地方志编纂委员会编 西宁 青海人民出版社 1998年 329页

009001529
**青海省志** 第9卷 水利志
青海省地方志编纂委员会编 郑州 黄河水利出版社 2001年 515页

009003119
**青海省志** 第10卷 高原生物志
青海省地方志编纂委员会编 西宁 青海人民出版社 2002年 525页

007676130
**青海省志** 第11卷 地质矿产志
青海省地方志编纂委员会编 西宁 青海人民出版社 1993年 475页

007914632
**青海省志** 第12卷 农业志 渔业志
青海省地方志编纂委员会编 西宁 青海人民出版社 1993年 486页

007914637
**青海省志** 第13卷 林业志
青海省地方志编纂委员会编 西宁 青海人民出版社 1993年 281页

008667929
**青海省志** 第14卷 畜牧志
青海省地方志编纂委员会编 合肥 黄山书社 1998年 309页

009337014
**青海省志** 第15卷 轻纺工业志
青海省地方志编纂委员会编 西安 西安出版社 2000年 272页

008487040
**青海省志** 第16卷 盐业志
青海省地方志编纂委员会编 合肥 黄山书社 1995年 277页

008241827
**青海省志** 第17卷 手工业志
青海省地方志编纂委员会编 合肥 黄山书社 1995年 163页

009041932
**青海省志** 第18卷 乡镇企业志
青海省地方志编纂委员会编 西宁 青海人民出版社 1993年 179页

008667946
**青海省志** 第19卷 机械工业志
青海省地方志编纂委员会编 合肥 黄山书社 1999年 550页

008668094
**青海省志** 第20卷 经济贸易志
青海省地方志编纂委员会编 北京 中华书局 2000年 634页

007914635
**青海省志 第21卷 农牧机械志**
青海省地方志编纂委员会编 西宁 青海人民出版社 1993年 209页

007755022
**青海省志 第22卷 石油工业志**
青海省地方志编纂委员会编 西宁 青海人民出版社 1995年 396页

009337019
**青海省志 第23卷 煤炭工业志**
青海省地方志编纂委员会编 北京 煤炭工业出版社 2001年 417页

009041937
**青海省志 第24卷 电力工业志**
青海省地方志编纂委员会编 合肥 黄山书社 1996年 651页

009337025
**青海省志 第25卷 冶金工业志**
青海省地方志编纂委员会编 西安 西安出版社 2000年 424页

009116553
**青海省志 第26卷 化学工业志**
青海省地方志编纂委员会编 西宁 青海人民出版社 2000年 234页

008694644
**青海省志 第27卷 公路交通志**
青海省地方志编纂委员会编 合肥 黄山书社 1996年 538页

008636591
**青海省志 第28卷 铁路交通志**
青海省地方志编纂委员会编 北京 中华书局 2000年 553页

007914633
**青海省志 第29卷 邮电志**
青海省地方志编纂委员会编 西宁 青海人民出版社 1993年 337页

008694648
**青海省志 第30卷 民用航空志**
青海省地方志编纂委员会编 合肥 黄山书社 1995年 126页

009994890
**青海省志 第31卷 对外经济贸易志**
青海省地方志编纂委员会编 合肥 黄山书社 2005年 303页

009116587
**青海省志 第32卷 计划志**
青海省地方志编纂委员会编 西宁 青海人民出版社 2001年 588页

007914636
**青海省志 第33卷 商业志**
青海省地方志编纂委员会编 西宁 青海人民出版社 1993年 313页

009041995

**青海省志** 第34卷 粮食志

青海省地方志编纂委员会编 西宁 青海人民出版社 1993年 285页

008973539

**青海省志** 第35卷 城乡建设志

青海省地方志编纂委员会编 西宁 青海人民出版社 2001年 600页

008694641

**青海省志** 第36卷 环境保护志

青海省地方志编纂委员会编 合肥 黄山书社 2000年 336页

007755023

**青海省志** 第37卷 统计志

青海省地方志编纂委员会编 西宁 青海人民出版社 1995年 284页

008694627

**青海省志** 第38卷 财政志

青海省地方志编纂委员会编 合肥 黄山书社 1995年 549页

009042011

**青海省志** 第39卷 金融志

青海省地方志编纂委员会编 合肥 黄山书社 1997年 520页

009042023

**青海省志** 第40卷 工商行政管理志

青海省地方志编纂委员会编 西宁 青海人民出版社 1993年 147页

007914634

**青海省志** 第41卷 物价志

青海省地方志编纂委员会编 西宁 青海人民出版社 1993年 211页

008994366

**青海省志** 第42卷 土地管理志

青海省地方志编纂委员会编 西宁 青海人民出版社 2002年 299页

008667941

**青海省志** 第43卷 审计志

青海省地方志编纂委员会编 合肥 黄山书社 1997年 282页

008694662

**青海省志** 第44卷 进出口商品检验志

青海省地方志编纂委员会编 西宁 青海人民出版社 2000年 278页

009337029

**青海省志** 第45卷 标准计量志

青海省地方志编纂委员会编 北京 中华书局 2001年 349页

008694656

**青海省志** 第46卷 政事志 青海省人民代表大会

青海省地方志编纂委员会编 合肥 黄山书社 1996年 533页

008667925
**青海省志** 第47卷 政事志 中国人民政治协商会议青海省委员会
青海省地方志编纂委员会编 合肥 黄山书社 1996年 297页

009116560
**青海省志** 第48卷 政事志 省政府
青海省地方志编纂委员会编 西宁 青海人民出版社 2001年 381页

009319871
**青海省志** 第50卷 民主党派志
青海省地方志编纂委员会编 西宁 青海人民出版社 2003年 339页

009337036
**青海省志** 第51卷 群众团体志
青海省地方志编纂委员会编 西安 陕西人民出版社 2001年 734页

008694650
**青海省志** 第52卷 民政志
青海省地方志编纂委员会编 合肥 黄山书社 1998年 463页

009337133
**青海省志** 第53卷 劳动人事志
青海省地方志编纂委员会编 西安 西安出版社 2001年 714页

008842735
**青海省志** 第54卷 检察志
青海省地方志编纂委员会编 兰州 甘肃人民出版社 2000年 185页

008694667
**青海省志** 第55卷 审判志
青海省地方志编纂委员会编 合肥 黄山书社 1999年 368页

008994394
**青海省志** 第56卷 军事志
青海省地方志编纂委员会 青海省志军事志编纂委员会编 西宁 青海人民出版社 2001年 1263页

008241829
**青海省志** 第57卷 公安志
青海省地方志编纂委员会编 合肥 黄山书社 1995年 290页

008694670
**青海省志** 第58卷 武警志
青海省地方志编纂委员会编 合肥 黄山书社 1995年 103页

008994376
**青海省志** 第59卷 司法行政志
青海省地方志编纂委员会编 西宁 青海人民出版社 2000年 285页

008994379
**青海省志** 第60卷 劳动改造志
青海省地方志编纂委员会编 西宁 青海人民出版社 2000年 222页

009042031
**青海省志** 第61卷 教育志
青海省地方志编纂委员会编 合肥 黄山书社 1996年 371页

008667940
**青海省志** 第62卷 体育志
青海省地方志编纂委员会编 合肥 黄山书社 1997年 634页

009042048
**青海省志** 第63卷 广播电视志
青海省地方志编纂委员会编 合肥 黄山书社 1996年 322页

008994383
**青海省志** 第64卷 报业志
青海省地方志编纂委员会编 西宁 青海民族出版社 1999年 499页

008241831
**青海省志** 第65卷 出版志
青海省地方志编纂委员会编 合肥 黄山书社 1995年 265页

008667914
**青海省志** 第66卷 档案志
青海省地方志编纂委员会编 合肥 黄山书社 1996年 174页

008476201
**青海省志** 第67卷 医药卫生志
青海省地方志编纂委员会编 北京 中华书局 1999年 581页

008994388
**青海省志** 第68卷 文化艺术志
青海省地方志编纂委员会编 西宁 青海人民出版社 2001年 488页

008994392
**青海省志** 第69卷 文物志
青海省地方志编纂委员会编 西宁 青海人民出版社 2001年 338页

008241828
**青海省志** 第70卷 彩陶志
青海省地方志编纂委员会编 合肥 黄山书社 1995年 130页

009042068
**青海省志** 第71卷 唐蕃古道志
青海省地方志编纂委员会编 合肥 黄山书社 1996年 148页

008994399
**青海省志** 第73卷 社会科学志
青海省地方志编纂委员会编 西宁 青海人民出版社 1999年 381页

009337144
**青海省志** 第74卷 科学技术志
青海省地方志编纂委员会编 西安 西安出版社 2000年 371页

009337146
**青海省志** 第75卷 人口志
青海省地方志编纂委员会编 西安 西安出版社 2000年 227页

012099745
**青海省志** 第76卷 民族志
谭奇总编 青海省地方志编纂委员会编 北京 民族出版社 2008年 555页

009337149
**青海省志** 第77卷 宗教志
青海省地方志编纂委员会编 西安 西安出版社 2000年 471页

009337150
**青海省志** 第78卷 方言志
青海省地方志编纂委员会编 合肥 黄山书社 2001年 389页

011882469
**青海省志** 第79卷 特产志
青海省地方志编纂委员会编 合肥 黄山书社 1999年 250页

009337153
**青海省志** 第80卷 人物志
青海省地方志编纂委员会编 合肥 黄山书社 2001年 498页

009147626
**青海省志** 第81卷 附录
青海省地方志编纂委员会编 西宁 青海人民出版社 2003年 1046页

005631641
**青海省志资料**
张翁燕娟编著 台北 "国防研究院" 1961年 46页 〔实践丛刊 34〕

008668115
**中国共产党青海地方组织志**
姚湘成主编 中共青海地方组织志编纂委员会编 西宁 青海人民出版社 1999年 769页

012814163
**青海审判志**
青海省高级人民法院编 西宁 青海省高级人民法院 1995年 470页

011441876
**青海省百货公司企业志**
青海省百货公司编 西宁 青海省百货公司 1989年 267页

011441880
**青海省纺织品公司企业志**
陆中仁主编 王自仁 高恺副主编 青海 青海省纺织品公司 1989年 283页

011441903
**青海省民族贸易公司企业志**
民族贸易公司企业志编委会编 青海 青海省民族贸易公司企业志编委会 1989年 270页

011441912
**青海省农牧生产资料公司企业志** 1961—1988
青海省农牧生产资料公司编 青海 青海省农牧生产资料公司 1989年 132页

010200344
**青海物产志** 1995.3—2005.2
丁炳生主编 青海物产集团总公司编 青海 青海物产集团总公司 2005年 126页

010244553
**青海省粮食志 送审稿**
青海省志粮食志编辑委员会编 青海 青海省志粮食志编辑委员会 1992年 337页

012614174
**青海省电力工业志** 1991—2002
青海省电力工业志编辑室编著 北京 中国电力出版社 2010年 651页〔中国电力工业志丛书〕

011441882
**青海省副食品公司企业志** 1950—1988
青海省副食品公司企业志编辑委员会编 青海 青海省副食品公司企业志编辑委员会 1989年 224页

011441914
**青海省肉食品公司企业志**
青海省肉食品公司企业志编纂组编 青海 青海省肉食品公司企业志编纂组 1989年 155页

013991353
**青海省烟草志**
青海省烟草专卖局 中国烟草总公司青海省公司编 西宁 青海省烟草专卖局 1991年 253页

013377012
**青海石油志**
青海石油管理局编 1990年 373页

008190692
**中国石油地质志 第14卷 青藏油气区**
青藏油气区石油地质志编写组编 北京 石油工业出版社 1990年 483页

010010036
**青海邮运志**
青海省邮政运输局编 西宁 青海省邮政运输局 1999年 281页

011441906
**青海省农副产品公司企业志** 1962—1988
青海省农副产品公司史志办公室编 青海 青海省农副产品公司史志办公室 1989年 215页

009116607
**青海粮食志**
青海粮食志编辑委员会编纂 西宁 青海

人民出版社 1993年 320页

011441915
**青海省石油煤炭商业志**
青海省石油公司史志编纂组 青海省煤炭贸易公司史志编纂组编 青海 青海省煤炭贸易公司史志编纂组 1989年 472页

009994915
**青海省建设银行志**
行志编辑委员会编 西宁 青海人民出版社 1994年 357页

013066966
**青海出版志**
青海省出版志编纂委员会编 西宁 青海人民出版社 1993年 604页

007668360
**青海科学技术志**
青海省科技史志办公室 郝家彪主编 西宁 青海人民 1992年 706页

008395416
**撒拉语简志**
林莲云编著 北京 民族出版社 1985年 145页〔中国少数民族语言简志丛书〕

012197205
**中国歌谣集成** 第20卷 青海卷
中国民间文学集成全国编辑委员会 中国歌谣集成青海卷编辑委员会编 北京 中国ISBN中心 2008年 984页

012197244
**中国谚语集成** 第22卷 青海卷
中国民间文学集成全国编辑委员会 中国民间文学集成青海卷编辑委员会编 北京 中国ISBN中心 2007年 842页

009620066
**中国民间歌曲集成** 第23卷 青海卷
中国民间歌曲集成全国编辑委员会 中国民间歌曲集成青海卷编辑委员会编 北京 中国ISBN中心 2000年 920页

009619601
**中国戏曲音乐集成** 第24卷 青海卷
中国戏曲音乐集成编辑委员会 中国戏曲音乐集成青海卷编辑委员会编 北京 中国ISBN中心 2003年 854页

008707369
**中国曲艺音乐集成** 第12卷 青海卷
中国曲艺音乐集成全国编辑委员会 中国曲艺音乐集成青海卷编辑委员会编 北京 中国ISBN中心 1998年 922页〔十部文艺集成志书〕

011762388
**中国民族民间器乐曲集成** 第21卷 青海卷

中国民族民间器乐曲集成全国编辑委员会 中国民族民间器乐曲集成青海卷编辑委员会编 北京 中国ISBN中心 2005年 945页

009649307
**中国民族民间舞蹈集成 第29卷 青海卷**
中国民族民间舞蹈集成编辑部编 北京 中国ISBN中心 2001年 707页

012836129
**青海电影续志**
青海省文化厅编 青海 青海省文化厅 2008年 294页

008410304
**中国戏曲志 第11卷 青海卷**
中国戏曲志编辑委员会 中国戏曲志青海卷编辑委员会编 北京 中国ISBN中心 1998年 712页〔十部文艺集成志书〕

010009439
**青海电影志**
青海省文化厅 中国电影发行放映学会青海分会编 西宁 中国电影发行放映学会青海分会 1989年 473页

005732816
**青海地方志书介绍**
陈超 刘玉清编著 长春 吉林省图书馆学会 1985年 150页〔吉林省图书馆学会丛书 42 中国地方志详论丛书 20〕

007364321
**青海方志资料类编**
青海省社会科学院 青海省地方志编纂委员会 王昱主编 西宁 青海人民出版社 1987年

007832407
**青海风俗简志**
朱世奎主编 周生文 李文斌副主编 西宁 青海人民出版社 1994年 509页

006715104
**撒拉族风俗志**
马学义 马成俊编著 北京 中央民族学院出版社 1989年 113页〔民俗文库 11〕

001691168
**青海风物志**
青海人民出版社编 西宁 青海人民出版社 1985年 471页〔中国风物志丛书〕

009675806
**青海省地震监测志**
青海省地震局编 北京 地震出版社 2005年 222页〔中国地震监测志系列〕

009553990
**青海省区域地质志**
青海省地质矿产局编 北京 地质出版社 1991年 661页〔地质专报 1 区域地质 第24号〕

003055728
**青海地质矿产志**
青海地质矿产志编辑部编 西宁 青海人民出版社 1991年 705页

007860310
**青海植物志**
中国科学院西北高原生物研究所 青海植物志编辑委员会 刘尚武主编 卢生莲等编委 西宁 青海人民出版社 1996年

007670620
**青海经济动物志**
中国科学院西北高原生物研究所编著 李德浩编 王祖祥等编著 吴翠珍等绘图 西宁 青海人民出版社 1989年 748页

009154329
**青海经济昆虫志**
蔡振声 史先鹏 徐培河编著 西宁 青海人民出版社 1994年 663页

010291714
**青海医药卫生志** 初稿
青海医药卫生志编纂委员会编 青海青海医药卫生志编纂委员会 1990年 2册

007358320
**藏药志**
中国科学院西北高原生物研究所编著 西宁 青海人民出版社 1991年 692页

013002428
**青海土种志**
青海省农业资源区划办公室编著 北京 中国农业出版社 1995年 343页

009154328
**青海省农作物品种志**
青海省农林科学院主编 丁文炳等执笔 詹国光摄影 西宁 青海人民出版社 1983年 178页

012099737
**青海省农作物品种志** 1983—2005
刘青元主编 西宁 青海人民出版社 2008年 250页

012877120
**青海果树志**
杨津梅主编 西宁 青海人民出版社 2005年 371页

010143750
**青海木本植物志**
青海木本植物志编委会编 西宁 青海人

民出版社 1987 年 677 页

009387135
**青海省畜禽品种志**
西宁 青海省畜禽品种志和图谱编委会 1983 年 110 页

008845932
**青海省畜禽疫病志**
青海省畜禽疫病志编辑委员会编纂 青海省畜牧厅主编 兰州 甘肃民族出版社 1993 年 539 页

013667114
**中国油气田开发志 第 8 卷 青海油气区卷**
中国油气田开发志总编纂委员会编 北京 石油工业出版社 2011 年 329 页

013667151
**中国油气田开发志 第 8 卷 青海油气区油气田卷**
中国油气田开发志总编纂委员会编 北京 石油工业出版社 2011 年 936 页

# 西宁市

007482050
**西宁市志 第 3 卷 地名志**
西宁市志编纂委员会编 西安 三秦出版社 1993 年 357 页

009078368
**西宁市志 第 4 卷 城市建设志**
西宁市志编纂委员会编 西安 陕西人民出版社 2001 年 423 页

013133817
**西宁市志 第 5 卷 工业志**
西宁市志编纂委员会编 西宁 青海人民出版社 2010 年 436 页

009337171
**西宁市志 第 6 卷 农业志**
西宁市志编纂委员会编 西安 陕西人民出版社 1997 年 385 页

013072646
**西宁市志 第 7 卷 交通志**
西宁市志编纂委员会编 西安 陕西人民出版社 1997 年 478 页

009561489
**西宁市志 第 8 卷 邮政志**
西宁市志编纂委员会编 西安 陕西人民出版社 1995 年 322 页

013072636
**西宁市志 第 9 卷 电信志**
西宁市志编纂委员会编 西安 陕西人民出版社 1996 年 217 页

009154320
**西宁市志 第 11 卷 粮油志**
西宁市志编纂委员会编 西宁 青海人民出版社 1996 年 159 页

013072656
**西宁市志 第 13 卷 税务志**
西宁市志编纂委员会编 西安 陕西人民出版社 1995 年 210 页

008668138
**西宁市志 第 14 卷 金融志**
西宁市志编纂委员会编 西安 陕西人民出版社 1994 年 239 页

009687882
**西宁市志 第 16 卷 统计志**
西宁市志编纂委员会编 西宁 青海人民出版社 2005 年 198 页

010112057
**西宁市志 第 28 卷 公安志**
西宁市志编纂委员会编 西安 陕西人民出版社 1999 年 506 页

013072655
**西宁市志 第 30 卷 审判志**
西宁市志编纂委员会编 西安 陕西人民出版社 1999 年 236 页

009253045
**西宁市志 第 32 卷 军事志**
西宁市地方志编纂委员会编 西宁 青海人民出版社 2003 年 444 页

009107555
**西宁市志 第 35 卷 教育志**
西宁市志教育志编纂委员会编 西宁 青海人民出版社 2000 年 662 页〔青海地方志丛书〕

009337173
**西宁市志 第 39 卷 档案志**
西宁市志编纂委员会编 西安 陕西人民出版社 2003 年 255 页

009683643
**西宁东关清真大寺志**
西宁东关清真大寺志编纂委员会编纂 兰州 甘肃文化出版社 2004 年 402 页

013133814
**西宁市消防志**
西宁市消防志编纂委员会编 西宁 西宁市消防志编纂委员会 2010 年 465 页

011441921
**青海省五金交电化工公司企业志**
青海省五金交电化工公司编 青海 青海省五金交电化工公司 1989 年 248 页

012265329
**龙羊峡水电厂志**
龙羊峡水电厂志编纂委员会编 西宁 青海人民出版社 2009 年 418 页

012955885

**青海送变电工程公司志** 1991—2002

青海送变电工程公司史志编纂委员会编 青海 青海送变电工程公司史志编纂委员会 2005年 342页

012955924

**山川机床铸造厂 山川铁合金厂志** 1965—1995

西宁 山川机床铸造厂 山川铁合金厂 1995年 286页

012003182

**中国水利水电第四工程局志** 1958—2008

王科选主编 中国水利水电第四工程局志编纂委员会编 西宁 青海人民出版社 2008年 506页

011441920

**青海省土产杂品公司企业志** 1951—1985

马良华主编 青海 青海省土产杂品公司企业志编纂组 1989年 212页

009043440

**青海省西宁市地名录**

西宁市地名办公室编 西宁 西宁市地名办公室 1983年 126页

012639053

**青海省有色地质矿产勘查局志** 1959—2007

青海省有色地质矿产勘查局编 西宁 青海省有色地质矿产勘查局 2009年 390页

013735979

**中国科学院西北高原生物研究所志**

中国科学院西北高原生物研究所志编纂委员会编 西宁 青海人民出版社 2012年 1102页

009010254

**青海省人民医院志**

青海省人民医院编 西宁 青海人民出版社 1997年 315页

013464170

**西宁树木志**

青海省西宁地区绿化委员会 刘更喜 田玉英主编 西宁 青海省西宁地区绿化委员会 1992年 287页

## 城中区

013702917

**城中区志** 初稿

西宁市城中区志编纂委员会编 西宁 西宁市城中区志编纂委员会 1992年 513页〔青海省地方志丛书〕

008874928

**城中区志**

西宁市城中区志编纂委员会编 西宁 青海人民出版社 2000年 403页〔青海

省地方志丛书〕

012174183
**逯家寨村志**
逯家寨村志编纂组编 西宁 青海人民出版社 2000年 247页〔青海省地方志丛书〕

## 城东区

008569809
**城东区志**
西宁市城东区志编纂委员会编 西宁 青海人民出版社 2000年 557页〔青海省地方志丛书〕

012995301
**城东教育志续编** 1987—2006
西宁市城东区教育局编 城东区 西宁市城东区教育局 2008年 221页

## 城西区

013010724
**西宁市城西区胜利路小学校志**
胜利路小学办公室编 西宁 胜利路小学办公室 1996年

## 城北区

007674738
**城北区志**

西宁市城北区志编纂委员会编 西安 陕西出版社 1996年 576页〔青海省地方志丛书〕

012191371
**鲍家寨村志**
朱乃迁主编 鲍家寨村志编纂委员会编 西宁 西宁市城北区大堡子镇鲍家寨村 2007年 257页

## 湟中县

007919018
**湟中县志**
湟中县志编纂委员会编 西宁 青海人民出版社 1989年 516页〔青海地方志丛书〕

009994878
**湟中水利志**
湟中水利志编纂委员会编 西安 西安地图出版社 2005年 499页

012252318
**青海省湟中县地名志**
青海省湟中县地名办公室编 湟中 青海省湟中县地名办公室 1989年 281页

009961983
**塔尔寺维修志**
杨贵明 景朝德编著 广州 广东人民出版社 1996年 211页

## 湟源县

007356327
**湟源县志**
湟源县志编纂委员会编 西安 陕西人民出版社 1993年 759页〔青海省地方志丛书〕

012832081
**湟源水务志**
湟源水务志编纂委员会编 北京 中国文史出版社 2010年 329页

## 大通回族土族自治县

012898310
**大通回族土族自治县志** 1986—2000
大通回族土族自治县地方志编纂委员会编 西宁 青海人民出版社 2010年 627页〔青海省地方志丛书〕

007914604
**大通县志**
大通回族土族自治县志编纂委员会编 西安 陕西人民出版社 1993年 766页〔青海地方志丛书〕

012951944
**大通回族土族自治县人大志** 征求意见稿
县人大常委会编 大通 县人大常委会 2007年 906页

013369754
**大通回族土族自治县人大志**
大通回族土族自治县人民代表大会常务委员会编 西宁 大通回族土族自治县人大志编纂委员会 2008年 396页

009387140
**大通林业志**
大通回族土族自治县林业志编纂委员会编 西安 陕西人民出版社 1998年 260页

011431315
**大通种牛场志**
大通种牛场志编纂委员会编 大通 大通种牛场志编纂委员会 2007年 210页

010244290
**西宁市大通县文物志**
青海文物志编辑委员会编 西宁 青海文物志编辑委员会 1991年 164页〔青海文物志丛书 3〕

008668149
**大通回族土族自治县地名志**
大通回族土族自治县地名办公室编 大通 大通回族土族自治县地名办公室 1986年 262页

008846499
**大通卫生志**
大通回族土族自治县卫生志编纂委员会编 西安 陕西人民出版社 1993年 260页〔青海省地方志丛书〕

# 海东市

## 乐都区

006497394
**乐都县志**
乐都县志编纂委员会编 西安 陕西人民出版社 1992年 683页〔青海省地方志丛书〕

013723565
**乐都县志** 1986—2005
乐都县地方志编纂委员会编 西安 三秦出版社 2012年 975页〔青海省地方志丛书〕

011890651
**高庙村志**
高庙村志编纂委员会编 高庙村 高庙村志编纂委员会 2004年 406页〔青海省地方志丛书〕

012955000
**浪营村志**
浪营村志编委会编 浪营村 浪营村志编委会 2008年 286页

013336255
**乐都县统战志** 1949—2010
乐都县统战志编委会编 西宁 青海新华印刷厂 2011年 465页

013450285
**乐都县粮食志**
乐都县粮食志编辑委员会编 乐都 乐都县粮食志编辑委员会 1993年 264页

010251790
**乐都县文物志**
青海省文物志编辑委员会编 西宁 青海省文物志编辑委员会 1992年 171页〔青海文物志丛书 2〕

013374577
**乐都县医药卫生志**
乐都县医药卫生志编委会编 西宁 青海新华印刷厂 2009年 584页

## 平安县

007493563
**平安县志**
平安县志编纂委员会编 西安 陕西人民出版社 1996年 793页〔青海省地方志丛书〕

010010027
**互助平安县文物志**
青海文物志编辑委员会编 西宁 青海文物志编辑委员会 1999年 199页〔青海文物志丛书 4〕

### 民和回族土族自治县

007914603
**民和县志**
民和回族土族自治县志编纂委员会编 西安 陕西人民出版社 1993年 756页〔青海省地方志丛书〕

011430449
**川口镇志**
青海省民和回族土族自治县川口镇川口镇志编写组编 甘肃 青海省民和回族土族自治县川口镇志编写组 1991年 292页

013753707
**民和水利志**
民和水利志编写委员会编 民和 民和水利志编写委员会 2012年

### 互助土族自治县

006497466
**互助土族自治县志**
互助土族自治县志编纂委员会编 西宁 青海人民出版社 1993年 640页〔青海省地方志丛书〕

012663827
**中共互助县委组织部志**
中共互助县委组织部 中共互助县委党史研究室 互助县档案馆编 互助 中共互助县委组织部 2010年 232页

013627750
**互助土族自治县政协志**
互助土族自治县政协志编纂委员会编 互助 互助土族自治县政协志编纂委员会 2006年 196页

011762256
**互助土族自治县人民医院志**
互助土族自治县人民医院志编纂组编 西宁 青海人民出版社 2007年 250页

### 化隆回族自治县

006497461
**化隆县志**
化隆回族自治县地方志编纂委员会编 西安 陕西人民出版社 1994年 826页〔青海省地方志丛书〕

013374020
**化隆县文物志**
青海省文物志编辑委员会编 青海 青海省文物志编辑委员会 1991年 182页

### 循化撒拉族自治县

008994410
**循化撒拉族自治县志**
韦琮主编 循化撒拉族自治县志编纂委

员会编 北京 中华书局 2001 年 993 页〔青海省地方志丛书〕

## 海北藏族自治州

008668140
**海北藏族自治州志**
海北藏族自治州地方志编纂委员会编 兰州 甘肃人民出版社 1999 年 2 册 1161 页〔青海省地方志丛书〕

012251005
**海北藏族自治州人民代表大会志**
海北藏族自治州人大常委员会编 海北 海北藏族自治州人大常委员会 2006 年 315 页

011570184
**青海省海北藏族自治州军事志 内部本**
青海省海北藏族自治州军事志编纂委员会编 海北 青海省海北藏族自治州军事志编纂委员会 2004 年 566 页

013958937
**青海省海北藏族自治州地名志**
海北藏族自治州地名委员会办公室编 张掖 甘肃省张掖地区河西印刷厂 2001 年 700 页

### 海晏县

013860654
**海晏蒙古族旗志**
海晏蒙古族旗志编纂委员会编 2009 年 359 页

008668128
**海晏县志**
海晏县志编纂委员会编 兰州 甘肃文化出版社 1994 年 627 页〔青海省地方志丛书〕

012252314
**青海省海晏县地名志**
海晏县地名委员会办公室编 海晏 海晏县地名委员会办公室 1990 年 194 页

### 祁连县

007914587
**祁连县志**
祁连县志编纂委员会编 兰州 甘肃人民出版社 1993 年 634 页〔青海省地方志丛书〕

012955865
**祁连蒙古志**
铁穆尔编 西宁 青海人民出版社 2010年 354页

008453888
**祁连资源志**
祁连县地方志编纂委员会编 兰州 兰州大学出版社 1999年 469页

013659772
**青海省祁连县地名志**
祁连县地名办公室编 祁连 祁连县地名办公室 1993年 274页

008471191
**祁连水利志**
祁连水利志编纂委员会编 兰州 兰州大学出版社 2000年 327页

## 刚察县

007930913
**刚察县志**
刚察县志编纂委员会编 西安 陕西人民出版社 1997年 871页〔青海省地方志丛书〕

012955877
**青海省三角城种羊场志**
青海省三角城种羊场志编纂委员会编 青海 青海省三角城种羊场志编纂委员会 2010年 225页

013342437
**青海省刚察县地名志**
刚察 刚察县地名委员会办公室 1998年 205页

## 门源回族自治县

007914638
**门源县志**
门源回族自治县志编纂委员会编 兰州 甘肃人民出版社 1993年 786页〔青海省地方志丛书〕

013375312
**门源县政协志** 1950.3—2011.1
中国人民政治协商会议门源回族自治县委员会编 2011年 433页

013461910
**青海省门源回族自治县地名志**
门源回族自治县地名委员会办公室编 门源 门源回族自治县地名委员会办公室 1992年 286页

# 黄南藏族自治州

008668143

**黄南藏族自治州志**

黄南藏族自治州地方志编纂委员会编 兰州 甘肃人民出版社 1999年 2册 1623页〔青海省地方志丛书〕

011762854

**李家峡志**

李家峡志编纂委员会编 西安 三秦出版社 2001年 389页〔青海省地方志丛书〕

## 同仁县

009442048

**同仁县志**

同仁县志编纂委员会编 西安 三秦出版社 2001年 2册 50页〔青海省地方志丛书〕

## 尖扎县

009310222

**尖扎县志**

尖扎县地方志编纂委员会编 兰州 甘肃人民出版社 2003年 834页〔青海省地方志丛书〕

## 泽库县

011294766

**泽库县志**

泽库县志编纂委员会编 北京 中国县镇年鉴出版社 2005年 643页〔青海省地方志丛书〕

009106152

**麦秀林区植物简志**

姜登伟编著 西宁 青海人民出版社 1999年 279页

## 河南蒙古族自治县

002496286

**河南蒙古族自治县志**

河南蒙古族自治县方志编纂委员会编 兰州 甘肃人民出版社 1996年 2册 1069页〔青海省地方志丛书〕

012719009

**黄河南蒙古志**

卓仓才让编著 兰州 甘肃民族出版社 2010年 570页

## 海南藏族自治州

007932068
**海南藏族自治州志**
海南藏族自治州地方志编纂委员会编 北京 民族出版社 1997 年 1084 页〔青海省地方志丛书〕

### 共和县

007914595
**共和县志**
共和县地方志编纂委员会编 西宁 青海人民出版社 1991 年 592 页〔青海省地方志丛书〕

008668145
**龙羊峡志**
龙羊峡志编纂委员会编 北京 方志出版社 1999 年 357 页

### 同德县

008668131
**同德县志**
同德县地方志编委会编 北京 民族出版社 1999 年 559 页〔青海省地方志丛书〕

012542797
**青海省同德县地名志**
同德县地名办公室编 青海 同德县地名办公室 1990 年 137 页

### 贵德县

007493553
**贵德县志**
贵德县地方志编纂委员会编 西安 陕西人民出版社 1995 年 684 页〔青海地方志丛书〕

### 兴海县

008845939
**兴海县志**
兴海县志编纂委员会编 西安 三秦出版社 2000 年 514 页

### 贵南县

007588033
**贵南县志**
贵南县志编纂委员会编 西安 三秦出版社 1996 年 498 页

010474227
**贵南牧场志** 1933—1993
贵南牧场志办公室编 青海 贵南牧场 1993 年 164 页

# 果洛藏族自治州

008838368
**果洛藏族自治州志**
果洛藏族自治州地方志编纂委员会编 北京 民族出版社 2001年 2册 1369页〔青海省地方志丛书〕

012049417
**果洛州交通志**
果洛藏族自治州交通局编 果洛 果洛藏族自治州交通局 2006年 484页

013369930
**果洛藏族自治州科学技术志**
果洛藏族自治州志科学技术志编纂委员会编 果洛 果洛藏族自治州志科学技术志编纂委员会 2008年 279页〔果洛藏族自治州地方志丛书〕

## 玛沁县

009854410
**玛沁县志**
玛沁县志编纂委员会编 西宁 青海人民出版社 2005年 571页〔青海省地方志丛书〕

## 班玛县

009472717
**班玛县志**
班玛县地方志编纂委员会编 西宁 青海人民出版社 2004年 502页〔青海省地方志丛书〕

## 甘德县

009157141
**甘德县志**
甘德县志编纂委员会编 西安 三秦出版社 2003年 416页〔青海省地方志丛书〕

## 达日县

007621210
**达日县志**
达日县地方志编纂委员会编 西安 陕西人民出版社 1993年 305页〔青海省地方志丛书〕

013955625
**达日县志 1986—2010**
达日县地方志编纂委员会编 西宁 青海民族出版社 2013年 655页〔青海省地方志丛书〕

## 久治县

009889711
**久治县志**

久治县志编纂委员会编 西安 三秦出版社 2005年 542页〔青海省地方志丛书〕

## 玛多县

008936365

**玛多县志**

玛多县志编纂委员会编 北京 中国县镇年鉴出版社 2001年 275页〔青海省地方志丛书〕

013774641

**玛多县志** 1996—2010

玛多县地方志编纂委员会编 西宁 青海民族出版社 2011年 554页〔青海省地方志丛书〕

# 玉树藏族自治州

009688168

**玉树州志**

玉树藏族自治州志编纂委员会编 西安 三秦出版社 2005年 2册〔青海省地方志丛书〕

012662835

**玉树"4·14"抗震救灾影像志**

中共青海省委宣传部 新华社青海分社 青海日报社主编 西宁 青海人民出版社 2010年 152页

008838417

**玉树藏族自治州金融志**

玉树藏族自治州金融志编纂委员会编 西安 三秦出版社 1999年 417页

## 杂多县

010293699

**杂多县人大志** 1949—2003

杂多县人民代表大会常务委员会编 杂多 人大 2003年 231页

## 称多县

012831228

**称多县人大志**

称多县人大志编纂委员会编 称多 称多县人大志编纂委员会 2009年 152页

## 曲麻莱县

009016958

**曲麻莱县畜牧志**

青海省曲麻莱县畜牧林业局编著 兰州 甘肃文化出版社 2002年 387页

012836140

**曲麻莱县交通志** 1978—2008

曲麻莱县交通志编纂委员会编 曲麻莱 曲麻莱县交通志编纂委员会 2008年 193页

## 海西蒙古族藏族自治州

007294737

**海西蒙古族藏族自治州志**

海西蒙古族藏族自治州地方志编纂委员会编 西安 陕西人民出版社 1995年 5册〔青海省地方志丛书〕

010779402

**海西蒙古族藏族自治州志**

海西蒙古族藏族自治州地方志编纂委员会编 西宁 青海人民出版社 2006年 799页〔青海省地方志丛书〕

009147617

**茫崖行政区志**

茫崖地方志编纂委员会编 西宁 青海民族出版社 2003年 264页

012174837

**青海省海西蒙古族藏族自治州军事志**

青海省海西蒙古族藏族自治州军事志编纂委员会编 海西 青海省海西蒙古族藏族自治州军事志编纂委员会 2004年 458页

011147161

**中国民间文学集成 青海省海西蒙古族藏族自治州 民间谚语**

青海省海西州民间文学集成办公室编 1990年 244页

012252310

**青海省海西蒙古族藏族自治州地名志**

海西州地名办公室编 海西 海西州地名办公室 1990年 309页

011296143

**海西蒙古族藏族自治州资源志**

三木才主编 西安 三秦出版社 2007年 564页

### 德令哈市

009312491

**德令哈市志**

德令哈市地方志编纂委员会编 北京 方志出版社 2004年 436页〔青海省地

方志丛书〕

009310063
**大柴旦镇志**
大柴旦镇志编纂委员会编 北京 中国县镇年鉴出版社 2002 年 460 页〔青海省地方志丛书〕

## 格尔木市

009889680
**格尔木市志 送审稿**
格尔木市地方志编纂委员会编 格尔木 格尔木市地方志编纂委员会 2001 年 642 页

009961981
**格尔木市志 初稿**
格尔木 2001 年 2 册

009768927
**格尔木市志**
格尔木市地方志编纂委员会编 北京 方志出版社 2005 年 762 页〔中华人民共和国地方志丛书〕

011431442
**格尔木市志西藏篇**
西格办编志办编 格尔木 西格办编志办 1993 年 3 册

013461903
**青海省格尔木水电有限责任公司志** 1976—2004
青海省格尔木水电有限责任公司志编纂委员会编 西宁 青海人民出版社 2006 年 349 页

013369895
**格尔木车辆段志** 1983—2002
格尔木车辆段志编纂委员会编 格尔木 格尔木车辆段志编纂委员会 2003 年 534 页

013369897
**格尔木车务段志** 1984.5.1—2004.5.1
格尔木车务段志编纂委员会编 格尔木 格尔木车务段 2004 年 234 页

012250933
**格尔木机务段志** 1984—2000
格尔木机务段志编纂领导小组编 格尔木 格尔木机务段志编纂领导小组 2001 年 214 页

## 乌兰县

009082205
**乌兰县志**
乌兰县志编纂委员会编 西安 三秦出版社 2003 年 643 页〔青海省地方志丛书〕

## 都兰县

008846505
**都兰县志**
都兰县志编纂委员会编 西安 陕西人民出版社 2001年 715页〔青海省地方志丛书〕

## 天峻县

007342717
**天峻县志**
天峻县县志编纂委员会编 兰州 甘肃文化出版社 1995年 574页〔青海省地方志丛书〕

# 宁夏回族自治区

011310786
**宁夏通志**
宁夏通志编纂委员会编 北京 方志出版
  社 2004—2008 年

010112052
**宁夏通志 人物卷 送审稿**
宁夏地方志编审委员会 宁夏通志编纂
  委员会编 宁夏 宁夏地方志编审委员
  会 2004 年 2 册 616 页

011892330
**宁夏通志 第 2 卷 地理环境卷**
宁夏通志编纂委员会编 北京 方志出版
  社 2008 年 2 册

012721978
**宁夏通志 第 3 卷 行政建置卷**
宁夏通志编纂委员会编 刘天明主编 北
  京 方志出版社 2010 年 542 页

011499468
**宁夏通志 第 4 卷 经济管理卷**
宁夏通志编纂委员会编 北京 方志出版
  社 2007 年 2 册 1144 页

011441118
**宁夏通志 第 6 卷 工业卷**
宁夏通志编纂委员会编 北京 方志出版
  社 2007 年 2 册 1390 页

011805806
**宁夏通志 第 8 卷 交通邮电卷**
宁夏通志编纂委员会编 北京 方志出版
  社 2008 年 2 册

012542728
**宁夏通志 第 10 卷 财税金融卷**
宁夏通志编纂委员会编 北京 方志出版
  社 2009 年 866 页

012099694
**宁夏通志 第 11 卷 党派社团卷**

宁夏通志编纂委员会编 北京 方志出版
社 2008年 869页

011892352
宁夏通志 第13卷 综合政务卷
宁夏通志编纂委员会编 北京 方志出版
社 2008年 881页

009406392
宁夏通志 第15卷 军事卷
宁夏通志编纂委员会编 北京 方志出版
社 2004年 564页

011892337
宁夏通志 第17卷 科学技术卷
宁夏通志编纂委员会编 北京 方志出版
社 2008年 2册

011805810
宁夏通志 第18卷 社会科学卷
宁夏通志编纂委员会编 北京 方志出版
社 2008年 701页

012542739
宁夏通志 第19卷 文化卷
宁夏通志编纂委员会编 北京 方志出版
社 2009年 2册 1499页

011441130
宁夏通志 第20卷 卫生体育卷
宁夏通志编纂委员会编 北京 方志出版
社 2007年 887页

012680547
宁夏通志 第21卷 民族宗教卷
宁夏通志编纂委员会编 北京 方志出版
社 2010年 552页

012882699
宁夏通志 第23卷 社会卷
宁夏通志编纂委员会编 北京 方志出版
社 2011年 616页

010253385
宁夏统计志
宁夏统计志编纂委员会编 宁夏 宁夏统
计志编纂委员会 2005年 471页

012969393
宁夏纪检监察志 1949—2008
中共宁夏回族自治区纪律检查委员会
宁夏回族自治区监察厅编 宁夏 宁夏
回族自治区监察厅 2009年 674页

012505419
宁夏工会志
宁夏工会志编纂委员会编 银川 宁夏人
民出版社 2009年 1031页

009016894
宁夏驻京办事处志
林智源主编 北京 北京市师范大学二附
中印刷厂 1993年 223页

011955230
宁夏公安志

宁夏公安志编纂委员会编 银川 宁夏人民出版社 2008年 590页

013793377
**宁夏老干部工作志**
宁夏老干部工作志编纂委员会主编 银川 宁夏人民出版社 2013年 359页

011477089
**宁夏民革志**
民革宁夏区委员会编 银川 宁夏人民出版社 2007年 244页

013601940
**宁夏劳动教养志** 1956—2006
宁夏劳动教养志编纂委员会编 宁夏 宁夏劳动教养志编纂委员会 2007年 346页

013626616
**宁夏监狱志**
宁夏监狱志编纂委员会编 银川 宁夏人民出版社 2012年 706页

011066962
**宁夏审判志** 送审稿
宁夏回族自治区高级人民法院编 宁夏 宁夏回族自治区高级人民法院 1996年 3册 861页

008487003
**宁夏审判志**
宁夏审判志编纂委员会编 银川 宁夏人民出版社 1998年 502页

010112042
**宁夏司法行政志**
宁夏回族自治区司法厅编 北京 中央文献出版社 2006年 556页

008994416
**宁夏军事志**
宁夏军事志编纂委员会编 银川 宁夏人民出版社 2001年 2册 1440页

010253033
**宁夏黄埔军校同学会志**
宁夏回族自治区黄埔军校同学会编 宁夏 宁夏回族自治区黄埔军校同学会 2004年 356页

012873342
**宁夏黄埔军校同学会志**
宁夏回族自治区黄埔军校同学会编 宁夏 宁夏回族自治区黄埔军校同学会 2008年 232页

010731630
**宁夏审计志**
章建忠主编 银川 宁夏人民出版社 2006年 449页

011892315
**宁夏审计志** 2005—2007
章建忠主编 银川 宁夏人民出版社 2008年 403页

009125971
**宁夏人事劳动志**
宁夏人事劳动志编纂委员会编 北京 方志出版社 2002 年 627 页

012899309
**宁夏质量技术监督志**
宁夏回族自治区质量技术监督局编 宁夏 宁夏回族自治区质量技术监督局 2008 年 240 页

007825646
**宁夏农垦志**
宁夏农垦志编纂委员会编 银川 宁夏人民出版社 1995 年 662 页

010200341
**宁夏农垦志** 1989—2004
宁夏农垦志编纂委员会编 银川 宁夏人民出版社 2006 年 904 页

009620069
**宁夏回族自治区畜牧志** 审议稿
宁夏畜牧志编纂领导小组办公室编 宁夏 宁夏畜牧志编纂领导小组办公室 2000 年 2 册

008994459
**宁夏林业志**
宁夏林业志编纂委员会编 银川 宁夏人民出版社 2001 年 539 页

010279006
**宁夏农业志**
宁夏农业志编纂委员会编 银川 宁夏人民出版社 1999 年 666 页

004900287
**宁夏电力工业志**
宁夏电力工业志编纂委员会编 银川 宁夏人民出版社 1988 年 195 页

008053788
**宁夏回族自治区电力工业志**
宁夏回族自治区电力工业志编纂委员会编 北京 水利电力出版社 1994 年 262 页〔中国电力工业志丛书〕

008994462
**宁夏机械电子工业志**
宁夏机械电子工业志编纂委员会编 银川 宁夏人民出版社 2001 年 518 页

010112049
**宁夏食品志**
宁夏回族自治区副食品公司编 李振先主编 银川 宁夏回族自治区副食品公司 1991 年 246 页

007672683
**宁夏水利志**
宁夏水利志编纂委员会编 银川 宁夏人民出版社 1992 年 601 页

009312480
**宁夏民用航空志**
宁夏民用航空志编纂委员会编 北京 方志出版社 2003年 249页

008667344
**宁夏长途电信传输志**
宁夏长途电信传输志编委会编 银川 宁夏人民出版社 1999年 227页〔宁夏邮电史志丛书〕

008694369
**宁夏邮电志**
宁夏邮电志编纂委员会编 银川 宁夏人民出版社 1995年 681页

007760694
**宁夏供销合作社志**
宁夏供销合作社志编纂委员会编 银川 宁夏人民出版社 1994年 786页

008036560
**宁夏粮食志**
宁夏粮食志编辑委员会编辑 李世亮主编 董积玉 贺国祥副主编 银州 宁夏人民出版社 1994年 518页

008694354
**宁夏物价志**
宁夏物价志编纂委员会编 银川 宁夏人民出版社 1996年 588页

007479142
**宁夏商业志**
宁夏商业志编纂委员会编 银川 宁夏人民出版社 1993年 595页

009312479
**宁夏出入境检验检疫志**
宁夏出入境检验检疫志编纂委员会编 银川 宁夏人民出版社 2003年 583页

008053785
**宁夏财政志**
宁夏财政志编纂委员会编 北京 中国城市出版社 1993年 555页

009348179
**宁夏税务志**
宁夏税务志编纂委员会编 李文瑞 马金柱主编 戚宁森副主编 银川 宁夏人民出版社 2003年 792页

009190402
**宁夏保险志**
杜玉辉编著 魏春平校订 银川 中国人民保险公司宁夏分公司印 1990年 307页

008694349
**宁夏科技志**
宁夏科技志编审委员会编 王国美主编 北京 中国科学技术出版社 1994年 763页

009414103

**宁夏科学技术志 人物录**

宁夏科技志编审委员会编 北京 中国科学技术出版社 1991年 211页

013093200

**宁夏教育史志资料集**

宁夏教育史志编纂委员会办公室编 宁夏 宁夏教育史志编纂委员会办公室 1996年 2册

008667348

**宁夏体育志**

宁夏体育志编审委员会编 银川 宁夏人民出版社 2000年 673页

008702815

**中国歌谣集成 第5卷 宁夏卷**

中国民间文学集成全国编辑委员会 中国民间文学集成宁夏卷编辑委员会编 北京 中国ISBN中心 1996年 748页〔十部文艺集成志书〕

002825669

**中国谚语集成 第7卷 宁夏卷**

中国民间文学集成全国编辑委员会编 北京 中国ISBN中心 1990年 820页〔十部文艺集成志书〕

003600020

**中国民间歌曲集成 第15卷 宁夏卷**

中国民间歌曲集成全国编辑委员会编 北京 中国ISBN中心 1992年 780页〔十部文艺集成志书〕

008707935

**中国戏曲音乐集成 第16卷 宁夏卷**

中国戏曲音乐集成编辑委员会 中国戏曲音乐集成宁夏卷编辑委员会编 北京 中国ISBN中心 1999年 980页〔十部文艺集成志书〕

008707359

**中国曲艺音乐集成 第11卷 宁夏卷**

中国曲艺音乐集成全国编辑委员会 中国曲艺音乐集成宁夏卷编辑委员会编 北京 中国ISBN中心 1996年 959页〔十部文艺集成志书〕

007369231

**中国民族民间器乐曲集成 第1卷 宁夏卷**

中国民族民间器乐曲集成全国编辑委员会 中国民族民间器乐曲集成宁夏卷编辑委员会编 北京 中国ISBN中心 1995年 1171页〔十部文艺集成志书〕

012522900

**中华舞蹈志 宁夏卷**

马建梁特约编辑 中华舞蹈志编辑委员会编 上海 学林出版社 2002年 295页

013996078

**中华舞蹈志 第15卷 宁夏卷**

中华舞蹈志编辑委员会编 上海 学林出版社 2014 年 297 页

007562227
**中国民族民间舞蹈集成 第 8 卷 宁夏卷**
中国民族民间舞蹈集成编辑部编 北京 中国 ISBN 中心 1996 年 617 页〔十部文艺集成志书〕

012584264
**中国曲艺志 第 18 卷 宁夏卷**
中国曲艺志全国编辑委员会 中国曲艺志宁夏卷编辑委员会编 北京 中国 ISBN 中心 2008 年 578 页

008704049
**中国戏曲志 第 26 卷 宁夏卷**
中国戏曲志编辑委员会 中国戏曲志宁夏卷编辑委员会编 北京 中国 ISBN 中心 1996 年 485 页〔十部文艺集成志书〕

008667351
**回族人物志**
白寿彝主编 杨怀中副主编 银川 宁夏人民出版社 2000 年 2 册 1999 页

008364928
**回族人物志 近代**
白寿彝主编 银川 宁夏人民出版社 1997 年 595 页

007886286
**回族人物志 明代**
白寿彝主编 杨怀中副主编 白崇人等撰稿 银川 宁夏人民出版社 1988 年 429 页

007884710
**回族人物志 清代**
白寿彝主编 杨怀中副主编 银川 宁夏人民出版社 1992 年 557 页

001770226
**回族人物志 元代**
白寿彝主编 银川 宁夏人民出版社 1985 年 538 页

009387126
**宁夏风物志**
银川 宁夏人民出版社 1985 年 173 页〔中国风物志丛书〕

008542884
**宁夏测绘志**
宁夏测绘志编纂委员会编 银川 宁夏人民出版社 1999 年 543 页

009817812
**宁夏回族自治区地震监测志**
宁夏回族自治区地震局编 北京 地震出版社 2006 年 309 页〔中国地震监测志系列〕

009553982

**宁夏水文志**

宁夏水文总站编 银川 宁夏水文总站 1993年 240页

007552934

**宁夏气象志**

宁夏回族自治区气象局编撰 北京 气象出版社 1995年 546页

009817809

**宁夏回族自治区区域地质志**

宁夏回族自治区地质矿产局编 北京 地质出版社 1990年 522页〔地质专报1 区域地质 第22号〕

011584740

**宁夏植物志**

马德滋 刘惠兰 胡福秀主编 银川 宁夏人民出版社 2007年 2册

012099688

**宁夏荒漠菌物志**

王宽仓 查仙芳 沈瑞清编著 银川 宁夏人民出版社 2009年 320页

007520214

**宁夏脊椎动物志**

王香亭主编 银川 宁夏人民出版社 1990年 742页

008694352

**宁夏卫生志**

宁夏卫生志编纂委员会编 银川 宁夏人民出版社 1998年 919页

008542887

**宁夏中药志**

邢世瑞主编 马德滋等编著 银川 宁夏人民出版社 1991年 2册

009880960

**宁夏中药志**

邢世瑞主编 银川 宁夏人民出版社 2006年 2册

012661696

**宁夏药事志** 1032—2000

宁夏药监局 宁夏药学会 宁夏药事志编纂委员会编 银川 宁夏人民出版社 2009年 990页

007881551

**宁夏农业昆虫图志**

宁夏农林科学院高兆宁著 北京 中国农业出版社 1978年

012542724

**宁夏常见园林植物种子图志**

王锡琳等编著 银川 宁夏人民出版社 2004年 400页

008037815

**宁夏回族自治区畜禽疫病志** 1949—1989

宁夏回族自治区畜禽疫病志编写组编

著 银川 宁夏人民出版社 1993 年 749 页

009253037
宁夏动物寄生虫病志
宁夏动物寄生虫病志编纂委员会编 银川 宁夏人民出版社 2003 年 326 页

009866820
宁夏水利新志
宁夏水利新志编纂委员会编 银川 宁夏人民出版社 2004 年 365 页

# 银川市

008542890
银川市志
银川市志编纂委员会编 银川 宁夏人民出版社 1998 年 2 册 1505 页

010253980
银川市统计志 1949—1990
银川市统计局编 银川 银川市统计局 1992 年 265 页

013797184
银川市纪检监察志
中共银川市纪律检查委员会 银川市监察局编 银川 中共银川市纪律检查委员会 2012 年 654 页

012900163
银川市妇联志 1979—2009
银川市妇联志编纂委员会编 银川 银川市妇女联合会 2010 年 332 页

012175191
银川市残联志 1980—2005

刘继国主编 银川 宁夏人民出版社 2009 年 290 页〔银川市地方志丛书〕

009016841
银川监狱志 1949—1999
宁夏回族自治区银川监狱志编纂委员会编 银川 宁夏人民出版社 2002 年 496 页

011910073
银川市人防志
银川市人防志编纂委员会办公室编 银川 银川市人民防空办公室 2008 年 337 页〔银川市地方志丛书〕

008994468
银川军事志
银川军事志编审委员会编 银川 宁夏人民出版社 2002 年 681 页

009399488
银川市军事志

中国人民解放军银川军分区军事志办公室编 银川 中国人民解放军银川军分区军事志办公室 2001 年

009414231
**银川市工商行政管理志**
银川市工商志编纂小组编 银川 银川市工商志编纂小组 1990 年 344 页

012814488
**银川市工商行政管理志** 1988—2005
银川市工商行政管理局修志工作领导小组编 银川 银川市工商行政管理局修志工作领导小组 2008 年 355 页〔银川市地方志丛书〕

012814487
**银川审计志**
李自辉主编 银川 宁夏人民出版社 2009 年 495 页〔银川市地方志丛书〕

009016843
**银川市房地产简志**
银川市房地产简志编纂小组编 宁夏 宁夏新华印刷厂 1990 年 146 页

009016845
**银川市房地产简志** 续1
银川市房地产简志编纂小组编 银川 银川市房地产简志编纂小组 2000 年 181 页

013824267
**银川市土地管理志**
银川市土地管理志编纂委员会编 银川 银川市土地管理志编纂委员会 1999 年 152 页

009414083
**南梁农场志**
南梁农场志编纂委员会编 宁夏 南梁农场 1996 年 414 页

013066907
**宁夏平吉堡奶牛场志** 1986—2005
宁夏平吉堡奶牛场志编纂委员会编 银川 宁夏平吉堡奶牛场志编纂委员会 2006 年 305 页

009699820
**银川市粮食志**
银川市粮食志编纂办公室编 银川 银川市粮食志编纂办公室 1988 年 320 页

012814491
**银川市粮食志** 1987—2005
银川市粮食志编纂委员会编 银川 银川市粮食志编纂委员会 2009 年 369 页〔银川市地方志丛书〕

012208088
**宁夏回族自治区送变电工程公司志** 1958—1994
宁夏回族自治区送变电工程公司志编委会编 宁夏 宁夏回族自治区送变电

工程公司 1997年 312页

013898663
**宁夏回族自治区银川供电志** 1986—2007
国家电网宁夏银川供电局银川供电志编纂委员会编 宁夏 国家电网宁夏银川供电局 2010年 505页

012661701
**宁夏英力特电力集团股份有限公司公司志**
英力特集团公司志编纂委员会编 宁夏英力特集团公司志编纂委员会 2009年 228页

012506148
**神华宁夏煤业集团公司志 基建公司分卷**
神华宁夏煤业集团公司志编纂委员会编 银川 宁夏人民出版社 2009年 661页

012506150
**神华宁夏煤业集团公司志 灵武矿区分卷**
神华宁夏煤业集团公司志编纂委员会编 银川 宁夏人民出版社 2009年 627页

012506151
**神华宁夏煤业集团公司志 石炭井矿区分卷**
神华宁夏煤业集团公司志编纂委员会编 银川 宁夏人民出版社 2009年 913页

012506156
**神华宁夏煤业集团公司志 石嘴山矿区分卷**
神华宁夏煤业集团公司志编纂委员会编 银川 宁夏人民出版社 2009年 639页

012506160
**神华宁夏煤业集团公司志 总卷**
神华宁夏煤业集团公司志编纂委员会编 银川 宁夏人民出版社 2009年 878页

013097886
**银河仪表厂志** 1965—1989
银河仪表厂志编纂小组编 银川 银河仪表厂志编纂小组 1990年 207页

008866473
**银川电信志**
银川电信志编纂委员会编 银川 宁夏人民出版社 2000年 626页〔宁夏邮电史志丛书〕

011501589
**中国联通宁夏分公司志** 1997—2007
马冀平主编 银川 宁夏人民出版社 2007年 274页

009553973
**银川市商业志**
银川市商业志编委会办公室编 银川 银川市商业志编委会办公室 1992年 599页

009024731
**银川市财政志**
银川市财政局编 北京 方志出版社 2002年 637页

009817815
**银川市税务志**
宁夏银川市税务志编委会编 银川 宁夏银川市税务志编委会 1989年 542页

012970728
**银川市税务志**
杨勇 张龙主编 银川 银川市税务学会 2010年 823页

012878870
**银川市文联志**
银川市文联志编纂委员会编 银川 银川市文联志编纂委员会 2009年 202页〔银川市地方志丛书〕

009399626
**宁夏文史馆志**
宁夏回族自治区文史研究馆编 银川 宁夏回族自治区文史研究馆 2003年 437页

009016836
**银川市群众艺术馆馆志**
张复兴主编 银川 宁夏人民出版社 1993年 208页

012249796
**宁夏图书馆志**
张欣毅主编 北京 国家图书馆出版社 2009年 306页〔宁夏回族自治区图书馆成立五十周年暨新馆建成开放纪念丛书〕

012723404
**银川市教育志**
银川市教育志编纂委员会编 银川 宁夏人民出版社 2010年 881页

012721969
**宁夏交通学校志** 1960—2010
宁夏交通学校校志编写组编 银川 宁夏交通学校校志编写组 2010年 407页

012955307
**宁夏轻工中专轻纺技工学校校志** 1984—2004
王培青编 银川 宁夏轻纺技工学校 2004年 171页

008488252
**银川方言志**
高葆泰 林涛著 银川市市志编纂委员会编 北京 语文出版社 1993年 245页

012900158

**银川市地方志工作志**

银川市地方志工作志编纂委员会编 银川 宁夏人民出版社 2011年 212页

008959306

**宁夏银川风物志**

李萌 徐庄编著 昆明 云南人民出版社 2002年 217页〔中国西部风物志丛书 第1辑〕

009160020

**银川市地名志**

银川市人民政府编 北京 中央民族学院出版社 1988年 176页

012873349

**宁夏回族自治区煤田地质局志**

宁夏回族自治区煤田地质局志编纂委员会编 宁夏 宁夏回族自治区煤田地质局志编纂委员会 2010年 735页

009016902

**宁夏医学院校志** 1958—1988

马成义主编 宁夏 宁夏医学院 1988年 170页

012878868

**银川市妇幼保健院志**

银川市妇幼保健院志编纂委员会编 银川 银川市妇幼保健院志编纂委员会 2006年 230页

013236402

**中国人民解放军第五医院院志**

中国人民解放军第五医院院志编写小组编 银川 中国人民解放军第五医院院志编写小组 2008年 183页

013461819

**宁夏医学院第二附属医院银川市第一人民医院院志** 1957—2007

银川市第一人民医院院志编辑委员会编 2007年 116页

010291850

**唐徕渠志**

唐徕渠管理处编 王林智编写 银川 唐徕渠管理处 1990年 141页

011892304

**宁夏农林科学院枸杞研究所(宁夏芦花台园林试验场)志**

宁夏农林科学院枸杞研究所(宁夏芦花台园林试验场)志编纂委员会编 宁夏 宁夏农林科学院枸杞研究所 2007年 374页

013097880

**银川市建设志** 1949—2005

银川市建设志编纂委员会编 银川 银川市建设志编纂委员会 2008年 869页

008542897

**银川中山公园志**

黄多荣编著 西安 陕西摄影出版社

1994年 272页

## 金凤区

010143742
**银川市新城区军事志**
银川市新城区军事志编纂委员会编 银川 宁夏人民出版社 2006年 632页

## 兴庆区

009081900
**银川城区志**
银川城区志编纂委员会编 银川 宁夏人民出版社 2002年 1073页

009016834
**银川市郊区志**
银川市郊区志编纂委员会编 北京 方志出版社 2002年 1077页

013823021
**兴庆检察志**
银川市兴庆区人民检察院编 银川 银川市兴庆区人民检察院 2013年 236页

009414234
**银川市郊区土地管理志**
郊区土地管理局编 银川 郊区土地管理局 1998年 92页

## 西夏区

012769443
**银川市西夏区志**
银川市西夏区志编纂委员会编 银川 宁夏人民出版社 2010年 806页〔银川市地方志丛书〕

009687876
**银川市城区军事志**
银川市城区军事志编纂委员会编 银川 宁夏人民出版社 2005年 425页

## 灵武市

008470957
**灵武市志**
灵武市志编纂委员会编 银川 宁夏人民出版社 1999年 927页

012719215
**灵武市志** 1991—2005
灵武市志编纂委员会编 银川 宁夏人民出版社 2010年 977页

010201609
**灵武县民族宗教志**
灵武县民族宗教事务局编 灵武 灵武县民族宗教事务局 1990年 175页

010779147
**灵武军事志**

灵武军事志编纂委员会编 银川 宁夏人民出版社 2006年 577页

008542911
**灵武农场志** 1950—1986
灵武农场志办公室编 灵武 灵武农场 1990年 465页

012873136
**灵武园艺试验场场志**
灵武园艺试验场场志编纂委员会编 银川 宁夏人民教育出版社 2010年 391页

010292139
**灵武县水利志**
宁夏灵武县水电局编 灵武 宁夏灵武县水电局 1992年 194页

010291676
**灵武县金融志** 1912—1988
灵武县金融志编纂小组编 灵武 灵武县金融志编纂小组 1990年 209页〔宁夏回族自治区灵武县方志丛书 2〕

## 永宁县

009621995
**永宁县志** 送审稿
宁夏回族自治区永宁县志编审委员会编 永宁 宁夏回族自治区永宁县志编审委员会 1992年 3册

007587982
**永宁县志**
永宁县志编审委员会编 银川 宁夏人民出版社 1995年 639页

012613026
**永宁县志** 1978—2008
永宁县史志编审委员会编 银川 宁夏人民出版社 2009年 2册

013000617
**纳家户村志**
永宁县党史县志办公室编 银川 宁夏人民出版社 2011年 428页

013379424
**永宁县纪检监察志** 1950—2010
中共永宁县纪律检查委员会 永宁县监察局编 永宁 中共永宁县纪律检查委员会 2011年 393页

013757985
**永宁县人民政府志** 1978—2010
永宁县人民政府办公室编 永宁 永宁县人民政府办公室 2011年 358页

014052934
**永宁县司法行政志**
永宁县司法局编 2013年 323页

009016811
**永宁县军事志**
永宁县军事志编纂委员会编 银川 宁夏

人民出版社 2002 年 497 页

013686511
**永宁县财政志** 1949—2009
永宁县财政志编纂领导小组编 永宁 永宁县财政局 2011 年 576 页

013753729
**宁夏回族自治区永宁县地名志**
永宁县人民政府编印 永宁 永宁县人民政府 1982 年 125 页

## 贺兰县

008034106
**贺兰县志**
贺兰县史志编纂委员会编 银川 宁夏人民出版社 1993 年 638 页

013820237
**贺兰县志** 1980—2005
贺兰县史志编纂委员会编 银川 阳光出版社 2012 年 2 册 1252 页

012541677
**贺兰县政协志** 1949—2007
中国人民政治协商会议贺兰县委员会编印 贺兰 中国人民政治协商会议贺兰县委员会 2008 年 370 页

013183507
**贺兰县发展和改革局部门志** 1980—2005
贺兰县发展和改革局部门志编纂领导小组编 贺兰 贺兰县发展和改革局 2007 年 188 页

009799896
**宁夏贺兰县京星农牧场志**
宁夏贺兰县京星农牧场志编纂小组编 贺兰 京星农牧场 2005 年 280 页

012505421
**宁夏回族自治区暖泉农场志** 1955—1995
暖泉农场志编纂委员会编 贺兰 暖泉农场志编纂委员会 1995 年 240 页

009414096
**宁夏贺兰山林业志**
宁夏贺兰山林业志编纂领导小组 侯建海总纂 宁夏 宁夏贺兰山国家级自然保护区管理局 1999 年 241 页

012758943
**贺兰县供电志** 1981—2007
宁夏电力公司银川供电局贺兰县供电局编 贺兰 宁夏电力公司银川供电局贺兰县供电局 2008 年 220 页

013530959
**贺兰县财政志**
贺兰县财政志编纂委员会编 贺兰 贺兰县财政志编纂委员会 2008 年 633 页

011312035
**宁夏贺兰县第一中学校志**
宁夏贺兰县第一中学编印 贺兰 宁夏贺兰县第一中学 2006年 291页

013897293
**贺兰山滚钟口风景区志**
银川市滚钟口管理所志书编委会编 银川 宁夏人民出版社 2011年 216页

011312467
**贺兰山志**
孙生玉主编 银川 宁夏人民出版社 2007年 438页

013335371
**贺兰山植物志**
朱宗元 梁存柱 李志刚主编 银川 阳光出版社 2011年 877页〔宁夏贺兰山国家级自然保护区第二次综合科学考察系列丛书〕

012758947
**贺兰县卫生志**
贺兰县卫生和人口计划生育局编 贺兰 贺兰县卫生和人口计划生育局 2006年 251页

012952161
**惠农渠志**
惠农渠管理处编 宁夏 惠农渠管理处 1986年 99页

010732064
**宁夏贺兰山国家级自然保护区志**
侯建海主编 宁夏 宁夏贺兰山国家级自然保护区志编委会 2006年 533页

009414078
**贺兰县水利志**
贺兰县水电科编 贺兰 贺兰县水电科 1989年 148页

## 石嘴山市

008994350
**石嘴山市志**
石嘴山市志编纂委员会编 银川 宁夏人民出版社 2001年 2册 1791页

012208219
**石嘴山市统计志**
宁夏石嘴山市统计局编 石嘴山 宁夏石嘴山市统计局 1990年 304页

013899430
**石嘴山市教育工会志**
石嘴山市教育工会委员会编纂 1995年 92页

013096382
**石嘴山市公安志**
石嘴山市公安志编纂委员会编 银川 宁夏人民出版社 2011年 791页

009414214
**石嘴山市老干部局简志**
中共石嘴山市委老干部局编 石嘴山 中共石嘴山市委老干部局 1988年 31页

009553966
**石嘴山军事志**
石嘴山军事志编纂委员会编 银川 宁夏人民出版社 2004年 550页

013225855
**石嘴山市审计志**
石嘴山市审计志编纂委员会编 石嘴山 石嘴山市审计志编纂委员会 2005年 240页

013959381
**石嘴山市审计志** 2005—2012
石嘴山市审计局编 银川 宁夏精捷彩色印务有限公司 2013年 623页

013684565
**宁夏回族自治区石嘴山供电志** 1991—2002
国家电网宁夏石嘴山供电局 石嘴山供电志编纂委员会编 石嘴山 国家电网宁夏石嘴山供电局 石嘴山供电志编纂委员会 2009年 359页

013603028
**石嘴山发电厂志**
石嘴山发电厂志编纂领导小组编 石嘴山 石嘴山发电厂志编纂领导小组 1989年 157页

012252533
**石嘴山供电局志** 1987—1997
石嘴山供电局志编纂小组编 石嘴山 石嘴山供电局志编纂小组 1997年 95页

008542916
**石嘴山煤矿志**
石嘴山煤矿志编纂委员会编 银川 宁夏人民出版社 1994年 359页

008994351
**石嘴山煤矿志 续**
石嘴山煤矿志(续)编纂委员会编 银川 宁夏人民出版社 2002年 466页

009399632
**石嘴山市交通志**
宋科 郭永顺编著 银川 宁夏人民出版社 1992年 152页

008866466
**石嘴山市邮电志**
石嘴山市邮电志编纂委员会编 银川 宁夏人民出版社 2000年 582页〔宁夏

邮电史志丛书〕

013630039
**石嘴山市教育志**
石嘴山市教育志编纂委员会编 银川 宁夏人民教育出版社 2012年 663页

013775245
**桃李芬芳路 征程四十载 石嘴山市第三中学校志** 1972—2012
王明华主编 银川 宁夏人民出版社 2012年 376页〔石嘴山市第三中学建校四十周年系列丛书〕

012877181
**石嘴山市妇幼保健院志**
严清主编 石嘴山市妇幼保健院编 石嘴山 石嘴山市妇幼保健院 2011年 389页

013462583
**石嘴山市第一人民医院志** 1959—2009
石嘴山市第一人民医院志编纂委员会编 石嘴山 石嘴山市第一人民医院志编纂委员会 2001年 250页

013899426
**石嘴山市环境保护志**
石嘴山市环境保护局编 石嘴山 石嘴山市环境保护局 2007年 462页

## 大武口区

007791003
**大武口区志**
大武口区地方志编纂委员会编 银川 宁夏人民出版社 1995年 506页

011998287
**石炭井区志**
大武口区地方志编纂委员会编 银川 宁夏人民出版社 2008年 610页

013751612
**大武口区政协志** 1990—2010
大武口区政协编 大武口区 大武口区政协 2010年 485页

009854344
**大武口区军事志**
大武口区军事志编纂委员会编 银川 宁夏人民出版社 2005年 445页

009800062
**白芨沟煤矿志** 1965—1990
白芨沟煤矿志编委会编 平罗 白芨沟煤矿志编委会 1993年 553页

013507822
**国电大武口发电厂志**
国电大武口发电厂志编纂委员会编 宁夏 国电大武口发电厂志编纂委员会 2003年 279页

## 惠农区

011954341
**惠农区志**
杨有贤主编 惠农区志编纂委员会编 银川 宁夏人民出版社 2008 年 932 页

008640546
**惠农县志**
惠农县志编纂委员会编 银川 宁夏人民出版社 1999 年 823 页

009854346
**石嘴山区志**
惠农区地方志编纂委员会编 银川 宁夏人民出版社 2005 年 1052 页

## 平罗县

007425713
**平罗县志**
平罗县志编纂委员会编 银川 宁夏人民出版社 1996 年 799 页

010143361
**陶乐县志**
陶乐县县志编纂委员会 平罗县县志编纂委员会编 银川 宁夏人民出版社 2006 年 581 页

009442044
**平罗县民兵志**
平罗县人民武装部编 平罗 平罗县人民武装部 1987 年 88 页

009010258
**平罗县军事志**
平罗县军事志编纂委员会编 北京 方志出版社 2002 年 333 页

012899316
**平罗县审计志** 1983—2005
王新明主编 平罗 平罗县审计志编纂领导小组 2007 年 205 页

013689057
**平罗县农牧场志**
平罗县农牧场编 平罗 平罗县农牧场志编辑组 2012 年 140 页

007488680
**前进农场志** 1952.8—1992.8
前进农场志编纂委员会编 银川 宁夏人民出版社 1992 年 385 页

009392494
**平罗县水利志**
宁夏平罗县水利志编辑组编 平罗 宁夏平罗县水利志编辑组 1986 年 266 页

012051770
**平罗县水利志**
平罗县水利志编纂委员会编 银川 宁夏人民出版社 2009 年 441 页

012614284
**平罗国税志**
平罗国税志编纂委员会编 平罗 平罗县国税局 2009年 377页

009414195
**平罗县财政志**
宁夏回族自治区平罗县财政科编 平罗 平罗县财政科 1989年 237页

009442046
**平罗县文化志**
平罗县文化广播电视科编纂领导小组编 平罗 平罗县文化广播电视科编纂领导小组 1988年 311页

011295613
**平罗县教育志**
平罗县教育志办公室编 王玉林主编 银川 宁夏人民出版社 2007年 721页

011147836
**中国歌谣集成 宁夏卷 平罗歌谣**
吴生明主编 王焕章等副主编 丁一波等编 平罗 平罗县民间文学集成办公室 1988年 324页

009016946
**宁夏回族自治区平罗县地名志**
平罗县人民政府编印 平罗 平罗县人民政府 1987年 411页

009016936
**陶乐县地名志**
陶乐县人民政府编 银川 宁夏人民出版社 1989年 124页

# 吴忠市

012769464
**银南法院志**
银南地区中级人民法院法院志编写组编 银南 银南地区中级人民法院 1998年 320页

009880947
**吴忠监狱志** 1955—2004
吴忠监狱志编纂委员会编 银川 宁夏人民出版社 2006年 526页

009553968
**吴忠军事志**
吴忠军事志编纂委员会编 银川 宁夏人民出版社 2004年 427页

009319856
**银南军事志**
银南军事志编纂委员会编 银川 宁夏人民教育出版社 2003年 633页

012836474

**吴忠市工商行政管理志** 1999—2009

吴忠市工商行政管理志编纂委员会编 吴忠 吴忠市工商行政管理志编纂委员会 2010年 450页

010251771

**吴忠市粮食志**

吴忠市粮食志编纂领导小组 金立中主编 吴忠 1991年 335页

012721964

**宁夏回族自治区银南供电志** 1986—2007

国家电网宁夏吴忠供电局银南供电志编纂委员会编 吴忠 国家电网宁夏吴忠供电局银南供电志编纂委员会 2008年 403页

009799256

**吴忠配件厂志** 1965—1990

宁夏吴忠配件厂编 吴忠 宁夏吴忠配件厂 1991年 354页〔吴忠市地方志丛书 4〕

008667355

**吴忠市交通志**

吴忠市交通志编委会编 银川 宁夏人民出版社 1994年 259页

009016931

**宁夏回族自治区吴忠市地名志**

吴忠市人民政府编印 吴忠 吴忠市人民政府 1987年 182页

013756928

**吴忠市食品药品监督管理志**

吴忠市食品药品监督管理志编委会编 银川 宁夏人民出版社 2012年 661页〔吴忠市地方志丛书 1〕

009561096

**吴忠市卫生志**

陈卫川 马孝忠主编 吴忠 吴忠市卫生局 1992年 263页〔吴忠市志丛书 22〕

009414202

**七星渠志跃进渠志**

七星渠管理处 跃进渠管理处编印 七星渠管理处 跃进渠管理处 1987年 67页

## 利通区

008636617

**吴忠市志**

利通区地方志编纂委员会编 北京 中华书局 2000年 1063页

## 红寺堡区

010576642

**红寺堡开发区志**

红寺堡开发区志编纂委员会编 银川 宁

夏人民出版社 2006年 909页

## 青铜峡市

009414246
**青铜峡市志**
青铜峡市志编纂委员会编 北京 方志出版社 2004年 2册 2042页

012252322
**青铜峡市人民代表大会志** 1949.11—1997.4
青铜峡市人民代表大会常务委员会编 青铜峡 青铜峡市人民代表大会常务委员会 1998年 686页

013898964
**青铜峡市人民代表大会志** 1998—2012
青铜峡市第十三届人大常委会编 青铜峡 青铜峡市第十三届人大常委会 2013年 560页

009340681
**青铜峡军事志**
青铜峡军事志编纂委员会编 银川 宁夏人民出版社 2003年 589页

010293861
**青铜峡工商行政管理志**
青铜峡工商行政管理志编委会编 青铜峡 青铜峡工商行政管理志编委会 2005年 413页

013457962
**连湖农场志** 1954—2008
连湖农场志编纂委员会编 宁夏 连湖农场志编纂委员会 2009年 382页

012099747
**青铝志**
黄河主编 银川 宁夏人民出版社 2008年

009016830
**青铜峡水电厂志** 1958—1985
青铜峡水电厂志编纂领导小组编 青铜峡 青铜峡水电厂 1989年 105页

012252336
**青铜峡市一中校志**
方成主编 青铜峡 青铜峡市一中 2006年 286页

011147871
**中国民间故事集成 宁夏卷 青铜峡民间故事**
李治中 曹元升主编 青铜峡 青铜峡市文化馆 1988年 321页

009414207
**青铜峡市卫生志**
刘金国主编 张福绥副主编 青铜峡市卫生志编纂委员会编 青铜峡 铜峡市卫生志编纂委员会 2001年 471页

012955304
**宁夏青铜峡灌区渠首志**
渠首管理处编 青铜峡 渠首管理处 1993年 136页

011441110
**宁夏青铜峡河东灌区渠道志**
秦汉渠管理处编志组编 秦汉渠管理处编志组 1978年 90页

## 盐池县

006975514
**盐池县志**
盐池县县志编纂委员会编 银川 宁夏人民出版社 1986年 562页

009018133
**盐池县志** 1981—2000
盐池县志编纂委员会编 银川 宁夏人民出版社 2002年 953页

009414226
**盐池县人大志**
盐池县人民代表大会常务委员会编 盐池 人大 2001年 459页

009016925
**盐池县政协志**
盐池县政协志编纂委员会编 盐池 盐池县政协志编纂委员会 2000年 331页

009190518
**盐池县建设志**
盐池县建设志编纂委员会编 北京 中国科学技术出版社 2003年 569页

012814446
**盐池机械化林场志**
宁夏盐池机械化林场志编纂委员会编 盐池 宁夏盐池机械化林场志编纂委员会 2009年 429页

009442041
**盐池县税务志**
盐池县税务局税志编委会编 盐池 盐池县税务局税志编委会 1994年 193页

011312012
**盐池县第一中学校志** 1955—2005
盐池县第一中学校志编纂委员会编 盐池 盐池县第一中学 2005年 355页

009387127
**宁夏回族自治区盐池县地名志**
盐池县人民政府编印 盐池 盐池县人民政府 1982年 218页

005733064
**中国滩羊区植物志**
西北植物研究所 宁夏回族自治区农业现代化基地办公室编著 银川 宁夏人民出版社 1988年

009675799
**盐池县生态建设志**
盐池县生态建设志编纂委员会编 银川 宁夏人民教育出版社 2004年 762页

## 同心县

007587986
**同心县志**
同心县志编委会编 银川 宁夏人民出版社 1995年 883页〔中国地方志丛书〕

009081907
**同心县政协志**
同心县政协志编纂委员会编 银川 宁夏人民出版社 2003年 384页

013795593
**同心县人民法院志** 1950—1990
同心县人民法院志编纂委员会编 同心 同心县人民法院 2013年 252页

009414218
**同心县教育志** 1880—1990
同心县教育志编纂小组 同心县教育局编 同心 同心县教育志编纂小组 同心县教育局 1991年 380页

011312173
**同心中学校志** 1956—2006
同心中学校志编纂委员会编 同心 同心中学校志编纂委员会 2006年 205页

011148747
**中国民间歌谣集成 宁夏卷 同心歌谣**
杨少青 马效龙主编 同心县民间文学集成办公室编 同心 同心县民间文学集成办公室 1985年 461页

010060913
**中国民族民间器乐曲集成 宁夏卷 同心县宗教音乐 资料本**
同心县民间文学艺术集成(志)办公室编印 同心 同心县民间文学艺术集成(志)办公室 1987年 143页

009016942
**宁夏回族自治区同心县地名志**
同心县人民政府编印 同心 同心县人民政府 1983年 146页

## 固原市

007728272
**固原地区志**
固原地区地方志编纂委员会编 银川 宁夏人民出版社 1994年 888页

012317859

**固原市志**

固原市地方志编审委员会编 银川 宁夏人民出版社 2009 年 4 册 3089 页

009250619

**固原地区史志资料**

固原地区地方志办公室编印 固原 固原地区地方志办公室 1986 年

008994470

**固原军事志**

固原军事志编纂委员会编 银川 宁夏人民出版社 2002 年 687 页

013461816

**宁夏回族自治区固原供电志** 1991—2002

固原供电志编纂委员会编 固原 固原供电志编纂委员会 2011 年 294 页

013222035

**固原市非公有经济志**

固原市地方志办公室编 兰州 甘肃文化出版社 2011 年 647 页

009157955

**固原地区邮电志**

固原地区邮电志编纂委员会编 银川 宁夏人民出版社 2003 年 758 页〔宁夏邮电史志丛书〕

008959310

**宁夏固原风物志**

薛正昌编著 昆明 云南人民出版社 2002 年 200 页〔中国西部风物志丛书 第 1 辑〕

## 原州区

012718825

**固原市原州区志**

固原市原州区党史区志编纂委员会编 北京 方志出版社 2010 年 1284 页

007913594

**固原县志**

固原县志编纂委员会编 银川 宁夏人民出版社 1993 年 1113 页

009016827

**固原县计划经济局志** 1949—2000

固原县计划经济局志编写领导小组编 固原 固原县计划经济局 2001 年 255 页

010280110

**固原县军事志**

固原县军事志编纂委员会编 银川 宁夏人民出版社 2007 年 513 页

008594538

**固原县方言志**

杨子仪 马学恭 固原县县志编纂委员会编 银川 宁夏人民出版社 1990 年

357 页

013961230
**原州区文物志**
马东海 王金铎主编 银川 宁夏人民出版社 2013年 349页

## 西吉县

007587983
**西吉县志**
西吉县志编纂委员会编 银川 宁夏人民出版社 1995年 744页

010476507
**续修西吉县志**
西吉县志编纂委员会编 北京 方志出版社 2006年 1053页

011311855
**西吉县人民代表大会志**
西吉县人民代表大会常务委员会编 西吉 西吉县人民代表大会常务委员会 2003年 354页

011809292
**西吉县军事志**
西吉县军事志编纂委员会编 银川 宁夏人民出版社 2008年 462页

009799254
**宁夏回族自治区西吉县地名志**
西吉县人民政府编印 西吉 西吉县人民政府 1982年 196页

008667353
**西吉县卫生志**
海云生 李炬主编 银川 宁夏人民出版社 1990年 213页

009016909
**西吉县传统动物医药志**
周生俊等编著 银川 宁夏人民出版社 1994年 252页

## 隆德县

007990217
**隆德县志**
隆德县志编纂委员会编 银川 宁夏人民出版社 1998年 866页

009840173
**隆德县志 1991—2000**
隆德县地方史志编纂委员会编 北京 方志出版社 2005年 681页

009561101
**隆德县邮电志**
隆德县邮电志编纂组编 银川 宁夏人民出版社 2001年 434页〔宁夏邮电史志丛书〕

013093126
**隆德县中学校志**
隆德县中学校志编写组编 隆德 隆德县

中学校志编写组 1993 年 308 页

009016945
**宁夏回族自治区隆德县地名志**
隆德县人民政府编 隆德 隆德县人民政府 1986 年 187 页

## 泾源县

008811334
**泾源县志**
泾源县地方志编纂委员会编 银川 宁夏人民出版社 1995 年 485 页

009399484
**泾源县志** 1991—2000
泾源县地方志编纂委员会编 银川 宁夏人民出版社 2003 年 627 页

013353482
**泾源县军事志**
泾源县军事志编纂委员会编 银川 宁夏人民出版社 2009 年 475 页

009392502
**宁夏回族自治区泾源县地名志**
泾源县人民政府编印 泾源 泾源县人民政府 1984 年 120 页

## 彭阳县

007672884
**彭阳县志**
彭阳县志编纂委员会编 李文斌主编 银川 宁夏人民出版社 1996 年 682 页

013002326
**彭阳县志**
彭阳县地方志编纂委员会编 兰州 甘肃文化出版社 2011 年 2 册

008786609
**中国共产党彭阳县历史大事记**
宁夏彭阳县史志办公室编 银川 宁夏人民出版社 2000 年 229 页

013898895
**彭阳县人大志**
彭阳县人大志编纂委员会编 银川 宁夏人民出版社 2013 年 798 页

009889690
**彭阳县军事志**
彭阳县军事志编纂委员会编 银川 宁夏人民出版社 2005 年 274 页

009266150
**彭阳县文物志**
杨宁国主编 银川 宁夏人民出版社 2003 年 335 页

# 中卫市

012836052

**宁夏回族自治区中卫供电志 2004—2008**

国家电网宁夏中卫供电局中卫供电志编纂委员会编 中卫 国家电网宁夏中卫供电局中卫供电志编纂委员会 2009年 257页

013940887

**中卫县水利志**

中卫县水电局水利志编写组编 中卫 中卫县志编纂委员会办公室 1989年 150页〔宁夏回族自治区中卫县方志丛书〕

## 沙坡头区

008034109

**中卫县志**

中卫县志编纂委员会编 银川 宁夏人民出版社 1995年 1175页

009387131

**中卫宣传志**

中共中卫县委宣传部编纂 银川 宁夏人民出版社 1996年 181页

012956949

**中卫县工会志**

沉思明主编 中卫县总工会编纂 中卫 中卫县总工会 1994年 284页

012903630

**中卫县土地管理志**

中卫县土地管理局编写组编 中卫 中卫县土地管理局编写组 1990年 209页

009399594

**中卫县教育志**

中卫县教育局编纂 银川 宁夏人民出版社 1992年 376页

011148788

**中国民间文学集成 中卫谚语集**

中卫县民间文学集成办公室编 中卫 中卫县民间文学集成办公室 1987年 206页〔中国谚语集成宁夏卷资料丛书〕

009016934

**宁夏回族自治区中卫县地名志**

中卫县人民政府编印 中卫 中卫县人民政府 1986年 191页

009392489

**中卫县地震志**

张建忠主编 中卫县地震工作办公室编纂 中卫 中卫县地震工作办公室 1993年 159页

009414238
**中卫县卫生志**
中卫县卫生局编纂 王忠和主编 中卫 中卫县卫生局 1995年 246页

## 中宁县

008143642
**中宁县志**
中宁县志编纂委员会编 银川 宁夏人民出版社 1994年 613页

012879018
**中宁县政协志**
中宁县政协志编纂委员会编 中宁 中宁县政协志编纂委员会 2010年 369页

013684584
**渠口农场志**
宁夏农垦国营渠口农场渠口农场志编审委员会编 中宁 宁夏农垦国营渠口农场渠口农场志编审委员会 2010年 674页

008838482
**中宁县邮电志**
中宁县邮电志编纂委员会编 银川 宁夏人民出版社 2000年 365页〔宁夏邮电史志丛书〕

011148745
**中国民间歌谣集成 宁夏卷 中宁歌谣**
中宁县民间文学集成办公室编 中宁 中宁县民间文学集成办公室 1987年 425页

009399631
**中宁县卫生志**
宁夏中宁县卫生局编 中宁 宁夏中宁县卫生局 1996年 132页

008542919
**中宁枸杞志**
苏忠深编著 银川 宁夏人民出版社 1994年 166页

012614294
**宁夏七星渠志**
宁夏七星渠志编纂委员会编 银川 宁夏人民出版社 2009年 306页

## 海原县

009398539
**海原县志 送审稿**
海原 1990年 39册

008811339
**海原县志**
海原县志编纂委员会编 银川 宁夏人民出版社 1999年 1册 24页

013728725
**海原县志 1991—2008**
海原县地方志编纂委员会编 银川 宁夏人民出版社 2012年 1020页

010112036
**宁夏海原县志 初稿**
海原 海原县志编纂委员会 199u年 37册

012967605
**海原政协志**
政协海原县委员会编著 银川 宁夏人民出版社 2011年 446页

008971988
**海原县邮电志**
海原县邮电志编纂委员会编 银川 宁夏人民出版社 2001年 228页〔宁夏邮电史志丛书〕

012952051
**海原县财政志**
海原县财政志编写组编 海原 海原县财政志编写组 1992年 170页

009310219
**海原教育志**
海原教育志编纂委员会编 兰州 兰州大学出版社 2003年 645页

012998996
**海原县教育志**
海原县教育局教育志编写组编 海原 海原县教育局教育志编写组 1991年 187页

010731629
**海原县第一小学校志**
张青 解光穆主编 银川 宁夏人民出版社 2006年 479页

009414073
**海原县回民中学校志** 1980—2000
海原县回民中学校志编写组编 海原 海原县回民中学校志编写组 2000年 374页

009387123
**宁夏回族自治区海原县地名志**
海原县人民政府编印 海原 海原县人民政府 1983年 198页

013045566
**海原县中医医院志** 1986—2010
李德银主编 海原 海原县中医医院 2010年 323页

010779145
**海原县水利志**
海原县水利志编纂委员会编 银川 宁夏人民出版社 2006年 365页

# 新疆维吾尔自治区

010146813
**新疆通志 供销合作社志 送审稿**
新疆通志供销合作社志编委会编 新疆 新疆通志供销合作社志编委会 1991年 652页

009622025
**新疆通志 物资管理志 送审稿**
乌鲁木齐 1991年 535页

009480310
**新疆通志 第1卷 烟草志 1607—2000**
新疆维吾尔自治区地方志编纂委员会 新疆通志烟草志编纂委员会编 乌鲁木齐 新疆人民出版社 2004年 862页〔新疆维吾尔自治区地方志丛书〕

009399652
**新疆通志 第2卷 地质矿产志 1986—2000**
新疆维吾尔自治区地方志编纂委员会 新疆通志地质矿产志编纂委员会编 乌鲁木齐 新疆人民出版社 2002年 1214页〔新疆维吾尔自治区地方志丛书〕

010293986
**新疆通志 第3卷 扶贫开发志**
新疆维吾尔自治区地方志编纂委员会 新疆通志扶贫开发志编纂委员会编 乌鲁木齐 新疆人民出版社 2009年 1561页〔新疆维吾尔自治区地方志丛书〕

012252885
**新疆通志 第4卷 电力工业志 1991—2002**
新疆维吾尔自治区地方志编纂委员会 新疆通志电力工业志编纂委员会编 乌鲁木齐 新疆人民出版社 2009年 566页〔新疆维吾尔自治区地方志丛书〕

011909881

**新疆通志 第 5 卷 出版志 1990—2007**
新疆维吾尔自治区地方志编纂委员会 新疆通志出版志编纂委员会编 乌鲁木齐 新疆人民出版社 2008 年 758 页〔新疆维吾尔自治区地方志丛书〕

012100579

**新疆通志 第 6 卷 商检志 1996—1999**
新疆维吾尔自治区地方志编纂委员会 新疆通志商检志编纂委员会编 乌鲁木齐 新疆人民出版社 2006 年 802 页〔新疆维吾尔自治区地方志丛书〕

013464199

**新疆通志 第 7 卷 政协志 1995—2007**
新疆维吾尔自治区地方志编纂委员会 新疆通志政协志编纂委员会编 乌鲁木齐 新疆人民出版社 2011 年 663 页〔新疆维吾尔自治区地方志丛书〕

009008740

**新疆通志 第 9 卷 地质矿产志**
新疆维吾尔自治区地方志编纂委员会 新疆通志地质矿产志编纂委员会编 乌鲁木齐 新疆人民出版社 1997 年 2 册 1239 页〔新疆维吾尔自治区地方志丛书〕

009345303

**新疆通志 第 10 卷 气象志**
新疆维吾尔自治区地方志编纂委员会 新疆通志气象志编纂委员会编 乌鲁木齐 新疆人民出版社 1995 年 450 页〔新疆维吾尔自治区地方志丛书〕

009025021

**新疆通志 第 11 卷 地震志**
新疆维吾尔自治区地方志编纂委员会 新疆通志地震志编纂委员会编 乌鲁木齐 新疆人民出版社 2002 年 827 页〔新疆维吾尔自治区地方志丛书〕

013321241

**新疆通志 第 12 卷 地名志**
新疆维吾尔自治区地方志编纂委员会 新疆通志地名志编纂工作委员会编 乌鲁木齐 新疆人民出版社 2011 年 370 页〔新疆维吾尔自治区地方志丛书〕

012100573

**新疆通志 第 13 卷 人口志**
新疆维吾尔自治区地方志编纂委员会 新疆通志人口志编纂委员会编 乌鲁木齐 新疆人民出版社 2008 年 1137 页〔新疆维吾尔自治区地方志丛书〕

008842772

**新疆通志 第 14 卷 共产党志**
新疆维吾尔自治区地方志编纂委员会 新疆通志共产党志编纂委员会编 乌鲁木齐 新疆人民出版社 2001 年 520 页〔新疆维吾尔自治区地方志丛书〕

009561820

**新疆通志 第15卷 政务志 人大**

新疆维吾尔自治区地方志编纂委员会 新疆通志政务志人大编纂委员会编 乌鲁木齐 新疆人民出版社 2004年 797页〔新疆维吾尔自治区地方志丛书〕

010201454

**新疆通志 第15卷 政务志 政府**

新疆维吾尔自治区地方志编纂委员会 新疆通志政务志政府编纂委员会编 乌鲁木齐 新疆人民出版社 2006年 1301页〔新疆维吾尔自治区地方志丛书〕

009399641

**新疆通志 第16卷 人事志**

新疆维吾尔自治区地方志编纂委员会 新疆通志人事志编纂委员会编 乌鲁木齐 新疆人民出版社 2002年 639页〔新疆维吾尔自治区地方志丛书〕

008488210

**新疆通志 第17卷 劳动志**

新疆维吾尔自治区地方志编纂委员会 新疆通志劳动志编纂委员会编 乌鲁木齐 新疆人民出版社 1996年 514页〔新疆维吾尔自治区地方志丛书〕

012140803

**新疆通志 第18卷 民主党派志**

新疆维吾尔自治区地方志编纂委员会 新疆通志民主党派志编纂委员会编 乌鲁木齐 新疆人民出版社 2009年 635页〔新疆维吾尔自治区地方志丛书〕

009561824

**新疆通志 第19卷 群团志 工会**

新疆维吾尔自治区地方志编纂委员会 新疆通志群团志工会编纂委员会编 乌鲁木齐 新疆人民出版社 2004年 614页

011329529

**新疆通志 第19卷 群众团体志 妇联**

新疆维吾尔自治区地方志编纂委员会 新疆通志群众团体志妇联编纂委员会编 乌鲁木齐 新疆人民出版社 2007年 663页

011429864

**新疆通志 第19卷 群众团体志 共青团**

新疆维吾尔自治区地方志编纂委员会 新疆通志群众团体志共青团编纂委员会编 乌鲁木齐 新疆人民出版社 2006年 1023页

009341044

**新疆通志 第20卷 公安志**

新疆维吾尔自治区地方志编纂委员会 新疆通志公安志编纂委员会编 乌鲁木齐 新疆人民出版社 2004年 943页〔新疆维吾尔自治区地方志丛书〕

007913598

**新疆通志 第 21 卷 检察志**

新疆维吾尔自治区地方志编纂委员会 新疆通志检察志编纂委员会编 乌鲁木齐 新疆人民出版社 1992 年 316 页〔新疆维吾尔自治区地方志丛书〕

008599803

**新疆通志 第 22 卷 审判志**

新疆维吾尔自治区地方志编纂委员会 新疆通志审判志编纂委员会编 乌鲁木齐 新疆人民出版社 1993 年 440 页〔新疆维吾尔自治区地方志丛书〕

008629258

**新疆通志 第 23 卷 司法行政志**

新疆维吾尔自治区地方志编纂委员会 新疆通志司法行政志编纂委员会编 乌鲁木齐 新疆人民出版社 2000 年 550 页〔新疆维吾尔自治区地方志丛书〕

007425684

**新疆通志 第 24 卷 民政志**

新疆维吾尔自治区地方志编纂委员会 新疆通志民政志编纂委员会编 乌鲁木齐 新疆人民出版社 1992 年 397 页〔新疆维吾尔自治区地方志丛书〕

008637190

**新疆通志 第 25 卷 外事志**

新疆维吾尔自治区地方志编纂委员会 新疆通志外事志编纂委员会编 乌鲁木齐 新疆人民出版社 1995 年 405 页〔新疆维吾尔自治区地方志丛书〕

009345307

**新疆通志 第 26 卷 侨务志**

新疆维吾尔自治区地方志编纂委员会 新疆通志侨务志编纂委员会编 乌鲁木齐 新疆人民出版社 1994 年 255 页〔新疆维吾尔自治区地方志丛书〕

009881569

**新疆通志 第 27 卷 民族志**

新疆维吾尔自治区地方志编纂委员会 新疆通志民族志编纂委员会编 乌鲁木齐 新疆人民出版社 2005 年 1374 页〔新疆维吾尔自治区地方志丛书〕

008599800

**新疆通志 第 28 卷 军事志**

新疆维吾尔自治区地方志编纂委员会 新疆通志军事志编纂委员会编 乌鲁木齐 新疆人民出版社 1997 年 910 页〔新疆维吾尔自治区地方志丛书〕

010730811

**新疆通志 第 29 卷 综合经济志**

新疆维吾尔自治区地方志编纂委员会 新疆通志综合经济志编纂委员会编 乌鲁木齐 新疆人民出版社 2006 年 772 页〔新疆维吾尔自治区地方志丛书〕

007588002

**新疆通志　第 30 卷　农业志**

新疆维吾尔自治区地方志编纂委员会　新疆通志农业志编纂委员会编　乌鲁木齐　新疆人民出版社　1994 年　693 页〔新疆维吾尔自治区地方志丛书〕

009345402

**新疆通志　第 31 卷　农牧机械化志**

新疆维吾尔自治区地方志编纂委员会　新疆通志农牧机械化志编纂委员会编　乌鲁木齐　新疆人民出版社　1995 年　428 页〔新疆维吾尔自治区地方志丛书〕

008793235

**新疆通志　第 33 卷　瓜果志**

新疆维吾尔自治区地方志编纂委员会　新疆通志瓜果志编纂委员会编　乌鲁木齐　新疆人民出版社　2000 年　474 页〔新疆维吾尔自治区地方志丛书〕

009345409

**新疆通志　第 34 卷　畜牧志**

新疆维吾尔自治区地方志编纂委员会　新疆通志畜牧志编纂委员会编　乌鲁木齐　新疆人民出版社　1996 年　738 页〔新疆维吾尔自治区地方志丛书〕

009337957

**新疆通志　第 35 卷　林业志**

新疆维吾尔自治区地方志编纂委员会　新疆通志林业志编纂委员会编　乌鲁木齐　新疆人民出版社　2002 年　628 页〔新疆维吾尔自治区地方志丛书〕

008637218

**新疆通志　第 36 卷　水利志**

新疆维吾尔自治区地方志编纂委员会　新疆通志水利志编纂委员会编　乌鲁木齐　新疆人民出版社　1998 年　593 页〔新疆维吾尔自治区地方志丛书〕

008637229

**新疆通志　第 37 卷　生产建设兵团志**

新疆维吾尔自治区地方志编纂委员会　新疆通志生产建设兵团志编纂委员会编　乌鲁木齐　新疆人民出版社　1998 年　1279 页〔新疆维吾尔自治区地方志丛书〕

008637266

**新疆通志　第 38 卷　电力工业志**

新疆维吾尔自治区地方志编纂委员会　新疆通志电力工业志编纂委员会编　乌鲁木齐　新疆人民出版社　1999 年　755 页〔新疆维吾尔自治区地方志丛书〕

009345416

**新疆通志　第 39 卷　煤炭工业志**

新疆维吾尔自治区地方志编纂委员会　新疆通志煤炭工业志编纂委员会编　乌鲁木齐　新疆人民出版社　1996 年　1062 页〔新疆维吾尔自治区地方志丛书〕

008637223
**新疆通志** 第40卷 石油工业志
新疆维吾尔自治区地方志编纂委员会 新疆通志石油工业志编纂委员会编 乌鲁木齐 新疆人民出版社 1999年 699页〔新疆维吾尔自治区地方志丛书〕

008492757
**新疆通志** 第41卷 钢铁工业志
新疆维吾尔自治区地方志编纂委员会 新疆通志钢铁工业志编纂委员会编 乌鲁木齐 新疆人民出版社 1999年 487页〔新疆维吾尔自治区地方志丛书〕

009890573
**新疆通志** 第42卷 有色金属工业志
新疆维吾尔自治区地方志编纂委员会 新疆通志有色金属工业志编纂委员会编 乌鲁木齐 新疆人民出版社 2005年 980页〔新疆维吾尔自治区地方志丛书〕

008793230
**新疆通志** 第43卷 机械电子工业志
新疆维吾尔自治区地方志编纂委员会 新疆通志机械电子工业志编纂委员会编 乌鲁木齐 新疆人民出版社 2000年 487页〔新疆维吾尔自治区地方志丛书〕

009561816
**新疆通志** 第44卷 建材工业志
新疆维吾尔自治区地方志编纂委员会 新疆通志建材工业志编纂委员会编 乌鲁木齐 新疆人民出版社 2004年 652页〔新疆维吾尔自治区地方志丛书〕

009345421
**新疆通志** 第45卷 轻工业志
新疆维吾尔自治区地方志编纂委员会 新疆通志轻工业志编纂委员会编 乌鲁木齐 新疆人民出版社 1997年 463页〔新疆维吾尔自治区地方志丛书〕

008599754
**新疆通志** 第46卷 纺织工业志
新疆维吾尔自治区地方志编纂委员会 新疆通志纺织工业志编纂委员会编 乌鲁木齐 新疆人民出版社 1995年 429页〔新疆维吾尔自治区地方志丛书〕

008637260
**新疆通志** 第47卷 化学工业志
新疆维吾尔自治区地方志编纂委员会 新疆通志化学工业志编纂委员会编 乌鲁木齐 新疆人民出版社 1999年 342页〔新疆维吾尔自治区地方志丛书〕

008599799

**新疆通志 第 48 卷 公路交通志**
新疆维吾尔自治区地方志编纂委员会 新疆通志交通志编纂委员会编 乌鲁木齐 新疆人民出版社 1998 年 845 页〔新疆维吾尔自治区地方志丛书〕

008842777

**新疆通志 第 49 卷 铁道志**
新疆维吾尔自治区地方志编纂委员会 新疆通志铁道志编纂委员会编 乌鲁木齐 新疆人民出版社 1999 年 461 页〔新疆维吾尔自治区地方志丛书〕

008838558

**新疆通志 第 50 卷 民用航空志**
新疆维吾尔自治区地方志编纂委员会 新疆通志民用航空志编纂委员会编 乌鲁木齐 新疆人民出版社 2001 年 697 页〔新疆维吾尔自治区地方志丛书〕

008637215

**新疆通志 第 51 卷 邮电志**
新疆维吾尔自治区地方志编纂委员会 新疆通志邮电志编纂委员会编 乌鲁木齐 新疆人民出版社 1998 年 880 页〔新疆维吾尔自治区地方志丛书〕

007588001

**新疆通志 第 52 卷 城乡建设志**
新疆维吾尔自治区地方志编纂委员会 新疆通志城乡建设志编纂委员会编 乌鲁木齐 新疆人民出版社 1995 年 680 页〔新疆维吾尔自治区地方志丛书〕

009881565

**新疆通志 第 53 卷 建筑工程志**
新疆维吾尔自治区地方志编纂委员会 新疆通志建筑工程志编纂委员会编 乌鲁木齐 新疆人民出版社 2005 年 632 页〔新疆维吾尔自治区地方志丛书〕

009345426

**新疆通志 第 54 卷 测绘志**
新疆维吾尔自治区地方志编纂委员会 新疆通志测绘志编纂委员会编 乌鲁木齐 新疆人民出版社 1996 年 482 页〔新疆维吾尔自治区地方志丛书〕

011066398

**新疆通志 第 55 卷 环境保护志**
新疆维吾尔自治区地方志编纂委员会 新疆通志环境保护志编纂委员会编 乌鲁木齐 新疆人民出版社 2006 年 680 页〔新疆维吾尔自治区地方志丛书〕

009881567

**新疆通志 第 56 卷 旅游志**
新疆维吾尔自治区地方志编纂委员会 新疆通志旅游志编纂委员会编 乌鲁木齐 新疆人民出版社 2008 年 878 页〔新疆维吾尔自治区地方志丛书〕

008637262

**新疆通志 第 57 卷 财政志**
新疆维吾尔自治区地方志编纂委员会 新疆通志财政志编纂委员会编 乌鲁木齐 新疆人民出版社 1999 年 601 页〔新疆维吾尔自治区地方志丛书〕

009345442

**新疆通志 第 58 卷 审计志**
新疆维吾尔自治区地方志编纂委员会 新疆通志审计志编纂委员会编 乌鲁木齐 新疆人民出版社 1997 年 493 页〔新疆维吾尔自治区地方志丛书〕

007588003

**新疆通志 第 59 卷 金融志**
新疆维吾尔自治区地方志编纂委员会 新疆通志金融志编纂委员会编 乌鲁木齐 新疆人民出版社 1994 年 761 页〔新疆维吾尔自治区地方志丛书〕

013226615

**新疆通志 第 60 卷 工商行政管理志**
新疆维吾尔自治区地方志编纂委员会 新疆维吾尔自治区工商行政管理志编纂委员会编 北京 工商出版社 1995 年 469 页

008637217

**新疆通志 第 61 卷 商业志**
新疆维吾尔自治区地方志编纂委员会 新疆通志商业志编纂委员会编 乌鲁木齐 新疆人民出版社 1998 年 716 页〔新疆维吾尔自治区地方志丛书〕

008701944

**新疆通志 第 62 卷 物资管理志**
新疆维吾尔自治区地方志编纂委员会 新疆通志物资管理志编纂委员会编 乌鲁木齐 新疆人民出版社 1995 年 569 页〔新疆维吾尔自治区地方志丛书〕

010730815

**新疆通志 第 63 卷 外贸志**
新疆维吾尔自治区地方志编纂委员会 新疆通志外贸志编纂委员会编 乌鲁木齐 新疆人民出版社 2000 年 737 页〔新疆维吾尔自治区地方志丛书〕

008432574

**新疆通志 第 64 卷 海关志**
新疆维吾尔自治区地方志编纂委员会 新疆通志海关志编纂委员会编 乌鲁木齐 新疆人民出版社 2000 年 549 页〔新疆维吾尔自治区地方志丛书〕

008637220

**新疆通志 第 65 卷 商检志**
新疆维吾尔自治区地方志编纂委员会 新疆通志商检志编纂委员会编 乌鲁木齐 新疆人民出版社 1998 年 560 页〔新疆维吾尔自治区地方志丛书〕

008668405

**新疆通志 第 66 卷 粮食志**

新疆维吾尔自治区地方志编纂委员会 新疆通志粮食志编纂委员会编 乌鲁木齐 新疆人民出版社 2000年 831页〔新疆维吾尔自治区地方志丛书〕

007588000
**新疆通志 第67卷 供销合作社志**
新疆维吾尔自治区地方志编纂委员会 新疆通志供销合作社志编纂委员会编 乌鲁木齐 新疆人民出版社 1996年 698页〔新疆维吾尔自治区地方志丛书〕

009349792
**新疆通志 第68卷 统计志**
新疆维吾尔自治区地方志编纂委员会 新疆通志统计志编纂委员会编 乌鲁木齐 新疆人民出版社 2004年 530页〔新疆维吾尔自治区地方志丛书〕

009025022
**新疆通志 第70卷 标准计量志**
新疆维吾尔自治区地方志编纂委员会 新疆通志标准计量志编纂委员会编 乌鲁木齐 新疆人民出版社 2003年 753页〔新疆维吾尔自治区地方志丛书〕

009881571
**新疆通志 第71卷 土地志**
新疆维吾尔自治区地方志编纂委员会 新疆通志土地志编纂委员会编 乌鲁木齐 新疆人民出版社 2005年 861页〔新疆维吾尔自治区地方志丛书〕

008704477
**新疆通志 第72卷 科学技术志**
新疆维吾尔自治区地方志编纂委员会 新疆通志科学技术志编纂委员会编 乌鲁木齐 新疆人民出版社 1994—2000年 2册〔新疆维吾尔自治区地方志丛书〕

008845806
**新疆通志 第73卷 社会科学志**
新疆维吾尔自治区地方志编纂委员会 新疆通志社会科学志编纂委员会编 乌鲁木齐 新疆人民出版社 2001年 436页〔新疆维吾尔自治区地方志丛书〕

010280149
**新疆通志 第74卷 教育志**
新疆维吾尔自治区地方志编纂委员会 新疆通志教育志编纂委员会编 乌鲁木齐 新疆教育出版社 2007年 1169页〔新疆维吾尔自治区地方志丛书〕

009349794
**新疆通志 第75卷 文化事业志**
新疆维吾尔自治区地方志编纂委员会 新疆通志文化事业志编纂委员会编 乌鲁木齐 新疆人民出版社 2006年 662页〔新疆维吾尔自治区地方志丛书〕

008629261

**新疆通志 第76卷 语言文字志**
新疆维吾尔自治区地方志编纂委员会 新疆通志语言文字志编纂委员会编 乌鲁木齐 新疆人民出版社 2000年 756页〔新疆维吾尔自治区地方志丛书〕

012613229

**新疆通志 第78卷 报业志**
新疆维吾尔自治区地方志编纂委员会 新疆通志报业志编纂委员会编 乌鲁木齐 新疆人民出版社 2009年 438页〔新疆维吾尔自治区地方志丛书〕

009345460

**新疆通志 第79卷 广播电视志**
新疆维吾尔自治区地方志编纂委员会 新疆通志广播电视志编纂委员会编 乌鲁木齐 新疆人民出版社 1995年 468页〔新疆维吾尔自治区地方志丛书〕

010731675

**新疆通志 第80卷 著述出版志**
新疆维吾尔自治区地方志编纂委员会 新疆通志著述出版志编纂委员会编 乌鲁木齐 新疆科学技术出版社 2006年 676页〔新疆维吾尔自治区地方志丛书〕

010730825

**新疆通志 第81卷 文物志**
新疆维吾尔自治区地方志编纂委员会 新疆通志文物志编纂委员会编 乌鲁木齐 新疆人民出版社 2007年 900页〔新疆维吾尔自治区地方志丛书〕

009345461

**新疆通志 第82卷 卫生志**
新疆维吾尔自治区地方志编纂委员会 新疆通志卫生志编纂委员会编 乌鲁木齐 新疆人民出版社 1996年 631页〔新疆维吾尔自治区地方志丛书〕

009082537

**新疆通志 第83卷 体育志**
新疆维吾尔自治区地方志编纂委员会 新疆通志体育志编纂委员会编 乌鲁木齐 新疆人民出版社 2002年 664页〔新疆维吾尔自治区地方志丛书〕

010730807

**新疆通志 第85卷 人物志**
新疆维吾尔自治区地方志编纂委员会编 乌鲁木齐 新疆人民出版社 2006年 630页〔新疆维吾尔自治区地方志丛书〕

011571010

**新疆生产建设兵团统计志**
新疆生产建设兵团史志编纂委员会 新疆生产建设兵团统计志编纂委员会编 乌鲁木齐 新疆人民出版社 2008年 725页〔新疆生产建设兵团史志丛书〕

013072724
**新疆生产建设兵团人口和计划生育志**
新疆生产建设兵团人口和计划生育志编纂委员会编 新疆 新疆生产建设兵团人口和计划生育志编纂委员会 2005年 651页〔新疆生产建设兵团史志丛书〕

009411762
**新疆改革开放二十年志** 1978—1998
新疆维吾尔自治区地方志编纂委员会编 乌鲁木齐 新疆人民出版社 2000年 684页

008845788
**新疆政协志**
政协新疆维吾尔自治区委员会 新疆政协志编纂委员会编 乌鲁木齐 新疆人民出版社 1996年 427页

008598558
**新疆生产建设兵团公安志**
新疆生产建设兵团公安志编纂委员会编 乌鲁木齐 新疆人民出版社 1999年 710页〔新疆生产建设兵团史志丛书〕

009855911
**新疆生产建设兵团共青团志**
新疆生产建设兵团史志编纂委员会 新疆生产建设兵团共青团志编纂委员会编 乌鲁木齐 新疆人民出版社 2005年 535页〔新疆生产建设兵团史志丛书〕

008381188
**新疆生产建设兵团粮食志**
新疆生产建设兵团粮食志编纂领导小组编 乌鲁木齐 新疆科技卫生出版社 1996年 567页〔新疆生产建设兵团史志丛书〕

008380265
**新疆生产建设兵团水利志**
新疆生产建设兵团水利志编纂领导小组编 乌鲁木齐 新疆人民出版社 1997年 444页〔新疆生产建设兵团史志丛书〕

009411706
**新疆生产建设兵团土地志**
新疆生产建设兵团土地志编纂委员会编 乌鲁木齐 新疆人民出版社 2000年 623页〔新疆生产建设兵团史志丛书〕

008598557
**新疆生产建设兵团外事志外贸志**
杨化东主编 新疆生产建设兵团编 乌鲁木齐 新疆人民出版社 1999年 471页〔新疆生产建设兵团史志丛书〕

008381191
**新疆生产建设兵团畜牧志**
李全民主编 乌鲁木齐 新疆科技卫生出版社 1996年 567页〔新疆生产建设

兵团史志丛书〕

012723213

**新疆侨联志**

新疆侨联志编纂委员会编 乌鲁木齐 新疆人民出版社 2010年 401页〔新疆维吾尔自治区地方志丛书〕

012927577

**新疆劳动教养志** 1956—2002

新疆劳动教养志编纂委员会编 乌鲁木齐 新疆人民出版社 2003年 364页〔新疆维吾尔自治区地方志丛书〕

008543122

**新疆生产建设兵团检察志**

兵团检察院史志编纂领导小组编 乌鲁木齐 新疆人民出版社 1995年 380页〔新疆生产建设兵团史志丛书〕

009677940

**新疆生产建设兵团检察志** 续

新疆生产建设兵团人民检察院检察志编纂委员会编 乌鲁木齐 新疆生产建设兵团人民检察院检察志编纂委员会 2004年 652页〔新疆生产建设兵团史志丛书〕

013224443

**新疆生产建设兵团审判志**

新疆生产建设兵团史志编纂委员会 新疆生产建设兵团审判志编纂委员会编 乌鲁木齐 新疆人民出版社 2003年 532页〔新疆生产建设兵团史志丛书〕

009105234

**新疆生产建设兵团计划志**

新疆生产建设兵团计划委员会编 乌鲁木齐 新疆人民出版社 2003年 580页〔新疆生产建设兵团史志丛书〕

009245013

**新疆生产建设兵团司法行政志**

新疆生产建设兵团司法行政志编纂委员会编 乌鲁木齐 新疆人民出版社 1999年 687页〔新疆生产建设兵团史志丛书〕

008543112

**新疆生产建设兵团基本建设志** 送审稿

新疆生产建设兵团基建志编纂领导小组编 乌鲁木齐 新疆生产建设兵团基建志编纂领导小组 1990年 237页

008543108

**新疆生产建设兵团志** **司法行政志** 1984—1990 初稿

新疆生产建设兵团司法局史志编写组编 乌鲁木齐 新疆生产建设兵团司法局史志编写组 1992年 2册

008994731

**新疆生产建设兵团新闻志**

新疆生产建设兵团新闻志编辑组编 乌鲁木齐 新疆人民出版社 2000年

633 页〔新疆生产建设兵团史志丛书〕

008543115

**新疆生产建设兵团武装志 送审稿**

中国人民解放军新疆生产建设兵团军事部武装志编写组编 乌鲁木齐 中国人民解放军新疆生产建设兵团军事部武装志编写组 1990 年 229 页

013186075

**新疆生产建设兵团劳动和社会保障志**

新疆生产建设兵团史志编纂委员会 新疆生产建设兵团劳动和社会保障志编纂领导小组编 王诚道主编 五家渠 新疆生产建设兵团出版社 2007 年 1085 页〔新疆生产建设兵团史志丛书〕

012252814

**新疆生产建设兵团农业志**

新疆生产建设兵团史志编纂委员会 新疆生产建设兵团农业志编纂委员会编 五家渠 新疆生产建设兵团出版社 2009 年 746 页〔新疆生产建设兵团史志丛书〕

010201440

**新疆生产建设兵团林业志**

新疆生产建设兵团史志编纂委员会 新疆生产建设兵团林业志编纂委员会编 乌鲁木齐 新疆人民出版社 2007 年 415 页〔新疆生产建设兵团史志丛书〕

013321227

**新疆焦煤集团志**

新疆焦煤集团有限责任公司编纂委员会编 刘放主编 新疆 新疆焦煤集团 2005 年 966 页

011809386

**新疆维吾尔自治区电力工业志 1991—2002**

洪连忠主编 北京 中国电力出版社 2008 年 430 页

008528159

**新疆维吾尔自治区电力工业志**

新疆维吾尔自治区电力工业志编委会编 北京 中国电力出版社 1998 年 579 页〔中国电力工业志丛书〕

013686409

**新疆橡胶厂志**

程丕林主编 杨虎 张拴才副主编 新疆橡胶厂史志编纂委员会编 库尔勒 新疆橡胶厂史志编纂委员会 2000 年 488 页〔新疆石油化工行业史志丛书〕

011909988

**叶尔羌河流域水利志**

李进淮主编 叶尔羌河流域水利志编纂委员会编 乌鲁木齐 新疆人民出版社 2008 年 871 页〔新疆维吾尔自治区

地方志丛书〕

008190737
**中国石油地质志** 第15卷 新疆油气区
新疆油气区石油地质志编写组编 北京 石油工业出版社 1993年

007534718
**新疆生产建设兵团工业志 交通志**
新疆生产建设兵团工业志交通志编纂委员会编 乌鲁木齐 新疆人民出版社 1995年 542页〔新疆生产建设兵团史志丛书〕

012612896
**中国民用航空志 新疆卷**
中国民用航空志新疆卷编纂委员会编 北京 中国民航出版社 2011年 635页

011809345
**新疆长途电信线务志** 1955—1998
新疆长途电信线务志编纂委员会编 乌鲁木齐 新疆人民出版社 2008年 232页

008845097
**新疆无线通信志**
新疆无线通信志编纂委员会编 乌鲁木齐 新疆人民出版社 1999年 250页〔新疆维吾尔自治区地方志丛书〕

008380262
**新疆生产建设兵团北疆农业物资供应总站志**
供应站站志编纂小组编 乌鲁木齐 新疆生产建设兵团北疆农业物资供应站站志编纂小组 1992年 163页

013604202
**新疆石油商业志**
新疆维吾尔自治区石油总公司编 乌鲁木齐 新疆维吾尔自治区石油总公司 1994年 333页

012613230
**新疆生产建设兵团商业志**
新疆生产建设兵团史志编纂委员会 新疆生产建设兵团商业志编纂委员会编 新疆 新疆生产建设兵团出版社 2009年 807页〔新疆生产建设兵团史志丛书〕

012175091
**新疆工商税收志** 1950—1989
新疆维吾尔自治区税务局 新疆维吾尔自治区税务学会编 新疆 新疆维吾尔自治区税务学会 1992年 365页

013732442
**新疆国税志** 1990—2005
新疆维吾尔自治区国家税务局 新疆国税志编纂委员会编 乌鲁木齐 新疆人民出版社 2012年 652页〔新疆维吾尔自治区地方志丛书〕

009392961
### 新疆生产建设兵团财务志
新疆生产建设兵团史志编纂委员会兵团财务志编纂领导小组编 乌鲁木齐 新疆人民出版社 2003 年 503 页〔新疆生产建设兵团史志丛书〕

011325524
### 新疆金融志
新疆通志金融志编纂委员会编 新疆 新疆通志金融志编纂委员会 1988 年 275 页

012903571
### 中国工商银行新疆维吾尔自治区分行行志 1985—1995
中国工商银行新疆维吾尔自治区分行行志编纂委员会编 新疆 中国工商银行新疆维吾尔自治区分行行志编纂委员会 2001 年 648 页

008543118
### 新疆生产建设兵团文化艺术志 征求意见稿
新疆生产建设兵团党委宣传部编 乌鲁木齐 新疆生产建设兵团党委宣传部 1990 年 156 页

012252863
### 新疆生产建设兵团文化志
新疆生产建设兵团史志编纂委员会 新疆生产建设兵团文化志编纂委员会编 五家渠 新疆生产建设兵团出版社 2009 年 651 页〔新疆生产建设兵团史志丛书〕

011909177
### 新疆生产建设兵团科技志
新疆生产建设兵团史志编纂委员会 新疆生产建设兵团科技志编纂委员会编 乌鲁木齐 新疆人民出版社 2007 年 764 页

008543123
### 新疆生产建设兵团教育志
新疆生产建设兵团教育志编纂委员会编 乌鲁木齐 新疆人民出版社 1999 年 625 页〔新疆生产建设兵团史志丛书〕

009411881
### 回鹘文文献语言简志
李增祥 实提热依木 张铁山编著 乌鲁木齐 新疆大学出版社 1999 年 265 页〔维吾尔学研究丛书〕

001919986
### 维吾尔语简志
赵相如 朱志宁编著 北京 民族出版社 1985 年 260 页〔中国少数民族语言简志丛书〕

001920201
### 哈萨克语简志
耿世民 李增祥编著 北京 民族出版社 1985 年 247 页〔中国少数民族语言

简志丛书〕

002522588
乌孜别克语简志
程适良 阿不都热合曼编著 北京 民族出版社 1987年 192页〔中国少数民族语言简志丛书〕

001920507
塔塔尔语简志
陈宗振 伊里千编著 北京 民族出版社 1986年 194页〔中国少数民族语言简志丛书〕

012796721
中国谚语集成 第27卷 新疆卷
中国民间文学集成全国编辑委员会 中国民间文学集成新疆卷编辑委员会编 北京 中国ISBN中心 2010年 852页

008706650
中国民间歌曲集成 第22卷 新疆卷
中国民间歌曲集成全国编辑委员会 中国民间歌曲集成新疆卷编辑委员会编 北京 中国ISBN中心 1999年 2册 2099页〔十部文艺集成志书〕

008707939
中国戏曲音乐集成 第17卷 新疆卷
中国戏曲音乐集成编辑委员会 中国戏曲音乐集成新疆卷编辑委员会编 北京 中国ISBN中心 1996年 1121页

〔十部文艺集成志书〕

011511574
中国曲艺音乐集成 第14卷 新疆卷
中国曲艺音乐集成全国编辑委员会 中国曲艺音乐集成新疆卷编辑委员会编 北京 中国ISBN中心 1998年 1132页

008707212
中国民族民间器乐曲集成 第13卷 新疆卷
中国民族民间器乐曲集成全国编辑委员会 中国民族民间器乐曲集成新疆卷编辑委员会编 北京 中国ISBN中心 1996年 2册 2396页〔十部文艺集成志书〕

011957473
中华舞蹈志 第8卷 新疆卷
中华舞蹈志编辑委员会编 上海 学林出版社 2007年 387页

008410267
中国民族民间舞蹈集成 第13卷 新疆卷
中国民族民间舞蹈集成编辑部编 北京 中国ISBN中心 1998年 570页〔十部文艺集成志书〕

012584255
中国曲艺志 第16卷 新疆卷
中国曲艺志全国编辑委员会 中国曲艺

志新疆卷编辑委员会编 北京 中国 ISBN 中心 2009年 684页

007563730
**中国戏曲志 第6卷 新疆卷**
中国戏曲志编辑委员会 中国戏曲志新疆卷编辑委员会编 北京 中国ISBN中心 1995年 904页〔十部文艺集成志书〕

010164977
**西域文化名人志**
周绍祖主编 刘维钧等著 乌鲁木齐 新疆人民出版社 2006年 308页

007632849
**新疆风物志**
新疆人民出版社编 乌鲁木齐 新疆人民出版社 1985年 456页〔中国风物志丛书〕

013172531
**新疆风物志**
李春华主编 乌鲁木齐 新疆人民出版社 2000年 412页〔中国风物志丛书〕

009962444
**新疆维吾尔自治区地名录 乙种本**
新疆维吾尔自治区地名委员会 国家测绘总局科学研究所编 乌鲁木齐 新疆维吾尔自治区地名委员会 1981年 399页

009700487
**新疆维吾尔自治区地震监测志**
新疆维吾尔自治区地震局编 北京 地震出版社 2005年 438页〔中国地震监测志系列〕

011445766
**中国阿尔泰稀有元素矿床矿物志**
易爽庭 宁广进 杨汉臣著 乌鲁木齐 新疆人民出版社 1989年 210页

011480581
**中国古生物志 新疆三塘湖盆地三叠纪孢粉组合**
黄嫔著 北京 科学出版社 2008年 266页〔中国古生物志 总号第194册 新甲种 第15号〕

010293984
**新疆荒漠区主要植物原色图志**
黄培佑编著 乌鲁木齐 新疆科学技术出版社 2006年 99页〔荒漠资源研究〕

009480322
**新疆植物志**
新疆植物志编辑委员会编 乌鲁木齐 新疆科技卫生出版社 199u年

009062144
**新疆主要饲用植物志**
新疆维吾尔自治区畜牧厅 崔乃然主编 阿里木江·苏力堂 宋宗仁副主编 乌

鲁木齐 新疆人民出版社 1990 年

001737079
**新疆啮齿动物志**
王思博 杨赣源编 乌鲁木齐 新疆人民出版社 1984 年 245 页

009388426
**新疆鱼类志**
中国科学院动物研究所 中国科学院新疆生物土壤沙漠研究所 新疆维吾尔自治区水产局编著 乌鲁木齐 新疆人民出版社 1979 年 97 页

009160296
**新疆蚤目志**
于心 叶瑞玉 谢杏初编著 乌鲁木齐 新疆人民出版社 1990 年 62 页

011294758
**新疆维吾尔自治区卫生防疫站志**
新疆维吾尔自治区卫生防疫站志编委会编 吐拉宏主编 张伟 王国英副主编 乌鲁木齐 新疆人民卫生出版社 2004 年 470 页

011571013
**新疆生产建设兵团卫生志**
新疆生产建设兵团史志编纂委员会 新疆生产建设兵团卫生志编纂委员会编 乌鲁木齐 新疆人民出版社 2007 年 615 页

002878189
**维吾尔药志**
刘勇民 沙吾提·伊克木编 乌鲁木齐 新疆人民出版社 1986 年

012191866
**哈萨克药志**
徐新 巴哈尔古丽·黄尔汗主编 巴杭·扎卡里业 贾晓光副主编 北京 民族出版社 2009 年 477 页

012541595
**哈萨克药志**
王仁主编 乌鲁木齐 新疆科学技术出版社 2009 年 217 页

013732440
**新疆土种志**
新疆维吾尔自治区农业厅编著 乌鲁木齐 新疆科技卫生出版社 1993 年 373 页

012685005
**新疆农业昆虫图志**
王登元 于江南编著 乌鲁木齐 新疆科学技术出版社 2010 年 248 页

009348307
**新疆生产建设兵团农业机械志**
新疆生产建设兵团史志编纂委员会 新疆生产建设兵团农业机械志编纂委员会编 乌鲁木齐 新疆人民出版社 2004 年 443 页〔新疆生产建设兵团

史志丛书〕

009393058
**新疆生产建设兵团农作物种子志**
新疆生产建设兵团种子管理总站编 乌鲁木齐 新疆人民出版社 2003年 246页〔新疆生产建设兵团史志丛书〕

012052440
**新疆生产建设兵团园艺志**
新疆生产建设兵团史志编纂委员会 新疆生产建设兵团园艺志编纂委员会编 五家渠 新疆生产建设兵团出版社 2009年 569页〔新疆生产建设兵团史志丛书〕

001737467
**新疆甜瓜西瓜志**
新疆甜瓜西瓜资源调查组编 乌鲁木齐 新疆人民出版社 1985年 310页

013148629
**新疆兵团果树品种志**
新疆生产建设兵团农业局编 乌鲁木齐 新疆人民出版社 1991年 253页

012689845
**新疆树木志**
杨昌友主编 北京 中国林业出版社 2012年 566页

007841243
**新疆家畜家禽品种志**
新疆家畜家禽品种志编写委员会编 乌鲁木齐 新疆人民出版社 1988年 72页

013757120
**新疆生产建设兵团勘测规划设计研究院史志** 1952—2012
新疆生产建设兵团勘测规划设计研究院史志编纂委员会编 五家渠 新疆生产建设兵团出版社 2012年 299页

013190397
**中国油气田开发志 第7卷 新疆油气区卷**
中国油气田开发志总编纂委员会编 北京 石油工业出版社 2011年 552页

013630132
**中国油气田开发志 第7卷 新疆油气区油气田卷**
中国油气田开发志总编纂委员会编 北京 石油工业出版社 2011年 2册

013667021
**中国油气田开发志 第10卷 吐哈油气区卷**
中国油气田开发志总编纂委员会编 北京 石油工业出版社 2011年 347页

013630164
**中国油气田开发志 第10卷 吐哈油气**

区油气田卷

中国油气田开发志总编纂委员会编 北京 石油工业出版社 2011年 1044页

011479337

**新疆生产建设兵团建设环保志**

新疆生产建设兵团史志编纂委员会 新疆生产建设兵团建设环保志编纂领导小组编 方英楷主编 五家渠 新疆生产建设兵团出版社 2007年 677页 〔新疆生产建设兵团史志丛书〕

# 乌鲁木齐市

007731452

**乌鲁木齐市志**

乌鲁木齐市党史地方志编纂委员会编 乌鲁木齐 新疆人民出版社 1994年

008708396

**乌鲁木齐市志** 第5卷 政治

乌鲁木齐市党史地方志编纂委员会编 乌鲁木齐 新疆人民出版社 1999年 560页

008708408

**乌鲁木齐市志** 第6卷 文化

乌鲁木齐市党史地方志编纂委员会编 乌鲁木齐 新疆人民出版社 1999年 537页

012814406

**乌鲁木齐国家高新区志**

乌鲁木齐国家高新区志编纂委员会编 乌鲁木齐 乌鲁木齐国家高新区志编纂委员会 2007年 563页

008994775

**[新疆生产建设兵团]党校教育中心志**

党校教育中心史志编纂委员会编 乌鲁木齐 新疆人民出版社 2000年 262页 〔新疆生产建设兵团史志丛书〕

008994780

**新疆维吾尔自治区乌鲁木齐市总工会工会志** 1950.5—1997.5

乌鲁木齐市总工会编 乌鲁木齐 新疆人民出版社 2000年 613页

013096555

**乌鲁木齐统战志**

中共乌鲁木齐市委统一战线工作部编 乌鲁木齐 新疆人民出版社 2011年 444页

012252738

**乌鲁木齐市人民代表大会志** 1981.9—2007.12

乌鲁木齐市人民代表大会志编纂委员会编 韩廷允主编 乌鲁木齐 新疆人

民出版社 2009年 494页

009411812

**乌鲁木齐公安志**

乌鲁木齐公安局编 乌鲁木齐 新疆人民出版社 1998年 534页〔乌鲁木齐公安史志丛书〕

013994014

**乌鲁木齐市公安局车辆管理所十周年志** 1984—1994

乌鲁木齐 新疆大学出版社 1994年 151页

012613310

**乌鲁木齐市民政志** 1986—2005

乌鲁木齐市民政志编纂委员会编 乌鲁木齐 新疆人民出版社 2009年 283页

013660388

**乌鲁木齐市法院志** 1935—1991

乌鲁木齐市中级人民法院编志室编 乌鲁木齐 乌鲁木齐市中级人民法院 1993年 237页

010577021

**乌鲁木齐市检察志** 1986—2002

乌鲁木齐市人民检察院 乌鲁木齐市检察官协会编 乌鲁木齐 乌鲁木齐市人民检察院 2005年 304页

009313368

**三坪农场志**

三坪农场史志编纂委员会编 田有顺主编 乌鲁木齐 新疆人民出版社 2003年 679页〔新疆生产建设兵团地方志丛书〕

009190556

**五一农场志**

五一农场史志编纂委员会编 黄士南主编 乌鲁木齐 新疆人民出版社 2003年 552页〔新疆生产建设兵团地方志丛书〕

009621940

**新疆生产建设兵团农十二师头屯河农场志**

头屯河农场史志编纂委员会编 魏国华主编 乌鲁木齐 新疆人民出版社 2003年 474页〔新疆生产建设兵团地方志丛书〕

009313378

**一〇四团志**

一〇四团史志编纂委员会编 乌鲁木齐 新疆人民出版社 2003年 594页〔新疆生产建设兵团地方志丛书〕

012316877

**乌鲁木齐经济技术开发区志** 2002—2008

乌鲁木齐经济技术开发区志编纂委员会编 乌鲁木齐 新疆人民出版社

2009年 378页

013133786
**乌鲁木齐市劳动和社会保障志**
乌鲁木齐市劳动和社会保障局编 乌鲁木齐 乌鲁木齐市劳动和社会保障局 2010年 305页

012956114
**乌鲁木齐住房委员会办公室志** 1988—2008
乌鲁木齐住房委员会办公室编 乌鲁木齐 乌鲁木齐住房委员会办公室 2008年 606页

009414972
**西山农牧场志**
西山农牧场史志编纂委员会编 顾瑞坤主编 徐建斌 王进九副主编 乌鲁木齐 新疆人民出版社 2004年 379页〔新疆生产建设兵团地方志丛书〕

009312733
**八钢志**
八钢志编纂委员会编 北京 冶金工业出版社 2001年 803页

008994762
**建筑安装工程总公司志**
建筑安装工程总公司史志编纂委员会编 乌鲁木齐 新疆人民出版社 2000年 412页〔新疆生产建设兵团史志丛书〕

008598604
**苇湖梁发电厂志**
苇湖梁发电厂志编纂委员会编 成都 四川人民出版社 1999年 522页〔新疆电力工业志丛书〕

011294228
**乌石化志** 1975—1993
中国石化乌鲁木齐石油化工总厂 乌石化志编纂委员会编 乌鲁木齐 新疆人民出版社 1995年 782页

010117863
**西北石油局图志**
西北石油局图志编纂委员会编 徐向荣主编 赵尊秀执行主编 陈兰凤副主编 黄有元编 乌鲁木齐 新疆人民出版社 2001年 307页

008846044
**西北石油局志**
西北石油局志编纂委员会编 乌鲁木齐 新疆人民出版社 1999年 971页〔新疆维吾尔自治区地方志丛书〕

012506381
**新疆电力科学研究院志** 1996—2008
新疆电力公司系统电力工业志丛书编纂委员会 新疆电力科学研究院志编纂委员会编 乌鲁木齐 新疆人民出版社 2009年 320页〔新疆电力公司系统电力工业志丛书〕

011955736

**新疆电力设计院志** 1999—2007

新疆电力设计院志编委会编 乌鲁木齐 新疆人民出版社 2008年 465页〔新疆电力公司系统电力工业志丛书〕

013345939

**新疆电力设计院志** 1999—2007

新疆电力公司系统电力工业志丛书编纂委员会 新疆电力设计院志编委会编 乌鲁木齐 新疆人民出版社 2008年 465页〔新疆电力公司系统电力工业志丛书〕

008598600

**新疆电力试验研究所志**

新疆电力试验研究所志编委会编 北京 当代中国出版社 1999年 256页〔新疆电力工业志丛书〕

009008732

**新疆石油管理局钻井公司志**

新疆石油管理局钻井公司志编纂委员会编 杨泽桢主编 乌鲁木齐 新疆人民出版社 2002年 2册〔新疆维吾尔自治区地方志丛书〕

012140819

**新疆维吾尔自治区地质矿产勘查开发局测绘大队志** 1956—2004

新疆地矿局测绘大队志编纂委员会编 新疆 新疆地矿局测绘大队志编纂委员会 2005年 795页

008994747

**新疆维吾尔自治区电力安装公司志** 1956—1990

新疆电力安装公司志编委会编 乌鲁木齐 新疆人民出版社 2001年 320页〔新疆电力工业志丛书〕

009041889

**新疆维吾尔自治区红雁池发电厂志** 1958—1996

新疆红雁池发电厂编著 北京 中国电力出版社 2001年 464页〔新疆维吾尔自治区电力工业志丛书〕

008442963

**新疆维吾尔自治区送变电工程公司志** 1959—1996

新疆送变电工程公司志编委会编 北京 中国电力出版社 1999年 299页〔新疆电力工业志丛书〕

012175096

**新疆维吾尔自治区送变电工程公司志** 1997—2006

新疆维吾尔自治区送变电工程公司志编纂委员会编 乌鲁木齐 新疆人民出版社 2009年 296页〔新疆电力公司系统电力工业志丛书〕

009400318

**新疆维吾尔自治区乌鲁木齐电业局志** 1953—1995

乌鲁木齐电业局史志鉴编纂委员会编

乌鲁木齐 新疆人民出版社 2002 年 414 页〔新疆维吾尔自治区电力工业志丛书〕

009349875
**中国石化（新星石油公司）西北石油局钻井志** 1955—2000
中国石化（新星石油公司）西北石油局钻井志编委会编 乌鲁木齐 新疆人民出版社 2004 年 527 页

008873803
**乌鲁木齐铁路分局续志** 1991—2000
乌鲁木齐铁路分局续志编纂委员会编 北京 中国铁道出版社 2001 年 480 页

008440072
**乌鲁木齐铁路分局志** 1960—1990
乌鲁木齐铁路分局史志编纂委员会编 北京 中国铁道出版社 1994 年 412 页

012096344
**北疆铁路公司志** 1985—1999
北疆铁路公司志编纂委员会编 乌鲁木齐 北疆铁路公司 2004 年 308 页

010117858
**乌鲁木齐铁路局志** 1971—2000
乌鲁木齐铁路局志编委会编 北京 中国铁道出版社 2006 年 1100 页

010253954
**乌鲁木齐市邮政志**
乌鲁木齐市邮政志编纂委员会编 乌鲁木齐 新疆人民出版社 2006 年 835 页〔新疆维吾尔自治区地方志丛书〕

014052361
**乌鲁木齐邮区中心局志** 1947—2000
乌鲁木齐邮区中心局志编纂委员会编 五家渠 新疆生产建设兵团出版社 2012 年 528 页

012956080
**乌鲁木齐市粮食志**
乌鲁木齐市粮食志编纂委员会编 乌鲁木齐 乌鲁木齐市粮食志编纂委员会 2002 年 769 页

009414999
**乌鲁木齐市商业志**
乌鲁木齐市第一商业局编纂委员会编 乌鲁木齐 乌鲁木齐市第一商业局编纂委员会 1989 年 333 页

008061120
**乌鲁木齐税务志** 1911—1987
乌鲁木齐市税务局税务志编纂委员会编 乌鲁木齐 新疆人民出版社 1993 年 276 页

011909082
**乌鲁木齐金融志**
乌鲁木齐金融志编纂委员会编 乌鲁木

齐 乌鲁木齐金融志编纂委员会 1992 年 157 页

012140795
**新疆日报社志** 1949—1990
新疆日报社史志办编 乌鲁木齐 新疆日报社 2005 年 817 页

012545518
**新疆日报社志** 1991—2005
新疆日报社史志办编 乌鲁木齐 新疆人民出版社 2009 年 933 页

013795637
**乌鲁木齐电影志（长编）庆贺乌鲁木齐市电影发行放映公司成立三十周年**
乌鲁木齐电影志编纂委员会编 乌鲁木齐 乌鲁木齐电影志编纂委员会 1989 年 146 页

012956043
**天山电影制片厂志** 1959—1989
天山电影制片厂志编纂领导小组编 新疆 天山电影制片厂志编纂领导小组 1989 年 424 页

007495292
**兵团史志**
乌鲁木齐 兵团史志编纂委员会办公室 19uu 年

012636858
**新疆维吾尔自治区乌鲁木齐市地名图志**
乌鲁木齐市地名委员会编 乌鲁木齐 乌鲁木齐市地名委员会 1987 年 363 页

012208300
**[乌鲁木齐市畜牧兽医检疫草原工作总站]站志** 1988—1998
乌鲁木齐市畜牧兽医检疫草原工作总站编 乌鲁木齐 乌鲁木齐市畜牧兽医检疫草原工作总站 1998 年 108 页

011955687
**乌鲁木齐市卫生防疫站志** 1952—2001
乌鲁木齐市卫生防疫站志编纂委员会编 乌鲁木齐 乌鲁木齐市卫生防疫站志编委会 2002 年 317 页

012100560
**新疆维吾尔自治区建工医院志** 1957—2005
新疆建工医院志编纂委员会编 乌鲁木齐 新疆建工医院志编纂委员会 2007 年 370 页

009769260
**新疆维吾尔自治区人民医院志** 1934—2003
新疆维吾尔自治区人民医院志编纂委员会编 乌鲁木齐 新疆人民出版社 2004 年 830 页〔新疆维吾尔自治区地方志丛书〕

011444054

**新疆医科大学第二附属医院院志** 1954—2004

新疆医科大学第二附属医院院志编纂委员会编 乌鲁木齐 新疆医科大学第二附属医院 2004年 395页

012837498

**风华正茂 新疆精神卫生中心乌鲁木齐市第四人民医院院志** 1985—2008

新疆精神卫生中心乌鲁木齐市第四人民医院编 乌鲁木齐 新疆精神卫生中心乌鲁木齐市第四人民医院 2008年 349页

012100575

**新疆维吾尔自治区地方病防治研究所志**

新疆维吾尔自治区地方病防治研究所志编委会编 乌鲁木齐 新疆人民卫生出版社 2008年 489页

012546817

**新疆农业科学院志** 1986—2004

新疆农业科学院编 乌鲁木齐 新疆农业科学院 2005年 355页

013510763

**新疆农业科学院志略** 1955—1985

新疆农业科学院志略编辑委员会编 乌鲁木齐 新疆农业科学院印刷厂 1993年 230页

012100580

**新疆畜牧科学院志** 1955—1990

新疆畜牧科学院志编委会编 乌鲁木齐 新疆人民出版社 1992年 133页

012837505

**勘测设计院志** 1954—2006.2

勘测设计院史志编纂委员会编 新疆 勘测设计院史志编纂委员会 2009年 163页〔新疆生产建设兵团史志丛书〕

008543219

**新疆维吾尔自治区电力设计院志** 1958—1998

新疆电力设计院志编委会编 北京 中国电力出版社 1999年 319页〔新疆电力工业志丛书〕

012052041

**乌鲁木齐市环境保护志**

王文腾主编 乌鲁木齐市环境保护局编 乌鲁木齐 乌鲁木齐市环境保护 1988年 308页

## 天山区

007705609

**天山区志**

天山区志编纂委员会编 上海 上海社会科学院出版社 1994年 465页

008994845

**乌鲁木齐市天山区大事记** 1949.10—1994.12

乌鲁木齐市天山区党史地方志编纂委员会编 乌鲁木齐 新疆人民出版社 1999年 221页

## 沙依巴克区

009677924

**乌鲁木齐市沙依巴克区志**

乌鲁木齐市沙依巴克区党史地方志编纂委员会编 乌鲁木齐 新疆人民出版社 2003年 741页〔新疆维吾尔自治区地方志丛书〕

## 新市区

009393050

**乌鲁木齐市新市区志**

新市区党史地方志编纂委员会编 刘国顺主编 乌鲁木齐 新疆人民出版社 2002年 619页〔新疆维吾尔自治区地方志丛书〕

## 水磨沟区

009867314

**乌鲁木齐市水磨沟区志**

水磨沟区党史地方志编纂委员会编 乌鲁木齐 新疆人民出版社 2004年 733页〔新疆维吾尔自治区地方志丛书〕

## 头屯河区

009046157

**乌鲁木齐市头屯河区志**

乌鲁木齐市头屯河区史志编纂委员会编 焦重炳主编 谈莉副主编 乌鲁木齐 新疆人民出版社 2002年 654页〔新疆维吾尔自治区地方志丛书〕

## 达坂城区

012100054

**乌鲁木齐市南山矿区志**

乌鲁木齐市达坂城区地方志编纂委员会 何莲英主编 乌鲁木齐 新疆人民出版社 2009年 378页〔新疆维吾尔自治区地方志丛书〕

## 米东区

008623357

**米泉县志**

米泉县地方志编纂委员会编 张登华 朱辅明 李学华主编 乌鲁木齐 新疆人民出版社 1998年 741页〔新疆维吾尔自治区地方志丛书〕

013990949

**米东区高新技术工业园志**

于继文主编 米东区高新技术工业园志

编纂委员会编 五家渠 新疆生产建设兵团出版社 2012年 436页〔米东区地方志编纂委员会系列丛书〕

## 乌鲁木齐县

008846151
**米泉县土地志**
米泉县土地志编纂委员会编 乌鲁木齐 新疆人民出版社 1997年 240页〔新疆维吾尔自治区地方志丛书〕

008598552
**乌鲁木齐县志**
乌鲁木齐县地方志编纂委员会编 杨再华主编 马德成 于新华 苏金林副主编 乌鲁木齐 新疆人民出版社 2000年 958页〔新疆维吾尔自治区地方志丛书〕

011479366
**新疆维吾尔自治区米泉县地名图志**
米泉县地名委员会编 米泉 米泉县地名委员会 1986年 170页

009393040
**乌鲁木齐县地名图志**
乌鲁木齐县地名委员会编 乌鲁木齐 乌鲁木齐县地名委员会 1986年 265页

# 克拉玛依市

008623354
**克拉玛依市志**
克拉玛依市地方志编纂委员会编 乌鲁木齐 新疆人民出版社 1998年 841页〔新疆维吾尔自治区地方志丛书〕

009995349
**克拉玛依市人民代表大会志**
克拉玛依市人民代表大会志编纂委员会编 乌鲁木齐 新疆人民出版社 2005年 752页

008598564
**一二九团志**

一二九团史志编纂委员会编 马战胜主编 北京 中华书局 2000年 729页〔中国地方志〕

009400046
**一三六团场志**
一三六团场史志编纂委员会编 周克昌 陈学锦主编 陈学锦总纂 乌鲁木齐 新疆人民出版社 2002年 617页〔新疆生产建设兵团农八师石河子市史志丛书 8〕

009854397
**一三七团志**

一三七团史志编纂委员会编 刘赐安主编 乌鲁木齐 新疆科技卫生出版社 1998年 406页

008835409
**一三〇团志**
一三〇团史志编纂委员会编 朱玉涵主编 北京 中华书局 2000年 512页〔中国地方志〕

008492723
**克拉玛依市土地志**
克拉玛依市土地志编纂委员会编 乌鲁木齐 新疆人民出版社 1999年 465页〔新疆维吾尔自治区地方志丛书〕

011321068
**克拉玛依现代农业开发志**
克拉玛依现代农业开发志编纂委员会编 邱长林主编 乌鲁木齐 新疆人民出版社 2007年 413页〔新疆维吾尔自治区地方志丛书〕

009411795
**百口泉采油厂厂志**
新疆石油管理局百口泉采油厂厂志编纂委员会编 乌鲁木齐 新疆人民出版社 1999年 284页

014052852
**新疆油田采石一厂志** 1960—2011
新疆油田采石一厂志编纂委员会编 乌鲁木齐 新疆人民出版社 2013年

710页〔新疆维吾尔自治区地方志丛书〕

008994833
**克拉玛依邮电志**
克拉玛依邮电志编纂委员会编 乌鲁木齐 新疆人民出版社 2002年 219页〔新疆维吾尔自治区地方志丛书〕

009174489
**新疆维吾尔自治区克拉玛依市地名图志**
克拉玛依市地名委员会编 克拉玛依 1984年 133页

012208472
**新疆维吾尔自治区克拉玛依市地名志**
克拉玛依市地名委员会编 乌鲁木齐 新疆人民出版社 1993年 211页

## 克拉玛依区

012968135
**克拉玛依市克拉玛依区志**
克拉玛依区志编纂委员会编 乌鲁木齐 新疆人民出版社 2011年 667页

## 独山子区

009198594
**独子山区志**
独子山区地方志编纂委员会编 傅玉坤

主编 孙克连常务副主编 李建华 魏献华 申国禧副主编 乌鲁木齐 新疆人民出版社 2003年 763页〔新疆维吾尔自治区地方志丛书〕

木齐 新疆人民出版社 1999年 385页

## 乌尔禾区

009400080
**克拉玛依市乌尔禾区志**
克拉玛依市乌尔禾区志编委会 张德孝主编 乌鲁木齐 新疆人民出版社 1999年 561页

## 白碱滩区

008817078
**克拉玛依市白碱滩区志**
克拉玛依市白碱滩区志编委会编 乌鲁

# 吐鲁番地区

009867309
**吐鲁番地区志**
吐鲁番地区地方志编纂委员会编 柏晓主编 乌鲁木齐 新疆人民出版社 2004年 1266页〔新疆维吾尔自治区地方志丛书〕

013145608
**吐鲁番电业局志** 1999—2010
新疆电力公司系统电力工业志丛书编纂委员会 吐鲁番电业局志编纂委员会编 乌鲁木齐 新疆人民出版社 2011年 472页〔新疆电力公司系统电力工业志丛书〕

012662350
**吐鲁番地区粮食志** 1949.10—1995.12
吐鲁番地区粮食处编 吐鲁番 吐鲁番地区粮食处 1997年 481页

011806017
**吐鲁番地区邮电志**
吐鲁番地区邮电志编纂委员会编 乌鲁木齐 新疆人民出版社 2008年 616页〔新疆维吾尔自治区地方志丛书〕

008838594
**吐鲁番地区电力工业志**
吐鲁番地区电力工业志编纂委员会编 乌鲁木齐 新疆人民出版社 2001年 579页〔新疆维吾尔自治区电力工业志丛书〕

011066576
**吐哈油田新闻志**
魏银广 朱洪月主编 北京 石油工业出版社 2006年 459页

009995574

**新疆吐鲁番风物志**

王嵘编著 昆明 云南人民出版社 2001年 267页 〔中国西部风物志丛书〕

## 吐鲁番市

009016967

**吐鲁番市志**

吐鲁番市志编纂委员会编 乌鲁木齐 新疆人民出版社 2002年 1163页 〔新疆维吾尔自治区地方志丛书〕

011809354

**二二一团志**

二二一团史志编纂委员会编 范仲林主编 乌鲁木齐 2007年 602页 〔新疆生产建设兵团地方志丛书〕

## 鄯善县

008838519

**鄯善县志**

鄯善县志编纂委员会编 石尚忠主编 欧广国 彭秀芳 陈有赋副主编 乌鲁木齐 新疆人民出版社 2001年 1110页 〔新疆维吾尔自治区地方志丛书〕

012051903

**鄯善人物志**

周玮 马龙主编 乌鲁木齐 新疆人民出版社 2008年 130页 〔吐鲁番鄯善文库系列丛书〕

011955368

**鄯善风物志** 第2卷

周玮 李保民主编 乌鲁木齐 新疆人民出版社 2008年 171页 〔吐鲁番鄯善文库系列丛书〕

011955376

**鄯善文物志** 第1卷

李肖 陈云华主编 乌鲁木齐 新疆人民出版社 2008年 457页 〔吐鲁番 2〕

## 托克逊县

009855888

**托克逊县志**

托克逊县地方志编纂委员会编 陈慧琴主编 乌鲁木齐 新疆人民出版社 2005年 1082页 〔新疆维吾尔自治区地方志丛书〕

# 哈密地区

008063809
**哈密地区志**
哈密地区地方志编纂委员会编 郑成加主编 乌鲁木齐 新疆大学出版社 1997年 1563页〔新疆维吾尔自治区地方志丛书〕

011759041
**哈密地区劳动人事志** 1950—1990
哈密地区劳动人事处编 哈密 哈密地区劳动人事处 1996年 221页

013528987
**哈密地区审判志**
哈密地区中级人民法院编 哈密 哈密地区中级人民法院 1993年 314页

009016979
**新疆生产建设兵团哈密农场管理局志**
哈密农场管理局史志编纂委员会编 乌鲁木齐 新疆人民出版社 2001年 513页〔新疆生产建设兵团史志丛书〕

009128397
**哈密地区电力工业志** 1938—1998
新疆维吾尔自治区电力工业志丛书编纂委员会 哈密地区电力工业志编纂委员会编 成都 巴蜀书社 2001年 414页〔新疆维吾尔自治区电力工业志丛书〕

013222085
**哈密矿务局志** 1986—1997
哈密矿务局志编辑委员会编 哈密 哈密矿务局志编辑委员会 1998年 493页

011476871
**哈密地区交通志**
牛华轩主编 哈密地区交通志编纂委员会编 新疆 哈密地区交通志编纂委员会 1994年 480页〔哈密地区地方志丛书 15〕

013528989
**哈密地区邮电志**
哈密地区邮电志编纂室编 哈密 哈密地区邮电志编纂室 1992年 287页〔哈密地区地方志丛书 5〕

013528986
**哈密地区商业志**
范润章主编 哈密地区商业处编 哈密 哈密地区商业处 1990年 280页〔哈密地区地方志丛书 2〕

013528984
**哈密地区财政志**
哈密地区财政处编 哈密 哈密地区财政处 1994年 400页〔哈密地区地方志

丛书 12〕

009174492
**哈密地区地方税务志** 1994—2002
哈密地区地方税务局编 乌鲁木齐 新疆人民出版社 2003 年 436 页〔新疆维吾尔自治区地方志丛书〕

013772667
**哈密地区金融志** 1991—2010
哈密地区金融志编纂委员会 哈密地区地方志编纂委员会办公室编 乌鲁木齐 新疆人民出版社 2012 年 741 页〔新疆维吾尔自治区地方志丛书〕

011476879
**哈密金融志**
哈密金融志编纂委员会编 哈密 哈密金融志编纂委员会 1997 年 433 页

009313381
**哈密地区教育志**
哈密地区教育局编 乌鲁木齐 新疆科学技术出版社 2003 年 309 页

009995567
**新疆哈密风物志**
王嵘编著 昆明 云南人民出版社 2001 年 242 页〔中国西部风物志丛书〕

012967599
**哈密瓜志**
哈密地区地方志编纂委员会编 张新胜

王生荣主编 张仁干执行主编 乌鲁木齐 新疆人民出版社 2011 年 327 页〔新疆维吾尔自治区地方志丛书〕

## 哈密市

010779179
**哈密市志** 1977—2000
哈密市地方志编纂委员会编 张仁干主编 乌鲁木齐 新疆人民出版社 2007 年 1371 页〔新疆维吾尔自治区地方志丛书〕

007509277
**哈密县志**
哈密市地方志编纂委员会编 乌鲁木齐 新疆人民出版社 1989 年 539 页〔新疆维吾尔自治区地方志丛书〕

009232194
**红星二场志**
农十三师红星二场史志编纂委员会编 北京 社会科学文献出版社 2003 年 744 页〔新疆生产建设兵团史志丛书〕

009995334
**红星二牧场志**
红星二牧场志编纂委员会编 北京 方志出版社 2005 年 372 页〔新疆生产建设兵团史志丛书〕

008994767
**红星一场志**
红星一场志编纂委员会编 乌鲁木齐 新疆人民出版社 2001年 622页〔新疆生产建设兵团史志丛书〕

009744942
**黄田农场志**
范崇德主编 北京 中国方志出版社 2005年 336页〔新疆生产建设兵团史志丛书〕

008668394
**火箭农场志**
哈管局火箭农场史志编纂委员会编 江秉仁主编 乌鲁木齐 新疆人民出版社 2000年 443页〔新疆生产建设兵团史志丛书〕

009349803
**柳树泉农场志**
农十三师柳树泉农场史志编纂委员会编 杨主龙主编 北京 方志出版社 2003年 424页〔新疆生产建设兵团史志丛书〕

010022845
**中国歌谣集成 新疆卷 哈密市分卷**
哈密市民间文学集成编辑委员会编 乌鲁木齐 新疆人民出版社 1993年 462页

010474216
**哈密文物志**
哈密文物志编纂组编写 乌鲁木齐 新疆人民出版社 1993年 475页

## 伊吾县

007490392
**伊吾县志**
伊吾县地方志编纂委员会编 刘天雄主编 朱再午总纂 乌鲁木齐 新疆大学出版社 1994年 389页〔新疆维吾尔自治区地方志丛书〕

## 巴里坤哈萨克自治县

007478028
**巴里坤哈萨克自治县志**
张建国主编 巴里坤哈萨克自治县志编纂委员会编 乌鲁木齐 新疆大学出版社 1993年 678页〔新疆维吾尔自治区地方志丛书〕

# 阿克苏地区

010779176

**阿克苏地区志**

阿克苏地区地方志编纂委员会编 王建赟 马新军主编 乌鲁木齐 新疆人民出版社 2008年 3册〔新疆维吾尔自治区地方志丛书〕

009472790

**阿克苏地区人口和计划生育志**

阿克苏地区人口和计划生育编纂委员会编 北京 方志出版社 2004年 709页〔新疆维吾尔自治区阿克苏地区地方志丛书〕

010730549

**阿克苏地区人大志**

阿克苏地区人大工委编 北京 方志出版社 2006年 1142页〔新疆维吾尔自治区阿克苏地区地方志丛书〕

011890422

**阿克苏地区政协志**

政协阿克苏地区工作委员会编 阿克苏 政协阿克苏地区工作委员会 2002年 548页〔新疆维吾尔自治区阿克苏地区地方志丛书〕

009995330

**阿克苏地区审判志**

阿克苏地区审判志编纂委员会编 乌鲁木齐 新疆人民出版社 2005年 366页〔新疆维吾尔自治区阿克苏地区地方志丛书〕

009160293

**阿克苏地区经济贸易志**

王用主编 北京 方志出版社 2003年 540页〔新疆维吾尔自治区阿克苏地区地方志丛书〕

009105214

**阿克苏地区建设志**

阿克苏地区建设志编纂委员会编 乌鲁木齐 新疆人民出版社 1996年 355页〔新疆维吾尔自治区地方志丛书〕

011066403

**阿克苏地区土地志**

阿克苏地区土地志编纂委员会 阿克苏地区国土资源局编 乌鲁木齐 新疆人民出版社 2006年 526页〔新疆维吾尔自治区阿克苏地区地方志丛书〕

012950263

**阿克苏地区粮食志**

阿克苏地区粮食志编纂委员会编 阿克苏 阿克苏地区粮食志编纂委员会 2006年 808页〔新疆维吾尔自治区阿克苏地区地方志丛书〕

011469861
阿克苏地区电力工业志 1938—2004
阿克苏地区电力工业志编纂委员会编 乌鲁木齐 新疆人民出版社 2007年 625页〔新疆维吾尔自治区电力工业志丛书〕

008380250
阿克苏地区交通志
阿克苏地区交通志编纂委员会编 北京 人民交通出版社 1991年 310页

011890414
阿克苏地区交通志 1986—1995
阿克苏地区交通志编纂委员会编 北京 方志出版社 1996年 357页

009561805
阿克苏地区邮电志
刘鸿发主编 姚正山副主编 乌鲁木齐 新疆人民出版社 1998年 412页〔新疆维吾尔自治区地方志丛书〕

012613224
阿克苏地区财政志
杨东禄主编 阿克苏地区财政局编 北京 方志出版社 2009年 702页

009190560
阿克苏地区工商税志 1950—2000
阿克苏地区工商税志编纂委员会编 北京 方志出版社 2003年 349页〔新疆维吾尔自治区阿克苏地区地方志丛书〕

008668399
阿克苏地区金融志
阿克苏地区金融志编纂委员会编 乌鲁木齐 新疆人民出版社 2000年 317页〔新疆维吾尔自治区地方志丛书〕

012982184
阿克苏地区金融志
阿克苏地区金融志编纂委员会 阿克苏地委党史地方志办公室编 乌鲁木齐 新疆人民出版 2007年 774页〔新疆维吾尔自治区地方志丛书〕

009881548
阿克苏地区教育志
阿克苏地区教育志编纂委员会编 乌鲁木齐 新疆人民出版社 2005年 530页〔新疆维吾尔自治区阿克苏地方志丛书〕

010576450
阿克苏河流域志
王用主编 新疆阿克苏河流域管理处编 北京 方志出版社 2006年 767页〔新疆维吾尔自治区阿克苏地区地方志丛书〕

009411877
石油物探局第二地质调查处志 1973—2002
张良斌主编 北京 石油工业出版社

2004 年 520 页

013604199

**阿克苏地区第一人民医院志** 1935—2010

新疆维吾尔自治区阿克苏地区第一人民医院院志编纂委员会编 2012 年 408 页

009411788

**柯柯牙绿化工程志**

柯柯牙绿化工程志编纂委员会编 乌鲁木齐 新疆人民出版社 1996 年 270 页〔新疆维吾尔自治区地方志丛书〕

## 阿克苏市

007914599

**阿克苏市志**

阿克苏市史志编纂委员会编 赵恒书主编 杨集平 臧昕副主编 北京 新华出版社 1991 年 856 页〔新疆维吾尔自治区地方志丛书〕

010730239

**农一师工会志**

农一师工会史志编纂委员会编 乌鲁木齐 新疆人民出版社 2000 年 355 页〔新疆生产建设兵团农一师史志丛书〕

008994475

**工一师二团志**

兵团工一师二团史志编纂委员会编 乌鲁木齐 工一师二团史志编纂委员会 2000 年 401 页〔新疆生产建设兵团史志丛书〕

008384856

**农一师志鉴** 1994—1996

农一师史志编纂委员会编 乌鲁木齐 新疆人民出版社 1997 年 301 页〔新疆生产建设兵团史志丛书〕

010001270

**农一师志鉴** 1997—1999

农一师史志编纂委员会编 乌鲁木齐 新疆人民出版社 2000 年 297 页〔新疆生产建设兵团农一师史志丛书〕

012100566

**一团志 新疆生产建设兵团农一师** 1953—1995

一团史志编纂委员会 张家福主编 熊骏龙 谢其森副主编 乌鲁木齐 新疆人民出版社 1996 年 466 页

008492719

**阿克苏市土地志**

阿克苏市土地志编纂委员会编 乌鲁木齐 新疆人民出版社 1999 年 266 页〔新疆维吾尔自治区地方志丛书〕

012099929

**水利水电工程处志**

农一师水利水电工程处史志编纂委员

会编 乌鲁木齐 新疆人民出版社 2006年 464页〔新疆生产建设兵团农一师史志丛书〕

008994838
**西大桥水电厂志** 1982—1999
新疆生产建设兵团农一师水电厂编 乌鲁木齐 新疆人民出版社 2001年 350页〔新疆维吾尔自治区电力工业志丛书〕

009411702
**农一师教育志**
农一师教育志编纂领导小组编 乌鲁木齐 新疆人民出版社 2000年 551页〔新疆生产建设兵团农一师史志丛书〕

008994797
**农一师农业科学研究所志**
农科所史志编纂委员会编 李尔文主编 乌鲁木齐 新疆人民出版社 2001年 328页〔新疆生产建设兵团农一师史志丛书〕

## 温宿县

007426129
**温宿县志**
温宿县志编纂委员会编 乌鲁木齐 新疆大学出版社 1993年 897页〔新疆维吾尔自治区地方志丛书〕

010730217
**五团志**
农一师五团史志编纂委员会 孙举国主编 张振新 周吉庆副主编 乌鲁木齐 新疆人民出版社 1998年 352页〔新疆生产建设兵团农一师史志丛书〕

008994820
**温宿县土地志**
温宿县土地志编写组编 王元基 王用主编 王用编纂 乌鲁木齐 新疆人民出版社 2002年 314页〔新疆维吾尔自治区地方志丛书〕

008543251
**温宿县青年农场志**
温宿县青年农场志编写组编 乌鲁木齐 新疆人民出版社 1996年 296页〔新疆温宿县地方志丛书〕

011479368
**温宿县邮电志**
温宿县邮电志编写组编 乌鲁木齐 新疆人民出版社 1995年 168页〔新疆温宿县地方志丛书〕

012506388
**新疆维吾尔自治区温宿县地名图志**
温宿县地名委员会编 温宿 温宿县地名委员会 1989年 421页

## 库车县

006822852
**库车县志**
裴孝曾主编 张晓森副主编 库车县志编纂委员会编 乌鲁木齐 新疆大学出版社 1993年 785页〔新疆维吾尔自治区地方志丛书〕

011996893
**库车县政协志**
政协库车县委员会编 乌鲁木齐 新疆人民出版社 2008年 194页

013064809
**库车县水利志**
库车县水利志编纂委员会编 乌鲁木齐 新疆科技卫生出版社 1993年 254页

## 沙雅县

007992176
**沙雅县志**
沙雅县史志编纂委员会编 乌鲁木齐 新疆人民出版社 1995年 751页〔新疆维吾尔自治区地方志丛书〕

013706202
**沙雅县人大志**
沙雅县人大志编纂委员会编 沙雅 沙雅县人大志编纂委员会 2001年 368页〔新疆维吾尔自治区地方志丛书〕

008668384
**沙雅县金融志**
沙雅县金融志编纂委员会编 孔南山主编 乌鲁木齐 新疆人民出版社 1998年 294页〔新疆维吾尔自治区地方志丛书〕

## 新和县

007990218
**新和县志**
彭启先 陈云华主编 新和县志编纂委员会编 乌鲁木齐 新疆人民出版社 1997年 809页〔新疆维吾尔自治区地方志丛书〕

## 拜城县

010572377
**拜城县志 送审二稿**
拜城县史志办编 拜城 拜城县史志办 2001年 31册

009619729
**拜城县志 送审稿 三稿**
拜城县史志办公室编 拜城 拜城县史志办公室 2003年 29册〔新疆维吾尔自治区地方志丛书〕

009393139
**拜城县志**

拜城县史志编纂委员会编 车保安主编 杨轩副主编 乌鲁木齐 新疆人民出版社 2004年 721页〔新疆维吾尔自治区地方志丛书〕

### 乌什县

009319920
**乌什县志**
乌什县地方志编纂委员会编 刘培信主编 乌鲁木齐 新疆人民出版社 2003年 789页〔新疆维吾尔自治区地方志丛书〕

009854399
**农一师四团志**
农一师四团史志编纂委员会编 乌鲁木齐 新疆人民出版社 1997年 356页〔新疆生产建设兵团农一师史志丛书〕

### 阿瓦提县

008623302
**阿瓦提县志**
阿瓦提县地方志编纂委员会编 张诠主编 乌鲁木齐 新疆人民出版社 1999年 562页〔新疆维吾尔自治区地方志丛书〕

008994729
**三团志**
农一师三团史志编纂委员会编 乌鲁木齐 新疆人民出版社 1996年 476页〔新疆生产建设兵团农一师史志丛书〕

### 柯坪县

006755052
**柯坪县志**
柯坪县志编纂委员会编 乌鲁木齐 新疆大学出版社 1992年 485页〔新疆维吾尔自治区地方志丛书〕

## 喀什地区

009442683
**喀什地区志**
喀什地区地方志编纂委员会编 李宏 姜宗禹主编 乌鲁木齐 新疆人民出版社 2004年 2册 1826页〔新疆维吾尔自治区地方志丛书〕

013774300
**喀什地区邮电志**
喀什地区邮电志编纂委员会编 乌鲁木齐 新疆人民出版社 2012年 820页〔新疆维吾尔自治区地方志丛书〕

008482748
**喀什地区税务志**
喀什地区国家税务局 喀什地区地方税务局编 乌鲁木齐 新疆人民出版社 1998年 455页〔新疆维吾尔自治区地方志丛书〕

009001367
**新疆喀什地区财政志**
喀什地区财政局喀什地区财政志编委会编 乌鲁木齐 新疆人民出版社 2001年 571页

009002176
**新疆喀什风物志**
管守新 梁俊燕 张文亚编著 昆明 云南人民出版社 2001年 273页〔中国西部风物志丛书〕

008924770
**新疆维吾尔自治区喀什地区地名图志**
喀什地区地名委员会编 喀什 喀什地区地名委员会 1987年 469页

012832263
**喀什地区第一人民医院院志** 1990—2003
朱忠一主编 喀什 喀什地区第一人民医院 2004年 199页

## 喀什市

009062139
**喀什市志**
喀什市地方志编纂委员会编 阿不都热西提·阿吉 王时样主编 乌鲁木齐 新疆人民出版社 2002年 811页〔新疆维吾尔自治区地方志丛书〕

012661380
**喀什市人民代表大会志**
喀什市人民代表大会志编纂工作领导小组编 乌鲁木齐 新疆人民出版社 2010年 740页

008543190
**农三师志** 初稿
陈仁祖主编 农三师史志编纂委员会编 乌鲁木齐 农三师史志编纂委员会 1999年 697页

010001272
**农三师志**
农三师史志编纂委员会编 乌鲁木齐 新疆人民出版社 2000年 776页〔新疆生产建设兵团史志丛书〕

011809428
**新疆维吾尔自治区喀什市地名图志**
喀什市地名委员会编 喀什 喀什市地名

委员会 1985 年 170 页

## 疏附县

008492741
**疏附县志**
疏附县地方志编纂委员会编 邱季玉主编 乌鲁木齐 新疆人民出版社 1999 年 608 页〔新疆维吾尔自治区地方志丛书〕

## 疏勒县

008866493
**疏勒县志**
疏勒县地方志编纂委员会编 乌鲁木齐 新疆人民出版社 2001 年 987 页〔新疆维吾尔自治区地方志丛书〕

## 英吉沙县

009198595
**英吉沙县志**
英吉沙县地方志编纂委员会编 乌鲁木齐 新疆人民出版社 2003 年 1230 页〔新疆维吾尔自治区地方志丛书〕

## 泽普县

006105376
**泽普县志**
泽普县志编纂委员会编 乌鲁木齐 新疆大学出版社 1992 年 538 页〔新疆维吾尔自治区地方志丛书〕

010779194
**泽普县人大志**
泽普县人大志编纂委员会编 乌鲁木齐 新疆人民出版社 2006 年 582 页

## 叶城县

008623383
**叶城县志**
叶城县地方志编纂委员会编 乌鲁木齐 新疆人民出版社 1999 年 716 页〔新疆维吾尔自治区地方志丛书〕

012723377
**叶城县地名图志**
叶城县人民政府编著 乌鲁木齐 新疆人民出版社 2011 年 597 页

## 麦盖提县

007482380
**麦盖提县志**
麦盖提县志编纂委员会编 张上一主编 乌鲁木齐 新疆大学出版社 1994 年 621 页〔新疆维吾尔自治区地方志丛书〕

008994754
**四十三团场志**

谢家贵主编 四十三团史志编纂委员会编 麦盖提 四十三团史志编纂委员会 1996年 476页〔新疆生产建设兵团史志丛书〕

## 岳普湖县

007585925

**岳普湖县志**

岳普湖县志编纂委员会编 谢富旺主编 乌鲁木齐 新疆人民出版社 1996年 560页〔新疆维吾尔自治区方志丛书〕

009392969

**岳普湖县政法志**

岳普湖县政法志编纂委员会编 乌鲁木齐 新疆人民出版社 2004年 314页

012100842

**岳普湖县文体广电志**

岳普湖县文体广电志编纂委员会编 岳普湖 岳普湖县文体广电志编纂委员会 2005年 255页

010144766

**岳普湖县教育志**

岳普湖县教育志编纂委员会编 何海源主编 乌鲁木齐 新疆人民出版社 2002年 253页

## 伽师县

010280439

**伽师县志**

伽师县地方志编纂委员会编 乌鲁木齐 新疆人民出版社 2006年 873页〔新疆维吾尔自治区地方志丛书〕

## 巴楚县

008637238

**巴楚县志**

巴楚县地方志编纂委员会编 杨曦东主编 乌鲁木齐 新疆大学出版社 1998年 920页〔新疆维吾尔自治区地方志丛书〕

009677926

**巴楚邮电志**

巴楚邮电志编纂委员会编著 北京 人民邮电出版社 1997年 233页

012506384

**新疆维吾尔自治区巴楚县地名图志**

巴楚县地名委员会编 巴楚 巴楚县地名委员会 1989年 338页

## 塔什库尔干塔吉克自治县

011998351

**塔什库尔干塔吉克自治县志**

塔什库尔干塔吉克自治县地方志编纂

委员会编 姚开明主编 乌鲁木齐 新疆人民出版社 2009 年 738 页〔新疆维吾尔自治区地方志丛书〕

001921253
**塔吉克语简志**
高尔锵编著 北京 民族出版社 1985 年 153 页〔中国少数民族语言简志丛书〕

## 和田地区

012811381
**和田地区志**
和田地区地方志编纂委员会编 赵文定主编 乌鲁木齐 新疆人民出版社 2011 年 2 册〔新疆维吾尔自治区地方志丛书〕

013183474
**和田地区人大志**
和田地区人大志编纂委员会编 北京 民族出版社 2010 年 957 页

012811375
**和田地区政协志**
政协和田地区工作委员会编 乌鲁木齐 新疆人民出版社 2010 年 529 页

009400340
**和田农场管理局志**
和田农场管理局史志编纂委员会编 乌鲁木齐 新疆人民出版社 2002 年 597 页〔新疆生产建设兵团史志丛书〕

012610593
**和田地区土地志**
和田地区土地志编纂委员会编 乌鲁木齐 新疆人民出版社 2009 年 499 页

011890784
**和田地区邮电志**
黄瀚主编 和田地区邮电志编纂委员会编 乌鲁木齐 新疆人民出版社 2008 年 613 页

012191938
**和田地区地名图志**
和田地区地名图志编纂委员会编纂 乌鲁木齐 新疆人民出版社 2009 年 857 页

013660462
**新疆和田草地植物志**
和田地区畜牧局 和田地区草原工作站编著 乌鲁木齐 新疆科学技术出版社 2012 年 617 页

## 和田市

010144763

**和田市志**

和田市地方志编纂委员会编 苗云泊主编 乌鲁木齐 新疆人民出版社 2006年 557页〔新疆维吾尔自治区地方志丛书〕

## 墨玉县

011805710

**墨玉县志**

墨玉县地方志编纂委员会编 刘敬明主编 乌鲁木齐 新疆人民出版社 2008年 901页〔新疆维吾尔自治区地方志丛书〕

009082533

**四十七团志**

陈宏平总纂 新疆生产建设兵团史志编纂委员会 四十七团史志编纂委员会编 乌鲁木齐 新疆人民出版社 2003年 616页〔新疆生产建设兵团史志丛书〕

012208477

**墨玉县地名图志**

墨玉县人民政府地名办公室编 墨玉 墨玉县人民政府地名办公室 1985年 200页

## 洛浦县

009348301

**洛浦县志**

洛浦县志编纂委员会编 孙斌主编 乌鲁木齐 新疆美术摄影出版社 2001年 779页〔新疆维吾尔自志区地方志丛书〕

012052448

**新疆维吾尔自治区洛浦县地名图志**

洛浦县地名委员会编 洛浦 洛浦县地名委员会 1987年 178页

## 策勒县

010146798

**策勒县志 征求意见稿**

策勒县志编辑室编 策勒 策勒县志编辑室 2004年 948页

009890533

**策勒县志**

策勒县地方志编纂委员会编 孙新茂主编 乌鲁木齐 新疆人民出版社 2005年 843页〔新疆维吾尔自治区地方志丛书〕

012208392

**策勒县地名图志**

策勒县地名委员会编 策勒 策勒县地名委员会 1985年 195页

## 于田县

009890581
**于田县志**
于田县地方志编纂委员会编 魏永龙主编 乌鲁木齐 新疆人民出版社 2006年 794页〔新疆维吾尔自治区地方志丛书〕

## 民丰县

010280441
**民丰县志**
民丰县地方志编纂委员会编 阮伟杰 阎瑄主编 乌鲁木齐 新疆人民出版社 2007年 713页〔新疆维吾尔自治区地方志丛书〕

008450391
**民丰志** 1923—1996
民丰志编纂委员会编 北京 中华书局 1999年 576页

# 昌吉回族自治州

008994772
**昌吉回族自治州志**
昌吉回族自治州地方志编纂委员会编 马登杰 聂智生主编 顾文燕 徐家文副主编 乌鲁木齐 新疆人民出版社 2002年 2册 2103页〔新疆维吾尔自治区地方志丛书〕

013680578
**昌吉回族自治州统计志**
昌吉回族自治州统计局编 昌吉 昌吉回族自治州统计局 2008年 502页〔昌吉回族自治州地方志丛书〕

009106230
**昌吉回族自治州工会志**
昌吉回族自治州总工会编 乌鲁木齐 新疆人民出版社 1997年 714页〔新疆维吾尔自治区昌吉回族自治州地方志丛书〕

009393135
**昌吉回族自治州土地志**
昌吉回族自治州土地志编纂委员会编 北京 方志出版社 2004年 318页〔新疆维吾尔自治区地方志丛书〕

013751474
**昌吉回族自治州粮食志**
昌吉回族自治州粮食志编纂委员会编 乌鲁木齐 新疆大学出版社 1997年 315页〔新疆维吾尔自治区昌吉回族自治州地方志丛书〕

008598555

**新疆昌吉回族自治州电力工业志** 1937—1995

昌吉回族自治州电力工业志编辑部编著 北京 中国电力出版社 2000年 417页〔新疆维吾尔自治区电力工业志丛书〕

012636896

**新疆昌吉回族自治州石油公司志**

昌吉州石油公司编 乌鲁木齐 新疆大学出版社 1994年 367页

009411754

**新疆屯河集团有限责任公司志** 1983—1997

新疆屯河集团有限责任公司志编纂委员会编 乌鲁木齐 新疆人民出版社 1998年 422页

014026442

**昌吉回族自治州金融志**

昌吉回族自治州金融志编纂委员会编 昌吉 新疆金版印务有限公司 2003年 555页〔昌吉回族自治州地方志丛书〕

012096412

**昌吉回族自治州文化艺术志**

昌吉回族自治州文化艺术志编纂委员会编 孙宗礼主编 乌鲁木齐 新疆美术摄影出版社 1997年 620页

012175090

**新疆维吾尔自治区昌吉回族自治州地名图志**

昌吉回族自治州地名委员会编 新疆 昌吉回族自治州地名委员会 1989年 442页

012636901

**新疆昌吉回族自治州人民医院院志** 1955—2005 修改稿

新疆昌吉州人民医院院志编纂委员会编 昌吉 新疆昌吉州人民医院院志编委会 2005年 203页

## 昌吉市

009995341

**军户农场志** 1958—2002

农六师军户农场史志编纂委员会 徐金石主编 乌鲁木齐 新疆电子出版社 2004年 627页〔庭州屯垦地情丛书〕

013900942

**新疆昌吉棉纺织厂志**

侯江 张忠林主编 党光毅执行主编 昌吉 新疆昌吉棉纺织厂 2000年 539页〔新疆维吾尔自治区昌吉回族自治州地方志丛书〕

012636889

**新疆维吾尔自治区地质矿产勘查开发局地球物理化学探矿大队队志**

1958—2008

新疆地矿局物化探大队队志编纂委员会编 昌吉 新疆地矿局物化探大队队志编纂委员会 2008年 108页

011479346

**新疆维吾尔自治区昌吉市地名图志**

昌吉市地名委员会编 昌吉 昌吉市地名委员会 1985年 277页

## 阜康市

008817208

**阜康县志**

阜康市党史地方志编纂委员会编 周建南主编 乌鲁木齐 新疆人民出版社 2001年 845页〔新疆维吾尔自治区地方志丛书〕

009995560

**土墩子农场志** 1955—2000

农六师土墩子农场史志编纂委员会 吴华宗主编 乌鲁木齐 新疆电子出版社 2004年 328页〔庭州屯垦地情丛书〕

011500772

**二二二团志**

新疆生产建设兵团二二二团史志编纂委员会编 乌鲁木齐 新疆人民出版社 2007年 762页〔新疆生产建设兵团史志丛书〕

010778355

**六运湖农场志** 1965—2002

农六师六运湖农场志编纂委员会编 乌鲁木齐 新疆电子出版社 2004年 332页〔庭州屯垦地情丛书〕

011909883

**阜康县地名图志**

阜康县地名委员会编 阜康 阜康县地名委员会 1984年 274页

013756280

**天山天池志**

新疆天山天池志管理委员会编 乌鲁木齐 新疆人民出版社 2012年 673页

## 呼图壁县

007913538

**呼图壁县志**

周万兴主编 笪龙根 刘树靖副主编 乌鲁木齐 新疆人民出版社 1992年 752页〔新疆维吾尔自治区地方志丛书〕

008816778

**呼图壁县志评论集**

刘树靖主编 乌鲁木齐 新疆人民出版社 1995年 175页

012638863

**呼图壁县政协志**

中国人民政治协商会议呼图壁县委员

会编 呼图壁 中国人民政治协商会议呼图壁县委员会 2007年 402页

009042845
**芳草湖农场志**
芳草湖农场志编纂委员会编 乌鲁木齐 新疆人民出版社 2003年 658页〔新疆生产建设兵团史志丛书〕

009414699
**一〇六团志**
农六师一〇六团史志编纂委员会 何舜卿主编 乌鲁木齐 新疆电子出版社 2004年 328页〔庭州屯垦地情丛书〕

009157273
**一一一团志** 1962—2001
一一一团史志编纂委员会编 乌鲁木齐 新疆人民出版社 2004年 412页〔新疆生产建设兵团史志丛书〕

010201437
**呼图壁县农村信用合作社社志** 1954—2002
呼图壁县农村信用合作社编 呼图壁 呼图壁县农村信用合作社 2002年 57页

012208467
**新疆维吾尔自治区呼图壁县地名图志**
呼图壁县地名委员会编 呼图壁 呼图壁县地名委员会 1985年 253页

013689528
**呼图壁河水利志**
呼图壁河水利志编纂委员会编 张希九主编 刘树靖执行主编 乌鲁木齐 新疆人民出版社 2012年 570页〔新疆维吾尔自治区地方志丛书〕

## 玛纳斯县

007490393
**玛纳斯县志**
玛纳斯县地方志编纂委员会编 乌鲁木齐 新疆大学出版社 1993年 561页〔新疆维吾尔自治区地方志丛书〕

009234371
**新湖总场志** 1963—2000
新湖总场史志编纂委员会编 乌鲁木齐 新疆人民出版社 2003年 745页〔新疆生产建设兵团史志丛书〕

008994548
**一四九团场志** 1958—1997
马军民主编 张登喜副主编 一四九团场史志编纂委员会编 乌鲁木齐 新疆人民出版社 2002年 445页〔新疆生产建设兵团农八师石河子市史志丛书 16〕

008994545
**一四七团志**
一四七团史志编纂委员会编 吴晓愧主编 乌鲁木齐 新疆人民出版社 1999

年 531 页〔新疆生产建设兵团史志丛书〕

008838587
**玛纳斯县土地志**
玛纳斯县土地志编纂委员会编 北京 中华书局 2001 年 485 页〔新疆维吾尔自治区地方志丛书〕

012097819
**玛纳斯发电厂志**
玛纳斯发电厂志编纂委员会编 玛纳斯 新疆玛纳斯发电厂 1999 年 277 页〔新疆维吾尔自治区电力工业志丛书〕

009042855
**玛纳斯县财政志**
玛纳斯县财政志编纂委员会编 玛纳斯 玛纳斯县财政志编纂委员会 2002 年 403 页

## 奇台县

007060933
**奇台县志**
奇台县史志编纂委员会编 周海山主编 乌鲁木齐 新疆大学出版社 1994 年 690 页〔新疆维吾尔自治区地方志丛书〕

012614271
**奇台县志**
奇台县史志编纂委员会编 周海山主编 五家渠 新疆生产建设兵团出版社 2009 年 657 页〔新疆维吾尔自治区地方志丛书〕

008924804
**中国共产党奇台县历史大事记** 1949.10—1989.12
奇台县党史地方志编纂委员会编 奇台 奇台县党史地方志编纂委员会 1992 年 217 页

009784682
**北塔山牧场志** 1952—2003
农六师北塔山牧场史志编纂委员会 夏国富 吕维安主编 乌鲁木齐 新疆电子出版社 2004 年 350 页〔庭州屯垦地情丛书〕

008838540
**一九〇团志**
一九〇团志编纂委员会编 林齐过主编 乌鲁木齐 新疆人民出版社 2000 年 546 页〔新疆生产建设兵团史志丛书〕

009799605
**一九〇团志** 1958—2000
农六师一〇九团史志编纂委员会 万越兴 刘兴贵主编 乌鲁木齐 新疆电子出版社 2005 年 287 页〔庭州屯垦地情丛书〕

009414705

**一一〇团志**

农六师一一〇团史志编纂委员会 朱永清主编 乌鲁木齐 新疆电子出版社 2004年 270页〔庭州屯垦地情丛书〕

010293881

**一〇八团志** 1958—2003

农六师一〇八团史志编纂委员会 姚俊涛主编 乌鲁木齐 新疆电子出版社 2005年 408页〔庭州屯垦地情丛书〕

## 吉木萨尔县

009008812

**吉木萨尔县志**

吉木萨尔县史志编纂委员会编 杨沐恩主编 乌鲁木齐 新疆人民出版社 2002年 719页〔新疆维吾尔自治区地方志丛书〕

009700539

**一〇七团志**

农六师一〇七团史志编纂委员会 马新中主编 刘灿煌 宋朝元副主编 乌鲁木齐 新疆电子出版社 2004年 352页〔庭州屯垦地情丛书〕

005765583

**吉木萨尔方言志**

周磊 王燕著 乌鲁木齐 新疆人民出版社 1991年 173页

## 木垒哈萨克自治县

009105226

**木垒哈萨克自治县志**

木垒哈萨克自治县地方志编纂委员会编 王胜兵 沙砚勤主编 乌鲁木齐 新疆人民出版社 2003年 637页〔新疆维吾尔自治区地方志丛书〕

# 博尔塔拉蒙古自治州

008598609

**博尔塔拉蒙古自治州志**

博尔塔拉蒙古自治州地方志编纂委员会编 刘震 王维梁 李书权主编 胡博生副主编 乌鲁木齐 新疆大学出版社 1999年 1064页〔新疆维吾尔自治区地方志丛书〕

012995269

**博州人大志**

武立德主编 博州人大志编纂委员会编 博乐 博州人大志编纂委员会 2007

年 688 页

012191505
博尔塔拉蒙古自治州电力工业志
1957—2002
新疆电力公司系统电力工业志丛书编纂委员会 博尔塔拉蒙古自治州电力工业志编纂委员会编 乌鲁木齐 新疆人民出版社 2009 年〔新疆电力公司系统电力工业志丛书〕

008866486
博尔塔拉蒙古自治州邮电志
张丽丽主编 天津 天津古籍出版社 1999 年 394 页

013859409
博尔塔拉蒙古自治州税务志
博尔塔拉蒙古自治州国家税务局 博尔塔拉蒙古自治州地方税务局编 博尔塔拉 博尔塔拉蒙古自治州国家税务局 2002 年 428 页

012950469
博尔塔拉卫生志
博尔塔拉卫生志编辑室编 博尔塔拉 博尔塔拉卫生志编辑室 1990 年 527 页

## 博乐市

006543008
博乐市志
博乐市志编纂委员会编 乌鲁木齐 新疆人民出版社 1992 年 782 页〔新疆维吾尔自治区地方志丛书〕

008378549
八十九团志 1963—1997
八十九团史志编纂委员会编 乌鲁木齐 新疆人民出版社 1998 年 395 页〔新疆生产建设兵团史志丛书〕

008614847
八十六团志
八十六团史志编纂委员会编 乌鲁木齐 新疆人民出版社 2000 年 302 页〔新疆生产建设兵团史志丛书〕

009342979
八十四团志
八十四团史志编纂委员会编 乌鲁木齐 新疆人民出版社 2000 年 397 页〔新疆生产建设兵团史志丛书〕

009342989
八十五团志
八十五团史志编纂委员会编 程定录主编 乌鲁木齐 新疆大学出版社 1999 年 339 页〔新疆生产建设兵团史志丛书〕

008543155
九十团志 1960—1998
吴仲连主编 九十团史志编纂委员会编 乌鲁木齐 新疆人民出版社 2000 年 402 页〔新疆生产建设兵团史志丛

书〕

009480295

**农五师志** 1949—2003

农五师史志编纂委员会编 乌鲁木齐 新疆人民出版社 2005年 930页〔新疆生产建设兵团史志丛书〕

009341039

**农五师土地志**

农五师土地志编纂委员会 王盛主编 乌鲁木齐 新疆人民出版社 2004年 371页〔农五师史志丛书〕

009784693

**新疆生产建设兵团农五师电力工业志** 1953—1997

农五师电力公司编著 北京 中国电力出版社 2000年 240页〔新疆维吾尔自治区电力工业志丛书〕

011810725

**中国谚语集成 新疆卷 新疆生产建设兵团农五师分卷**

农五师民间文学集成编辑委员会编 新疆 农五师民间文学集成编辑委员会 1992年 139页〔新疆生产建设兵团民间文学集成〕

009042838

**博乐市地名图志**

博乐市地名委员会编 博乐 博乐市地名委员会编 1991年 237页

## 精河县

008623350

**精河县志**

周洪主编 何平熙副主编 精河县地方志编纂委员会编 乌鲁木齐 新疆人民出版社 1998年 811页〔新疆维吾尔自治区地方志丛书〕

009342978

**八十二团志** 1959—1999

八十二团史志编纂委员会编 乌鲁木齐 新疆人民出版社 2000年 406页〔新疆生产建设兵团史志丛书〕

008598586

**八十三团志**

农五师八十三团史志编纂委员会编 乌鲁木齐 新疆人民出版社 2000年 403页〔新疆生产建设兵团史志丛书〕

008994537

**九十一团志** 1959—1997

九十一团史志编纂委员会编 乌鲁木齐 新疆人民出版社 2001年 375页〔新疆生产建设兵团史志丛书〕

012899002

**精河金融志** 1986—1995

精河金融志编纂委员会编 杨平主编 吴伊彬常务主编 乌鲁木齐 新疆人民出版社 1997年 378页〔新疆精河县地

方志丛书〕

## 温泉县

009174495
**温泉县志**
温泉县地方志编纂委员会编 宋克强 王萍主编 申世平 韩淑娟副主编 乌鲁木齐 新疆人民出版社 2003 年 952 页〔新疆维吾尔自治区地方志丛书〕

010001268
**八十八团志**
八十八团史志编纂委员会编 乌鲁木齐 新疆人民出版社 2000 年 394 页〔新疆生产建设兵团史志丛书〕

009117625
**八十七团志**
八十七团史志编纂委员会 王翠兰主编 黄奇雪副主编 乌鲁木齐 新疆人民出版社 2001 年 301 页〔新疆生产建设兵团史志丛书〕

012900037
**新疆维吾尔自治区温泉县地名图志**
温泉县地名委员会编 温泉 温泉县地名委员会 1989 年 221 页

# 巴音郭楞蒙古自治州

007482392
**巴音郭楞蒙古自治州志**
金向宏主编 谢政学 富察兆文 张体先副主编 巴音郭楞蒙古自治州地方志编纂委员会编 北京 当代中国出版社 1994 年 3 册 2295 页〔新疆维吾尔自治区地方志丛书〕

013646819
**巴州政协志**
中国人民政治协商会议巴音郭楞蒙古自治州委员会编 库尔勒 中国人民政治协商会议巴音郭楞蒙古自治州委员会 2005 年 568 页

012636881
**新疆维吾尔自治区巴音郭楞蒙古自治州县(市)军事志**
巴音郭楞军分区军事志编委会编 巴音郭楞 巴音郭楞军分区军事志编委会 2006 年 1149 页

013090702
**巴音郭楞蒙古自治州金融志**
巴音郭楞蒙古自治州金融志编纂委员会编 乌鲁木齐 新疆人民出版社 2011 年 2 册

013402774

**巴音郭楞职业技术学院志** 2002—2011

巴音郭楞职业技术学院志编纂委员会编 乌鲁木齐 新疆人民出版社 2012年 444页

009399989

**新疆巴音郭楞风物志**

张体先编著 昆明 云南人民出版社 2001年 214页〔中国西部风物志丛书〕

## 库尔勒市

007693085

**库尔勒市志**

江庆芳主编 库尔勒市史志编纂委员会编 乌鲁木齐 新疆人民出版社 1995年 794页〔新疆维吾尔自治区地方志丛书〕

013991265

**农二师组织志**

中共农二师委员会组织部编 库尔勒 农二师光彩印务有限责任公司 2006年 449页

008543147

**二十八团志**

新疆生产建设兵团农二师二十八团史志编纂委员会编 郭建清 王志军主编 徐海忠 王野苹 杨川江副主编 乌鲁木齐 新疆大学出版社 2000年 523页〔新疆生产建设兵团史志丛书〕

009411738

**二十九团志**

王野苹主编 兵团农二师二十九团志编纂委员会编 乌鲁木齐 新疆人民出版社 1997年 665页〔新疆生产建设兵团史志丛书〕

008482755

**三十团志**

新疆生产建设兵团农二师三十团史志编纂委员会编 杜奎林主编 时新芝副主编 乌鲁木齐 新疆人民出版社 1999年 569页〔新疆生产建设兵团史志丛书〕

008994842

**十八团渠管理处志**

十八团渠管理处史志编纂委员会编 田均夫 高升发总编 蔡其寿主编 乌鲁木齐 新疆人民出版社 2001年 419页〔新疆生产建设兵团史志丛书〕

007519781

**农二师志**

农二师史志编纂委员会编 王野苹总编 李志远副总编 乌鲁木齐 新疆人民出版社 1995年 822页〔新疆生产建设兵团史志丛书〕

008379319

**新疆湖光纺织针织厂志**

连士佩主编 库尔勒 新疆生产建设兵团湖光纺织针织厂编纂委员会 1997 年 560 页〔新疆生产建设兵团史志丛书〕

012968140

库尔勒市教育志

库尔勒市教育局教育志编写小组编 库尔勒 库尔勒市教育局 1986 年 294 页

011809443

新疆维吾尔自治区库尔勒市地名图志

库尔勒市地名委员会编 库尔勒 库尔勒市地名委员会 1987 年 269 页

009400081

第三地质调查处志

第三地质调查处志编委会编 乌鲁木齐 新疆人民出版社 1999 年 675 页

013190354

中国油气田开发志 第 9 卷 塔里木油气区卷

中国油气田开发志总编纂委员会编 北京 石油工业出版社 2011 年 457 页

013630156

中国油气田开发志 第 9 卷 塔里木油气区油气田卷

中国油气田开发志总编纂委员会编 北京 石油工业出版社 2011 年 1037 页

008051779

塔指油气开发志

塔指油气开发志编纂委员会编 乌鲁木齐 新疆人民出版社 1997 年 912 页〔新疆维吾尔自治区地方志丛书〕

## 轮台县

007913536

轮台县志

轮台县党史 县志编纂委员会编 苏浩发主编 北京 新华出版社 1991 年 552 页〔新疆维吾尔自治区地方志丛书〕

008543209

轮台县邮电志

轮台县邮电志编纂委员会编 北京 中国商业出版社 1998 年 244 页

## 尉犁县

007659598

尉犁县志

尉犁县地方志编纂委员会编 乌鲁木齐 新疆大学出版社 1993 年 474 页〔新疆维吾尔自治区地方志丛书〕

009342966

三十二团志

新疆生产建设兵团农二师三十二团史志编纂委员会编 刘伯璋主编 杨郎柱副主编 乌鲁木齐 新疆人民出版社

1998年 475页〔新疆生产建设兵团史志丛书〕

008382868
**三十三团志**
三十三团史志编纂委员会编 杨德胜主编 张治平 胡正国副主编 乌鲁木齐 新疆人民出版社 1997年 463页〔新疆生产建设兵团史志丛书〕

008994513
**三十四团志**
三十四团史志编纂委员会编 胡学良主编 乌鲁木齐 新疆人民出版社 2001年 851页〔新疆生产建设兵团史志丛书〕

009411734
**三十一团志**
新疆生产建设兵团农二师三十一团史志编纂委员会 陈瑞彬主编 潘信造副主编 乌鲁木齐 新疆人民出版社 1998年 619页〔新疆生产建设兵团史志丛书〕

## 若羌县

007913545
**若羌县志**
李双成主编 宋建伟副主编 若羌县志编纂委员会编 乌鲁木齐 新疆大学出版社 1992年 472页〔新疆维吾尔自治区地方志丛书〕

008382878
**三十六团志**
三十六团史志编纂委员会编 周金龙主编 易显祥副主编 若羌 三十六团史志编纂委员会 1996年 284页〔新疆生产建设兵团史志丛书〕

## 且末县

007693082
**且末县志**
且末县地方志编纂委员会编 孙红卫主编 乌鲁木齐 新疆人民出版社 1996年 526页〔新疆维吾尔自治区地方志丛书〕

## 和静县

007585909
**和静县志**
和静县史志编纂委员会 洪永祥主编 乌鲁木齐 新疆人民出版社 1995年 854页〔新疆维吾尔自治区地方志丛书〕

009411722
**二二三团志**
二二三团史志编纂委员会编 陈章荣主编 苏登奎 史维疆副主编 哈木呼提镇 二二三团史志编纂委员会 1996年 366页〔新疆生产建设兵团史志丛书〕

008543144

二十三团志

于世全主编 任叔森 韩峰副主编 兵团农二师二十三团史志编纂委员会编 巴音郭楞 巴音郭楞日报社印刷厂 1998年 603页〔新疆生产建设兵团史志丛书〕

008378545

二十一团志

文树国主编 杨文征副主编 农二师二十一团史志编纂委员会编 乌鲁木齐 新疆人民出版社 1997年 630页〔新疆生产建设兵团史志丛书〕

008994737

新疆湖光糖厂志

新疆湖光糖厂史志编纂委员会编 乌鲁木齐 新疆人民出版社 2001年 570页〔新疆生产建设兵团史志丛书〕

008598561

和静县邮电志

和静县邮电志编纂委员会编 北京 中国商业出版社 2000年 224页

012636873

和静县地名图志

和静县地名委员会编 和静 和静县地名委员会 1986年 309页

## 和硕县

008623339

和硕县志

和硕县地方志编纂委员会编 乌鲁木齐 新疆人民出版社 1999年 859页〔新疆维吾尔自治区地方志丛书〕

009411729

二十四团志

新疆生产建设兵团农二师二十四团史志编纂委员会编 黄中贤主编 巴音郭楞 巴音郭楞日报社印刷厂 1999年 631页〔新疆生产建设兵团史志丛书〕

013860709

和硕县土地志

和硕县土地志编纂委员会编 新疆 新疆新华印刷二厂制版印刷 2004年 339页〔新疆维吾尔自治区地方志丛书〕

## 博湖县

007508933

博湖县志

博湖县志编纂委员会编 乌鲁木齐 新疆人民出版社 1993年 488页〔新疆维吾尔自治区地方志丛书〕

008994511

二十五团志

尚念公总编 陈通湖主编 周星副主编 兵团农二师二十五团史志编纂委员会编 博湖 兵团农二师二十五团史志编纂委员会 2000年 500页〔新疆生产建设兵团史志丛书〕

008994795
**博湖县土地志**
博湖县土地志编纂委员会编 乌鲁木齐 新疆人民出版社 2001年 303页〔新疆维吾尔自治区地方志丛书〕

003560833
**中国民间故事集成 新疆卷 博湖县分卷**
博湖县民间文学集成编委会编 田文成主编 新疆 博湖县民间文学集成编委会 1992年 306页

## 焉耆回族自治县

008488219
**焉耆回族自治县志**
齐尚明主编 刘膺珪副主编 乌鲁木齐 新疆人民出版社 1998年 1066页〔新疆维吾儿自治区地方志丛书〕

008543146
**二十七团志**
李慧主编 司马银定副主编 兵团农二师二十七团史志编纂委员会编 焉耆 兵团农二师二十七团史志编纂委员会 1999年 530页〔新疆生产建设兵团史志丛书〕

# 克孜勒苏柯尔克孜自治州

009554094
**克孜勒苏柯尔克孜自治州志**
贺继宏主编 程海序 刘彦金 常安副主编 克孜勒苏柯尔克孜自治州史志编纂委员会编 乌鲁木齐 新疆人民出版社 2004年 2册 1742页〔新疆维吾尔自治区地方志丛书〕

009554102
**克孜勒苏柯尔克孜自治州人大志**
张荣焱主编 刘义平 郭希林副主编 郭希林总撰稿 克孜勒苏柯尔克孜自治州人大志编纂委员会编 克孜勒 克孜勒苏柯尔克孜自治州人大志编纂委员会 2004年 437页

009441876
**克州政协志**
阿木提·牙合甫编纂 诸新明 阿米娜·阿不都热合曼副主任 焦铁华主编 桑作平副主编 政协克孜勒苏柯尔克孜自治州克州政协志编纂委员会编 郑

州 河南省郑州信息工程所印刷厂 2005 年 433 页

001920831
**柯尔克孜语简志**
胡振华编著 北京 民族出版社 1986 年 269 页〔中国少数民族语言志丛书〕

011310927
**克孜勒苏柯尔克孜自治州民族志**
克孜勒苏柯尔克孜自治州民委 克孜勒苏柯尔克孜自治州史志办编辑 贺继宏 张光汉主编 新疆 新疆克孜勒苏柯尔克孜文出版社 1992 年 401 页

008543257
**克孜勒苏柯尔克孜自治州地理志**
贺继宏主编 克孜勒苏柯尔克孜自治州党委史志办编 北京 当代中国出版社 1994 年 348 页

## 阿图什市

007978506
**阿图什市志**
阿图什市地方志编纂委员会编 段军元主编 陈文等副主编 乌鲁木齐 新疆大学出版社 1996 年 946 页〔新疆维吾尔自治区地方志丛书〕

009996983
**红旗农场志** 1949—2000
农六师红旗农场史志编纂委员会 李石主编 乌鲁木齐 新疆电子出版社 2004 年 442 页〔庭州屯垦地情丛书〕

012140811
**新疆维吾尔自治区阿图什县地名图志**
阿图什县地名委员会编 阿图什 阿图什县地名委员会 1985 年 230 页

## 阿克陶县

007755051
**阿克陶县志**
牛祥林主编 阿克陶县地方志编纂委员会编 乌鲁木齐 新疆人民出版社 1996 年 662 页〔新疆维吾尔自治区地方志丛书〕

011809372
**新疆维吾尔自治区阿克陶县地名图志**
阿克陶县地名委员会编 阿克陶 阿克陶县地名委员会 1987 年 246 页

## 阿合奇县

007443490
**阿合奇县志**
阿合奇县志编纂委员会编 常理主编 阿山·斯马义副主编 乌鲁木齐 新疆大学出版社 1993 年 571 页〔新疆维吾尔自治区地方志丛书〕

## 乌恰县

008034148

**乌恰县志**

张福任主编 乌恰县地方志编纂委员会编 乌鲁木齐 新疆人民出版社 1995年 738页〔新疆维吾尔自治区地方志丛书〕

009393128

**中国共产党乌恰县简史**

中共乌恰县委史志办公室著 李强主编 乌鲁木齐 新疆人民出版社 2004年 298页〔中共新疆地方史丛书〕

008994778

**乌恰县土地志**

乌恰县土地志编纂委员会编 乌鲁木齐 新疆人民出版社 1997年 211页〔新疆维吾尔自治区地方志丛书〕

011809452

**新疆维吾尔自治区乌恰县地名图志**

乌恰县地名委员会编 乌恰 乌恰县地名委员会 1991年 274页

# 伊犁哈萨克自治州

009442706

**伊犁哈萨克自治州志**

伊犁哈萨克自治州地方志编纂委员会编 宋家仁主编 刘爱春副主编 乌鲁木齐 新疆人民出版社 2004年 1159页〔新疆维吾尔自治区地方志丛书〕

012100696

**伊犁州通志 二轻工业志**

伊犁二轻工业志编纂委员会编 乌鲁木齐 新疆人民出版社 1997年 334页〔新疆伊犁哈萨克自治州地方志丛书〕

012100682

**伊犁哈萨克自治州工会志**

伊犁哈萨克自治州总工会编 伊犁 伊犁哈萨克自治州总工会 2005年 479页

011793321

**伊犁哈萨克自治州妇运志**

伊犁州妇联编 伊犁 伊犁州妇联 199u年 82页

011479473

**伊犁哈萨克自治州人大志**

伊犁哈萨克自治州人大志编纂委员会编 伊犁 伊犁哈萨克自治州人大志编纂委员会 2007年 593页〔伊犁哈萨

克自治州地方志丛书〕

012636788
**伊犁哈萨克自治州政协志**
政协伊犁哈萨克自治州委员会办公厅编 伊犁 政协伊犁哈萨克自治州委员会办公厅 2000年 598页

013012551
**伊犁哈萨克自治州公安志**
伊犁哈萨克自治州公安局编 伊犁 伊犁哈萨克自治州公安局 2005年 840页

012175158
**伊犁军事志**
伊犁军事志编纂委员会编 伊犁 伊犁军事志编纂委员会 2000年 806页

013148730
**伊犁地区林业志**
伊犁地区林业志编纂委员会编 伊犁 伊犁地区林业志编纂委员会 2001年 293页〔伊犁地区地方志资料丛书〕

008543223
**新疆伊犁哈萨克自治州电力工业志** 1909—1994
新疆伊犁哈萨克自治州电力工业志编委会编 北京 中国电力出版社 2000年 356页〔新疆维吾尔自治区电力工业志丛书〕

009002181
**伊犁酿酒总厂志**
曹瑞杰主编 北京 方志出版社 2002年 382页〔新疆生产建设兵团史志丛书〕

011793324
**伊犁交通志**
新疆伊犁地区交通局编 伊犁 新疆伊犁地区交通局 1999年 295页

009688698
**伊犁邮电志**
伊犁哈萨克自治州邮电局编 北京 人民邮电出版社 1997年 315页

011479468
**伊犁地区工商税务志** 1912—1990
伊犁地区税务局 伊犁地区国家税务局编 伊犁 伊犁地区国家税务局 1997年 293页〔伊犁地区地方志资料丛书〕

012636790
**伊犁哈萨克自治州地方税务志** 1994—2005
新疆伊犁哈萨克自治州地方税务局编 伊犁 伊犁哈萨克自治州地方税务局 2008年 285页

011479478
**伊犁哈萨克自治州州直金融志** 1986—2000

伊犁哈萨克自治州州直金融志编委会
　编　伊犁　伊犁哈萨克自治州州直金融
　志编委会　2002年　444页

011793333
**伊犁金融志**
伊犁金融志编委会编　伊犁　伊犁金融志
　编委会　1996年　246页

011793349
**伊犁金融志　大事记　1950—1990**
伊犁金融志编纂委员会编　伊犁　伊犁金
　融志编纂委员会　1992年

012636785
**伊犁师范学院中文系系志**
伊犁师范学院中文系系志编写委员会
　编　伊犁　伊犁师范学院中文系系志编
　写委员会　2002年　513页

009399994
**新疆伊犁风物志**
李耕耘编著　昆明　云南人民出版社
　2001年　229页〔中国西部风物志丛
　书〕

013661548
**伊犁哈萨克自治州友谊医院志**
伊犁哈萨克自治州友谊医院志编纂委
　员会编　乌鲁木齐　新疆人民出版社
　2012年　312页

## 伊宁市

008668365
**农四师志**
伊震主编　农四师史志编纂委员会编　北
　京　中华书局　2000年　861页〔新疆
　生产建设兵团史志丛书〕

009117776
**新疆生产建设兵团农四师良繁场志**
良繁场史志编纂委员会编　黄有贵主编
　新疆　良繁场　2002年　223页〔新疆
　生产建设兵团史志丛书〕

011793353
**伊宁市城市建设志**
伊宁市城乡建设环境保护局编　伊宁　伊
　宁市城乡建设环境保护局　1993年
　338页

009117784
**农四师第一中学志**
卢文雄主编　王庭训　刘茂勤副主编　奎
　屯　伊犁人民出版社　2002年　430页
　〔新疆生产建设兵团史志丛书〕

009024997
**农四师医院志**
农四师医院志编纂委员会编　赵伯新主
　编　北京　方志出版社　2003年　549页
　〔新疆生产建设兵团史志丛书〕

009198596
**新疆生产建设兵团农四师农科所志**
农科所志编纂委员会编 宋振江主编 乌鲁木齐 新疆人民出版社 2003年 382页〔新疆生产建设兵团史志丛书〕

## 奎屯市

008817092
**奎屯市志**
奎屯市地方志编纂委员会编 温子明主编 樊世春副主编 北京 中华书局 1999年 626页〔新疆维吾尔自治区地方志丛书〕

008817097
**奎屯市概览**
中共奎屯市委史志办公室编 乌鲁木齐 新疆大学出版社 1997年 85页

007519792
**农七师志**
农七师史志编纂委员会编 梁德元主编 北京 人民出版社 1995年 999页〔新疆生产建设兵团史志丛书〕

009414708
**一三一团志**
一三一团史志编纂委员会编 北京 中华书局 2002年 625页〔中国地方志 新疆生产建设兵团史志丛书〕

009106502
**第二建筑安装工程公司志**
二建史志编纂委员会编 郭怀玺主编 北京 中华书局 2001年 288页〔中国地方志 新疆生产建设兵团农七师〕

008841179
**二建志 送审修改稿**
农七师第二建筑安装工程公司志编纂委员会编 乌鲁木齐 农七师第二建筑安装工程公司志编纂委员会 1999年 319页〔中国地方志〕

008994742
**将军烟草集团有限公司新疆卷烟厂志**
新疆卷烟厂志编纂委员会编 乌鲁木齐 新疆人民出版社 2000年 464页

013659552
**奎屯电业局志** 1990—2005
奎屯电业局志编纂委员会编 乌鲁木齐 新疆人民出版社 2007年 370页〔新疆维吾尔自治区电力工业志丛书〕

008382859
**奎屯棉纺织厂志**
奎屯棉纺织厂史志编纂委员会编 王华岭主编 乌鲁木齐 新疆大学出版社 1996年 228页

008298351
**奎屯热电厂志**
奎屯热电厂史志编纂委员会 田惠民主

编 北京 方志出版社 1998年 321页〔中国地方志 新疆电力工业丛书 1〕

009399922
**奎屯邮电志**
奎屯邮电志编纂委员会编 乌鲁木齐 新疆人民出版社 1998年 229页〔新疆维吾尔自治区地方志丛书〕

011996910
**奎屯金融志** 1957—1995
奎屯金融志编纂委员会编 奎屯 奎屯金融志编纂委员会 2005年 314页

011996928
**奎屯市第一中学校志**
奎屯市第一中学校志编纂委员会编 奎屯 奎屯市第一中学 2000年 113页

014052920
**伊犁教育学院志**
伊犁教育学院志编纂委员会编 奎屯 伊犁教育学院 2000年 210页

011479353
**新疆维吾尔自治区奎屯市地名图志**
奎屯市地名委员会编 奎屯 奎屯市地名委员会 1991年 150页

012639828
**奎管处志**
奎屯河流域水利工程灌溉管理处史志编纂委员会编 葛显桥主编 北京 方志出版社 1998年 603页〔中国地方志 新疆生产建设兵团农七师〕

008543208
**奎屯河流域水利工程灌溉管理处志 送审稿**
奎管处史志编纂委员会编 伊犁 奎管处史志编纂委员会 1996年 565页

009117641
**水利二处志**
马莉主编 北京 方志出版社 2001年 360页〔中国地方志 新疆生产建设兵团农七师〕

## 伊宁县

009393125
**伊宁县志**
伊宁县地方志编纂委员会编 张振杰主编 范富轩 张旭副主编 乌鲁木齐 新疆人民出版社 2003年 879页〔新疆维吾尔自治区地方志丛书〕

009342969
**新疆生产建设兵团农四师七十团志**
七十团志编纂委员会编 武怀威主编 乌鲁木齐 新疆人民出版社 2002年 586页〔新疆生产建设兵团史志丛书〕

009117780
**新疆生产建设兵团农四师拜什墩农**

场志
拜什墩农场志史志编纂委员会编 施桂生主编 乌鲁木齐 新疆大学出版社 2002年 369页〔新疆生产建设兵团史志丛书〕

011793175
**新疆维吾尔自治区伊宁县地名图志**
伊宁县地名委员会编 伊宁 伊宁县地名委员会 1988年 244页

012052454
**伊宁县地名志 新疆维吾尔自治区伊宁县地名志**
王克之主编 伊宁县地名委员会办公室编 奎屯 伊犁人民出版社 1999年 377页

## 霍城县

008623343
**霍城县志**
贺斌主编 谢扬惠副主编 霍城县志编纂委员会编 乌鲁木齐 新疆人民出版社 1998年 759页〔新疆维吾尔自治区地方志丛书〕

009117632
**新疆生产建设兵团农四师六十二团志**
六十二团史志编纂委员会编 乌鲁木齐 新疆人民出版社 2000年 519页〔新疆生产建设兵团史志丛书〕

010001285
**新疆生产建设兵团农四师六十四团志**
六十四团史志编纂委员会 罗进屏主编 乌鲁木齐 新疆人民出版社 2002年 390页〔新疆生产建设兵团史志丛书〕

008772244
**六十三团志**
六十三团志编纂委员会编 郭建民主编 乌鲁木齐 新疆人民出版社 2000年 372页〔新疆生产建设兵团史志丛书〕

009117638
**新疆生产建设兵团农四师六十六团志**
六十六团史志编纂委员会编 乌鲁木齐 新疆人民出版社 1999年 369页〔新疆生产建设兵团史志丛书〕

009149413
**新疆生产建设兵团农四师六十五团志**
六十五团志编纂委员会编 乌鲁木齐 新疆人民出版社 2002年 416页〔新疆生产建设兵团史志丛书〕

009414944
**西迪粮油总厂志**
西迪粮油总厂志编纂委员会编 霍城 西迪粮油总厂志编纂委员会 2003年 226页〔新疆生产建设兵团史志丛书〕

011432802
## 霍城县邮电志
霍城县邮电局编 霍城 霍城县邮电志编纂委员会 1999年 320页

## 巩留县

009854403
### 巩留县志
巩留县地方志编纂委员会编 程德波 李云哲 张佑迟主编 程德波总纂 乌鲁木齐 新疆人民出版社 2005年 888页〔新疆维吾尔自治区地方志丛书〕

009149415
### 新疆生产建设兵团农四师七十三团志
七十三团志编纂委员会 曹建龙主编 乌鲁木齐 新疆人民出版社 2002年 527页〔新疆生产建设兵团史志丛书〕

011995662
### 巩留县邮电志
巩留县邮电志编纂委员会编 巩留 巩留县邮电志编纂委员会 2003年 292页

012052443
### 新疆维吾尔自治区巩留县地名图志
巩留县地名委员会编 巩留 巩留县地名委员会 1990年 156页

## 新源县

010280443
### 新源县志
新源县地方志编纂委员会编 戈畅主编 乌鲁木齐 新疆人民出版社 2007年 1283页〔新疆维吾尔自治区地方志丛书〕

011479418
### 新源县统计志 1949—2000
新源 新源县统计局 2002年 293页〔新源县地方志丛书〕

008492746
### 新疆生产建设兵团农四师七十二团志
七十二团史志编纂委员会编 乌鲁木齐 新疆人民出版社 1999年 741页〔新疆生产建设兵团史志丛书〕

008543148
### 七十一团志
七十一团史志编纂委员会编 阎志博主编 乌鲁木齐 新疆人民出版社 1999年 506页〔新疆生产建设兵团史志丛书〕

011444078
### 新源县邮电志
新源县邮电志编纂委员会编 新源 新源县邮电志编纂委员会 2003年 273页

## 昭苏县

009348309

**昭苏县志**

昭苏县地方志编纂委员会编 亓冬初 古昱方主编 乌鲁木齐 新疆人民出版社 2004年 623页〔新疆维吾尔自治区地方志丛书〕

009082531

**七十六团志**

七十六团志编纂委员会编 李希哲主编 乌鲁木齐 新疆人民出版社 2003年 441页〔新疆生产建设兵团史志丛书〕

009232175

**七十四团志**

李兴旺主编 七十四团史志编纂委员会编 乌鲁木齐 新疆人民出版社 2003年 415页〔新疆生产建设兵团史志丛书〕

009107144

**新疆生产建设兵团农四师七十七团志**

刘德友主编 奎屯 伊犁人民出版社 2002年 421页〔新疆生产建设兵团史志丛书〕

009117773

**新疆生产建设兵团农四师七十五团志**

七十五团志编纂委员会编 乌鲁木齐 新疆人民出版社 2002年 449页〔新疆生产建设兵团史志丛书〕

011445673

**昭苏县邮电志**

昭苏县邮电志编纂委员会编 昭苏 昭苏县邮电志编纂委员会 2002年 231页

## 特克斯县

009700547

**特克斯县志**

杜殿卿主编 周定明 吐尔地·阿布都热依木副主编 特克斯县地方志编纂委员会编 乌鲁木齐 新疆人民出版社 2004年 577页〔新疆维吾尔自治区地方志丛书〕

009010265

**新疆生产建设兵团农四师七十八团志**

七十八团史志编纂委员会编 严学贵主编 乌鲁木齐 新疆人民出版社 2002年 449页〔新疆生产建设兵团史志丛书〕

011998438

**特克斯县邮电志**

特克斯县邮电志编纂委员会编 特克斯 特克斯县邮电志编纂委员会 2003年 227页

012052449

**新疆维吾尔自治区特克斯县地名图志**

特克斯县地名委员会编 特克斯 特克斯县地名委员会 1988年 174页

## 尼勒克县

009341047

**尼勒克县志**

尼勒克县地方志编纂委员会编 蔡钧枢 黄启军主编 乌鲁木齐 新疆人民出版社 2001年 704页〔新疆维吾尔自治区地方志丛书〕

009117617

**新疆生产建设兵团农四师七十九团志**

杨友恒主编 七十九团史志编纂委员会编 尼勒克 新疆生产建设兵团农四师七十九团 2000年 394页〔新疆生产建设兵团史志丛书〕

011584731

**新疆维吾尔自治区尼勒克县地名图志**

尼勒克县地名委员会编 尼勒克 尼勒克县地名委员会 1985年 214页

## 察布查尔锡伯自治县

010730760

**察布查尔锡伯自治县志**

察布查尔锡伯自治县地方志编纂委员会编 乌鲁木齐 新疆人民出版社 2007年 698页〔新疆维吾尔自治区地方志丛书〕

009117634

**新疆生产建设兵团农四师六十八团志**

王清铫主编 六十八团史志编纂委员会编 察布查尔 新疆生产建设兵团农四师六十八团 2000年 439页〔新疆生产建设兵团史志丛书〕

008994758

**新疆生产建设兵团农四师六十九团志**

孙新民 梁宏如主编 饶楚文副主编 六十九团史志编纂委员会编 察布查尔 六十九团史志编纂委员会 2000年 439页〔新疆生产建设兵团史志丛书〕

008994530

**新疆生产建设兵团农四师六十七团志**

宋培林主编 六十七团史志编纂委员会编 察布查尔 六十七团史志编纂委员会 2001年 416页〔新疆生产建设兵团史志丛书〕

012995280

**察布查尔锡伯自治县邮电志**

察布查尔县邮电志编纂委员会编 察布查尔 察布查尔县邮电志编纂委员会 2004年 299页

001920259

**锡伯语简志**

李树兰 仲谦编著 北京 民族出版社 1986年 168页〔中国少数民族语言简志丛书〕

008395448
**锡伯族风俗志**
贺灵 佟克力编著 北京 中央民族大学出版社 1994年 205页〔民俗文库21〕

009414996
**新疆维吾尔自治区察布查尔锡伯自治县地名图志**
察布查尔锡伯自治县地名委员会编 察布查尔 察布查尔锡伯自治县地名委员会 1987年 354页

## 塔城地区

008010439
**塔城地区志**
塔城地区地方志编纂委员会编 党东颉主编 陈德昌 樊寿义副主编 乌鲁木齐 新疆人民出版社 1997年 1108页〔新疆维吾尔自治区地方志丛书〕

008838602
**塔城地区民政志** 1945—1985
新疆伊犁哈萨克自治州塔城地区民政处编 塔城 新疆伊犁哈萨克自治州塔城地区民政处 1993年 326页

008838598
**塔城地区粮食志**
新疆塔城地区粮食处编 塔城 新疆塔城地区粮食处 1989年 398页

009414938
**塔城地区电力工业志** 1936—2000
塔城地区电力工业志编纂委员会编 乌鲁木齐 新疆人民出版社 2004年 387页〔新疆维吾尔自治区电力工业志丛书〕

009117757
**塔城地区邮电志**
塔城地区邮电志编纂委员会编 乌鲁木齐 新疆人民出版社 2000年 412页〔新疆维吾尔自治区地方志丛书〕

008838604
**塔城地区粮食志续集** 1987—1998
塔城地区粮食局编辑室编 塔城 塔城地区粮食局 2000年 426页

009411802
**塔城地区财政志**
塔城地区财政志编写组编 乌鲁木齐 新疆人民出版社 1996年 469页

008838597
**塔城地区体育志**
塔城地区体育运动委员会编写 乌鲁木齐 新疆人民出版社 1996年 109页

011312057

**新疆维吾尔自治区塔城地区人民医院简志** 1936—2006

新疆维吾尔自治区塔城地区人民医院简志编纂委员会编 塔城 新疆维吾尔自治区塔城地区人民医院简志编纂委员会 2006年 93页

## 塔城市

008375232

**一六三团志**

一六三团史志编纂委员会 肖功高主编 北京 方志出版社 1999年 501页〔新疆生产建设兵团史志丛书〕

008841188

**一六三团志 评审稿**

一六三团史志编纂委员会编 乌鲁木齐 一六三团史志编纂委员会 1999年 2册〔新疆生产建设兵团史志丛书〕

009254038

**一六四团志**

一六四团史志编纂委员会 陈友能主编 乌鲁木齐 新疆人民出版社 2000年 526页〔新疆生产建设兵团史志丛书〕

008094773

**塔城市土地志**

塔城市土地志编纂委员会编 乌鲁木齐 新疆人民出版社 1997年 313页〔新疆维吾尔自治区地方志丛书〕

008543160

**一六二团志**

一六二团史志编纂委员会 马宗邦主编 北京 方志出版社 1999年 343页〔新疆生产建设兵团史志丛书〕

## 乌苏市

012252529

**石桥乡志**

乌苏市石桥乡乡志领导小组编写 吕鹏程主编 乌苏 乌苏市石桥乡乡志领导小组 2007年 368页〔新疆乌苏市地方志丛书〕

012049379

**古尔图牧场(镇)志**

新疆乌苏市古尔图牧场(镇)志编写组编 乌苏 新疆乌苏市古尔图牧场(镇)志编写组 2003年 369页

013133789

**乌苏市人口与计划生育志**

廖基衡主编 乌鲁木齐 新疆生产建设兵团出版社 2007年 549页

008543136

**一二八团志**

一二八团史志编纂委员会编 赵登礼主编 北京 方志出版社 1998年 548页〔中国地方志〕

008543168
**一二六团志 送审稿**
一二六团史志编纂委员会编 乌鲁木齐 一二六团史志编纂委员会 1997年 533页〔中国地方志〕

008994541
**一二七团志**
一二七团史志编纂委员会编 戴瑞章主编 北京 中华书局 2000年 713页〔中国地方志〕

008841164
**一二三团志 送审稿**
一二三团史志编纂委员会编 张柏源主编 乌鲁木齐 一二三团史志编纂委员会 1997年 3册〔中国地方志〕

008598566
**一二三团志**
一二三团史志编纂委员会编 张柏源主编 北京 中华书局 1999年 780页〔中国地方志〕

009106504
**一二四团志**
一二四团史志编纂委员会编 北京 中华书局 2003年 600页〔中国地方志〕

008846026
**一二五团志**
一二五团史志编纂委员会 王新春主编 北京 方志出版社 1999年 1170页〔中国地方志〕

012249640
**巴音沟牧场志**
乌苏市巴音沟牧场志编纂领导小组编 杨超主编 乌苏 巴音沟牧场志编纂领导小组 2008年 374页〔新疆乌苏市地方志丛书〕

012208306
**乌苏县粮食志**
新疆乌苏县粮食局编 乌苏 新疆乌苏县粮食局 1992年 305页

012051944
**乌苏四棵树煤炭志**
耿德奎主编 四棵树煤炭志编纂办公室编 乌鲁木齐 新疆人民出版社 2009年 240页

## 额敏县

008623327
**额敏县志**
额敏县地方志编纂委员会编 李荣敏主编 乌鲁木齐 新疆人民出版社 2000年 647页〔新疆维吾尔自治区地方志丛书〕

008668392
**农九师志**
农九师史志编纂委员会 陈明章主编 北京 中华书局 2000年 805页〔新疆

生产建设兵团史志丛书〕

008492780
**一六八团志**
一六八团史志编纂委员会 贾德政主编 乌鲁木齐 新疆人民出版社 1999年 521页〔新疆生产建设兵团史志丛书〕

009254034
**一六九团志**
一六九团史志编纂委员会 曹荣主编 乌鲁木齐 新疆人民出版社 2000年 331页〔新疆生产建设兵团史志丛书〕

008543162
**一六六团志 评审稿**
农九师一六六团史志编纂委员会编 乌鲁木齐 农九师一六六团史志编纂委员会 1997年 544页〔新疆生产建设兵团史志丛书〕

008994573
**一六七团志**
一六七团史志编纂委员会 丛衍水主编 乌鲁木齐 新疆人民出版社 2000年 423页〔新疆生产建设兵团史志丛书〕

008375236
**一六五团志**
一六五团史志编纂委员会 张江红主编

北京 方志出版社 1999年 495页〔新疆生产建设兵团史志丛书〕

009254036
**一七〇团志**
一七〇团史志编纂委员会 谷新主编 乌鲁木齐 新疆人民出版社 2000年 429页〔新疆生产建设兵团史志丛书〕

008432676
**团结农场志**
团结农场史志编纂委员会 刘惠敏主编 乌鲁木齐 新疆人民出版社 1999年 348页〔新疆生产建设兵团史志丛书〕

008844307
**农九师机械厂志**
农九师机械厂史志编纂委员会 张汉民主编 刘涛副主编 乌鲁木齐 新疆人民出版社 2000年 336页〔新疆生产建设兵团史志丛书〕

008492736
**农九师中学志**
农九师中学史志编纂领导小组 宋斌主编 乌鲁木齐 新疆人民出版社 2000年 443页〔新疆生产建设兵团史志丛书〕

008543166
**农九师医院志**

翟瑞余主编 乌鲁木齐 新疆人民出版社 1999年 295页〔新疆生产建设兵团史志丛书〕

## 沙湾县

008637277
**沙湾县志**
沙湾县志编纂委员会编 李德濂主编 乌鲁木齐 新疆人民出版社 1999年 908页〔新疆维吾尔自治区地方志丛书〕

008378544
**一二二团场志**
一二二团场志编纂委员会编 乌鲁木齐 新疆人民出版社 1997年 408页〔新疆生产建设兵团史志丛书〕

009342932
**一三二团场志** 1958—1997
一三二团场史志编纂委员会编 乌鲁木齐 新疆科学技术出版社 2003年 666页〔新疆生产建设兵团农八师石河子市史志丛书 4〕

009342938
**一三三团场志**
一三三团史志编纂委员会编 王永庆主编 王喜梅 孙保罗副主编 乌鲁木齐 新疆人民出版社 2001年 721页〔新疆生产建设兵团农八师石河子市史志丛书 5〕

009042851
**一三四团场志** 1957—1997
一三四团场史志编纂委员会 李涛主编 乌鲁木齐 新疆人民出版社 2002年 524页〔新疆生产建设兵团农八师石河子市史志丛书 6〕

009414710
**一三五团场志**
一三五团场史志编纂委员会编 乌鲁木齐 新疆教育出版社 2002年 516页〔新疆生产建设兵团农八师石河子市史志丛书 7〕

007537298
**一四二团场志**
一四二团史志编纂委员会编 乌鲁木齐 新疆人民出版社 1994年 292页〔新疆生产建设兵团史志丛书〕

009342955
**一四四团场志**
一四四团场史志编纂委员会编 乌鲁木齐 新疆科学技术出版社 2003年 507页〔新疆生产建设兵团农八师石河子市史志丛书 12〕

008994542
**一四一团场志**
一四一团场史志编纂委员会编 高泽民主编 田发 邹多志副主编 乌鲁木齐 新疆人民出版社 2000年 450页〔新疆生产建设兵团农八师石河子市史

志丛书 9〕

007506852

**新疆石河子一四三团农场志**

一四三团农场委员会 夏天池主编 蒋宗尧副主编 石河子 一四三团农场志编纂组 1988年 273页

012661805

**沙湾县粮食志**

新疆沙湾县粮食局编 沙湾 沙湾县粮食局 1992年 335页

012099799

**沙湾县地名图志**

中共沙湾县委史志办 沙湾县地名委员会主编 乌鲁木齐 新疆人民出版社 2008年 499页

## 托里县

009016962

**托里县志**

托里县地方志编纂委员会编 陈钦言 梁小燕主编 乌鲁木齐 新疆人民出版社 2002年 505页〔新疆维吾尔自治区地方志丛书〕

## 裕民县

009190562

**裕民县志**

郑志运 李敏主编 裕民县地方志编纂委员会编 乌鲁木齐 新疆人民出版社 2003年 686页〔新疆维吾尔自治区地方志丛书〕

008543157

**一六一团志**

一六一团史志编纂委员会编 北京 中华书局 1999年 393页〔新疆生产建设兵团史志丛书〕

009042813

**新疆维吾尔自治区裕民县地名图志**

裕民县地名委员会编 裕民 裕民县地名委员会 1991年 190页

## 和布克赛尔蒙古自治县

008492868

**和布克赛尔蒙古自治县志**

和布克赛尔蒙古自治县地方志编纂委员会编 高魁武 崔锐锋主编 朱晓华副主编 乌鲁木齐 新疆人民出版社 1999年 667页〔新疆维吾尔自治区地方志丛书〕

012999120

**和布克赛尔蒙古自治县志**

乌鲁木齐 新疆人民出版社 2011年〔新疆维吾尔自治区地方志丛书〕

011809412

**和布克赛尔蒙古自治县人民代表大**

会志

和布克赛尔蒙古自治县人民代表大会志编纂委员会编 乌鲁木齐 新疆人民出版社 2008年 404页

008668175

一八四团志

一八四团志编纂委员会 吴奕文主编 乌鲁木齐 新疆人民出版社 1999年 395页〔新疆生产建设兵团史志丛书〕

011809405

新疆维吾尔自治区和布克赛尔蒙古自治县地名图志

和布克赛尔蒙古自治县地名委员会编 1992年 372页

## 阿勒泰地区

010779183

喀纳斯志

阿勒泰地区地方志编纂委员会 阿勒泰地区喀纳斯景区管委会编 崔先立主编 乌鲁木齐 新疆人民出版社 2006年 281页〔新疆维吾尔自治区地方志丛书〕

013817845

阿勒泰政协志 1992—2011

阿勒泰政协志编纂委员会编 乌鲁木齐 新疆八百印务有限公司 2012年 565页

008906167

阿勒泰地区电力工业志 1938—1998

阿勒泰地区电力工业志编纂委员会编 乌鲁木齐 新疆人民出版社 2001年 387页〔新疆维吾尔自治区电力工业志丛书〕

010001300

阿勒泰地区邮电志

阿勒泰地区邮电志编纂委员会编 乌鲁木齐 新疆人民出版社 2001年 598页〔新疆维吾尔自治区地方志丛书〕

009046160

阿勒泰地区教育志

阿勒泰地区教育局编 乌鲁木齐 新疆人民出版社 2003年 502页〔新疆维吾尔自治区地方志丛书〕

012249611

阿勒泰地区第二高级中学志

阿勒泰地区第二高级中学志编纂委员会编 莫伦波主编 阿勒泰 阿勒泰地区第二高级中学 2008年 528页

## 阿勒泰市

009117748
**阿勒泰市志**
阿勒泰市党史、地方志编纂委员会　马祥琛　恽芝艾主编　乌鲁木齐　新疆人民出版社　2001年　641页〔新疆维吾尔自治区地方志丛书〕

008838543
**新疆生产建设兵团农十师一八一团志**
一八一团史志编纂委员会编　汪开勋主编　乌鲁木齐　新疆人民出版社　2000年　423页〔新疆生产建设兵团史志丛书〕

008994813
**北屯中学志**
李先华主编　乌鲁木齐　新疆人民出版社　2000年　480页〔新疆生产建设兵团史志丛书〕

013757125
**新疆维吾尔自治区地质矿产勘查开发局第四地质大队队志　1957—2006**
新疆地矿局第四地质大队队志编纂委员会编　新疆　新疆地矿局第四地质大队队志编纂委员会　2007年　396页

## 布尔津县

009008827
**布尔津县志**
布尔津县地方志编纂委员会编　赵文立主编　乌鲁木齐　新疆人民出版社　2002年　767页〔新疆维吾尔自治区地方志丛书〕

## 富蕴县

009400345
**富蕴县志**
富蕴县党史地方志编纂委员会编　葛为本　王军主编　乌鲁木齐　新疆人民出版社　2003年　646页〔新疆维吾尔自治区地方志丛书〕

012998925
**富蕴县人大志**
富蕴县人大志编纂委员会编　富蕴　富蕴县人大志编纂委员会　2008年　362页

011995629
**富蕴县政协志　1950.10—2002.12**
新疆富蕴县政协富蕴县政协志编写组编　富蕴　新疆富蕴县政协　2005年　308页

009042822
**新疆维吾尔自治区富蕴县地名图志**
富蕴县地名委员会编　富蕴　富蕴县地名

委员会 1991年 250页

### 福海县

009190743
**福海县志**
崔先立主编 吴赐林副主编 福海县史志编纂委员会编 乌鲁木齐 新疆人民出版社 2003年 960页〔新疆维吾尔自治区地方志丛书〕

008924813
**中国共产党福海县历史大事记** 1949.10—1998.12
中共福海县党史地方志编纂委员会编 乌鲁木齐 新疆人民出版社 1999年 250页

009996214
**新疆生产建设兵团农十师青河农场志**
青河农场志编纂委员会编 王德龙主编 杨云军 周希文 艾元发副主编 乌鲁木齐 新疆电子出版社 2004年 401页〔新疆生产建设兵团史志丛书〕

009408677
**新疆生产建设兵团农十师一八七团志**
一八七团志编纂委员会编 王德龙主编 乌鲁木齐 新疆人民出版社 1999年 393页〔新疆生产建设兵团史志丛书〕

010146808
**新疆生产建设兵团农十师一八三团志 送审稿**
一八三团史志编纂委员会编 新疆 一八三团 1999年 293页

008432705
**一八二团志**
一八二团志编纂委员会编 竺兆立主编 乌鲁木齐 新疆人民出版社 1999年 297页〔新疆生产建设兵团史志丛书〕

009342958
**一八三团志**
陶谦逊主编 张转成副主编 双渠镇 一八三团史志编纂委员会 1999年 318页〔新疆生产建设兵团史志丛书〕

009411696
**新疆生产建设兵团农业建设第十师一八八团志**
一八八团史志编纂委员会编 福海 一八八团史志编纂委员会 1996年 314页〔新疆生产建设兵团史志丛书〕

### 哈巴河县

009348296
**哈巴河县志**
哈巴河县地方志编纂委员会 戴大德主编 张传霞 王学孝 王志新副主编 乌鲁木齐 新疆人民出版社 2004年

937 页〔新疆维吾尔自治区地方志丛书〕

### 吉木乃县

010146800
**吉木乃县志 送审稿**
吉木乃县地方志编纂委员会编 吉木乃 吉木乃县地方志编纂委员会 2002 年 837 页

010146805
**新疆生产建设兵团农十师一八五团志 送审稿**
农十师一八五团史志编纂委员会编 新疆 农十师一八五团 1997 年 292 页

009854404
**吉木乃县志**
吉木乃县地方志编纂委员会编 李梓 王福禄主编 刘家海 许志君副主编 乌鲁木齐 新疆人民出版社 2005 年 680 页〔新疆维吾尔自治区地方志丛书〕

009342961
**一八五团志**
农十师一八五团史志编纂委员会编 哈巴河 一八五团史志编纂委员会 1997 年 314 页〔新疆生产建设兵团史志丛书〕

008994550
**新疆生产建设兵团农十师一八六团志**
一八六团史志编纂委员会编 北屯 农十师一八六团史志编纂委员会 1998 年 233 页〔新疆生产建设兵团史志丛书〕

011479348
**新疆维吾尔自治区哈巴河县地名图志**
哈巴河县地名委员会编 哈巴河 哈巴河县地名委员会 1987 年 185 页

### 青河县

012689847
**新疆维吾尔自治区青河县地名图志**
青河县地名委员会编 青河 青河县地名委员会 1987 年 244 页

013010961
**新疆维吾尔自治区吉木乃县地名图志**
吉木乃县地名委员会编 吉木乃 吉木乃县地名委员会 1986 年 231 页

## 自治区直辖县级行政区划

### 石河子市

007486967

**农八师垦区石河子市志**

农八师石河子市地方志编纂委员会编 黄登来总纂 乌鲁木齐 新疆人民出版社 1994年 916页〔新疆维吾尔自治区地方志丛书〕

011066404

**新疆兵团农八师工会 新疆石河子市总工会志**

师市总工会志编纂委员会编 乌鲁木齐 新疆人民出版社 2006年 323页

009025007

**一五二团志**

一五二团史志编纂委员会编 黄锦孝主编 乌鲁木齐 新疆人民出版社 2002年 586页〔新疆生产建设兵团农八师石河子市史志丛书 19 新疆生产建设兵团史志丛书〕

008772238

**一五〇团场志**

一五〇团场史志编纂委员会编 乌鲁木齐 新疆人民出版社 2000年 517页〔新疆生产建设兵团农八师石河子市史志丛书 17〕

008668374

**石河子总场志**

李关祥主编 石河子总场志编纂委员会编 乌鲁木齐 新疆人民出版社 1999年 616页〔新疆生产建设兵团农八师石河子市史志丛书 13〕

013756081

**石河子经济技术开发区志** 1992—2010

石河子经济技术开发区志编辑委员会编 乌鲁木齐 新疆人民出版社 2011年 344页

009392988

**石河子市城市建设志** 1950—2000

石河子市城市建设编纂委员会编 乌鲁木齐 新疆人民出版社 2003年 597页〔新疆维吾尔自治区地方志丛书〕

008543214

**紫泥泉种羊场志**

王治中主编 紫泥泉种羊场志编委会编 乌鲁木齐 新疆人民出版社 2000年 351页〔新疆生产建设兵团农八师石河子市史志丛书 18〕

011066848

**兵团路桥总公司志**

兵团路桥总公司志编纂委员会编 石河子 兵团路桥总公司志编纂委员会

2001年 306页〔新疆生产建设兵团史志丛书〕

008482754
**八一毛纺织厂志**
王晓帆总纂 八一毛纺织厂志编纂委员会编 乌鲁木齐 新疆人民出版社 1998年 437页〔新疆生产建设兵团史志丛书〕

007534668
**八一制糖厂志**
八一制糖厂志编纂委员会 邵家骏主编 黄道成副主编 乌鲁木齐 新疆人民出版社 1994年 493页〔新疆生产建设兵团史志丛书〕

009411759
**南山煤矿志**
南山煤矿史志编纂委员会编 乌鲁木齐 新疆人民出版社 2001年 405页〔新疆生产建设兵团农八师石河子市史志丛书 31〕

009001502
**南山水泥厂志** 1959—1995
南山水泥厂志编纂委员会编 乌鲁木齐 新疆人民出版社 2002年 341页〔新疆生产建设兵团农八师石河子市史志丛书 25〕

008543225
**石河子热电厂志** 1984—1997
石河子热电厂志编纂委员会编 北京 中国电力出版社 2000年 286页〔新疆生产建设兵团农八师石河子市史志丛书 新疆电力工业志丛书〕

009042725
**新疆生产建设兵团农八师暨石河子市电力工业志**
新疆生产建设兵团农八师暨石河子市电力工业志编委会编 北京 中国电力出版社 2001年 422页〔新疆生产建设兵团农八师石河子市史志丛书 新疆电力工业志丛书〕

009042769
**新疆石河子红山嘴水力发电厂志** 1959—1997
红山嘴水力发电厂志编纂委员会编 乌鲁木齐 新疆人民出版社 2001年 671页〔新疆生产建设兵团农八师石河子市史志丛书 23〕

013994126
**新疆生产建设兵团航空企业管理局 新疆通用航空有限责任公司志** 1983—2010
新疆生产建设兵团航空企业管理局(公司)志编纂委员会编 五家渠 新疆生产建设兵团出版社 2013年 495页

009415002
**石河子邮电志** 1991—1998
石河子邮电志编纂委员会编 乌鲁木齐

新疆人民出版社 2004 年 493 页〔新疆维吾尔自治区地方志丛书〕

013795526
**石河子国税志** 1949—2011
新疆维吾尔自治区石河子国家税务局编 石河子 2012 年 352 页

013689039
**明珠史志**
新疆兵团农八师石河子市史志办公室 中国近现代史史料学学会新疆联络处编 乌鲁木齐 新疆人民出版社 2000 年 188 页

009245023
**新疆生产建设兵团高校教授志**
石河子大学文联编 何慧星主编 乌鲁木齐 新疆美术摄影出版社 2001 年 198 页

012174908
**新疆维吾尔自治区石河子市地名图志**
石河子市地名委员会编 新疆 新疆新华印刷厂印刷 1988 年 145 页

012969580
**石河子绿洲医院院志**
石河子绿洲医院志编纂委员会编 石河子 石河子绿洲医院志编纂委员会 2010 年 400 页

## 阿拉尔市

009408142
**中国共产党九团组织史资料**
中共九团组织史资料编纂领导小组编 乌鲁木齐 新疆人民出版社 2002 年 349 页〔新疆生产建设兵团农一师史志丛书〕

009408153
**中国共产党十三团组织史资料**
十三团组织史资料编纂领导小组编 乌鲁木齐 新疆人民出版社 2003 年 585 页〔新疆生产建设兵团农一师史志丛书〕

008994581
**工一师七团志**
工一师七团史志编纂委员会编 姜勇主编 缪且源 万阳副主编 乌鲁木齐 新疆人民出版社 1999 年 278 页〔新疆生产建设兵团史志丛书〕

008994487
**九团志**
农一师九团史志编纂委员会编 乌鲁木齐 新疆人民出版社 2000 年 454 页〔新疆生产建设兵团农一师史志丛书〕

012051920
**农一师十三团志**
农一师十三团史志编纂委员会 李家安

主编 张建华副主编 乌鲁木齐 新疆人民出版社 1997 年 424 页〔新疆生产建设兵团农一师史志丛书〕

008994489
**十四团志**
农一师十四团史志编纂委员会 田长青 邱靖华主编 乌鲁木齐 新疆人民出版社 2000 年 485 页〔新疆生产建设兵团农一师史志丛书〕

008668369
**十一团志**
农一师十一团史志编纂委员会 蒲必明主编 战玉增 朱亚君副主编 乌鲁木齐 新疆人民出版社 2000 年 462 页〔新疆生产建设兵团农一师史志丛书〕

009245031
**九团简史**
农一师九团史志编纂委员会编 乌鲁木齐 新疆教育出版社 2004 年 239 页〔新疆生产建设兵团史志丛书〕

012051918
**农一师十六团志**
十六团史志编纂委员会编 乌鲁木齐 新疆人民出版社 1997 年 319 页〔新疆生产建设兵团农一师史志丛书〕

009890543
**十团大事记** 1957—2004 张建华 侯春生主编 乌鲁木齐 新疆人民出版社 2006 年 327 页〔新疆生产建设兵团农一师史志丛书〕

009890558
**新疆生产建设兵团农一师十五团简史**
十五团史志编纂委员会编 乌鲁木齐 新疆人民出版社 2005 年 192 页〔新疆生产建设兵团史志丛书〕

007984042
**塔里木石油志**
殷俊杰主编 马富岑副主编 樊途祥 李明坤责任副主编 塔里木石油勘探开发指挥部 新疆石油管理局塔西南勘探开发公司编 乌鲁木齐 新疆人民出版社 1994 年 2 册〔新疆维吾尔自治区地方志丛书〕

013991271
**农一师阿拉尔市疾病预防控制中心志**
农一师阿拉尔市疾病预防控制中心编 五家渠 新疆生产建设兵团出版社 2012 年 299 页〔新疆生产建设兵团农一师史志丛书〕

008994791
**塔里木灌区水利管理处志**
塔里木灌区水利管理处史志编纂委员会编 乌鲁木齐 新疆人民出版社 2001 年 384 页〔新疆生产建设兵团农一师史志丛书〕

009411690

**沙井子灌区水利管理处志**

沙井子灌区水利管理处史志编纂委员会编 乌鲁木齐 新疆人民出版社 2004年 255页〔新疆生产建设兵团农一师史志丛书〕

## 图木舒克市

009414718

**五十二团志**

农三师五十二团史志编纂委员会编 乌鲁木齐 新疆人民出版社 1997年 356页〔新疆生产建设兵团史志丛书〕

## 五家渠市

010732111

**农六师党委党校志** 1959—2003

农六师党委党校志编纂委员会 熊东华 姜红琳主编 乌鲁木齐 新疆电子出版社 2006年 245页〔庭州屯垦地情丛书〕

009348302

**一〇三团志** 1949—2001

农六师一〇三团史志编纂委员会 楼广印主编 乌鲁木齐 新疆人民出版社 2004年 890页〔新疆生产建设兵团史志丛书〕

008841184

**一〇二团志**

一〇二团史志编纂委员会编 乌鲁木齐 一〇二团史志编纂委员会 1996年 551页〔新疆生产建设兵团史志丛书〕

008543117

**一〇二团志**

一〇二团史志编纂委员会 裘传仁主编 乌鲁木齐 新疆大学出版社 2000年 502页〔新疆生产建设兵团史志丛书〕

009995533

**农六师简史** 1927—2004

文定讴主编 乌鲁木齐 新疆人民出版社 2004年 400页〔新疆生产建设兵团史志丛书〕

008906181

**农六师垦区五家渠市志** 1949—2001

农六师史志编纂委员会 文定讴总纂 乌鲁木齐 新疆人民出版社 2001年 979页〔新疆维吾尔自治区新疆生产建设兵团地方志丛书〕

010252551

**农六师垦区五家渠市志 附录 世纪回眸准噶尔**

田业平主编 乌鲁木齐 新疆人民出版社 2001年 331页〔新疆维吾尔自治区新疆生产建设兵团地方志丛书〕

009995546
**奇台总场志** 1958—1996
农六师奇台总场史志编纂委员会 王书良主编 乌鲁木齐 新疆电子出版社 2004年 416页〔庭州屯垦地情丛书〕

009016972
**一〇一团志**
一〇一团史志编纂委员会编 王世祥主编 邹峰副主编 乌鲁木齐 新疆人民出版社 2002年 642页〔新疆生产建设兵团史志丛书〕

008668242
**梧桐化工厂志**
梧桐化工厂史志编纂委员会编 新疆 梧桐化工厂 1999年 286页

009341104
**新疆梧桐化工厂志**
新疆梧桐化工厂史志编纂委员会编 徐承桂主编 乌鲁木齐 新疆大学出版社 2000年 347页〔新疆生产建设兵团史志丛书〕

011290889
**农六师科技志** 1949—2003
农六师科技志编纂委员会 于达中主编 乌鲁木齐 新疆电子出版社 2005年 398页〔庭州屯垦地情丛书〕

010023164
**中国歌谣集成 第1卷 新疆卷 新疆生产建设兵团 农六师分卷**
农六师民间文学三套集成编委会编 新疆 新疆五家渠印刷厂印 1993年 545页

011480608
**中国民间故事集成 新疆卷 新疆生产建设兵团农六师分卷**
农六师民间文学三套集成编委会编 新疆 农六师 1993年 495页〔新疆生产建设兵团民间文学集成〕

011480693
**中国谚语集成 新疆卷 新疆生产建设兵团农六师分卷**
农六师民间文学三套集成编委会编 新疆 农六师 1993年 191页〔新疆生产建设兵团民间文学集成〕

008994885
**农六师志 讨论稿**
农六师志编辑室编 乌鲁木齐 农六师志编辑室 1998—2000年 6册

013863135
**农六师气象志**
农六师农业局 农六师气象局编 于达中主编 五家渠 新疆生产建设兵团出版社 2012年 412页〔庭州屯垦地情丛书〕

013751663
**芳草湖医院志**
农六师芳草湖医院史志编纂委员会著 芳草湖 农六师芳草湖医院史志编纂委员会 2011年 346页

013863137
**农六师种子志**
农六师农业局 农六师农业技术推广站 农六师种子管理站编 于达中主编 五家渠 新疆生产建设兵团出版社 2012年 388页〔庭州屯垦地情丛书〕

012873354
**农六师水利志**
农六师水利局编 于达中主编 五家渠 新疆生产建设兵团出版社 2009年 422页

## 北屯市

009105230
**新疆生产建设兵团农十师大事记**
1949.9—2001.12
李江波主编 乌鲁木齐 新疆人民出版社 2003年 302页〔新疆生产建设兵团史志丛书〕

008543202
**农十师志 送审稿**
农十师史志编纂委员会编 乌鲁木齐 农十师史志编纂委员会 1996年 3册〔新疆生产建设兵团史志丛书〕

009010262
**新疆生产建设兵团农业建设第十师农十师煤矿志**
农十师煤矿史志编纂委员会编 北屯 农十师煤矿史志编纂委员会 1997年 241页〔新疆生产建设兵团史志丛书〕

# 台湾省

013185766
**台湾全志 第3卷 住民志**
台湾文献馆编 南投 "国史馆"台湾文献馆 2011年 5册

011353790
**台湾全志 第4卷**
台湾文献馆编 南投 "国史馆"台湾文献馆 2007年 10册

010595641
**台湾全志 第9卷 社会志**
台湾文献馆编 南投 "国史馆"台湾文献馆 2006年 10册

012048428
**台湾全志 第12卷 文化志**
台湾文献馆编 南投 "国史馆"台湾文献馆 2009年 5册

008049225
**台湾省通志**
张炳楠监修 李汝和主修 盛清沂等纂修 台北 台湾省文献委员会编印 1968—1973年 144册

009328536
**重修台湾省通志**
林洋港等监修 高育仁等主修 台湾省文献委员会编 台北 台湾省文献委员会 1989—2001年 68册

007475850
**台湾省通志稿**
台湾省文献委员会编校 台北 台湾省政府印刷厂承印 1951—1964年

007475783
**台湾新志**
杨锡福等著 台北 "中华"文化出版事业委员会 1954年 232页〔现代国民基本知识丛书 第2辑〕

008525586

"中华民国"史交通志 初稿

"国史馆""中华民国"史交通志编纂委员会编印 新店市 "国史馆" 1991年 310页

007503395

"中华民国"史学术志 初稿

"国史馆""中华民国"史学术志编纂委员会编印 宋晞统编 新店市 "国史馆" 1996年 951页

008420671

台湾省政府建设厅志

洪宝莲总编 潘立夫等编 南投 台湾省政府建设厅 1999年 530页

007567197

"中华民国""内政"志

高应笃等著 台北 "中华"文化出版事业委员会 1957年 3册 687页〔现代国民基本知识丛书 第4辑〕

007658498

"中华民国"史公职志 初稿

"国史馆""中华民国"史公职志编纂委员会编印 新店市 "国史馆" 1990年 604页

004814643

"中华民国"史"内政"志 初稿

"国史馆""中华民国"史内政志编纂委员会编印 高昆峰统编 新店市 "国史馆" 1992年 733页

007507764

中美合作所志

"国防部"情报局编 叶翔之监修 费云文执笔 台北 "国防部"情报局 1970年 207页

007490013

"中华民国"史法律志 初稿

"国史馆""中华民国"史法律志编纂委员会编印 新店市 "国史馆" 1994年 672页

008415714

台湾产业志

刘还月著 台北 吴氏图书公司 1997年 314页〔台湾风土志 2〕

009225088

台湾矿业会志

台湾矿业会志修志委员会 唐羽编纂 台北 "中华民国"矿业协进会 1991年 841页

007544719

台阳矿业公司四十年志

台阳矿业公司四十周年庆典筹备委员会编辑组编 台北 1958年 188页

008296923

台阳公司八十年志

唐羽撰 台北 台阳股份有限公司 1999

年 593 页

012786702
**台湾铁道文化志 解读铁道王国的文化密码**
洪致文著 新北 远足文化事业有限公司 2011 年 319 页〔远足台湾 11〕

007585655
**"中华民国"教育志**
吴俊升等著 台北 "中华"文化出版事业委员会 1955 年 1 册〔现代国民基本知识丛书 第 3 辑〕

007658499
**"中华民国"史教育志 初稿**
"国史馆""中华民国"史教育志编纂委员会编印 新店市 "国史馆" 1990 年 364 页

007602051
**"中华民国"大学志**
张其昀等著 台北 "中华"文化出版事业委员会 1954 年 2 册 495 页〔现代国民基本知识丛书 第 3 辑〕

008365978
**福客方言综志**
吴守礼编著 台北 吴守礼 1997 年 441 页〔闽台方言史资料研究丛刊 12〕

008395427
**高山族语言简志 布嫩语**
何汝芬等编著 北京 民族出版社 1986 年 192 页〔中国少数民族语言简志丛书〕

001920328
**高山族语言简志 阿眉斯语**
何汝芬等编著 北京 民族出版社 1986 年 185 页〔中国少数民族语言简志丛书〕

006143650
**高山族语言简志 排湾语**
陈康 马荣生编著 北京 民族出版社 1986 年 141 页〔中国少数民族语言简志丛书〕

009396871
**台湾豫剧五十年图志**
陈芳 严立模编著 高雄 国光剧团传统艺术中心 2003 年 247 页

008036654
**"中华民国"史社会志 初稿**
"中华民国"史社会志编纂委员会编 张玉法统编 新店市 "国史馆" 1998 年

008245761
**"中华民国"史文化志 初稿**
"国史馆""中华民国"史文化志编纂委员会编印 王振鹄 邱燮友 庄伯和统编 新店市 "国史馆" 1997 年 761 页

007513930

台湾族群志 第1卷 客家与台湾

江运贵著 徐汉斌译 台北 常民文化事业有限公司 1996年 397页

008103086

台湾族群志 第2卷 台湾客家风土志

刘还月著 台北 常民文化事业有限公司 1999年 255页

008300076

台湾族群志 第3卷 台湾的客家族群与信仰

刘还月著 台北 常民文化事业股份有限公司 1999年 269页

008525592

"中华民国"史民族志 初稿

"国史馆""中华民国"史民族志编纂委员会编印 新店市 "国史馆" 1995年 517页

008160962

台湾风土志 台湾野史小札

陈华民著 台北 常民文化事业有限公司 1998年 255页

013067303

台湾史志

蔡子民著 北京 台海出版社 1997年 301页

008381946

台湾乡土精志

花松村编纂 台北 中一出版社 1999年 3册

008022612

台湾乡土全志

花松村编纂 台北 中一出版社 1996年 12册

012073525

台湾百年柔道人物志

黄武雄等撰 台北 台湾身体文化协会 2007年 115页

009979777

中原在台人物志

台北 中原文献社 1999年 〔中原文献丛书〕

007555551

"中华民国"工商人物志

"中华民国"工商协进会编 台北 1963年 855页

008300071

台湾风土志 台湾农业脸谱

温秀娇著 台北 吴氏图书公司总经销 1999年 317页

006329227

台湾水利人物志

台湾水利人物志编辑委员会编 台北 台

湾水利人物志编辑委员会 1956 年 214 页

001938206
高山族风俗志 第 5 卷
许良国 曾思奇编著 北京 中央民族学院出版社 1988 年 175 页〔民俗文库 5〕

009119766
南瀛民间器物志
郑文彰著 新营市 台南县文化局 2002 年 383 页〔南瀛乡土乡情专辑 南瀛文化研究丛书 34〕

005611749
台湾风土志
何联奎 卫惠林著 台北 台湾中华书局 1962 年 2 册

008588291
台湾风土志 台湾人的生死学
黄文博著 台北 常民文化事业股份有限公司 2000 年 293 页

007534575
台湾风土志 探讨台湾民间信仰
董芳苑著 台北 常民文化事业有限公司 1996 年 315 页

008104929
台湾风土志 站在台湾庙会现场
黄文博著 台北 常民文化事业有限公司 1998 年 317 页

007913530
台湾后山风土志
张振岳著 刘还月总编 陈柔柔 刘喜雅 蔡逸仁编辑 台北 吴氏图书公司总经销 1994 年 268 页〔协和台湾丛刊 47〕

001690996
台湾民俗志
刘还月著 台北 时报文化出版企业有限公司总经销 1986 年 255 页

001738325
台湾风物志
蔡敦祺编 福州 福建人民出版社 1985 年 376 页〔中国风物志丛书〕

007658504
"中华民国"史地理志 初稿
"国史馆"编印 新店市 "国史馆" 1990 年 346 页

008409684
台湾省地名录
庄晋南编 北京 中国地图出版社 1992 年 456 页

008301311
台湾高山历志
吕绍炜著 台北 "吴氏"图书有限公司总经销 1998 年 199 页

004757402

"中华民国"科学志

李熙谋主编 台北 "中华"文化出版事业委员会 1955年 3册〔现代国民基本知识丛书 第3辑〕

005878735

"中华民国"科学志 续编

李熙谋主编 台北 "中华"文化出版事业委员会 1958年 3册〔现代国民基本知识丛书 第5辑〕

008395019

台湾风土志 台湾大地震断层现场实录

刘还月著 台北 吴氏图书公司总经销 1999年 301页

009818047

台湾省区域地质志

福建省地质矿产局编 北京 地质出版社 1992年 244页〔地质专报 1 区域地质 第28号〕

008066196

兰阳三郡动物志

吴永华著 台北 玉山社出版事业股份有限公司 1997年 148页〔后山自然志 1 影像台湾 12〕

006074415

台湾脊椎动物志

陈兼善著 台北 1956年 619页

004421050

台湾鱼类志

沈世杰主编 台北 台湾大学动物学系 1993年 960页

008702111

台湾省政府卫生处志

台湾省政府卫生处编 南投 台湾省政府卫生处 1999年 587页

009446585

台湾番薯文化志

蔡承豪 杨韵平著 台北 果实出版公司 2004年 143页

006394537

台湾果树志

杨致福著 嘉义 台湾省农业试验所嘉义农业试验分所 1951年 272页

012218632

芦州市志

"中华"综合发展研究院应用史学研究所总编纂 李翁月娥主修 芦州市 台北县芦州市公所 2009年 799页

011827567

三重市志

三重市志编纂委员会编 三重市 台北县三重市公所 1996年 399页

011515118

三重市志正续编

三重市 台北县三重市公所 2005 年 3 册

009575391
**树林市志**
树林市志编审及咨询委员会编 树林市 台北县树林市公所 2001 年 615 页

007475779
**台北县志**
戴德发监修 林兴仁等主修 盛清沂总纂 台北县文献委员会编印 台北 台北县文献委员会 1960 年 28 册

012218614
**新庄市志**
新庄市志编辑委员会编 新庄 台北县新庄市公所 1998 年 502 页

012075002
**续修台北县志** 第 2 卷 土地志
张胜彦总纂 板桥市 台北县政府 2005 年

012075029
**续修台北县志** 第 3 卷 住民志
张胜彦总纂 板桥市 台北县政府 2005 年

012075044
**续修台北县志** 第 4 卷 政事志
张胜彦总纂 板桥市 台北县政府 2005 年

012075530
**续修台北县志** 第 5 卷 社会志
张胜彦总纂 板桥市 台北县政府 2006 年

012075540
**续修台北县志** 第 6 卷 经济志
张胜彦总纂 板桥市 台北县政府 2007 年

012075547
**续修台北县志** 第 7 卷 选举志
张胜彦总纂 板桥市 台北县政府 2006 年

012075556
**续修台北县志** 第 8 卷 文教志
张胜彦总纂 板桥市 台北县政府 2002 年 328 页

012075570
**续修台北县志** 第 9 卷 艺文志
张胜彦总纂 板桥市 台北县政府 2008 年

009574829
**中和市志**
吕芳烟主修 "中华"综合发展研究院应用史学研究所总纂 中和 中和市公所 1998 年 912 页

012072332
**八里乡志**

八里乡公所编 八里乡 八里乡公所 2005年 303页

010292678
大溪镇志 地理篇 历史篇 政治篇
大溪镇公所编印 桃园 桃园县大溪镇公所 2004年 463页

009833370
大溪镇志 经济篇 社会篇
吴振汉总纂 桃园 桃园县大溪镇公所 2004年 455页

010292700
大溪镇志 文教篇 人物篇（附录）
大溪镇公所编印 桃园 桃园县大溪镇公所 2004年 403页

009833354
淡水镇志
白惇仁总纂 淡水镇 台北县淡水镇公所 1989年 2册 582页

009694252
贡寮乡志
唐羽撰 台湾 台北县贡寮乡公所 2004年 2册

009833439
金山乡志 经济篇
王良行 叶琼英 陈修平合撰 台北 台北县金山乡公所 2004年 455页

012653210
金山乡志 第1卷 社会篇
蔡渊挈 王良行撰 台北 金山乡公所 2010年 147页

012738083
金山乡志 第2卷 地理篇
林俊全撰 台北 金山乡公所 2010年 239页

012736879
金山乡志 第3卷 历史篇
王良行总纂 詹素娟撰述 台北 金山乡公所 2010年 243页

012736882
金山乡志 第4卷 文化篇
李鸿谋编著 台北 金山乡公所 2010年 391页

012736885
金山乡志 第5卷 政事篇
黄克武 洪温临撰 台北 金山乡公所 2010年 391页

012218603
坪林乡志
坪林乡公所编印 坪林乡 台北县坪林乡公所 2002年 702页

009833399
三峡镇志
王明义总纂 三峡镇 台北县三峡镇公所

1993年 1700页

012218639
**三芝乡志**
三芝乡 1994年 302页

010595932
**深坑乡志**
黄明和监修 林能士总纂 毛知砺等撰稿 深坑乡 深坑乡公所 1997年 623页

012987100
**深坑乡志续编**
高邬梅英监修 詹玮总纂 詹玮等撰稿 深坑乡 深坑乡公所 2010年 245页

009833391
**石碇乡志**
石碇乡公所编 台北 石碇乡公所 2001年 458页

008894205
**双溪乡志**
唐羽撰 双溪乡 台北县双溪乡公所 2001年 2册 946页

009575436
**万里乡志**
台北县万里乡公所编印 万里 台北县万里乡公所 1997年 526页

012073456
**乌来乡志**
文崇一 萧新煌编著 乌来乡 台北县乌来乡公所 1990年 141页

012218585
**五股志**
尹章义等著 五股乡 五股乡公所 1997年 1154页

003033899
**新庄志**
尹章义撰述 郑余镇主修 新庄 新庄市公所 1981年 118页

007477911
**永和镇志**
林溪水等编纂 台北 永和镇志编纂委员会 1965年 513页

008912061
**台北保安宫专志 建宫二百四十周年**
张高怀校定 张介人主编 委员吕学辉等编 台北 财团法人台北保安宫董监事会 1981年 422页

007935938
**台北地志新探**
洪伯温著 台北 龙文出版社股份有限公司 1993年 302页〔台湾史迹源流系列 2〕

007475997
**宜兰县志**
庐缵祥 甘阿炎修 庐世标等纂 宜兰县

文献委员会编纂 宜兰 1958—1963年 33册

012218574
**大同乡志 经济篇**
许炳进主编 宜兰 大同乡公所 2006年 200页

012218559
**大同乡志 民族篇**
许炳进主编 宜兰 大同乡公所 2009年 256页

012218537
**罗东镇志**
"中华"综合发展研究院应用史学研究所编纂 尹章义总编纂 罗东镇 宜兰县罗东镇 2002年 903页

007412383
**头城镇志**
庄英章 吴文星纂修 头城镇志编纂委员会编审 宜兰 头城镇公所 1985年 626页

012218530
**续修头城镇志**
林正芳总编纂 头城镇 宜兰县头城镇公所 2002年 2册 760页

012073466
**桃园市志**
"中华"综合发展研究院应用史学研究所总编纂 桃园 桃园市公所 2005年 1020页

007476009
**桃园县志**
桃园县文献委员会编 桃园 1966年

012851581
**新修桃园县志**
赖泽涵总编 桃园 桃园县政府 2010年 15册

012653336
**大园乡志**
桃园县大园乡志编纂委员会编 大园乡 桃园县大园乡公所 1977年 583页

012653339
**大园乡志续篇**
大园乡乡志续编编纂委员会编 桃园 大园乡公所 1993年 343页

012653340
**大园乡志续篇** 1993—2009
大园乡乡志续编编纂委员会编 桃园 大园乡公所 2010年 679页

012218647
**龟山乡志**
蔡行涛 莫嘉廉主持 王振勋编 龟山乡 桃园县龟山乡公所 2005年 253页

012218655
芦竹乡志
曾文敬主修 张正昌编纂 芦竹乡 桃园县芦竹乡公所 1995年 890页

006310070
石门水库建设志
石门水库建设委员会编 台北 1966年 3册

012218713
宝山乡志
谢义弘主编 新竹 新竹县宝山乡公所 2006年

009900260
北埔乡志
范明焕总纂 新竹 新竹县北埔乡公所 2005年 2册

012072275
关西镇志 稿本
2000年 330页

012072254
湖口乡志
湖口乡公所编印 新竹 新竹县湖口乡公所 1996年 399页

012218666
新丰乡志
吴声祥总编辑 新竹 新竹县新丰乡公所 2009年 944页

012218734
新埔镇志
林柏燕主笔 新埔镇 新埔镇公所 2000年 800页

012218684
芎林乡志
庄兴惠总编辑 新竹 新竹县芎林乡公所 2004年 951页

010089223
竹东镇志 地理篇
林于炜主撰 新竹 新竹县竹东镇公所 2005年 263页

010235387
竹东镇志 历史篇
郑森松主撰 新竹 新竹县竹东镇公所 2005年 210页

008897557
竹中乡土志
吴庆杰著 新竹 金山面文史工作室 2001年 313页

010591215
苗栗市志
苗栗市志编纂委员会编 苗栗 苗栗市公所 2005年 4册 1550页

007475844
苗栗县志
沈茂荫等纂辑 苗栗 苗栗县文献委员会

1953 年 129 页

007476011
台湾省苗栗县志
温仲琦等纂 刘定国等修 苗栗县文献委员会编校 苗栗 1959 年

011516204
重修苗栗县志 第 1 卷
陈运栋编委 苗栗 苗栗县政府 2007 年 622 页

011516218
重修苗栗县志 第 1 卷 大事志
范扬坤编委 苗栗 苗栗县政府 2006 年 4 册

011516229
重修苗栗县志 第 2 卷 自然地理志
赖典章等编委 苗栗 苗栗县政府 2007 年 468 页

011516237
重修苗栗县志 第 3 卷 生物志
陈运造编委 苗栗 苗栗县政府 2006 年 2 册

011516250
重修苗栗县志 第 4 卷 人文地理志
黄鼎松编委 苗栗 苗栗县政府 2007 年 381 页

011516256
重修苗栗县志 第 5 卷 住民志
徐清明编委 苗栗 苗栗县政府 2007 年 3 册

011516261
重修苗栗县志 第 6 卷 语言志
罗肇锦 刘增荣等编委 苗栗 苗栗县政府 2007 年 2 册

011516269
重修苗栗县志 第 7 卷 人口志
杨政男编委 苗栗 苗栗县政府 2006 年 404 页

011516273
重修苗栗县志 第 8 卷 宗教志
黄鼎松编委 苗栗 苗栗县政府 2007 年 366 页

011516280
重修苗栗县志 第 9 卷 行政志
汤慧敏编委 苗栗 苗栗县政府 2007 年 386 页

011516288
重修苗栗县志 第 10 卷 自治志
何来美编委 苗栗 苗栗县政府 2005 年 573 页

011516297
重修苗栗县志 第 11 卷 社会志
吴正贤编委 苗栗 苗栗县政府 2005 年

417 页

011516299

**重修苗栗县志 第 12 卷 建设志**

郑锦宏编委 苗栗 苗栗县政府 2005 年 538 页

011516305

**重修苗栗县志 第 13 卷 交通志**

宋国英编委 苗栗 苗栗县政府 2005 年 442 页

011516311

**重修苗栗县志 第 14 卷 地政志**

廖绮贞编委 苗栗 苗栗县政府 2006 年 398 页

011516316

**重修苗栗县志 第 15 卷 财税志**

黄运新编委 苗栗 苗栗县政府 2006 年 309 页

011516323

**重修苗栗县志 第 16 卷 户政志**

龚万灶编委 苗栗 苗栗县政府 2005 年 412 页

011516325

**重修苗栗县志 第 17 卷 警政司法志**

刘增本 林中光编委 苗栗 苗栗县政府 2005 年 361 页

011516327

**重修苗栗县志 第 18 卷 役政志**

卓淑娟编委 苗栗 苗栗县政府 2005 年 282 页

011516331

**重修苗栗县志 第 19 卷 农林志**

刘增城等编委 苗栗 苗栗县政府 2006 年 582 页

011516337

**重修苗栗县志 第 20 卷 渔牧志**

苏满华编委 苗栗 苗栗县政府 2005 年 360 页

011516344

**重修苗栗县志 第 21 卷 水利志**

洪东岳编委 苗栗 苗栗县政府 2006 年 551 页

011516351

**重修苗栗县志 第 22 卷 矿业志**

纪文荣编委 苗栗 苗栗县政府 2007 年 579 页

011516355

**重修苗栗县志 第 23 卷 工商志**

吴保荣编委 苗栗 苗栗县政府 2006 年 372 页

011516360

**重修苗栗县志 第 24 卷 卫生志**

吴辉雄编委 苗栗 苗栗县政府 2006 年

309 页

011516366
**重修苗栗县志** 第 25 卷 环境保护志
范方志编委 苗栗 苗栗县政府 2006 年 598 页

011516368
**重修苗栗县志** 第 26 卷 教育志
黄新发编委 苗栗 苗栗县政府 2006 年 432 页

011516370
**重修苗栗县志** 第 27 卷 文化志
程士航等编委 苗栗 苗栗县政府 2007 年 440 页

011516377
**重修苗栗县志** 第 28 卷 文学志
王幼华 莫渝编委 苗栗 苗栗县政府 2005 年 517 页

011516380
**重修苗栗县志** 第 29 卷 表演艺术志
范扬坤等编委 苗栗 苗栗县政府 2007 年 737 页

011516397
**重修苗栗县志** 第 30 卷 视觉艺术志
连森裕编委 苗栗 苗栗县政府 2007 年 398 页

011516401
**重修苗栗县志** 第 32 卷 人物志
陈运栋编委 苗栗 苗栗县政府 2006 年 2 册

011516405
**重修苗栗县志** 第 32 卷
陈运栋 郑锦宏编委 苗栗 苗栗县政府 2007 年 309 页

012237244
**白沙屯志** 二〇〇三苗栗县白沙屯妈祖信仰圈文史调查报告
陈志南主编 通霄镇 苗栗县通霄镇白西社区发展协会 2003 年 258 页

012218755
**后龙镇志**
中华综合发展研究院应用史学研究所编纂 尹章义总编纂 后龙镇 苗栗县后龙镇 2002 年 607 页

012653297
**苗栗县泰安乡志**
泰安乡志编纂委员会编 苗栗 泰安乡公所 2008 年 2 册

012653362
**三义乡志**
苗栗县三义乡公所编 苗栗 三义乡公所 2009 年 3 册

009575427
**狮潭乡志**
曾桂龙总编 狮潭 狮潭乡公所 1998 年 364 页

012237240
**通霄镇志**
徐运樟监修 "中华"综合发展研究院应用史学研究所总编纂 通霄镇 苗栗县通霄镇公所 2001 年 711 页

012237250
**铜锣乡志**
铜锣乡志编纂委员会编辑 黄鼎松总编辑 铜锣乡 铜锣乡公所 1998 年 653 页

012218742
**头份镇志**
头份镇志编纂委员会编 头份镇 苗栗县头份镇公所 2002 年 3 册

012237246
**头屋乡志**
头屋乡志编纂委员会编辑 黄鼎松总编辑 头屋乡 苗栗县头屋乡公所 1996 年 574 页

012237249
**西湖乡志**
陈运栋等撰述 西湖乡志编纂委员会编纂 西湖乡 苗栗县西湖乡公所 1997 年 684 页

012072320
**苑里镇志**
苑里镇志编纂委员会编纂 王振勋总编辑 苑里镇 苗栗县苑里镇公所 2002 年 2 册

005631613
**竹南镇志**
杨景淋主修 陈金田主编 苗栗 竹南镇公所 1982 年 317 页

012218696
**竹南镇志**
蔡启贞主修 苗栗 竹南镇公所 1994 年 267 页

001920272
**中港慈裕宫志**
许叶金编著 竹南镇 中港慈裕宫管理委员会发行 1980 年 459 页

012237260
**丰原市志**
陈炎正主编 谢文雄助理编辑 丰原市志编辑委员会编审 丰原 丰原市公所 1986 年 611 页

010089258
**太平市志**
廖瑞铭总纂 台中 台中县太平市公所 2006 年 2 册 1343 页

012237280
**大甲镇志**
廖瑞铭总纂 大甲镇 大甲镇公所 2007年 2册

012237271
**东势镇志**
陈炎正主编 台中 东势镇公所 1995年 519页

012237267
**龙井乡志**
陈炎正主编 龙井乡 台中县龙井乡公所 1996年 404页

012237277
**潭子乡志**
陈炎正主编 台中 潭子乡公所 1993年 460页

012073492
**外埔乡志**
张胜彦总编纂 外埔乡 台中县外埔乡公所 2002年 2册

012073481
**乌日乡志 经济篇**
王良行 蔡琼慧合撰 台中 台中县乌日乡公所 2005年 260页

009836212
**乌日乡志 历史篇**
台中县乌日乡公所编 乌日 台中县乌日乡公所 2004年 188页

009836205
**乌日乡志 文化篇**
台中县乌日乡公所编 乌日 台中县乌日乡公所 2003年 207页

009836189
**梧栖镇志**
尤碧铃主修 台中 梧栖镇公所 2005年 711页

012072291
**雾峰乡志**
雾峰乡公所编印 雾峰乡 雾峰乡公所 1993年 372页

009108057
**鹿港胜迹志 龙山寺 天后宫 文武庙**
王清雄著 太平市 王清雄发行 2002年 444页〔乡土史迹研究论集 1〕

009836685
**彰化市志**
彰化师范大学地理系编纂 彰化 彰化市公所 1997年 2册 897页

012237309
**北斗镇志**
张哲郎总纂 北斗镇 彰化县北斗镇公所 1997年 782页

009027068
**二林镇志**
洪丽完总纂 二林镇 彰化县二林镇公所 2000年 2册

009833430
**二水乡志**
周宗贤总纂 彰化 彰化县二水乡公所 2002年 920页

012806193
**芳苑乡志** 地理篇
林俊全著 王良行总主编 彰化 芳苑乡公所 1997年 155页

012806205
**芳苑乡志** 经济篇
王良行著 王良行总主编 彰化 芳苑乡公所 1997年 568页

012237416
**芳苑乡志** 历史篇
魏金绒著 王良行总主编 彰化 芳苑乡公所 1997年 149页

012806184
**芳苑乡志** 社会篇
陈静瑜著 王良行总主编 彰化 芳苑乡公所 1997年 237页

012804609
**芳苑乡志** 文化篇
康原著 王良行总主编 彰化 芳苑乡公所 1997年 299页

012806197
**芳苑乡志** 政事篇
黄克武著 王良行总主编 彰化 芳苑乡公所 1997年 191页

012653246
**芬园乡志**
蔡相辉总编纂 彰化 芬园乡公所 1998年 555页

012653259
**和美镇志**
"中华"综合发展研究院应用史学研究所总编纂 彰化 和美镇公所 2002年 685页

012237292
**花坛乡志**
谢英从等撰述 花坛乡 彰化县花坛乡公所 2006年 735页

008652048
**鹿港镇志** 第1卷 地理篇
施添福 林会承 陈国川撰 彰化 鹿港镇公所 2000年 289页

008652024
**鹿港镇志** 第2卷 沿革篇
黄秀政撰 鹿港镇 鹿港镇公所 2000年 271页

008652030
**鹿港镇志 第3卷 政事篇**
张胜彦撰 鹿港镇 彰化县鹿港镇公所 2000年 247页

008652010
**鹿港镇志 第4卷 经济篇**
王良行撰 鹿港镇 鹿港镇公所 1998年 465页

008652008
**鹿港镇志 第5卷 交通篇**
戴宝村撰 鹿港镇 鹿港镇公所 2000年 171页

008652034
**鹿港镇志 第6卷 氏族篇**
庄英章撰 鹿港镇 鹿港镇公所 2000年 101页

008652042
**鹿港镇志 第7卷 教育篇**
单文经撰 鹿港镇 鹿港镇公所 2000年 171页

008652028
**鹿港镇志 第8卷 宗教篇**
许雪姬撰 鹿港镇 鹿港镇公所 2000年 323页

008652014
**鹿港镇志 第9卷 艺文篇**
戴瑞坤撰 鹿港镇 鹿港镇公所 2000年 209页

008652036
**鹿港镇志 第10卷 人物篇**
吴文星撰 鹿港镇 鹿港镇公所 2000年 145页

012072284
**伸港乡志**
"中华"综合发展研究院应用史学研究所总纂 曾春长主修 林其瑞监修 伸港乡 彰化县伸港乡公所 2003年 607页

009464053
**南投县志 第1卷 自然志 博物篇 气候篇**
林宗男监修 陈秀义主修 黄耀能总纂 陈哲三协纂 郑锡奇等编纂 南投 南投县政府 2002年 690页

009464069
**南投县志 第2卷 住民志 风俗篇**
林宗男监修 陈秀义主修 黄耀能总纂 陈哲三协纂 张永桢编纂 南投 南投县政府 2002年 150页

009464063
**南投县志 第2卷 住民志 宗教篇**
林宗男监修 陈秀义主修 黄耀能总纂 陈哲三协纂 李青融编纂 南投 南投县政府 2002年 306页

009464078

南投县志 第3卷 政事志 警政篇 役政篇

林宗男监修 陈秀义主修 黄耀能总纂 陈哲三协纂 许哲豪等编纂 南投 南投县政府 2002年 430页

009464096

南投县志 第4卷 经济志 水利篇 农业篇 水产篇 畜产篇 金融篇

林宗男监修 陈秀义主修 黄耀能总纂 陈哲三协纂 黄耀能等编纂 南投 南投县政府 2002年 500页

009464087

南投县志 第6卷 文化志 文化事业篇

林宗男监修 陈秀义主修 黄耀能总纂 陈哲三协纂 李西勋编纂 南投 南投县政府 2002年 186页

010588457

集集镇志

陈哲三总编纂 集集镇 南投县集集镇公所 1998年 962页

012653230

鹿谷乡志

南投县鹿谷乡志编纂委员会编 南投 鹿谷乡公所 2009年 2册

012237349

仁爱乡志

沈明仁编纂 仁爱乡 南投县仁爱乡公所 2008年 2册

012237384

水里乡志

尹志宗编 水里乡 南投县水里乡公所 2007年 857页

012237373

续修草屯镇志 1985—2004

洪英圣总编辑 草屯镇 南投县草屯镇公所 2005年 1145页

012237407

鱼池乡志

鱼池乡 南投县鱼池乡公所 2001年 7册

012237316

竹山镇志

许文钦主修 陈哲三总编纂 南投 竹山镇公所 2001年 2册

003035578

云林县志稿

林恒生监修 王守明 仇德哉主修 云林县文献委员会编印 云林 云林县文献委员会 1977年

003146861

嘉义县志

嘉义县政府编印 陈嘉雄监修 赵璞 林家驹主修 赖子清纂修 嘉义 嘉义县政府 1976年

012237469
朴子市志
邱奕松纂修 朴子市 嘉义县朴子市公所 1998年 867页

007794171
诸罗县志
周钟瑄编 嘉义 嘉义县政府 1983年 300页

012237459
大埔乡志
许佑恺总编辑 大埔乡 嘉义县大埔乡公所 2009年 453页

012530671
嘉义县方言志
张屏生 萧藤村 吕茗芬合著 广州 中山大学出版社 2009年 2册

009250563
台南县志
胡龙宝监修 陈华宗 杨宝发 洪波浪 吴新荣主修 卢嘉兴 洪波浪 吴新荣纂修 台南县政府编印 新营镇 台南县政府 1980年 4册

007476005
台南县志稿
吴新荣主修 胡龙宝 陈华宗监修 洪波浪纂修 台南县文献委员会编 台南 1957—1960年 13册

012237555
新营市志
林京珍总编 何林垦等编纂 新营 新营市志编纂委员会 1997年 1册

012237476
白河镇志
台南县白河镇公所编印 白河镇 台南县白河镇公所 1998年 456页

012653371
佳里镇志
佳里镇志编纂委员会编 佳里镇 台南县佳里镇公所 1998年 467页

009575432
柳营乡志
"中华"综合发展研究院应用史学研究所总纂 台南 柳营乡公所 1999年 407页

012987090
七股乡志
台南县七股乡公所编印 吴建升等主撰 许献平总编辑 七股乡 台南县七股乡公所 2010年 614页

012237551
仁德乡志
宋义祥 钟和邦主修 台南 台南县仁德乡公所 1994年 1134页

012237485
**新化镇志 美丽的山林地大目降的历史**
管志明 钟腾 杜正宇总纂 新化镇 新化镇公所 2005年 614页

012237491
**盐水镇志**
盐水镇 台南县盐水镇公所 1998年 511页

003146911
**麻豆镇乡土志**
詹评仁编著 麻豆镇 詹评仁 1977年 208页

012832089
**南瀛客家族群志**
杨升展著 新营市 台南县政府 2010年 367页〔南瀛文化研究丛书 第16辑 99 南瀛丰美大地专辑〕

009290407
**台南县平埔地名志**
杨森富著 新营市 台南县政府 2002年 311页〔南瀛文化丛书 120〕

007476013
**高雄县志稿**
陈清文 余登发监修 高雄县文献委员会编 凤山镇 1961年

012653280
**阿莲乡志**
江英次主修 许进兴主编 许森林执行编辑 阿莲乡 阿莲乡公所 1985年 440页

012237563
**甲仙乡志**
林理杰主修 甲仙乡志编辑委员会编审 甲仙乡 甲仙乡公所 1985年 270页

009833376
**美浓镇志**
美浓镇志编纂委员会编 美浓镇 美浓镇公所 1997年 2册 1492页

012653304
**仁武乡志**
高雄县仁武乡公所编 仁武乡 高雄县仁武乡公所 2009年 2册

012237576
**田寮乡志**
李委总编 连信雄 沈同顺执行编辑 沈同顺摄影 田寮乡 高雄县田寮乡公所 1986年 232页

008447251
**梓官乡志**
蔡振义题 台湾 梓官乡公所 1981年 323页

012237571
**罗汉门的故事 内门乡志**
龚文雄编 高雄 内门乡公所 1993年

238 页

004634633
**六堆客家乡土志**
徐傍兴编 钟壬寿主编 内埔乡 常青出版社 1973 年 714 页

007475907
**屏东县志**
古福祥纂修 屏东 屏东县文献委员会 1964 年

012237581
**车城乡志**
"中华"综合发展研究院应用史学研究所总编纂 林显水主修 车城乡 屏东县车城乡公所 2004 年 431 页

012653341
**枋山乡志**
屏东县枋山乡公所编 屏东 枋山乡公所 2010 年 637 页

012237595
**里港乡志**
陈秋坤总编 吴庚元副总编辑 里港乡 里港乡公所 2005 年 859 页

012237613
**满州乡志**
熊金郎主修 "中华"综合发展研究院应用史学研究所总编纂 屏东 满州乡公所 1999 年 377 页

012653349
**牡丹乡志**
陈梅卿总编纂 屏东 屏东县牡丹乡公所 2000 年 575 页

012073462
**万峦乡志**
万峦乡公所编印 万峦乡 万峦乡公所 2008 年 734 页

012237605
**新埤乡志**
林云荣等撰稿 新埤乡 屏东县新埤乡公所 2008 年 755 页

008986667
**竹田乡史志**
李明恭修著 屏东 李明恭 2001 年 360 页

012237625
**池上乡志**
夏黎明总纂 赵川明 郑汉文 黄宣卫编审 萧春生等撰述 池上乡 台东县池上乡公所 2001 年 1096 页

012237621
**关山镇志**
吴文星 施添福总编纂 关山镇 台东县关山镇公所 2001—2002 年 2 册 897 页

012237623
**鹿野乡志**
夏黎明总编纂 鹿野乡 台东县鹿野乡公所 2007年 2册

011516170
**绿岛乡志**
绿岛乡 绿岛乡公所 1988年 195页

012237617
**延平乡志**
洪健荣 田天赐主编 延平乡 台东县延平乡公所 2004年 581页

007475775
**花莲县志稿**
花莲县文献委员会编 柯丁选监修 骆香林 危幼麟主修 苗允丰 王苏州编纂 花莲 花莲县文献委员会 1957年

009832113
**续修花莲县志** 经济篇 1982—2001
谢深山监修 花莲 花莲县政府 2005年 224页

009832117
**续修花莲县志** 自然篇 1982—2001
谢深山监修 花莲 花莲县政府 2005年 428页

009832124
**续修花莲县志** 族群篇 1982—2001
谢深山监修 吴淑姿主修 花莲 花莲县政府 2005年 358页

012237629
**富里乡志**
张振岳主撰 花莲 富里乡公所 2002—2006年 3册

009119745
**吉安乡志**
中华综合发展研究院应用史学研究所总纂 吉安乡 吉安乡公所 2002年 761页

012237643
**瑞穗乡志** 初稿
"国立"东华大学观光暨游憩管理研究所总撰 瑞穗乡 花莲县瑞穗乡公所 2007年 557页

012237637
**秀林乡志**
黄辉宝总策划 孙大川主撰 花莲 花莲县秀林乡公所 2006年 662页

007475858
**澎湖县志**
陈正祥编修 台北 澎湖县政府 1955年 140页

008451368
**澎湖县志** 教育志
张默予编纂 陈知青撰述 马公镇 1973年 146页

009900557
**续修澎湖县志**
许雪姬编纂 "中央研究院"台湾史研究所编撰 马公市 澎湖县政府 2005年 14册

008440349
**白沙乡志**
许神会编纂 澎湖 1977年 372页

012072357
**七美乡志**
澎湖县七美乡公所编 七美乡 七美乡公所 2008年 322页

010089235
**西屿乡志**
杜奉贤总撰 澎湖 澎湖县西屿乡公所 2005年 682页

012072340
**重修白沙乡志**
彭湖县白沙乡公所编 200u年 818页

007412350
**基隆市志 概述**
陈正祥纂 朱仲西修 基隆 基隆市文献委员会 1954年 101页

005635628
**基隆风物志**
"国民"通讯社编辑 "国民"通讯社 1954年 132页

010591238
**续修新竹市志**
张永堂总纂 新竹市政府编印 新竹 新竹市政府 2005年 3册

008531366
**六家庄风土志**
陈板著 台北 唐山出版社 1998年 177页〔社区营造丛书 01〕

007475849
**新竹风物志**
黄钟生编 新竹 联合版新竹分社 1960年 182页

006031301
**台中市志**
张启仲 林澄秋监修 "内政部"地方志书审核委员会审查 台中市文献委员会编印 林猷穆 张荣楼特约编纂 台中 台中市文献委员会 1972年

012074917
**台中市志 第1卷 地理志**
陈国川主持 中兴大学编纂 台中 台中市政府 2008年 624页

012074933
**台中市志 第2卷 教育志**
林时民主持 中兴大学编纂 台中 台中市政府 2008年 827页

012074939
**台中市志 第3卷 经济志**
萧景楷主持 中兴大学编纂 台中 台中市政府 2008年 489页

012074907
**台中市志 第4卷 人物志**
王振勋 赵国光主持 中兴大学编纂 台中 台中市政府 2008年 401页

012074954
**台中市志 第5卷 社会志**
陈静瑜主持 中兴大学编纂 台中 台中市政府 2008年 687页

012074899
**台中市志 第6卷 沿革志**
孟祥瀚主持 中兴大学编纂 台中 台中市政府 2008年 475页

012074945
**台中市志 第7卷 艺文志**
陈器文主持 中兴大学编纂 台中 台中市政府 2008年 661页

012074922
**台中市志 第8卷 政事志**
王志宇主持 中兴大学编纂 台中 台中市政府 2008年 760页

009396839
**嘉义市志**
张博雅监修 陈丽贞 吴嘉信 吴淑芬主修 颜尚文总纂 吴育臻编纂 嘉义 嘉义市政府 2002—2003年 15册

007475990
**台南市志**
台南市政府编印 王振惠等主修 台南 台南市政府 1978年

007908344
**台南市志稿**
台南市文献委员会编 杨请 叶廷珪 辛文炳监修 黄典权主修并撰 台南 台南市文献委员会 1958年

006876663
**台南市南门碑林图志**
台南市政府编印 台南 台南市政府 1979年 121页

007475766
**大埔县志 附社团学校简介人物事略**
台北市大埔同乡会编印 台北 台北市大埔同乡会 1971年 1册

005615382
**台北市志**
陈正祥编 台北 1957年 56页〔敷明产业地理研究所研究报告 第79号〕

007475756
**台北市志**
黄宇元监修 刘剑寒主修 王国璠纂修 刘晓东协修 台北市文献委员会编印

台北 台北市文献委员会 1984 年

007864931
**台北市志**
陈正祥著 台北 南天书局 1997 年 122 页〔中国研究丛书 第 19 号〕

007475863
**台北市志稿**
黄启瑞 张祥传监修 苏得志 王诗琅主修 黄得时纂修 台北市文献委员会编校 台北 文献委员会 1957 年

012987093
**士林区志**
台北市士林区公所编印 何萍等编纂 士林区 台北市士林区公所 2010 年 488 页

007597572
**"中华民国"台湾省立高级中学校志**
汪宗模等修撰 黄文骥 胡兆木编 中兴新村 台湾省政府教育厅修撰委员会 1984 年 2 册 919 页

007477808
**阳明山新方志**
"中华"学术院台湾新方志编辑委员会编 阳明山 华冈书局经销 1972 年 174 页〔台湾新方志丛书 1〕

010089251
**凤山市志**

凤山市公所编印 简炯仁总纂 凤山 高雄县凤山市公所 2004 年 859 页

007905703
**高雄市志** 财政篇
赵性源等编纂 高雄市文献委员会编 高雄 高雄市文献委员会 1963 年 2 册

007905709
**高雄市志** 大事年表
杨金虎 郑畴主修 吕伯璘纂修 高雄市文献委员会编 高雄 高雄市文献委员会 1968 年 82 页

007905707
**高雄市志** 地政篇
陈启川等纂 高雄市文献委员会编 高雄 高雄市文献委员会 1966 年 434 页

007905708
**高雄市志** 概述篇
谢挣强 陈武璋监修 张源 班剑初主修 高雄市文献委员会编 高雄 高雄市文献委员会 1956 年 172 页

007905710
**高雄市志** 港湾篇
赵性源等编纂 高雄市文献委员会编 高雄 高雄市文献委员会 1958 年 215 页

007905764
**高雄市志** 教育篇

陈启川 陈银柜监修 黄丽川 潘廷干主修 赵性源等编纂 高雄市文献委员会编 高雄 高雄市文献委员会 1961—1962年 2册

007905763
**高雄市志 民政篇**
陈武璋 黄载德监修 骆东藩 潘廷干主修 赵性源等编纂 高雄市文献委员会编 高雄 高雄市文献委员会 1960年 3册

007905701
**高雄市志 卫生篇**
林炳德编纂 高雄市政府民政局编 高雄 高雄市政府民政局 1973年 61页

007908809
**高雄市志 艺文篇**
陈启川等监修 高雄市文献委员会编 高雄 高雄市文献委员会 1968年 424页

007905702
**高雄市志 自治篇**
尹德民编纂 高雄市政府民政局编 高雄 高雄市政府民政局 1973年 230页

008421359
**续修高雄市志**
吴敦义监修 谢敏次主修 高雄市文献委员会编印 黄耀能总纂 高雄 高雄市文献委员会 1998年 134页

007665520
**续修高雄市志 第1卷 自然志 地理篇 博物篇**
吴敦义监修 张俊彦主修 黄耀能总纂 高雄 高雄市文献委员会 1996年 344页

007791008
**续修高雄市志 第6卷 工务志 公共工程 建筑管理篇**
吴敦义监修 张俊彦主修 高雄市文献委员会编 黄耀能总纂 洪茂荣等编纂 高雄 高雄市文献委员会 1996年 274页

007791025
**续修高雄市志 第6卷 工务志 都市计画国宅篇**
吴敦义监修 张俊彦主修 高雄市文献委员会编 黄耀能总纂 张贵财等编纂 高雄 高雄市文献委员会 1996年 288页

008421353
**续修高雄市志 第9卷 文化志 艺文 文化事业篇**
吴敦义监修 谢敏次主修 高雄市文献委员会编印 高雄 高雄市文献委员会 1999年 327页

012072246
**莒光乡志 千秋莒光万里闽海白犬浮生忆来时**

连江县莒光乡公所编印 莒光乡 连江县莒光乡公所 2006 年 495 页

012072313
北竿乡志
连江 连江县北竿乡公所 2005 年 446 页

012073476
东引乡志
刘家国 邱新福撰述 连江 连江县东引乡公所 2002 年 559 页

007475284
金门县志
金门县文献委员会编 金门 金门县文献委员会 1968 年 2 册

007475339
新金门志
许如中编辑 金门 金门县政府 1959 年 948 页

012653200
金门县志
李仕德总纂 王先正等编修 金门 金门县政府 2009 年 12 册

012653350
金城镇志
金城镇公所编印 金门 金城镇公所 2009 年 2 册

009896059
金门县金沙镇志
金沙镇公所编印 金门 金门县金沙镇公所 2002 年 2 册

012653265
金门县金湖镇志
金门县金湖镇公所编印 金门 金湖镇公所 2009 年 2 册

012072306
金宁乡志
金门县金宁乡公所出版 金门 金县金宁乡公所 2005 年 2 册 816 页

012653368
增修烈屿乡志
吕允在总编纂 金门 金门县烈屿乡公所 2010 年 2 册

# 香港特别行政区

008138040
**香港电影图志 1913—1997**
中国电影资料馆编 杭州 浙江摄影出版社 1998年 487页

001738329
**香港方物志**
叶林丰[灵凤]著 香港 中华书局 1958年 205页

001737881
**香港方物志**
叶林丰[灵凤]著 香港 上海书局 1981年 317页

001738328
**香港方物志**
叶灵凤著 北京 新华书店发行 1985年 332页

010587884
**香港回归十年志**
陶存主编 王海军等编著 济南 山东人民出版社 2007年 10册

007981698
**香港离岛史迹志**
萧国健著 香港 显朝书室 1985年 84页

010577044
**东区风物志 集体记忆社区情**
郭少棠著 沈思执行编辑 香港 东区区议会 2003年 190页

013183719
**九龙城区风物志**
小组刘润和等编撰 香港 九龙城区议会 2005年 182页

012009347
**香港风物志**
蔡子杰著 香港 环球实业(香港)公司 2008年 606页

013190411
**香港中西区风物志**
梁炳华编 香港 中西区临时区议会 1998年 320页

007983969
**香港地名录**
庄晋南 中国地图出版社编制 北京 中国地图出版社 1997年 544页

# 澳门特别行政区

013139932
**澳门戏院志**
黄夏柏著 香港 麦穗出版有限公司
2012年 221页〔麦穗文化系列〕

# 综合

008081724
**中国近现代佛教人物志**
于凌波著 北京 宗教文化出版社 1995年 655页

012349256
**中华佛缘人物志**
朱封鳌主编 上海 上海辞书出版社 2009年 263页

012881185
**中国伊斯兰教简志**
中国伊斯兰教协会编 北京 宗教文化出版社 2011年 940页

012634984
**中国地方志基督教史料辑要**
张先清 赵蕊娟编 上海 东方出版中心 2010年 763页

009769314
**中国民间组织年志**
中国民间组织年志编辑委员会编 北京 中国社会出版社 2005年

008694311
**中国共产党历史图志**
中共中央党史研究室编著 上海 上海人民出版社 2001年 3册 822页

007475937
**中国共产党通志**
郑惠 张静如 梁志祥主编 镡德山 于风政 王玉祥副主编 北京 中央文献出版社 1997年 3册 3318页

004411353
**中华人民共和国职官志**
何虎生 李耀东 向常福主编 于是今等撰 北京 中国社会出版社 1993年 792页

008380061
**中国警察服装志**

廖文锋 马维纲 刘冬梅著 北京 警官教育出版社 1996年 120页

011480588
中国海疆炮台图志
王朝彬摄影撰文 济南 山东画报出版社 2008年 213页

007672859
中国近代海军史事日志 1860—1911
姜鸣编著 北京 三联书店 1994年 350页

008571387
新四军征战日志
新四军战史编辑室编 北京 解放军出版社 2000年 486页

011301743
中国人民解放军历史图志
军事科学院军事历史研究所 中国人民革命军事博物馆编著 上海 上海人民出版社 2007年 2册

012661340
近代国造舰船志
陈悦著 济南 山东画报出版社 2011年 357页

012545525
新中国工商行政管理史志
国家工商行政管理总局编 北京 中国工商出版社 2009年 2册 2582页

007540884
中国通邮地方物产志
交通部邮政总局编 台北 华世出版社 1978年 2册〔中国经济史料丛书 第1辑〕

008327257
中国地方志经济资料汇编
戴鞍钢 黄苇主编 上海 汉语大词典出版社 1999年 1217页

008830452
中国农村改革源头志
朱惜儒著 合肥 黄山书社 1996年 426页

012839345
中国农业资源与区划志
中国农业资源与区划学会 全国农业资源区划办公室 中国农业科学院农业自然资源与农业区划研究所编 北京 中国人口出版社 2001年 329页

009331057
中国电力工业志
中国电业史志编辑委员会编 北京 当代中国出版社 1998年 898页〔中国电力工业志丛书〕

006389759
中国石油志
中国石油志编辑小组编 台北 中国石油股份有限公司 1976年 2册 1673页

008096759

**中国石油志 三编**

中国石油公司庆祝五十周年纪念专集出版委员会 王素珠总编辑 台北 中国石油股份有限公司 1996年 755页

008378573

**中国铬矿志**

姚培慧主编 北京 冶金工业出版社 1996年 348页

012970959

**中国工程机械行业志** 1949—2005

中国工程机械工业协会编 北京 方志出版社 2010年 1153页

010146982

**中国罐头十年志** 1995—2004

浙江省黄岩罐头食品(集团)公司编 中国罐头工业协会 2005年 410页

009415099

**中国煤炭史志资料钩沉**

吴晓煜编纂 北京 煤炭工业出版社 2002年 581页

008422914

**中国煤炭志**

中国煤炭志编纂委员会编 北京 煤炭工业出版社 1999年

009480501

**中国煤炭志编纂记**

陈明和主编 孙旭东 王捷帆副主编 北京 煤炭工业出版社 1997年 272页

009856079

**中国烟草通志 征求意见稿**

中国烟草通志编纂委员会办公室编 中国烟草通志编纂委员会办公室 2004年 3册

010118664

**中国烟草通志 二审稿**

中国烟草通志编纂委员会编 中国烟草通志编纂委员会 2005年

010118661

**中国烟草通志**

中国烟草通志编纂委员会编 北京 中华书局 2006年 5册

009408273

**中国药厂志**

金桥信息工作室编 金桥信息工作室 2001年 836页

012839320

**中国海外集团有限公司志** 1997—2007

中国海外集团有限公司编 香港 中国海外文化出版有限公司 2009年 695页〔中国建筑工程总公司企业志系列丛书〕

011586248

**中国建筑工程（澳门）有限公司志**

1980—1995

中国建筑工程(澳门)有限公司编 北京 中国建筑工业出版社 2002年 262页〔中国建筑工程总公司企业志系列丛书 19〕

013981305

**中国民用航空志 中南地区卷**

中国民用航空志中南地区卷编纂委员会编 北京 中国民航出版社 2013年 2册 1030页

012506675

**中国南方航空志**

司献民主编 北京 中国经济出版社 2009年 5册

009015706

**中国会馆志**

中国会馆志编纂委员会编 北京 方志出版社 2002年 481页

013940877

**中国南海经贸文化志**

潘义勇著 广州 广东经济出版社 2013年 311页〔中国南海文化研究丛书〕

009840634

**中国出入境检验检疫志**

国家质量监督检验检疫总局编 北京 中央文献出版社 2006年 10册

006249506

**中国名酒志**

曾纵野编 北京 中国旅游出版社 1980年 156页

010118629

**当代中国印钞造币志** 1948—2000

当代中国印钞造币志编纂委员会编 北京 中国金融出版社 2006年 3册

011497918

**近代民间金融图志**

傅为群著 上海 上海书店出版社 2007年 204页

011480645

**中国企业集团财务公司志** 1987—2006

中国财务公司协会编辑 中国企业集团财务公司志编委会 2007年 251页

011571323

**中国保险史志** 1805—1949

颜鹏飞 李名炀 曹圃主编 邵秋芬等副主编 上海 上海社会科学院出版社 1989年 485页

008838573

**中国文化科技志** 1978—1998

中华人民共和国文化部教育科技司 中国科学技术成果管理研究会文化专业分会编 杭州 浙江人民出版社 1999年 475页

008373274
**中国历代书院志**
赵所生 薛正兴主编 南京 江苏教育出版社 1995年 16册

007482442
**中国博物馆志**
中国博物馆学会编 北京 华夏出版社 1995年 1130页

012724037
**中国博物馆志**
中国国家文物局 中国博物馆协会编 北京 文物出版社 2010年

009162049
**中华学府志** 第2卷 电大卷
中华学府志编辑委员会编 北京 中共中央党校出版社 1999年 965页

010147434
**中国电大教育志** 1979—1988
谢新观 李福芝主编 北京 中央广播电视大学出版社 1990年 1115页

011799208
**中国体育百年图志**
李润波主编 冯艺 冯建忠副主编 北京 中国华侨出版社 2008年 451页

009015696
**中华民族传统体育志**
中国体育博物馆 国家体委文史委员会编 南宁 广西民族出版社 1990年 821页

009010626
**中国地质文学志**
林家能主编 北京 中国工人出版社 1994年 448页

008702703
**中国歌谣集成**
中国民间文学集成全国编辑委员会主编 北京 中国社会科学出版社 1992年〔十部文艺集成志书〕

008703161
**中国谚语集成**
中国民间文学集成全国编辑委员会编 北京 中国民间文艺出版社 1990年〔十部文艺集成志书〕

002869945
**中华谚语志**
朱介凡编著 台北 台湾商务印书馆 1989年 11册

004913146
**中国乐器图志**
刘东升 胡传藩 胡彦久编著 北京 轻工业出版社 1987年 390页

009281407
**中国乐器志** 体鸣卷
薛艺兵著 北京 人民音乐出版社 2003

年 292 页

009480497
**中国乐器志 气鸣卷**
曾遂今著 北京 人民音乐出版社 2010 年 280 页

008704824
**中国民间歌曲集成**
中国民间歌曲集成全国编辑委员会编 北京 中国 ISBN 中心 1988 年〔十部文艺集成志书〕

008707477
**中国戏曲音乐集成**
中国戏曲音乐集成编辑委员会编 北京 中国 ISBN 中心 1992 年〔十部文艺集成志书〕

008707316
**中国曲艺音乐集成**
中国曲艺音乐集成全国编辑委员会编 北京 中国 ISBN 中心 1992 年〔十部文艺集成志书〕

008707145
**中国民族民间器乐曲集成**
中国民族民间器乐曲集成全国编辑委员会主编 北京 中国 ISBN 中心 1992 年〔十部文艺集成志书〕

008708275
**中国民族民间舞蹈集成**
中国民族民间舞蹈集成编辑部编 北京 中国 ISBN 中心 1988 年〔十部文艺集成志书〕

008704359
**中国曲艺志**
中国曲艺志全国编辑委员会编 北京 中国 ISBN 中心 1992 年〔十部文艺集成志书〕

007430792
**中国电影图志**
中国电影艺术研究中心 中国电影资料馆编 珠海 珠海出版社 1995 年 541 页

012546752
**中国影像志 电视剧卷 1949—2009**
梁振华主编 赵军 王林晚副主编 王林晚等撰稿 北京 北京师范大学出版社 2010 年 432 页

008194075
**中华文化通志 第 1 典 历代文化沿革**
中华文化通志编委会 李学勤主编 上海 上海人民出版社 1998 年 10 册

008192111
**中华文化通志 第 2 典 地域文化**
中华文化通志编委会编 宁可主编 上海 上海人民出版社 1998 年 10 册

008192112
**中华文化通志 第3典 民族文化**
中华文化通志编委会编 王尧主编 上海 上海人民出版社 1998年 10册

008192113
**中华文化通志 第4典 制度文化**
中华文化通志编委会编 刘泽华主编 上海 上海人民出版社 1998年 10册

008192114
**中华文化通志 第5典 教化与礼仪**
中华文化通志编委会编 孙长江主编 上海 上海人民出版社 1998年 10册

008192115
**中华文化通志 第6典 学术**
中华文化通志编委会编 庞朴主编 上海 上海人民出版社 1998年 10册

008192116
**中华文化通志 第7典 科学技术**
中华文化通志编委会编 陈美东主编 上海 上海人民出版社 1998年 10册

008192117
**中华文化通志 第8典 艺文**
中华文化通志编委会编 刘梦溪主编 上海 上海人民出版社 1998年 10册

008192118
**中华文化通志 第9典 宗教与民俗**
中华文化通志编委会编 汤一介主编 上海 上海人民出版社 1998年 10册

008192119
**中华文化通志 第10典 中外文化交流**
中华文化通志编委会编 姜义华主编 上海 上海人民出版社 1998年 10册

008192164
**中华文化通志 总目提要**
中华文化通志编委会 姜义华编 上海 上海人民出版社 1999年 297页

012317851
**中国民族民间文艺集成志书概览**
文化部民族民间文艺发展中心编 北京 中国青年出版社 2004年 270页

007550426
**中国铁路志**
凌鸿勋著 台北 畅流半月刊社 1954年 458页

007509404
**中国抗日战争图志**
杨克林 曹红编 广州 广东旅游出版社 1995年 1089页

007796228
**中国古代民族志**
文史知识编辑部编 北京 中华书局 1993年 236页〔文史知识文库〕

011801403
**中国民族志**
杨圣敏主编 丁宏副主编 北京 中央民族大学出版社 2008年 517页

010274753
**中华彭姓通志**
彭定国 杨布生著 台北 文史哲出版社 2005年 362页

013148966
**中华龚氏通志**
中华龚氏通志编纂委员会编 北京 中国文史出版社 2007年 912页

007599769
**普通语言学人物志**
岑麒祥编 北京 世界图书出版公司 1989年 200页

011805829
**普通语言学人物志**
岑麒祥著 北京 世界图书出版公司 2008年 229页

011571199
**邮票人物志**
姚文群著 北京 人民教育出版社 1999年 342页

013759304
**中国古代西部开发人物志**
王继光 高瑞主编 兰州 兰州大学出版社 2001年 702页

011496807
**二十世纪中华人物志**
吴永虎主编 香港 银河出版社 2001年

009700923
**华夏萧氏志**
萧志善编著 香港 香港人民出版社 2003年 820页

004129155
**中国少数民族历史人物志**
谢启晃 胡起望 莫俊卿编著 北京 民族出版社 1983—1989年 4册

010201794
**中华胡氏人物志**
胡春芳总纂 武汉 编纂者 1999年 354页

009015772
**中华尹氏通志**
中华尹氏通志编委会编 北京 尹氏族史研究所 1998年

011291293
**二十世纪中华国乐人物志**
吴赣伯编 上海 上海音乐出版社 2007年 931页

002177318
**红军人物志**

王健英编 北京 解放军出版社 1988年
771页

006216217
**新四军人物志**
马洪才编著 南京 江苏人民出版社
1985年〔新四军丛书〕

008571394
**新四军英烈志**
新四军战史编辑室编 北京 解放军出版
社 2000年 358页

011328387
**中国当代美学名人志**
北京中外名人研究中心编 北京 光明日
报出版社 1997年 795页

012208600
**中国当代文博专家志**
中国文物学会 彭卿云主编 北京 文物
出版社 2009年 2册 1545页

012175570
**中国当代武林名人志** 第1卷
孟宪堂主编 天津 百花文艺出版社
1996年 423页

012354328
**中国当代武林名人志** 第2卷
孟宪堂主编 天津 百花文艺出版社
2000年 462页

011329457
**中国当代武林名人志** 第3卷 海外卷
孟宪堂主编 天津 百花文艺出版社
2007年 448页

008442971
**中国工农红军第一方面军人物志**
中国工农红军第一方面军史编审委员
会编 北京 解放军出版社 1995年
773页

012970963
**中国国学专家人物志**
袁冰主编 北京 中国社科文献出版社
2011年 574页

004796839
**中国民间美术艺人志**
钱定一编著 北京 人民美术出版社
1987年 431页

009331554
**中国企业家人物志**
蔡伊强主编 北京 新华出版社 1995年
2册

002871587
**中国人民解放军荣获一级红星功勋荣
誉章人物志**
姜廷玉主编 曹钦温副主编 北京 中国
经济出版社 1989年 622页

005544052
**中国人民志愿军人物志**
本书编审组编 南京 江苏人民出版社 1990 年

008348406
**中国人民志愿军人物志 修订合卷本**
陈忠龙主编 南京 江苏人民出版社 1997 年 1054 页

009554433
**中华太极人物志**
邱催忠主编 北京 中国社会出版社 2004 年 675 页

011447190
**中华艺术家志**
谢震龙 魏宗谦主编 香港 香港文学报社出版公司 2006 年 624 页

012241373
**当代中国酒界人物志**
赵爱民主编 北京 中国轻工业出版社 2009 年 899 页

009397039
**航空人物志**
周日新等主编 北京 航空工业出版社 2003 年 763 页

011479465
**冶金人物志 有色金属卷和黄金卷**
冶金人物志有色金属卷和黄金卷编委会编著 北京 冶金工业出版社 2008 年 590 页

005018873
**中国电力人物志**
中国电力人物志编审委员会 水利电力出版社中国电力百科全书编辑部编 北京 水利电力出版社 1992 年 620 页

009679240
**中国历代名匠志**
喻学才著 武汉 湖北教育出版社 2006 年 364 页〔中国建筑文化研究文库〕

012903603
**中国粮油人物志**
陶玉德主编 开封 河南大学出版社 2011 年 151 页〔中国粮油书系〕

004393168
**中国现代海洋科学人物志**
陈德源编写 北京 海洋出版社 1985 年

008298348
**中国现代水利人物志**
中国水利百科全书编辑委员会 水利电力出版社中国水利百科全书编辑部编 北京 水利电力出版社 1994 年 483 页

009125778
**中国医学人名志**

陈邦贤　严菱舟合编　北京　人民卫生出版社　1956年　258页

010118679
**中国医药名人志**
吴正中主编　北京　中国医药科技出版社　1994年　527页

008442904
**中国印刷工业人物志**
中国印刷及设备器材工业协会编　北京　印刷工业出版社　1993年

011478696
**统一战线人物志**
本书编写组编著　北京　华文出版社　2007年　2册　905页

003537400
**中国古代监察人物志**
陈勇著　北京　红旗人物志　1992年　552页

009397021
**中国煤炭基本建设人物志**
路耀华主编　李铎　张胜利　唐建光副主编　北京　煤炭工业出版社　1998年　411页

010732117
**中华国学人物志**
谷向阳主编　香港　中国楹联出版社　2007年　1015页

009962576
**中国民俗通志　交通志**
赵宇共著　济南　山东教育出版社　2005年　360页

009750798
**中国民俗通志　第1卷　禁忌志**
任骋著　济南　山东教育出版社　2005年　416页

009750797
**中国民俗通志　第2卷　婚嫁志**
吴存浩著　济南　山东教育出版社　2005年　453页

010006966
**中国民俗通志　第3卷　演艺志**
倪钟之著　济南　山东教育出版社　2005年　349页

010006955
**中国民俗通志　第4卷　江湖志**
刘平著　济南　山东教育出版社　2005年　415页

010006926
**中国民俗通志　第5卷　生养志**
万建中著　济南　山东教育出版社　2005年　413页

009856068
**中国民俗通志　第6卷　丧葬志**
石奕龙著　济南　山东教育出版社　2005

年 422 页

009996167
**中国民俗通志 第7卷 医药志**
邱国珍著 济南 山东教育出版社 2005年 389 页

009962637
**中国民俗通志 第8卷 信仰志**
郑土有著 济南 山东教育出版社 2005年 392 页

010006934
**中国民俗通志 第9卷 民间文学志**
陈建宪 林继富著 齐涛主编 济南 山东教育出版社 2005年 2册

009689126
**中国民俗通志 第10卷 民间语言志**
黄涛著 济南 山东教育出版社 2005年 381 页

009221792
**中国少数民族风俗志**
顾问文精 乌丙安 郝苏民 刘锡诚 毛公宁主编 北京 民族出版社 2006年 1897 页

005539711
**中国区域志**
张其昀著 阳明山 华冈出版部 1967年 4册〔华冈丛书〕

007597273
**中国风物志**
董黎明等编 北京 北京旅游出版社 1989年 573 页〔中国风物志丛书〕

003905534
**中国省市区志**
陈正祥编 1971年〔香港中文大学研究院地理研究中心研究报告 第39号〕

005051370
**中华人民共和国地名录**
中国地名委员会编 北京 中国社会出版社 1994年 1055 页

001691670
**全国乡镇地名录**
中华人民共和国民政部行政区划处编 北京 测绘出版社 1986年 749 页

004757575
**中国海港志**
王洸著 台北"中华"文化出版事业委员会 1954年 226 页〔现代国民基本知识丛书 第2辑〕

008450503
**中国海域地名志**
中国地名委员会编 中国地名委员会 1992年 957 页

004761537
**中国河川志**

宋希尚等著 台北 "中华"文化出版事业委员会 1954年 2册 292页〔现代国民基本知识丛书 第2辑〕

008660549
**中国地震台志**
国家地震局科技监测司编 北京 地震出版社 1987年

008195176
**中国水文志**
水利部水文司编 北京 中国水利水电出版社 1997年 688页

001820946
**中国古生物志 中国的三趾马化石**
邱占祥 黄为龙 郭志慧著 北京 科学出版社 1987年 250页〔中国古生物志 总号第175册 新丙种 第25号〕

007936722
**中国古生物志 中国龟鳖类化石**
叶祥奎著 北京 科学出版社 1963年 112页〔中国古生物志 总号第150册 新丙种 第18号〕

006037618
**中国古生物志 中国树形笔石**
穆恩之编 北京 科学出版社 1955年 62页〔中国古生物志 总号第138册 新乙种 第5号〕

007662288
**中国金矿物志**
蔡长金 陆荣军 宋湘荣编著 北京 冶金工业出版社 1994年 488页

006310644
**中国矿产志**
王华隆编著 台北 台湾商务印书馆 1960年 205页

009157455
**中国锰矿志**
姚培慧主编 林镇泰等副主编 北京 冶金工业出版社 1995年 557页

008189778
**中国铁矿志**
姚培慧主编 王可南等副主编 北京 冶金工业出版社 1993年 622页

011447178
**中国铀矿物志**
张静宜等著 北京 原子能出版社 1995年 323页〔核科学技术丛书〕

009867446
**中国海洋志**
中国海洋志编纂委员会编著 曾呈奎 徐鸿儒 王春林主编 郑州 大象出版社 2003年 1326页

008660531
**中国湖泊志**

王苏民　窦鸿身主编　北京　科学出版社　1998年　580页

008982407
中国盐湖志
郑喜玉等著　北京　科学出版社　2002年　415页

010293030
中国沼泽志
赵魁义主编　孙广友等副主编　北京　科学出版社　1999年　718页

012256652
中国化石植物志　第1卷　中国煤核植物
王士俊著　北京　高等教育出版社　2009年　222页

007938334
中国古生物志　中国的假鳄类
杨钟健著　中国科学院地质古生物研究所　中国科学院古脊椎动物与古人类研究所编辑　北京　科学出版社　1964年　216页〔中国古生物志　总号第151册　新丙种　第19号〕

013719339
昆仑植物志
吴玉虎主编　重庆　重庆出版社　2012年

013736489
中国湿地高等植物图志
田自强　张树仁主编　北京　中国环境科学出版社　2012年　2册

009840636
中国植物志中名和拉丁名总索引
中国科学院中国植物志编辑委员会编　北京　科学出版社　2006年　1155页

006021319
秦岭植物志
中国科学院西北植物研究所编著　北京　科学出版社　1974年

013794843
秦岭植物志　增补　种子植物
李思锋　黎斌主编　北京　科学出版社　2013年　438页

013185770
湿地高等植物图志
张小平等主编　北京　中国林业出版社　2011年　126页

010238438
中国淡水藻志　第11卷　黄藻门
王全喜主编　中国科学院中国孢子植物志编辑委员会编辑　北京　科学出版社　2007年　131页

013379598
中国地衣志　地卷目
中国科学院中国孢子植物志编辑委员会编辑　吴继农　刘华杰主编　北京　科学出版社　2012年

008385232
**中国海藻志 第2卷 红藻门**
夏邦美主编 中国科学院中国孢子植物志编辑委员会编辑 北京 科学出版社 1999年

012218487
**中国海藻志 第6卷 甲藻门 第1册 甲藻纲 角藻科**
林永水主编 中国科学院中国孢子植物志编辑委员会编辑 北京 科学出版社 2009年 111页

008982511
**中国禾草属志 计算机自动分类 检索与描述**
徐柱主编 呼和浩特 内蒙古人民出版社 1997年 428页

012690126
**中国化石植物志 第2卷 中国化石蕨类植物**
孙克勤 崔金钟 王士俊主编 北京 高等教育出版社 2010年 438页

013323231
**中国经济植物志**
中华人民共和国商业部土产废品局 中国科学院植物研究所主编 北京 科学出版社 2012年 2册 2251页

006018128
**中国蕨类植物志属**
傅书遐编著 中国科学院植物研究所编辑 北京 中国科学院 1954年 203页

012816223
**中国梅花品种图志**
陈俊愉主编 北京 中国林业出版社 2010年 221页

007166632
**中国苔藓志 第1卷 泥炭藓目**
高谦主编 中国科学院中国孢子植物志编辑委员会编辑 北京 科学出版社 1996年

013012708
**中国苔藓志 第5卷 变齿藓目**
贾鹏程等主编 中国科学院中国孢子植物志编辑委员会编辑 北京 科学出版社 2011年 492页

004939473
**中国藓类植物属志**
陈邦杰主编 陈邦杰等编著 北京 科学出版社 1963—1978年 2册

011329671
**中国银杏志**
曹福亮主编 沈国舫主审 北京 中国林业出版社 2007年 342页

012116217
**中国真菌志 黏菌卷1 鹅绒菌目 刺轴菌目 无丝菌目 团毛菌目**

李玉主编 中国科学院中国孢子植物志编辑委员会编辑 北京 科学出版社 2008年 238页〔中国孢子植物志〕

012099811
**中国真菌志 黏菌卷 2 绒泡菌目 发网菌目**
李玉主编 北京 科学出版社 2008年 204页〔中国孢子植物志〕

011810754
**中国真菌志 葚孢属及其相关属**
吴文平主编 中国科学院中国孢子植物志编辑委员会编辑 北京 科学出版社 2009年 256页

013074882
**中国真菌志 第36卷 地星科鸟巢菌科**
周彤燊主编 中国科学院中国孢子植物志编辑委员会编辑 北京 科学出版社 2007年 167页

013012713
**中国真菌志 第39卷 腥黑粉菌目条黑粉菌目及相关真菌**
郭林主编 中国科学院中国孢子植物志编辑委员会编辑 北京 科学出版社 2011年 123页

007670514
**中国淡水轮虫志**
王家楫 中国科学院水生生物研究所编 北京 科学出版社 1961年 315页

011809850
**中国海产双壳类图志**
徐凤山 张素萍编著 王少青摄影 北京 科学出版社 2008年 336页

006037927
**中国经济动物志 淡水软体动物**
刘月英等编著 马书明绘图 北京 科学出版社 1979年 134页

006067311
**中国经济动物志 淡水鱼类**
伍献文等编著 北京 科学出版社 1964年 159页

006031250
**中国经济动物志 海产软体动物**
张玺 齐钟彦等编著 北京 科学出版社 1962年 250页

006037912
**中国经济动物志 寄生蠕虫**
吴淑卿 尹文真 沈守训编著 北京 科学出版社 1960年 368页

006037572
**中国经济动物志 淡水鱼类**
伍献文等编著 北京 科学出版社 1979年 172页

009869648
**中国经济动物志 海产鱼类**
中国科学院海洋研究所主编 北京 科学

出版社 1962 年 206 页

006037893
**中国经济动物志 环节（多毛纲） 棘皮 原索动物**
张熙等编著 北京 科学出版社 1963 年 141 页

002984234
**中国经济动物志 陆生软体动物**
陈德牛 高家祥编著 中国科学院中国动物志编辑委员会主编 北京 科学出版社 1987 年 186 页

008403321
**中国经济动物志 鸟类**
郑作新主编 中国科学院中国动物志编辑委员会主编 北京 科学出版社 1993 年 619 页

006037851
**中国经济动物志 兽类**
寿振黄主编 北京 科学出版社 1962 年 626 页

006047186
**中国鲤科鱼类志**
伍献文等著 上海 上海科学技术出版社 1964—1982 年 2 册

009331543
**中国骆驼资源图志**
贺新民编著 张培业审校 长沙 湖南科学技术出版社 2002 年 75 页

008838472
**中国鸟类志**
赵正阶编著 长春 吉林科学技术出版社 2001 年 2 册

005884584
**中国蝶类志**
周尧主编 郑州 河南科学技术出版社 1994 年 2 册 872 页

008399834
**中国动物志 环节动物门 多毛纲 叶须虫目**
吴宝铃等编著 中国科学院中国动物志编辑委员会主编 北京 科学出版社 1997 年 329 页

007903134
**中国动物志 环节动物门 蛭纲**
杨潼编著 中国科学院中国动物志编辑委员会主编 北京 科学出版社 1996 年 259 页

008398588
**中国动物志 棘皮动物门 海参纲**
廖玉麟编著 中国科学院中国动物志编辑委员会主编 北京 科学出版社 1997 年 334 页

008399891
**中国动物志 节肢动物门 甲壳动物亚门**

软甲纲 十足目 束蟹科 溪蟹科

戴爱云编著 中国科学院中国动物志编辑委员会主编 北京 科学出版社 1999年 501页

006037708

**中国动物志 节肢动物门 甲壳纲 淡水桡足类**

中国科学院动物研究所甲壳动物研究组编著 北京 科学出版社 1979年 450页

007655192

**中国动物志 节肢动物门 甲壳纲 淡水枝角类**

蒋燮治 堵南山编著 中国科学院中国动物志编辑委员会主编 北京 科学出版社 1979年 297页

008442830

**中国动物志 节肢动物门 原尾纲**

尹文英编著 中国科学院中国动物志编辑委员会主编 北京 科学出版社 1999年 521页

008399858

**中国动物志 昆虫纲 第10卷 直翅目 蝗总科 斑翅蝗科 网翅蝗科**

郑哲民 夏凯龄等编著 中国科学院中国动物志编辑委员会主编 北京 科学出版社 1998年 616页

008399833

**中国动物志 昆虫纲 第11卷 鳞翅目 天蛾科**

朱弘复 王林瑶编著 中国科学院中国动物志编辑委员会主编 北京 科学出版社 1997年 410页

008399920

**中国动物志 昆虫纲 第12卷 直翅目 蚱总科**

梁铬球 郑哲民编著 中国科学院中国动物志编辑委员会主编 北京 科学出版社 1998年 278页

008399924

**中国动物志 昆虫纲 第13卷 半翅目 异翅亚目 姬蝽科**

任树芝编著 中国科学院中国动物志编辑委员会主编 北京 科学出版社 1998年 251页

008399972

**中国动物志 昆虫纲 第14卷 同翅目**

张广学等编著 中国科学院中国动物志编辑委员会主编 北京 科学出版社 1998年 380页

008400912

**中国动物志 昆虫纲 第15卷 鳞翅目 尺蛾科 花尺蛾亚科**

薛大勇 朱弘复编著 中国科学院中国动物志编辑委员会主编 北京 科学出版社 1999年 1090页

008442838

中国动物志 昆虫纲 第16卷 鳞翅目 夜蛾科

陈一心编著 中国科学院中国动物志编辑委员会主编 北京 科学出版社 1999年 1596页

009059205

中国动物志 昆虫纲 第17卷 等翅目

黄复生等编著 中国科学院中国动物志编辑委员会主编 北京 科学出版社 2000年 961页

009059216

中国动物志 昆虫纲 第19卷 鳞翅目 灯蛾科

方承莱编著 中国科学院中国动物志编辑委员会主编 北京 科学出版社 2000年 589页

009059558

中国动物志 昆虫纲 第23卷 双翅目 寄蝇科 1

赵建铭等编著 中国科学院中国动物志编辑委员会主编 北京 科学出版社 2001年 311页

009059565

中国动物志 昆虫纲 第24卷 半翅目 毛唇花蝽科 细角花蝽科 花蝽科

卜文俊 郑乐怡编著 中国科学院中国动物志编辑委员会编 北京 科学出版社 2001年 267页

009059592

中国动物志 昆虫纲 第27卷 鳞翅目 卷蛾科

刘友樵 李广武编著 中国科学院中国动物志编辑委员会主编 北京 科学出版社 2002年 601页

009059654

中国动物志 昆虫纲 第28卷 同翅目 角蝉总科 犁胸蝉科 角蝉科

袁锋 周尧编著 中国科学院中国动物志编辑委员会主编 北京 科学出版社 2002年 594页

009059658

中国动物志 昆虫纲 第29卷 膜翅目 螯蜂科

何俊华 许再福编著 中国科学院中国动物志编辑委员会主编 北京 科学出版社 2002年 464页

012209601

中国动物志 昆虫纲 第30卷 鳞翅目 毒蛾科

赵仲苓编著 中国科学院中国动物志编辑委员会主编 北京 科学出版社 2003年 494页

012209599

中国动物志 昆虫纲 第31卷 鳞翅目 舟蛾科

武春生 方承莱编著 中国科学院中国动物志编辑委员会主编 北京 科学出版

社 2003 年 960 页

012245998

**中国动物志 昆虫纲 第 32 卷 直翅目 蝗总科 槌角蝗科 剑角蝗科**

印象初 夏凯龄等编著 中国科学院中国动物志编辑委员会主编 北京 科学出版社 2003 年 280 页

010009101

**中国动物志 昆虫纲 第 43 卷 直翅目 蝗总科 斑腿蝗科**

李鸿昌 夏凯龄等编著 中国科学院中国动物志编辑委员会编 北京 科学出版社 2003 年 736 页

008825664

**中国动物志 昆虫纲 第 44 卷 膜翅目 切叶蜂科**

吴燕如编著 中国科学院中国动物志编辑委员会编 北京 科学出版社 2006 年 474 页

010009093

**中国动物志 昆虫纲 第 45 卷 同翅目 飞虱科**

葛钟麟等编著 中国科学院中国动物志编辑委员会编 北京 科学出版社 2006 年 776 页

009962631

**中国动物志 昆虫纲 第 46 卷 膜翅目 茧蜂科 窄径茧蜂亚科**

陈家骅 杨建全编著 中国科学院中国动物志编辑委员会编 北京 科学出版社 2006 年 301 页

011810606

**中国动物志 昆虫纲 第 49 卷 双翅目 蝇科(1)**

范滋德等编著 中国科学院中国动物志编辑委员会主编 北京 科学出版社 2008 年 1186 页

013379655

**中国动物志 昆虫纲 第 50 卷 双翅目 食蚜蝇科**

黄春梅 成新跃编著 中国科学院中国动物志编辑委员会主编 北京 科学出版社 2012 年 852 页

012636567

**中国动物志 昆虫纲 第 51 卷 广翅目**

杨定 刘星月编著 中国科学院中国动物志编辑委员会主编 北京 科学出版社 2010 年 457 页

012724088

**中国动物志 昆虫纲 第 52 卷 鳞翅目 粉蝶科**

武春生编著 中国科学院中国动物志编辑委员会主编 北京 科学出版社 2010 年 416 页

012879009

**中国动物志 昆虫纲 第 53 卷 双翅目 长**

足虻科

杨定等编著 中国科学院中国动物志编辑委员会主编 北京 科学出版社 2011年 2册 1912页

012878999

**中国动物志 昆虫纲 第54卷 鳞翅目 尺蛾科 尺蛾亚科**

韩红香 薛大勇著 中国科学院中国动物志编辑委员会主编 北京 科学出版社 2011年 787页

008399829

**中国动物志 昆虫纲 第6卷 双翅目 丽蝇科**

范滋德等编著 中国科学院中国动物志编辑委员会主编 北京 科学出版社 1997年 707页

008399830

**中国动物志 昆虫纲 第7卷 鳞翅目 祝蛾科**

武春生编著 中国科学院中国动物志编辑委员会主编 北京 科学出版社 1997年 306页

008399828

**中国动物志 昆虫纲 第8—9卷 双翅目 蚊科**

陆宝麟等编著 中国科学院中国动物志编辑委员会主编 北京 科学出版社 1997年 2册

012245995

**中国动物志 昆虫纲 蚤目**

吴厚永等编著 中国科学院中国动物志编辑委员会主编 北京 科学出版社 2007年 2册

009840630

**中国动物志 两栖纲**

费梁等编著 中国科学院中国动物志编辑委员会主编 北京 科学出版社 2006年

011810616

**中国动物志 鸟纲 雀形目 鹟科 莺亚科 鹟亚科**

郑作新等编著 中国科学院中国动物志编辑委员会主编 北京 科学出版社 2010年 443页

008400915

**中国动物志 爬行纲**

中国科学院中国动物志编辑委员会主编 北京 科学出版社 1998年

008398631

**中国动物志 腔肠动物门 海葵目 角海葵目 群体海葵目**

裴祖南编著 中国科学院中国动物志编辑委员会主编 北京 科学出版社 1998年 286页

009357094

**中国动物志 软体动物门 腹足纲 肺螺**

亚纲 柄眼目 烟管螺科
陈德牛 张国庆编著 中国科学院中国动物志编辑委员会主编 北京 科学出版社 1999年 210页

008399831
**中国动物志 软体动物门 腹足纲 中腹足目 宝贝总科**
马绣同编著 中国科学院中国动物志编辑委员会主编 北京 科学出版社 1997年 283页

008442832
**中国动物志 软体动物门 双壳纲 原鳃亚纲 异韧带亚纲**
徐凤山编著 中国科学院中国动物志编辑委员会主编 北京 科学出版社 1999年 244页

009357170
**中国动物志 无脊椎动物 第28卷 节肢动物门 甲壳动物亚门 端足目 蜮亚目**
陈清潮 石长泰编著 中国科学院中国动物志编辑委员会主编 北京 科学出版社 2002年 250页

009059702
**中国动物志 无脊椎动物 第29卷 软体动物门 腹足纲 原始腹足目 马蹄螺总科**
董正之编著 中国科学院中国动物志编辑委员会主编 北京 科学出版社 2002年 210页

012209813
**中国动物志 无脊椎动物 第41卷 甲壳动物亚门 端足目 钓虾亚目**
任先秋编著 中国科学院中国动物志编辑委员会主编 北京 科学出版社 2006年

012209841
**中国动物志 无脊椎动物 第42卷 甲壳动物亚门 蔓足下纲 围胸总目**
刘瑞玉 任先秋主编 中国科学院中国动物志编辑委员会主编 北京 科学出版社 2007年 633页

011810652
**中国动物志 无脊椎动物 第47卷 蛛形纲 蜱螨亚纲 植绥螨科**
吴伟南 欧剑峰 黄静玲编著 北京 科学出版社 2009年 522页

013512072
**中国动物志 无脊椎动物 第48卷 软体动物门 双壳纲 满月蛤总科 心蛤总科 厚壳蛤总科 鸟蛤总科**
徐凤山编著 中国科学院中国动物志编辑委员会主编 北京 科学出版社 2012年 239页

009059719
**中国动物志 硬骨鱼纲 灯笼鱼目 鲸口鱼目 骨舌鱼目**
陈素芝编著 中国科学院中国动物志编辑委员会主编 北京 科学出版社

2002年 349页

2001年 209页

008399844

**中国动物志 硬骨鱼纲 鲤形目**

陈宜瑜等编著 中国科学院中国动物志编辑委员会主编 北京 科学出版社 1998年

011810683

**中国动物志 硬骨鱼纲 银汉鱼目 鳉形目 颌针鱼目 蛇鳗目 鳕形目**

李思忠 张春光等编著 中国科学院中国动物志编辑委员会主编 北京 科学出版社 2011年 946页

011810655

**中国动物志 硬骨鱼纲 鲈形目 第5卷 虾虎鱼亚目**

中国科学院中国动物志编辑委员会主编 伍汉霖 钟俊生等编著 北京 科学出版社 2008年 951页

009357225

**中国动物志 硬骨鱼纲 鲉形目**

金鑫波编著 中国科学院中国动物志编辑委员会主编 北京 科学出版社 2006年 739页

012663843

**中国动物志 硬骨鱼纲 鳗鲡目 背棘鱼目**

张春光等编著 中国科学院中国动物志编辑委员会主编 北京 科学出版社 2010年 453页

008400930

**中国动物志 原生动物门 肉足虫纲 等辐骨虫目 泡沫虫目**

谭智源编著 中国科学院中国动物志编辑委员会主编 北京 科学出版社 1998年 315页

008442817

**中国动物志 硬骨鱼纲 鲇形目**

褚新洛 郑葆珊 戴定远等编著 中国科学院中国动物志编辑委员会主编 北京 科学出版社 1999年 230页

009059878

**中国动物志 圆口纲 软骨鱼纲**

朱元鼎 孟庆闻等编著 中国科学院中国动物志编辑委员会主编 北京 科学出版社 2001年 552页

010256644

**中国动物志 硬骨鱼纲 鲟形目 海鲢目 鲱形目 鼠鱚目**

张世义编著 中国科学院中国动物志编辑委员会主编 北京 科学出版社

008399859

**中国动物志 粘体动物门 粘孢子纲**

陈启鎏 马成伦著 中国科学院中国动物志编辑委员会主编 北京 科学出版社 1998年 993页

008399832
**中国动物志 蛛形纲 蜘蛛目 蟹蛛蝌 逍遥蛛科**
宋大祥 朱明生编著 中国科学院中国动物志编辑委员会主编 北京 科学出版社 1997年 259页

008399860
**中国动物志 蛛形纲 蜘蛛目 园蛛科**
尹长民等编著 中国科学院中国动物志编辑委员会主编 北京 科学出版社 1997年 460页

008399857
**中国动物志 蛛形纲 蜘蛛目 球蛛科**
朱明生编著 中国科学院中国动物志编辑委员会主编 北京 科学出版社 1998年 437页

007881653
**中国盾蚧志**
周尧著 西安 陕西科学技术出版社 1982年

009348432
**中国介壳虫寄生蜂志**
徐志宏 黄建著 上海 上海科学技术出版社 2004年 538页

009800067
**中国经济叩甲图志**
江世宏 王书永著 北京 中国农业出版社 1999年 223页

008401028
**中国经济昆虫志**
中国科学院动物研究所编 北京 科学出版社 1963年

011805718
**中国木虱志 昆虫纲 半翅目**
李法圣著 北京 科学出版社 2011年 2册 1976页

012545813
**中国瓢虫亚科图志**
虞国跃著 北京 化学工业出版社 2010年 180页

012507298
**中国土壤拟步甲志**
任国栋 杨秀娟著 北京 高等教育出版社 2006年 4册

012612888
**中国土壤拟步甲志 鳖甲类**
任国栋 巴义彬著 北京 科学出版社 2010年 225页

012903613
**中国西部蚱总科志**
郑哲民著 北京 科学出版社 2005年 501页

008442976
**中国细颚姬蜂属志 膜翅目 姬蜂科 瘦姬蜂亚科**

汤玉清著 重庆 重庆出版社 1990年 215页〔福建农学院生物防治研究所研究报告 第2号〕

009856096
**中国医药机构志**
吴正中主编 北京 中国医药科技出版社 1992年 1444页

011586223
**中国国境口岸医学动物与病媒昆虫图志**
曹庆主编 沈阳 辽宁科学技术出版社 1988年 431页

009393618
**中国检验检疫志修志参考**
中国检验检疫志编辑部编 中国检验检疫志编辑部 1999年 496页

009174706
**中国中医机构志**
史宇广主编 傅景华 单书健副主编 北京 中医古籍出版社 1989年 1029页

011586311
**中国医籍志**
贾维诚 贾一江编著 北京 中国医院管理杂志社 1983年 965页

006109929
**中国中药资源志要**
中国药材公司编著 北京 科学出版社 1994年 2069页〔中国中药资源丛书〕

009843142
**中国民族药志要**
贾敏如 李星炜主编 北京 中国医药科技出版社 2005年 857页

009996179
**中国药用石斛图志**
包雪声等编著 上海 上海科学技术文献出版社 2005年 123页

004028108
**中国民族药志**
卫生部药品生物制品检定所等编著 北京 人民卫生出版社 1984年

011534082
**中国民族药志**
中国民族药志编委会编 成都 四川民族出版社 2007年 759页

009408269
**中国新药志** 1985—2000
金桥信息工作室编 金桥信息工作室 2000年 882页

011319906
**肥料志**
中华人民共和国农业部编 北京 农业出版社 1958年 98页

010201790
**中国有机肥料养分志**
全国农业技术推广服务中心编著 北京 中国农业出版社 1999年 200页

008401042
**中国土种志**
全国土壤普查办公室编 北京 中国农业出版社 1993年〔当代科技重要著作 农业领域〕

010577523
**中国农业土壤志** 初稿
农业部全国土壤普查办公室编 北京 农业部全国土壤普查办公室 1964年 862页

011497723
**高产志**
中华人民共和国农业部编 北京 农业出版社 1958年 405页

013074822
**植物线虫志**
刘维志主编 北京 中国农业出版社 2004年 666页

006419449
**化学农药志**
中华人民共和国农业部编 北京 农业出版社 1958年 73页

006006708
**中国土农药志**
中国土农药志编辑委员会编著 北京 科学出版社 1959年 497页

006378361
**中国小麦品种志**
金善宝 刘定安主编 北京 农业出版社 1964年 560页

001679593
**中国小麦品种志**
金善宝主编 庄巧生等副主编 北京 农业出版社 1986年 508页

012317319
**中国食用豆类品种志**
程须珍 王述民主编 北京 中国农业科学技术出版社 2009年 452页

012208611
**中国棉花品种志**
中国农业科学院棉花研究所主编 北京 农业出版社 1981年 209页

012003153
**中国棉花品种志** 1978—2007
中国农业科学院棉花研究所编 北京 中国农业科学技术出版社 2009年 462页〔当代农业学术专著系列丛书〕

009389865
**中国花生品种志**

山东省花生研究所主编 北京 农业出版社 1987年 442页

002825896
**中国芝麻品种志**
中国农业科学院油料作物研究所主编 北京 农业出版社 1990年 208页

006017078
**中国药用植物志**
裴鉴著 中国科学院植物研究所编辑 北京 科学出版社 1951年

008949664
**中国茶树品种志**
中国茶树品种志编写委员会编著 上海 上海科学技术出版社 2001年 308页

007024918
**中国地方志茶叶历史资料选辑**
吴觉农编 北京 农业出版社 1990年 794页

005619029
**中国名茶志**
俞寿康编著 北京 农业出版社 1982年 160页

008713387
**中国名茶志**
王镇恒 王广智主编 北京 农业出版社 2000年 1057页

011794326
**中国烟草品种志**
中国农业科学院烟草研究所主编 于梅芳等编审 马俊里等执笔 北京 农业出版社 1987年 210页

009015776
**中国蔬菜品种志**
中国农业科学院蔬菜花卉研究所主编 北京 中国农业科技出版社 2001年 2册

008825605
**中国油菜品种志**
中国农业科学院油料作物研究所主编 北京 农业出版社 1988年 271页

009745140
**中国果树志　草莓卷**
邓明琴 雷家军主编 北京 中国林业出版社 2005年 236页

012956932
**中国果树志　柑橘卷**
周开隆 叶荫民主编 北京 中国林业出版社 2010年 523页

009348114
**中国果树志　核桃卷**
郗荣庭 张毅萍主编 北京 中国林业出版社 1996年 286页

010256261
**中国果树志 李卷**
张加延 周恩主编 北京 中国林业出版社 1998年 389页

010256588
**中国果树志 荔枝卷**
吴淑娴主编 北京 中国林业出版社 1998年 249页

010256598
**中国果树志 龙眼枇杷卷**
邱武陵 章恢志主编 北京 中国林业出版社 1996年 298页

010256607
**中国果树志 苹果卷**
陆秋农 贾定贤主编 北京 中国林业出版社 1999年 567页

009480483
**中国果树志 桃卷**
汪祖华 庄恩及主编 北京 中国林业出版社 2001年 342页

010256595
**中国果树志 杏卷**
张加延 张钊主编 北京 中国林业出版社 2003年 655页

009393663
**中国葡萄志**
孔庆山主编 北京 中国农业科学技术出版社 2004年 658页

011793526
**中国桂花品种图志**
向其柏 刘玉莲主编 杭州 浙江科学技术出版社 2008年 377页

008190732
**中国牡丹品种图志**
王莲英主编 北京 中国林业出版社 1997年 213页

008401039
**中国木材志**
成俊卿 杨家驹 刘鹏著 北京 中国林业出版社 1992年 1028页

001630937
**中国树木志**
郑万钧主编 中国树木志编辑委员会编 北京 中国林业出版社 1983年

009480490
**中国经济林名优产品图志**
何方主编 北京 中国林业出版社 2001年

009379926
**马尾松毛虫天敌图志**
孙明雅 奚福生 刘政主编 南宁 广西人民出版社 1986年 266页

012816217
**中国储木和建筑木材腐朽菌图志**
戴玉成主编　北京　科学出版社　2009年　288页

011793535
**中国林木病原腐朽菌图志**
戴玉成著　北京　科学出版社　2005年　197页

006101827
**中国油桐品种图志**
凌麓山　何方　方嘉兴主编　北京　中国林业出版社　1993年　200页

013190185
**中国畜禽遗传资源志　家禽志**
国家畜禽遗传资源委员会组编　北京　中国农业出版社　2011年　618页

013190193
**中国畜禽遗传资源志　马驴驼志**
国家畜禽遗传资源委员会组编　北京　中国农业出版社　2011年　391页

013190270
**中国畜禽遗传资源志　蜜蜂志**
国家畜禽遗传资源委员会组编　北京　中国农业出版社　2011年　175页

013190277
**中国畜禽遗传资源志　牛志**
国家畜禽遗传资源委员会组编　北京　中国农业出版社　2011年　439页

013190280
**中国畜禽遗传资源志　羊志**
国家畜禽遗传资源委员会组编　北京　中国农业出版社　2011年　451页

013190283
**中国畜禽遗传资源志　猪志**
国家畜禽遗传资源委员会组编　北京　中国农业出版社　2011年　486页

002921810
**中国马驴品种志**
中国家畜家禽品种志编委会中国马驴品种志编写组　中国农业科学院畜牧研究所主编　上海　上海科学技术出版社　1987年　189页〔中国家畜家禽品种志〕

002925642
**中国牛品种志**
中国家畜家禽品种志编委会　中国牛品种志编写组　中国农业科学院畜牧研究所主编　上海　上海科学技术出版社　1988年　245页〔中国家畜家禽品种志〕

009415110
**中国羊品种志**
中国家畜家禽品种志编委会中国羊品种志编写组　中国农业科学院畜牧研究所主编　上海　上海科学技术出版社

1988 年 192 页〔中国家畜家禽品种志〕

001957252
**中国猪品种志**
中国家畜家禽品种志编委会中国猪品种志编写组 中国农业科学院畜牧研究所主编 上海 上海科学技术出版社 1986 年 335 页〔中国家畜家禽品种志〕

009409475
**中国动物疫病志**
农业部畜牧兽医司编 北京 科学出版社 1993 年 797 页

003719211
**中国药用动物志**
中国药用动物志协作组编 天津 天津科学技术出版社 1979 年

001920559
**中国家蚕品种志**
中国农业科学院蚕业研究所主编 北京 农业出版社 1987 年 339 页

013344056
**中国油气田开发志**
中国油气田开发志总编纂委员会编 北京 石油工业出版社 2011 年

013732463
**中国油气田开发志 综合卷**
中国油气田开发志总编纂委员会编 北京 石油工业出版社 2011 年 2 册

013630093
**中国油气田开发志 第 2 卷**
中国油气田开发志总编纂委员会编 北京 石油工业出版社 2011 年 2 册

012607158
**台湾产金花虫科图志**
李奇峰 郑兴宗编著 淡水镇 四兽山昆虫相调查网 2007 年

013190357
**中国油气田开发志 第 31 卷 台湾油气区卷**
中国油气田开发志总编纂委员会编 北京 石油工业出版社 2011 年 196 页

013630188
**中国油气田开发志 第 20 卷**
中国油气田开发志总编纂委员会编 北京 石油工业出版社 2011 年 2 册

013940875
**中国近海油气田开发志**
中国近海油气田开发志编纂委员会编 北京 石油工业出版社 2012 年 306 页

010156241
**中华铁冶志**
姜茂发 车传仁著 沈阳 东北大学出版

社 2005 年 241 页

011571535
**中国造纸植物原料志**
孙宝明 李钟凯编著 张永惠校订 北京 轻工业出版社 1959 年 514 页

011910335
**中国建筑装饰百年图志** 1900—2006
中国建筑装饰协会编 北京 中华建筑报社 2006 年 530 页

008442906
**中国市政工程设计通志**
中国市政工程设计通志编委会编 北京 中国建筑工业出版社 1998 年 2 册 1382 页

008453092
**戊寅公安抗洪志**
戊寅公安抗洪志编委会编 北京 中华书局 1999 年 192 页

013373684
**中国铁路安全志** 1876—2011
中国铁道学会安全委员会 中国铁路安全志编委会编著 上海 上海交通大学出版社 2012 年 636 页

008190704
**中国海湾志**
中国海湾志编纂委员会编 北京 海洋出版社 1991 年

013464403
**中国救捞志**
交通运输部救助打捞局 中国救捞志编纂委员会编 北京 人民交通出版社 2012 年 790 页

011500870
**中国航空图志**
周日新等编著 北京 北京航空大学出版社 2008 年 638 页